Personalmanagement

Dirk Holtbrügge

Personalmanagement

8. Auflage

Dirk Holtbrügge
Internationales Management
Friedrich-Alexander-Universität
Erlangen-Nürnberg
Nürnberg, Deutschland

ISBN 978-3-662-65741-6   ISBN 978-3-662-65742-3 (eBook)
https://doi.org/10.1007/978-3-662-65742-3

Die Deutsche Nationalbibliothek verzeichnet diese Publikation in der Deutschen Nationalbibliografie; detaillierte bibliografische Daten sind im Internet über http://dnb.d-nb.de abrufbar.

© Springer-Verlag GmbH Deutschland, ein Teil von Springer Nature 2004, 2005, 2007, 2010, 2013, 2015, 2018, 2022

Das Werk einschließlich aller seiner Teile ist urheberrechtlich geschützt. Jede Verwertung, die nicht ausdrücklich vom Urheberrechtsgesetz zugelassen ist, bedarf der vorherigen Zustimmung des Verlags. Das gilt insbesondere für Vervielfältigungen, Bearbeitungen, Übersetzungen, Mikroverfilmungen und die Einspeicherung und Verarbeitung in elektronischen Systemen.

Die Wiedergabe von allgemein beschreibenden Bezeichnungen, Marken, Unternehmensnamen etc. in diesem Werk bedeutet nicht, dass diese frei durch jedermann benutzt werden dürfen. Die Berechtigung zur Benutzung unterliegt, auch ohne gesonderten Hinweis hierzu, den Regeln des Markenrechts. Die Rechte des jeweiligen Zeicheninhabers sind zu beachten.

Der Verlag, die Autoren und die Herausgeber gehen davon aus, dass die Angaben und Informationen in diesem Werk zum Zeitpunkt der Veröffentlichung vollständig und korrekt sind. Weder der Verlag, noch die Autoren oder die Herausgeber übernehmen, ausdrücklich oder implizit, Gewähr für den Inhalt des Werkes, etwaige Fehler oder Äußerungen. Der Verlag bleibt im Hinblick auf geografische Zuordnungen und Gebietsbezeichnungen in veröffentlichten Karten und Institutionsadressen neutral.

Springer Gabler ist ein Imprint der eingetragenen Gesellschaft Springer-Verlag GmbH, DE und ist ein Teil von Springer Nature.
Die Anschrift der Gesellschaft ist: Heidelberger Platz 3, 14197 Berlin, Germany

Vorwort zur 8. Auflage

Personalmanagement wird immer mehr zu einem strategischen Erfolgsfaktor der Unternehmungsführung. Dies gilt in Zeiten des Fachkräftemangels und verschärften Wettbewerbs um qualifizierte Mitarbeiter mehr denn je. Kaum ein Mitarbeiter ist nicht mit verschiedenen Aufgaben des Personalmanagement konfrontiert – sei es als Führungskraft, in der Personalabteilung, im Rahmen der betrieblichen Mitbestimmung oder als von personalpolitischen Maßnahmen Betroffener.

Dieses Lehrbuch gibt einen fundierten und systematischen Überblick über alle wichtigen Aspekte des Personalmanagement. Angesprochen sind dabei nicht nur Personalspezialisten, sondern alle mit personalpolitischen Aufgaben betrauten Führungskräfte und Mitarbeiter. Im Vordergrund stehen aktuelle und kontrovers diskutierte Aspekte, die für den Erfolg von Unternehmungen von besonderer Bedeutung sind und einen expliziten Managementbezug aufweisen.

Das Buch ist in sechs Kapitel gegliedert. In Kapitel 1 wird der Bedeutungswandel von der Personaladministration zum Personalmanagement aufgezeigt. Den Mittelpunkt von Kapitel 2 bilden ausgewählte Theorien des Personalmanagement, die die Grundlage für den diesem Buch zugrundeliegenden integrierten Personalmanagement-Ansatz bilden. Diese Theorien werden in späteren Kapiteln wieder aufgegriffen und zur Analyse personalpolitischer Probleme herangezogen.

Kapitel 3 ist den Akteuren des Personalmanagement gewidmet. Hierzu zählen die Mitarbeiter und die Führungskräfte als individuelle Akteure sowie die Mitarbeitervertreter und die Personalabteilung als kollektive Akteure. Den Abschluss des Kapitels bildet die Darstellung verschiedener Formen der Organisation des Personalmanagement, wobei vor allem aktuelle Entwicklungen wie der Beitrag des Personalmanagement zu Wertschöpfung, das Konzept der virtuellen Personalabteilung und das Outsourcing von Personalaufgaben thematisiert werden.

Im Mittelpunkt von Kapitel 4 stehen die Bedingungen des Personalmanagement. Dabei wird in externe Bedingungen wie das Arbeitsrecht und den Arbeitsmarkt sowie in interne Bedingungen wie die Unternehmungsstrategie und den Internationalisierungsgrad unterschieden.

Im umfangreichsten Kapitel 5 werden die einzelnen Instrumente des Personalmanagement dargestellt. Zu aktuellen Themen im Rahmen der Personalbedarfsplanung und -deckung zählen etwa der Einsatz von Methoden der künstlichen Intelligenz wie Chatbots und Applicant Tracking-Systeme (Kapitel 5.1). In Kapitel 5.2 (Personaleinsatz) werden vor allem neue Formen der Arbeitsgestaltung und Arbeitsflexibilisierung angesprochen, die sich durch die Digitalisierung und Virtualisierung ergeben und die nicht zuletzt durch die Corona-Pandemie an Bedeutung gewonnen haben. Ein Schwerpunkt in Kapitel 5.3 (Personalentlohnung) sind strategische Anreizsysteme für Führungskräfte. In Kapitel 5.4 (Personalführung) werden neben klassischen Führungstheorien auch neuere Ansätze der symbolischen und postmodernen Personalführung thematisiert.

Kapitel 6 ist schließlich der Effizienz des Personalmanagement und deren Messung im Rahmen des Personalcontrolling gewidmet. Wichtige Themen sind hier u.a. die Möglichkeiten von Big Data Analytics und die ethischen Aspekte des Personalcontrolling.

Ein besonderes Anliegen des Buches ist es, die Zusammenhänge zwischen verschiedenen Theorien, Konzepten und Methoden des Personalmanagement aufzuzeigen. Insbesondere wird deutlich gemacht, dass unterschiedliche Ansätze auch zu unterschiedlichen Perspektiven und Bewertungen personalpolitischer Fragestellungen führen können. Theoretische Fundierung heißt jedoch keineswegs Praxisferne. Vielmehr soll belegt werden, dass die einzelnen Theorien und Konzepte des Personalmanagement sehr praktische Implikationen beinhalten können. Dazu dienen vor allem zahlreiche Beispiele, die Anwendungen in Unternehmungen aufzeigen und Erfahrungen illustrieren.

Die diesem Buch zugrundeliegende Konzeption wurde über mehrere Jahre in Lehrveranstaltungen des Master- und MBA-Studiums an der Friedrich-Alexander-Universität Erlangen-Nürnberg entwickelt, erprobt und kontinuierlich erweitert. Allen Studierenden, die sich an diesen Lehrveranstaltungen in großer Zahl und mit großem Engagement beteiligt haben, gebührt daher Dank für vielfältige Anregungen, Verbesserungsvorschläge und Hinweise auf Unverständlichkeiten. Danken möchte ich auch den Kolleginnen und Kollegen in der Kommission „Personalwesen" im Verband der Hochschullehrerinnen und Hochschullehrer für Betriebswirtschaft e.V. und in der Academy of Management für ihre kritischen und ermutigenden Kommentare zu verschiedenen Vorträgen und Aufsätzen, die in einzelne Kapitel eingeflossen sind.

Für die achte Auflage wurden alle Kapitel überarbeitet, aktualisiert und erweitert. Dies gilt insbesondere für die Berücksichtigung von Reformen des Arbeitsrechts. Zudem wurden neue Entwicklungen wie die Digitalisierung des Personalmanagement, die Zunahme mobiler Arbeit und die Führung auf Distanz berücksichtigt. Viele Kapitel wurden um aktuelle Praxisbeispiele und empirische Studien ergänzt. Alle Literaturangaben wurden aktualisiert und rund 200 neue Veröffentlichungen eingearbeitet.

Mein Dank gilt meinen Kollegen Prof. Dr. Nicola Berg (Universität Hamburg) und Prof. Dr. Helmut Haussmann (Bundeswirtschaftsminister a.D.), die mir zahlreiche Anregungen für Überarbeitungen und Ergänzungen gegeben haben. Meine Söhne Moritz und Leo haben mein Verständnis der Digitalisierung und der Generation Z gefördert. Meinen jetzigen und ehemaligen Mitarbeitern Dr. Judith Ambrosius, Theresa Bernhard, Dr. Marcus Conrad, Dr. Franziska Engelhard, Dr. Ritam Garg, Maxim Grib, Dr. Christina Heidemann, Laura Kirste, Dr. Daniel Maderer, Nikhila Raghavan, PD Dr. Tassilo Schuster, Dr. Marc Oberhauser, Marion Wehner und Luisa Wicht danke ich für viele anregende Diskussionen und die herzliche Arbeitsatmosphäre am Lehrstuhl, in der dieses Buch entstanden ist.

Nürnberg, im Juni 2022   Univ.-Prof. Dr. Dirk Holtbrügge

Inhaltsverzeichnis

Vorwort zur 8. Auflage V

Inhaltsverzeichnis VII

1 Personalmanagement als strategischer Erfolgsfaktor der Unternehmungsführung 1

2 Theoretische Grundlagen des Personalmanagement 9
   2.1 Theorie der wissenschaftlichen Betriebsführung 9
   2.2 Human Relations-Ansatz 12
   2.3 Motivationstheoretische Ansätze 13
      2.3.1 Inhaltstheorien der Motivation 15
         2.3.1.1 Bedürfnispyramide von Maslow 15
         2.3.1.2 Zwei-Faktoren-Theorie von Herzberg 17
      2.3.2 Prozesstheorien der Motivation 19
         2.3.2.1 Gerechtigkeitstheorie von Adams 19
         2.3.2.2 Valenz-Instrumentalitäts-Erwartungstheorie von Vroom 21
         2.3.2.3 Motivationsmodell von Porter/Lawler 23
      2.3.3 Kritisches Fazit und Implikationen der motivationstheoretischen Ansätze für das Personalmanagement 25
   2.4 Konfliktorientierter Ansatz 27
   2.5 Kontingenzansatz 28
   2.6 Systemansatz 29
   2.7 Ressourcenorientierter Ansatz 30
   2.8 Personalökonomischer Ansatz 34
   2.9 Integrierter Personalmanagement-Ansatz 39

3 Akteure des Personalmanagement 43
   3.1 Individuelle Akteure 43
      3.1.1 Mitarbeiter 43
         3.1.1.1 Arbeitnehmer 44
         3.1.1.2 Arbeitnehmerähnliche 46
         3.1.1.3 Leiharbeitnehmer 47
         3.1.1.4 Beamte 49
      3.1.2 Führungskräfte 50
   3.2 Kollektive Akteure 55

3.2.1 Mitarbeitervertreter 55
    3.2.1.1 Betriebsrat 55
    3.2.1.2 Unternehmensmitbestimmung 60
3.2.2 Personalabteilung 64
    3.2.2.1 Aufgaben und Anforderungen 64
    3.2.2.2 Organisation der Personalabteilung (Innenstruktur) 66
    3.2.2.3 Hierarchische Einordnung der Personalabteilung in die Gesamtunternehmung (Außenstruktur) 68
    3.2.2.4 Die Personalabteilung als Wertschöpfungscenter 68
    3.2.2.5 Virtualisierung der Personalabteilung 73
    3.2.2.6 Outsourcing des Personalmanagement 74
    3.2.2.7 Offshoring des Personalmanagement 77

4 Bedingungen des Personalmanagement 79
4.1 Externe Bedingungen 79
  4.1.1 Arbeitsrecht 79
    4.1.1.1 Individuelles Arbeitsrecht 80
      4.1.1.1.1 Arbeitsvertragsrecht 80
      4.1.1.1.2 Arbeitsschutzrecht 82
    4.1.1.2 Kollektives Arbeitsrecht 84
      4.1.1.2.1 Tarifvertragsrecht 84
      4.1.1.2.2 Mitbestimmungsrecht 92
  4.1.2 Arbeitsmarkt 92
    4.1.2.1 Dimensionen und Segmente des Arbeitsmarktes 92
    4.1.2.2 Arbeitgeberimage 95
4.2 Interne Bedingungen 98
  4.2.1 Unternehmungsstrategie 99
  4.2.2 Internationalisierungsgrad 103

5 Instrumente des Personalmanagement 111
5.1 Personalbedarfsplanung und Personalbedarfsdeckung 111
  5.1.1 Personalbedarfsplanung 112
    5.1.1.1 Gegenstand und Ziele 112
    5.1.1.2 Methoden 112
      5.1.1.2.1 Summarische Methoden 112
      5.1.1.2.2 Analytische Methoden 114
    5.1.1.3 Praktische Bedeutung und Effizienz 117
  5.1.2 Personalbeschaffung 119
    5.1.2.1 Personalwerbung 119
      5.1.2.1.1 Gegenstand und Ziele 119
      5.1.2.1.2 Wege und Methoden 120
        5.1.2.1.2.1 Innerbetriebliche Stellenausschreibungen ... 120
        5.1.2.1.2.2 Empfehlungen von Mitarbeitern 121
        5.1.2.1.2.3 Stellenanzeigen in Zeitungen und Zeitschriften 121
        5.1.2.1.2.4 Bundesagentur für Arbeit 123
        5.1.2.1.2.5 Initiativbewerbung 123

5.1.2.1.2.6 Hochschulmarketing (Campus-Recruiting) 124
5.1.2.1.2.7 Personalvermittler 125
5.1.2.1.2.8 Personalhomepage 125
5.1.2.1.2.9 Elektronische Jobbörsen 128
5.1.2.1.2.10 Soziale Netzwerke 129
5.1.2.1.3 Praktische Bedeutung und Effizienz 131
5.1.2.2 Bewerberauswahl 132
5.1.2.2.1 Gegenstand und Ziele 132
5.1.2.2.2 Kriterien und Verfahren 134
5.1.2.2.2.1 Bewerbungsunterlagen 134
5.1.2.2.2.2 Personalfragebogen 136
5.1.2.2.2.3 Selbstpräsentationen in sozialen Netzwerken 136
5.1.2.2.2.4 Vorstellungsgespräche 137
5.1.2.2.2.5 Applicant Tracking Systeme 140
5.1.2.2.2.6 Testverfahren 141
5.1.2.2.2.7 Losverfahren 144
5.1.2.2.3 Praktische Bedeutung und Effizienz 145
5.1.2.3 Personaleinstellung 146
5.1.3 Personalentwicklung 149
5.1.3.1 Gegenstand und Ziele 149
5.1.3.2 Aus- und Weiterbildung 151
5.1.3.2.1 Inhalte 151
5.1.3.2.2 Methoden 153
5.1.3.2.3 Praktische Bedeutung und Effizienz 161
5.1.3.3 Karrieremanagement 163
5.1.3.3.1 Individuumsorientiertes Karrieremanagement 163
5.1.3.3.1.1 Abgleich von Anforderungs- und Eignungsprofilen . 163
5.1.3.3.1.2 Festlegung geeigneter Positionsfolgen 165
5.1.3.3.2 Unternehmungsorientiertes Karrieremanagement 173
5.1.4 Personalfreisetzung 175
5.1.4.1 Ursachen 175
5.1.4.2 Maßnahmen 176
5.1.4.2.1 Nichtverlängerung von befristeten Arbeitsverträgen 176
5.1.4.2.2 Nichtverlängerung bzw. Kündigung von
           Personalleasingverträgen 177
5.1.4.2.3 Einstellungsstopp 177
5.1.4.2.4 Aufhebungsverträge 178
5.1.4.2.5 Frühzeitige Pensionierungen 178
5.1.4.2.6 Kündigungen bzw. Entlassungen 179
5.1.4.3 Outplacement 182
5.2 Personaleinsatz 184
5.2.1 Gestaltung des Arbeitsinhalts 184
5.2.1.1 Kriterien der Stellenspezialisierung 184
5.2.1.2 Individuumsorientierte Aufgabengestaltung 185
5.2.1.3 Gruppenorientierte Aufgabengestaltung 188
5.2.1.4 Idiosynkratische Stellenbildung 197

5.2.2 Gestaltung des Arbeitsplatzes 199
    5.2.2.1 Gestaltung von Arbeitsmitteln und Arbeitsumgebung 199
    5.2.2.2 Virtualisierung des Arbeitsortes 201
5.2.3 Gestaltung der Arbeitszeit 203
    5.2.3.1 Länge bzw. Dauer der Arbeitszeit (Chronometrie) 204
    5.2.3.2 Lage der Arbeitszeit (Chronologie) 207
    5.2.3.3 Arbeitspausen 207
    5.2.3.4 Flexibilität der Arbeitszeitgestaltung 209
    5.2.3.5 Praktische Bedeutung und Effizienz 215
5.3 Personalentlohnung 218
    5.3.1 Ziele der Personalentlohnung 218
        5.3.1.1 Gewährleistung der Arbeitsleistung und -zufriedenheit 218
        5.3.1.2 Induzierung eines strategiekonformen Verhaltens 219
        5.3.1.3 Gewährleistung der Entgeltgerechtigkeit 220
    5.3.2 Kriterien und Verfahren der Entgeltdifferenzierung 221
        5.3.2.1 Anforderungsabhängige Entgeltdifferenzierung 221
        5.3.2.2 Leistungsabhängige Entgeltdifferenzierung 224
        5.3.2.3 Erfolgsabhängige Entgeltdifferenzierung 227
        5.3.2.4 Qualifikationsabhängige Entgeltdifferenzierung 231
        5.3.2.5 Statusabhängige Entgeltdifferenzierung 231
    5.3.3 Auswahl bzw. Kombination der Entgeltformen 233
        5.3.3.1 Monetäre Entgeltbestandteile 234
            5.3.3.1.1 Fixe Entgeltbestandteile: Zeitlohn bzw. Grundgehalt 234
            5.3.3.1.2 Variable Entgeltbestandteile: Zuschläge und
                     Kapitalbeteiligung 234
        5.3.3.2 Nicht-monetäre Entgeltbestandteile 237
        5.3.3.3 Cafeteria-Systeme 238
    5.3.4 Festlegung der absoluten Entgelthöhe 240
5.4 Personalführung 249
    5.4.1 Phasen des Führungsprozesses 250
        5.4.1.1 Führungsphilosophie (Menschenbild der Führungskräfte) 250
        5.4.1.2 Entscheidungsfindung 252
        5.4.1.3 Entscheidungsdurchsetzung 254
        5.4.1.4 Entscheidungskontrolle 259
    5.4.2 Führungstheorien 261
        5.4.2.1 Eigenschaftstheorien 262
        5.4.2.2 Verhaltenstheorien 267
        5.4.2.3 Austauschtheorien 270
        5.4.2.4 Situationstheorien 272
            5.4.2.4.1 3-D-Programm von Reddin 272
            5.4.2.4.2 Reifegradtheorie von Hersey/Blanchard 274
            5.4.2.4.3 Kontingenztheorie der Personalführung von Fiedler 275
            5.4.2.4.4 Normatives Entscheidungsmodell von Vroom/Yetton 279
        5.4.2.5 Praktische Bedeutung und Effizienz 282
    5.4.3 Personalführung in symbolischer Perspektive: Der Ansatz der
          Organisationskultur 284

5.4.4 Personalführung in struktureller Perspektive: Der Ansatz der
Postmoderne 288

6 Personalcontrolling 291
6.1 Gegenstand und Ziele des Personalcontrolling 291
6.2 Instrumente und Methoden des Personalcontrolling 293
6.3 Kennzahlensysteme 296
    6.3.1 Sozialbilanzen 296
    6.3.2 Humanvermögensrechnung 297
    6.3.3 Instrumentenorientierter Ansatz 301
    6.3.4 Akteursorientierter Ansatz 303
    6.3.5 Balanced Scorecard-Ansatz 306
6.4 Organisation des Personalcontrolling 308
    6.4.1 Aufbauorganisation 308
    6.4.2 Ablauforganisation 309
6.5 Voraussetzungen und Grenzen des Personalcontrolling 311

Abkürzungsverzeichnis 315

Literaturverzeichnis 317

Firmenverzeichnis 369

Stichwortverzeichnis 371

1 Personalmanagement als strategischer Erfolgsfaktor der Unternehmungsführung

Seit der Herausbildung eigenständiger Personalabteilungen in industriellen Großunternehmungen im ausgehenden 19. Jahrhundert haben sich Inhalt, Ziele und Methoden des Personalmanagement fundamental gewandelt. In **traditioneller Auffassung** kam dem Personalwesen als betriebliche Instrumentalfunktion die Aufgabe zu, den Faktor Arbeit möglichst optimal an die rechtlichen, technologischen, organisatorischen und marktlichen Rahmenbedingungen der Unternehmung anzupassen. Entsprechend war das Personalwesen lange Zeit vor allem von den beiden folgenden **Zielsetzungen** geleitet:

- Im Vordergrund stand zumeist das Ziel, die *Rechtmäßigkeit* aller personalpolitischen Aktivitäten zu gewährleisten. Die große Bedeutung dieses Ziels resultierte aus dem weitreichenden Einfluss des Rechts auf personalpolitische Entscheidungen. Traditionell waren damit deshalb überwiegend Juristen betraut.
- Darüber hinaus wurde das Ziel verfolgt, eine möglichst hohe *Arbeitsproduktivität* der Mitarbeiter zu erreichen, indem z.B. Zeit- und Bewegungsstudien durchgeführt und leistungsorientierte Entgeltsysteme eingeführt wurden. Da diese Aufgaben einen starken technischen Bezug hatten, wurden sie vor allem von Ingenieuren ausgeübt.

Deutlich wird diese traditionelle Ausrichtung des Personalwesens etwa im **Produktionsfaktoransatz von Gutenberg** (1983), wonach die Mitarbeiter einer Unternehmung analog zu Kapital, Roh- und Betriebsstoffen, Maschinen und Gebäuden als *Produktionsfaktoren* angesehen werden, deren Einsatz es zu optimieren gilt. Die besonderen Eigenschaften des Menschen, d.h. seine Ziele, Wünsche, Emotionen, Ängste, u.a. stellen lediglich Rahmenbedingungen dar, die beim Einsatz dieses Produktionsfaktors berücksichtigt werden müssen. Entsprechend argumentieren Wöhe/Döring (2002, S. 32): „Zweifellos kommt dem arbeitenden Menschen eine zentrale Stellung im Betrieb zu. Aber vom Standpunkt der Betriebswirtschaftslehre ist er nicht Zweck, sondern Mittel, einer der Faktoren, die zur Realisierung der mit dem Betriebsprozess erstrebten praktischen Zielsetzungen eingesetzt werden."

Organisatorisch verankert waren personalpolitische Aufgaben zumeist in einer zentralen Stabsabteilung „Personalwesen", deren Aufgaben vor allem die Lohn- und Gehaltsabrechnung, das Führen von Personalakten und die Einstellung neuer Mitarbeiter waren. Diesen administrativen und operativen Aufgaben entsprechend besaß die Personalabteilung i.d.R. keine Weisungsbefugnis und nur einen geringen Einfluss auf unternehmungspolitische Entscheidungen.

Diese traditionelle Auffassung des Personalwesens hat seit Beginn der 1980er Jahre einen **grundlegenden Wandel** erfahren, der sich gleichermaßen auf dessen Zielsetzungen, Instrumente und organisatorische Verankerung auswirkt (vgl. Tab. 1.1). Begleitet wird dieser von einem Begriffswandel. Während früher die Begriffe Personalwesen oder Personalverwaltung gebräuchlich waren, wird zunehmend der Begriff Personalmanagement verwendet. Ein ähnlicher Wandel ist im anglo-amerikanischen Sprachraum zu beobachten, wo der Begriff Human Resource Management zunehmend den Begriff Personnel Management ersetzt.

Tabelle 1.1. Von der Personalverwaltung zum Personalmanagement

	Personalverwaltung	**Personalmanagement**
Ziele	• Rechtmäßigkeit • Arbeitsproduktivität	• Zufriedenheit • Wirtschaftlichkeit und Wettbewerbsfähigkeit
Leitbilder	• Bürokratie (Verwaltungsorientierung)	• Markt (Wettbewerbsorientierung)
Menschenbild	• *homo oeconomicus* • Normalarbeitskraft	• *complex man* • Organisationsmitglied
Umweltzustand	• statisch	• dynamisch
Antriebskräfte	• Gesetzgeber	• Wettbewerb
wissenschaftliche Grundlagen	• Recht • Verwaltungswissenschaften • Ingenieurwissenschaften	• Betriebswirtschaftslehre • Verhaltenswissenschaften • Wirtschaftsinformatik

Standen im Rahmen des Personalwesens vor allem die Rechtmäßigkeit und Produktivität personeller Maßnahmen im Vordergrund, verfolgt das Personalmanagement insbesondere die folgenden **Ziele**:

- *Zufriedenheit*: Mit dem Wandel von der Personaladministration zum Personalmanagement geht eine fundamentale Veränderung des Menschenbilds einher. Mitarbeiter werden nicht länger als Produktionsfaktoren aufgefasst, sondern als Organisationsmitglieder, deren Bedürfnisse und Qualifikationen bei Entscheidungen im Hinblick auf die Erzielung einer möglichst hohen Wettbewerbsfähigkeit und Arbeitszufriedenheit zu berücksichtigen sind. Damit einher geht die verstärkte Adaption und Integration von Erkenntnissen der Verhaltenswissenschaften wie der Organisations- und Arbeitspsychologie (vgl. von Rosenstiel/Nerdinger 2011; Ulich 2011; Nerdinger/Blickle/Schaper 2018; Schuler/Moser 2019), der Organisations- und Arbeitssoziologie (vgl. Mikl-Horke 2007; Abraham/Büschges 2009) sowie der Ethik und Philosophie (vgl. Steinmann/Löhr 1992; Holtbrügge 2001; Kaiser/Kozica 2012).

- *Wirtschaftlichkeit und Wettbewerbsfähigkeit*: Unbestritten ist darüber hinaus, dass der Einsatz personalpolitischer Instrumente nicht nur die Arbeitsproduktivität steigern, sondern die Wirtschaftlichkeit und Wettbewerbsfähigkeit von Unternehmungen insgesamt verbessern soll. Neben der Verhaltensorientierung kommt dem Personalmanagement damit auch eine starke Marktorientierung zu, die sich im Rückgriff auf Erkenntnisse und Methoden der Ökonomie niederschlägt (vgl. Backes-Gellner/Lazear/Wolff 2001; Sadowski 2002). Darüber hinaus finden verstärkt Methoden der Wirtschaftsinformatik Anwendung (vgl. Strohmeier 2022).

Aus diesen beiden Zielsetzungen ergeben sich mehrere Implikationen für die **organisatorische Einordnung** des Personalmanagement, die anschaulich in Abb. 1.1 illustriert sind. Von besonderer Bedeutung ist, dass sich Personalmanagement nicht länger auf die operative Anwendung von Personaltechniken durch eine hierarchisch untergeordnete Personalabteilung reduziert, sondern neben der Planung, der Organisation und dem Controlling zu einer gleichwertigen strategischen *Führungsaufgabe* wird. Beispiele für personalpolitische Instrumente auf strategischer Ebene sind die integrierte Personal- und Strategieplanung (vgl. Kap. 5.1.1.3) sowie Anreizsysteme für Führungskräfte (vgl. Kap. 5.3).

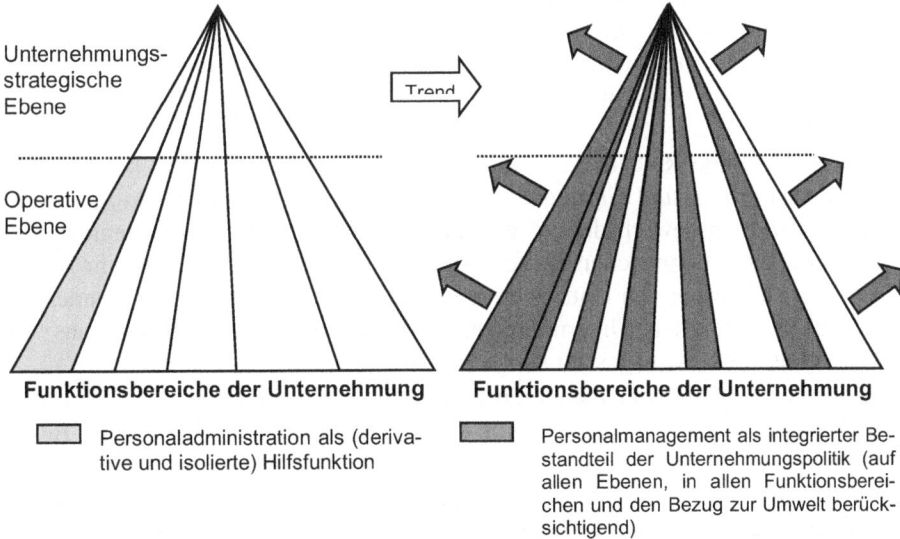

Abb. 1.1. Von der Personaladministration zum Personalmanagement (Quelle: erweitert nach Wohlgemuth 1987, S. 88)

Personalpolitische Fragestellungen bleiben zudem nicht länger auf den Funktionsbereich Personalwesen beschränkt, sondern werden für *alle betrieblichen Funktionsbereiche* und damit letztlich für *alle Mitarbeiter* relevant. Insbesondere Führungskräfte werden immer mehr zu eigenständigen personalpolitischen Akteuren, die in Zusammenarbeit mit der Personalabteilung Gestaltungsaufgaben des Personalmanagement wahrnehmen (vgl. Kap. 3.2).

Darüber hinaus besitzt das Personalmanagement einen starken *Umweltbezug*. Dies gilt in zweifacher Hinsicht: Einerseits stehen Unternehmungen auf dem Arbeitsmarkt in Konkurrenz zu anderen Unternehmungen, was sich z.B. auf deren Personalbeschaffung und Personalentlohnung auswirkt. Andererseits werden die Mitarbeiter als Humanressourcen aufgefasst, die im Sinne der ressourcenorientierten Theorie der Unternehmung (vgl. Kap. 2.7) eine zentrale Quelle von Wettbewerbsvorteilen gegenüber anderen Unternehmungen darstellen.

Für die wachsende Bedeutung des Personalmanagement gibt es zahlreiche **Ursachen** (vgl. Rump/Walter 2013; Hackl/Gerpott 2015; Widuckel 2015):

- Die *zunehmende Größe und Komplexität vieler Unternehmungen* bewirkt, dass personalpolitische Maßnahmen nicht mehr allein der Personaladministration dienen, sondern auch eine wichtige Koordinationsfunktion übernehmen. So sollen etwa verbindliche Kriterien der Personalauswahl, gruppenorientierte Formen des Personaleinsatzes und die Personalführung mit Hilfe von Zielvorgaben auch dazu beitragen, die Handlungen der einzelnen Mitarbeiter aufeinander abzustimmen und eine konsistente Unternehmungspolitik zu gewährleisten.
- Eine weitere Ursache ist der in Deutschland und vielen anderen Ländern in den letzten Jahren zu beobachtende *rapide Anstieg der absoluten und relativen Personalaufwendungen*. Vor allem im Dienstleistungssektor machen die Personalaufwendungen einen bedeutenden Teil der Gesamtaufwendungen aus, was wiederum eine intensive Auseinandersetzung mit personalpolitischen Fragestellungen erfordert.
- Die zunehmende Relevanz des Personalmanagement ist darüber hinaus durch die *Verschärfung und Globalisierung des Wettbewerbs* bedingt. Aufgrund des steigenden Wettbewerbsdrucks werden personalpolitische Instrumente immer stärker einer ökonomischen Kosten-Nutzen-Analyse unterzogen und ihr Beitrag zur Wertsteigerung von Unternehmungen untersucht. Dies gilt insbesondere für Branchen, in denen Unternehmungen internationaler Konkurrenz aus den Emerging Markets ausgesetzt sind.
- In Deutschland und vielen anderen Industrieländern vollziehen sich tief greifende *demographische Veränderungen*. Dazu zählen etwa die Alterung der Bevölkerung, die zunehmende Erwerbstätigkeit von Frauen sowie die kulturelle Differenzierung in vielen Unternehmungen. Diese Diversifizierung der Beschäftigten führt dazu, dass das vielen personalpolitischen Instrumenten zugrunde liegende Menschenbild der Normalarbeitskraft obsolet wird und eine Individualisierung des Personalmanagement stattfindet.
- Zu dieser Individualisierung des Personalmanagement trägt auch der in den meisten Industrieländern zu beobachtende *Wertewandel* von materialistischen zu post-materialistischen Werten bei. Der steigende Wohlstand und die erkennbaren Grenzen des Wachstums haben seit Ende der sechziger Jahre zu veränderten Arbeitseinstellungen geführt, die Autonomie, Arbeitszeitreduzierung und die bessere Abstimmung mit privaten und sozialen Bedürfnissen höher einstufen als einen permanenten Einkommenszuwachs. Aufgrund des geringen

Wirtschaftswachstums und der hohen Arbeitslosigkeit deutet sich in vielen Ländern jedoch gegenwärtig wieder eine zunehmende Leistungsorientierung, Flexibilität sowie regionale und berufliche Mobilität der Mitarbeiter an.
- Ein weiterer Grund sind die in vielen Industrieländern zu beobachtenden *strukturellen Veränderungen des Arbeitsmarktes*. So herrscht z.B. in Deutschland ein Mangel an qualifizierten Fachkräften (z.B. in vielen Handwerksberufen und in der Informationstechnologie) bei gleichzeitig hoher Arbeitslosigkeit in anderen Bereichen vor. Aufgrund der demographischen Entwicklung wird sich dieses strukturelle Ungleichgewicht in den nächsten Jahren weiter verschärfen. Die Instrumente des Personalmanagement erfordern deshalb einen zielgruppenspezifischen Einsatz. Während etwa einerseits ein verschärfter *war for talents* zu beobachten ist, der zu besonders attraktiven Beschäftigungsangeboten für hoch qualifizierte Fach- und Führungskräfte führt, nimmt andererseits der Anteil befristeter und prekärer Arbeitsverhältnisse zu.
- Schließlich nimmt die Bedeutung des Personalmanagement durch die *Digitalisierung* und *Entwicklung neuer Technologien* zu. Diese fördern die Virtualisierung der Arbeit und die Mobilität der Mitarbeiter und bewirken eine erhebliche Erweiterung, Erhöhung und Verschiebung von Anforderungsprofilen. Zudem gewinnen dadurch vernetzende, koordinierende und überwachende Tätigkeiten gegenüber ausführenden Tätigkeiten immer mehr an Bedeutung, was wiederum eine Schwerpunktverschiebung des Personalmanagement zur Folge hat.

In einer empirischen Studie unter Personalverantwortlichen schweizerischer Unternehmungen haben etwa Wunderer/Dick (2007) untersucht, wie sich diese Veränderungen der Rahmenbedingungen auf die **praktische Bedeutung** der unterschiedlichen Instrumente des Personalmanagement auswirken werden. Dabei zeigt sich, dass vor allem die Relevanz der Personalentwicklung und der Personalauswahl zunehmen wird. Darin drückt sich die zentrale *Bedeutung des Wissens für den Unternehmungserfolg* aus. Daneben wird für die Entgeltgestaltung, die Arbeitszeitgestaltung und die Personalplanung ein starker Bedeutungszuwachs prognostiziert. Während die ersten beiden Instrumente vor allem der wachsenden *Individualisierung* Rechnung tragen, steht bei der Personalplanung deren *Koordinationsfunktion* im Vordergrund.

Insgesamt fällt dem Personalmanagement damit eine zentrale Rolle im Rahmen der Unternehmungsführung zu, die nicht mehr nur auf die Implementierung von Strategien beschränkt ist, sondern auch deren Initiierung umfasst. Entsprechend verschieben sich die Anforderungen an das Personalmanagement von Routinetätigkeiten zu strategischen und strategieunterstützenden Tätigkeiten, die in enger Abstimmung zwischen Personalabteilung und Linienvorgesetzten ausgeübt werden. Zum wichtigsten Beurteilungskriterium des Personalmanagement wird dessen Fähigkeit, einen positiven Beitrag zur Wettbewerbsfähigkeit von Unternehmungen zu leisten (vgl. Lado/Wilson 1994; Delery/Roumpi 2017).

Der positive **Beitrag des Personalmanagement zum Unternehmungserfolg** wird durch zahlreiche empirische Untersuchungen bestätigt. Bereits Peters/Waterman (1984) zeigen im Rahmen ihres *7-S-Konzepts* auf, dass der Erfolg einer Unternehmung nicht nur von den „harten" Faktoren Strategie, Struktur und Systeme abhängt, sondern vor allem durch die „weichen" Faktoren Personal, Fertigkeiten und Fähigkeiten, Führungsstil und Unternehmungsphilosophie bestimmt wird. Einen empirischen Beleg dafür liefert eine Studie der Boston Consulting Group (Strack et al. 2012). In einer weltweiten Befragung von 4.300 Personalverantwortlichen zeigte sich, dass die Gewinnmarge und das Umsatzwachstum von Unternehmungen mit einer systematischen Personalentwicklung, einem ausgeprägten Talentmanagement und einer transparenten Personalbeurteilung und -entlohnung signifikant höher als von Unternehmungen sind, deren Aktivitäten in diesen Bereichen unterdurchschnittlich sind.

In einer Metaanalyse von 61 Studien in Asien, Europa und den USA bestätigen Gmür/Schwerdt (2005) diesen Zusammenhang und weisen einen positiven Einfluss des Personalmanagement auf den Unternehmungserfolg nach. Besonders bedeutsam sind danach der Aufwand für die Personalbeschaffung, eine leistungsfördernde Arbeitsgestaltung, die Höhe des Weiterbildungsaufwands, der Anteil variabler Vergütung und das Fürsorgeempfinden der Unternehmung für ihre Mitarbeiter (vgl. Abb. 1.2). Der Erfolgsbeitrag dieser Instrumente ist weitgehend von der Unternehmungsgröße und dem Herkunftsland unabhängig (vgl. auch Bonn/Gmür/Klimecki 2004; Stock 2004). Eine Schwäche des gegenwärtigen Forschungsstands zum Zusammenhang zwischen Personalmanagement und Unternehmungserfolg ist jedoch, dass bislang nur wenige Erkenntnisse zu möglichen indirekten bzw. moderierenden Effekten vorliegen. Die genauen Wirkungszusammenhänge zwischen dem Einsatz der Instrumente des Personalmanagement und dem Unternehmungserfolg sind deshalb noch weitgehend unerforscht. Zudem handelt es sich bei der Mehrzahl der Studien um Querschnittsuntersuchungen, die keine eindeutigen Hinweise auf die Kausalität der gefundenen Zusammenhänge erlauben (vgl. Stock-Homburg/Herrmann/Bieling 2009).

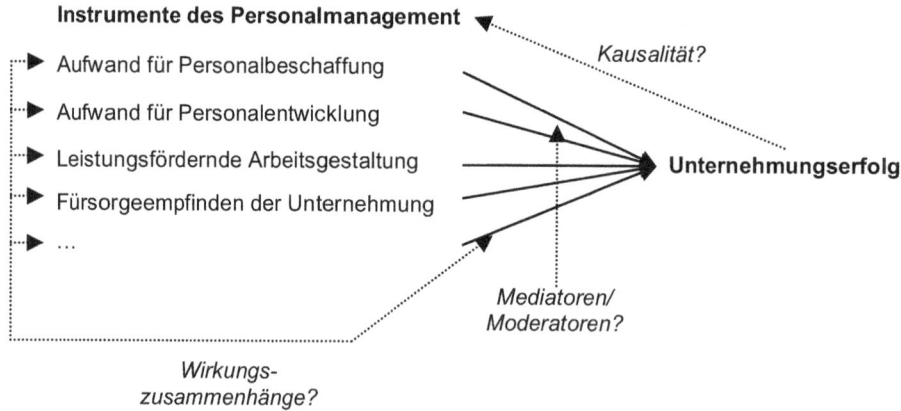

Abb. 1.2. Einfluss des Personalmanagement auf den Unternehmungserfolg

Die Bedeutung des Personalmanagement für den Unternehmungserfolg äußert sich nicht zuletzt darin, dass dieses auch im Rahmen der **Investor Relations** einen immer größeren Raum einnimmt. So schreibt § 289c, HGB vor, dass Kapitalgesellschaften auch eine Erklärung über Arbeitnehmerbelange abzugeben haben, „wobei sich die Angaben beispielsweise auf die Maßnahmen, die zur Gewährleistung der Geschlechtergleichstellung ergriffen wurden, die Arbeitsbedingungen, die Umsetzung der grundlegenden Übereinkommen der Internationalen Arbeitsorganisation, die Achtung der Rechte der Arbeitnehmerinnen und Arbeitnehmer, informiert und konsultiert zu werden, den sozialen Dialog, die Achtung der Rechte der Gewerkschaften, den Gesundheitsschutz oder die Sicherheit am Arbeitsplatz beziehen können." Konkretisiert wird dieses Erfordernis im DRS 15 des Deutschen Rechnungslegungs Standards Committee (2021), der eine möglichst quantifizierte Berichterstattung zur Fluktuation, zur Mitarbeiterqualifikation, zu Weiterbildungsaufwendungen, zum Entlohnungssystem sowie zu tariflichen und betrieblichen Vereinbarungen empfiehlt.

Leitlinien zur Personalberichterstattung beinhaltet auch die an der *Global Reporting Initiative* orientierte **DIN ISO 30414**. Diese umfasst 58 Kennzahlen in 11 Bereichen (vgl. Kap. 6.3.3): Compliance und Ethik; Personalkosten; Vielfalt; Führung; Unternehmenskultur; Wohlbefinden, Arbeits- und Gesundheitsschutz; Produktivität; Personaleinstellung, Mobilität und Fluktuation; Fähigkeiten und Leistungspotenzial; Nachfolgeplanung sowie Mitarbeiterverfügbarkeit. Neben der internen Steuerung des Personalmanagement können die Kennzahlen auch zur Berichterstattung an externe Interessengruppen (z.B. potenzielle Bewerber, Gesetzgeber, Gewerkschaften, etc.) genutzt werden. Für kleine und mittelständische Unternehmungen werden zehn und für große Unternehmungen 20 Kennzahlen zur öffentlichen Personalberichterstattung vorgeschlagen.

In Zukunft ist davon auszugehen, dass Aspekte des Personalmanagement auch bei der Bewertung von Unternehmungen durch Aktionäre, Banken, Kooperationspartner und die Öffentlichkeit an Relevanz gewinnen (vgl. Wucknitz 2005; Scholz/Sattelberger 2012). In vielen Unternehmungen hat deshalb in den letzten Jahren der Umfang der Personalberichterstattung zugenommen (vgl. Beile 2011). Nach einer empirischen Studie von Knauer (2010) berichten etwa 96,7% der DAX-30-Unternehmungen, 85,1% der MDAX-Unternehmungen und 61,5% der TecDAX-Unternehmungen in ihrem Geschäftsbericht über ihre Personalstrategien. Im Vordergrund stehen dabei Informationen zur Mitarbeiterstruktur sowie zur Aus- und Weiterbildung. Angaben zum Diversity-Management, zur Arbeitgeberattraktivität, zur Partizipation sowie zum Anreizsystem werden dagegen deutlich seltener gemacht. Besonders ausgeprägt ist die Personalberichterstattung bei Unternehmungen aus Branchen, denen Stellensuchende überwiegend nur eine geringe Attraktivität beimessen wie etwa Energieversorgung und Rohstoffe, während Unternehmungen aus der Technologiebranche und der pharmazeutischen Industrie deutlich weniger Informationen über ihr Personalmanagement veröffentlichen.

Tab. 1.2 gibt ausgewählte Aspekte der Personalberichterstattung am Beispiel der Deutschen Bank für die Jahre 2019 bis 2021 wieder.

Tabelle 1.2. Personalberichterstattung am Beispiel der Deutschen Bank

Strukturkennzahlen		2019	2020	2021
Mitarbeiter[1]		87.597	84.659	82.969
Regionen	Deutschland	40,5%	37,3%	35,7%
	Europa, Naher Osten, Afrika	19,7%	19,6%	19,3%
	Nord- und Südamerika	8,6%	8,3%	7,7%
	Asien/Pazifik	18,9%	19,4%	20,2%
Alter	bis 29 Jahre	15,5%	14,9%	15,1%
	30-39 Jahre	29,3%	28,4%	28,6%
	40-49 Jahre	27,6%	27,1%	27,1%
	über 49 Jahre	27,6%	29,6%	29,2%
Weibliche Mitarbeiter	Insgesamt	46,3%	46,4%	46,3%
	Managing Directors	18,3%	18,4%	18,3%
	Directors	25,1%	25,1%	25,1%
	Non-Officers	59,6%	59,9%	59,9%
Auszubildende	Anteil	3,6%	4,2%	3,6%
	Übernahmequote	63%	63%	61%
Teilzeitmitarbeiter		13,3%	14,3%	13,3%
Behinderte		6,1%	6,9%	6,3%
Einstellungen, Bindung und Fluktuation				
Einstellungen		8.300	7.200	9.000
Interne Stellenwechsel		7.900	5.900	5.800
Interne Stellenbesetzungsquote		37,6%	35,9%	31,0%
Mitarbeiter-Commitment-Index		58%	69%	58%
Fluktuationsquote		8,0%	5,9%	8,0%
Aus- und Weiterbildung				
Trainingsteilnahmen (in Tsd.)		1.389	1.512	1.771
Weiterbildungsaufwand (in Mio. €)		70,0	37,3	37,9
Weiterbildungsaufwand pro Mitarbeiter (in €)		773	430	449
Aufwendungen für Berufsausbildung (in Mio. €)		37	39	34
Leistungskennzahlen				
Personalaufwand (in Mio. €)		11.142	10.471	10.418
Personalaufwand pro Mitarbeiter (in Tsd. €)		123,0	120,7	125,6
Erträge pro Mitarbeiter (in Tsd. €)		255,7	277,0	306,3

[1] Vollzeitkräfte unter anteiliger Berücksichtigung von Teilzeitarbeitskräften, ohne Auszubildende und Volontäre/Praktikanten.

Quelle: Deutsche Bank AG 2022

2 Theoretische Grundlagen des Personalmanagement

Im Unterschied zu den anderen Managementfunktionen zeichnete sich das Personalmanagement lange Zeit durch eine relative Theoriearmut aus. Im Vordergrund stand zumeist die Entwicklung personalpolitischer Instrumente in der betrieblichen Praxis, die anschließend von der Wissenschaft abstrahiert und systematisiert wurden. Entsprechend stand die Beschreibungsfunktion im Vordergrund.

Parallel zu dem im einleitenden Kapitel dargestellten Bedeutungswandel und Bedeutungszuwachs gewinnt in den letzten Jahren jedoch immer mehr die Erklärungs- und Gestaltungsfunktion des Personalmanagement an Relevanz. Kennzeichen dafür sind zahlreiche Theorien, die eigenständig für das Personalmanagement entwickelt oder aus anderen Bereichen adaptiert wurden (für einen Überblick vgl. Martin/Nienhüser 1998; Festing et al. 2004). Im Folgenden werden zunächst die wichtigsten theoretischen Ansätze dargestellt und anschließend der den weiteren Ausführungen zugrunde gelegte integrierte Personalmanagement-Ansatz entwickelt.

2.1 Theorie der wissenschaftlichen Betriebsführung

Den historischen Ausgangspunkt der wissenschaftlichen Beschäftigung mit personalpolitischen Fragestellungen bildet die Theorie der wissenschaftlichen Betriebsführung *(scientific management)* von Taylor (1911, 1913). Der Ingenieur Taylor war der erste, der mit Hilfe von aus den Naturwissenschaften entlehnten Methoden Arbeitsprozesse systematisch untersucht hat. Die stark auf dem mikroökonomischen Menschenbild des *homo oeconomicus* basierende Grundannahme seiner Untersuchungen war, dass Mitarbeiter zweckrational denken und handeln und bei ihrer Arbeit ausschließlich danach streben, ihre ökonomischen Vorteile in Form materieller Vergütung zu maximieren.

Dem steht auf Seiten der Unternehmung die Zielsetzung gegenüber, die menschliche Arbeitskraft möglichst produktiv einzusetzen und alle äußeren Einflüsse, die der Realisierung dieses Ziels entgegenstehen, zu beseitigen. Hierzu dienen die folgenden **Instrumente** (vgl. Abb. 2.1):

- Die Grundlage des Ansatzes von Taylor bildet die *radikale Arbeitsteilung*. Diese basiert auf der Erkenntnis seiner Untersuchungen, dass die Lern- und Erfahrungseffekte von Mitarbeitern umso größer sind, je weniger anspruchsvoll die

von diesen ausgeübten Tätigkeiten sind. Die Arbeitsproduktivität nimmt deshalb mit dem Grad der Stellenspezialisierung zu.
- In einem engen Zusammenhang damit steht die *strikte Trennung von Leitungs- und Ausführungstätigkeiten*. Während bei Leitungstätigkeiten die geistige Arbeit im Vordergrund steht, werden bei Ausführungstätigkeiten körperliche Arbeiten ausgeübt. Eine Vermischung dieser beiden Tätigkeitsformen würde deshalb nach Auffassung von Taylor den Vorteilen der Arbeitsteilung entgegenwirken und damit zu einem Sinken der Arbeitsproduktivität führen.
- Im Rahmen der ausführenden Tätigkeiten postuliert Taylor die *Optimierung des Arbeitsvollzugs mit Hilfe von Zeit- und Bewegungsstudien*. Deren Ziel besteht darin, durch die exakte Vorgabe von Arbeitsprozessen und die optimale Auswahl und Anordnung von Arbeitsmitteln unnötige Bewegungen zu vermeiden, die zu Zeitverlusten und damit zu einer sinkenden Arbeitsproduktivität führen würde. Zudem sollen Vorgabezeiten für die Ausführung einzelner Arbeitstätigkeiten ermittelt werden, die die Grundlage der Personalbedarfsplanung und Entgeltgestaltung bilden.
- Eine besondere Bedeutung misst Taylor darüber hinaus der *Identifikation und Förderung tätigkeitsspezifischer Eignungen* der Mitarbeiter zu, die die Grundlage der Personalauswahl und -entwicklung bilden.
- Die Verknüpfung zwischen dem Unternehmungsziel der Erzielung einer möglichst hohen Arbeitsproduktivität und dem Mitarbeiterziel einer möglichst hohen Entlohnung bildet eine *leistungsorientierte Entgeltpolitik*. Die durch die Vorgabezeiten für einzelne Tätigkeiten definierte Normalleistung eines Mitarbeiters bildet die Grundlage für die Ermittlung des Normallohns, der durch individuelle Leistungssteigerungen erhöht werden kann (Akkordlohn).
- Ergänzt werden diese personalpolitischen Instrumente durch die auf Fayol (1916) zurückgehende *klassische betriebswirtschaftliche Organisationstheorie*, die vor allem das Prinzip der Einheitlichkeit der Auftragserteilung hervorhebt.

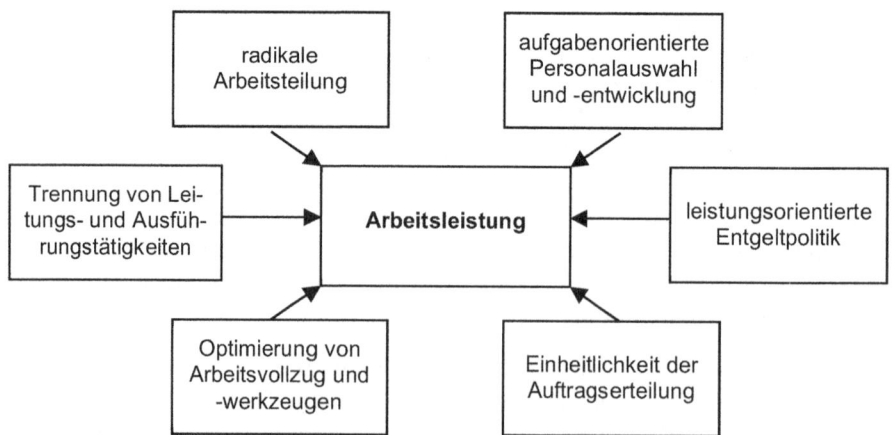

Abb. 2.1. Leistungsdeterminanten im Ansatz der wissenschaftlichen Betriebsführung

> Die Optimierung von Arbeitswerkzeugen lässt sich anschaulich an der Auswahl von Schaufeln für Erdarbeiten illustrieren. „Für einen erstklassigen Schaufler gibt es eine bestimmte Gewichtslast, die er jedes Mal mit der Schaufel heben muss, um die größte Arbeitsleistung zu vollbringen. Welches ist nun diese Schaufellast? Wird ein Arbeiter pro Tag mehr leisten können, wenn er jedes Mal zwei, drei, fünf, zehn, fünfzehn oder zwanzig kg auf seine Schaufel nimmt? Das ist eine Frage, die sich nur durch sorgfältig angestellte Versuche beantworten lässt. Deshalb suchten wir erst 2 oder 3 erstklassige Schaufler aus, denen wir einen Extralohn zahlten, damit sie zuverlässig und ehrlich arbeiteten. Nach und nach wurden die Schaufellasten verändert und alle Nebenumstände, die mit der Arbeit irgendwie zusammenhingen, sorgfältig mehrere Wochen lang von Leuten, die ans Experimentieren gewöhnt waren, beobachtet. So fanden wir, dass ein erstklassiger Arbeiter seine größte Tagesleistung mit einer Schaufellast von ungefähr 9 ½ kg vollbrachte, d.h. er leistete mit einer Schaufellast von 9 ½ kg mehr als mit einer solchen von 11 kg oder 8 ½ kg" (Taylor 1913, S. 68).

Der Theorie der wissenschaftlichen Betriebsführung kommt das Verdienst zu, erstmals systematisch die Effizienz von Arbeitsabläufen untersucht und Maßnahmen zu deren Steigerung entwickelt zu haben. Sie hat damit zu Beginn des 20. Jahrhunderts wesentlich zur Einführung und Verbreitung der Massenproduktion beigetragen. So wären etwa die Produktion des Modells T von Ford und damit der weltweite Aufschwung der Automobilindustrie ohne die Erkenntnisse von Taylor kaum möglich gewesen.

In den letzten Jahren haben die Theorie der wissenschaftlichen Betriebsführung und die auf ihrer Grundlage entwickelten Methoden der Arbeitsanalyse und -gestaltung vor allem in der Verwaltung eine große Bedeutung erfahren, in der bislang ökonomische gegenüber rechtlichen Kriterien nur eine untergeordnete Rolle spielten. Auch in vielen Dienstleistungsbereichen werden vermehrt Zeit- und Bewegungsstudien sowie systematische Arbeitsanalysen durchgeführt.

Trotz ihrer unbestrittenen Auswirkungen auf die Arbeitsproduktivität stößt die Theorie der wissenschaftlichen Betriebsführung jedoch zunehmend auf *Kritik* (vgl. Wolf 2020, S. 93 ff.). Von Organisationssoziologen und -psychologen wird vor allem das „Zwei-Klassen-Modell" des Taylorismus kritisiert. Der Mensch tritt demzufolge zum einen als Entscheidungsträger bzw. dispositiver Faktor und zum anderen als ausführendes, manipulierbares Objekt auf, das auf die gleiche Ebene mit Betriebsmitteln und Werkstoffen gestellt wird. Darüber hinaus wird kritisiert, dass der soziale Charakter des Menschen sowie dessen Bedürfnisse und Erwartungen gegenüber dem alleinigen Ziel der Einkommensmaximierung weitgehend vernachlässigt werden.

Von Seiten der Managementlehre wird dagegen betont, dass die Steigerung der Arbeitsproduktivität mit Hilfe tayloristischer Methoden zunehmend an Grenzen stößt, da die zentralen Voraussetzungen der Gleichartigkeit und Repetitivität von Arbeitsaufgaben im Rahmen neuer Produktions- und Dienstleistungskonzepte nicht mehr erfüllt sind. Neuere Managementansätze postulieren deshalb vielfach, sowohl die radikale Arbeitsteilung als auch die strikte Trennung in Leitungs- und Ausführungstätigkeiten aufzuheben. Während Taylor die Entwicklung tätigkeitsspezifischer Qualifikationen fordert, wird zudem zunehmend die Bedeutung tätigkeitsübergreifender Schlüsselqualifikationen betont.

2.2 Human Relations-Ansatz

Den Ausgangspunkt des Human Relations-Ansatzes bilden zahlreiche Experimente, die die Psychologen Mayo und Roethlisberger zwischen 1924 und 1934 in den Hawthorne-Werken der zur AT&T Corporation gehörenden Western Electric Company in Chicago durchgeführt haben (vgl. Roethlisberger/Dickson 1939). Das Ziel dieser ursprünglich stark von der Theorie der wissenschaftlichen Betriebsführung beeinflussten Experimente war es, den Nachweis zu erbringen, dass die Arbeitsproduktivität durch die Variation der Arbeitsbedingungen positiv beeinflusst werden kann.

Die Forscher nahmen dazu zielgerichtete Veränderungen der Arbeitsbedingungen wie z.B. der Beleuchtung und der Arbeitsplatzgestaltung vor. Wie von der Theorie der wissenschaftlichen Betriebsführung postuliert, nahmen daraufhin die Leistungen der Mitarbeiter zu. Unerwartet stiegen jedoch auch die Leistungen von Kontrollgruppen, die unter unveränderten Arbeitsbedingungen arbeiteten und jeweils gleichzeitig neben den Testgruppen beobachtet wurden, an. Noch überraschender war es, dass darüber hinaus auch die Leistungen aller Mitarbeiter nach Rücknahme aller positiven Veränderungen und damit nach Rückkehr zu den ursprünglichen Arbeitsbedingungen vor Beginn der Experimente nochmals zunahmen, und zwar auf ihren absoluten Höchststand, auf dem sie mehrere Wochen lang verblieben.

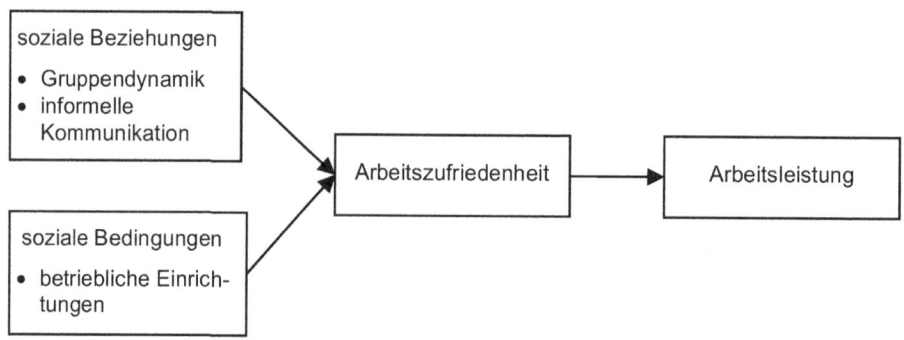

Abb. 2.2. Leistungsdeterminanten im Human Relations-Ansatz (Quelle: erweitert nach Berthel/Becker 2007, S. 16)

Die Forscher interpretierten diese unerwarteten Ergebnisse so, dass die Arbeitsleistung – entgegen der Annahme von Taylor – nicht nur von den objektiven Arbeitsbedingungen, sondern in einem stärkeren Maße auch von den sozialen Bedingungen am Arbeitsplatz abhängt. Allein die Anwesenheit der Forscher, deren Bemühungen um eine Verbesserung der Arbeitsbedingungen und deren Gespräche mit den Mitarbeitern haben dabei bereits zu einer Verbesserung des Arbeitsklimas geführt (Hawthorne-Effekt). Die zentrale These des Human Relations-Ansatzes lautet demzufolge, dass die Verbesserung der sozialen Beziehungen (Gruppendynamik, informelle Kommunikation) und der sozialen Bedingungen (betriebliche Einrichtungen wie Altersversorgung, Verpflegung, Sportstätten, etc.) die Arbeitszufriedenheit der Mitarbeiter steigert und diese wiederum zu steigenden Arbeitsleistungen führt (vgl. Abb. 2.2).

Der Human Relations-Ansatz hat seit den siebziger Jahren wesentlich die Debatte um die *Quality of Work Life* bzw. *Humanisierung der Arbeit* angeregt und in vielen Unternehmungen dazu beigetragen, die Arbeitsbedingungen der Mitarbeiter sowie das soziale Arbeitsklima zu verbessern. Trotz dieser großen praktischen Relevanz und der durch die Humanisierungsbemühungen erzielten Erfolge wird der Human Relations-Ansatz vielfach kritisiert. Bemängelt wird insbesondere die einseitige Betonung sozialer Faktoren und die Vernachlässigung anderer wichtiger Einflüsse auf die Arbeitsleistung und -zufriedenheit wie z.B. des Arbeitsinhalts, der Arbeitsbedingungen oder der Entlohnung. Darüber hinaus belegen empirische Untersuchungen, dass der Zusammenhang zwischen Arbeitsleistung und Arbeitszufriedenheit weitaus komplexer als vom Human Relations-Ansatz angenommen und z.B. auch von situativen Bedingungen (z.B. Arbeitsmarkt) und persönlichen Faktoren (z.B. Alter) abhängig ist. Hierauf weisen insbesondere die motivationstheoretischen Ansätze hin, die im Folgenden erläutert werden.

2.3 Motivationstheoretische Ansätze

Den motivationstheoretischen Ansätzen liegt die Annahme zugrunde, dass das menschliche Verhalten durch latente, kurz- bis mittelfristig relativ unveränderliche Bedürfnisse bestimmt wird, die durch innere und äußere Anreize aktiviert werden können. Motivation ist demnach die Voraussetzung für zielorientiertes Handeln und Verhalten von Menschen und deshalb aus der Perspektive des Personalmanagement ein zentraler **Ansatzpunkt für leistungssteigernde Beeinflussungsstrategien** (vgl. Rheinberg 2002; von Rosenstiel 2015; Heckhausen/Heckhausen 2018).

Dabei besteht das Problem, dass Motivation einer direkten Beobachtung kaum zugänglich ist. Motivation ist ein *hypothetisches Konstrukt* bzw. eine *intervenierende Variable* zwischen situativen sowie personalen Bedingungen und beobachtbarem Verhalten, deren Operationalisierung und empirische Überprüfung sehr schwierig ist. Lediglich durch die Analyse von Anreizen und die darauf erfolgenden Reaktionen von Personen können Rückschlüsse auf deren individuelle Motivation (Verhaltensbereitschaften) sowie die zugrunde liegenden Motive gezogen werden.

Die Begriffe Motiv (*motive*) und Bedürfnis (*need*) werden in der Literatur überwiegend synonym verwendet. Davon zu trennen ist der Begriff Wert (*value*).

Während bestimmte Motive bzw. Bedürfnisse definitionsgemäß zu einer bestimmten Handlung führen, hängt es von der konkreten Situation (z.B. von bestimmten übergeordneten Sachzwängen) ab, ob sich Individuen tatsächlich entsprechend ihren Wertvorstellungen verhalten. Motivation ist demnach **an Anreize und Situationen gebunden**, d.h. ähnliche Motive können sich in unterschiedlichem Verhalten von Menschen niederschlagen, während andererseits verschiedene Motive gleiches oder ähnliches Verhalten hervorrufen können. Werte werden zudem in jedem Fall durch Sozialisation und die Interaktion mit der Umwelt erlernt, während Motive und Bedürfnisse sowohl erlernt als auch angeboren sein können.

Es können zwei unterschiedliche **Formen der Motivation** unterschieden werden (vgl. Frey 1997):

- Die *extrinsische* Motivation bezeichnet die Reaktion auf externe Belohnungen materieller (Geld, Prämien etc.) oder immaterieller Art (Lob und Anerkennung, Beförderung, etc.). Die extrinsische Motivation umfasst somit alle von einer Unternehmung geschaffenen und von den Mitarbeitern wahrgenommenen Anreize. Vor allem materielle Anreize dienen dabei als Mittel zum Zweck, Bedürfnisse außerhalb der Arbeit zu befriedigen.
- Als *intrinsische* Motivation wird die Verinnerlichung bestimmter Leistungsstandards bezeichnet, die dazu führt, dass sich Menschen selbst für Erfolge belohnen bzw. für Misserfolge bestrafen (Prinzip der Selbstverstärkung). Dabei können zwei Formen unterschieden werden:
  - Als *hedonische Präferenz* ist die intrinsische Motivation allein auf den eigenen Nutzen gerichtet. Im Sinne einer „vollzugsorientierten Selbstmotivation" (Schiefele 1974) wird eine Handlung selbst als lustvoll oder anregend erlebt. Csikszentmihalyi (2010) hat dafür den Begriff der *„flow experience"* geprägt, die etwa Bergsteiger, Tänzer, Schachspieler und Ärzte bei ihrer Tätigkeit erleben. Besonders ausgeprägt sind diese Flow-Erfahrungen bei autotelischen Persönlichkeiten, die sich selbst anspruchsvolle, aber erreichbar Ziele setzen, der Tätigkeit eine hohe Aufmerksamkeit widmen, schwierige Situationen in zu bewältigende Herausforderungen umdeuten und lernen, auch unter ungünstigen Umständen positive Emotionen zu entwickeln.
  - Die *prosoziale Präferenz* zielt dagegen auf das Wohlbefinden anderer Menschen ab. Die intrinsische Motivation ist dabei Ausdruck einer internalisierten sozialen Norm (Arbeit als Pflichterfüllung, Gehorsam, Loyalität, etc.). Deren Erfüllung kann wiederum vom perzipierten bzw. vermuteten Verhalten der Interaktionspartner abhängen (*Reziprozität*) oder davon unabhängig sein (*Altruismus*).

Angesichts ihrer großen Bedeutung werden im Folgenden einige besonders wichtige motivationstheoretische Ansätze ausführlich dargestellt. Dabei wird in Inhaltstheorien und in Prozesstheorien der Motivation unterschieden. Während *Inhaltstheorien* Aussagen über die qualitative Ausprägung der Motivstruktur von Menschen machen (was bewirkt Verhalten?), gehen *Prozesstheorien* auf das *Zusammenwirken* der Faktoren ein, die Motivation hervorrufen (wie wird Verhalten bewirkt?). Während Inhaltstheorien somit Motivation als *black-box*-Modell auffassen, werden im Rahmen der Prozesstheorien auch die kognitiven und affektiven Prozesse untersucht, mit denen Menschen auf Anreize reagieren.

2.3.1 Inhaltstheorien der Motivation

2.3.1.1 Bedürfnispyramide von Maslow

Die Motivationstheorie von Maslow (1943, 1970) war ursprünglich nicht als Beitrag zur Theorie der Arbeitsmotivation gedacht. Sie entstand vielmehr auf der Basis langjähriger klinischer Erfahrungen des Psychologen Maslow mit seinen Patienten. Aufgrund der Anschaulichkeit und Eingängigkeit wurden seine allgemeinen motivationstheoretischen Überlegungen jedoch schnell auf die Arbeitsmotivation übertragen (vgl. McGregor 1960). Gegenwärtig stellt die Motivationstheorie von Maslow einen der in der wissenschaftlichen Literatur und der Unternehmungspraxis am weitesten verbreiteten Ansätze der Arbeitsmotivation dar.

Maslow geht von der Grundannahme aus, dass jeder Mensch durch das Streben nach Befriedigung spezifischer Bedürfnisse motiviert wird. Diese Bedürfnisse haben eine unterschiedliche Mächtigkeit und lassen sich deshalb in einer **Bedürfnishierarchie** anordnen (vgl. Abb. 2.3):

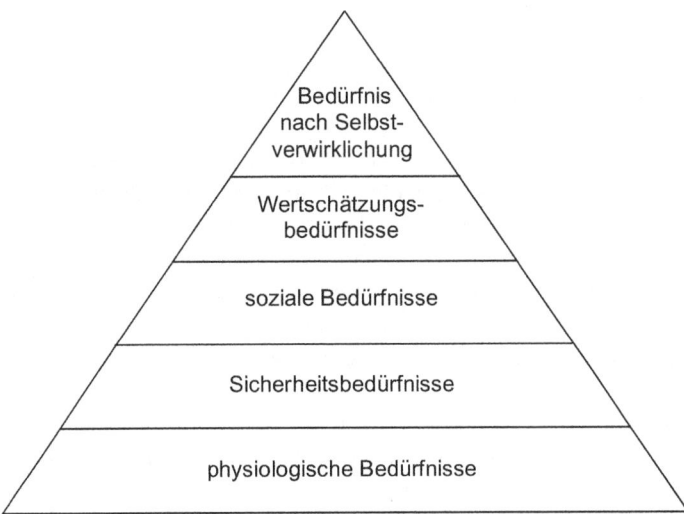

Abb. 2.3. Bedürfnispyramide von Maslow

- Die Basis der Bedürfnishierarchie bilden die *physiologischen Bedürfnisse bzw. Grundbedürfnisse*, deren Deckung das Überleben des Menschen sichert. Dazu zählen die Bedürfnisse nach Essen und Trinken, Schlaf, körperlicher Unversehrtheit, Sexualität, u.a. Übertragen auf die Arbeitswelt bedeutet dies, eine Ar-

beit zu verrichten, die die Möglichkeit bietet, ein Einkommen zu erzielen, mit dem die elementaren Lebensbedürfnisse gedeckt werden können.
- Die nächst höhere Ebene der Bedürfnishierarchie bilden die *Sicherheitsbedürfnisse*. Hierzu zählen die Bedürfnisse nach Schutz, Vorsorge und Angstfreiheit, die sich z.B. in einem sicheren Arbeitsplatz niederschlagen.
- Die *sozialen Bedürfnisse* kennzeichnen den Wunsch nach zwischenmenschlichen Kontakten, Zuwendung, Liebe, Intimität und Gemeinschaft. Diese äußern sich z.B. in der formellen und informellen Kommunikation und Interaktion mit anderen Mitarbeitern und dem Bedürfnis nach einem akzeptierten Platz innerhalb von Arbeitsgruppen.
- Die *Wertschätzungsbedürfnisse* beinhalten das Bedürfnis nach Anerkennung durch andere Personen (z.B. Führungskräfte oder Gruppenmitglieder) und durch sich selbst. Ausdruck dafür sind etwa die mit einer Tätigkeit verbundenen Kompetenzen, Titel, die Höhe des Entgelts oder Statussymbole wie Dienstwagen oder die Büroausstattung.
- Den Gipfel der Bedürfnispyramide bildet das Bedürfnis nach *Selbstverwirklichung*. Darunter versteht Maslow (1977, S. 89) die „Tendenz, das alles zu aktualisieren, was man an Möglichkeiten besitzt." Während die unteren vier Bedürfnisse der Pyramide als Defizitbedürfnisse bezeichnet werden, die bei entsprechenden Anreizen als befriedigt empfunden werden können, stellt die Selbstverwirklichung ein Wachstumsbedürfnis dar, das nie vollständig befriedigt werden kann.

Die hierarchische Anordnung von Bedürfnissen bewirkt nach Auffassung von Maslow, dass höherwertige Bedürfnisse erst dann verhaltenswirksam werden, wenn geringerwertige Bedürfnisse als weitgehend befriedigt empfunden werden. Für das Personalmanagement ergibt sich daraus die Implikation, zunächst zu ermitteln, welches konkrete Bedürfnis bei einem Mitarbeiter aktiv ist, und anschließend Anreize zu setzen, die dieses Bedürfnis befriedigen. Im Umkehrschluss bedeutet dies, dass Anreize, die sich nicht auf aktuell als relevant empfundene Bedürfnisse beziehen, keine Verhaltenswirkung besitzen. So besitzt etwa die Verbesserung der sozialen Beziehungen für einen Mitarbeiter, der seine Sicherheitsbedürfnisse noch nicht als weitgehend befriedigt ansieht, nur eine geringe Wertigkeit.

Trotz der weiten Verbreitung wird der Ansatz von Maslow teilweise scharf kritisiert (vgl. Staehle 1999, S. 170 f.; Weinert 2004, S. 191 ff.). Die Kritik richtet sich etwa gegen die „amöbenartigen Begrifflichkeiten" (Berthel/Becker 2022, S. 75) und die wenig trennscharfe Abgrenzung der einzelnen Bedürfnisklassen. So ist z.B. die Abgrenzung der sozialen Bedürfnisse von den Wertschätzungsbedürfnissen kaum nachvollziehbar. Auch der Begriff Selbstverwirklichung ist nur vage definiert.

Ein weiterer Kritikpunkt richtet sich dagegen, dass die Bedingungen, unter denen ein bestimmtes Bedürfnis vorliegt bzw. wann es verhaltensaktivierend wirkt, nicht angegeben werden. Situative Faktoren der Arbeitsmotivation wie z.B. Alter, Karrierephase, Geschlecht, Qualifikation oder Arbeitsmarktlage bleiben somit vernachlässigt. Dem Ansatz von Maslow wird deshalb vorgeworfen, implizit an den

Idealen der amerikanischen Mittelschicht und einem bürgerlich-humanistischen Menschenbild orientiert zu sein, welches das individualistische Streben nach Selbstverwirklichung allen anderen Bedürfnissen überordnet.

Empirische Untersuchungen weisen zudem darauf hin, dass der Ansatz von Maslow nicht nur schichtspezifisch, sondern auch kulturabhängig ist (vgl. dazu ausführlich Kap. 4.2.2). So kommt etwa Hofstede (2001) zu dem Ergebnis, dass die Reihenfolge der Bedürfnisse interkulturell differiert. Während etwa Sicherheitsbedürfnisse in Kulturen mit einer ausgeprägten Tendenz zur Unsicherheitsvermeidung (wie z.B. Deutschland) bedeutsamer als soziale Bedürfnisse und Achtungsbedürfnisse sein können, kommt den sozialen Bedürfnissen in kollektivistisch geprägten Kulturen (wie z.B. Japan und China) eine höhere Relevanz als dem Bedürfnis nach Selbstverwirklichung zu. Im Rahmen der interkulturellen Managementforschung herrscht deshalb die Auffassung vor, dass die von Maslow entwickelten Bedürfniskategorien zwar weitgehend universell sind, deren Bedeutung und Reihenfolge sowie die Anreize, durch die diese aktiviert werden können, dagegen von Kultur zu Kultur unterschiedlich sein können (vgl. Holtbrügge 2022, S. 262 ff.).

Berücksichtigt man diese zentralen Kritikpunkte, ist der Informationsgehalt des Ansatzes eher bescheiden: Bevor die Grundbedürfnisse eines Menschen nicht befriedigt sind, können höherwertige Bedürfnisse nicht verhaltensdominant werden – oder, wie Brecht (1928) es ausdrückt: „Erst kommt das Fressen, dann die Moral."

2.3.1.2 Zwei-Faktoren-Theorie von Herzberg

Die Grundlage der Zwei-Faktoren-Theorie von Herzberg (1966) bildet die Pittsburgh-Studie, bei der ca. 200 Techniker und Buchhalter in teilstrukturierten Interviews mit Hilfe der Methode der kritischen Ereignisse über angenehme und unangenehme Arbeitssituationen befragt wurden. Dabei fand Herzberg heraus, dass nur ganz selten dieselben Ursachen (Faktoren) im Zusammenhang mit guten und schlechten Arbeitserlebnissen genannt werden (vgl. Abb. 2.4). Er interpretierte dieses Ergebnis so, dass Arbeitszufriedenheit und -unzufriedenheit nicht Extrempunkte eines Kontinuums, sondern zwei voneinander unabhängige Dimensionen darstellen. Analog dazu gibt es zwei unterschiedliche **Arten von Anreizen**, die Herzberg als Motivatoren und Hygienefaktoren bezeichnet:

- *Motivatoren* (Satisfaktoren, Kontentfaktoren, intrinsische Faktoren) sind Faktoren, mit denen Arbeitszufriedenheit erreicht werden kann. Hierzu zählen etwa die Arbeitsleistung, der Arbeitsinhalt oder die empfundene Verantwortung.
- *Hygienefaktoren* (Frustratoren, Kontextfaktoren, extrinsische Faktoren) stellen dagegen Faktoren dar, die lediglich Arbeitsunzufriedenheit verhindern können. Analog zur Medizin können diese Faktoren zwar nicht heilen, sie können jedoch vor einer Ausweitung der Krankheit schützen. Durch Hygienefaktoren wie z.B. die Unternehmungspolitik, die Arbeitsüberwachung oder den Arbeitslohn wird also allenfalls Nicht-Arbeits-Unzufriedenheit erreicht, jedoch keine positive Wirkung auf die Arbeitszufriedenheit (Motivation) erzielt.

Die Untersuchung von Herzberg hat wesentlich zu der Erkenntnis beigetragen, dass das Arbeitsentgelt keinen nachhaltigen Motivationsfaktor darstellt, und dadurch maßgeblich die Bemühungen zur **Humanisierung der Arbeit** unterstützt. Dazu zählen etwa Ansätze des *job enrichment*, durch die in Abgrenzung zum Taylorismus der Arbeitsinhalt erweitert und angeregt wird (vgl. dazu ausführlich Kap. 5.2.1.2).

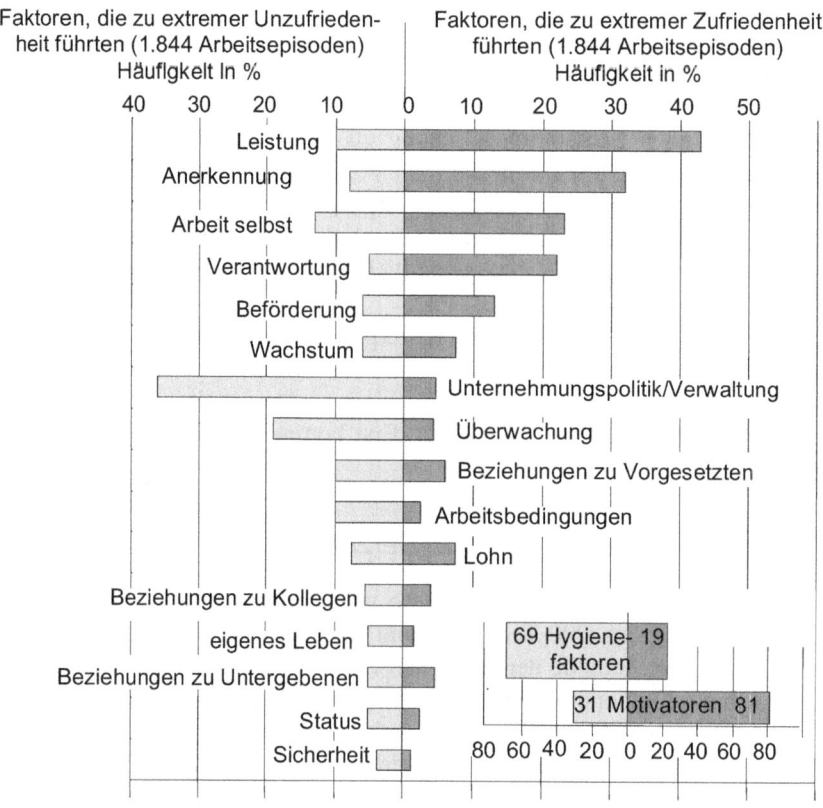

Abb. 2.4. Einflussfaktoren auf Arbeitseinstellungen nach Herzberg (1966, S. 57)

Wie bei der Motivationstheorie von Maslow muss auch bei Herzberg die **Vernachlässigung situativer Bedingungen** kritisiert werden. Ein weiterer Mangel ist, dass die von Herzberg angewandte Methode der kritischen Ereignisse die Differenzierung in zwei unterschiedliche Anreizarten in einem hohen Maße determiniert. Die Ergebnisse seiner Studie sind deshalb stark methodenabhängig. Ein weiterer Kritikpunkt richtet sich dagegen, dass kritische Arbeitserlebnisse besonders markante positive oder negative Erfahrungen hervorrufen können, die die Arbeitszufriedenheit insgesamt aber kaum nachhaltig beeinflussen. Schließlich zeigen empirische Untersuchungen, dass Individuen auf Maßnahmen zur Erweiterung bzw. Bereicherung des Arbeitsinhalts entgegen der Annahme von Herzberg individuell und situationsabhängig sehr unterschiedlich reagieren können.

2.3.2 Prozesstheorien der Motivation

2.3.2.1 Gerechtigkeitstheorie von Adams

Die Grundlage der Gerechtigkeitstheorie bildet die **Anreiz-Beitrags-Theorie** von March/Simon (1958). Danach stellen die Mitarbeiter ihre Beiträge (Ausbildung, Erfahrung, Arbeitsleistung, etc.) an eine Unternehmung den von dieser gewährten monetären und nicht-monetären Anreizen gegenüber. Dieses persönliche Kosten-Nutzen-Verhältnis bestimmt dann wiederum die Arbeitsleistung des Mitarbeiters sowie eventuell dessen Entscheidung, die Unternehmung zu verlassen und sich einen anderen Arbeitgeber zu suchen.

Adams (1963) hat diesen Ansatz modifiziert und um einen **sozialen Vergleich** erweitert. Das Gefühl der Gerechtigkeit bzw. Ungerechtigkeit ergibt sich danach nicht durch einen direkten Vergleich zwischen Anreizen und Beiträgen, sondern durch den Vergleich des eigenen Anreiz-Beitrags-Verhältnisses mit demjenigen einer Vergleichsperson. Dies kann ein Kollege der gleichen Abteilung, ein früherer Schul- oder Studienkollege oder ein Bekannter sein, der in einer anderen Unternehmung tätig ist. Ist der Vergleich ausgeglichen, entsteht ein Gefühl der **distributiven Gerechtigkeit**.

Neben dem von Adams thematisierten sozialen Vergleich ist für das Empfinden von Gerechtigkeit oder Ungerechtigkeit auch die Einschätzung des Individuums relevant, ob die von der Unternehmung gewährten Anreize durch ein legitimes Verfahren begründet sind (vgl. Thibaut/Walker 1975; Colquitt et al. 2001). Empirische Studien weisen darauf hin, dass diese **prozessuale Gerechtigkeit** voraussetzt, dass das Anreizsystem fehlerfrei und konsistent ist. Positiv wirkt sich zudem die Beteiligung des Individuums an dessen Entwicklung aus (vgl. Leventhal 1980).

Ein dritter Faktor des Gerechtigkeitsempfindens ist die **interaktionale Gerechtigkeit** (vgl. Greenberg 1987). Dazu zählt, dass sich das Individuum rechtzeitig, umfassend und an seine jeweiligen Bedürfnisse und Qualifikation angepasst informiert fühlt (*informatorische Gerechtigkeit*). Zudem ist die zwischenmenschliche Beziehung relevant, die jeder Anreiz-Beitrags-Relation zugrunde liegt (*interpersonale Gerechtigkeit*).

Entsteht bei dem Mitarbeiter ein Gefühl der sozialen, prozessualen oder interaktionalen Ungerechtigkeit, so versucht dieser die entstandene kognitive Dissonanz auszugleichen, wobei ihm zwei unterschiedliche Strategien offen stehen:

- *Verhaltenswirksame Strategien* wirken sich unmittelbar auf die Arbeitsleistung aus, die je nach Ergebnis des sozialen Vergleichs erhöht oder reduziert wird. Darüber hinaus kann es zu einer abnehmenden Bindung an die Unternehmung oder zu unternehmungsschädigendem Verhalten kommen.

- *Kognitive Strategien* beinhalten einen bewussten oder unbewussten Wechsel der gewählten Vergleichsperson oder eine Neubewertung der jeweiligen Anreize und Beiträge. Eine weitere Strategie zur Reduzierung der kognitiven Dissonanz ist die innere Kündigung und die Fokussierung der Bedürfnisbefriedigung auf Aktivitäten außerhalb des Arbeitskontextes.

Die Gerechtigkeitstheorie besitzt einen hohen Erklärungsgehalt, der durch zahlreiche experimentelle Untersuchungen bestätigt wird (vgl. den Überblick in Staehle 1999, S. 240). Besonders bedeutsam sind vor allem zwei Erkenntnisse:

- Das Gerechtigkeitsgefühl ist immer *relativ,* d.h. es hängt stets von der jeweils gewählten Vergleichsperson ab. Die Arbeitsmotivation wird somit nicht allein durch die von der Unternehmung gewährten absoluten Anreize bestimmt, sondern immer auch durch den Vergleich des eigenen Anreiz-Beitrags-Verhältnisses mit demjenigen anderer Personen.
- Das Gerechtigkeitsgefühl ist *subjektiv*, d.h. es kann bei jeder Person anders entwickelt sein. Dies wird u.a. durch ökonomische Experimente bestätigt.

> Ein beliebtes ökonomisches Experiment zur Erforschung des subjektiven Gerechtigkeitsgefühls von Individuen ist das Ultimatumspiel. Dabei erhält ein Teilnehmer vom Leiter des Experiments einen kleinen Geldbetrag von 10 €, den er zwischen sich und einem zweiten Teilnehmer aufteilen soll. Nimmt dieser das Angebot an, können beide ihren Anteil an den 10 € behalten. Lehnt er das Angebot als ungerecht ab, werden die 10 € vom Leiter des Experiments wieder eingezogen.
>
> Im Durchschnitt liegt der angebotene Betrag zwischen drei und vier € und der akzeptierte Betrag leicht darüber, wobei deutliche alters-, schicht-, einkommens- und kulturbedingte Unterschiede bestehen (vgl. Braun/Prüwer/von Nitzsch 2011). Geringere Beträge werden von den Empfängern dagegen zumeist als ungerecht empfunden und abgelehnt. Lieber bestrafen sie das als unfair empfundene Verhalten der Geber und verzichten auf den ihnen angebotenen Geldbetrag, als Ungerechtigkeit zu tolerieren. Dies gilt auch dann, wenn Geber und Nehmer anonym bleiben.

Für das Personalmanagement und insbesondere die Personalentlohnung ergeben sich daraus die folgenden Implikationen:

- Aufgrund der *Relativität* von Bewertungen sollte die Personalentlohnung transparent und regelgebunden sein. Dies gilt vor allem für die Kriterien der Entgeltdifferenzierung (vgl. Kap. 5.3.2).
- Die *Subjektivität* von Bewertungen erfordert die differenzierte Analyse der Mitarbeiterbedürfnisse. Dies kann entweder durch deren regelmäßige Befragung oder die Einführung eines Cafeteria-Systems erfolgen (vgl. dazu Kap. 5.3.3.3).

2.3.2.2 Valenz-Instrumentalitäts-Erwartungstheorie von Vroom

Die Grundannahme der Valenz-Instrumentalitäts-Erwartungstheorie (VIE-Theorie) von Vroom (1964) bildet die psychologisch orientierte ökonomische Entscheidungstheorie, wonach Menschen solche Alternativen wählen, die den subjektiv wahrgenommenen Nutzen maximieren. Diese basiert wiederum auf der Beobachtung, wonach Individuen nur dann eine Anstrengung auf sich nehmen, wenn damit ein angestrebtes Ziel erreicht werden kann (Weg-Ziel-Ansatz). Leistungsmotivation ist demnach im Gegensatz zu den Annahmen der Inhaltstheorien der Motivation nicht nur von Anlagen oder Sozialisation abhängig, sondern auch situativ von der Wahrnehmung der Wahrscheinlichkeit, mit einer Anstrengung auch eine bestimmte Leistung erreichen zu können, sowie des relativen Nutzens der Leistung für die individuelle Zielerreichung. Auf die Arbeitsmotivation wirken somit drei Faktoren ein (vgl. Abb. 2.5):

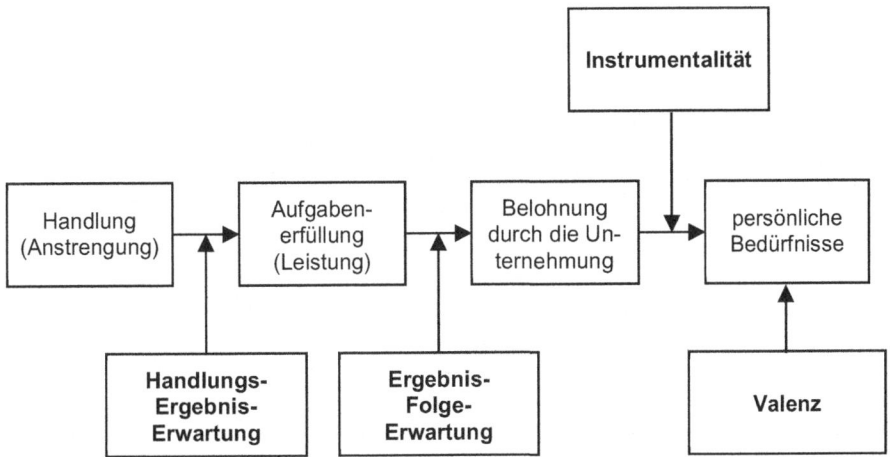

Abb. 2.5. Zusammenhang zwischen Valenz, Erwartungen und Instrumentalität in der VIE-Theorie

- Die *Valenz* (Wertigkeit) ist die subjektiv empfundene Bedeutung persönlicher Bedürfnisse für ein Individuum. Im Unterschied zu den Inhaltstheorien der Motivation geht Vroom davon aus, dass diese nicht konstant und personenunabhängig ist, sondern von Person zu Person und im Zeitablauf schwankt. So hängt die Valenz unterschiedlicher Bedürfnisse z.B. von der Karrierephase und den jeweiligen Umweltbedingungen (z.B. Arbeitsmarkt) ab.
- Die *Instrumentalität* bezeichnet die Erwartung, dass die Belohnung durch die Unternehmung dazu beiträgt, als bedeutsam erachtete Bedürfnisse zu befriedigen (Zweck-Mittel-Denken).
- Hinsichtlich der *Erwartung* können zwei Formen unterschieden werden:
  - Die *Handlungs-Ergebnis-Erwartung* ist die subjektive Wahrscheinlichkeit, dass mit einer bestimmten Handlung (Anstrengung) ein bestimmtes Ergebnis (Aufgabenziel) erreicht wird. Ihre Höhe hängt u.a. von der Qualifikation des

Mitarbeiters zur Ausübung seiner Tätigkeit sowie der präzisen Formulierung von Leistungszielen und deren Realisierbarkeit ab.
- Als *Ergebnis-Folge-Erwartung* wird die subjektive Wahrscheinlichkeit bezeichnet, dass die mit dem Erreichen des Aufgabenziels verknüpfte (versprochene) Belohnung von der Unternehmung auch tatsächlich gewährt wird. Sie wird insbesondere durch das zeitliche Auseinanderfallen zwischen Leistung und Belohnung beeinflusst.

> Das Zusammenwirken von Handlungs-Ergebnis-Erwartung und Ergebnis-Folge-Erwartung lässt sich anschaulich am Beispiel der Entsendung von Stammhausdelegierten in ausländische Tochtergesellschaften erläutern. Das Angebot, eine zeitlich befristete Tätigkeit in einer ausländischen Tochtergesellschaft aufzunehmen, ist häufig mit dem Versprechen verbunden, bei einer erfolgreichen Tätigkeit nach Rückkehr in der Muttergesellschaft hierarchisch aufzusteigen. Die Handlungs-Ergebnis-Erwartung wird in diesem Beispiel vor allem durch die oft nur vage definierte Aufgabe und die mangelnde Kenntnis der in der ausländischen Tochtergesellschaft vorherrschenden Bedingungen beeinflusst. Die Ergebnis-Folge-Erwartung hängt dagegen insbesondere von der subjektiv wahrgenommenen Wahrscheinlichkeit ab, dass die Unternehmung nach der Rückkehr des Entsandten ihr Belohnungsversprechen noch einhalten will und kann. Häufig haben sich während des einige Jahre andauernden Auslandsaufenthalts des Mitarbeiters etwa strukturelle und personelle Veränderungen (z.B. Unternehmungsübernahmen, Reorganisationen, Wechsel der Geschäftsleitung oder des Vorgesetzten) ergeben, die sich negativ auf die Fähigkeit der Unternehmung auswirken, dem Auslandsrückkehrer eine attraktive Position anzubieten.

Die zentrale Aussage der VIE-Theorie besteht darin, dass sich die Arbeitsmotivation eines Mitarbeiters als *Produkt aus Valenz, Instrumentalität und Erwartungen* ergibt. Ist einer dieser Faktoren nicht gegeben, kann folglich keine Arbeitsmotivation bewirkt werden. Die Implikationen, die sich daraus für das Personalmanagement ergeben, sind in Tab. 2.1 dargestellt.

Der VIE-Theorie wird häufig ein sehr rationales Zweck-Mittel-Denken vorgeworfen, das der Komplexität menschlicher Bewertungen und Entscheidungen nicht gerecht wird. Insbesondere bleiben die Erkenntnisse der verhaltenswissenschaftlichen Entscheidungstheorie unberücksichtigt, dass Menschen nur begrenzt rational handeln und nicht ein optimales, sondern ein zufrieden stellendes Ergebnis anstreben (vgl. March/Simon 1958; Cyert/March 1963). Ein weiterer Kritikpunkt ist, dass die praktische Anwendbarkeit der VIE-Theorie auf der Ebene ausführender Tätigkeiten sehr eingeschränkt ist, da den Mitarbeitern häufig keine Alternativen offen stehen, zwischen denen sie aufgrund unterschiedlicher Valenzen und Erwartungen entscheiden könnten. Zudem erscheint die von Vroom behauptete Unabhängigkeit der zentralen Variablen fragwürdig. Vielmehr dürfte etwa die subjektiv wahrgenommene Wahrscheinlichkeit einer Belohnung deren Valenz beeinflussen und umgekehrt die Valenz einer Belohnung (im Sinne eines

Wunschdenkens) auch Einfluss auf deren wahrgenommene Wahrscheinlichkeit haben. Nicht zuletzt ist unklar, wie die verschiedenen positiven und negativen Ergebnisse des Handelns miteinander verrechnet werden (z.B. das Lob des Vorgesetzen mit dem Neid der Kollegen) und wie Individuen ihre verschiedenen Annahmen über Erwartungen und Instrumentalitäten erwerben (vgl. Gebert/von Rosenstiel 2002, S. 65). Trotz dieser Mängel hat die VIE-Theorie wesentlich zum besseren Verständnis der Arbeitsmotivation beigetragen. Eine große Relevanz besitzt vor allem das in den Inhaltstheorien völlig vernachlässigte Konzept der Erwartung.

Tabelle 2.1. Implikationen der VIE-Theorie für das Personalmanagement

Theorie-Element	Mitarbeiter	Implikationen für das Personalmanagement
Valenz	• Wie wichtig sind die Ziele, die ich mit meinen Arbeitsergebnissen erreichen kann?	• Identifikation der Bedürfnisse der Mitarbeiter
Instrumentalität	• Welche meiner Ziele kann ich mit verschiedenen Leistungsgraden erreichen?	• Ausrichtung des Anreizsystems auf die Bedürfnisse der Mitarbeiter
Handlungs-Ergebnis-Erwartung	• Kann ich die gewünschte Leistung erreichen?	• Personalauswahl • Personalentwicklung • Klärung der Leistungsziele
Ergebnis-Folge-Erwartung	• Werde ich tatsächlich die versprochenen Belohnungen erhalten?	• enge Kopplung von Leistung und Anreizen • strikte Einhaltung von Belohnungsversprechen

Quelle: erweitert nach Schermerhorn/Hunt/Osborn 1985, S. 149

2.3.2.3 Motivationsmodell von Porter/Lawler

Das Motivationsmodell von Porter/Lawler (1968) kann als Integration der bisher dargestellten Motivationstheorien aufgefasst werden, da es den Versuch macht, deren zentrale Aussagen in einem einzigen Modell zusammenzufassen. In dessen Mittelpunkt stehen vier Faktoren, deren Zusammenwirken durch weitere Einflüsse bestimmt wird (vgl. Abb. 2.6):
- Zu Beginn des Motivationsprozesses steht die von einem Mitarbeiter erbrachte *Anstrengung*, d.h. das Ausmaß an Energie, das dieser zur Erfüllung einer Aufgabe aufwendet. Nach der VIE-Theorie ist dieses abhängig von der Wertigkeit der gewährten Belohnung (Valenz) und der wahrgenommenen Wahrscheinlichkeit, dass auf eine bestimmte Anstrengung auch die versprochene Belohnung folgt (Ergebnis-Folge-Erwartung).

- Die *Leistung* ist das von der Unternehmung bewertete Ergebnis der Anstrengung, das keineswegs mit der Anstrengung identisch sein muss. Dieses hängt vielmehr von den Fähigkeiten, Persönlichkeitsmerkmalen und Rollenwahrnehmungen des Mitarbeiters ab.
- Die von der Unternehmung gewährten *Belohnungen* können entweder intrinsischer Art (z.B. Erfolgserlebnis) oder extrinsischer Art (z.B. Bezahlung) sein. Wichtig für das Ausmaß der empfundenen Zufriedenheit ist die wahrgenommene Gerechtigkeit der Belohnung, d.h. i.S. der Anreiz-Beitrags-Theorie von March/Simon bzw. der Gerechtigkeitstheorie von Adams die Vorstellung des Mitarbeiters darüber, was ihm in Bezug auf die erbrachte Leistung als angemessen erscheint.
- *Zufriedenheit* als Ergebnis des Motivationsprozesses tritt schließlich ein, wenn die tatsächlichen Belohnungen den als angemessen empfundenen entsprechen oder sie übersteigen.

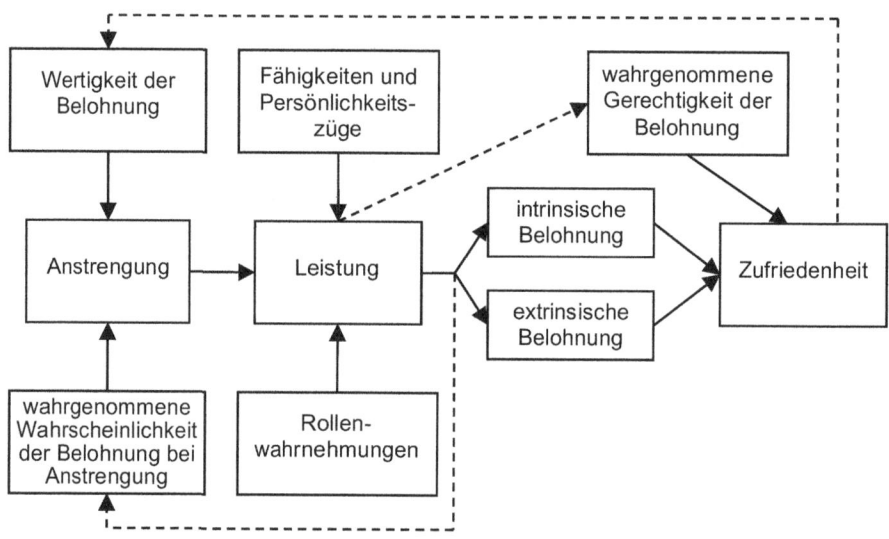

Abb. 2.6. Motivationsmodell von Porter/Lawler (1968, S. 165)

Vergleicht man das Motivationsmodell von Porter/Lawler mit dem Human Relations-Ansatz, so ergibt sich ein genau entgegengesetzter Zusammenhang zwischen Arbeitsleistung und Arbeitszufriedenheit. Zufriedenheit ist bei Porter/Lawler nicht Voraussetzung von Leistung, sondern im Gegenteil deren Ergebnis. Diese zentrale Aussage wird von zahlreichen empirischen Studien gestützt (vgl. den Überblick in Weinert 2004, S. 210 f.). Mit der Einbeziehung einer Vielzahl von Wirkungsfaktoren stellt der Ansatz von Porter/Lawler zudem gegenwärtig eines der anspruchsvollsten Motivationsmodelle dar. Im Unterschied zu diesem hohen theoretischen Gehalt ist die praktische Bedeutung des Ansatzes – möglicherweise gerade aufgrund seiner hohen Komplexität – jedoch nur relativ gering.

2.3.3 Kritisches Fazit und Implikationen der motivationstheoretischen Ansätze für das Personalmanagement

Bewertet man die motivationstheoretischen Ansätze im Hinblick auf ihre Fähigkeit, konkrete Ansatzpunkte für das Personalmanagement zu liefern, so zeigt sich, dass die Inhaltstheorien der Motivation zwar Denkanstöße liefern können, welche Motive möglicherweise für ein bestimmtes Verhalten ursächlich sind. Sie können aber nicht erklären, welche kognitiven Prozesse in Individuen ablaufen, die zu einem bestimmten Verhalten führen.

Die Prozesstheorien der Motivation schwächen die von den Inhaltstheorien thematisierten rein emotionalen bzw. energetischen Aspekte (Motive, Bedürfnisse, etc.) ab und berücksichtigen darüber hinaus kognitive Prozesse, d.h. Erkenntnisleistungen von Individuen (z.B. Wahrnehmung, Gedächtnis, Denken, etc.), die der Orientierung in der Umwelt dienen. Aufgrund ihrer Komplexität kommt ihnen jedoch nur eine relativ geringe praktische Relevanz zu.

Seit Mitte der achtziger Jahre wird der Aussagegehalt motivationstheoretischer Ansätze zudem grundsätzlich immer stärker in Frage gestellt. Insbesondere wird kritisiert, dass materielle Anreize keine echte Arbeitszufriedenheit schaffen und daher nur bedingt Leistungsanreize bieten. Motivationssysteme, die eine permanente und gezielte Ausrichtung der Anreize auf die Bedürfnisse der Mitarbeiter beinhalten, können demnach zwar kurzfristig wirken, aber nur selten zu einer nachhaltigen Steigerung der Arbeitsleistung und -zufriedenheit führen. Langfristig können diese sogar das Gegenteil bewirken.

Vor allem Sprenger (1998) kritisiert unter dem Stichwort „Mythos Motivation" das den Motivationstheorien zugrunde liegende **pessimistische Menschenbild**, das Mitarbeiter als „Reiz-Reaktions-Maschinen" auffasst, die nicht nach dem Sinn ihres Handelns fragen. Nach seiner Auffassung ist deshalb ein klares Forderungsverhältnis zwischen Führungskräften und Mitarbeitern erheblich leistungs- und zufriedenheitsfördernder als Belohnungs-Bestrafungs-Systeme mit isolierten und interventionistischen Eingriffen. Zudem fordert Sprenger, weniger die Leistungsbereitschaft durch Anreize als vielmehr die Leistungsfähigkeit durch Personalentwicklung zu fördern.

Diese Kritik wird durch zahlreiche Feld- und Laborexperimente unterstützt (vgl. Fischbacher/Fehr/Gächter 2001; Andreoni/Miller 2002; Frey/Meier 2004). Danach weisen nur rund 30% der Teilnehmer ein egoistisches Verhalten auf, indem sie ihren eigenen Nutzen (auch zu Lasten anderer) maximieren. Etwa 50% sind dagegen durch eine reziproke prosoziale Motivation gekennzeichnet, d.h. sie beziehen das Wohlbefinden anderer in ihr Entscheidungsverhalten ein, wenn sie diesen ebenfalls eine prosoziale Präferenz unterstellen. Eine altruistische Motivation ist bei etwa 20% der Teilnehmer beobachtbar.

Darüber hinaus macht die psychologische Ökonomie auf den Verdrängungseffekt zwischen extrinsischer und intrinsischer Motivation aufmerksam (vgl. Frey/Osterloh 2002; Pink 2010). Von außen kommende, extrinsische Eingriffe bewirken demnach vielfach, dass Tätigkeiten, die ihrer selbst wegen (intrinsisch) ausgeübt worden wären, unterbleiben (*crowding out*). Erklärbar ist dieser Korrumpierungs- bzw. Verdrängungseffekt durch die **Theorie der kognitiven Selbstbestim-**

mung (vgl. Frey 1997). Danach haben Individuen ein Bedürfnis nach Autonomie. Wird diese reduziert, so verschiebt sich der perzipierte *locus of causality* einer Handlung von internal zu external, d.h. der eigene Antrieb bzw. die intrinsische Motivation des Individuums nimmt ab.

Aus einer eher interaktionalen Perspektive kann argumentiert werden, dass extrinsische Anreize aufgrund des ihnen zugrunde liegenden pessimistischen Menschenbilds zu einem **Vertrauensverlust des Individuums gegenüber der Unternehmung** führen und dadurch die prosoziale intrinsische Motivation senken (vgl. Falk/Kosfeld 2006). Zudem kann von extrinsischen Belohnungen ein **negativer Signaling-Effekt** ausgehen, d.h. diese können als Indikator dafür angesehen werden, dass eine Aufgabe unangenehm ist und deshalb belohnt werden muss, was wiederum die hedonische Motivation reduziert (vgl. Bénabou/Tirole 2003).

> Als Beispiel für den Verdrängungseffekt zwischen extrinsischer und intrinsischer Motivation führen Frey/Osterloh (2002, S. 27 f.) die Erfahrung eines Kinderhorts an. Dieser war mit dem Problem konfrontiert, dass Eltern ihre Kinder zu spät abholten und damit die Mitarbeiter dazu zwangen, über die offizielle Schließzeit hinaus anwesend zu bleiben. Der Kinderhort hat daraufhin eine empfindliche monetäre Strafe eingeführt, die Eltern zahlen müssen, welche ihre Kinder zu spät abholen. Entgegen der Erwartung stieg daraufhin die Zahl der Eltern, die dies tun, erheblich an.
>
> Als Erklärung für dieses zunächst paradox klingende Ergebnis führen Frey/Osterloh an, dass die Eltern vor der Einführung der Strafe ein Schuldgefühl hatten, wenn sie ihre Kinder zu spät abholten und sich deshalb bemühten, die Öffnungszeiten des Kinderhorts einzuhalten. Aufgrund ihrer beruflichen Belastungen gelang dies jedoch nicht immer. Nach Einführung der Strafe fassen die Eltern das Hinauszögern der Abholung nun als kommerzielle Transaktion auf, bei der sie die Kosten der Strafe gegen den aus ihrer Sicht offensichtlich höheren Nutzen abwiegen, ihre Kinder länger betreuen zu lassen. An die Stelle des Gewissens ist somit ein monetäres Nutzenkalkül getreten, das zu einem aus Sicht des Kinderhorts kontraproduktiven Ergebnis führt.

Empirische Studien (vgl. die Meta-Analyse von Deci/Koestner/Ryan 1999) weisen darauf hin, dass der Verdrängungseffekt zwischen extrinsischer und intrinsischer Motivation bei erwarteten Belohnungen stärker als bei unerwarteten ist. Dies gilt insbesondere dann, wenn die erwartete Belohnung nicht in vollem Umfang erfolgt, weil z.B. vereinbarte Ziele nur zu einem Teil erfüllt wurden. Der Verdrängungseffekt ist zudem bei komplexen Aufgaben größer als bei Routinetätigkeiten. Eine leistungs- bzw. erfolgsabhängige Entgeltgestaltung kann deshalb bei Führungskräften und hoch qualifizierten Fachkräften kontraproduktive Effekte verursachen und zu einem Absinken des Arbeitseinsatzes führen (vgl. Kap. 5.3.2).

Insbesondere im Kontext des *New Work*-Ansatzes wird deshalb vorgeschlagen, nicht nur zwischen intrinsischer und extrinsischer Motivation zu unterscheiden, sondern auch die Möglichkeiten der emotionalen gegenüber der traditionellen rationalen Motivation auszuschöpfen (vgl. Abb. 2.7). Formen der emotionalen Motivation sind etwa das Bedürfnis nach Spaß, Bestätigung und Wertschätzung sowie das Bedürfnis nach Sinn, Beziehungen und *Purpose*. Vor allem jüngere Mitarbeiter legen Wert auf eine angenehme Arbeitsatmosphäre und sinnvolle Tätigkeiten. Dabei besteht jedoch die Gefahr, dass eine stylische Arbeitsumgebung und der Verweis auf die Bedeutsamkeit der Tätigkeit zu Lasten einer angemessenen Entlohnung geht.

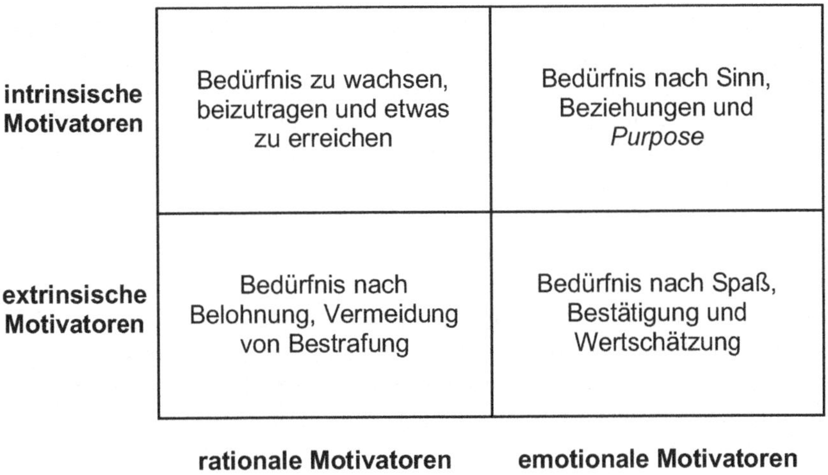

	rationale Motivatoren	emotionale Motivatoren
intrinsische Motivatoren	Bedürfnis zu wachsen, beizutragen und etwas zu erreichen	Bedürfnis nach Sinn, Beziehungen und *Purpose*
extrinsische Motivatoren	Bedürfnis nach Belohnung, Vermeidung von Bestrafung	Bedürfnis nach Spaß, Bestätigung und Wertschätzung

Abb. 2.7. Faktoren der Motivation im Kontext von *New Work* (Quelle: leicht verändert nach Schreurs 2015)

2.4 Konfliktorientierter Ansatz

Der von Marr/Stitzel (1979) entwickelte konfliktorientierte Ansatz kann als **spezifische Ausprägung des Stakeholder-Ansatzes** (vgl. Freeman 1984) aufgefasst werden, der auf die aus Sicht des Personalmanagement wichtigsten Interessengruppen (Stakeholder) reduziert ist. Er basiert auf der Grundannahme, dass zwischen den betriebswirtschaftlichen Zielen, wie sie insbesondere von den Führungskräften als Vertreter der Eigentümerinteressen verfolgt werden, und den Zielen der Mitarbeiter permanente *Zielkonflikte* bestehen. So gehen etwa Lohnerhöhungen in kurzfristiger Perspektive zumeist unweigerlich mit Rentabilitätseinbußen einher, während die Verkürzung von Vorgabezeiten im Rahmen des Personaleinsatzes zu einer sinkenden Arbeitszufriedenheit führt.

Langfristig besteht zwischen Unternehmung und Mitarbeitern jedoch eine *wechselseitige Mittel-Zweck-Beziehung*. Während die Unternehmung ihre betriebswirtschaftlichen Ziele nur dann durchsetzen kann, wenn die sozialen Ziele der Mitarbeiter berücksichtigt werden (inhumane Arbeitsbedingungen führen zu Leistungsrestriktion und Kündigungen), sind die sozialen Ziele wiederum nur dann realisierbar, wenn die Unternehmung betriebswirtschaftlich erfolgreich ist (überproportionale Lohnerhöhungen verringern die Wettbewerbsfähigkeit und führen langfristig zu Illiquidität).

Die zentrale Aufgabe des Personalmanagement besteht nach Auffassung des konfliktorientierten Ansatzes deshalb darin, durch ein bewusstes und zielgerichtetes **Konfliktmanagement** einen befriedigenden Interessenausgleich zwischen diesen beiden Interessengruppen herzustellen (vgl. Jost 1999, S. 64 ff.). Hierzu ist zunächst die Identifikation typischer personalwirtschaftlicher *Konfliktfelder* (z.B. Stellenbesetzung, Arbeitsstrukturierung, Arbeitszeitgestaltung, Wertschöpfungsverteilung) erforderlich. Anschließend erfolgt die Analyse der beteiligten *Konfliktparteien*. Dabei ist von besonderer Bedeutung, ob diese ihre Interessen individuell oder kollektiv (z.B. durch den Betriebsrat) vertreten. Davon abhängig sind zumeist die verfolgten *Konfliktstrategien* sowie der *Konfliktverlauf*. Schließlich erfolgt eine Bewertung der unterschiedlichen Instrumente des Personalmanagement auf ihre Eignung zur funktionalen Handhabung dieser Konflikte, d.h. zur gleichzeitigen Erreichung betriebswirtschaftlicher und sozialer Ziele.

Dem konfliktorientierten Ansatz kommt das Verdienst zu, die einseitige, ausschließlich an betriebswirtschaftlichen Kriterien orientierte Sichtweise der Personalwirtschaft zu überwinden und auf die Bedeutung von Interessenkonflikten und Zieldivergenzen hinzuweisen. Er wird in besonderem Maße der im deutschen Mitbestimmungsrecht verankerten Vorstellung einer konsensorientierten Entscheidungsfindung gerecht. Dem steht jedoch entgegen, dass diese aufgrund der häufig bestehenden Machtasymmetrie in der betrieblichen Praxis nur selten anzutreffen ist und die Unternehmungsleitung ihre Ziele im Bereich des Personalmanagement zumeist in einem weitaus stärkeren Maße durchsetzen kann als die Mitarbeiter bzw. deren Vertreter.

2.5 Kontingenzansatz

Der Kontingenzansatz oder situative Ansatz, der in den siebziger und achtziger Jahren das dominierende Paradigma der empirischen Organisationsforschung darstellte (vgl. Kieser 2019), hat im Bereich des Personalmanagement vor allem in der Führungsforschung eine große Bedeutung erlangt (vgl. Kap. 5.4.2.3). Er basiert auf der *Kongruenz-Effizienz-Hypothese*, wonach es nicht den einen besten Weg gibt, sondern der Einsatz unterschiedlicher Personalmanagement-Instrumente in Abhängigkeit von den jeweiligen situativen Bedingungen sowohl effizient als auch ineffizient sein kann. Die zentrale Aufgabe des Personalmanagement besteht demnach in der Identifikation und rechtzeitigen Analyse der relevanten Umweltbedingungen und der entsprechenden Ausrichtung der Personalmanagement-Instrumente auf diese Bedingungen.

Kritisch gegen den Kontingenzansatz wird vielfach eingewandt, dass das diesem zugrunde liegende *Fit-Konzept*, das eine möglichst weitgehende **Anpassung einer Unternehmung an ihre Umwelt** impliziert, insbesondere in einer dynamischen, nach Innovationen strebenden Umwelt keine brauchbaren Handlungsempfehlungen für die Entwicklung effizienter personalpolitischer Strategien liefern kann (vgl. Wolf 2020, S. 217 ff.). Ein Grund dafür ist der ständige und immer schnellere Wandel der Umweltbedingungen, deren frühzeitige Prognose kaum noch möglich ist. Zudem liegt dem Kontingenzansatz ein sehr reaktives Unternehmungsverständnis zugrunde. Vor allem die internen Bedingungen des Personalmanagement wie Unternehmungsstrategie und Organisationsstruktur sind durch eigene strategische Entscheidungen bestimmt und deshalb im Prinzip selbst gestaltbar. Ein Beispiel dafür ist der *strategy follows people*-Ansatz, der im Gegensatz zur klassischen strategieabhängigen Personalbedarfsplanung eine personalabhängige Strategieplanung vorschlägt (vgl. Kap. 5.1.1.3). Aber auch externe Bedingungen des Personalmanagement wie etwa das Arbeitsrecht müssen nicht in jedem Fall als unabänderlich hingenommen werden, sondern sind langfristig vielfach durch die Unternehmung oder deren Interessenverbände selbst beeinflussbar. Kritiker des Kontingenzansatzes postulieren deshalb statt einer reaktiven Anpassung des Personalmanagement an die Umweltbedingungen deren proaktive Gestaltung und Beeinflussung zu eigenen Gunsten (vgl. Macharzina/Wolf 2021, S. 28 ff.).

2.6 Systemansatz

Der Systemansatz greift diese Kritik am Kontingenzansatz auf und stellt diesem eine *Konsistenz-Effizienz-Hypothese* entgegen. Dieser liegt die Annahme zugrunde, dass die Effizienz des Personalmanagement dann am höchsten ist, wenn die verschiedenen personalpolitischen Instrumente integrativ aufeinander abgestimmt und in übergeordnete Zusammenhänge der Unternehmung und der Umwelt eingeordnet werden. Die zentrale Aufgabe des Personalmanagement besteht deshalb darin, die **Harmonisierung** bzw. **interne Konsistenz der einzelnen personalpolitischen Instrumente** sicherzustellen (vgl. Maier 1998). Dies bedeutet auch, nicht auf jede Veränderung der internen und externen Bedingungen mit einer evolutionären und inkrementalen Veränderung der personalpolitischen Instrumente zu reagieren, sondern diese in *revolutionären Quantensprüngen* ganzheitlich anzupassen (vgl. Mintzberg 1992).

Die Grundlage dafür bildet die Erkenntnis der Systemtheorie, dass sich Systeme selbst erzeugen und erhalten, indem sie eine interne harmonische Geschlossenheit anstreben (Autopoiese) (vgl. Luhmann 2001). Der Systemansatz ist deshalb besonders gut dazu geeignet, die Zusammenhänge und Wechselwirkungen zwischen den unterschiedlichen Elementen des Personalmanagement deutlich zu machen. Dies ist vor allem für Großunternehmungen relevant, in denen personalpolitische Entscheidungen in unterschiedlichen Bereichen und häufig ohne genaue Kenntnis voneinander getroffen werden. Aufgrund seines *hohen Abstraktionsgrads* ist der präskriptive Gehalt des systemtheoretischen Ansatzes aber nur gering (vgl. Mayrhofer 1996, S. 108). Problematisch ist zudem, dass die Systemtheorie ursprünglich für biologische Systeme entwickelt wurde und sich deshalb nur mit erheblichen Modifikationen auf das Personalmanagement übertragen lässt, durch die die theoretische Geschlossenheit des Ansatzes stark leidet.

2.7 Ressourcenorientierter Ansatz

Dem auf Überlegungen im Bereich des strategischen Management basierenden ressourcenorientierten Ansatz des Personalmanagement liegt die Annahme zugrunde, dass die Wettbewerbsfähigkeit einer Unternehmung – entgegen der Aussage des Kontingenzansatzes – weniger auf der Ausnutzung umweltbedingter Gelegenheiten bzw. der Anpassung an umweltbedingte Zwänge als vielmehr auf dem Aufbau und der Nutzung unternehmungsspezifischer Ressourcen basiert. Unternehmungen werden demnach als **spezifisches Bündel materieller und immaterieller Ressourcen** verstanden, das die Grundlage des strategischen Verhaltens und der Erzielung von Wettbewerbsvorteilen bildet. Damit eine Ressource zur nachhaltigen Steigerung der Wettbewerbsfähigkeit einer Unternehmung beitragen kann, muss sie folgende **Eigenschaften** erfüllen (vgl. Barney 2007, S. 138 ff.):

- Ressourcen müssen eine hohe *Werthaltigkeit (value)* aufweisen, d.h. einen für die Kunden erkennbaren Nutzen bieten. Diese Voraussetzung ist dann erfüllt, wenn sie die Stärken der Unternehmung fördern und die Risiken der Umwelt verringern.
- Die *Knappheit (rareness)* von Ressourcen ist dann gegeben, wenn sie z.B. aufgrund von Marktunvollkommenheiten durch andere Unternehmungen nicht oder nur zu höheren Preisen erworben werden können. Im internationalen Kontext können dafür vor allem unterschiedliche Faktorausstattungen und Markteintrittsschranken verantwortlich sein.
- Die *Nicht-Imitierbarkeit (non-imitability)* einer Ressource schützt diese vor Nachahmungen durch Wettbewerber. Sie hängt insbesondere von der Pfadabhängigkeit der Ressourcenentwicklung, der Interdependenz der Ressourcen sowie der Ambiguität der zwischen den Ressourcen bestehenden Zusammenhänge ab.
- Die *organisatorische Umsetzung (organization)* ist schließlich die Voraussetzung dafür, dass werthaltige, rare und nicht-imitierbare Ressourcen von einer Unternehmung auch effizient eingesetzt und nachhaltig zur Erzielung von Wettbewerbsvorteilen genutzt werden können.

Klassifiziert man die einer Unternehmung zur Verfügung stehenden Ressourcen einerseits nach ihrer *Spezifität* (d.h. nach der Möglichkeit, sie unternehmungsintern unterschiedlichen Verwendungszwecken zuzuführen), und andererseits nach ihrer *Handelbarkeit* (d.h. nach der Möglichkeit ihres externen Transfers über den Markt), so zeigt sich, dass personelle Ressourcen besonders gut zur Erzielung nachhaltiger Wettbewerbsvorteile geeignet sind (vgl. Martin 2003; Ringlstetter/Kaiser 2008, S. 41 ff.). Sie besitzen einerseits ein vielfältiges, aufgabenübergreifendes Einsatzspektrum (geringe *task-specificity*) und sind aufgrund ihrer **sozialen Einbettung** (*social embeddedness*) andererseits nur schwer handelbar (hohe *firm-specificity*) (vgl. Abb. 2.8). Sie stellen deshalb eine tief in der Unternehmung verwurzelte *intangible Ressource (intangible asset)* dar, die häufig nur durch diese effizient verwertet werden kann und durch andere Unternehmungen nicht oder nur unter großen Wertverlusten beschaffbar und vermarktbar ist. Gleichzeitig weisen

Humanressourcen – bei entsprechenden Bildungsinvestitionen – nur eine geringe Abnutzung auf (vgl. Wright/McMahan/McWilliams 1994).

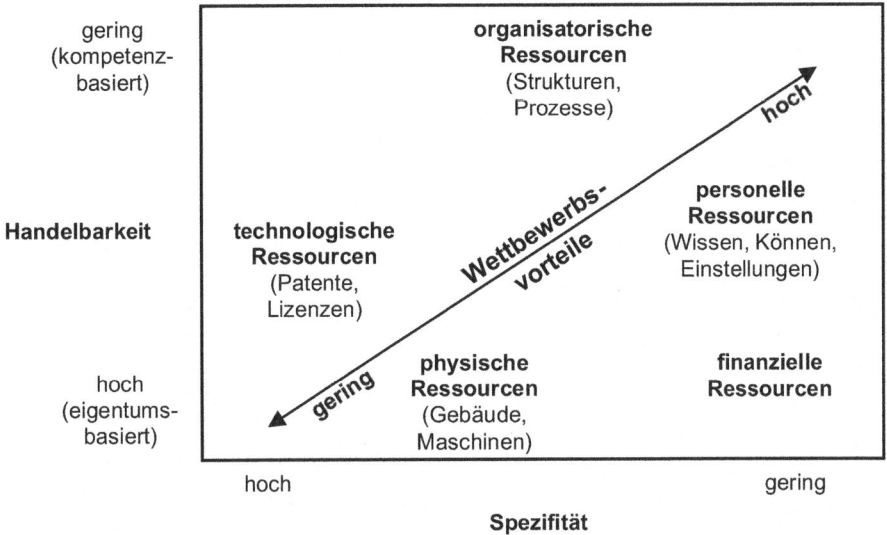

Abb. 2.8. Klassifikation unternehmerischer Ressourcen

Neben dem Humankapital einer Person, das deren Wissen, Können und Einstellungen umfasst, verfügen Mitarbeiter auch über **soziales Kapital**. Dieses beinhaltet den Zugang zu den Ressourcen anderer Personen und Institutionen durch Netzwerkbeziehungen (vgl. Adler/Kwon 2002). Soziales Kapital ist damit nicht im Individuum, sondern in der sozialen Struktur verankert, in die dieses eingebunden ist. Dabei kann zwischen starken und schwachen Verbindungen zu anderen Individuen unterschieden werden (vgl. Abb. 2.9):

- *Starke Verbindungen* (*strong ties*) bestehen aus einer Vielzahl von Beziehungen zu Personen, deren Herkunft, Bildungshintergrund, Interessen und Einstellungen zumeist große Ähnlichkeiten aufweisen. Sie beinhalten ein hohes Maß an Vertrauen, Sympathie und gegenseitiger Unterstützung. Während die Zugehörigkeit zu einem auf starken Verbindungen basierenden Netzwerk für die Mitglieder deshalb sehr wertvoll ist, ist es für Außenstehende schwierig, Zugang zu einem solchen Netzwerk zu erhalten. Gleichzeitig beinhaltet das Ausscheiden eines Mitglieds für die Unternehmung aufgrund der Vielzahl redundanter Beziehungen keinen großen Verlust an sozialem Kapital (vgl. Tsai/Ghoshal 1998).
- *Schwache Verbindungen* (*weak ties*) bestehen zu Personen von anderen Beziehungsnetzwerken, in denen die Person selbst kein Mitglied ist. Die nichtredundante Beziehung zwischen zwei Kontakten wird als *strukturelles Loch* (*structural hole*) bezeichnet (vgl. Burt 1997). Je größer die Anzahl der schwachen Verbindungen ist, über die eine Person verfügt, desto größer ist ihr so-

ziales Kapital und ihr Wert als personelle Ressource für die Unternehmung (vgl. Granovetter 1973). Das Ausscheiden eines solchen Mitarbeiters stellt deshalb einen besonders großen Wertverlust dar (vgl. Seibert/Kraimer/Liden 2001).

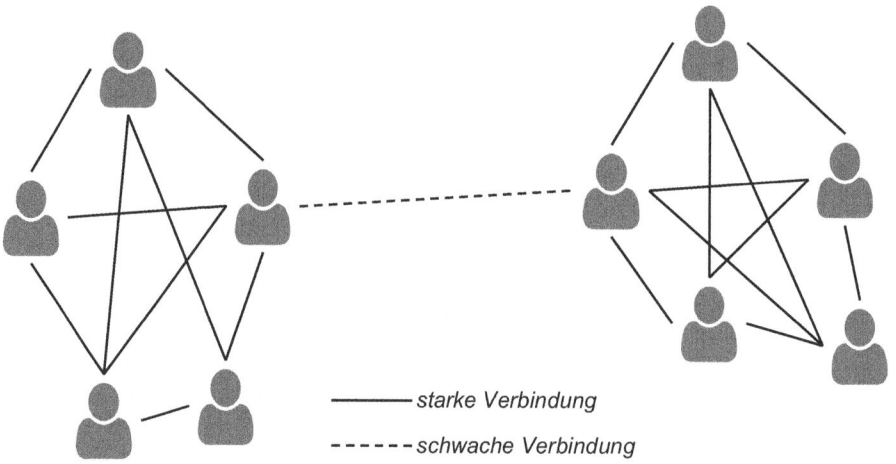

Abb. 2.9. Starke und schwache Verbindungen in Beziehungsnetzwerken

Für das Personalmanagement ergibt sich daraus die Implikation, Mitarbeiter mit umfangreichem sozialen Kapital zu rekrutieren und an die Unternehmung zu binden. Darüber hinaus gilt es, die Zahl struktureller Löcher zu verringern, um die negativen Folgen des Ausscheidens von Mitarbeitern zu reduzieren, die über viele schwache Verbindungen verfügen. Geeignete personalpolitische Instrumente dazu sind etwa systematische *job rotations* und unternehmungsspezifische Weiterbildungen (vgl. Kap. 5.1.3.2.1).

Eine weitere zentrale Aussage des ressourcenorientierten Ansatzes ist, dass Unternehmungen ein spezifisches organisatorisches Erbe besitzen und eigene, idiosynkratische Deutungsraster und Lernmethoden entwickeln, die Barrieren gegen die Übertragung von *best practices* darstellen (vgl. Ridder et al. 2001, S. 33). Die Effizienz von Instrumenten des Personalmanagement ist deshalb in einem hohen Maße von den in der Vergangenheit getroffenen Entscheidungen abhängig (vgl. Schreyögg/Sydow 2003). Angesichts dieser **Pfadabhängigkeit** argumentiert der ressourcenbasierte Ansatz, nicht erfolgreiche personalpolitische Strategien und Instrumente anderer Unternehmungen zu imitieren, sondern diese – vor dem Hintergrund des eigenen organisationalen Erbes und auf der Basis der eigenen Kernkompetenzen – selbst zu kreieren. So sollten z.B. Führungskräfte selbst entwickelt und nicht von anderen Unternehmungen abgeworben werden (vgl. Kap. 5.1.2.1). Zudem sollten die Instrumente des Personalmanagement – wie auch vom Systemansatz postuliert (vgl. Kap. 2.6) – nicht isoliert voneinander eingesetzt, sondern aufeinander abgestimmt und koordiniert eingesetzt werden. Die dadurch bewirkten

Interdependenzen zwischen den einzelnen Instrumenten bilden einen besonders effizienten Schutz vor Imitationen durch andere Unternehmungen und erleichtern die organisatorische Umsetzung personalpolitischer Strategien (vgl. Barney/Clark 2007, S. 134 f.).

Einen Schwachpunkt des Ansatzes bildet die sehr allgemeine Definition des zentralen Ressourcenbegriffs. So wird etwa nicht hinreichend dargelegt, wie die Ressourcenpotenziale der Mitarbeiter in konkrete Erfolgspotenziale umgesetzt werden können (vgl. Chadwick/Dabu 2009). Der ressourcenorientierte Ansatz kann damit zwar *ex-post* Erklärungen für den Erfolg personalpolitischer Strategien liefern, sein präskriptiver Gehalt ist jedoch relativ begrenzt (vgl. Conrad 2003).

> Ein anschauliches Beispiel für die geringe Handelbarkeit personeller Ressourcen ist der Transfer von Fußballspielern. Zwar können diese bei Zahlung einer Ablösesumme ihren Verein wechseln, ohne jedoch eine Garantie dafür bieten zu können, dort genauso erfolgreich tätig zu sein wie bei ihrem früheren Verein. Den Einfluss des sozialen Kontexts machen auch die teilweise erheblichen Leistungsschwankungen in Vereins- und Nationalmannschaften deutlich. Dies gilt vor allem dann, wenn sich deren taktische Ausrichtung und personelle Zusammensetzung stark unterscheiden. So war etwa Lukas Podolski in der deutschen Nationalmannschaft, in der er eine hohe Anerkennung genoss, zumeist weitaus erfolgreicher als in seinen Vereinsmannschaften. Lionel Messi, der siebenmalige Weltfußballer, spielte dagegen im taktischen System des FC Barcelona eine zentrale Rolle, während er seine individuellen Stärken in der argentinischen Nationalmannschaft weniger gut zur Geltung bringen kann. In der Qualifikation zur Fußball-Weltmeisterschaft 2010 in Südafrika erzielte Messi durchschnittlich nur alle 4,5 Spiele ein Tor, während er beim FC Barcelona etwa alle 1,03 Spiele das Tor traf.
>
> Eine Studie von Groysberg/Sant/Abrahams (2008) unter American Football-Spielern belegt, dass deren Transferierbarkeit darüber hinaus von deren Position innerhalb der Mannschaft abhängt. So erzielen *Wide Receiver*, die als Passempfänger des *Quarterback* stark in das Gefüge einer Football-Mannschaft eingebunden sind, nach einem Vereinswechsel i.d.R. eine signifikant schlechtere Leistung. Diese erreicht erst nach etwa einem Jahr wieder ihre ursprüngliche Höhe. *Punter*, die den Ball über eine große Distanz schießen, müssen dagegen vor allem ein starkes Schussbein und eine gute Technik besitzen. Sie wechseln als Individualisten signifikant öfter den Verein und weisen danach kaum Leistungseinbußen auf. Die Effizienz personeller Ressourcen ist damit stark vom sozialen Kontext abhängig, in dem sie eingesetzt werden, während etwa eine Maschine unabhängig davon funktioniert, von welcher Unternehmung sie verwendet wird.

2.8 Personalökonomischer Ansatz

Der personalökonomische Ansatz greift eine seit den achtziger Jahren häufig formulierte Kritik an Ansätzen zum Personalmanagement auf, wonach sich darin „von Ökonomie nur Spurenelemente" finden lassen (Wunderer/Mittmann 1983). Insbesondere in Abgrenzung zu dem verhaltenswissenschaftlich ausgerichteten Human Relations-Ansatz zielt dieser aus der volkswirtschaftlichen Mikroökonomie entlehnte Ansatz deshalb darauf ab, personalpolitische Entscheidungen einem ökonomischen Kalkül zu unterziehen und vor dem Hintergrund von Marktbedingungen sowie von rechtlichen, tarifvertraglichen und sonstigen normenstiftenden institutionellen Rahmenbedingungen zu untersuchen (vgl. Backes-Gellner/Lazear/ Wolff 2001; Wolff/Lazear 2001; Sadowski 2002; Grieger 2004).

Die Grundlage des personalökonomischen Ansatzes bilden drei fundamentale **Annahmen über das menschliche Verhalten**, nämlich die individuelle Nutzenmaximierung, Opportunismus und Rationalität. Die *Annahme der Nutzenmaximierung* geht davon aus, dass Menschen nach ihren individuellen Präferenzen ihren persönlichen Nutzen maximieren, indem sie die vorteilhafteste der sich ihnen jeweils bietenden Handlungsalternativen wählen. Das Personalmanagement muss demnach institutionelle Rahmenbedingungen (Restriktionen) schaffen, die bewirken, dass die von den Mitarbeitern gewählten Alternativen den von der Unternehmung präferierten entsprechen.

Opportunismus bedeutet, dass die Verfolgung von Eigeninteressen auch so weit gehen kann, anderen bewusst zu schaden. Dazu zählt etwa die Anwendung von List und Tücke. Dem Personalmanagement fällt somit die Aufgabe zu, durch den Einsatz geeigneter Instrumente den Spielraum der Mitarbeiter für opportunistisches Verhalten zu reduzieren und dadurch einen Ausgleich zwischen den individuellen Interessen der Mitarbeiter und den Zielen der Unternehmung herbeizuführen.

Die *Rationalitätsannahme* besagt, dass kein Mensch sich willentlich so verhält, dass er sich aus eigener Sicht selbst schadet. Rationalität bedeutet somit nicht, dass Menschen immer die objektiv beste Entscheidung treffen, sondern diejenige, die ihnen aus ihrer subjektiven Sicht als die beste erscheint (*bounded rationality*). Begrenzt wird die Rationalität vor allem durch die Ungewissheit über zukünftige Entwicklungen und durch die eingeschränkte Fähigkeit, Informationen aufzunehmen, zu bewerten und zu verarbeiten. Die Aufgabe des Personalmanagement besteht demnach darin, ungewollte Rationalitätsverzerrungen zu vermeiden und z.B. die Sicherheit von Erwartungen durch die Schaffung von Transparenz zu erhöhen.

> Nach Auffassung des amerikanischen Ökonomie-Nobelpreisträgers Gary S. Becker lässt sich das menschliche Verhalten in vielen Bereichen mit Hilfe des ökonomischen Ansatzes erklären. Dazu zählen nicht nur Entscheidungen in Unternehmungen, sondern etwa auch die Kriminalität und die Familienplanung. „Das beginnt mit der Entscheidung zu heiraten. Auch da steht die Frage nach dem Nutzen im Vordergrund, den ein Mensch sich von der Ehe erwartet – sowohl immateriell als auch materiell. Auf dem Heiratsmarkt wird jemand so lange suchen, bis er den Partner gefunden hat, der

> ihm den höchsten Wert verspricht – in Form von Liebe oder materieller Vorteile in Form eines höheren Einkommens. Anders ausgedrückt: Die weitere Suche nach einer Alternative würde keine spürbare Verbesserung mehr bringen – Zeit und Kosten dafür würden den Vorteil aufwiegen (…).
>
> Sind Menschen verheiratet, müssen sie weitere Entscheidungen über die Ehe treffen: Sollen sie sich wieder trennen oder sich scheiden lassen, und wenn sie es tun oder wenn sie verwitwet sind, sollen sie wieder heiraten und wenn ja, wann? Übersteigt der potenzielle Nutzen des Alleinlebens oder einer Ehe mit einem anderen Partner den entgangenen Nutzen, der durch die Trennung entsteht? Diese Verluste entstehen etwa durch die räumliche Trennung von den eigenen Kindern, durch die Teilung gemeinsamen Besitzes, durch Anwaltsgebühren, aber auch durch die Mühe, sich daran gewöhnen zu müssen, allein oder mit einer neuen Person zu leben. Der Anreiz zur Trennung ist grundsätzlich umso geringer, je bedeutsamer die für eine bestimmte Ehe spezifischen Investitionen sind. Das Wissen um die Gewohnheiten und Einstellungen des Partners ist dabei von großer Bedeutung (…).
>
> Doch das offenkundigste Beispiel für ehespezifische Investitionen sind Kinder. Ihre ‚Produktion' hängt von den Kosten für ihre Erziehung ebenso ab wie von ihrem erwarteten materiellen Nutzen für die Eltern, etwa in Form von zusätzlichem Familieneinkommen oder einer Versorgung im Alter. Eltern in Industrienationen geben heute meist mehr Geld dafür aus, Kinder aufzuziehen, als sie durch sie einnehmen, und sie betrachten Kinder, in der Terminologie der Ökonomie, als Konsumgüter. In vielen Gesellschaften sind Kinder dagegen auch heute noch für ihre alt gewordenen Eltern verantwortlich, etwa in Indien oder China. Dann werden Kinder auch mal zu Produktionsmitteln" (Becker 2004, S. 81 f.).

Um die Auswirkungen dieser Verhaltensannahmen auf die Akteure des Personalmanagement aufzuzeigen, greift der personalökonomische Ansatz auf zwei Organisationstheorien zurück, die beide der Neuen Institutionenökonomik zugerechnet werden. Im Mittelpunkt der **Principal-Agent-Theorie** stehen die Beziehungen zwischen der Unternehmungsleitung (*principal*) und den von dieser mit der Ausübung bestimmter Aufgaben betrauten Mitarbeitern (*agents*). Dabei entsteht das Problem, dass sich das zwischen diesen beiden Akteuren durch den Arbeitsvertrag begründete „nicht-justitiable Dauerschuldverhältnis" (Backes-Gellner 1993, S. 517) nicht allein vertraglich regeln lässt. Dafür sind vor allem drei Formen von Informationsasymmetrien verantwortlich (vgl. Picot et al. 2022, S. 92 ff.):

- *Hidden Characteristics* bezeichnen das Problem, dass die Unternehmungsleitung wichtige Eigenschaften von Mitarbeitern vor Abschluss des Arbeitsvertrags nicht kennt. Daraus resultiert das Risiko, im Rahmen der Personalbeschaffung nicht die geeignetsten Mitarbeiter auszuwählen (*adverse selection*).
- *Hidden Actions* beschreibt das Problem, dass die Unternehmungsleitung die Leistungen ihrer Mitarbeiter z.B. aufgrund fehlender Sachkenntnisse oder Zeit-

mangels nicht umfassend beobachten und bewerten kann. Dies birgt die Gefahr, dass die Mitarbeiter ihre Leistungen reduzieren (*moral hazard*).
- *Hidden Intentions* liegen vor, wenn die Unternehmungsleitung opportunistisches Verhalten ihrer Mitarbeiter zwar beobachten und bewerten, jedoch nicht verhindern kann. Dadurch entsteht die Gefahr, dass die Unternehmungsleitung aufgrund spezifischer Investitionen in ihre Mitarbeiter von diesen abhängig wird, was diese wiederum zu Nachverhandlungen von Verträgen ausnutzen können (*hold up*). Ein Beispiel dafür sind zusätzliche Lohnforderungen von Schlüsselmitarbeitern bei für die Unternehmung bedeutsamen Großaufträgen.

Zur Reduzierung der durch diese drei Formen von Informationsasymmetrien entstehenden Probleme stehen der Unternehmungsleitung zwei unterschiedliche Strategien offen (vgl. Abb. 2.10; Eisenhardt 1989). Die erste Möglichkeit ist die *direkte Kontrolle des Verhaltens* der Mitarbeiter im Rahmen der Personalführung (*monitoring and behavior control*). Diese kann durch personenorientierte Kontrolle (z.B. Beobachtung durch Vorgesetzte) oder technische Überwachung (z.B. Zeiterfassungssysteme, Kameras, Überwachung des Datenverkehrs) erfolgen (vgl. Kap. 5.4.1.4). Die zweite Möglichkeit ist die *indirekte Kontrolle von Leistungsergebnissen*. Hierbei wird ein Anreizsystem für den Agenten geschaffen, das unter Ausnutzung seines Eigeninteresses Entscheidungen sicherstellen soll, die sich möglichst weitgehend mit den Zielen des Prinzipals decken (*interest alignment*). Instrumente hierzu sind etwa Zielvorgaben und -kontrollen im Rahmen der Personalführung (*performance control*) oder eine leistungs- bzw. erfolgsabhängige Entgeltpolitik (*incentive compensation*).

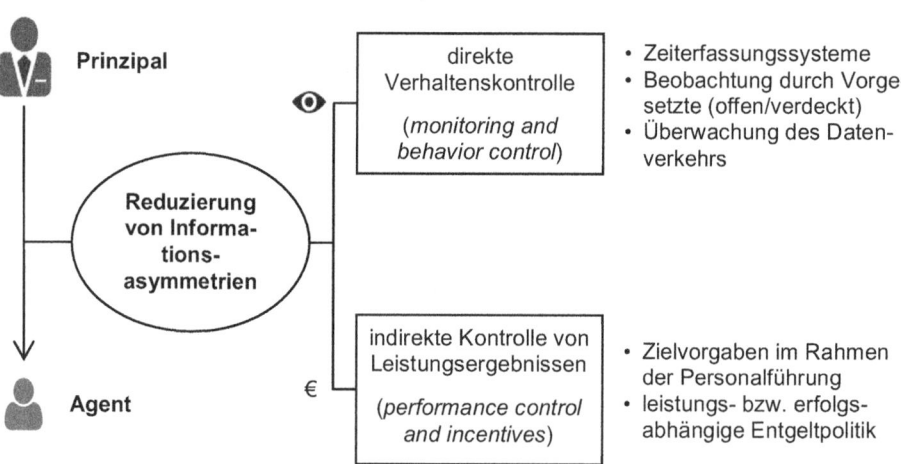

Abb. 2.10. Strategien zur Reduzierung von Informationsasymmetrien

Die zweite für den personalökonomischen Ansatz wichtige Organisationstheorie ist die **Transaktionskostentheorie** (vgl. Coase 1937; Williamson 1990). Diese basiert auf der Grundannahme, dass die Abwicklung von Transaktionen über den Markt nicht kostenlos ist, sondern *Transaktionskosten für die Anbahnung, Formu-*

lierung, Schließung, Überwachung, Durchsetzung und Anpassung von Verträgen verursacht (vgl. Abb. 2.11). Im Bereich des Personalmanagement entstehen diese etwa bei der Suche und Auswahl neuer Mitarbeiter, der Aushandlung des Arbeitsvertrags und der Kontrolle der darin vereinbarten Leistungen (vgl. Eigler 1996). Die Höhe der Transaktionskosten ist von drei Umweltbedingungen abhängig (vgl. Williamson 1990, S. 45 ff.):

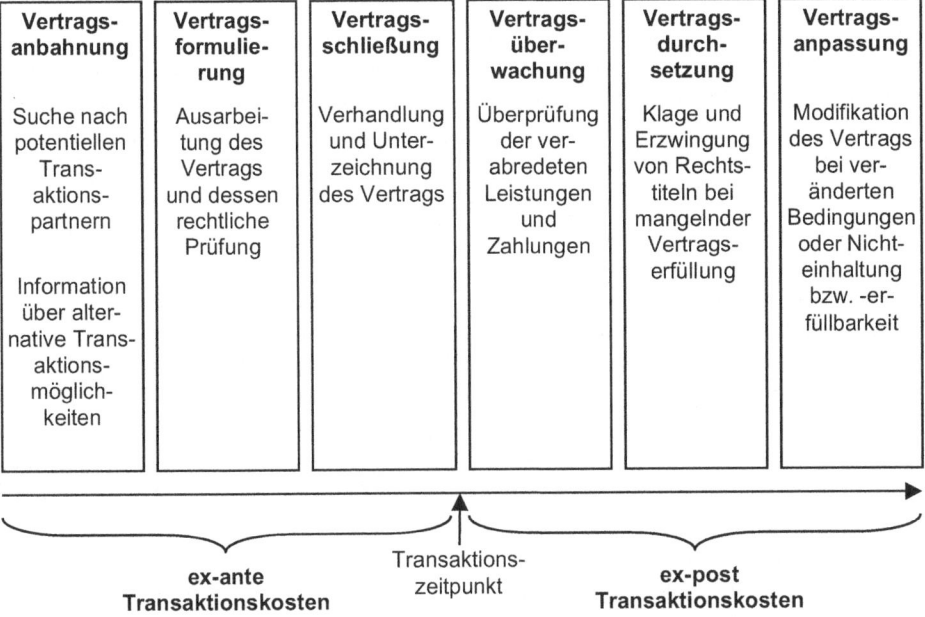

Abb. 2.11. Klassifikation von Transaktionskosten

- *Spezifität*: Mit zunehmender Spezifität einer Leistung erhöhen sich die gegenseitige Abhängigkeit (Idiosynkratie), die Gefahr opportunistischen Verhaltens sowie die *sunk costs* der Transaktionspartner, d.h. der Unterschied zwischen der besten und der zweitbesten Verwendungsmöglichkeit einer Leistung. Ein Beispiel dafür ist die Vermittlung unternehmungsspezifischer Qualifikationen im Rahmen der Personalentwicklung, die in anderen Unternehmungen nicht einsetzbar sind und dadurch die Bindung des Mitarbeiters an die Unternehmung erhöhen.
- *Unsicherheit*: Verträge sind immer unvollkommen und müssen im Verlauf des Transaktionsprozesses konkretisiert und angepasst werden. Je höher die Unsicherheit, d.h. je schwieriger es ist, die Komplexität möglicher zukünftiger Entwicklungen vertraglich zu erfassen, desto größer ist der Spielraum für opportunistisches Verhalten der Transaktionspartner. Dies gilt etwa für Führungskräfte, deren Leistung nur schwer messbar und deshalb nur schwer schriftlich fixierbar ist.
- *Häufigkeit*: Je häufiger gleichartige Transaktionen vorgenommen werden, desto geringer werden aufgrund von Lerneffekten und des entstehenden Vertrauens-

verhältnisses zwischen den Transaktionspartnern die Durchschnittskosten einer Transaktion. So können diese etwa auf bewährte Musterverträge zurückgreifen und die vertragliche Regelung der Transaktion auf ein Minimum begrenzen. Dadurch sinkt z.B. der Kontrollaufwand im Rahmen der Personalführung.

Vorteile einer ökonomischen Betrachtung des Personalmanagement sind die systematische Reduzierung von Komplexität und die Generierung gehaltvoller und empirisch überprüfbarer Aussagen (vgl. Backes-Gellner 1993; Alewell/Martin 2006). Zudem ermöglichen die personalökonomischen Ansätze die betriebswirtschaftliche Analyse personalpolitischer Handlungsoptionen, wie etwa Entscheidungen über die Einstellung von Mitarbeitern oder den Einsatz von Leiharbeitern, die interne oder externe Stellenbesetzung, die Wahl zwischen unternehmungsspezifischen oder -übergreifenden Weiterbildungsprogrammen und den Einsatz geeigneter Instrumente der Personalführung. Dadurch steigt wiederum der Stellenwert des Personalmanagement im Rahmen der Unternehmungsführung (vgl. Wunderer 1992, S. 214).

Nachteile des personalökonomischen Ansatzes sind dagegen die Abstraktion, Vereinfachung und Verfremdung der personalpolitischen Praxis sowie ein reduktionistisches Menschenbild, das altruistisches Verhalten, intrinsische Motivation oder die Orientierung an ethischen Normen nicht berücksichtigt (vgl. Steinmann/Hennemann 1993, S. 55 ff.; Scherm 1998; Kabst 2004). Darüber hinaus lassen sich zentrale Begriffe wie Nutzen oder Transaktionskosten nur schwer operationalisieren und messen (vgl. Ghoshal/Moran 1996). Ghoshal (2005) wirft den personalökonomischen Ansätzen schließlich vor, erst das opportunistische Verhalten der Mitarbeiter hervorzurufen, das sie reduzieren wollen. Indem Führungskräfte ihren untergeordneten Mitarbeitern strikte Anweisungen erteilen, deren Einhaltung umfassend kontrollieren und Anreizsysteme zur Ausrichtung des Verhaltens auf die Unternehmungsziele implementieren, fördern sie das Misstrauen der Mitarbeiter. Als Folge davon sind die Mitarbeiter geneigt, den Führungskräften zwar oberflächlich und scheinbar zu folgen, gleichzeitig jedoch mikropolitische Strategien zu entwickeln, sich deren Kontrolle zu entziehen. "Combine agency theory with transaction costs economics, add in standard versions of game theory and negotiation analysis, and the picture of the manager that emerges is one that is now very familiar in practice: the ruthlessly hard-driving, strictly top-down, command-and-control focused, shareholder-value-obsessed, win-at-any-cost business leader" (S. 85).

Angesichts dieser Kritikpunkte ist es sinnvoll, die ökonomische Betrachtung von Arbeitsverhältnissen um eine psychologische Perspektive zu erweitern und neben dem juristischen Arbeitsvertrag auch den **psychologischen Vertrag** zwischen Arbeitnehmer und Arbeitgeber zu betrachten (vgl. Rousseau 1995). Da Arbeitsverträge immer unvollkommen sind und nur einen Teil der Arbeitnehmer-Arbeitgeber-Beziehung regeln, bilden sich auf beiden Seiten – wie bereits von Vroom hervorgehoben (vgl. Kap. 2.3.2.2) – implizite und nicht einklagbare Erwartungen über die Gestaltung und Entwicklung des sozialen Austauschverhältnisses heraus. Die Erwartungen der Arbeitnehmer beruhen insbesondere auf den erlebten Instrumenten des Personalmanagement (z.B. Beförderungspolitik,

Weiterbildungsmöglichkeiten, Führungsstil) sowie der Kommunikation der Führungskräfte und Mitarbeiter der Personalabteilung (z.B. Aussagen in Mitarbeitergesprächen und Unternehmungsbroschüren, Redebeiträge auf Betriebsversammlungen). Für den Arbeitgeber ist dagegen vor allem das arbeitsbezogene Verhalten der Mitarbeiter (z.B. Arbeitsengagement und -leistung, Umgang mit Vorgesetzten und Kollegen) relevant (vgl. Conway/Briner 2005). Kommt es zu subjektiv empfundenen Diskrepanzen zwischen den implizit versprochenen Leistungen und Gegenleistungen und damit zu einem Bruch des psychologischen Vertrags, so kann dies zu unterschiedlichen Verhaltensweisen von der offenen Kommunikation der Erwartungen über die stillschweigende Akzeptanz des empfundenen Vertragsbruchs bis zur inneren oder tatsächlichen Kündigung des Vertragsverhältnisses führen.

2.9 Integrierter Personalmanagement-Ansatz

Die Darstellung verschiedener theoretischer Ansätze des Personalmanagement von der Theorie der wissenschaftlichen Betriebsführung bis zum personalökonomischen Ansatz hat deutlich gemacht, dass diese jeweils auf bestimmte Aspekte des Personalmanagement beschränkt sind und personalpolitische Zusammenhänge nur partiell beschreiben und erklären können. Seit Mitte der achtziger Jahre wurden deshalb mehrere Ansätze wie etwa der *INSEAD-Ansatz* (vgl. Evans 1984, 1986), der *Michigan-Ansatz* (vgl. Fombrun/Tichy/Devanna 1984), und der *Harvard-Ansatz* (vgl. Beer et al. 1985; Walton/Lawrence 1985) entwickelt, die eine umfassende Sichtweise anstreben (für einen Überblick vgl. Staffelbach 1986; Elšik 1992). Zugleich unternehmen diese den Versuch, die durch den Bedeutungswandel und Bedeutungszuwachs des Personalmanagement in den Vordergrund rückenden strategischen Aspekte stärker zu betonen. Ein wesentlicher Mangel dieser Ansätze ist jedoch, dass diese keine theoretische Konzeption i.e.S. darstellen, sondern lediglich einen systematisierenden Ordnungs- und Analyserahmen des Personalmanagement bereitstellen.

Den folgenden Ausführungen wird deshalb ein integrierter Personalmanagement-Ansatz zugrunde gelegt, in den die Überlegungen unterschiedlicher Theorien des Personalmanagement einfließen (vgl. Abb. 2.12). Den Ausgangspunkt bilden die **Akteure** des Personalmanagement. Hierzu zählen die Mitarbeiter und die Führungskräfte als individuelle Akteure sowie die Mitarbeitervertreter und die Personalabteilung als kollektive Akteure. Im Sinne des konfliktorientierten Ansatzes wird angenommen, dass zwischen diesen Akteuren Zielkonflikte bestehen, über deren Durchsetzung in einem direkten oder indirekten Aushandlungsprozess entschieden wird.

Neben den Zielen der jeweils dominanten Akteure wird der Einsatz der personalpolitischen Instrumente durch die jeweiligen **Bedingungen** des Personalmanagement bestimmt. Hierzu zählen insbesondere das Arbeitsrecht und der Arbeitsmarkt sowie die Unternehmungsstrategie und der Internationalisierungsgrad. Im Sinne des Kontingenzansatzes müssen diese externen und internen Bedingungen berücksichtigt werden, um eine möglichst hohe Effizienz der eingesetzten Instrumente des Personalmanagement zu erzielen. Im Unterschied zum Kontingenzansatz wird jedoch angenommen, dass die Bedingungen nicht prinzipiell unabänderliche Daten darstellen, sondern vielfach durch die Akteure des Personalmanagement beeinflusst werden können. Dies gilt sowohl für die internen Bedingungen (z.B. im Rahmen des *strategy-follows-people*-Ansatzes, vgl. Kap. 5.2.1.4) als auch für die externen Bedingungen (z.B. durch das Lobbying politischer Entscheidungsträger).

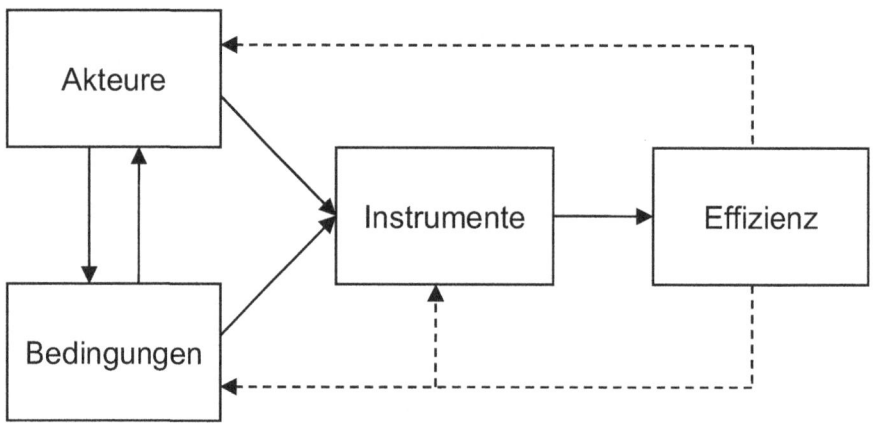

Abb. 2.12. Integrierter Personalmanagement-Ansatz

Im Mittelpunkt des integrierten Personalmanagement-Ansatzes stehen die **Instrumente** des Personalmanagement. Dazu zählen die Personalbedarfsplanung und -deckung, der Personaleinsatz, die Personalentlohnung sowie die Personalführung. Bei dem Einsatz dieser Instrumente sind insbesondere die Erkenntnisse der motivationstheoretischen Ansätze, des personalökonomischen Ansatzes sowie des ressourcenorientierten Ansatzes relevant. Darüber hinaus gilt es, die einzelnen Instrumente im Sinne des Systemansatzes effizient aufeinander abzustimmen.

Die **Effizienz** des Personalmanagement gibt die Auswirkungen der eingesetzten personalpolitischen Instrumente vor dem Hintergrund der jeweiligen externen und internen Bedingungen wieder. Bei der Effizienzmessung im Rahmen des Personalcontrolling kann entsprechend der beiden wichtigsten Gruppen personalpolitischer Akteure in eine unternehmungsbezogene und eine mitarbeiterbezogene Effizienz unterschieden werden. Im Sinne der Steuerungsfunktion des Personalcontrolling wirkt die Effizienz wiederum auf die Akteure, Bedingungen und Instrumente des Personalmanagement zurück. Der integrierte Personalmanagement-Ansatz beinhaltet somit einen geschlossenen Regelkreis, bei dem alle Systemelemente zu einander in Beziehung stehen.

Der integrierte Personalmanagement-Ansatz liegt auch der weiteren Gliederung dieses Lehrbuchs zugrunde. In Kapitel 3 werden zunächst die wichtigsten Akteure des Personalmanagement sowie deren Ziele und Einflussmöglichkeiten auf personalpolitische Entscheidungen dargestellt. Anschließend werden unterschiedliche Formen der Organisation thematisiert, die der arbeitsteiligen Durchführung und Koordination personalpolitischer Aktivitäten dienen. Kapitel 4 ist den internen und externen Bedingungen des Personalmanagement gewidmet, vor deren Hintergrund die handelnden Akteure die unterschiedlichen Instrumente des Personalmanagement einsetzen. Diese werden ausführlich in Kapitel 5 dargestellt, wobei zwischen vier Instrumenten unterschieden wird: Personalbedarfsplanung und Personalbedarfsdeckung, Personaleinsatz, Personalentlohnung und Personalführung. Im Mittelpunkt des abschließenden Kapitels 6 steht die Effizienz des Personalmanagement und dessen Messung im Rahmen des Personalcontrolling.

3 Akteure des Personalmanagement

Wie im vorangegangenen Kapitel erläutert, wird über den Einsatz der Instrumente des Personalmanagement in einem Aushandlungsprozess entschieden, an dem verschiedene Akteure mit unterschiedlichen Zielen und Einflussmöglichkeiten beteiligt sind. Diese können in individuelle und kollektive Akteure unterschieden werden. Zu den individuellen Akteuren zählen die Mitarbeiter und die Führungskräfte, während die Mitarbeitervertreter und die Personalabteilung die kollektiven Akteure des Personalmanagement bilden (vgl. Abb. 3.1).

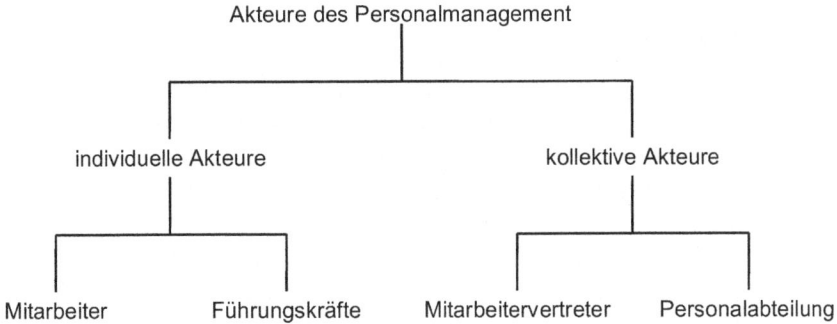

Abb. 3.1. Akteure des Personalmanagement

3.1 Individuelle Akteure

3.1.1 Mitarbeiter

Die erste Gruppe von individuellen Akteuren des Personalmanagement sind die Mitarbeiter. Diese können nach rechtlichen Kriterien in verschiedene Teilgruppen differenziert werden (vgl. Abb. 3.2). Aus der Zuordnung ergeben sich vielfältige *zivil-, arbeits- und sozialversicherungsrechtliche Konsequenzen.* Auch der *soziale Status* ist häufig davon abhängig.

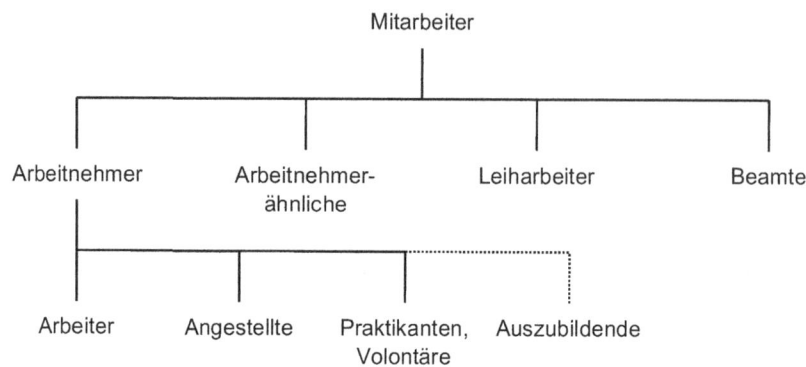

Abb. 3.2. Mitarbeitergruppen

3.1.1.1 Arbeitnehmer

Die größte Gruppe der Mitarbeiter bilden die Arbeitnehmer. Trotz ihrer zentralen Stellung im Rahmen des Personalmanagement ist der Begriff des Arbeitnehmers im deutschen Arbeitsrecht nicht generell definiert. Lediglich einzelne Gesetze legen für ihren jeweiligen Geltungsbereich gesondert fest, wer Arbeitnehmer ist (vgl. z.B. § 5 BetrVG, § 2 Abs. 2 ArbZG).

Allgemein wird als Arbeitnehmer angesehen, wer aufgrund eines privatrechtlichen Vertrags zur Leistung von Diensten **für einen anderen in persönlicher Abhängigkeit gegen Entgelt** arbeitet (vgl. Dütz/Thüsing 2021, S. 20 ff.):

- Grundvoraussetzung für die Arbeitnehmerstellung ist ein *privatrechtlicher Vertrag* (Arbeitsvertrag). Keine Arbeitnehmer sind somit Beamte, Richter und Soldaten, die aufgrund eines öffentlich-rechtlichen Verwaltungsaktes tätig werden (vgl. Kap. 3.1.1.4), Ordensleute und Diakonissen, deren Tätigkeit durch religiöse Motive bestimmt wird, sowie Selbständige und Organpersonen wie etwa Gesellschafter von Personengesellschaften und Vorstandsmitglieder juristischer Personen.
- Ein weiteres Merkmal ist, dass die *Leistung von Diensten für einen anderen*, nämlich den Arbeitgeber, geschuldet wird. Der Arbeitsvertrag ist somit ein Sonderfall des *Dienstvertrags* i.S. § 611 BGB. Während bei einem Werkvertrag der Unternehmer das Werk als Erfolg schuldet (§ 631 BGB), wird bei einem Dienstvertrag das bloße Wirken geschuldet.
- Kennzeichnend ist zudem die *persönliche Abhängigkeit*. Diese ergibt sich aus der für das Arbeitsverhältnis typischen, umfassenden rechtlichen *Weisungsgebundenheit des Arbeitnehmers* hinsichtlich Art, Umfang, Ausführung, Zeit und Ort sowie seiner *Eingliederung in den Betriebsablauf des Arbeitgebers*. Indizien für eine persönliche Abhängigkeit sind etwa umfassende Berichtspflichten, Anwendung tariflicher Bestimmungen, fehlende eigene Preis- und Werbungsgestaltung, kein selbständiges Anwerben von Kunden, keine Belastung mit Per-

sonal- und Sachkosten, Tätigkeit nur für einen Dienstherrn, Verpflichtung zur Übernahme aller Arbeitsaufträge sowie das Fehlen eigener Mitarbeiter.

Häufig werden Arbeitnehmer weiter unterschieden in

- *Arbeiter*, die überwiegend körperliche Arbeiten verrichten, und
- *Angestellte*, d.h. kaufmännische und technische Mitarbeiter, die vornehmlich geistige Tätigkeiten ausüben.

Im Zuge des technologischen Fortschritts und gesellschaftlichen Wandels ist diese Unterscheidung in vielen Fällen jedoch kaum noch möglich. Das Bundesverfassungsgericht hat in mehreren Entscheidungen zudem die Gleichbehandlung dieser beiden Arbeitnehmergruppen festgelegt.

Zu den Arbeitnehmern zählen auch *Praktikanten* und *Volontäre*, die sich regelmäßig gegen ein geringes Entgelt etwa in die Praxis eines kaufmännischen oder journalistischen Berufs einarbeiten. Einen Sonderstatus besitzen *Auszubildende* (bis 1971 als Lehrlinge bezeichnet), die zum Zweck der Berufsausbildung auf der Basis eines Ausbildungsvertrages einen geordneten Ausbildungsgang absolvieren. Während Auszubildende nach § 5 Abs. 1 BetrVG zu den Arbeitnehmern zählen und damit umfassende Mitbestimmungsrechte besitzen, sind sie nach § 23 KSchG bei der Berechnung der Zahl der Arbeitnehmer eines Betriebs nicht mitzurechnen. Auch in Tarifverträgen werden Auszubildende regelmäßig von Arbeitnehmern unterschieden und etwa von tariflichen Sonderzahlungen ausgeschlossen. Ein weiterer Unterschied zu Arbeitern und Angestellten ist, dass Auszubildende nach § 17 BBiG während ihrer Ausbildung kein Gehalt, sondern eine Ausbildungsvergütung erhalten, die nach dem Lebensalter der Auszubildenden mit fortschreitender Berufsausbildung ansteigt.

> Aufgrund der wachsenden Zahl von Hochschulabsolventen, die keine feste Anstellung finden und als schlecht oder gar nicht bezahlte Praktikanten arbeiten, wird häufig bereits von einer „Generation Praktikum" gesprochen (Stolz 2005). Empirische Untersuchungen vermitteln hierzu jedoch ein widersprüchliches Bild. Nach einer Studie von Hohendanner/Janik (2008) auf der Basis des IAB-Betriebspanels waren im Jahre 2006 etwa 600.000 Praktikanten in Deutschland tätig. Ihr Anteil ist vor allem in Kleinst- und Kleinbetrieben sowie in den Branchen Handel und Reparatur, Gesundheit und Sozialwesen sowie den unternehmungsnahen Dienstleistungen überproportional hoch. Eine Studie der Hans-Böckler-Stiftung kommt zu dem Ergebnis, dass Zahl und Dauer von Praktika nach dem Studium zugenommen haben. In vielen Fällen dienen diese nicht dem Erwerb weiterer Qualifikationen, sondern der Beschäftigung von qualifizierten Hilfskräften zu geringen Löhnen und ohne Kündigungsschutz. Rund 40% aller Praktika werden nicht vergütet, während der durchschnittliche Bruttolohn bei vergüteten Praktika bei lediglich 3,77 € pro Stunde liegt (vgl. Schmidt/Hecht 2011).
>
> Demgegenüber zeigt eine Studie des Bundesministeriums für Bildung und Forschung, dass es sich bei Praktika nach dem Studium nicht um ein Massenphänomen handelt. Kettenpraktika und Praktikumskarrieren sind

> demnach selten. Vielmehr beurteilen viele Praktikanten ihr Praktikum positiv und sehen dieses als Möglichkeit an, anschließend eine feste Anstellung bei der jeweiligen Unternehmung zu finden (vgl. Briedis/Minks 2007).

3.1.1.2 Arbeitnehmerähnliche

Im Gegensatz zu Arbeitnehmern stehen arbeitnehmerähnliche Personen zu ihrem Vertragspartner in keinem persönlichen Abhängigkeitsverhältnis. Arbeitnehmerähnliche fallen nicht in den Anwendungsbereich des KSchG. Sie sind nicht weisungsgebunden und nicht in den Betriebsablauf eingegliedert, jedoch wirtschaftlich von ihrem Auftraggeber abhängig. Im Unterschied zu Selbständigen, die Werkvertrag mit ihrem Auftraggeber abschließen, werden Arbeitnehmerähnliche aufgrund eines *Dienstvertrags* tätig, in dem sie sich verpflichten, bestimmte Leistungen für eine Unternehmung zu erbringen (vgl. Neuvians 2002). Dazu zählen etwa *Handelsvertreter* i.S. § 84 HGB, die als selbständige Gewerbetreibende für ihren Auftraggeber Geschäfte vermitteln oder in dessen Namen abschließen.

Eine weitere Gruppe bilden *freie Mitarbeiter (freelancer)* von Rechts- und Unternehmensberatungen, IT-Unternehmungen oder Presse, Rundfunk und Fernsehen (vgl. Kerschbaumer/Eischl/Kossens 2004). Nach einer Studie von Koch (2012) auf der Basis des IBA-Betriebspanels waren in Deutschland im Jahre 2011 rund 640.000 Menschen als freie Mitarbeiter auf der Basis von Dienstverträgen für Unternehmungen tätig. Ihre Zahl hat sich damit seit 2002 mehr als verdoppelt. Da freie Mitarbeiter zu ihrem Auftraggeber in keinem Arbeitsverhältnis stehen, kommen für sie auch viele Vorschriften des Arbeitsrechts wie das Kündigungsschutzgesetz, das Betriebsverfassungsgesetz, das Arbeitszeitgesetz nicht zum Tragen (vgl. Kap. 4.1.1). Zudem besteht keine Sozialversicherungspflicht. Freie Mitarbeiter verursachen deshalb zumeist niedrigere Kosten und sind flexibler einsetzbar als fest angestellte Mitarbeiter (vgl. Kaiser/Paust/Kampe 2007). Als Vorteile gegenüber einer Festanstellung werden häufig abwechslungsreiche Tätigkeiten sowie eine größere Autonomie empfunden. Dies gilt insbesondere für hoch qualifizierte freie Mitarbeiter wie etwa IT-Spezialisten (vgl. Süß/Kleiner 2007).

Ebenfalls keine Arbeitnehmer sind in der eigenen Wohnung tätige *Heimarbeiter*, da ihre Arbeitsstätte vom Auftraggeber unabhängig ist und sie nicht in dessen Betriebsablauf integriert werden. Zudem unterliegen sie nicht dem Weisungsrecht des Auftraggebers. Da sie aber in dessen Auftrag tätig werden und diesem die Verwertung der aus Roh- und Hilfsstoffen gefertigten Arbeitserzeugnisse überlassen, gehören sie zu seinen Mitarbeitern.

Wenn Arbeitnehmerähnliche im Wesentlichen nur für einen Auftraggeber tätig sind und das daraus erzielte Entgelt ihre entscheidende Existenzgrundlage darstellt, werden sie in bestimmten Fällen ebenfalls durch das Arbeitsrecht geschützt. Arbeits- und sozialversicherungsrechtlich ist zudem zu prüfen, ob es sich bei Arbeitnehmerähnlichen um Scheinselbständige handelt, d.h. um Arbeitnehmer, die wie Selbständige auftreten.

3.1.1.3 Leiharbeitnehmer

Leih- bzw. Zeitarbeitnehmer sind keine Arbeitnehmer der Unternehmung, der sie ihre Arbeitskraft zur Verfügung stellen, sondern einer Zeitarbeitsfirma (Verleiher). Diese leiht ihre Mitarbeiter einer Unternehmung (Entleiher) gegen eine Leihgebühr zeitlich befristet aus und überträgt dieser das juristische Weisungsrecht (*Personalleasing*) (vgl. Böhm/Hennig/Popp 2022). Das Arbeitsentgelt sowie die Sozialabgaben werden von der Zeitarbeitsfirma gezahlt, und zwar auch dann, wenn für den Leiharbeitnehmer temporär keine Verleihmöglichkeit besteht (*Beschäftigungsrisiko*). Die rechtlichen und ökonomischen Beziehungen zwischen Zeitarbeitsfirma, Leiharbeitnehmer und Unternehmung sind in Abb. 3.3 dargestellt.

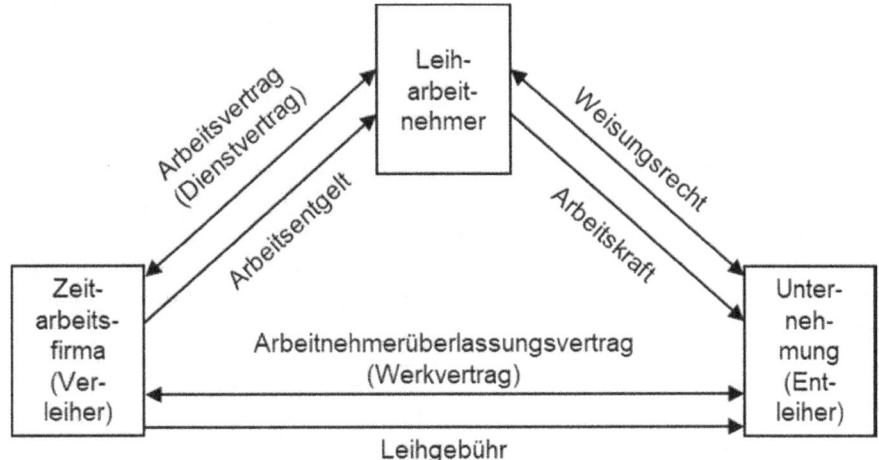

Abb. 3.3. Grundstruktur des Personalleasing

Da die praktische Bedeutung der Leih- bzw. Zeitarbeit in Deutschland im Vergleich etwa zu Großbritannien, den Niederlanden und den USA lange Zeit nur gering war (vgl. Waas 2003; Mitlaccher 2004), wurden deren Möglichkeiten durch die Änderungen des Arbeitnehmerüberlassungsgesetzes (AÜG) zum 1. Januar 2003 erheblich ausgeweitet (vgl. Thüsing 2018). So wurden u.a. das Verbot der wiederholten Befristung von Leiharbeitsverhältnissen und der Beschränkung der Überlassungsdauer auf 24 Monate aufgehoben. Gleichzeitig wurde festgelegt, dass Leiharbeitnehmer während der Dauer ihrer Überlassung die gleichen Arbeitsbedingungen (Arbeitsentgelt, Arbeitszeit, u.a.) beanspruchen können wie vergleichbare Stammarbeitnehmer des Entleihers, sofern die Tarifparteien keine davon abweichende Regelung vereinbaren (*Gleichbehandlungsgebot*). Für Zeitarbeitsfirmen wurde das *Synchronisationsverbot* aufgehoben. Danach können sie Arbeitnehmer für nur eine einzelne Überlassung an einen Entleiher einstellen und nach Beendigung des Arbeitnehmerüberlassungsvertrags wieder entlassen. Durch Aufhebung der Wiedereinstellungssperre kann derselbe Arbeitnehmer später wieder eingestellt werden.

Nach einer sehr kontroversen Diskussion der Vor- und Nachteile der Zeitarbeit erfolgte zum 1. Dezember 2011 eine weitere maßgebliche Änderung des AÜG, durch die insbesondere die Rechte der Leiharbeitnehmer gestärkt wurden. So müssen diese durch die Entleiher über freie Arbeitsplätze in ihrer Unternehmung informiert werden. Dadurch soll der Übergang in die Stammbelegschaft der Einsatzbetriebe unterstützt werden. Außerdem ist den Leiharbeitnehmern der Zugang zu Gemeinschaftseinrichtungen und -diensten, wie z.B. Betriebskindergärten, Kantinen, Personenbeförderungen, zu gewähren wie vergleichbaren im Einsatzbetrieb beschäftigten Arbeitnehmern. Überlassungen dürfen grundsätzlich nur vorübergehend erfolgen und Verleiher dürfen von Leiharbeitnehmern keine Vermittlungsvergütung verlangen. Alle privaten und öffentlichen Arbeitgeber, die Arbeitnehmerüberlassung im Rahmen ihrer wirtschaftlichen Tätigkeit betreiben wollen, benötigen eine Erlaubnis der Bundesagentur für Arbeit.

Als Folge der Liberalisierung des AÜG hat sich die Zahl der Leiharbeitnehmer zwischen 2004 und 2008 von 399.789 auf 794.363 nahezu verdoppelt. Im Zuge der Wirtschafts- und Finanzkrise sank diese 2009 auf 609.720 ab, bevor sie im November 2017 mit rund 1,08 Millionen ihren Höhepunkt erreichte. Anschließend sank die Zahl der Leiharbeitnehmer als Folge der Verschärfung des Gleichbehandlungsgebots und der Corona-Pandemie wieder auf 784.000 im gleitenden Jahresdurchschnitt bis Juni 2021 ab. Der Anteil der Zeitarbeitnehmer an den versicherungspflichtig Beschäftigten in Deutschland betrug 2,1% (vgl. Bundesagentur für Arbeit 2021).

> „Zu den Vorreitern beim Aufbau einer Leiharbeitsreserve zählt in Deutschland (…) der Autohersteller BMW in Leipzig. ‚Wir wollen unser neues Werk in Leipzig langfristig und nachhaltig wirtschaftlich betreiben', sagt der dortige BMW-Personalchef Hans-Georg Cmiel. ‚Die heutige Produktion muss daher personell so abgedeckt werden, dass wir jederzeit die erforderliche Personalflexibilität sicherstellen können, um etwa auf Marktschwankungen reagieren zu können.' Um die Montage des 3er-BMW, wenn nötig, von maximal 140 Stunden in der Woche auf theoretisch bis zu 60 Stunden herunterfahren zu können, setzt Cmiel seit Werkseröffnung 2005 auf geborgte Kräfte. Von den insgesamt knapp 3.500 Beschäftigten, die bei BMW in Leipzig rund 650 Fahrzeuge pro Tag montieren, stehen nur 2.500 auf der Konzerngehaltsliste. Die anderen 1.000 gehören zu Leiharbeitsfirmen wie I.K. Hofmann, die für BMW an führender Stelle für den Nachschub an Flexikräften sorgt" (Böhmer 2007).
>
> Im Zuge der Wirtschafts- und Finanzkrise und des resultierenden Absatzrückgangs wurden viele Leiharbeitnehmer entlassen. Insgesamt wurden 2008 5.500 Stellen für Leiharbeiter abgebaut, darunter fast alle am Standort Leipzig. „Im BMW-Werk Leipzig nannten sie ihn nur den ‚Sensenmann'. Er – das war der Personal-Mann von der Zeitarbeitsfirma I.K. Hofmann. Und die Nachricht, die er im Oktober 2008 seinen Leuten überbrachte, empfanden sie wie einen Todesstoß (…). ‚Wir wussten ja, dass wir Leiharbeiter die ersten sein würden, die in der Krise gehen müssen. Was ich

> schlimm fand war, dass es so schnell ging, dass es einfach hieß: ‚morgen brauchste nicht mehr kommen', das war hart, ich habe fast zwei Jahre bei BMW am Band gestanden'" (Schneyink 2009).

Der größte Vorteil der Zeitarbeit für Unternehmungen ist zumeist die *flexible Reaktion auf Auslastungsschwankungen* (vgl. Schwaab/Durian 2009; Gutmann 2017). Da es sich bei Leiharbeitnehmern nicht um Mitarbeiter der entleihenden Unternehmung handelt und etwa das KSchG nicht gilt, können diese flexibel eingestellt und entlassen werden. Leiharbeitnehmer zählen nach § 5 BetrVG nicht zu den Arbeitnehmern des Entleihers und besitzen damit in dessen Betrieb keine Mitbestimmungsrechte. Darüber hinaus sind die Kosten der Personalwerbung deutlich geringer. Da der Verleiher bei Ausfall des Leiharbeitnehmers (z.B. durch Krankheit) Ersatz stellen muss, ist zudem die Stetigkeit der Personalkapazität gewährleistet. Dafür ist die Leihgebühr in den meisten Fällen höher als die Personalkosten, die bei einer Einstellung des Mitarbeiters anfallen würden.

Für viele Leiharbeitnehmer ist die Zeitarbeit eine Möglichkeit, ihre *Arbeitslosigkeit zu beenden und Berufserfahrung zu sammeln*. Häufig ist damit die Hoffnung verbunden, von dem Entleiher nach einer gewissen Zeit als fest angestellte Mitarbeiter übernommen zu werden („Klebe-Effekt"). Nach § 9 Nr. 2 AÜG ist der Entleiher grundsätzlich verpflichtet, dem Leiharbeitnehmer die gleichen wesentlichen Arbeitsbedingungen einschließlich des Arbeitsentgelts zu gewähren, wie sie für einen vergleichbaren Arbeitnehmer des Entleihers gelten. Dieses Gleichbehandlungsgebot (*Equal Treatment-Prinzip*) kann jedoch durch einen Tarifvertrag abbedungen werden, was in Deutschland häufig geschieht. Leiharbeitnehmer beziehen deshalb überwiegend ein deutlich geringeres Entgelt als fest angestellte Mitarbeiter derselben Branche (vgl. Landmann/Thode 2012). Die häufig wechselnden Einsatzorte schränken zudem die Möglichkeit sozialer Beziehungen ein. Nicht zuletzt sind negative psychologische Effekte auf die Stammbelegschaft möglich, die durch den Einsatz von Leiharbeitnehmern häufig eine geringere Arbeitsplatzsicherheit wahrnehmen (vgl. Moser/Galais 2009; Siebenhüter 2011).

3.1.1.4 Beamte

Zu den Mitarbeitern staatlicher Unternehmungen zählen vielfach auch Beamte. Im Unterschied zu Arbeitnehmern werden diese nicht aufgrund eines Arbeitsvertrags tätig, sondern durch einen staatlichen Hoheitsakt ernannt (vgl. Art. 33 Abs. 5 GG). Beamte verrichten ihre Arbeit also nicht auf privatrechtlicher, sondern auf öffentlich-rechtlicher Grundlage, und ihr Arbeitsverhältnis entsteht nicht durch einen Arbeitsvertrag, sondern durch Ernennung. Ähnliches gilt für Richter, Soldaten und bis 2011 für Zivildienstleistende.

Die Tätigkeit von Beamten wird durch spezielle dienstrechtliche Vorschriften wie z.B. das Bundesbeamtengesetz (BBG) geregelt (vgl. Wichmann/Langer 2017). Danach sind diese prinzipiell nicht kündbar. Zudem haben Beamte kein Streikrecht und kein Tarifrecht. Die Höhe ihrer Besoldung richtet sich nach der Bundesbesoldungsordnung (BBesO). Als Träger eines öffentlichen Amtes muss das Verhalten von Beamten innerhalb und außerhalb des Dienstes der Achtung und dem

Vertrauen gerecht werden, die ihr Beruf erfordert, um das Ansehen des Staates nicht zu gefährden. Dazu gehört insbesondere, „bei politischer Betätigung diejenige Mäßigung und Zurückhaltung zu wahren, die sich aus ihrer Stellung gegenüber der Allgemeinheit und aus der Rücksicht auf die Pflichten ihres Amtes ergeben" (§ 60 Abs. 2 BBG).

> Entscheidend für mögliche arbeits- und beamtenrechtliche Konsequenzen des Verhaltens von Beamten außerhalb des Dienstes ist, inwieweit dieses in einem unmittelbaren Zusammenhang zu den Dienstaufgaben steht. So ist etwa die Mitgliedschaft in einer politischen Partei, die nicht als verfassungsfeindlich eingestuft wird, grundsätzlich irrelevant. Nach einem Urteil des Bundesarbeitsgerichts (BAG) vom 6.9.2012 (2 AZR 372/11) ist aber das für Beamte erforderliche Maß an Verfassungstreue nicht gegeben, wer dazu aufruft, den Staat oder die Verfassung und deren Organe zu beseitigen, zu beschimpfen oder verächtlich zu machen. In ähnlicher Weise entschied das Verwaltungsgericht Stuttgart am 27.7.2011 (DB 23 K 5319/10), dass die Dienstentfernung eines Polizisten wegen Beihilfe zur verbotenen Prostitution und Mitwirkung als Kleindarsteller in einem Pornofilm rechtmäßig ist, da das außerdienstliche Verhalten des Beamten zum Vertrauensverlust des Dienstherrn und der Allgemeinheit führt. Die von einem Polizeibeamten zu erwartende Gesetzestreue ist damit „unvereinbar, dass er sich aktiv durch Förderung der verbotenen Prostitution im Rotlichtmilieu betätige und strafrechtlich auffällt".

Für die unterschiedlichen Gruppen von Beamten gilt ein spezielles Dienstrecht. Professoren nehmen etwa ihre Primäraufgaben in Forschung und Lehre selbständig und grundsätzlich weisungsungebunden wahr. Regelungen des Arbeitszeitgesetzes finden regelmäßig keine Anwendung. So ist etwa der Erholungsurlaub von Professoren in Bayern nach dem Bayerischen Hochschulpersonalgesetz durch die unterrichtsfreie Zeit abgegolten (Art. 5 Abs. 3 Satz 2 BayHSchPG).

3.1.2 Führungskräfte

Zwar gehören auch die Führungskräfte zum Personal einer Unternehmung, aufgrund ihrer besonderen Stellung weisen diese jedoch einen fundamentalen Unterschied zu anderen individuellen Akteuren des Personalmanagement auf. Führungskräfte besitzen „das formale Recht (..), anderen Personen Weisungen zu erteilen, denen diese Personen zu folgen verpflichtet sind" (Ulrich/Fluri 1995, S. 37). Arbeitsrechtlich wird dieses *disziplinarische Führungsrecht* (im Unterschied zur fachlichen Führung) aus § 5 Abs. 3 BetrVG abgeleitet, das den Begriff des leitenden Angestellten definiert (vgl. Besgen 2022). **Leitender Angestellter** ist, wer nach Arbeitsvertrag und Stellung im Unternehmen oder Betrieb

- *zur selbständigen Einstellung oder Entlassung von Arbeitnehmern berechtigt* ist, oder

- *Generalvollmacht oder Prokura* besitzt und die Prokura auch im Verhältnis zum Arbeitgeber nicht unbedeutend ist, oder
- regelmäßig sonstige Aufgaben wahrnimmt, die für den Bestand und die Entwicklung des Unternehmens oder eines Betriebs von Bedeutung sind und deren Erfüllung besondere Erfahrungen und Kenntnisse voraussetzt, wenn er dabei entweder die *Entscheidungen im Wesentlichen frei von Weisungen trifft oder sie maßgeblich beeinflusst*.

Die besondere Stellung von Führungskräften als leitende Angestellte beinhaltet, dass für diese das BetrVG keine Anwendung findet. Insbesondere sind sie bei Betriebsratswahlen weder aktiv noch passiv wahlberechtigt. In Betrieben, die mehr als zehn leitende Angestellte haben, können sie vielmehr einen *Sprecherausschuss* wählen, der ihre Interessen gegenüber dem Arbeitgeber vertritt. Im Vergleich zum Betriebsrat (vgl. Kap. 3.2.1.1) besitzt dieser nach dem Sprecherausschussgesetz (SprAuG) jedoch lediglich Informations-, Anhörungs- und Beratungsrechte, jedoch kein Mitbestimmungsrecht. Für leitende Angestellte ist darüber hinaus das Arbeitszeitgesetz nach § 18 Abs. 1 Nr. 1 gar nicht und das Kündigungsschutzgesetz nur eingeschränkt anwendbar. So leiten sich etwa aus deren ausgeprägterer Treuepflicht *wesentlich geringere Anforderungen bei personen- oder verhaltensbedingten Kündigungen* ab (vgl. Kap. 5.1.4.2.6). Arbeitgeber können z.B. die Auflösung des Arbeitsverhältnisses mit leitenden Angestellten gegen Zahlung einer Abfindung ohne Angabe von Gründen beantragen (§ 9 Abs. 1 Satz 2 KSchG).

Als Akteure des Personalmanagement kommt Führungskräften die Aufgabe zu, die Interessen der Anteilseigner bei allen personalpolitischen Entscheidungen zu vertreten und gegenüber den Mitarbeitern durchzusetzen (vgl. Oesterle 2004). Nach Auffassung der Principal-Agent-Theorie sind Führungskräfte somit einerseits Agenten, die Entscheidungen im Sinne der Anteilseigner (*principals*) zu treffen haben, und andererseits Prinzipale, die geeignete Maßnahmen treffen müssen, damit die ihnen unterstellten Mitarbeiter (*agents*) im Sinne der Eigentümerinteressen handeln.

> Besonders deutlich wird die Doppelfunktion von Führungskräften als Prinzipale und Agenten bei mittleren Managern. „Kaum eine Position in einem Unternehmen ist so ungemütlich wie die des Sandwich-Managers. Teamleiter, Abteilungsleiter, Bereichsleiter – sie alle sind nicht mehr ganz unten, aber auch (noch) nicht ganz oben. Das Positive an dieser Zwischenposition: Offenbar schätzt der Arbeitgeber die Leistungen des Mitarbeiters, sonst hätte er ihn schließlich nicht auf die Karrierespur gesetzt. Das Negative daran: Nach der Beförderung kommt Druck von allen Seiten – von oben, von unten und auch von all den anderen Team-, Abteilungs- und Bereichsleitern im Unternehmen.
>
> Wer das auf Dauer durchhalten will, braucht ein dickes Fell. Der Vorstand setzt dem mittleren Management ehrgeizige Zielvorgaben, neben dem Berg an Routineaufgaben soll es auch noch die zündende Idee für den Umsatzbringer der Zukunft entwickeln. Gleichzeitig murrt die Mannschaft,

> die das alles umsetzen soll, fordert wahlweise spannendere Aufgaben oder die Einhaltung der 40-Stunden-Woche (...).
> (2008 rückte der damalige) Siemens-Chef Peter Löscher das sonst weitgehend im Unsichtbaren agierende mittlere Management ins Licht der Öffentlichkeit (..). Der Zusammenhang jedoch war wenig schmeichelhaft. Es ging um Stellenstreichungen, von denen nicht nur die einfachen Arbeitnehmer betroffen sein sollten. ‚Es geht jetzt um die Lehmschicht', sagte Löscher – und meinte das mittlere Management, jene vermeintlich undurchdringliche Schicht zwischen dem Vorstand und der arbeitenden Bevölkerung. Erstarrt, verkrustet, überflüssig (...)?
> Wie gut oder schlecht jemand mit der Position eines Sandwich-Managers auskommt, hängt maßgeblich davon ab, in welcher Karrierephase er sich gerade befindet (...). Wer Mitte dreißig ist und den Ehrgeiz hat, noch weiter aufzusteigen, dem macht die Situation weniger aus als dem Kollegen Mitte fünfzig, der auf dieser Stufe hängengeblieben ist und keine Perspektiven mehr sieht. Letztere fühlen sich dann vor allem von jüngeren Kollegen gehetzt. Doch weil schon rein statistisch nur ganz wenigen der Sprung in die meist sechs bis acht Mitglieder zählenden Vorstandsgremien gelingen kann, gilt es, sich im Mittelbau zu arrangieren. Zumal die Situation in anderen Abteilungen und Unternehmen meist ähnlich ist" (Löhr 2010).

Eine besondere Rolle nehmen Führungskräfte ein, die Mitglieder des Vorstands bzw. der Geschäftsführung sind. Sie sind nach innen mit der Führung der Geschäfte betraut und vertreten die Unternehmung gerichtlich und außergerichtlich nach außen. Aufgrund dieser Organmitgliedschaft besitzen sie umfassende Leitungsmacht, die je nach Rechtsform unterschiedlich ausgestaltet ist. Während die Geschäftsführung einer GmbH an die Weisungen der Gesellschafter gebunden ist (§ 37 Abs. 1 GmbHG), unterliegt der Vorstand von AG, KGaA und Vereinen keinerlei Weisungen Dritter (§ 76 Abs. 1 AktG). Er ist jedoch gegenüber dem Aufsichtsrat Rechenschaft schuldig (§ 90 AktG). Selbst wenn ein Arbeitsvertrag mit der Unternehmung besteht, sind die Mitglieder von Vertretungsorganen keine Arbeitnehmer im Sinne des § 5 Abs. 1 ArbGG und deshalb aus dem Geltungsbereich der meisten Arbeitsgesetze ausgenommen. Im Vergleich zu Arbeitnehmern begründet die Organstellung des Vorstands umfassende persönliche Haftungspflichten für schuldhaftes Fehlverhalten. Die Vergütung der Vorstandsmitglieder einer AG zählt zu den Einkünften aus nichtselbständiger Arbeit (§ 19 EStG) und ist damit einkommensteuerpflichtig (vgl. Kubis/Tödtmann 2021).

Durch die Ausübung der Arbeitgeberfunktion können Führungskräfte das Verhalten der ihnen unterstellten Mitarbeiter direkt und indirekt beeinflussen. Zu den Formen der *direkten Verhaltensbeeinflussung* zählt etwa die Erteilung einer Arbeitsanweisung im Rahmen der Personalführung. Im Zuge der Entwicklung von der Personalverwaltung zum Personalmanagement gewinnt aber auch die *indirekte Verhaltensbeeinflussung* der Mitarbeiter eine wachsende Bedeutung. So werden z.B. wichtige Aufgaben der Leistungsbeurteilung oder der Arbeitsorganisation zunehmend von der Personalabteilung an den direkten Vorgesetzten verlagert. Durch die Übernahme dieser personalpolitischen Aufgaben durch die Linienvorgesetzten nimmt häufig die Verbundenheit der Mitarbeiter mit der Unternehmung zu (vgl. Gilbert/De Winne/Sels 2011).

Nach Auffassung von Zander (1992, Sp. 1919) erweist sich die folgende **Arbeitsteilung zwischen Personal- und Fachabteilung** als zweckmäßig:

- Die Personalabteilung nimmt tendenziell eher *verwaltende* Aufgaben wie die Personalbetreuung und -verwaltung, die routinemäßige Lohn- und Gehaltsfestsetzung, -abrechnung und -auszahlung und die Personalwerbung wahr. Diese Aufgaben zeichnen sich durch eine hohe Standardisierbarkeit aus und können ohne detaillierte Kenntnis des konkreten Arbeitsplatzes bzw. Mitarbeiters ausgeübt werden. Dagegen erfordern diese Aufgaben umfangreiche personalwirtschaftliche und arbeitsrechtliche Kenntnisse, welche die Zuweisung zu spezialisierten Stellen sinnvoll machen.
- Die Führungskräfte in der jeweiligen Fachabteilung nehmen dagegen eher *gestaltende* Aufgaben wahr, die umfassende, detaillierte und aktuelle, nur durch häufige Interaktion erfahrbare Informationen über die Mitarbeiter und deren berufliches (sowie eventuell auch privates) Umfeld sowie spontanes Handeln erfordern. Dazu zählen z.B. die Personalführung, die fachliche und soziale Eingliederung neu eingestellter oder versetzter Mitarbeiter und die Arbeitsorganisation bei häufig wechselndem Arbeitsanfall.

Über den Einsatz der einzelnen personalpolitischen Instrumente entscheidet zumeist nicht die Personal- oder die Fachabteilung alleine, sondern es findet eine gegenseitige Konsultation oder sogar eine gemeinsame Entscheidung statt. Ein Beispiel für ein solches Kontinuum der Aufgaben- und Kompetenzverteilung zwischen Personal- und Fachabteilung gibt Abb. 3.4 wieder.

Zur **Abstimmung zwischen Personal- und Fachabteilung** eignen sich nach Auffassung von Sauder/Schmidt (1988, S. 94) *Arbeitskreise*, in denen sich regelmäßig die leitenden Führungskräfte der Personalabteilung mit Vertretern der Fachabteilungen treffen. Bei unregelmäßig oder einmalig anfallenden Aufgaben ist zudem die Einrichtung ähnlich strukturierter *Projektgruppen* sinnvoll. Noch weitgehender ist das Konzept der *virtuellen Personalabteilung*, das in Kap. 3.3.5 dargestellt wird.

Die Voraussetzung für die **Übertragung personalpolitischer Aufgaben auf die Linienvorgesetzten** ist deren intensive *Vorbereitung* auf diese Aufgaben. Zudem muss berücksichtigt werden, dass qualifizierte Fachkräfte nicht zwangsläufig auch gute Führungskräfte sind. Viele Unternehmungen haben deshalb eine *Entkopplung von Fach- und Führungskarrieren* vorgenommen, um Fachkräften einen hierarchischen Aufstieg zu ermöglichen, der nicht mit der Übernahme von Führungs- und Personalaufgaben verbunden ist.

Eine besondere Gruppe von Führungskräften, die in vielen Unternehmungen an Bedeutung gewinnt, sind **Interimsmanager**. Interimsmanagement weist eine ähnliche ökonomische Struktur wie Leiharbeit auf (vgl. Kap. 3.1.1.3), ist in Deutschland jedoch institutionell unterschiedlich geregelt (vgl. Alewell 2006). Interimsmanager schließen zumeist keinen Arbeitsvertrag, sondern einen Dienstvertrag mit einer Vermittlungsagentur ab und bleiben dadurch selbständig. Zudem ist ihr Bruttojahresentgelt zumeist höher als bei angestellten Führungskräften auf einer ähnlichen Qualifikations- und Hierarchiestufe (vgl. Kabst/Thost/Isidor 2010). Nach einer Studie der Deutschen Dachgesellschaft für Interimsmanagement (2009) werden Interimsmanager vor allem zur *Restrukturierung* und *Prozessoptimierung* eingesetzt. Dementsprechend wird die *Überzeugungskraft gerade bei unbequemen Entscheidungen* als wichtigste Eigenschaft von Interimsmanagern genannt. Die Dauer der Tätigkeit bei einem Auftraggeber beträgt zumeist weniger als ein Jahr. Die Mehrheit der Interimsmanager in Deutschland ist älter als 45 Jahre und besitzt bei der Entscheidung für die Tätigkeit mehr als 20 Jahre *Berufserfahrung*.

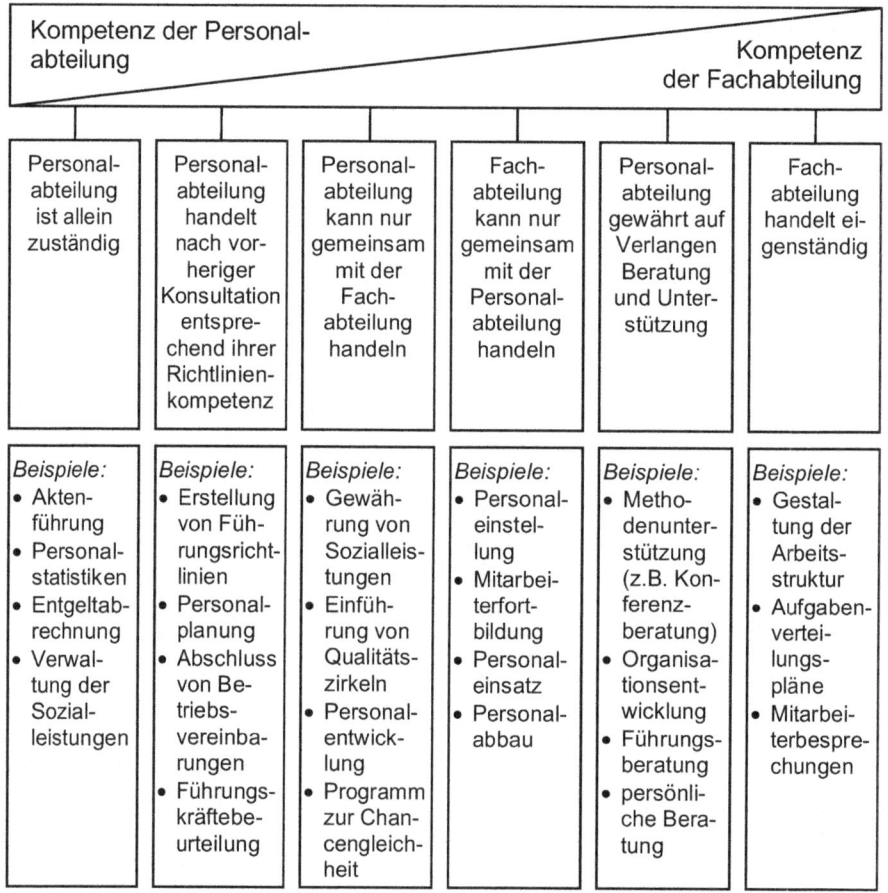

Abb. 3.4. Kontinuum der Aufgaben- und Kompetenzverteilung zwischen Personal- und Fachabteilung (Quelle: Sauder/Schmidt 1988, S. 92)

Eine Unternehmung, die Aufgaben des Personalmanagement in einem hohen Maße dezentralisiert und an die jeweiligen Linienvorgesetzten delegiert hat, ist die Bertelsmann AG. Verantwortlich für das Personalmanagement sind die Leiter der einzelnen Profit-Center, die im Rahmen der Unternehmungsverfassung und -konzeption sowie der Führungsleitsätze

> grundsätzlich selbständig agieren können. Mit der zentralen Personalabteilung müssen lediglich kollektive Regelungen sowie Maßnahmen mit unternehmungsübergreifenden Auswirkungen abgestimmt werden. Hierzu zählen etwa Sozialpläne, die Verlängerung oder Verkürzung von Arbeitszeiten, Auswahlrichtlinien zu Einstellung und Sozialauswahl bei Kündigungen, Konzepte zu Vorruhestand und Altersteilzeit sowie Ergänzungen oder Änderungen der Gehaltsordnung. Bei diesen Aufgaben übernimmt die Personalabteilung initiierende, unterstützende und koordinierende Aufgaben. Mehrere Koordinationsausschüsse sollen zudem eine strategisch übergreifende Gesamtausrichtung des Personalmanagement gewährleisten.
>
> Durch die geschäftsbezogene Dezentralisierung und relative Unabhängigkeit des Personalmanagement in den verschiedenen Profit-Centern gegenüber der Zentrale sollen eine hohe Flexibilität, kurze und effektive Informations- und Entscheidungswege sowie kundenspezifische Problemlösungen sichergestellt werden. In der Personalabteilung zentralisiert sind lediglich die Funktionen Recht, Steuern, Versicherungen und Altersvorsorge, die sehr spezifische Kenntnisse erfordern und bei denen ein Mindestmaß an Standardisierung angestrebt wird (vgl. Haritz 1999).

3.2 Kollektive Akteure

3.2.1 Mitarbeitervertreter

In Deutschland nehmen die einzelnen Mitarbeiter zumeist nur in einem geringen Maße direkt an personalpolitischen Entscheidungsprozessen teil. Vielmehr werden deren Interessen überwiegend in institutionalisierter Weise von Mitarbeitervertretern wahrgenommen. Dazu zählen einerseits der Betriebsrat und andererseits die Mitwirkung der Arbeitnehmervertreter in den Leitungs- und Kontrollorganen im Rahmen der Unternehmensmitbestimmung.

3.2.1.1 Betriebsrat

Die **Rechte und Pflichten** des Betriebsrates sind im Betriebsverfassungsgesetz (BetrVG) geregelt, das 1952 in Kraft trat und 1972 sowie 2001 umfassend revidiert wurde (vgl. Fitting et al. 2016). Nach § 1 BetrVG muss die Einrichtung eines Betriebsrats in Betrieben mit mindestens fünf Arbeitnehmern unabhängig von der Rechtsform zugelassen werden. Ausgenommen davon sind Religionsgemeinschaften und ihre karitativen und erzieherischen Einrichtungen sowie Tendenzbetriebe (z.B. Sekretariate politischer Parteien, Geschäftsstellen der Gewerkschaften und Arbeitgeberverbände, Bibliotheken, Forschungsinstitute, Theater, Verlage). Im Öffentlichen Dienst gibt es einen ähnlich ausgerichteten Personalrat. Die Größe des Betriebsrats richtet sich nach der Zahl der Mitarbeiter des Betriebs (§ 9). Nach einem Urteil des Bundesarbeitsgerichts (BAG) vom 13.3.2013 sind Leiharbeitnehmer bei der für die Größe des Betriebsrats maßgeblichen Anzahl der Arbeitnehmer eines Betriebs grundsätzlich zu berücksichtigen.

Im Jahre 2019 gab es in Deutschland rund 26.000 Betriebe mit einem Betriebsrat, die rund 41% aller Beschäftigten in der Privatwirtschaft in Westdeutschland bzw. 36% in Ostdeutschland repräsentieren. Während knapp 90% der Großbetriebe mit mehr als 500 Beschäftigten über einen Betriebsrat verfügen, existiert dieser nur in etwa 6% der Kleinbetriebe (bis 50 Beschäftigte). Am weitesten verbreitet sind Betriebsräte in den Bereichen Energie- und Wasserversorgung/Abfallwirtschaft/Bergbau, Finanz- und Versicherungsdienstleistungen sowie im Verarbeitenden Gewerbe. Am geringsten ist deren Anteil im vorwiegend kleinbetrieblich strukturierten Baugewerbe sowie im Gastgewerbe und den sonstigen Dienstleitungsbereichen (vgl. Ellguth/Kohaut 2020).

> SAP war lange Zeit die letzte große börsennotierte Unternehmung in Deutschland, in der es keinen Betriebsrat gab. Seit dem Börsengang im Jahre 1988 nahmen die Arbeitnehmervertreter im Aufsichtsrat diese Funktion wahr. Deren Mitbestimmungsrechte waren in einer vierseitigen schriftlichen Vereinbarung mit dem Vorstand geregelt und am BetrVG orientiert. Seit Bestehen dieser Mitbestimmungsregelung hat es bei SAP nie betriebsbedingte Kündigungen oder Zwangsversetzungen gegeben.
>
> Im März 2006 riefen drei SAP-Mitarbeiter mit Unterstützung der IG Metall zu einer Betriebsversammlung auf, auf der über die Gründung eines Betriebsrats abgestimmt wurde. Es waren 5.632 der insgesamt 9.000 am Hauptsitz der Unternehmung in Walldorf beschäftigten Arbeitnehmer anwesend, von denen rund 91% gegen die Einrichtung eines Betriebsrats stimmten. Da § 17 Abs. 4 BetrVG vorsieht, dass die Einrichtung eines Betriebsrats ermöglicht werden muss, wenn diese von mindestens drei Arbeitnehmern verlangt wird, fand am 30. März 2006 eine weitere Betriebsversammlung statt, auf der ein Wahlvorstand gewählt wurde.
>
> Der Vorstand von SAP sprach sich vehement gegen die Einrichtung eines Betriebsrats aus und argumentierte, dass dieser den besonderen Bedingungen bei SAP nicht entspreche. So äußerte sich etwa der SAP-Gründer Dietmar Hopp in einem Radiointerview: „Ein von der IG Metall gesteuerter Betriebsrat widerspräche jeder Vernunft und passt nicht zur SAP-Kultur", während der damalige Vorstandsvorsitzende Henning Kagermann bemerkte: „Bisher dachte ich immer, dass in einer Demokratie eine Minderheit die Meinung einer Mehrheit akzeptiert." Nachdem man zunächst juristische Schritte bis zu einer Klage beim Bundesverfassungsgericht erwogen hatte, gab der Vorstand von SAP dann jedoch seinen Widerstand auf.
>
> Die Wahlen zum Betriebsrat erfolgten am 21. Juni 2006. Mit 16 Mitgliedern stellt die Liste „Wir für Dich" die meisten Mitglieder des insgesamt 37 Mitglieder umfassenden Betriebsrats, darunter auch fünf der acht Arbeitnehmervertreter im Aufsichtsrat. Die Liste „Pro Mitbestimmung", die vorwiegend aus Mitgliedern der IG Metall und von ver.di besteht, stellt

drei Mitglieder, und zwar die drei Mitglieder der IG Metall, die die Einrichtung des Betriebsrats initiiert hatten. 13 der 37 Betriebsratsmitglieder wurden vollständig für diese Tätigkeit von ihrer Arbeit freigestellt.

Rund ein Jahr nach Konstituierung des Betriebsrats beurteilt dessen Vorsitzende und frühere Vertreterin der Arbeitnehmer im Aufsichtsrat Helga Classen seine Tätigkeit eher skeptisch: „Es war schon ungewohnt, wie stark Politik, Formalismus und Ideologie die Betriebsratsarbeit bestimmen (…). Früher haben wir bei SAP Probleme individuell gelöst, da ging es um die Sache, nicht um Politik (…). Gar nicht so schlecht" empfindet sie jedoch, dass durch formale Vorgaben der Betriebsverfassung Prozesse klarer definiert werden. So lobt sie etwa die Vorschrift, dass neue Stellen auch hausintern auszuschreiben sind (vgl. Deckstein 2007).

Nachdem die Wahlbeteiligung bei den ersten Betriebsratswahlen 2006 noch bei 65% gelegen hatte, ging diese stetig auf 43% in 2022 zurück. Gleichzeitig stieg die Zahl der im Betriebsrat vertretenen Listen an, der dadurch stark zersplittert ist. 2022 konnte erstmals die von der IG Metall unterstützte Liste „Pro Mitbestimmung" die Mehrheit der Sitze gewinnen (neun Sitze). Sechs Sitze entfallen auf die Liste „Upgrade", die von der Gewerkschaft Verdi unterstützt wird. Damit kommen die beiden DGB-Gewerkschaften, die bisher zusammen acht Sitze hatten, auf genau ein Drittel 15 der 45 Sitze (vgl. Klauß 2022).

Der Betriebsrat wird für eine Amtszeit von vier Jahren von der Belegschaft gewählt und kann während dieser Zeit nicht abgewählt werden (§ 21). Lediglich bei einer groben Verletzung seiner gesetzlichen Pflichten kann er auf Antrag mindestens eines Viertels der Arbeitnehmer, des Arbeitgebers und der Gewerkschaften durch das Arbeitsgericht amtsenthoben werden (§ 23 Abs. 1). Der Betriebsrat ist nicht an Weisungen der Arbeitnehmer gebunden. In Unternehmungen mit einer Betriebsgröße von mehr als 200 Arbeitnehmern muss eine festgesetzte Mindestzahl von Betriebsratsmitgliedern von der Arbeit freigestellt werden (§ 38). Die letzten Betriebsratswahlen fanden bundeweit zwischen März und Mai 2022 statt. 2018 lag die durchschnittliche Wahlbeteiligung bei 75,5% (vgl. Demir et al. 2018).

Mitgliedern des Betriebsrats kann für die Dauer ihrer Amtszeit und ein Jahr darüber hinaus nur aus einem Grund gekündigt werden, der eine fristlose Kündigung rechtfertigt (§ 15 KSchG). Durch das Betriebsrätemodernisierungsgesetz vom 18. Juni 2021 wurde der Kündigungsschutz auf Beschäftigte ausgedehnt, die erstmals einen Betriebsrat gründen wollen. Danach beginnt der Schutz vor ordentlicher Kündigung mit dem Zeitpunkt der Einladung oder Antragstellung zu einer Betriebsratswahl (§ 15 Abs. 3a) bzw. der öffentlich beglaubigten Absichtserklärung (§ 15 Abs. 3b).

Der Betriebsrat hat die Aufgabe, den sozialen Schutz der Arbeitnehmer sicherzustellen. Dazu werden ihm unterschiedliche **Mitwirkungs- und Mitbestimmungsrechte** eingeräumt (vgl. Tab. 3.1). Darüber hinaus überwacht er die Einhaltung der Tarifverträge im Betrieb. Der Betriebsrat ist dabei zur vertrauensvollen Zusammenarbeit mit den Arbeitgebern und ihren jeweiligen Verbänden angehalten. Er ist verpflichtet, auch das Betriebsinteresse zu berücksichtigen (§ 2 Abs. 1).

Tabelle 3.1. Mitwirkungs- und Mitbestimmungsrechte des Betriebsrats nach dem BetrVG

Mitwirkungsrechte	Mitbestimmungsrechte
Informationsrecht • Personalplanung (§ 92) • Stellenausschreibung (§ 93) • Einstellung, Ein- und Umgruppierung, Versetzung (§ 99 Abs.1*) • Wirtschaftliche Angelegenheiten (§ 106 Abs. 2) • Betriebsänderungen (§ 111*) *Beratungsrecht* • Personalplanung (§ 92 Abs. 1) • Berufsbildung (§§ 96 Abs. 1, 97) • Betriebsänderungen (§ 111*) *Einsichtsrecht* • Personalplanung (§ 92 Abs. 1) • Bewerbungsunterlagen (§ 99 Abs. 1*) *Anhörungsrecht* • Kündigungen (§ 102 Abs. 1)	*Initiativrecht* • Stellenausschreibung (§ 93) • Auswahlrichtlinien (§ 95 Abs. 2**) • Berufsbildung (§ 98) • Sozialplan bei Betriebsänderungen (§ 112*) • Soziale Angelegenheiten (§ 87 Abs. 1) *Zustimmungs- oder Vetorecht* • Soziale Angelegenheiten (§ 87 Abs. 1) • Personalfragebogen/Beurteilungsrichtlinien (§ 94) • Auswahlrichtlinien (§ 95 Abs. 1) *Widerspruchsrecht* • Personelle Einzelmaßnahmen (§ 99 Abs. 2*) • Berufung eines betrieblichen Ausbilders (§ 98 Abs. 2) • Verstoß gegen Auswahlrichtlinien (§ 103 Abs. 3)

* in Betrieben mit mehr als 20 Arbeitnehmern; ** in Betrieben mit mehr als 500 Arbeitnehmern

Eine der wichtigsten Möglichkeiten des Betriebsrats, Einfluss auf personalpolitische Entscheidungen zu nehmen, ist der Abschluss von **Betriebsvereinbarungen** mit der Unternehmungsleitung (vgl. Oberthür/Seitz 2021). Häufige Inhalte sind Regelungen zur Arbeitszeit, Entlohnung und Eingruppierung, wenn diese nicht bereits durch einen Tarifvertrag geregelt sind oder dieser eine Öffnungsklausel enthält. Zunehmend werden auch Regelungen zur Erreichbarkeit der Mitarbeiter außerhalb festgelegter Arbeitszeiten für dienstliche Belange und zum mobilen Arbeiten vereinbart. Betriebsvereinbarungen müssen vom Betriebsrat als Ganzes abgeschlossen werden und gelten für alle Arbeitnehmer des Betriebs. Ein Verzicht auf die durch eine Betriebsvereinbarung eingeräumten Rechte ist nur mit Zustimmung des Betriebsrats zulässig (§ 77 Abs. 3 BetrVG).

Der **faktische Einfluss** des Betriebsrats auf das Personalmanagement weist große unternehmungsspezifische Unterschiede auf. Folgende **Typen von Betriebsräten** können unterschieden werden (vgl. Kotthoff 1981, 1994; Halgmann 2019):

- Der *ignorierte Betriebsrat* ist in vielen Kleinbetrieben mit einem hohen Facharbeiteranteil anzutreffen, in denen der Inhaber selbst Leitungsaufgaben in der Produktion wahrnimmt.

- Der *isolierte Betriebsrat* ist vor allem für mittlere Unternehmungen typisch, deren Beschäftigte nur ein geringes Qualifikationsniveau aufweisen und in denen ein autoritäres Führungsverhalten der Unternehmungsleitung vorherrscht.
- Der *Betriebsrat als Organ der Geschäftsleitung* kommt ebenfalls vor allem in kleinen und mittleren Unternehmungen vor. Der Vorsitzende des Betriebsrats ist hier häufig ein Vertrauter des Unternehmungsleiters. Ihm werden von diesem wohlwollend wichtige Funktionen übertragen, ohne eine eigene Interessenvertretung ausüben zu können.
- Der *respektierte zwiespältige Betriebsrat als Ordnungsfaktor* ist häufig in Großunternehmungen anzutreffen. Der Betriebsrat wird von der Unternehmungsleitung umfassend informiert und an den Entscheidungsprozessen beteiligt. Zur Unternehmungsleitung besteht ein enges und wenig konfliktträchtiges Verhältnis. Er versteht sich als reagierende Betreuungsinstanz, ohne selbst aktiv Interessenfelder zu besetzen.
- Der *respektierte standfeste Betriebsrat* geht offensiv vor und versteht sich als Stellvertreter individueller Arbeitnehmerinteressen, ohne dabei Interessenfelder aktiv zu besetzen. Er geht davon aus, dass der Unternehmungsleitung Zugeständnisse abgerungen werden müssen, und beruft sich vor allem auf seine gesetzlich festgelegten Rechte.
- Der *Betriebsrat als kooperative Gegenmacht* kommt vor allem in Großunternehmungen vor und ist stark von der Gewerkschaft bestimmt. Aufgrund des interessenpolitischen Verständnisses seiner Rolle bringt er seine Vertretungsziele aktiv ein und übt einen großen Einfluss auf alle Entscheidungen aus. Er wird von der Unternehmungsleitung akzeptiert und arbeitet mit dieser vertrauensvoll und kooperativ zusammen.
- Der *Betriebsrat als aggressive Gegenmacht* wird von der Unternehmungsleitung als Bedrohung angesehen. Gegen den Versuch der Isolation wehrt sich der Betriebsrat mit allen rechtlichen Mitteln. Betriebsrat und Unternehmungsleitung habe häufig unvereinbare Positionen und tragen vielfältige Konflikte miteinander aus.

Neben der ausgeübten Rolle hängt der Einfluss des Betriebsrats auch von der *personellen Zusammensetzung* ab. Der Betriebsrat soll sich möglichst aus Arbeitnehmern der einzelnen Organisationsbereiche und der verschiedenen Beschäftigungsarten der im Betrieb tätigen Arbeitnehmer zusammensetzen (§15 Abs. 1 BetrVG). In der Praxis wird von dieser Soll-Vorschrift aber häufig abgewichen. Nach einer Studie von Baumann/Brehmer (2016) sind insbesondere befristet Beschäftigte in Betriebsräten stark unterrepräsentiert. In geringerem Maße gilt dies – trotz der gesetzlich festgeschriebenen Minderheitenquote – auch für Frauen und Arbeitnehmer mit Migrationshintergrund.

Äußerst kontrovers werden die **Auswirkungen des Betriebsrats auf die Effizienz des Personalmanagement** diskutiert (vgl. z.B. Sadowski/Backes-Gellner/Frick 1995; Müller 2005; Schnabel 2020). Kritiker wenden etwa ein, dass die Tätigkeit von Betriebsräten zu ineffizienten Entscheidungen führt, da diese *Marktmechanismen außer Kraft setzt* (vgl. FitzRoy/Kraft 1985). Darüber hinaus wird argumentiert, dass der große Einfluss des Betriebsrats auf unternehmungs- und personalpolitische Entscheidungen viele ausländische Unternehmungen vor einer Investition in Deutschland abschreckt und deshalb ein wichtiger *Standortnachteil* ist (vgl. z.B. Schröder 2002, S. 102 f.). Die Kosten der Tätigkeit von Betriebsräten werden nach einer Studie von Niedenhoff (2005, S. 311 ff.) im Jahr 2003/04 auf 337,95 € pro Mitarbeiter geschätzt.

> Die Mitglieder des Betriebsrats führen ihr Amt unentgeltlich als Ehrenamt. Das Arbeitsentgelt von Mitgliedern des Betriebsrats, die von ihrer beruflichen Tätigkeit freigestellt sind, darf einschließlich eines Zeitraums von einem Jahr nach Beendigung der Amtszeit nicht geringer bemessen werden als das Arbeitsentgelt vergleichbarer Arbeitnehmer mit betriebsüblicher beruflicher Entwicklung (§ 37 BetrVG).
>
> Da die Gruppe der Arbeitnehmer, an denen sich die Entwicklung des jeweiligen Betriebsratsmitglieds orientieren soll, nicht spezifiziert ist, liegt das Gehalt führender Betriebsräte in manchen großen Unternehmungen um ein Vielfaches über dem, mit dem sie freigestellt wurden. Nach Schätzungen von Rieble (2017) liegen die Jahresgehälter der Betriebsratsvorsitzenden von DAX-Unternehmungen zwischen 200.000 und 400.000 €. Dadurch besteht die Gefahr eines gegenseitigen Abhängigkeitsverhältnisses und mangelnder Unabhängigkeit bei unternehmungspolitischen Entscheidungen.

Als Vorteil von Betriebsräten wird dagegen die Möglichkeit einer *kollektiven Artikulation von Interessen* der Mitarbeiter (*voice*) angeführt, ohne dass diese bei Unzufriedenheit mit den Arbeitsbedingungen stillschweigend die Unternehmung verlassen würden (*exit*) (vgl. Hirschman 1970). Die von der Bundesregierung eingesetzte Kommission zur Modernisierung der deutschen Unternehmensmitbestimmung (2006) bezeichnet die Mitbestimmung deshalb als „ein wirksames Instrumentarium zum Ausgleich unterschiedlicher Interessen zwischen Arbeitgeber und Arbeitnehmer" und bescheinigt ihr positive Auswirkungen auf die Motivation und das Verantwortungsbewusstsein der Mitarbeiter. Eine empirische Untersuchung von Dilger (2002) zeigt zudem, dass sich die Stärke des Betriebsrats auf die meisten Kennzahlen des Personalmanagement wie etwa die Fluktuation, die Verbreitung flexibler Arbeitszeiten, die Innovationstätigkeit sowie die Lohnhöhe und Arbeitsproduktivität positiv auswirkt. Die Stärke des Betriebsrats hat jedoch häufig einen negativen Einfluss auf die Ertragslage von Unternehmungen (vgl. z.B. Addison/Schnabel/Wagner 2001). Einschränkend muss allerdings angeführt werden, dass die vorliegenden empirischen Untersuchungen zu den betriebswirtschaftlichen Auswirkungen von Betriebsräten auf relativ restriktiven Annahmen und einer begrenzten Datenbasis beruhen und sich deshalb nicht uneingeschränkt verallgemeinern lassen (vgl. Franz 2013, S. 265).

3.2.1.2 Unternehmensmitbestimmung

Unter Unternehmensmitbestimmung wird die institutionell verankerte Einflussnahme der Mitarbeitervertreter auf Inhalt, Verlauf und Ergebnis unternehmungspolitischer Entscheidungen verstanden. Im Unterschied zur direkten Entscheidungspartizipation der Mitarbeiter im Rahmen der Personalführung (vgl. Kap. 5.4.1.2) erfolgt die Mitbestimmung dabei durch unternehmungsinterne oder externe Repräsentanten in den Leitungs- und Kontrollorganen. Neben der Einbringung und Durchsetzung mitarbeiterspezifischer Interessen (*Inhalts-Ziel*) dient diese **Institutionalisierung der Arbeitgeber-Arbeitnehmer-Beziehungen** vor allem der Entwicklung und Pflege von offenen, vorurteilsfreien und konstruktiven Beziehungen zwischen der Unternehmungsleitung und den Mitarbeitern sowie deren inner- und überbetrieblichen Interessensvertretern (*Beziehungs-Ziel*).

Form und Grad der Mitbestimmung sind in Deutschland je nach Rechtsform, Unternehmungsgröße und Branche im Mitbestimmungsgesetz (MitbestG) von 1976, im Montanmitbestimmungsgesetz (MontanMitbestG) von 1951 sowie im BetrVG von 1952 geregelt. 2004 wurden die Regelungen zur Mitbestimmung aus dem BetrVG (§§ 76 ff.) in das Drittelbeteiligungsgesetz (DrittelbG) überführt. Die Zusammensetzung des Aufsichtsrats und der Anteil von Vertretern der Arbeitgeber (AG) und Arbeitnehmer (AN) in unterschiedlichen Unternehmensformen gibt Abb. 3.5 wieder. Ende 2020 unterlagen in Deutschland 651 Unternehmungen mit zusammen mehr als 5 Mio. Arbeitnehmern der paritätischen Unternehmensmitbestimmung nach dem MitbestG, darunter 211 Aktiengesellschaften und 373 GmbHs (vgl. Hans-Böckler-Stiftung 2021). 2015 gab es rund 1.500 mit Drittelbeteiligung nach dem DrittelbG (vgl. Bayer/Hoffmann 2015; Sick 2015).

Besonders weitreichend sind die Rechte des Aufsichtsrats in Aktiengesellschaften und Gesellschaften mit begrenzter Haftung, die dem MitbestG unterliegen. Dazu zählen ein umfassender Überwachungsauftrag, die Festlegung zustimmungspflichtiger Geschäfte und die Prüfung des Konzern- und Jahresabschlusses (§ 111 AktG). Der Aufsichtsrat bestellt die Vorstandsmitglieder und kann diese bei grober Pflichtverletzung, Unfähigkeit zur ordnungsmäßigen Geschäftsführung oder Vertrauensentzug durch die Hauptversammlung wieder abberufen (§ 84 AktG). Er legt zudem die Bezüge der Vorstandsmitglieder fest (§ 87 AktG). Dabei hat er dafür zu sorgen, dass diese in einem angemessenen Verhältnis zu den Aufgaben und Leistungen des Vorstandsmitglieds sowie zur Lage der Gesellschaft stehen und die übliche Vergütung nicht ohne besondere Gründe übersteigen (vgl. Kap. 5.3.4).

> Eine Studie der Lebensläufe der insgesamt 716 Aufsichtsratsmitglieder der Anteilseignerseite aller DAX-, MDAX- und SDAX-Unternehmungen in 2022 zeigt, dass nur etwas mehr als 8% Erfahrungen im Bereich des Personalmanagement haben. Tiefgehende oder längerfristige Erfahrungen haben nur 4% der Aufsichtsräte. Zu den wenigen Ausnahmen gehört die ehemalige Personalvorständin von BASF und Deutsche Bahn Margret Suckale, die Mitglied von vier Aufsichtsräten ist: Deutsche Telekom, DWS Group, Heidelberg Cement und Infineon (vgl. Lehnen 2022).

Die Mitbestimmung der Arbeitnehmervertreter in den Leitungs- und Kontrollorganen von Unternehmungen wird vielfach kritisch beurteilt. Aus *rechtlicher Sicht* wurde lange Zeit der Einwand vorgebracht, dass diese gegen das Recht auf Eigentum (Art. 14 GG) verstößt. Das Bundesverfassungsgericht hat im Jahre 1979 jedoch festgestellt, dass die Zusammensetzung des Aufsichtsrats – außer in Unternehmungen der Montanindustrie – unterhalb der Parität liegt und die Eigentumsgarantie deshalb nicht verletzt. So stellen die Vertreter des Arbeitsgebers nach dem BetrVG zwei Drittel der Aufsichtsratsmitglieder. Nach dem MitbestG ist der Aufsichtsrat zwar paritätisch besetzt, in Pattsituationen hat der Vorsitzende, der immer Vertreter der Arbeitgeber ist, jedoch ein doppeltes Stimmrecht. Die Unternehmensmitbestimmung ist demnach als eine Form der Sozialbindung des Eigentums verfassungskonform (vgl. Wächter 1983, S. 40 ff.).

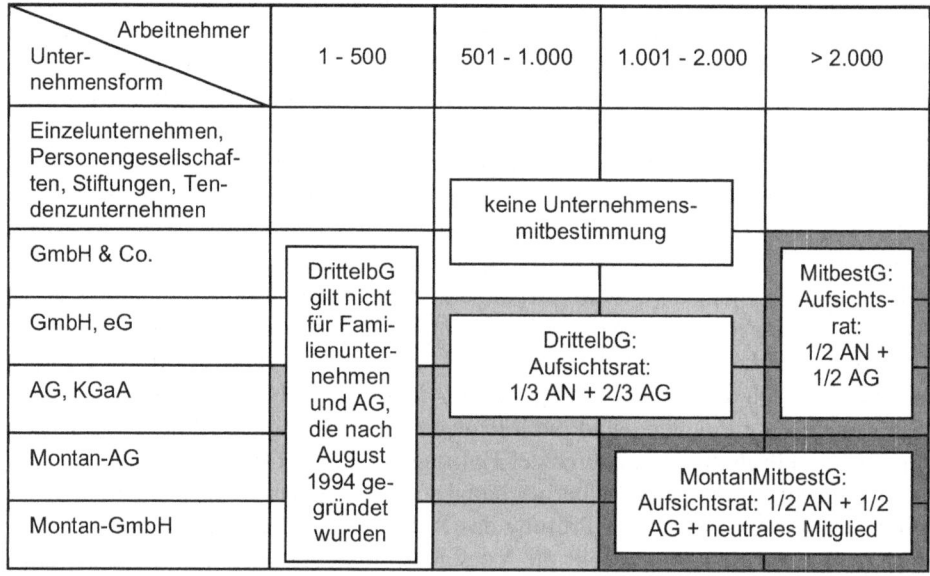

Abb. 3.5. Geltungsbereich der Gesetze zur Unternehmensmitbestimmung (Quelle: in Anlehnung an Oechsler/Paul 2019, S. 114)

> Die Kritik an der Unternehmensmitbestimmung ist ein Grund dafür, dass immer mehr Unternehmungen in Deutschland diese umgehend oder ignorieren. Nach einer Studie von Sick (2021) gab es 2020 62 Unternehmen mit mehr als 500 Beschäftigten, die aufgrund ihrer *ausländischen Rechtsform* nicht dem DrittelbG bzw. MitbestG unterliegen. Dies ist nach der Rechtsprechung des Europäischen Gerichtshofs (EuGH) zur Niederlassungsfreiheit in der EU Auslandsgesellschaften mit Verwaltungssitz bzw. unselbständiger Niederlassung in Deutschland und deutschen Personengesellschaften möglich, in denen eine ausländische Kapitalgesellschaft persönlich haftende Gesellschafterin ist. Beispiele dafür sind Amazon Europe Core S.à.r.l., Hennes & Mauritz B.V. & Co. KG, Kühne + Nagel AG (Luxemburg) & Co. KG, Tönnies APS & Co. KG und United Parcel Service Deutschland Inc. & Co. OHG. 82 Unternehmungen wurden vor Erreichen des Schwellenwertes von 2.000 Beschäftigten in eine *Europäische Aktiengesellschaft* (Societas Europaea, SE) umgewandelt und haben die zum Zeitpunkt der Umwandlung bestehende Form der Mitbestimmung festgeschrie-

> ben. Beispiele dafür sind Tesla Manufacturing Brandenburg SE und Vonovia SE. Ganz der Unternehmensmitbestimmung entzogen sind 50 *Stiftungen* wie die Lidl Stiftung & Co. KG, Robert Bosch Stiftung und Siepmann-Stiftung. Schließlich gibt es 113 Unternehmungen, die die Unternehmensmitbestimmung *rechtswidrig ignorieren*. Dazu zählen etwa Dirk Rossmann GmbH, EDEKA Regionalgesellschaften, KiK Textilien und Non-Food GmbH und Cura Kurkliniken.
>
> „Wie Strategien zur Aushebelung von Mitbestimmungsrechten funktionieren, zeigt sich am Beispiel Aldi. Die rechtlich unabhängigen Unternehmungen Aldi Süd und Aldi Nord, die zusammen weltweit 170.000 und deutschlandweit 66.000 Menschen beschäftigen, werden durch zwei Familienstiftungen gesteuert. Den Stiftungen können die Arbeitnehmer nicht zugerechnet werden, weil diese vom Mitbestimmungsgesetz nicht erfasst werden. Daher kommen sie auch nicht als ‚herrschende Unternehmen' in Betracht, die einen mitbestimmten Aufsichtsrat bilden müssen. Unterhalb der Stiftungsebene operieren verschiedene Regionalgesellschaften, die gerade so groß sind, dass sie die Schwelle von 2.000 Mitarbeitern für die Anwendung des Mitbestimmungsgesetzes nicht überschreiten. Die gewählte Form der GmbH & Co. KG stellt zugleich sicher, dass es auch keine Drittelbeteiligung gibt, weil diese Unternehmensart vom Gesetz ausgenommen ist" (Kluge/Sick/Pütz 2016).

Aus *ökonomischer Sicht* wird – analog zur betrieblichen Mitbestimmung (vgl. Kap. 3.2.1.1) – kritisiert, dass die Unternehmensmitbestimmung zu ineffizienten Entscheidungen führt und Investoren abschreckt (vgl. McKinsey 2000). Vergleiche zwischen Ländern mit und ohne Unternehmensmitbestimmung liefern jedoch keinen Beleg dafür (vgl. McKinsey 2003). Zudem räumen viele Unternehmungen den Arbeitnehmervertretern im Aufsichtsrat größere Einflussmöglichkeiten ein (z.B. Kataloge zustimmungspflichtiger Gesetze, Berufung eines Gewerkschaftsmitglieds zum Arbeitsdirektor), als rechtlich erforderlich wären (vgl. Zugehör 2003). Dies wird u.a. als Grund für die im internationalen Vergleich geringe Zahl von Streiktagen angeführt (vgl. Höpner 2004). Nach einer Studie von Rapp/Wolff (2019) zeigten mitbestimmte Unternehmungen während der Finanz- und Wirtschaftskrise 2008/09 eine höhere Kapitalmarkt- und operative Performance und erholten sich schneller von deren Auswirkungen.

Auch im Rahmen der *Corporate Governance-Debatte* wird die Mitbestimmung kontrovers diskutiert (vgl. Grundei/Zaumseil 2012; Welge/Eulerich 2021). Kritik richtet sich vor allem gegen die Größe von Aufsichtsräten mit bis zu 20 Mitgliedern, die eine effiziente Überwachung erschwert, sowie gegen die mangelnde Berücksichtigung fachlicher Qualifikationen gegenüber Sympathie- und Machtaspekten. Ein weiteres Problem ist die Interessenkollision von externen Gewerkschaftsvertretern im Aufsichtsrat, die oft gleichzeitig Kontrolleure des Vorstands und deren Verhandlungspartner in Tarifverhandlungen sind. In internationalen Unternehmungen besteht zudem ein Legitimationsproblem, da nur die inländischen Arbeitnehmer zur Wahl ihrer Vertreter im Aufsichtsrat berechtigt sind (vgl. Haipeter/Hertwig/Rosenbohm 2019).

> Ein Beispiel für Interessenskonflikte von externen Gewerkschaftsvertretern im Aufsichtsrat ist der Vorsitzende der Dienstleistungsgewerkschaft ver.di und ehemalige stellvertretende Vorsitzende des Aufsichtsrats der Lufthansa Frank Bsirske. Ver.di hat im Dezember 2002 den Frankfurter Flughafen bestreikt. Weil dadurch zahlreiche Flüge ausfielen oder verschoben werden mussten, entstand der Lufthansa nach Angaben des damaligen Vorstandsvorsitzenden Jürgen Weber ein Schaden in zweistelliger Millionenhöhe. Auf der Hauptversammlung 2003 haben die Aktionäre Bsirske daraufhin die Entlastung verweigert. „Damit habe er in seiner Rolle als Gewerkschaftschef dem Unternehmen Schaden zugefügt, das er als Aufsichtsrat hätte schützen müssen, kritisieren die Aktionäre (...). Denn Bsirske hat seinen Rollenkonflikt ganz eindeutig zugunsten seines Berufs als Gewerkschaftschef gelöst. Damit offenbart er ein gravierendes Problem in der deutschen Mitbestimmung: Dieselben Arbeitnehmervertreter, die öffentlich zum Streik aufrufen oder die Höhe von Managergehältern kritisieren, heben in den Kontrollgremien brav die Hand, wenn die Vorstandsbezüge genehmigt werden" (Weidenfeld 2003).

3.2.2 Personalabteilung

3.2.2.1 Aufgaben und Anforderungen

Die dritte wichtige Gruppe von Akteuren des Personalmanagement sind die in der Personalabteilung tätigen Personalmanger bzw. Personalreferenten. Personalabteilungen haben folgende **Aufgaben** (vgl. Bisani 1983, S. 61 ff.):

- Für *personalwirtschaftliche Kernaufgaben* hat die Personalabteilung die volle und ungeteilte Zuständigkeit und Verantwortung. Dazu zählen vor allem Maßnahmen der Personalverwaltung.
- *Konsultationsaufgaben* umfassen Maßnahmen, die die Personalabteilung in Abstimmung mit der jeweiligen Fachabteilung wahrnimmt.
- *Richtlinienaufgaben* beinhalten die Erstellung, Kontrolle und Anpassung von personalpolitischen Richtlinien, denen die Fachabteilungen zu genügen haben.
- *Dienstleistungsaufgaben* werden von der Personalabteilung im Auftrag von anderen Abteilungen wahrgenommen.

Nach einer empirischen Untersuchung von Metz (1995a, S. 122) sind branchenabhängig zwischen 0,6% und 1,6% der Mitarbeiter einer Unternehmung in der Personalabteilung tätig, wobei der **Anteil** i.d.R. mit steigender Unternehmungsgröße zunimmt. Demgegenüber kommt eine Studie von Brewster et al. (2006) auf der Basis der Daten des Cranfield Network on Comparative Human Resource Management (Cranet) zu dem Ergebnis, dass die Unternehmungsgröße und die Größe der Personalabteilung negativ miteinander korrelieren, d.h. Großunternehmungen *economies of scale* in der Personalabteilung realisieren können. Zudem wirkt sich das Herkunftsland auf die Größe der Personalabteilung aus, wobei Deutschland mit einem Anteil von 1,46% einen mittleren Wert einnimmt. Im Verhältnis zur Unternehmungsgröße relativ am größten sind Personalabteilungen in Irland (1,99%) und Japan (1,96%) und am kleinsten in Bulgarien (1,02%) und Slowenien (1,14%).

In zeitlicher Perspektive weist Krulis-Randa (1994, S. 189 f.) darauf hin, dass sich die relative Größe von Personalabteilungen – der wachsenden Bedeutung des Personalmanagement entsprechend – zwischen 1945 und 1994 etwa verdreifacht hat. Gegenwärtig ist jedoch ein starker Trend zur Übertragung von Personalaufgaben an die direkten Führungskräfte (vgl. Kap. 3.1.2) sowie zur Auslagerung an externe Unternehmungen (*outsourcing*) (vgl. Kap. 3.2.2.6) zu beobachten, so dass diese Quote in vielen Unternehmungen abnimmt.

Auch die **Anforderungen** an Personalmanager sind gegenwärtig im Wandel (vgl. Brandl 2005). Während früher vor allem Kenntnisse des Arbeits-, Sozial- und Tarifrechts im Vordergrund standen, gewinnen zunehmend Kenntnisse der Organisationssoziologie und -psychologie sowie betriebswirtschaftliche Kenntnisse an Bedeutung. Neben detaillierten Fachkenntnissen der einzelnen personalpolitischen Instrumente und Funktionen stellt zudem die Konflikt- und Kommunikationsfähigkeit ein wichtiges Anforderungsmerkmal dar. Dies ist darauf zurückzuführen, dass der Einsatz personalpolitischer Instrumente häufig die intensive Kommunikation mit der jeweiligen Fachabteilung und unterschiedlichen Mitarbeitergruppen sowie Auseinandersetzungen mit dem Betriebsrat beinhaltet (vgl. Hildisch 2012). Dieser *Wandel von den eher harten zu eher weichen Anforderungsmerkmalen* führt dazu, dass im Personalbereich vieler Unternehmungen ein überproportional hoher Anteil weiblicher Mitarbeiter beschäftigt ist, die dazu eher als kompetent angesehen werden.

> Der Personaldienstleister Hays analysiert regelmäßig Stellenangebote für Personalmanager auf den meistbesuchten Online-Jobbörsen, in Tageszeitungen und auf XING. Im 1. Quartal 2022 gab es für alle analysierten HR-Positionen deutlich mehr Stellenausschreibungen als im Vorquartal. Den stärksten Zuwachs gegenüber dem Beginn der Erhebung im 1. Quartal 2015 gab es bei Recruitern (+210 Prozentpunkte auf 617%), gefolgt von Personalreferenten (+130 Prozentpunkte auf 182%), HR-Business-Partnern (+119 Prozentpunkte auf 638%) und Managern Employer Branding (+114 Prozentpunkte auf 376%). Besonders stark stieg die Zahl der Stellenanzeigen im Handel (+184 Prozentpunkte auf 392%) und in der IT-Branche (+140 Prozentpunkte auf 417%), gefolgt von den freiberuflichen Dienstleistern für Unternehmen (+119 Prozentpunkte auf 343%). „Die geradezu explodierende Nachfrage nach Personal-Expertinnen und -Experten", so Dirk Hahn, Vorstand der Hays AG", zeigt den Druck der Unternehmen, ihre HR-Abteilung aufzustocken, um die benötigten Fachkräfte zu rekrutieren und auch langfristig zu binden. Die Knappheit an Fachkräften wird mehr und mehr zum Bottleneck für den Unternehmenserfolg" (https://www.hays.de/personaldienstleistung-aktuell/fachkraefte-index-branchenuebergreifend).

3.2.2.2 Organisation der Personalabteilung (Innenstruktur)

Wie in anderen Bereichen stehen Unternehmungen auch im Bereich des Personalmanagement zwei prinzipielle Formen der organisatorischen Gestaltung, d.h. der Spezialisierung und Koordination von personalpolitischen Aufgaben offen (vgl. Domsch/Gerpott 1992, Sp. 1941 ff.; Metz 1995b, S. 131 ff.; Neuberger 1997, S. 155 ff.). Im Rahmen der **Funktionalorganisation** erfolgt eine funktionale Spezialisierung nach einzelnen Aufgaben bzw. Instrumenten, d.h. es werden Organisationseinheiten innerhalb der Personalabteilung gebildet, die jeweils für unterschiedliche Instrumente des Personalmanagement zuständig sind (vgl. Abb. 3.6). Dem liegt die Annahme zugrunde, dass die unterschiedlichen Instrumente auch unterschiedliche rechtliche, psychologische und betriebswirtschaftliche Qualifikationen der damit betrauten Mitarbeiter erfordern, d.h. sich etwa die Aufgaben der Personalplanung stark von denen der Personalbeschaffung und der Aus- und Weiterbildung unterscheiden.

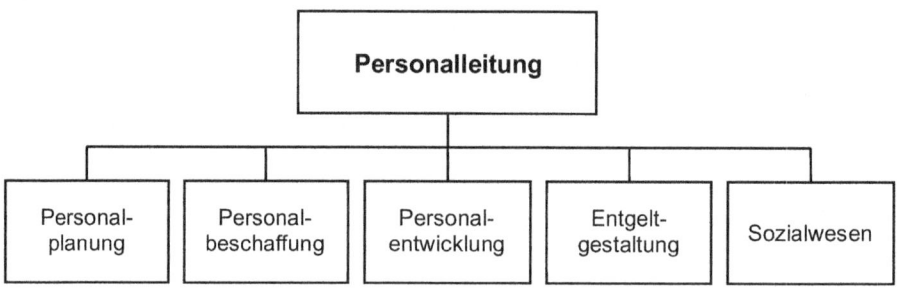

Abb. 3.6. Funktionalorganisation des Personalmanagement

Die Vorteile der Funktionalorganisation bestehen in der Gewährleistung vergleichbarer Regelungen für alle Mitarbeiter, wie sie insbesondere von der Gerechtigkeitstheorie gefordert wird (vgl. Kap. 2.3.2.1). Darüber hinaus bietet die fachliche Spezialisierung ein hohes Potenzial für die Realisierung von Qualitäts-, Produktivitäts- und Zeitvorteilen durch Lern- und Erfahrungseffekte. Als Nachteil erweist sich die Gefahr der Gleichmacherei, die im Widerspruch zum Postulat der Individualisierung steht. Die Funktionalorganisation erschwert zudem die Koordination der einzelnen Instrumente des Personalmanagement untereinander und steht damit den Anforderungen des Konsistenzansatzes entgegen. Sie führt darüber hinaus zu einer Zersplitterung der Betreuungsfunktion gegenüber Mitarbeitern sowie Linienvorgesetzten, die unterschiedliche Ansprechpartner für unterschiedliche personalpolitische Fragen haben. Die Funktionalorganisation ist deshalb vor allem für funktional gegliederte, relativ kleine und gering diversifizierte Unternehmungen geeignet, in denen die abteilungsinterne und -übergreifende Abstimmung kein zentrales Problem darstellt.

Bei der **Objektorganisation** des Personalmanagement wird eine Spezialisierung der Personalabteilung nach unterschiedlichen Mitarbeitergruppen vorgenommen (vgl. Abb. 3.7). Dem liegt die Annahme zugrunde, dass sich der Einsatz der unterschiedlichen Instrumente des Personalmanagement bei einzelnen Mitarbeitergruppen wie Führungskräften, technischen und kaufmännischen Mitarbeitern stark unterscheidet. Wie bei der Funktionalorganisation kann dabei auf der dritten organisatorischen Ebene eine weitere Spezialisierung nach Funktionen oder Unternehmungsbereichen erfolgen.

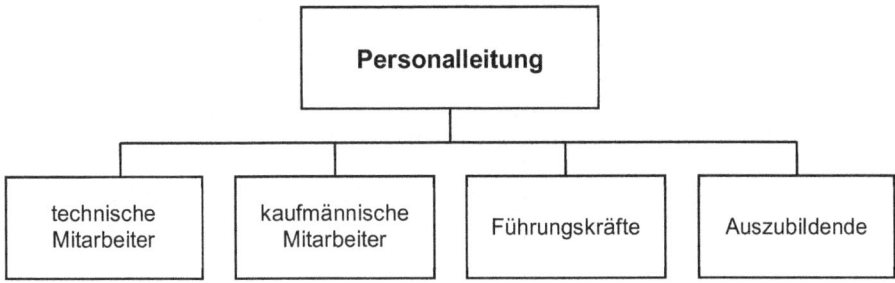

Abb. 3.7. Objektorganisation des Personalmanagement

Durch das der Objektorganisation zugrunde liegende Referentenprinzip soll erreicht werden, dass die Mitarbeiter und Fachabteilungen einen einzigen Ansprechpartner für personalpolitische Fragen haben. Die Objektorganisation zeichnet sich somit durch eine starke Kundenorientierung aus. Darüber hinaus sollen bereichsangemessene Lösungen durch die Nähe zu den unterschiedlichen Mitarbeitergruppen gefördert und dadurch dem Postulat der Individualisierung Rechnung getragen werden. Ein weiteres Ziel besteht darin, die Konsistenz des Personalmanagement für die einzelnen Mitarbeitergruppen sicherzustellen. Damit verbunden ist jedoch die Gefahr der Inkonsistenz personalpolitischer Maßnahmen für unterschiedliche Mitarbeitergruppen. Darüber hinaus stellt die Objektorganisation sehr hohe Anforderungen an die Personalreferenten, die als Funktionsgeneralisten alle Personalaufgaben für eine Mitarbeitergruppe wahrnehmen müssen. Damit sind nicht nur Qualitätseinbußen, sondern auch die mangelnde Nutzung von Standardisierungspotenzialen verbunden.

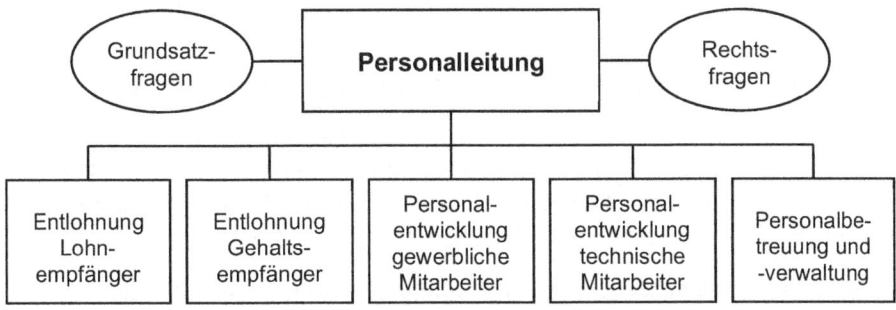

Abb. 3.8. Organisation des Personalmanagement nach funktionalen und objektbezogenen Kriterien

In der Unternehmungspraxis finden sich häufig **Mischformen** der Funktional- und Objektorganisation, durch die die genannten Vor- und Nachteile ausgeglichen werden sollen (vgl. Abb. 3.8). Vielfach werden zudem *Stabsabteilungen für Querschnitts- oder Spezialaufgaben* eingerichtet. Die konkrete Ausgestaltung erfolgt dabei nach unternehmungsspezifischen Kriterien wie der Unternehmungsgröße, der Bedeutsamkeit der unterschiedlichen personalpolitischen Aufgaben und dem Grad der Differenzierung zwischen verschiedenen Mitarbeitergruppen.

3.2.2.3 Hierarchische Einordnung der Personalabteilung in die Gesamtunternehmung (Außenstruktur)

Zur hierarchischen Einordnung der Personalabteilung in die Gesamtunternehmung stehen die folgenden Alternativen zur Verfügung, bei denen der hierarchische Rang des Personalbereichs jeweils abnimmt:

- Der Leiter der Personalabteilung ist Mitglied der Unternehmungsleitung (Personalvorstand).
- Die Personalleitung untersteht dem Vorsitzenden der Unternehmungsleitung.
- Die Personalleitung untersteht einem Mitglied der Unternehmungsleitung.
- Die Personalleitung untersteht der Unternehmungsleitung als Ganzes.
- Die Personalleitung untersteht einer Instanz unterhalb der Unternehmungsleitung.

Die Entscheidung zwischen diesen Alternativen hängt in der Unternehmungspraxis von mehreren **Einflussfaktoren** ab (vgl. Wagner 1991a, S. 221; Domsch/Gerpott 1992, Sp. 1939 f.). Dazu zählen etwa die Unternehmungsgröße, das Qualifikationsniveau der Mitarbeiter, der Umfang personalrelevanter gesetzlicher Regelungen, der Anteil der Personalkosten an den Gesamtkosten, die Einstellung des Top-Management zum Stellenwert der Humanressourcen sowie die Stärke des Betriebsrats bzw. der Arbeitnehmervertreter. In Unternehmungen mit mehr als 2.000 Beschäftigten muss dem Vorstand ein Arbeitsdirektor als gleichberechtigtes Mitglied angehören, der vom Aufsichtsrat gewählt wird (§ 33 MitbestG). In Unternehmungen der Montanindustrie kann dieser nicht gegen die Stimmen der Arbeitnehmervertreter im Aufsichtsrat gewählt werden (§ 13 MontanMitbestG).

3.2.2.4 Die Personalabteilung als Wertschöpfungscenter

Obwohl dem Personal*management* in der Unternehmungspraxis allgemein eine wachsende Bedeutung zugemessen wird, sind Image und Bedeutung der Personal*abteilung* in den meisten Unternehmungen nur gering. Dafür sind insbesondere folgende Ursachen verantwortlich (vgl. Scholz 1995, S. 398 ff.):

- Dominanz verwaltender Aufgaben und fehlende strategische Orientierung,
- geringe Kundenorientierung und Distanz zum wertschöpfenden Geschäft,
- fehlende unternehmerische Orientierung durch Umlegung der anfallenden Kosten als Verwaltungsgemeinkosten auf die Kostenträger, sowie

- geringe Neigung vor allem besonders qualifizierter Mitarbeiter, Positionen in der Personalabteilung zu übernehmen.

> In vielen Unternehmungen hat die Personalfunktion in den letzten Jahren an Bedeutung verloren. Dies drückt sich etwa darin aus, dass die Aufgabe des Arbeitsdirektors und Personalvorstands von anderen Vorstandsmitgliedern mit übernommen wird. Nach einer Studie von Giertz (2021) hatten im Jahr 2019 unter den 677 nach dem MitbestG, MontanMitbestG oder per Mitbestimmungsvereinbarung mitbestimmten Unternehmungen sowie paritätisch mitbestimmten SEs lediglich 47,3% einen eigenständigen Personalvorstand. In 22% war die Personalfunktion einem anderen Vorstandsressort zugeordnet und 30,7% haben kein Personalressort auf Vorstandsebene.
>
> Ein Grund für die geringe Präsenz von Personalmanagern in der Unternehmungsleitung ist, dass diese häufig Schwierigkeiten haben, den Wert ihrer Funktion für den Geschäftserfolg überzeugend darzustellen. „Personaler versagen oft schon kläglich, wenn sie ihre wichtigsten Kennzahlen definieren und belegen sollen", so Claudia Harss, Eigentümerin der Twist Consulting Group (zit. nach Schwertfeger 2014).
>
> Nach einer Studie von Kienbaum Consultants International (2014) wird Personalmanagern viel Know-how im Beziehungsaufbau, aber eine deutliche Schwäche in der strategischen und am Geschäft orientierten Beratung bescheinigt. Dies schmälert das Ansehen der Personalabteilung innerhalb und außerhalb der Unternehmung. Mehr als die Hälfte der befragten 180 Manager befürchtet sogar, dass eine Tätigkeit im Personalbereich karriereschädigend wirkt. Dazu kommt, dass diese Funktion besonders bei Frauen beliebt ist. Bei den befragten 425 Studierenden kommt ein Berufseinstieg im Personalmanagement für 60% der Frauen infrage, aber nur für 38% der Männer. „Es gibt Studien, die zeigen, dass eine Profession an betrieblicher Reputation verliert, je stärker sie von Frauen dominiert wird", so der ehemalige Personalvorstand der Deutschen Telekom Thomas Sattelberger (zit. nach Schwertfeger 2014).

Um die Rolle der Personalabteilung zu stärken, wird unter Bezug auf den personalökonomischen Ansatz deshalb zunehmend vorgeschlagen, dieser analog zu den wertschöpfenden Unternehmungsbereichen eine *eigene Kosten- und Ergebnisverantwortung* zuzuweisen (vgl. Havranek/Freudhofmeier/Schmidt 2010). Die Personalabteilung erhält eine markt- und kundengerechte Servicefunktion, deren Leistungen von internen und externen Kunden nachgefragt und gegen Zahlung kosten- oder marktorientierter Verrechnungspreise in Anspruch genommen werden können. Die Fachabteilungen haben wiederum das Recht, Leistungen auch bei externen Anbietern zu beziehen, wenn diese kostengünstiger sind oder eine höhere Qualität aufweisen.

Besonders weit geht die Marktorientierung der Personalabteilung in dem von Wunderer entwickelten Konzept der **Personalabteilung als Wertschöpfungscenter** (vgl. Wunderer 1992; Wunderer/von Arx 2002). Diesem liegt die Zielsetzung zugrunde, die Eigenständigkeit und Selbstverantwortung der Personalabteilung zu stärken und diese zu einer stärkeren Erfolgsorientierung anzuregen (Intrapreneurorientierung). Das Wertschöpfungscenter Personalmanagement soll zu einer Unternehmung in der Unternehmung werden, die ihre Leistungsfähigkeit gegenüber den anderen Unternehmungsbereichen permanent nachweisen muss.

Zur **Erfolgsbeurteilung** der Personalabteilung schlagen Wunderer/von Arx 2002, S. 49 ff.) zwei unterschiedliche Dimensionen vor (vgl. Tab. 3.2). Die *Management- und Service-Dimension* beinhaltet diejenigen Aufgaben des Personalmanagement, deren Kosten und Nutzen sich nicht monetär, sondern nur qualitativ durch Befragungen ermitteln lassen. Das zentrale Nutzenkriterium stellt die bedarfsgerechte Unterstützung aller Bezugsgruppen bzw. Kunden der Personalabteilung (Mitarbeiter, Linienvorgesetzte, Geschäftsleitung, Arbeitnehmervertreter, Pensionisten, u.a.) dar. Zur Bewertung von Management- und Servicebereitschaft, -umfang und -qualität dienen detaillierte Kriterien (vgl. Tab. 3.3).

Tabelle 3.2. Grundstruktur und Dimensionen des Wertschöpfungscenter-Konzepts

Management- und Service-Dimension (nicht-monetäre Nutzenbewertung)	Business-Dimension (monetäre Nutzenbewertung)
Management- und Servicebereitschaft	*Cost-Center:* Kosten(vergleichs)größen als Steuerungsinstrument
Management- und Serviceumfang	*Revenue-Center:* Leistungs(vergleichs)größen als Steuerungsinstrument
Management- und Servicequalität	*Profit-Center:* Erfolgs(vergleichs)größen als Steuerungsinstrument

Quelle: Wunderer 1992, S. 206

Tabelle 3.3. Kriterien der Service- und Management-Dimension des Wertschöpfungscenter-Konzepts

Kriterien der Service-Dimension	Kriterien der Management-Dimension
• Verlässlichkeit: Richtigkeit, Rechtzeitigkeit, Glaubwürdigkeit	• Innovation: neue Konzepte, Instrumente, Regeln
• Reagibilität: Schnelligkeit, Pünktlichkeit, Unmittelbarkeit	• Planung: Analysen, Prognosen, Strategien, Pläne
• Kompetenz: Fähigkeit, Fertigkeiten, Professionalität	• Koordination: Abstimmung, Integration, Strukturierung
• Kontakt: Bequemlichkeit, Erreichbarkeit, Wartezeiten	• Konflikthandhabung: Interessenausgleich und -vertretung
• Höflichkeit: Freundlichkeit, Aufmerksamkeit, Auftreten	• Implementation: beratende und aktive Mitwirkung bei der Umsetzung
• Kommunikation: Informationsbereitschaft, -fähigkeit	• Evaluation: strategisches und operatives Controlling
• Verständnis: für spezielle Bedürfnisse, Kundenorientierung	• Repräsentation: Unternehmungsvertretung, Industrial und Public Relations

Quelle: Wunderer 1992, S. 208

Die *Business-Dimension* umfasst dagegen alle Instrumente des Personalmanagement, deren Kosten und Nutzen sich monetär bewerten lassen. Abhängig davon, ob sich lediglich die Kosten personalpolitischer Maßnahmen ermitteln lassen, oder auch deren Leistung bzw. Ertrag messbar ist, werden diese als Cost-Center, Revenue-Center oder Profit-Center geführt (vgl. Tab. 3.4):

Tabelle 3.4. Merkmale von Cost-, Revenue- und Profit-Centern

	Cost-Center	**Revenue-Center**	**Profit-Center**
Autonomiegrad der Personalfunktion (Lieferant)	Gering: Zwingende „Herstellpflicht" für unternehmenssichernde Leistungen. Jedoch Richtlinienkompetenz gegenüber internen Kunden.	Mittel: Angebot orientiert sich an der Nachfrage der internen Kunden. Externer Verkauf wird ausgeschlossen. Verrechnungspreise werden gemäß dem Transferpreismodell festgelegt.	Hoch: Angebot orientiert sich an der internen und externen Nachfrage. Preise müssen markt- und konkurrenzfähig sein. Marktpartner können frei gewählt werden.
Autonomiegrad der internen Kunden	Gering: Es bestehen zwingende Abnahmevorschriften für die unternehmenssichernden Leistungen.	Mittel: Zugang zu externem Markt kann für die internen Kunden durch Vorschriften eingeschränkt werden.	Hoch: Interne Kunden dürfen Dienstleistungen auf dem externen Markt beziehen, wenn intern kein konkurrenzfähiges Angebot vorliegt.
Verantwortungsumfang für die Bereichsleitung	Kosten- und Budgetverantwortung. Effizienz der Leistungserstellung bzw. Minimierung der Kosten. Vereinbarung eines bestimmten Outputs.	Kosten-, Umsatz- und Qualitätsverantwortung. Vereinbarter Prozentsatz der Bereichskosten muss durch die internen Einnahmen gedeckt werden. Vereinbartes Mengengerüst muss in der erforderlichen Qualität hergestellt werden.	Gewinn-/Deckungsbeitragsverantwortung. Erfolgreiche Marktpositionierung. Umsatz- und Absatzziele.
Erfolgsevaluation	Kostenabweichungen im Rahmen der Plankostenrechnung. Benchmarkingmöglichkeit mit gleichen Kostenstellen oder Business-Center anderer Unternehmen.	Umsatz bzw. Grad der Kostendeckung. Benchmarkingmöglichkeit mit gleichartigen externen Marktleistungen.	Differenz von Aufwand und Ertrag (Gewinn). Benchmarkingmöglichkeit mit gleichartigen Konkurrenzunternehmen der Branche.

Quelle: Wunderer/von Arx 2002, S. 260

- Die Betrachtung als *Cost-Center* bietet sich bei Leistungen an, die von internen Kunden abgenommen werden müssen, ohne dass eine verursachungsgerechte Verrechnung möglich ist. Hierzu zählt etwa die Erarbeitung von Richtlinien für

den Einsatz personalpolitischer Instrumente. Cost-Center erhalten ein periodenbezogenes Budget, das aus den erbrachten Leistungen oder zwischenbetrieblichen Vergleichen abgeleitet wird und das hinsichtlich Quantität und Qualität möglichst effizient ausgeschöpft werden muss.
- Bei einem *Revenue-Center* handelt es sich um eine selbständige Einheit, die prinzipiell marktfähige Leistungen erbringt und diese internen Kunden zu Verrechnungspreisen anbietet. Es steht unter einem fiktiven Marktdruck und trägt Verantwortung für seine Kosten und Leistungen.
- Als *Profit-Center* bietet die Personalabteilung ihre Leistungen auch externen Kunden zu Marktbedingungen an. Von zentraler Bedeutung ist, dass die Personalabteilung ihre Kosten und Erlöse beeinflussen kann und die internen Kunden keine Abnahmeverpflichtung haben. Für die Führung als Profit-Center eignen sich insbesondere die Personalbeschaffung, -entwicklung und -betreuung sowie die Entgeltabrechnung, da diese auch auf dem externen Markt angeboten bzw. in Anspruch genommen werden können und deshalb Marktpreise vorliegen.

Die Vorteile des Wertschöpfungscenter-Konzepts bestehen vor allem in der verursachungsgerechten Zuordnung von Kosten und Leistungen der Personalabteilung. Diese ermöglicht die stärkere Berücksichtigung der ökonomischen Aspekte personalpolitischer Aktivitäten, wie sie insbesondere vom *personalökonomischen Ansatz* gefordert wird. Durch die Erhöhung von Selbständigkeit und Transparenz soll zudem das unternehmerische Denken der Personalabteilung gefördert werden. Zudem sollen fundierte Entscheidungen darüber ermöglicht werden, welche Aufgaben des Personalmanagement selbst durchgeführt und welche an spezialisierte Anbieter (Personalberater, Weiterbildungsveranstalter, u.a.) ausgelagert werden sollen (*make-or-buy*-Entscheidungen).

Kritiker des Wertschöpfungscenter-Konzepts wenden demgegenüber ein, dass dadurch das strategische Denken gegenüber dem kurzfristigen Periodenerfolg in den Hintergrund rückt (vgl. Scherm 1992). Dies führt dazu, dass die Nachfrage nach notwendigen, aber aufwändigen personalpolitischen Leistungen zurückgeht. Die Anwendung des Wertschöpfungscenter-Konzepts fördert zudem den Abteilungsegoismus zu Lasten der Ausschöpfung abteilungsübergreifender Synergien. Darüber hinaus bestehen erhebliche Zurechnungsprobleme, die sich insbesondere bei ausgeprägten internen Leistungsverflechtungen ergeben.

> Ein Beispiel für eine Unternehmung, die das Konzept der Personalabteilung als Wertschöpfungscenter weitgehend umgesetzt hat, ist Jenoptik. Zum Zeitpunkt der Umwandlung des ehemaligen volkseigenen Betriebs Carl Zeiss Jena in die Jenoptik AG im Jahre 1991 waren rund 300 der insgesamt 27.000 Mitarbeiter in der Personalabteilung beschäftigt. Im Zuge des Restrukturierungs- und Sanierungsprozesses, bei dem die Zahl der Mitarbeiter auf etwa 14.000 reduziert wurde, schrumpfte auch die Zentralabteilung Personal auf 30 Mitarbeiter. Diese wurde 1994 in ein Profit Center und 1997 in die Beratungsgesellschaft Jenoptik für Personalmanagement mbH (BGJ) als 100%ige Tochtergesellschaft von Jenoptik ausgegliedert. Die einzelnen Gesellschaften schlossen Dienstleistungsverträge für Kom-

plett- und Teilbereiche des Personalmanagement, ohne jedoch eine Abnahmepflicht einzugehen. Gleichzeitig öffnete sich die BGJ für externe Kunden. Ende 1999 wurden rund 40% des Umsatzes mit konzernfremden Unternehmungen erzielt. Im Jahre 2000 wurde die BGJ von den beiden Geschäftsführern Udo Kempfer und Mihajlo Kolakovic übernommen und später in später in Kolakovic & Partner umfirmiert. Seit 2008 werden nur noch administrative Aufgaben wie die Lohn- und Gehaltsabrechnung für Jenoptik durchgeführt. Daneben nutzt Jenoptik andere Personaldienstleister für die Personalbeschaffung und -entwicklung. Strategische Aktivitäten wie etwa die Führungskräfteentwicklung und das Personalmarketing wurden wieder ingesourced (vgl. https://www.kolakovic-partner.de/; Kolakovic/Kempfer 1998, 2000; Braun 2009, S. 190 ff.).

3.2.2.5 Virtualisierung der Personalabteilung

Während das Wertschöpfungcenter-Konzept auf eine Stärkung der Personalabteilung abzielt, wird beim Konzept der virtuellen Personalabteilung die räumliche und funktionale Zusammenfassung von Personalaufgaben zugunsten einer weitgehenden Dezentralisierung aufgehoben (vgl. Scholz 1995, 2002). Die Mitarbeiter der Personalabteilung werden auf andere Funktionsbereiche aufgeteilt und üben dort Aufgaben des Personalmanagement in Teilzeit aus (vgl. Abb. 3.9). Sie werden unterstützt von anderen Mitarbeitern der Fachabteilungen, die über ihre originären Aufgaben hinaus Personalaufgaben wahrnehmen, wenn sie dafür über spezifische Kompetenzen verfügen.

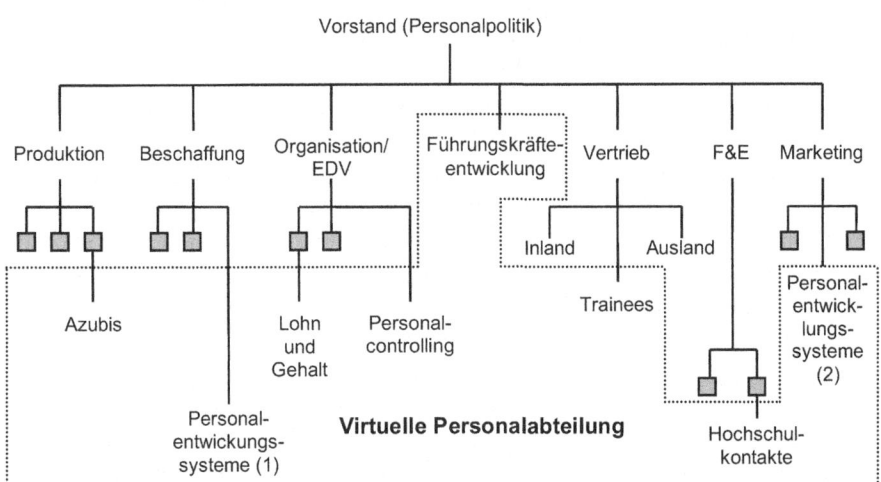

Abb. 3.9. Beispiel einer virtuellen Personalabteilung (Quelle: leicht modifiziert nach Scholz 1995, S. 402)

Als Beispiel führt Scholz (1995, S. 401) einen Mitarbeiter aus dem Bereich der Forschung & Entwicklung an, der aus der Zeit seiner Promotion über gute Kontakte zu Universitäten verfügt und deshalb die Hochschulkontakte im Rahmen des Personalmarketing übernimmt. Alle mit personalpolitischen Aufgaben betrauten Mitarbeiter sind matrixartig zugleich dem jeweiligen Linienvorgesetzten und dem Leiter der virtuellen Personalabteilung unterstellt. Ihre Koordination erfolgt durch den intensiven Einsatz multimedialer Informations- und Kommunikationstechnologien.

Erleichtert wird die Virtualisierung der Personalabteilung durch **mobile Personalinformationssysteme**, d.h. Anwendungen für Smartphones und Tablet-PCs, die den orts- und zeitunabhängigen Einsatz personalpolitischer Instrumente ermöglichen. Dazu zählen z.B. die Erfassung und Abrechnung von Belegen zu Reisekosten, die Arbeitszeiterfassung oder die Urlaubsbeantragung und -verwaltung. Über diese administrativen Aktivitäten hinaus unterstützen anspruchsvollere Programme auch die Personalwerbung und -auswahl, indem Zugriffe auf Stellenausschreibungen und Bewerberdaten ermöglicht werden sowie Termine für Bewerbungsgespräche vereinbart und Fortschrittskontrollen des Einstellungsprozesses von neuen Mitarbeitern durchgeführt werden können. Bei mobilen Anwendungen zur Unterstützung der Personalführung können etwa Mitarbeitergespräche und Personalbeurteilungen vorbereitet und nutzerfreundlich ausgewertet werden (vgl. Pilarski et al. 2012).

Die Vorteile dieses Organisationskonzepts, das im Unterschied zu Deutschland bereits in vielen französischen Unternehmungen praktiziert wird (vgl. Barmeyer/Stein 1998), sieht Scholz (1995, S. 403) vor allem in der Reduktion der intra- und interorganisatorischen Abstimmungsprobleme sowie der Vergrößerung des Leistungspotenzials. Darüber hinaus ermöglicht die Virtualisierung der Personalabteilung eine größere Flexibilität und Anpassungsfähigkeit an wechselnde Aufgabenstellungen. Demgegenüber wendet Neuberger (1997, S. 167 f.) ein, dass die Doppelnatur der Träger des virtualisierten Personalmanagement diese entweder zur Selbstausbeutung treibt oder zu Spaltungen führt, „bei denen keiner der Anteile zu seinem Recht kommt. Teilzeit-PersonalerInnen haben es naturgemäß schwerer, professionell zu werden." Zudem bezweifelt er, ob jede Führungskraft zwangsläufig auch ein guter Personalmanager ist. „Oder gilt, dass jeder Mensch Personaler ist, weil er von Geburt an mit Menschen zu tun hatte? Dann wäre auch jeder Mensch Finanzierer, weil er mit Geld umzugehen gelernt hat, oder auch Produktionsspezialist, weil er schon mal Schraubenzieher, Schraubenschlüssel und Bohrmaschine in der Hand gehabt hat."

3.2.2.6 Outsourcing des Personalmanagement

Ähnlich wie in anderen Unternehmungsbereichen muss auch für das Personalmanagement geprüft werden, welche Aufgaben durch die Unternehmung selbst und welche durch externe Anbieter durchgeführt werden sollten. Beide Varianten haben spezifische Vor- und Nachteile, die in Tab. 3.5 gegenübergestellt sind.

Bei der Suche nach **Kriterien** für personalpolitische *make-or-buy*-Entscheidungen bietet sich der Rückgriff auf den *Transaktionskostenansatz* an (vgl. Matiaske/Kabst 2002; Scholz 2003b, S. 114 f.; Vosberg 2003). Danach ist die Auslagerung von Personalaufgaben vor allem dann sinnvoll, wenn die *Spezifität* der Leistung gering ist, da ansonsten die Gefahr der einseitigen Abhängigkeit von externen Anbietern besteht. Eine hohe Spezifität ist z.B. dann gegeben, wenn es nur wenige Personaldienstleister gibt, die die nachgefragten Leistungen bereitstellen können. Eine weitere Bedingung der Auslagerung ist die *Häufigkeit* der Leistung. Je häufiger gleichartige Leistungen nachgefragt werden, desto geringer sind die Suchkosten nach geeigneten Anbietern und desto eher entsteht ein Vertrauensverhältnis zu diesen, was die Kosten für die gegenseitige Abstimmung reduziert. Leistungen mit einer hohen *Unsicherheit*, die sich nur schwer vertraglich spezifizieren lassen, sollten dagegen nicht ausgelagert werden. Je nach Ausprägung dieser Einflussfaktoren schätzt Wisskirchen (2003, S. 55), dass die Höhe der Transaktionskosten bei der Auslagerung von Personalaufgaben bis zu 10% des Vertragsvolumens ausmachen können.

Tabelle 3.5. Vor- und Nachteile des Outsourcing von Personalaufgaben

Vorteile	Nachteile
• Konzentration auf Kernkompetenzen • Variabilisierung fixer Kosten • Erhöhung der Leistungsqualität durch Spezialisierung • Vermeidung von Auslastungsschwankungen • Erhöhung der Flexibilität • Gewährleistung innovativer Leistungen durch Marktorientierung • Übertragung von Risiken	• hohe Transaktionskosten • Gefahr gegenseitiger Überschneidungen von Angeboten (vor allem bei der Auslagerung von Aufgaben an mehrere Unternehmungen) • häufig geringe Akzeptanz bei Mitarbeitern und Betriebsrat • Abhängigkeit bei spezifischen Leistungen • Gefahr des Know-how-Verlustes

Eine andere Perspektive ergibt sich durch den *ressourcenorientierten Ansatz* (vgl. Cooke/Shen/McBride 2005). Danach sollten diejenigen Aufgaben selbst ausgeübt werden, für die die Unternehmung herausragende Kompetenzen besitzt und die ihre Wettbewerbsfähigkeit erhöhen. Personalpolitische Aktivitäten, die keinen unmittelbaren Einfluss auf die Kernkompetenzen der Unternehmung haben, können dagegen spezialisierten Anbietern übertragen werden (vgl. Reichert 2005). Dadurch soll verhindert werden, dass die Unternehmungsspezifität des Personalmanagement bei wichtigen Aufgaben verloren geht und ein nicht-imitierbarer Wettbewerbsvorteil preisgegeben wird (vgl. Neuberger 1997, S. 169).

Neben den Vor- und Nachteilen für die Unternehmung muss bei der Auslagerung von Personalaufgaben auch die Perspektive der Mitarbeiter berücksichtigt werden. Eine experimentelle Untersuchung von Giardini/Kabst (2008) weist darauf hin, dass mit zunehmender Auslagerung von Aktivitäten der Personalbeschaffung die Bewertung des Bewerbungsprozesses, die Attraktivität der Unternehmung und die Intention, ein Stellenangebot von dieser anzunehmen, sinken. Besonders negativ fällt die Beurteilung aus, wenn über die Vorauswahl hinaus weitere Phasen des Auswahlprozesses ausgelagert werden. Dieses Ergebnis ist vor allem für Unternehmungen mit einem wenig positiven Arbeitgeberimage relevant, die durch das Outsourcing von Personalaufgaben ihre Fähigkeit zur Rekrutierung qualifizierter Mitarbeiter weiter reduzieren (vgl. Kap. 4.1.2.2).

Tabelle 3.6. Ausgewählte Personaldienstleister und deren Leistungsspektrum

Unternehmung	Leistungsspektrum	Mitarbeiter
Korn/Ferry International	• Executive Search • Leadership- & Talent-Beratung • Vergütung und Funktionsbewertung • Organisationsberatung • Recruitment Process Outsourcing	10.000
Michael Page	• Vermittlung von Fach- und Führungskräften • Interim Management • Gehaltsstudien	6.500
Heidrick & Struggles	• Executive Search • Executive Leadership Consulting • Culture Shaping	1.500
Kienbaum Consultants International	• Executive Search • Management Consulting • Kommunikation	680
Egon Zehnder International	• Executive Search • Besetzung und Beurteilung von Aufsichtsräten • Talent Management/Management Appraisal	550
hr Factory	• HR Beratung • Rekrutierung • Personalentwicklung • Personaladministration • Talent-Management • HR Komplett	100
HRpepper	• Organisationen transformieren • Kulturen verändern • Strategien entwickeln • Kompetenzen einschätzen • Lernen gestalten • Personalarbeit gestalten	55
Delphi HR-Consulting	• Executive Search • Karrieregespräche/Coaching • Nachfolgeregelung • Personalmarketing	31

Eine große **praktische Bedeutung** besitzt das Outsourcing vor allem in kleinen und mittleren Unternehmungen, die von der Übertragung von Personalaufgaben an spezialisierte Anbieter einen wesentlichen Qualitätsgewinn erwarten (vgl. Alewell et al. 2007, S. 238 f.). Zu den am häufigsten ausgelagerten Aufgaben des Personalmanagement zählen die Personalwerbung und -auswahl, die Personalentwicklung sowie die Lohn- und Gehaltsabrechnung (vgl. Meier/Stuker/Trabucco 1997). Nach Angaben von Wisskirchen (2003, S. 54) wurden im Jahre 2002 in Deutschland etwa 39% der knapp 592 Mio. Lohn- und Gehaltsabrechnungen durch externe Personaldienstleister durchgeführt. Einen Überblick über ausgewählte Personaldienstleister und deren Leistungsspektrum gibt Tab. 3.6.

> Ein Beispiel einer Unternehmung, die bereits seit längerer Zeit Teile ihrer Personalbeschaffung und -entwicklung ausgelagert hat, ist die Microsoft Deutschland GmbH. Der wichtigste Grund für das Outsourcing der administrativen Bearbeitung aller Bewerbungen an die hr Factory GmbH war die Reduzierung der durchschnittlichen Durchlaufzeit auf weniger als zehn Tage. Dadurch gelangte die Unternehmung in die Lage, geeignete Kandidaten sehr schnell zu identifizieren und Wettbewerbsvorteile auf dem Personalbeschaffungsmarkt zu realisieren. Die hr Factory GmbH wickelt darüber hinaus die gesamte Personalentwicklung der Unternehmung ab. Dazu zählen die Kommunikation mit den Teilnehmern (Einladungen, Anreisebeschreibungen, u.a.), die Buchung passender Veranstaltungsorte sowie das Briefing der Trainer und die Rechnungsprüfung. Die Vorteile des Outsourcing dieser Personalaufgaben sieht Microsoft Deutschland vor allem in der Möglichkeit, sich auf die strategischen Aspekte des Personalmanagement zu konzentrieren sowie die Qualität der Personalbeschaffung und -entwicklung zu verbessern. Darüber hinaus konnte die Unternehmung dadurch die Fixkosten in ihrer Personalabteilung reduzieren und die Flexibilität bei schwankender Nachfrage erhöhen (vgl. Ambros 2002).

Nach einer Studie des Bundesverbands Deutscher Unternehmensberater (2021) hat sich das Umsatzvolumen der Personalberatungen in Deutschland zwischen 2010 und 2019 von 1,3 Mrd. auf 2,5 Mrd. € fast verdoppelt, bevor es 2020 durch die Corona-Pandemie um 8% auf 2,3 Mrd. € gesunken ist. 2020 waren in Deutschland rund 14.400 Mitarbeiter in der Personalberatungsbranche beschäftigt, davon 6.850 Berater und ca. 4.000 Researcher.

3.2.2.7 Offshoring des Personalmanagement

Neben dem Outsourcing ist in vielen Unternehmen die Verlagerung von Personalaufgaben ins Ausland (*Offshoring*) zu beobachten (vgl. Eichenberg/Bursy 2017). Dies kann intern in Form von *Shared Service Center* oder an externe Dienstleister erfolgen (vgl. Stein 2020, S. 313 ff.). Durch die Verlagerung administrativer Aufgaben (z.B. Lohn- und Gehaltsabrechnung, Personalbetreuung) in Länder mit niedrigeren Arbeitskosten können häufig erhebliche Kosteneinsparungen erzielt werden. Beim Offshoring in asiatische Länder wie China und Indien besteht zudem die Möglichkeit, Zeitunterschiede auszunutzen und Aufgaben über Nacht zu erledigen. Darüber hinaus können die Mitarbeiter in der heimischen Personalabteilung von wenig wertschaffenden operativen Tätigkeiten entlastet und

Kapazitäten für strategische Aufgaben geschaffen werden. Dem steht das Risiko eines unzureichenden Datenschutzes gegenüber. Das Offshoring von Personalaufgaben beinhaltet zudem einen hohen länderübergreifenden Koordinationsaufwand durch die geographische Distanz sowie Sprach- und Kulturunterschiede (vgl. Holtbrügge/Holzmüller/v. Wangenheim 2009).

> SAP hat 2004 damit begonnen, administrative Personalaufgaben in ein Shared Service Center nach Prag zu verlagern. Dieses übernimmt für ca. 70 Landesgesellschaften Prozesse aus den Bereichen Entgeltgestaltung, Personalbeschaffung und internationale Mitarbeitertransfers. Zunehmend werden dort auch Tätigkeiten im Zusammenhang mit Zielvereinbarungen wie Zielerfassung und -anpassung, Soll-Ist-Vergleiche und Leistungsbeurteilungen durchgeführt. Neben der Ausschöpfung von Lohnkostenunterschieden hat SAP durch die Konzentration der weltweiten Personalaufgaben und deren länderübergreifende Standardisierung die Prozesseffizienz deutlich erhöht (vgl. Stephan 2007; Schuster/Holtbrügge/Heidenreich 2009).

4 Bedingungen des Personalmanagement

Der Einsatz unterschiedlicher Instrumente des Personalmanagement sowie deren Effizienz werden durch verschiedene externe und interne Bedingungen beeinflusst. Zu den externen Bedingungen zählen das Arbeitsrecht und der Arbeitsmarkt, während die Unternehmungsstrategie und der Internationalisierungsgrad die wichtigsten internen Bedingungen darstellen.

4.1 Externe Bedingungen

4.1.1 Arbeitsrecht

Aufgrund der hohen gesetzlichen Regulierungsdichte wird das Personalmanagement in Deutschland in einem erheblichen Maße durch das Arbeitsrecht beeinflusst. Als gesetzlicher Rahmen regelt es die Beziehungen zwischen Arbeitnehmern und Arbeitgebern sowie den Einsatz der verschiedenen personalpolitischen Instrumente (vgl. Ring 2012; Löwisch/Caspers/Klumpp 2019; Dütz/Thüsing 2021).

Die **Rechtsgrundlagen** des Arbeitsrechts sind in Deutschland nicht in einem oder wenigen Gesetzen zusammengefasst, sondern in einer Vielzahl von Gesetzen des Privatrechts und des öffentlichen Rechts zu finden. Darüber hinaus bestehen Gewohnheitsrechte durch regelmäßige betriebliche Übung, internationale und supranationale Normen sowie zahlreiche Verordnungen, Tarifverträge und Betriebsvereinbarungen, denen eine unterschiedliche Bindungswirkung zukommt. Grundsätzlich dürfen Tarifverträge und Betriebsvereinbarungen nur zugunsten der Arbeitnehmer von gesetzlichen Regelungen abweichen (*Günstigkeitsprinzip*).

Allgemein können zwei **Bereiche** des Arbeitsrechts differenziert werden (vgl. Abb. 4.1):

- Das *individuelle Arbeitsrecht* bildet den Rechtsrahmen für die Gestaltung des einzelnen Arbeitsverhältnisses (vgl. Hromadka/Maschmann 2018). Den Ausgangspunkt des *Arbeitsvertragsrechts* bildet das Dienstvertragsrecht des BGB (§§ 611-630), dessen allgemeine Vertrags- und Abschlussfreiheit jedoch zugunsten des Arbeitnehmers eingeschränkt wird, um seiner i.d.R. wirtschaftlich schwächeren Position Rechnung zu tragen. Daneben trägt das *Arbeitsschutzrecht* der Eigenart des Produktionsfaktors Arbeit Rechnung: Im Unterschied zu

anderen Produktionsfaktoren stellt Arbeit die „nicht erneuerbare Grundlage der Existenz eines Arbeitnehmers" dar (Dütz/Thüsing 2021, S. 1).
- Das *kollektive Arbeitsrecht* regelt die Beziehungen zwischen den Arbeitgebern (bzw. den Arbeitgeberverbänden als deren kollektiven Interessenvertretern), den Arbeitnehmern (bzw. den Gewerkschaften) und dem (sozialpolitisch tätigen) Staat (industrielle Beziehungen). Es gliedert sich weiter in das *Tarifvertragsrecht* und das *Mitbestimmungsrecht* (vgl. Hromadka/Maschmann 2020).

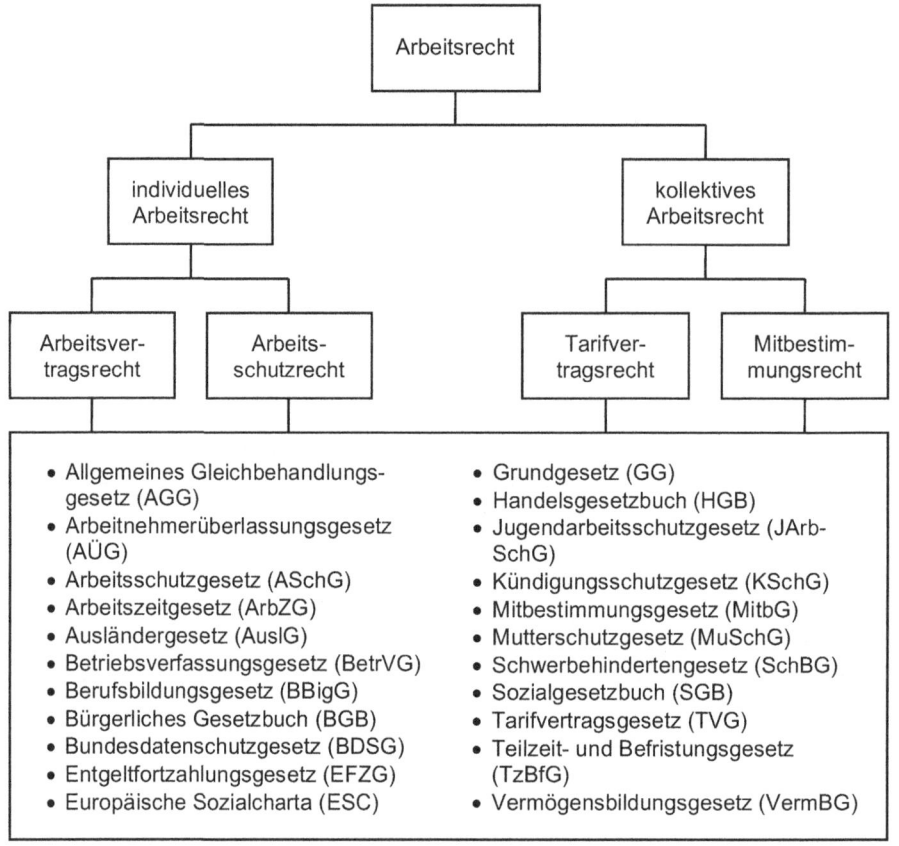

Abb. 4.1. Bereiche und wichtige Rechtsquellen des Arbeitsrechts

4.1.1.1 Individuelles Arbeitsrecht

4.1.1.1.1 Arbeitsvertragsrecht

Das Rechtsverhältnis zwischen Arbeitgeber und Arbeitnehmer wird durch den **Arbeitsvertrag** begründet. Der Arbeitsvertrag ist eine Sonderform des Dienstvertrags, bei dem in Abgrenzung zum Werkvertrag der Dienst und nicht der Erfolg geschuldet wird.

Mit Ausnahme von Ausbildungsverträgen gelten für Arbeitsverträge keine Formvorschriften, sofern keine tarifvertraglichen Regelungen dafür bestehen. Auch die inhaltliche Gestaltung unterliegt grundsätzlich der Vertragsfreiheit. Die folgenden *Vertragsbestandteile* sind in den meisten Arbeitsverträgen zu finden (vgl. Steininger/Herrmann 2020):

- Eintrittsdatum, Probezeit, Arbeitszeit, Kündigungsfristen, Urlaubsanspruch, Freistellungen.
- Art der Tätigkeit, Einstufung in Position und Tarifgruppe, Vollmachten, Mehrarbeitsverpflichtungen, Versetzungs- und Beurlaubungsvorbehalte.
- Grundlohn, Zusatzlohn, Soziallohn, Erfolgsbeteiligung, Vermögensbeteiligung, Altersversorgung, Reise- und Umzugskostenerstattung, Vergütung und Behandlung von Erfindungen.
- Nebentätigkeiten, Wettbewerbsverbote, Schweigepflichten.

Unabhängig von der konkreten Ausgestaltung ergeben sich aus dem Arbeitsvertrag für beide Vertragsparteien verschiedene **Rechte und Pflichten**, die in §§ 611-630 BGB sowie zahlreichen weiterführenden Gesetzen geregelt sind (vgl. Tab. 4.1).

Tabelle 4.1. Rechte und Pflichten aus dem Arbeitsvertrag

	Arbeitnehmer	Arbeitgeber
Hauptpflichten	• persönliche Arbeitsleistung	• Entgeltzahlung
Nebenpflichten	• Gehorsamspflicht • Treuepflicht • Auskunfts- und Anzeigepflichten • Schadensabwendungs- und Haftungspflichten • Verschwiegenheitspflicht • Unbestechlichkeit • Wettbewerbsverbot	• Weisungsrecht • Fürsorgepflicht • Eigentums- und Persönlichkeitsschutz
Rechtsfolgen bei Pflichtverletzungen	• Kündigung • Schadensersatz	• Zurückhaltung der Arbeitsleistung • Kündigung • Schadensersatz • Entgeltfortzahlung trotz Nichtannahme der Arbeitsleistung

Quelle: zusammengestellt nach Bährle 1997, S. 45 ff.; Dütz/Thüsing 2021, S. 64 ff.

Die *Hauptpflicht* des Arbeitnehmers ist die persönliche Arbeitsleistung, der auf Seiten des Arbeitgebers die Pflicht zur Zahlung des vereinbarten Arbeitsentgelts gegenübersteht. Zu den *Nebenpflichten* des Arbeitnehmers gehören die Treuepflicht, Auskunfts- und Anzeigepflichten, Schadensersatz- und Haftungspflichten,

Verschwiegenheitspflichten sowie das Wettbewerbsverbot, während des Arbeitsverhältnisses als Selbständiger oder Angestellter eines anderen Arbeitgebers in Wettbewerb mit dem Arbeitgeber zu treten. Dem Arbeitgeber obliegen dagegen verschiedene Fürsorge- und Schutzpflichten wie die Pflicht zum Schutz von Leben und Gesundheit des Arbeitnehmers, zum Schutz seiner Persönlichkeit und zum Schutz der von ihm eingebrachten Sachen. Bei verschuldeten oder unverschuldeten Verstößen gegen diese Haupt- und Nebenpflichten sieht das Arbeitsrecht verschiedene Rechtsfolgen vor.

4.1.1.1.2 Arbeitsschutzrecht

Wie das Arbeitsvertragsrecht basiert auch das Arbeitsschutzrecht als zweiter Teilbereich des individuellen Arbeitsrechts auf der Annahme, dass der Arbeitnehmer der wirtschaftlich und sozial schwächere Partner des Arbeitsvertrags ist. Ausdruck dafür sind etwa umfangreiche Regelungen zur Vermeidung ungerechtfertiger Kündigungen im Rahmen des **Kündigungsschutzgesetzes** (KSchG). Das 1951 in Kraft getretene KSchG gilt seit dem 1.1.2004 für alle Betriebe mit mehr als 10 Arbeitnehmern (§ 23). Es sieht vor, dass Arbeitnehmern, die länger als sechs Monate in dem Betrieb tätig sind, nur bei Vorliegen personen-, verhaltens- oder betriebsbedingter Gründe gekündigt werden kann (vgl. ausführlich Kap. 5.1.4.1). Bei betriebsbedingten Kündigungen haben Arbeitnehmer einen Abfindungsanspruch in Höhe von 0,5 Monatsgehältern für jedes Jahr des Bestehens des Arbeitsverhältnisses (§ 1a). Die Kündigung von Mitgliedern des Betriebsrats ist nur aus Gründen zulässig, die eine außerordentliche Kündigung rechtfertigen (§ 15). Durch das KSchG sollen Arbeitnehmer insbesondere vor willkürlichen oder sachlich unbegründeten Kündigungen geschützt werden.

> Inwieweit die hohe Regulierungsdichte in Deutschland dem Ziel gerecht wird, die im Vergleich zu den Arbeitgebern schwächere Position der Arbeitnehmer zu stärken und tatsächlich deren Interessen dient, ist umstritten. So wird etwa argumentiert, dass das KSchG weniger dazu beiträgt, Mitarbeiter vor ungerechtfertigten Kündigungen zu schützen, als vielmehr dazu führt, dass Arbeitgeber weniger Mitarbeiter einstellen, als nach der Personalbedarfsplanung sinnvoll wären, da diese bei sinkendem Bedarf nur schwer wieder freigesetzt werden können. Vielfach wird zudem angeführt, dass das KSchG älteren Arbeitsuchenden, Schwerbehinderten und Frauen das Finden einer Arbeitsstelle erschwert.
>
> Vertreter der Arbeitgeber fordern deshalb, den Kündigungsschutz zu lockern oder sogar ganz abzuschaffen. So wird etwa diskutiert, die Probezeit, in der das KSchG nicht greift, von derzeit 6 auf 12 oder sogar 24 Monate auszudehnen. Zugleich solle die Betriebsgröße, ab der das KSchG gilt, von 10 auf 20 Arbeitnehmer heraufgesetzt werden. Der Sachverständigenrat zur Beurteilung der gesamtwirtschaftlichen Entwicklung (2006) schlägt zudem vor, den Schutz betriebsbedingter Kündigungen generell aus dem KSchG zu streichen und stattdessen einen von der Dauer der Betriebszugehörigkeit

> abhängigen verbindlichen Abfindungsanspruch zu gewähren. Eine andere Reformoption ist, dass der Arbeitnehmer im Einvernehmen mit dem Arbeitgeber zum Zeitpunkt der Einstellung freiwillig auf den Kündigungsschutz verzichtet und stattdessen eine höhere Entlohnung vereinbaren kann.
> Eine empirische Studie des gewerkschaftlichen Forschungsinstituts WSI auf der Basis des IAB-Betriebspanels kommt dagegen zu dem Ergebnis, dass „das so häufig in der politischen Diskussion gezeichnete Bild, der Kündigungsschutz verursache Kosten, die Unternehmen von Einstellungen abhielten, und trage zur Verkrustung des Arbeitsmarkts bei (...), nicht bestätigt werden (kann)" (Pfarr et al. 2005, S. 90).

Neben dem Kündigungsschutz umfasst das Arbeitsschutzrecht Regelungen zur **Arbeitssicherheit**, die nicht nur die unmittelbar betroffenen Mitarbeiter, sondern auch die Öffentlichkeit vor Gefahren schützen sollen. Diese beinhalten sowohl allgemeine Vorschriften für alle Mitarbeiter (z.B. Verhütung von Arbeitsunfällen und arbeitsbedingten Gesundheitsgefahren) als auch Sondervorschriften für bestimmte Mitarbeitergruppen (vgl. Tab. 4.2).

Tabelle 4.2. Wichtige Arbeitsschutzrechte für besondere Mitarbeitergruppen

Jugendliche	• Verbot der Beschäftigung von Kindern unter 15 Jahren (§5 JArbSchG)
	• Beschäftigungsverbot an Samstagen und Sonntagen (§§16-17 JArbSchG): Ausnahmen, z.B. Alten-, Pflege- und Kinderheime, ärztlicher Notdienst
	• Verbot der Übernahme gefährlicher Arbeiten (§§ 23-24 JArbSchG)
Schwerbehinderte	• Anspruch auf behinderungsgerechte Beschäftigung (§ 81 SGB IX)
	• Anspruch auf Zusatzurlaub im Umfang von fünf Arbeitstagen im Urlaubsjahr (§ 125 SGB IX)
	• besonderer Kündigungsschutz (§§ 85-92 SGB IX): vorherige Zustimmung des Integrationsamtes erforderlich
Werdende und stillende Mütter	• Beschäftigungsverbot (§ 3 MuSchG): sechs Wochen vor der Entbindung (außer bei ausdrücklicher Bereiterklärung) und acht Wochen danach (Schutzfrist)
	• Gefährdungsbeurteilung und Beschäftigungsverbot für gesundheitsgefährdende Arbeiten (§§ 9 MuSchG)
	• Kündigungsverbot (§ 17 MuSchG): während der Schwangerschaft und bis zum Ende der Schutzfrist nach der Entbindung

Das Arbeitsschutzrecht ist nur mit wenigen Ausnahmen abdingbar, d.h. der Arbeitnehmer kann nicht auf dessen Einhaltung verzichten. Bei Verstößen gegen Normen des Arbeitsschutzrechts sind sowohl privatrechtliche Folgen (Recht des Arbeitnehmers auf Zurückhaltung seiner Arbeitsleistung bei Fortbestehen seines

Vergütungsanspruchs sowie Schadensersatzansprüche) als auch öffentlich-rechtliche Folgen (Einleitung von Ordnungswidrigkeits- und Strafverfahren) möglich.

4.1.1.2 Kollektives Arbeitsrecht

4.1.1.2.1 Tarifvertragsrecht

Das Tarifvertragsrecht beruht auf der in Deutschland geltenden Tarifautonomie. Als **Tarifautonomie** wird das Recht bezeichnet, die Bedingungen von Arbeitsverträgen unbeeinflusst von Dritten (insbesondere vom Staat) zu vereinbaren. Sie leitet sich aus der in Art. 9 Abs. 33 GG verankerten Koalitionsfreiheit ab, nach der jedermann das Recht hat, „zur Wahrung und Förderung der Arbeits- und Wirtschaftsbedingungen Vereinigungen zu bilden." Umfassend geregelt wird das Zusammenwirken der Betriebs- und Sozialpartner im Rahmen der Tarifautonomie durch das Tarifvertragsgesetz (TVG) (vgl. Löwisch/Rieble 2016).

Tarifparteien sind in Deutschland nicht einzelne Arbeitnehmer, sondern Gewerkschaften und Arbeitgebervereinigungen sowie einzelne Arbeitgeber. Voraussetzungen für die Tariffähigkeit sind, dass die Vereinigungen freiwillig gebildet, von der Gegenseite, dem Staat und politischen Parteien unabhängig sowie demokratisch und überbetrieblich organisiert sind (vgl. Niedenhoff 2005, S. 31 ff.). Eine weitere Voraussetzung der Tariffähigkeit ist die Sozialmächtigkeit, die sich u.a. aus der Mitgliederzahl und der Durchsetzungskraft gegenüber der tariflichen Gegenseite ergibt.

> Da die Anforderungen an die Tariffähigkeit gesetzlich nicht genau geregelt sind, gibt es hierzu immer wieder gerichtliche Auseinandersetzungen. So wurde der DHV – Die Berufsgewerkschaft, die Mitglied im Christlichen Gewerkschaftsbund ist, vom Arbeitsgericht Hamburg am 19.6.2015 zunächst die Tariffähigkeit aberkannt. Mehrere Mitgliedsgewerkschaften des Deutschen Gewerkschaftsbunds hatten geklagt, dass die DHV Gefälligkeitstarifverträge abschließe und es ihr an der notwendigen Durchsetzungsfähigkeit fehle. In zweiter Instanz bestätigte das Landesarbeitsgericht Hamburg am 4.5.2016 dagegen die Gewerkschaftseigenschaft und Tariffähigkeit der DHV. Begründet wurde diese Entscheidung u.a. mit der großen Zahl von ca. 24.000 Tarifverträgen, die die DHV seit 1950 abgeschlossen hat.

In Deutschland herrschen im Unterschied zu anderen Ländern wie Großbritannien, Japan und den USA, in denen Berufsgewerkschaften oder Firmengewerkschaften verbreitet sind (vgl. Holtbrügge/Welge 2015, S. 463 ff.), **Industriegewerkschaften** vor. Nach mehreren Fusionen gibt es gegenwärtig acht große Einzelgewerkschaften, die im Deutschen Gewerkschaftsbund (DGB) zusammengeschlossen sind (vgl. Tab. 4.3). Ein zweiter großer Dachverband ist der Deutsche Beamtenbund (DBB) mit 38 Mitgliedsgewerkschaften. Daneben existieren rund 100 weitere **Spartengewerkschaften** wie der Deutsche Richterbund (DRB), die

Vereinigung Cockpit als Verband der Verkehrsflugzeugführer und Flugingenieure oder der Marburger Bund, der die Interessen der beamteten und angestellten Ärzte vertritt (vgl. Keller 2017).

Traditionell wurde in Deutschland das Prinzip der **Tarifeinheit** verfolgt. Danach schließt ein Betrieb nur mit einer einzigen Gewerkschaft einen Tarifvertrag ab, der für alle Arbeitnehmer dieses Betriebs gilt, und zwar auch dann, wenn diese mehreren Gewerkschaften angehören. Dieses durch Arbeitsgerichte seit den fünfziger Jahren oft bestätigte Gewohnheitsrecht wurde durch ein Urteil des Bundesarbeitsgerichts (BAG) vom 23.6.2010 aufgehoben. Mit Bezug auf die Koalitionsfreiheit wurde auf das Fehlen eines übergeordneten Grundsatzes verwiesen, dass für verschiedene Arbeitsverhältnisse derselben Art in einem Betrieb nur einheitliche Tarifregelungen zur Anwendung kommen können. Das BAG legalisierte dadurch eine Praxis, die bereits in mehreren Unternehmungen wie der Lufthansa, der Deutschen Bahn und verschiedenen Krankenhäusern vorherrschte (vgl. Dribbusch 2010).

Tabelle 4.3. Mitgliederzahlen des DGB und seiner Einzelgewerkschaften

	2001	2011	2020	2021
IG Bauen-Agrar-Umwelt (IG Bau)	509.690	305.775	231.663	221.519
IG Bergbau, Chemie, Energie (IG BCE)	862.364	672.195	606.348	591.374
Eisenbahn- und Verkehrsgewerkschaft (EVG)		306.002	220.704	184.090	186.301
Gewerkschaft Erziehung und Wissenschaft (GEW)	268.012	263.129	280.452	276.264
IG Metall	2.710.226	2.245.760	2.214.662	2.169.183
Gewerkschaft Nahrung-Genuss-Gaststätten (IG NGG)	250.839	205.637	194.145	189.098
Gewerkschaft der Polizei (GdP)	185.380	171.709	197.736	201.712
Vereinte Dienstleistungsgewerkschaft e. V. (ver.di)	2.806.496	2.070.990	1.941.071	1.893.920
DGB Insgesamt	7.899.009	6.155.899	5.850.167	5.729.371

Quelle: www.dgb.de/uber-uns/dgb-heute/mitgliederzahlen

Nachdem sowohl die Arbeitgeberverbände als auch der DGB vor einer Zersplitterung der Tariflandschaft und einer Spaltung der Belegschaften gewarnt hatten, hat der Bundestag am 22.5.2015 das Gesetz zur Tarifeinheit beschlossen, durch das **Tarifkollisionen** vermieden werden sollen. Dieses sieht eine Ergänzung von § 4 des TVG vor, wodurch bei mehreren nicht inhaltsgleichen Tarifverträgen in einem Betrieb „nur die Rechtsnormen des Tarifvertrags derjenigen Gewerkschaft anwendbar (sind), die zum Zeitpunkt des Abschlusses des zuletzt abgeschlossenen kollidierenden Tarifvertrags im Betrieb die meisten in einem Arbeitsverhältnis stehenden Mitglieder hat." Eine Verfassungsbeschwerde gegen das Gesetz durch mehrere kleinere Spartengewerkschaften, die durch das Tarifeinheitsgesetz eine Einschränkung des im Grundgesetz verankerten Rechts auf Koalitionsfreiheit und des Streikrechts befürchten (vgl. Lesch/Hellmich 2015), wurde im Juli 2017 durch das BVerfG abgewiesen.

Auf der Seite der Arbeitgeber sind sowohl einzelne Unternehmungen als auch **Arbeitgeberverbände** tariffähig. Deren Dachverband ist die Bundesvereinigung der Deutschen Arbeitgeberverbände (BDA), in der 48 Bundesfachspitzenverbände aus Industrie, Handel, Finanzwirtschaft, Verkehr, Handwerk, Dienstleistungen und Landwirtschaft zusammengeschlossen sind. Der BDA ist in 14 Landesvereinigungen gegliedert (http://www.arbeitgeber.de).

> In den letzten Jahren haben sowohl die Gewerkschaften als auch die Arbeitgeberverbände einen starken Mitgliederschwund zu verzeichnen. Die Mitgliederzahl der Gewerkschaften sank zwischen 2001 und 2021 von 7,9 auf 6,0 Millionen und lag damit 45% unter dem Höchstwert von 11,0 Millionen nach der deutschen Einheit im Jahr 1990. Nach einer Studie auf der Basis des Sozio-ökonomischen Panels (SOEP) waren 2015 lediglich 18,9% aller abhängig Beschäftigten Mitglied einer Gewerkschaft. Besonders gering ist der gewerkschaftliche Organisationsgrad in der Altersgruppe der 18- bis 30-jährigen mit 12,1%, während er bei den über 51-jährigen 25,9% beträgt. Neben Jüngeren sind auch Frauen, Angestellte und Hochqualifizierte in den Gewerkschaften unterrepräsentiert, während der Anteil dieser Gruppen an den Beschäftigten ansteigt. Gründe für den Mitgliederrückgang sind die starke Zunahme von Mitarbeitern in Dienstleistungsbranchen, von Angestellten sowie von Arbeitnehmern mit atypischen Beschäftigungsverhältnissen, die nur zu einem sehr geringen Teil Mitglied einer Gewerkschaft sind. Darüber hinaus spielt die Individualisierung der Mitarbeiter eine große Rolle, die von den Gewerkschaften bei tarifpolitischen Strategien oft nicht angemessen berücksichtigt werden (vgl. Schnabel 2016).
>
> Auch der Organisationsgrad der Arbeitgeberverbände geht kontinuierlich zurück. Waren etwa bis Ende der achtziger Jahre rund drei Viertel der Beschäftigten in der westdeutschen Metall- und Elektroindustrie in einer Unternehmung beschäftigt, die Mitglied im Arbeitgeberverband Gesamtmetall war, ist der Organisationsgrad im Jahre 2003 auf rund 59% in Westdeutschland und 21% in Ostdeutschland gesunken. Besonders gering ist der Organisationsgrad in Klein- und Kleinstunternehmungen, neu gegründeten Unternehmungen und Unternehmungen der New Economy. Der wichtigste Grund für diese Verbandsflucht bzw. Verbandsabstinenz ist die Unzufriedenheit mit branchenweit gültigen Verbandstarifen, die den Besonderheiten der einzelnen Betriebe nicht gerecht werden (vgl. Müller-Jentsch 2007).

Der **Geltungsbereich** von Tarifverträgen umfasst zunächst nur die Mitglieder der Tarifparteien, d.h. die Arbeitgeber, die dem tarifschließenden Verband angehören, und die Arbeitnehmer, die Mitglied der entsprechenden Gewerkschaft sind. In vielen Arbeitsverträgen wird jedoch auf Tarifverträge Bezug genommen, so dass diese auch auf die nicht organisierten Arbeitgeber und Arbeitnehmer Anwendung finden.

In Deutschland sind überbetriebliche **Branchen- bzw. Flächentarifverträge** üblich. Sie werden zumeist von einem Arbeitgeberverband für eine Branche und Region ausgehandelt und führen dort zu einheitlichen Tarifbedingungen. Nach einer auf den Daten des IAB-Betriebspanels basierenden Studie von Ellguth/Kohaut (2020) bestand im Jahre 2019 für 46% der Beschäftigten in der Privatwirtschaft in Westdeutschland und für 34% in Ostdeutschland ein Branchentarifvertrag. Im Vergleich zu 1996 bedeutet dies einen Rückgang um mehr als 20 Prozentpunkte.

Dieser Erosion des Flächentarifvertrags steht die Zunahme von **Haus- bzw. Firmentarifverträgen** gegenüber, die 2019 für sieben bzw. 11% der Beschäftigten galten. Zu den größten Unternehmungen, die üblicherweise Haustarifverträge mit den Gewerkschaften abschließen, zählen Lufthansa und Volkswagen. 42% bzw. 34% der Betriebe, für die kein Tarifvertrag gilt, geben an, sich in ihren Einzelarbeitsverträgen am jeweiligen Branchentarif zu orientieren. Die durchschnittliche Entgelthöhe liegt in diesen Unternehmungen jedoch deutlich unter denjenigen mit Tarifbindung, d.h. die Orientierung bedeutet in vielen Fällen de facto eine Unterschreitung bestehender Tarifregelungen (vgl. Addison et al. 2012). Tarifverträge gelten zudem zunächst nur für die gewerkschaftlich organisierten Arbeitnehmer. In 2018 erhielten 9% der Arbeitnehmer in Betrieben mit Kollektivvereinbarungen einen niedrigeren als den Tariflohn (vgl. Hirsch/Lentge/Schnabel 2022).

> Ein Beispiel einer Unternehmung, die weder Mitglied des Arbeitgeberverbands ist, noch einen Haustarifvertrag abgeschlossen hat, ist der Automobilhersteller Tesla in Grünheide. Nach Angaben des Leiters der Arbeitsagentur Frankfurt/Oder orientiert sich Tesla am Tarifvertrag der Metall- und Elektroindustrie, zahlt aber deutlich höhere Gehälter als ortsüblich. Das Einstiegsgehalt liegt bei 2.700 € und für Mitarbeiter mit einschlägiger Berufserfahrung bei 3.500 €. „Das Gehalt ist einfach mal ein Kracher", so Jochem Freyer (zit. nach Kersting/Neuerer 2020).

Die **Wahrscheinlichkeit der Tarifbindung** nimmt mit der Betriebsgröße und dem Anteil qualifizierter Arbeitnehmer zu. Auch neu gegründete Betriebe sind seltener tarifgebunden. Am 1.1.2022 waren im Tarifregister des Bundesministeriums für Arbeit und Soziales insgesamt 211 allgemeinverbindliche Flächentarifverträge registriert (www.bmas.bund.de).

Der **Inhalt** von Tarifverträgen besteht aus einem normativen und einem schuldrechtlichen Teil. Der *normative Teil* enthält Rechtsnormen über den Inhalt (z.B. Arbeitslohn, Arbeitszeit, Urlaub), den Abschluss und die Beendigung von Arbeitsverhältnissen sowie betriebliche und betriebsverfassungsrechtliche Fragen. Diese Rechtsnormen stellen Mindeststandards dar, von denen einzelne Unternehmungen in Betriebsvereinbarungen i.S. des Günstigkeitsprinzips zwar zugunsten, nicht aber zulasten des Arbeitnehmers abweichen können (§ 4 Abs. 3 TVG).

In der Praxis wird dieser Grundsatz durch tarifvertragliche Öffnungsklauseln zunehmend außer Kraft gesetzt. Diese sind nach § 77 Abs. 3 Satz 2 BetrVG möglich, „wenn ein Tarifvertrag den Abschluss ergänzender Betriebsvereinbarungen ausdrücklich zulässt." So sind nach einer Studie des gewerkschaftlichen Forschungsinstituts WSI in rund einem Drittel der befragten Unternehmungen mit Betriebsrat betriebliche **Bündnisse für Arbeit** wirksam (vgl. Gehrmann/Tenbrock 2003). Vor allem Unternehmungen mit schlechter Ertragslage schließen mit dem Betriebsrat häufig Betriebsvereinbarungen ab, in denen die Mitarbeiter gegen Beschäftigungsgarantien der Unternehmungsleitung Lohnverzichte oder längere Arbeitszeiten akzeptieren (vgl. Schwarzbach 2006; Haipeter 2009).

Der *schuldrechtliche Teil* von Tarifverträgen regelt die Rechte und Pflichten der Vertragsparteien. Unabhängig von den konkreten Regelungen beinhalten Tarifverträge stillschweigend die folgenden Verpflichtungen:

- Die *Durchführungspflicht* verpflichtet die Parteien dazu, für die Erfüllung des Vertrags zu sorgen und alles zu vermeiden, was dessen Abwicklung behindern könnte. Dazu zählt u.a. die Information ihrer Mitglieder über den Vertragsinhalt und die Einwirkung auf die Mitglieder zu tarifgemäßem Verhalten.
- Die *Friedenspflicht* verpflichtet die Tarifparteien dazu, alle Kampfmaßnahmen wie Streiks und Aussperrungen für die Dauer des Tarifvertrags zu unterlassen. Solange zwischen den Tarifparteien nichts anderes vereinbart wurde, besteht bei laufenden Tarifverträgen eine relative Friedenspflicht, die nur einen Arbeitskampf verbietet, der sich gegen den Bestand des Tarifvertrages oder gegen einzelne seiner Bestimmungen richtet. Nach Ablauf des Tarifvertrags sind Kampfmaßnahmen nur zulässig, nachdem Verhandlungen über den Abschluss eines neuen Vertrags gescheitert sind.
- Die *Nachwirkungspflicht* bestimmt, dass ein Tarifvertrag nach seinem Ablauf gültig bleibt, bis eine neue Regelung erfolgt ist.

Der **Ablauf von Tarifverhandlungen** und insbesondere die Voraussetzungen eines Arbeitskampfes sind gesetzlich nicht geregelt (vgl. Kissel 2002). Neben der Rechtsprechung des BAG sind deshalb vor allem die jeweiligen Satzungen der Gewerkschaft bzw. des Arbeitgeberverbands relevant. Idealtypisch verlaufen Tarifverhandlungen nach folgendem Phasenschema (vgl. Abb. 4.2):

- Vier Wochen vor Auslaufen des bestehenden Tarifvertrags übermitteln die Gewerkschaften dem Arbeitgeberverband ihre Forderungen. Anschließend legen diese ihr Angebot dar. Zwei Wochen vor Ablauf des Tarifvertrages werden *Verhandlungen* zwischen den Tarifparteien aufgenommen.
- Erreichen die Tarifvertragsparteien ein Verhandlungsergebnis, wird dieses den *Tarifkommissionen* vorgestellt. Nehmen diese das Verhandlungsergebnis an, wird ein neuer Tarifvertrag abgeschlossen. Dieser muss innerhalb eines Monats dem Bundesministerium für Arbeit und Soziales übersandt werden, der den Tarifvertrag im Tarifregister einträgt.
- Erklärt eine oder beide Tarifparteien das Scheitern der Verhandlungen, können diese einen neutralen *Schlichter* (z.B. ehemalige Minister für Arbeit und Soziales) einsetzen. Der Schlichter versucht, eine Einigung zwischen den Tarifparteien zu erzielen. Stimmen diese dem Schlichterspruch zu, wird dieser wiederum den Tarifkommissionen zur Abstimmung vorgelegt.
- Scheitert die Schlichtung, beginnt zumeist ein *Arbeitskampf* (vgl. Frieling./Jacobs/Krois 2021). Dazu stellt die Tarifkommission der Gewerkschaft dem Vorstand einen Antrag auf Streik. Der Vorstand führt eine Urabstimmung durch.

Stimmen – je nach Satzung der Gewerkschaft – zwischen 50% und 75% der aufgerufenen Gewerkschaftsmitglieder dafür, legt der Vorstand der Gewerkschaft den Beginn sowie die Art des Streiks fest (vgl. Tab. 4.4).

- Ein *Streik* muss ein tariflich regelbares Ziel verfolgen. Er darf nicht während der Friedenspflicht vorgenommen werden und nicht gegen Schlichtungsregeln oder andere Rechtsnormen verstoßen. Ein Streik muss das letzte Mittel der Konfliktlösung sein und dem Gebot der Verhältnismäßigkeit folgen. Während eines Streiks besteht das Arbeitsverhältnis weiter. Der streikende Arbeitnehmer ist allerdings von der Arbeitspflicht und der Arbeitgeber von der Entgeltzahlungspflicht (Hauptpflichten des Arbeitsvertrags) befreit. Nicht streikende Arbeitnehmer sind zur Arbeitsleistung verpflichtet, nicht jedoch zu solchen Arbeiten, die vorher von Streikenden erledigt wurden. Die gewerkschaftlich organisierten Streikenden erhalten von der Gewerkschaft ein Streikgeld, das i.d.R. drei Monatsbeiträge pro Streiktag beträgt. Streikende, die nicht Mitglied der Gewerkschaft sind, erhalten keine finanzielle Unterstützung.

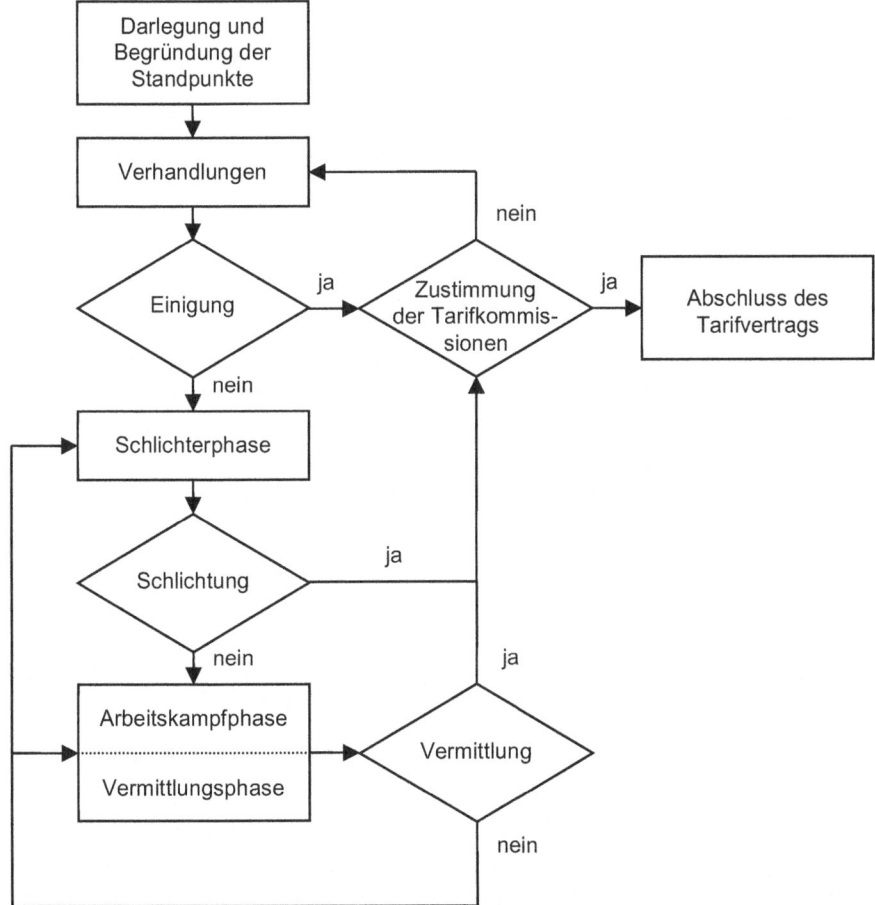

Abb. 4.2. Ablauf von Tarifverhandlungen

- Die Arbeitgeber können als Gegenmittel zum Streik die *Aussperrung*, d.h. die Verweigerung von Beschäftigung und Lohnzahlung der Belegschaft oder von deren Teilen ergreifen. Neben der heißen Aussperrung in bestreikten Betrieben ist auch die kalte Aussperrung in Betrieben möglich, die von einem Streik mittelbar betroffen sind (z.B. Zuliefer- oder Abnehmerbetriebe). Die von der kalten Aussperrung betroffenen Arbeitnehmer erhalten keine finanzielle Unterstützung von der Gewerkschaft oder dem Arbeitsamt, was zumeist den Druck auf die Gewerkschaften erhöht, zu einer Einigung mit den Arbeitgebern zu gelangen. Dem Umfang der Aussperrung sind enge Grenzen gesetzt. So sind z.B. selektive Aussperrungen von Gewerkschaftsmitgliedern unzulässig.
- Arbeitskämpfe werden i.d.R. durch Schlichtung oder Vermittlung beendet. Nach Zustimmung der Tarifkommission kommt es zum Abschluss eines neuen Tarifvertrags. Im Unterschied zu anderen Ländern wie etwa Norwegen sind in Deutschland Zwangsschlichtungen unzulässig, d.h. der Staat kann die Tarifpartner nicht dazu zwingen, im Schlichtungsverfahren zu einer Einigung zu gelangen oder einen neutralen Einigungsvorschlag zu akzeptieren.

Tabelle 4.4. Streikarten

Streikarten	Merkmale
Warnstreik	Befristeter und i.d.R. regional begrenzter Streik zur Demonstration der Streikbereitschaft, z.B. vor einem Flächenstreik
Schwerpunktstreik	Bestreikt werden bestimmte ausgewählte Betriebe einer Tarifzone
Flächenstreik	Arbeitnehmer einer Tarifzone einer Branche werden zum Streik aufgerufen
Sympathiestreik	Arbeitnehmer anderer Branchen und/oder Tarifzonen werden zum Streik aus Sympathie für eigene Ziele aufgerufen
Generalstreik	Sämtliche Arbeitnehmer eines Staates sind zum Streik aufgerufen
Wilder Streik	Wird nicht durch die Gewerkschaft organisiert, sondern durch einzelne Arbeitnehmer spontan (i.d.R. unrechtmäßig) durchgeführt
Politischer Streik	Wird zur Durchführung politischer Ziele gegen Staatsorgane durchgeführt (unrechtmäßig)

Quelle: Becker (2002, S. 528 f.)

> Zur Bekräftigung ihrer Forderungen in Tarifkonflikten greifen Gewerkschaften zunehmend auf neue Formen des Arbeitskampfes wie Flashmobs zurück. Dabei werden Sympathisanten durch soziale Medien dazu aufgefordert, die Tätigkeit von Unternehmungen systematisch zu stören. Beispiele dafür sind etwa das Füllen von Einkaufswagen ohne Kaufabsicht und anschließendes Stehenlassen, der massenhafte Kauf von Pfennigartikeln mit der Folge langer Schlangen an den Kassen oder die Einbindung von Verkäufern in Beratungsgespräche über hochwertige Waren oder Anproben von Bekleidung ohne Kaufabsicht, wodurch Kunden vertrieben werden.

> Nach einem Urteil des BAG vom 22.9.2009 (1 AZR 972/08) sind Flashmobs als „streikbegleitende Aktion, mit der eine Gewerkschaft in einem öffentlich zugänglichen Betrieb kurzfristig und überraschend eine Störung betrieblicher Abläufe hervorrufen will, um zur Durchsetzung tariflicher Ziele Druck auf die Arbeitgeberseite auszuüben (..), nicht generell unzulässig (...). (Die) durch Art. 9 Abs. 3 GG gewährleisteten Betätigungsfreiheit der Gewerkschaften (..) ist nicht auf das Kampfmittel der kollektiven Arbeitsniederlegung beschränkt, sondern umfasst auch andere Kampfformen. Die Zulässigkeit der konkret gewählten Arbeitskampfmittel richtet sich, wie bei sonstigen Kampfmitteln auch, nach dem Grundsatz der Verhältnismäßigkeit (...). Dabei ist von wesentlicher Bedeutung, ob für den Arbeitgeber Verteidigungsmöglichkeiten bestehen. Solche können sich u.a. aus seinem Hausrecht und der Möglichkeit zur suspendierenden Betriebsschließung ergeben" (für eine abweichende Auffassung vgl. Rieble 2008).

In Deutschland werden die meisten Tarifverhandlungen ohne Arbeitskämpfe beendet, wobei Spartengewerkschaften eine höhere Streikneigung als Branchengewerkschaften aufweisen (vgl. Lesch 2017). Im Jahre 2020 fielen rund 342.000 Arbeitstage durch Streiks aus, was 3,9 Arbeitstage pro 1.000 Arbeitnehmer entspricht. Deutschland weist mit 17 Ausfalltagen im jährlichen Durchschnitt 2010–2019 damit im internationalen Vergleich eine sehr niedrige Streikintensität auf und liegt etwa weiter hinter Frankreich mit 110 Tagen und Belgien mit 98 Tagen (vgl. Frindert/Dribbusch/Schulten 2021).

> Einen besonders kontroversen Arbeitskampf führte im Jahre 2007/08 die Gewerkschaft Deutscher Lokomotivführer (GDL) durch. Zu diesem Zeitpunkt waren rund 15.500 der 19.611 Triebfahrzeugführer der Deutschen Bahn (DB) (79%) und 3.900 der 11.844 Mitarbeiter im Zugbegleitdienst (33%) in der GDL organisiert. Daneben existierte die Gewerkschaft Transnet (seit November 2010 mit der Verkehrsgewerkschaft GDBA zur Eisenbahn- und Verkehrsgewerkschaft fusioniert), die im Oktober 2007 rund 250.000 Mitglieder hatte. Davon waren rund 120.000 Mitarbeiter der DB.
> Im Mai 2006 beschloss die GDL die Forderung nach einem eigenständigen Fahrpersonaltarifvertrag für Lokführer, Zugbegleiter und Mitarbeiter der Bordgastronomie. Dieser sah bessere Arbeitsbedingungen und eine Erhöhung des Grundentgeltes um bis zu 40% vor. Transnet hatte kurz zuvor mit der DB eine Lohnerhöhung von 4,5% vereinbart.
> Nachdem die Deutsche Bahn nicht bereit war, über einen solchen Spartentarifvertrag zu verhandeln, erfolgten am 3. und 10. Juli 2007 flächendeckende Warnstreiks des in der GDL organisierten Fahrpersonals. Ende Juli fand eine Urabstimmung statt, bei der 95,8% der Gewerkschaftsmitglieder für einen Streik stimmten. Die GDL kündigte daraufhin für den 9. August 2007 erste bundesweite Streikaktionen an. Diese wurden durch eine Einstweilige Verfügung des Arbeitsgerichts Nürnberg zunächst untersagt. Gleichzeitig einigten sich DB und GDL auf eine Schlichtung durch Kurt Biedenkopf und Heiner Geißler, die jedoch scheiterte.

> Nachdem das Landesarbeitsgericht Chemnitz am 2. November 2007 die Einstweilige Verfügung aufhob, führte die GDL zahlreiche mehrstündige Streiks im Güter- und Personenverkehr durch. Durch Zugausfälle entstand der DB nach eigenen Angaben ein Schaden in dreistelliger Millionenhöhe.
>
> Nach massiven Protesten von Bahnkunden und zahlreichen Plädoyers von Politikern einigten sich GDL und DB am 13. Januar 2008 auf die Eckpunkte eines neuen, eigenständigen Tarifvertrages. Dieser sieht eine durchschnittliche Tariferhöhung um 11% sowie eine Einmalzahlung von 800 € vor. Im April 2008 stimmten in einer Urabstimmung 85,5% der GDL-Mitglieder dem Tarifvertrag zu. Der neue Vertrag gilt für alle Triebfahrzeugführer. Ausgenommen sind Rangierlokführer, die zu diesem Zeitpunkt noch nicht mehrheitlich in der GDL organisiert waren. Damit ging der längste Tarifkonflikt in der Geschichte der DB zu Ende.
>
> Nach Angaben der Transnet wechselten im Rahmen der Tarifauseinandersetzung bis Mitte August 2007 nahezu 1.000 Gewerkschaftsmitglieder zur GDL. Ferner traten allein in Berlin rund 700 Mitglieder, zumeist Bus- und Straßenbahnfahrer, von ver.di zur GDL über, nachdem diese einen niedrigen Tarifvertrag ausgehandelt hatte. Ähnliche Übertritte fanden auch in Nürnberg und München statt (vgl. Doll 2008).

4.1.1.2.2 Mitbestimmungsrecht

Den zweiten Teilbereich des kollektiven Arbeitsrechts bildet das Mitbestimmungsrecht. Es umfasst einerseits die betriebliche Mitbestimmung der Mitarbeitervertreter im Rahmen des Betriebsrats und andererseits deren Mitwirkung in den Leitungs- und Kontrollorganen der Unternehmung. Im Unterschied zu den drei zuvor dargestellten Bereichen des individuellen und kollektiven Arbeitsrechts stehen im Rahmen des Mitbestimmungsrechts weniger inhaltliche als organisatorische Normen im Vordergrund, die durch Arbeitnehmer und Arbeitgeber unterschiedlich ausgefüllt werden können. Die wichtigsten Regelungen zur Mitbestimmung wurden deshalb bereits bei der Darstellung der Akteure des Personalmanagement thematisiert (vgl. Kap. 3.2.1).

4.1.2 Arbeitsmarkt

4.1.2.1 Dimensionen und Segmente des Arbeitsmarktes

Neben dem Arbeitsrecht stellt der Arbeitsmarkt eine zweite wichtige externe Bedingung des Personalmanagement dar. Folgende **Dimensionen** des Arbeitsmarktes sind für personalpolitische Entscheidungen besonders relevant (vgl. Tab. 4.5):

- *Gesellschaftliche Trends* wirken sich oft mittelbar und mittelfristig, dafür aber umso weitreichender auf das Personalmanagement aus. Beispiele dafür sind veränderte Berufsorientierungen und Geschlechterrollen oder die Globalisierung der Gesellschaft, die etwa die Erwartungen an die Gestaltung des Arbeitsinhalts und der Arbeitszeit sowie die Personalführung beeinflussen.

Tabelle 4.5. Einflüsse des Arbeitsmarktes auf das Personalmanagement

Dimensionen des Arbeitsmarktes	Indikatoren	Auswirkungen auf das Personalmanagement
Gesellschaftliche Trends	• Wertewandel (z.B. Berufsorientierungen, Geschlechterrollen) • Globalisierung	• Erwartungen der Mitarbeiter an das Personalmanagement
Arbeitsmarkt- und Sozialpolitik	• Aktuelle Politikfelder (z.B. Konjunkturprogramme; Anti-Diskriminierung) • Einfluss von Parteien und Verbänden	• Restriktivität des Arbeitsrechts • Stärke der Tarifparteien und des Betriebsrats
Demographische und konjunkturelle Entwicklung	• Zahl/Struktur der Gesamtbevölkerung • Zahl der Erwerbstätigen (nach Alter/Geschlecht) • Zahl der Arbeitslosen und Arbeitssuchenden • Zu-/Abwanderungen in der Region	• Personalbeschaffung • Entgeltgestaltung
Qualifikations- und Bildungsstruktur	• Entwicklung einzelner Berufsgruppen (z.B. Zahl der Lehrlinge, Akademiker) • Inhalte und Qualität der Berufsausbildung	• Personalentwicklung • Gestaltung des Arbeitsinhalts
Arbeitsmarktinfrastruktur	• Vermittlungsquote der Arbeitsämter	• Personalbeschaffung

Quelle: erweitert nach Kienbaum 1989, Sp. 2037

- Die *Arbeitsmarkt- und Sozialpolitik* hat einen unmittelbaren Einfluss auf das Arbeitsrecht und damit den personalpolitischen Entscheidungsspielraum einer Unternehmung. Darüber hinaus wirkt sich diese häufig auf die Stärke der Tarifparteien und des Betriebsrats aus.
- Die *demographische und konjunkturelle Entwicklung* wirkt sich vor allem auf die Zahl der Erwerbstätigen und Arbeitslosen und damit auf die Fähigkeit einer Unternehmung aus, ihren Personalbedarf auf dem externen Arbeitsmarkt zu decken. Daneben hat diese einen Einfluss auf die Entgeltpolitik. Im Sinne des *personalökonomischen Ansatzes* müssen die Anreize für die aktuellen und potenziellen Mitarbeiter einer Unternehmung umso höher sein, je geringer die Zahl der Arbeitslosen und je größer deshalb die alternativen Beschäftigungsmöglichkeiten von Arbeitsuchenden sind.

- Die *Qualifikations- und Bildungsstruktur* stellt eine zentrale Rahmenbedingung für die Personalentwicklung dar. Je weniger das Qualifikations- und Bildungsprofil von Arbeitssuchenden den Anforderungen von Unternehmungen entspricht, desto mehr müssen diese in die Personalentwicklung investieren, um diese Qualifikationslücke zu schließen. Im Sinne des *ressourcenorientierten Ansatzes* stellt das Qualifikations- und Bildungsniveau zudem eine wichtige Voraussetzung dafür dar, anspruchsvolle Tätigkeiten auszuüben und damit langfristige und nachhaltige Wettbewerbsvorteile zu schaffen.
- Die *Arbeitsmarktinfrastruktur* wirkt sich vor allem auf die Personalbeschaffung einer Unternehmung aus. Je höher die Vermittlungsquote und die Serviceorientierung von Arbeitsagenturen sind, desto geringer ist die Notwendigkeit für Unternehmungen, eigene Wege der Personalbeschaffung zu erschließen. Die Arbeitsmarktinfrastruktur gewinnt insbesondere durch die Dynamik der Beschäftigungsverhältnisse an Bedeutung. Waren in Deutschland bis in die achtziger Jahre lebenslange Beschäftigungen die Regel, so müssen Berufseinsteiger heute mit mehreren Arbeitgeberwechseln während ihres Berufslebens rechnen.

Wichtige Informationsquellen zur Analyse des Arbeitsmarktes sind die Bundesagentur für Arbeit (BA) und die Arbeitsagenturen (www.arbeitsamt.de) sowie das der BA angegliederte Institut für Arbeitsmarkt- und Berufsforschung (IAB) (www.iab.de). Bei der Auswertung der von diesen und anderen Institutionen zur Verfügung gestellten Daten ist jedoch zu berücksichtigen, dass aus Sicht einer Unternehmung nicht der gesamte externe Arbeitsmarkt relevant ist, sondern lediglich bestimmte **Arbeitsmarktsegmente**, welche sich anhand der folgenden Dimensionen unterscheiden lassen (vgl. Scherm 1990):

- Die *funktionale Dimension* beinhaltet die von einer Unternehmung nachgefragten qualifikatorischen und berufsfachlichen Anforderungen an Stellensuchende. Diese können aufgrund von branchen- oder unternehmungsspezifischen Besonderheiten erheblich von den durchschnittlichen Anforderungen auf dem Arbeitsmarkt abweichen. So wird etwa als Folge der demographischen Entwicklung für die nächsten Jahre vor allem im Handwerk und der Bauindustrie sowie in technischen Bereichen ein beträchtlicher Fachkräftemangel prognostiziert (vgl. Ristau-Winkler 2015).
- Die *räumliche Dimension* wird vor allem durch die Attraktivität der Region, in der die Unternehmung ihren Sitz hat, sowie die Mobilität von Stellensuchenden bestimmt. Zudem besteht ein enger Bezug zur funktionalen Dimension des Arbeitsmarktes. Während sich der räumliche Personalbeschaffungsmarkt für Tätigkeiten mit geringen Anforderungen zumeist auf den Tagespendlerbereich reduziert, kann für Tätigkeiten mit hohen Qualifikationsanforderungen der überregionale, nationale oder sogar internationale Arbeitsmarkt relevant sein.

> Um die Beschäftigung qualifizierter ausländischer Arbeitnehmer aus Nicht-EU-Staaten zu erleichtern, wurde zum 1. August 2012 das Gesetz zur Umsetzung der Hochqualifizierten-Richtlinie der Europäischen Union verabschiedet und dadurch das Ausländergesetz (AuslG) geändert. Danach kön-

> nen Hochschulabsolventen nach zwei Jahren eine unbegrenzte Aufenthaltsgenehmigung (Blue Card EU) erlangen, wenn sie ein Arbeitsverhältnis ausüben, mit dem ein Bruttojahresgehalt von mindestens 45.400 € erzielt wird. Für Hochqualifizierte in Mangelberufen gilt eine Gehaltsgrenze von 43.992 €. Absolventen deutscher Hochschulen haben künftig 18 statt bislang 12 Monate Zeit, einen angemessenen Arbeitsplatz zu suchen. Absolventen von Berufsausbildungen haben dafür ein Jahr Zeit. Beide Gruppen dürfen in dieser Zeit uneingeschränkt arbeiten.

- Die *zeitliche Dimension* umfasst die Berücksichtigung von spezifischen Kündigungs-, Entlassung- und Urlaubsterminen sowie saisonalen, konjunkturellen und strukturellen Schwankungen von Arbeitskräfteangebot und -nachfrage. Auch hier besteht ein enger Bezug zur funktionalen Dimension, d.h. je stärker die verfügbaren von den nachgefragten Qualifikationen abweichen, desto länger muss der zeitliche Horizont der Personalbedarfsplanung und -deckung sein.

4.1.2.2 Arbeitgeberimage

Neben den objektiven Bedingungen auf dem Arbeitsmarkt stellt das subjektive Arbeitgeberimage der Unternehmung eine wichtige Bedingung des Personalmanagement dar. Das Arbeitgeberimage spiegelt die Meinung über eine Unternehmung als Arbeitgeber wider, die sich Personen auf dem internen und externen Arbeitsmarkt bilden (vgl. Gatewood/Gowan/Lautenschlager 1993; Lievens/ Slaughter 2016). Je besser dieses ist, desto leichter gelingt es einer Unternehmung, auch unter restriktiven Arbeitsmarktbedingungen ihren Bedarf an Mitarbeitern zu decken. Ein Ranking der beliebtesten Arbeitgeber von Wirtschaftswissenschaftlern in Deutschland gibt Tab. 4.6. wieder.

Dieses zeigt, dass deutliche Unterschiede zwischen den Beurteilungen von Studierenden als potenziellen Bewerbern und tatsächlichen Arbeitnehmern bestehen. Während etwa die Wirtschaftsprüfungsgesellschaften PwC, EY, KPMG und Deloitte ein sehr positives Image unter Studierenden aufweisen, zählen sie bei den Arbeitnehmern nicht zu den beliebtesten Arbeitgebern. Umgekehrt tauchen die von Arbeitnehmern sehr positiv bewerteten Medizinunternehmungen Boehringer Ingelheim und Siemens Healthineers sowie die Forschungseinrichtungen Forschungszentrum Jülich und Fraunhofer-Gesellschaft nicht unter den von Studierenden der Wirtschaftswissenschaften bevorzugten Arbeitgebern auf.

Eine empirische Untersuchung der Bedeutung unterschiedlicher **Faktoren des Arbeitgeberimages** von Holtbrügge/Rygl (2002) zeigt, dass der Markterfolg mit Abstand das wichtigste Kriterium darstellt. Dementsprechend ist das Arbeitgeberimage von Banken und Versicherungen, die lange Spitzenpositionen eingenommen hatten, im Zuge der Finanz- und Wirtschaftskrise 2007/08 stark gesunken (vgl. Werle 2009). Eine etwas geringere Bedeutung besitzen der Standort, das Entgeltniveau, die Sozialleistungen, die Unternehmungskultur sowie die erwarteten Karrieremöglichkeiten. Eine durchschnittliche Relevanz hat die Branche, während die Internationalität, das Umweltverhalten und der Bekanntheitsgrad als deutlich weniger wichtig eingestuft werden. Für die Wahl des Arbeitgebers ist somit vor allem das Bestreben maßgeblich, bei einer erfolgreichen Unternehmung tätig zu sein, was sowohl mit Sicherheitsmotiven als auch mit der hohen Reputation erklärt werden kann.

Tabelle 4.6. Die beliebtesten Arbeitgeber in Deutschland unter Studierenden der Wirtschaftswissenschaften (2021) und Arbeitnehmern (2022)

Rang	Arbeitgeber	Wahrscheinlichkeit der Bewerbung*	Rang	Arbeitgeber	Bewertung**
1	Mercedes-Benz	11,8%	1	Salesforce	4,7
2	Adidas	9,3%	2	Google	4,6
3	BMW	9,1%	3	BCG	4,6
4	Apple	8,9%	4	Mercedes-Benz	4,5
5	Porsche	8,7%	5	Porsche	4,4
6	Audi	7,4%	6	SAP	4,4
7	Amazon	6,6%	7	Otto	4,4
8	Tesla	6,2%	8	Boehringer Ingelheim	4,4
9	Google	6,0%	9	Procter & Gamble	4,4
10	McKinsey	5,9%	10	Forschungszentrum Jülich	4,3
11	PwC	5,9%	11	Bosch	4,3
12	Bosch	5,2%	12	BSH Hausgeräte	4,3
13	Auswärtiges Amt	4,9%	13	Deutsche Börse	4,3
14	Lufthansa	4,9%	14	IKEA	4,3
15	BCG	4,8%	15	Siemens Healthineers	4,3
16	EY	4,7%	16	MHP	4,3
17	KPMG	4,7%	17	Siemens	4,3
18	L'Oréal	4,4%	18	Vodafone	4,3
19	Deloitte	4,1%	19	Fraunhofer-Gesellschaft	4,3
20	Siemens	4,1%	20	Adesso	4,3

* Angabe von maximal drei Arbeitgebern, bei denen sich die Befragten (Absolventen der Wirtschaftswissenschaften) bewerben würden.
** Glassdoor Score (1 = sehr gut, 5 = mangelhaft).

Quelle: Trendence 2021; Glassdoor 2022

Die relative Bedeutung von Faktoren des Arbeitgeberimages weist große **individuelle Unterschiede** auf. So messen etwa Wirtschaftswissenschaftler einer interessanten und herausfordernden Tätigkeit eine große Bedeutung zu, während für Ingenieure die Innovationsstärke ein wichtiges Kriterium darstellt. Darüber hinaus bestehen geschlechtsspezifische Unterschiede. Frauen legen großen Wert auf die Unternehmungskultur und die Möglichkeit eigenständigen Arbeitens. Darüber hinaus hat für sie das Umweltverhalten der Unternehmung und die Gewährleistung der Work-Life-Balance eine höhere Relevanz (vgl. Luce/Barber/Hillman 2001; Dögl/Holtbrügge 2013). Für Männer sind dagegen Entgelthöhe und Karrierechancen wichtiger (vgl. Lentz/Kahlen 2006; Mohnen/Falk 2014). Einen großen Einfluss haben zudem das Alter und die Berufserfahrung. Während Universitätsabsolventen vor allem das Entgelt und die Entwicklungsmöglichkeiten betrachten, legen Berufserfahrene größeres Gewicht auf die Unternehmungskultur, den individuellen Entscheidungs- und Handlungsspielraum sowie den Führungsstil (vgl. Boswell et al. 2003).

Neben der wahrgenommenen Attraktivität stellt die **Bekanntheit** einen zweiten wichtigen Faktor des Rekrutierungspotenzials eines Arbeitgebers dar. Nach einer Studie von Randstad (2021) besitzen Unternehmungen in der Automobilindustrie sowie der IT-Consulting & Telekommunikation eine gleichermaßen hohe Attraktivität und Bekanntheit (vgl. Abb. 4.3). Automobilzulieferer sowie Unternehmungen im Maschinenbau und der Pharmazeutischen Industrie werden als sehr attraktive Arbeitgeber eingeschätzt, sind aber nur wenig bekannt. In genau der umgekehrten Situation sind Unternehmungen in der Konsumgüterindustrie sowie im Handel und Lebensmittelhandel. Arbeitgeber in den Bereichen Baustoffe sowie Medien besitzen eine geringe Bekanntheit und eine geringe Attraktivität.

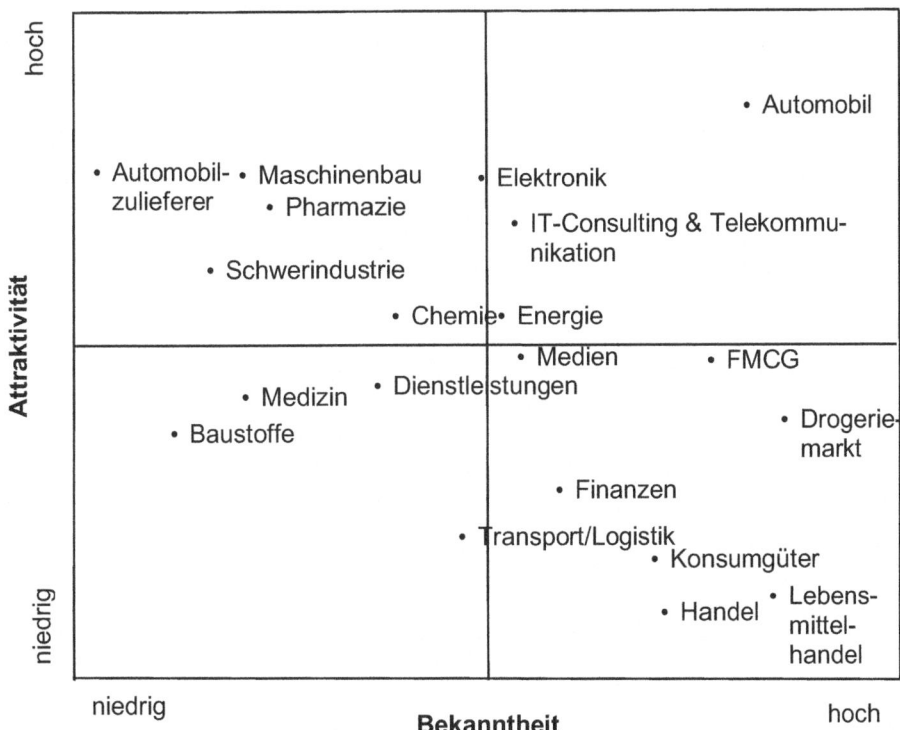

Abb. 4.3. Attraktivität und Bekanntheit von Arbeitgebern in unterschiedlichen Branchen (Quelle: Randstad 2021)

Zur Verbesserung ihrer Position auf dem Arbeitsmarkt stehen Unternehmungen verschiedene Maßnahmen des **Employer Branding** zur Verfügung (vgl. Stritzke 2010; DGFP 2012; Kriegler 2018). Für kleine und mittelständische Unternehmungen steht zumeist die Steigerung des Bekanntheitsgrades im Vordergrund. Dies kann z.B. durch die Stärkung der allgemeinen Öffentlichkeitsarbeit oder durch die Beteiligung an Rekrutierungsmessen erfolgen. Dabei sind diese insbesondere mit der Herausforderung konfrontiert, dass ihre spezifischen Vorteile gegenüber Großunternehmungen wie eine familiäre Arbeitsatmosphäre, einen zumeist größeren Entscheidungs- und Handlungsspielraum sowie einen persönlichen Führungsstil herauszustellen oft schwer zu kommunizieren sind (vgl. Mohnen/Falk 2014).

Großunternehmungen stehen dagegen eher vor der Aufgabe, ein konsistentes Imageprofil zu entwickeln und sich gegenüber Konkurrenten in ähnlichen Bewerbungssegmenten zu positionieren. So zeigt etwa eine multidimensionale Skalierung des Bewerberverhaltens von Mueller-Oerlinghausen/Schaefer (2005), dass Unternehmungen derselben Branchen häufig um dieselben Bewerber konkurrieren. Demgegenüber bewerben sich z.B. Interessenten an einer Tätigkeit im Banken- und Versicherungssektor nur selten auch bei Unternehmungen aus der Pharmazie- oder Automobilbranche.

Die Studie von Bernhard/Holtbrügge (2019) in der Metropolregion Nürnberg zeigt, dass Hochschulabsolventen überwiegend in der Region ansässige Arbeitgeber als besonders attraktiv einschätzen. Die höchste Arbeitgeberattraktivität besitzen die Großunternehmungen Siemens, Schaeffler, Bosch, Adidas und Puma, zwischen denen es starke Konkurrenzbeziehungen gibt. Daneben gibt es ausgeprägte Branchencluster, d.h. ein Hochschulabsolvent, dessen erste Präferenz etwa Faber-Castell ist, würde sich gleichzeitig oft bei einem der anderen Schreibwerkzeughersteller Staedtler und Schwan-Stabilo bewerben. Angesichts der sehr niedrigen regionalen Arbeitslosenquote und der geringen regionalen Mobilität führt das zu einer starken Konkurrenz weniger Arbeitgeber mit ähnlichen Anforderungsprofilen um wenige Stellensuchende mit ähnlichen Eignungsprofilen.

Eine besondere Herausforderung stellt das Employer Branding für ausländische Unternehmungen dar, die auf dem deutschen Arbeitsmarkt mit negativen *country-of-origin-Effekten* konfrontiert sind. Eine empirische Studie von Holtbrügge/Kreppel (2015) zeigt, dass etwa chinesische, indische und russische Unternehmungen eine geringe Arbeitgeberattraktivität in Deutschland besitzen. Dies gilt insbesondere für die Automobilindustrie, Unternehmungsberatungen sowie Banken und Versicherungen, d.h. für Branchen, in denen das Arbeitgeberimage deutscher Unternehmungen besonders positiv ist. Zur Verbesserung des Arbeitgeberimages ist nach dieser Studie insbesondere ein ausgeprägtes **Employer Signaling** geeignet, das die Entgeltpolitik und die Arbeitsplatzsicherheit in der Unternehmung betont.

4.2 Interne Bedingungen

Neben dem Arbeitsrecht und dem Arbeitsmarkt wirken sich auch verschiedene interne Bedingungen auf das Personalmanagement aus. Dazu zählen insbesondere die Unternehmungsstrategie und der Internationalisierungsgrad.

4.2.1 Unternehmungsstrategie

Die wichtigste interne Bedingung des Personalmanagement stellt die verfolgte Unternehmungsstrategie dar. Differenziert man die von einer Unternehmung verfolgten **Geschäftsbereichsstrategien nach Porter** (1999), so ergeben sich für das Personalmanagement folgende Implikationen (vgl. Tab. 4.7):

Tabelle 4.7. Einfluss der Geschäftsbereichsstrategie auf unterschiedliche Instrumente des Personalmanagement

	Kostenführerschaftsstrategie	**Differenzierungsstrategie**	**Nischenstrategie**
Personalbedarfsplanung und -deckung	• häufige Personalfreisetzungen	• umfassende und systematische Personalentwicklung	• differenzierte Personalauswahl und -entwicklung
Personaleinsatz	• hoher Spezialisierungsgrad	• flexibler Personaleinsatz	• sehr unternehmungsspezifisch
Personalentlohnung	• leistungsorientierte Entlohnung • niedriges Entgeltniveau	• erfolgs- und qualifikationsorientierte Entlohnung • hohes Entgeltniveau	• anforderungs- und erfolgsorientierte Entlohnung • mittleres Entgeltniveau
Personalführung	• aufgabenorientierter Führungsstil	• mitarbeiterorientierter Führungsstil	• aufgabenorientierter Führungsstil

- Die *Strategie der Kostenführerschaft* ist durch das Bestreben einer Unternehmung gekennzeichnet, durch das Angebot standardisierter Produkte bzw. Dienstleistungen zu niedrigen Preisen eine dominierende Marktstellung zu erreichen. Für das Personalmanagement ergibt sich daraus die Notwendigkeit, systematisch Kostensenkungspotenziale aufzudecken und auszuschöpfen. Dies betrifft etwa die konsequente Nutzung von Kostendegressionseffekten bei der Gestaltung des Personaleinsatzes sowie die Einführung leistungsorientierter Anreizsysteme im Rahmen der Personalentlohnung. Verbunden damit sind ein aufgabenorientierter Führungsstil und die weitgehende Standardisierung des Personalmanagement insgesamt.
- Demgegenüber steht bei der *Differenzierungsstrategie* das Angebot qualitativ hochwertiger Produkte und Dienstleistungen im Vordergrund, die sich gegenüber der Konkurrenz durch einen hohen Zusatznutzen auszeichnen. Für das Personalmanagement folgt daraus die Notwendigkeit einer differenzierten Personalbeschaffung und ausgeprägten Personalentwicklung. Die hohen Anforderungen an die Mitarbeiter haben zudem einen flexiblen Personaleinsatz, eine er-

folgs- und qualifikationsorientierte Personalentlohnung und einen mitarbeiterorientierten Führungsstil zur Folge.
- Bei der *Nischenstrategie* erfolgt eine Fokussierung auf ein einziges Marktsegment. Zur erfolgreichen Durchführung dieser Strategie bedarf es einer Mitarbeiterstruktur, die quantitativ und qualitativ exakt auf die Anforderungen dieser Marktnische zugeschnitten ist. Die Folge davon ist ein hoher Individualisierungsgrad und eine hohe Unternehmungsspezifität des Personalmanagement.

Differenziert man weniger nach dem Inhalt als nach der **Entwicklungsrichtung** der verfolgten Strategie, so liefert das *Lebenszykluskonzept* wichtige Anhaltspunkte für die Gestaltung des Personalmanagement (vgl. Tab. 4.8):

Tabelle 4.8. Einfluss der Lebenszyklusphase auf unterschiedliche Instrumente des Personalmanagement

	Innovationsphase	**Wachstumsphase**	**Reifephase**	**Schrumpfungsphase**
Personalbedarfsplanung und -deckung	• Gewinnung von Mitarbeitern mit unternehmerischer Einstellung	• schnelle Personalbeschaffung und -einführung	• systematische und langfristige Personalentwicklung	• Personalfreisetzung • Training *out-of-the-job*
Personaleinsatz	• hohe Flexibilität	• zunehmende Standardisierung	• hoher Anteil von Routinetätigkeiten	• gleitender Übergang in den Ruhestand
Personalentlohnung	• am zukünftigen Erfolg orientierte Gewährung von Anteilsrechten	• an der Realisierung von Wachstumszielen orientiert	• an der Realisierung von Marktanteilszielen orientiert	• am Abbau von Kapazitäten orientiert
Personalführung	• aufgabenorientierter Führungsstil	• Bedeutung der Selbststeuerung	• Bedeutung der Entscheidungskontrolle	• zahlreiche Konflikte zwischen Führungskräften und Mitarbeitern

- In der *Innovationsphase* beruht der Erfolg eines Geschäftsbereichs vor allem auf der Kreativität der Mitarbeiter. Da die Arbeitsaufgaben noch kaum bekannt und nur gering standardisiert sind, steht bei der Personalbeschaffung die Gewinnung von Mitarbeitern mit einer ausgeprägten unternehmerischen Einstellung im Vordergrund. Die Personalentlohnung ist am zukünftigen Unterneh-

mungserfolg orientiert und basiert vor allem auf der Gewährung von Anteilsrechten (*stock options*). Der Führungsstil ist stark aufgabenorientiert.
- In der *Wachstumsphase* ist insbesondere die Fähigkeit von Bedeutung, die erforderliche Zahl von Mitarbeitern und Führungskräften mit den gewünschten Qualifikationen schnell und kostengünstig zu beschaffen (vgl. Hutzschenreuter 2001, S. 112 ff.). Wichtig ist zudem, neue Mitarbeiter im Rahmen der Personaleinführung schnell mit ihren Arbeitsaufgaben vertraut zu machen und in das soziale Gefüge der Unternehmung zu integrieren. Die Personalentlohnung ist primär auf die Realisierung von Wachstumszielen ausgerichtet. Aufgrund der Vielzahl neuer Mitarbeiter und des nur schwach ausgeprägten strukturellen Gefüges erfolgt die Personalführung vor allem durch Selbstabstimmung.
- Die *Reifephase* ist durch die zunehmende Verfestigung der Personalstruktur und einen hohen Standardisierungsgrad des Personalmanagement gekennzeichnet. Den Schwerpunkt der Personalbedarfsplanung und -deckung bildet die systematische und langfristige Weiterbildung der Mitarbeiter. Da Beförderungen nur noch selten vorkommen, beruht die Arbeitsmotivation vor allem auf einer sehr differenzierten Personalentlohnung. Eine große Bedeutung besitzt dabei die Realisierung von Marktanteilszielen. Die Arbeitsinhalte sind stark standardisiert und weisen einen hohen Anteil an Routinetätigkeiten auf. Im Rahmen der Personalführung steht die systematische und weitgehend entpersonalisierte Entscheidungskontrolle im Vordergrund.
- Die *Schrumpfungsphase* ist schließlich durch die große Bedeutung der Personalfreisetzung gekennzeichnet. Damit die in den ersten drei Phasen aufgebauten personellen Ressourcen kostengünstig abgebaut werden können, müssen den Führungskräften Anreize zur Reduzierung von Überkapazitäten gegeben werden (vgl. Hüttemann 1993). Die Personalentwicklung ist auf Umschulungen und Trainings *out-of-the-job* reduziert. Im Rahmen der Arbeitszeitgestaltung kommt dem gleitenden Übergang in den Ruhestand eine große Bedeutung zu. Die Personalführung ist durch zahlreiche Konflikte zwischen Führungskräften und Mitarbeitern geprägt.

Die Unternehmungsstrategie stellt nicht in jedem Fall eine unabänderliche Bedingung des Personalmanagement dar. Vielmehr ist auch denkbar, dass Unternehmungs- und Personalstrategie simultan geplant werden oder die Unternehmungsstrategie sogar von der Personalstrategie abhängt.

Exemplarisch lässt sich dies anhand der Personalbedarfsplanung und -deckung illustrieren. Traditionelle Verfahren gehen von der Annahme aus, dass der Personalbedarf von Entscheidungen in anderen Unternehmungsbereichen (insbesondere der Produktions- und Absatzplanung) abhängig ist (vgl. Kap. 5.1.1). Die Aufgabe der Personalbedarfsplanung besteht deshalb darin, den Personalbedarf im Rahmen der Strategieimplementierung zu bestimmen und mögliche quantitative und qualitative Über- bzw. Unterdeckungen aufzuzeigen. Darüber hinaus wird implizit davon ausgegangen, dass die zur erfolgreichen Strategieimplementierung benötigten Mitarbeiter jederzeit kurzfristig beschaff- bzw. entwickelbar sind (vgl. Mag 1998, S. 215 ff.).

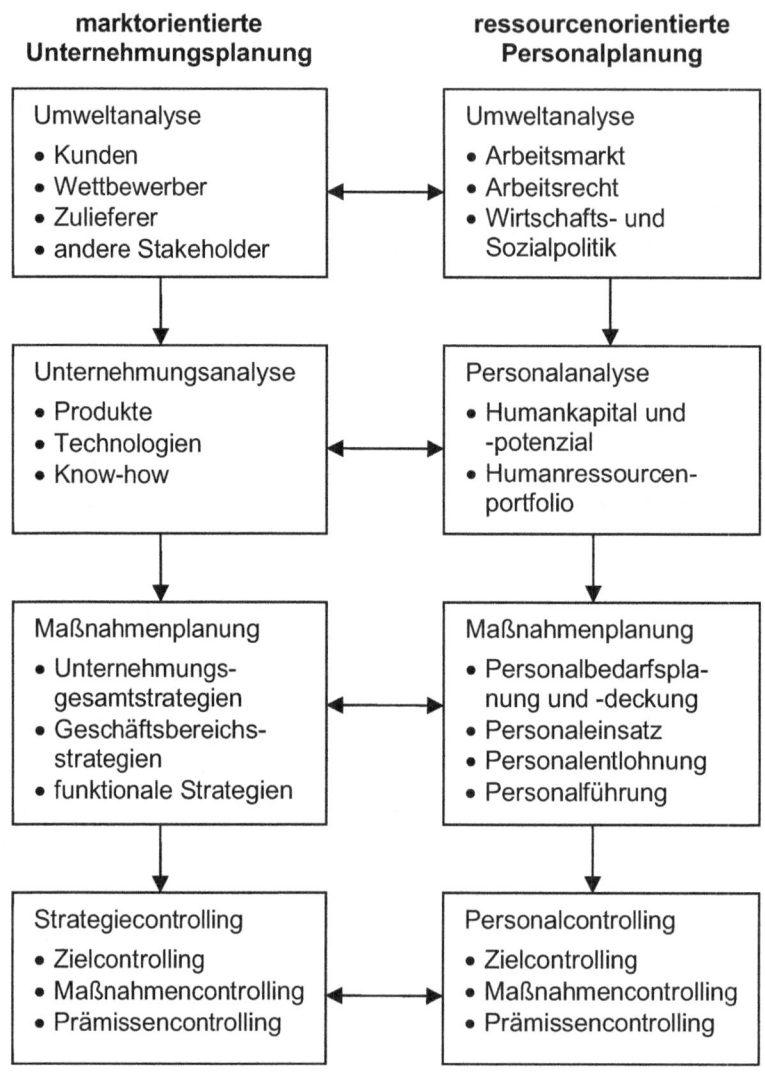

Abb. 4.4. Interaktives Personalmanagement

In einer immer dynamischeren Wettbewerbsumwelt sind diese Annahmen jedoch immer seltener erfüllt. Die Personalbedarfsplanung und -deckung weist deshalb vielfach eine chronische Verspätung im Hinblick auf marktliche, technologische oder organisatorische Veränderungen auf. Die Folge davon sind häufig kurzfristige und krisenhafte Anpassungsmaßnahmen, die hohe Kosten verursachen und zur Frustration der Mitarbeiter führen (vgl. Riedl 1995).

Von Vertretern des ressourcenorientierten Ansatzes des Personalmanagement wird deshalb gefordert, statt eines strategiederivaten ein **strategieinduziertes Personalmanagement** zu betreiben. Dessen Aufgabe besteht darin, zunächst hoch qualifizierte Mitarbeiter (*high potentials*) zu rekrutieren und anschließend Aufgaben für diese Mitarbeiter zu definieren bzw. durch diese selbst definieren zu lassen (vgl. Remer 1997). Im Unterschied zur *structure follows strategy*-Hypothese von Chandler (1962) lässt sich dieses ressourcenbasierte Vorgehen damit als *strategy follows people*-Ansatz bezeichnen (vgl. Staehle 1999, S. 796 ff.). Seinen Niederschlag findet dieser Ansatz im *Konzept der idiosynkratischen Stellenbildung*, das in Kap. 5.2.1.4 ausführlich erläutert wird.

Ein Kompromiss zwischen den beiden Extremformen eines strategiederivaten und eines strategieinduzierten Personalmanagement ist das **interaktive Personalmanagement** (vgl. Abb. 4.4). Deren Grundidee besteht darin, die marktorientierte Unternehmungsplanung mit der ressourcenorientierten Personalplanung zu integrieren und erste strategische Vorüberlegungen bereits unmittelbar mit den vorhandenen personellen Ressourcen zu konfrontieren und auf ihre personellen Konsequenzen zu überprüfen. Dadurch soll sichergestellt werden, dass die Mitarbeiter rechtzeitig auf technologisch-organisatorische Innovationen vorbereitet werden, deren Widerstand gegen Veränderungen reduziert wird und keine unrealistischen Strategien entwickelt werden, deren Implementierung aussichtslos erscheint.

4.2.2 Internationalisierungsgrad

Neben der Unternehmungsstrategie stellt der Internationalisierungsgrad eine zweite wichtige interne Bedingung des Personalmanagement dar. Dessen Bedeutung ist vor allem darauf zurückzuführen, dass die Wirkung von Instrumenten des Personalmanagement in einem hohen Maße *von der kulturellen Prägung der Mitarbeiter abhängig* ist. Empirische Untersuchungen weisen z.B. nahezu übereinstimmend darauf hin, dass die von Maslow unterstellte Bedürfnishierarchie, die vielfach die Gestaltung des Anreizsystems stark prägt, interkulturell nicht übertragbar ist (vgl. Holtbrügge 2022, S. 3 f.). „Human needs may well include fundamental or universal aspects, but their importance and the ways in which they express themselves differ across cultures" (Adler/Gundersen 2008, S. 186).

Der Zusammenhang zwischen der kulturellen Prägung von Mitarbeitern und ihrem Arbeitsverhalten wurde insbesondere in der Studie von Hofstede (1980; 2001) untersucht. Hofstede legte 1968 und 1972 116.000 Mitarbeitern von Tochtergesellschaften des IBM-Konzerns in 72 Ländern standardisierte Fragebögen vor, mit denen der Einfluss kulturell bedingter Normen und Werte auf die Unternehmungsführung untersucht werden sollte. Eine erste Auswertung der Daten erfolgte für die 40 größten Tochtergesellschaften, die jeweils mindestens 50 Mitarbeiter hatten. Die Anzahl der Länder wurde später um 10 erweitert, während 14 weitere Länder zu drei Ländergruppen zusammengefasst wurden, so dass Daten zu 53 Ländern und Regionen der Welt vorliegen. Auf der Grundlage dieser Befragung wurden zunächst vier Dimensionen ermittelt, die in einer späteren Studie asiatischer Kulturen um eine weitere Dimension ergänzt wurden (vgl. Hofstede/Bond 1988). Auf der Grundlage der *World Values Survey* haben Hofstede/Hofstede/Minkov (2010) das Konzept nochmals ergänzt, sodass insgesamt sechs **Dimensionen der Kultur** unterschieden werden können (vgl. Tab. 4.9):

Tabelle 4.9. Kulturdimensionen und deren Ausprägungen nach Hofstede

Dimensionen Länder	Machtdistanz	Unsicherheitsvermeidung	Individualismus	Maskulinität	langfristige Orientierung	Nachgiebigkeit
Arabische Länder	80	68	38	53	23	34
Argentinien	49	86	46	56	20	62
Australien	38	51	90	61	21	71
Belgien	65	94	75	54	82	57
Brasilien	69	76	38	49	44	59
Chile	63	86	23	28	31	68
China	80	30	20	66	87	24
Costa Rica	35	86	15	21	-	-
Dänemark	18	23	74	16	35	70
Deutschland	35	65	67	66	83	40
Ecuador	78	67	8	63	–	-
El Salvador	66	94	19	40	20	89
Finnland	33	59	63	26	38	57
Frankreich	68	86	71	43	63	48
Griechenland	60	112	35	57	45	50
Großbritannien	35	35	89	66	51	69
Guatemala	95	101	6	37	–	-
Hongkong	68	29	25	57	61	17
Indien	77	40	48	56	51	26
Indonesien	78	48	14	46	62	38
Iran	58	59	41	43	14	40
Irland	28	35	70	68	24	65
Israel	13	81	54	47	38	-
Italien	50	75	76	70	61	30
Jamaika	45	13	39	68	–	-
Japan	54	92	46	95	88	42
Kanada	39	48	80	52	36	68
Kolumbien	67	80	13	64	13	83
Luxemburg	40	70	60	50	64	56
Malaysia	104	36	26	50	41	57
Mexiko	81	82	30	69	24	97
Neuseeland	22	49	79	58	33	75
Niederlande	38	53	80	14	67	68
Norwegen	31	50	69	8	35	55
Ostafrika	64	52	27	41	32	40
Österreich	11	70	55	79	60	63

Tabelle 4.9. Fortsetzung

Pakistan	55	70	14	50	50	0
Panama	95	86	11	44	–	-
Peru	64	87	16	42	25	46
Philippinen	94	44	32	64	27	42
Polen	68	93	60	64	38	29
Portugal	63	104	27	31	28	33
Russland	93	95	39	36	81	20
Schweden	31	29	71	5	53	78
Schweiz	34	58	68	70	74	66
Singapur	74	8	20	48	72	46
Slowakei	104	51	52	110	77	28
Spanien	57	86	51	42	48	44
Südafrika	49	49	65	63	-	-
Südkorea	60	85	18	39	100	29
Taiwan	58	69	17	45	93	49
Thailand	64	64	20	34	32	45
Tschechien	57	74	58	57	70	29
Türkei	66	85	37	45	46	49
Uruguay	61	100	36	38	26	53
USA	40	46	91	62	26	68
Venezuela	81	76	12	73	16	100
Vietnam	70	30	20	40	57	35
Westafrika	77	54	20	46	9	78

Quellen: Hofstede 2001; Hofstede/Hofstede/Minkov 2010

- Die *Machtdistanz* bezeichnet das Ausmaß, in dem eine Gesellschaft die Tatsache akzeptiert, dass Macht in Organisationen ungleich verteilt ist. Während Führungskräfte in Kulturen mit niedriger Machtdistanz etwa ihre Mitarbeiter bei wichtigen Entscheidungen konsultieren und diese auffordern, ihre eigenen Ansichten zu äußern, werden hierarchische Ordnungen in Kulturen mit hoher Machtdistanz ungefragt akzeptiert. Zwischen den Angehörigen unterschiedlicher Hierarchieebenen herrscht eine ausgeprägte Differenzierung des beruflichen und privaten Status vor.
- Als *Unsicherheitsvermeidung* wird das Ausmaß bezeichnet, in dem eine Gesellschaft sich durch unsichere, mehrdeutige Situationen bedroht fühlt, und wie sie versucht, solche Situationen durch formale Regeln und Vorschriften zu vermeiden. Kulturen mit einer starken Tendenz zur Unsicherheitsvermeidung zeichnen sich etwa durch starre Glaubens- und Verhaltensrichtlinien und ein ausgeprägtes emotionales Bedürfnis nach formalen Vorschriften aus. Weitere Kennzeichen sind langfristige Karriereplanungen und eine vielfach lebenslange Beschäftigung bei einem einzigen Arbeitgeber. In Gesellschaften mit einer schwachen Tendenz zur Unsicherheitsvermeidung herrscht dagegen eine höhere Toleranz gegenüber Abweichungen vor. Der Umgang mit Problemen ist durch Ge-

lassenheit und Bequemlichkeit sowie eine geringe Stressneigung gekennzeichnet.
- *Individualismus* kennzeichnet das Ausmaß, in dem in einer Gesellschaft Eigeninteressen und das Bedürfnis nach Selbstverwirklichung betont werden. Soziale Beziehungen sind zweckorientiert und am Ideal der Chancengleichheit orientiert. Kollektivistische Kulturen zeichnen sich dagegen durch ein ausgeprägtes „Wir-Bewusstsein" und unterschiedliche Wertvorstellungen für Gruppenmitglieder und Außenstehende aus. Zwischenmenschliche Beziehungen und die Fürsorge für Gruppenmitglieder sind wichtiger als die möglichst rationale Erfüllung von Aufgaben. Verstöße gegen gesellschaftliche Regeln werden moralisch (Scham) und weniger juristisch (Schuld) sanktioniert.
- Als *Maskulinität* wird das Ausmaß bezeichnet, in dem in einer Gesellschaft materielle Werte verfolgt und das Leistungsprinzip betont werden. Konflikte werden offen angesprochen und ausgetragen. Feminine Kulturen sind dagegen durch die Betonung einer hohen Lebensqualität und große Bedeutung zwischenmenschlicher Beziehungen geprägt. Zusammenarbeit und Solidarität besitzen einen höheren Stellenwert als beruflicher Aufstieg und Konkurrenz.
- Die *langfristige Orientierung*, die vielfach auch als konfuzianische Dimension bezeichnet wird, drückt das Ausmaß aus, in dem in einer Gesellschaft langfristige Planungen angestellt werden. Langfristig orientierte Kulturen zeichnen sich durch Ausdauer und Beharrlichkeit bei der Verfolgung von Zielen sowie eine große Bedeutung von Traditionen aus. Demgegenüber herrscht in kurzfristig orientierten Kulturen die Erwartung kurzfristiger Gewinne vor. Entsprechend ist die Konsumneigung hoch und die Spartätigkeit gering. Traditionen werden flexibel an neue Gegebenheiten angepasst.
- Die Dimension *Nachgiebigkeit vs. Beherrschung* misst die Fähigkeit einer Kultur, die unmittelbaren Bedürfnisse und persönlichen Wünsche ihrer Mitglieder zu befriedigen. Kulturen, die großen Wert auf Beherrschung legen, haben strenge soziale Regeln, die die Befriedigung von Bedürfnissen regulieren. Nachgiebigkeit betont dagegen die Bedeutung von Selbstverwirklichung sowie von Muße und Genuss.

Legt man die von Hofstede ermittelten sechs Kulturdimensionen zugrunde, so lassen sich stark vereinfacht folgende **Einflüsse der Kultur auf die Arbeitsmotivation** identifizieren (vgl. Holtbrügge 2022, S. 262 ff.):

- In *kollektivistisch* orientierten Ländern kommt den sozialen Bedürfnissen und den Wertschätzungsbedürfnissen vielfach eine größere Bedeutung zu als dem Bedürfnis nach Selbstverwirklichung. Entsprechend wird dort der Mitarbeit in Arbeitsgruppen und gruppenorientierten Beurteilungskriterien eine hohe Wertigkeit zugesprochen, während in individualistisch orientierten Ländern die Arbeitsaufgaben und betrieblichen Aufstiegsmöglichkeiten eine hohe Leistungs- und Zufriedenheitswirkung besitzen.
- In Kulturen mit einem starken Bedürfnis nach *Unsicherheitsvermeidung* kommt vor allem Arbeitsplatzgarantien und der stressreduzierenden Mitarbeit in Arbeitsgruppen eine hohe Anreizfunktion zu, während in Kulturen, in denen die-

ses Bedürfnis nur schwach ausgeprägt ist, individuelle Gestaltungsspielräume eine hohe Wertigkeit besitzen.
- Die relativen Einkommensunterschiede zwischen einzelnen hierarchischen Ebenen sind empirischen Untersuchungen zufolge vor allem auf Unterschiede in der *Machtdistanz* zurückzuführen. Während in Ländern mit einer hohen Machtdistanz wie z.B. Frankreich oder Russland relativ große Einkommensunterschiede zu beobachten sind, sind diese Unterschiede in Ländern mit einer geringen Machtdistanz wie z.B. Schweden relativ gering.
- Der in einer Kultur vorherrschende Grad an *Maskulinität* wirkt sich vor allem auf die präferierte Anreizform aus. Während in maskulinen Kulturen Leistungslöhne und betriebliche Statussymbole (Dienstwagen, Größe des Büros, Spesenkonto, u.a.) eine hohe Wertigkeit besitzen, werden in femininen Kulturen eher Sozialleistungen, flexible Arbeitszeiten oder ein anregender Arbeitsinhalt präferiert.
- In Kulturen, in denen eine *langfristige Orientierung* vorherrscht, kommt der Personalentwicklung und einer an langfristigen Kriterien orientierten Entgeltpolitik eine hohe Leistungs- und Zufriedenheitswirkung zu, während kurzfristige und in einem hohen Maß flexible Leistungsanreize nur eine geringe Effizienz aufweisen.
- In Kulturen mit einem hohen Ausmaß an *Nachgiebigkeit* wird schließlich der persönlichen Entfaltung, den sozialen Beziehungen am Arbeitsplatz sowie der Work-Life-Balance eine große Bedeutung zugemessen. Kulturen, die großen Wert auf Beherrschung legen, präferieren dagegen klar definierte organisatorische Regeln und Abläufe. Individuelle Entscheidungs- und Handlungsspielräume haben dagegen nur eine geringe Wertigkeit.

> Ein Beispiel für den Einfluss der Kultur auf das Personalmanagement ist der Umgang mit chinesischen Mitarbeitern. China zeichnet sich im Vergleich zu Deutschland vor allem durch höhere Werte bei den Kulturdimensionen Kollektivismus, Machtdistanz und langfristige Orientierung aus. Als Folge davon präferieren chinesische Mitarbeiter einen hierarchischen Führungsstil und haben nur geringe Partizipationserwartungen. Darüber hinaus spielen die sozialen Beziehungen zwischen den Mitarbeitern sowie langfristige Anreize eine sehr große Rolle. Eine hohe Leistungs- und Zufriedenheitswirkung besitzen etwa die Personalentwicklung und senioritätsorientierte Entgeltsysteme (vgl. Holtbrügge/Puck 2008).

Neben der Arbeitsmotivation wirkt sich die kulturelle Prägung von Mitarbeitern auch auf die **Personalführung** aus (vgl. Abb. 4.5). Quantitative Untersuchungen des Zusammenhangs zwischen Kultur und Führungsstil zeigen, dass sich Mitarbeiter aus den meisten protestantisch geprägten westlichen Industrieländern, in denen ein starker Glaube an die Selbstbestimmtheit der menschlichen Existenz vorherrscht, durch hohe Partizipationserwartungen auszeichnen. In *traditionellen Gesellschaften*, die durch den Glauben an die Schicksalsbedingtheit des persönlichen Daseins geprägt sind, überwiegen dagegen autoritäre Führungsstilpräferenzen (vgl. z.B. Holtbrügge/Friedmann 2011, S. 186 ff.). Von Keller (1995, Sp. 1402) begründet diese geringe Partizipationserwartung damit, dass durch traditionelle Werte geprägte Mitarbeiter eigene Entscheidungen häufig als Last empfinden, die ihnen durch eine autoritäre Führung abgenommen wird.

partizi-pativ ↑ ↓ autoritär	Länder	Führungsstilmerkmale
	Kanada, Brasilien, Österreich Schweiz, USA, Finnland, Frankreich, Argentinien Dänemark, Niederlande, Australien, Deutschland	• Führung durch gemeinsame Entscheidungsvorbereitung • Entscheidungs- und Führungsinstanzen durch formelle Normen am Machtmissbrauch weitgehend gehindert • geringe Sicherheitsbedürfnisse bei den Unterstellten
	Irland, Südafrika, Großbritannien, Schweden, Portugal, Italien Philippinen, Singapur, Thailand Nigeria, Malaysia, Türkei, Japan, China, Polen	• Führung überwiegend am Rat und der Meinung der Mitarbeiter interessiert/orientiert • mittlerer Delegationsgrad • Unterstellte erwarten keinen hohen Grad an Entscheidungsautonomie
	Indien, Iran Südkorea, Venezuela, Hongkong Taiwan Ägypten, Russland, Mexiko, Indonesien	• sehr geringer Delegationsgrad, zentralistische Entscheidungen • Statussymbole und Privilegien für Führungskräfte sichtbar und legitim • Autorität wird nicht hinterfragt, sondern akzeptiert • kaum Informationen zwischen den Ebenen

Abb. 4.5. Führungsstilpräferenzen in unterschiedlichen Kulturen (Quellen: Dorfman/Hanges/Brodbeck 2004, S. 713 ff. in Anlehnung an von Keller 1995)

Stärker qualitativ orientierte Untersuchungen deuten jedoch darauf hin, dass die Autoritätserwartung unterstellter Mitarbeiter weniger durch deren kulturelle Prägung als vielmehr durch Gewöhnung, mangelnde Qualifikation und das Menschenbild der Führungskräfte bedingt ist. Vor allem Führungskräfte aus westlichen Industrieländern, die Leitungspositionen in ausländischen Tochtergesellschaften in Entwicklungs- und Transformationsländern einnehmen, schätzen das Qualifikationsniveau ihrer inländischen Mitarbeiter häufig als gering ein. Sie gewähren diesen deshalb auch nur einen sehr geringen Handlungsspielraum und beteiligen diese nicht oder nur in einem geringen Ausmaß an betrieblichen Entscheidungen. Dadurch wird den inländischen Mitarbeitern jedoch die Möglichkeit zur Nutzung und Entwicklung ihrer Qualifikationen weitgehend genommen, so dass sich das pessimistische Menschenbild ihrer Vorgesetzten als *self-fulfilling prophecy* weiter verfestigt (vgl. Holtbrügge 1995a, S. 239 f.).

Auch die **Beförderungs- und Karriereplanung** weist zahlreiche kulturspezifische Besonderheiten auf. Evans/Lank/Farquhar (1989, S. 123 ff.) haben vier idealtypische Karrieremuster identifiziert, die jeweils sehr unterschiedliche Entwicklungswege von Führungskräften kennzeichnen (vgl. Abb. 4.6). Diese Idealtypen müssen nicht zwangsläufig für alle Unternehmungen der jeweiligen Ländergruppe charakteristisch sein. So weisen Evans/Lank/Farquhar (1989, S. 124) darauf hin, dass viele amerikanische Unternehmungen dem romanischen Modell folgen, während in vielen europäischen Unternehmungen das japanische Modell anzutreffen ist (vgl. auch Holtbrügge 2022, S. 260 ff.):

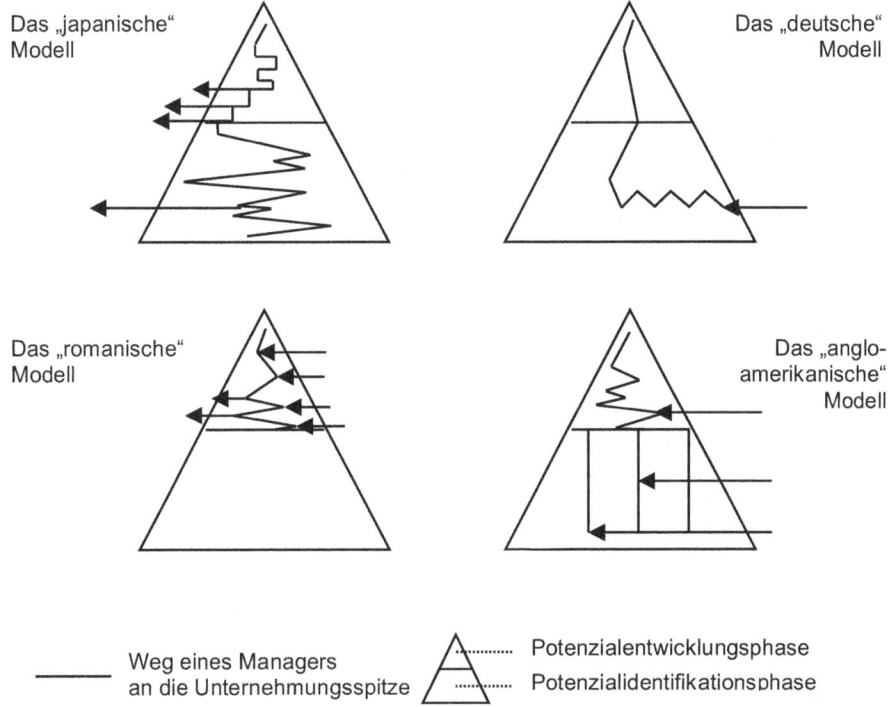

Abb. 4.6. Idealtypische Karrieremuster im internationalen Vergleich (Quelle: nach Evans/Lank/Farquhar 1989, S. 126 f.)

- Im *deutschen Modell* haben Studienfach und Studienort nur einen geringen Einfluss auf die berufliche Einstiegsposition. Die Potenzialidentifikation findet häufig während eines ein bis zwei Jahre dauernden Traineeprogramms statt. Während für diese Phase ein funktionsübergreifender Einsatz typisch ist, basiert der Aufstieg in die obersten Führungsebenen vor allem auf der Entwicklung von Expertenwissen in einem eng abgegrenzten Funktionsbereich.
- Im *japanischen Modell* werden potenzielle Manager aus den besten Hochschulabsolventen eines Geburtsjahrgangs rekrutiert und während einer bis zu acht Jahre andauernden intensiven Trainings- und Betreuungsphase regelmäßig beurteilt. Von diesen Beurteilungen hängt ab, ob die Führungsnachwuchskraft eine Hierarchieebene aufsteigt oder die Unternehmung verlassen muss (*up or out*). Sowohl während der Potenzialidentifikationsphase als auch während der Potenzialentwicklungsphase findet ein systematischer Einsatz in fast allen Funktionsbereichen statt.

- Im Gegensatz zum japanischen Modell, in dem potenzielle Führungskräfte zunächst in unteren Hierarchieebenen eingesetzt werden, erfolgt der Einstieg im *romanischen Modell* bereits auf einer mittleren bis hohen Hierarchieebene. Die Potenzialidentifikation findet z.B. in Frankreich nach der Personalauswahl an den Elitehochschulen (*grandes écoles*) direkt während der Einstiegsphase in der Unternehmung statt. Der weitere berufliche Aufstieg hängt neben der Bewährung in unterschiedlichen Funktionen insbesondere von der erfolgreichen Nutzung der zumeist bereits während des Studiums geknüpften Beziehungen ab. Darüber hinaus spielt das Selbstmarketing eine große Rolle.
- Im *anglo-amerikanischen Modell* hängt die berufliche Einstiegsposition in einem hohen Maße vom Renommee der Hochschule ab, an der der berufsqualifizierende Studienabschluss erworben wurde. Führungsnachwuchskräfte werden zwar für spezielle Funktionen ausgewählt, deren funktionsübergreifende Einsatzfähigkeit wird jedoch im Rahmen interner Assessment Center beurteilt. Der nach einer systematischen Test- und Entwicklungsphase von etwa sechs Jahren beginnende berufliche Aufstieg ist dann mit häufigen funktionsübergreifenden Positionswechseln verbunden.

Die Bedeutung kultureller Normen und Werte für das Personalmanagement nimmt vor allem durch die Globalisierung der Wirtschaft gegenwärtig stark zu (vgl. Holtbrügge/Welge 2015, S. 28 ff.). So sind etwa in länderübergreifenden Unternehmungskooperationen und -fusionen Mitarbeiter unterschiedlicher Nationalität und kultureller Prägung tätig, deren Zusammenarbeit zahlreiche Konflikte verursacht. Aber auch viele rein national tätige Unternehmungen zeichnen sich durch eine hohe Internationalisierung ihrer Belegschaft aus. Dies gilt nicht nur für die ausführenden Ebenen, sondern zunehmend auch für höhere hierarchische Positionen.

> Eine in vielen Unternehmungen zu beobachtende Entwicklung ist etwa die Einsetzung multikultureller Teams. Diese sind z.B. zunehmend in der Forschung & Entwicklung, der industriellen Produktion oder in Hochtechnologiebranchen anzutreffen. Mit multikulturellen Teams streben Unternehmungen vor allem die Förderung von Kreativität und Innovationen, die bessere Befriedigung heterogener Kundenbedürfnisse sowie die effizientere Koordination arbeitsteiliger Wertschöpfungsprozesse an (vgl. Berg 2006b). Zur Realisierung dieser Ziele sind verschiedene Herausforderungen des Personalmanagement zu bewältigen. Dazu zählen insbesondere Sprach- und Kommunikationsprobleme sowie Probleme der Motivation und Führung (vgl. Berg 2006a). Erschwert werden diese Probleme, wenn die Zusammenarbeit überwiegend virtuell und mit Hilfe elektronischer Kommunikationsmedien erfolgt (vgl. Holtbrügge/Schillo 2007; Holtbrügge/Weldon/Rogers 2013). Besonders gut geeignet zur Führung multikultureller Teams sind Bikulturelle, die eine ausgeprägte Kompetenz zur Vermittlung zwischen verschiedenen Kulturen besitzen (vgl. Holtbrügge/Engelhard 2014; Engelhard/Holtbrügge 2017).

5 Instrumente des Personalmanagement

Im Mittelpunkt des folgenden Kapitels stehen die Instrumente des Personalmanagement, welche die Akteure vor dem Hintergrund der jeweiligen Bedingungen einsetzen. Dabei wird in die Personalbedarfsplanung und -bedarfsdeckung, den Personaleinsatz, die Personalentlohnung und die Personalführung unterschieden.

5.1 Personalbedarfsplanung und Personalbedarfsdeckung

Die Personalbedarfsplanung und -bedarfsdeckung als erstes Instrument des Personalmanagement ist durch vier aufeinander folgende Phasen gekennzeichnet (vgl. Abb. 5.1). Den Ausgangspunkt bildet die Personalbedarfsplanung, d.h. die Ermittlung des erforderlichen Personal-Sollbestands. Ergibt dessen Vergleich mit dem prognostizierten Istbestand einen quantitativen Netto-Personalbedarf, schließt sich daran die Personalbeschaffung an. Bei einem qualitativen Personalbedarf, d.h. einer Differenz zwischen Anforderungs- und Eignungsprofilen der Mitarbeiter, sind dagegen vor allem Maßnahmen der Personalentwicklung erforderlich. Eine quantitative Überdeckung macht schließlich Maßnahmen der Personalfreisetzung notwendig.

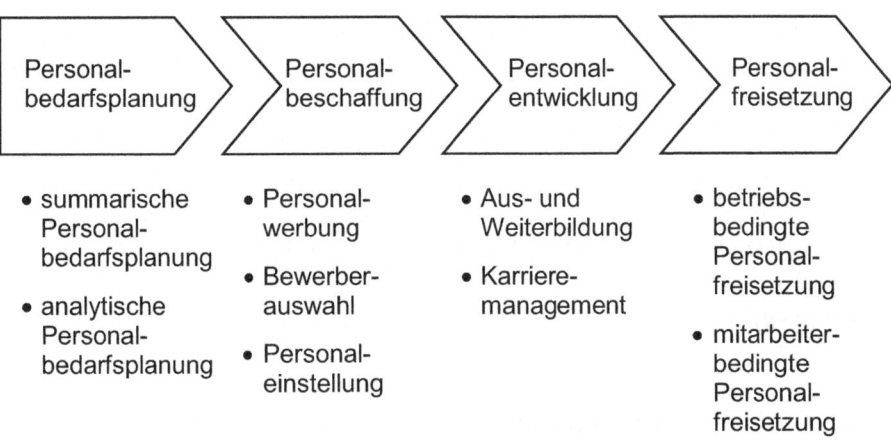

Abb. 5.1. Phasen der Personalbedarfsplanung und Personalbedarfsdeckung

5.1.1 Personalbedarfsplanung

5.1.1.1 Gegenstand und Ziele

Die Personalbedarfsplanung beinhaltet die Ermittlung des gegenwärtigen und zukünftigen Personal-Sollbestands, der zur Realisierung der Unternehmungsziele erforderlich ist. Sie bildet den Ausgangspunkt für die Personalbeschaffung, -entwicklung und -freisetzung.

Es können vier Dimensionen des Personalbedarfs unterschieden werden, und zwar

- die Anzahl der benötigten Mitarbeiter (*quantitative* Dimension),
- die Qualifikationen der benötigten Mitarbeiter (*qualitative* Dimension),
- der Zeitpunkt, zu dem diese Mitarbeiter benötigt werden (*zeitliche* Dimension), sowie
- der Ort, an dem diese Mitarbeiter benötigt werden (*räumliche* Dimension).

Die Personalbedarfsplanung verfolgt mehrere, zum Teil konfliktäre Ziele (vgl. Holtbrügge 1995b, S. 42 f.):

- Das wichtigste Ziel der Personalbedarfsplanung ist zumeist die Erhöhung der *Wirtschaftlichkeit*. Dies bedeutet, den niedrigsten Personalbestand auszuweisen, mit dem die bestehenden Aufgaben realisiert werden können.
- Dem entgegen steht das Ziel der *Leistungssicherung*, das zur Vermeidung von Kapazitätsengpässen in konjunkturellen oder saisonalen Spitzenzeiten einen möglichst hohen Personalbestand impliziert.
- Gleiches gilt für die *Anpassungsfähigkeit* an veränderte Umweltbedingungen (z.B. Gesetzesänderungen) sowie die Verbesserung der *Innovationsfähigkeit* von Unternehmungen.
- Ein weiteres Ziel der Personalbedarfsplanung stellt die Gewährleistung einer *angemessenen und gleichmäßigen Arbeitsbelastung* der Mitarbeiter dar. Dadurch sollen vor allem deren Überbeanspruchung entgegengewirkt und die Voraussetzungen für eine anregende Arbeitsgestaltung geschaffen werden.

Zur Ermittlung des Personalbedarfs stehen mehrere analytische und summarische Methoden zur Verfügung, bei denen jeweils unterschiedliche Ziele im Vordergrund stehen (vgl. ausführlich Kossbiel 1992; Wittlage 1995).

5.1.1.2 Methoden

5.1.1.2.1 Summarische Methoden

Bei der Anwendung **konzeptioneller Schlüsselzahlen** erfolgt die Personalbemessung auf der Grundlage politisch-programmatischer Vorstellungen externer Entscheidungsträger. Konzeptionelle Schlüsselzahlen werden insbesondere für diejenigen personenbezogenen Dienstleistungen vorgegeben, für die bestimmte Leistungs- und Betreuungsintensitäten angestrebt werden. Beispiele dafür sind das Schul- und Hochschulwesen, die Sozialarbeit und die Krankenpflege. Da der Vorgabe konzeptioneller Schlüsselzahlen, wie z.B. eines bestimmten Verhältnisses zwischen Professoren und Studierenden an einer Hochschule, zumeist politische Zielsetzungen zugrunde liegen, entzieht sich dieses Verfahren weitgehend einer betriebswirtschaftlichen Beurteilung.

Die **Leitungsspannenmethode** geht von der Annahme aus, dass es eine bestimmte Zahl von Mitarbeitern gibt, die eine Führungskraft maximal bzw. optimal leiten kann. In Abhängigkeit der Aufgabenart, Führungsphilosophie und Mitarbeiterqualifikation wird eine Leitungsspanne von drei bis zehn Mitarbeitern als optimal angesehen, die durch den Einsatz moderner Informations- und Kommunikationstechnologien auf bis zu 80 steigen kann (vgl. Schreyögg/Geiger 2016, S. 71). Mit Hilfe der Leitungsspannenmethode kann die optimale Zahl der ausführenden Mitarbeiter geplant werden, wenn zuvor die Zahl der Führungskräfte z.B. mit Hilfe konzeptioneller Schlüsselzahlen festgelegt wurde. Umgekehrt lässt sich die Leitungsspannenmethode zur Bestimmung des Bedarfs an Führungskräften anwenden, wenn der Bedarf an ausführenden Mitarbeitern der untersten hierarchischen Ebene z.B. mit Hilfe analytischer Verfahren ermittelt wurde.

Kritisch muss gegenüber der Leitungsspannenmethode angemerkt werden, dass die Grundannahme einer optimalen Leitungsspanne auf traditionellen Prinzipien hierarchischer Organisationsformen beruht und insbesondere durch neuere Konzepte der Gruppen- bzw. Teamarbeit massiv in Frage gestellt wird. Diese gehen davon aus, dass die Effizienz des Personaleinsatzes weniger von der vertikalen Beziehung zwischen Führungskräften und Mitarbeitern als vielmehr von der horizontalen Beziehung zwischen den Mitarbeitern abhängt. Im Zuge des verstärkten Einsatzes von Gruppen- bzw. Teamkonzepten und des Abbaus der mittleren Führungskräfteebenen wird die Gliederungstiefe vieler Organisationen gegenwärtig zudem vielfach verringert und damit die Leitungsspanne erweitert. Die Brauchbarkeit der Leitungsspannenmethode zur Personalbedarfsplanung wird dadurch stark eingeschränkt.

Statistische Methoden der Personalbedarfsplanung gehen von der Annahme aus, dass der Personalbedarf von bestimmten Leistungsgrößen abhängig ist. Dies können z.B. der Absatz, der Umsatz, das Produktionsvolumen oder die Zahl der Kundenkontakte sein. Dabei besteht das Problem, geeignete Leistungsgrößen zu identifizieren, die valide Prädiktoren des Personalbedarfs darstellen. Zudem besteht lediglich zwischen einzelnen Leistungsgrößen und dem Personalbedarf derjenigen Organisationseinheiten ein funktionaler Zusammenhang, die für die Erstellung dieser Leistung verantwortlich sind.

Zur Lösung dieses Problems bietet sich der Einsatz von Regressionsverfahren an, mit deren Hilfe ein zumindest statistischer Zusammenhang zwischen unabhängigen Prädiktorvariablen und der abhängigen Kriteriumsvariable *Personalbedarf* ermittelt werden kann. Als problematisch erweist sich jedoch vielfach, dass entsprechende Leistungsgrößen nur sehr schwer operationalisierbar und quantifizierbar sind. Zwischen den als relevant identifizierten Leistungsgrößen und dem Personalbedarf muss zudem nicht zwangsläufig ein linearer Zusammenhang bestehen, sondern es sind auch progressive oder degressive Verläufe denkbar. Schließlich wird der Personalbedarf in den meisten Fällen durch mehr als eine Leistungsgröße bestimmt. In diesen Fällen bietet sich der Einsatz multipler und non-linearer statistischer Verfahren an. Auch diese basieren jedoch auf Vergangenheitsdaten und setzen eine weitgehende Zeitstabilität zwischen Prädiktorvariablen und Kriteriumsvariablen voraus. Statistische Verfahren sind damit kaum in der Lage, technische Innovationen wie den Einsatz neuer Informations- und Kommunikationstechnologien sowie Veränderungen der Aufbau- und Ablauforganisation zu berücksichtigen.

Eine relativ einfache Methode der summarischen Personalbedarfsplanung stellt die **Analogieschlussmethode** dar, bei der aus dem Personalbestand einer vergleichbaren Unternehmung oder Organisationseinheit auf den eigenen Personalbedarf geschlossen wird (Benchmarking). Neben der Gefahr des „Vergleichs des Schlendrians mit dem Schlendrian" (Schmalenbach 1934, S. 263) ergibt sich dabei das Problem, eine vergleichbare Organisationseinheit zu finden, die ähnliche Aufgaben erfüllt und unter ähnlichen internen Bedingungen (z.B. Aufbau- und Ablauforganisation, Produktions- und Kommunikationstechnologien) und externen Bedingungen (z.B. Arbeits- und Absatzmarkt) tätig ist. Zur Lösung dieses Problems bietet es sich an, durch den Einsatz mathematisch-statistischer Verfahren zunächst Cluster gleichartiger Organisationseinheiten hinsichtlich der in Regressionsanalysen ermittelten Einflussfaktoren auf den Personalbedarf zu bilden und dann die jeweils in einem Cluster zusammengefassten Organisationseinheiten miteinander zu vergleichen.

5.1.1.2.2 Analytische Methoden

Im Unterschied zu den summarischen Verfahren, bei denen der Personalbedarf auf der Grundlage globaler und relativ einfacher Schätzzahlen geplant wird, findet im Rahmen der analytischen Personalbedarfsplanung eine stellenbezogene Personalbemessung statt. Deren Grundlage bilden detaillierte **Aufgaben- und Zeitstudien**, die zumeist nach folgendem Phasenschema ablaufen:

In einem ersten Schritt werden die regelmäßig in einer Organisationseinheit durchgeführten Arbeitsprozesse analysiert und in typische und gleichartige Tätigkeiten gruppiert. Anschließend wird der durchschnittliche Zeitbedarf für die Ausübung der regelmäßig anfallenden Tätigkeiten gemessen. Diese Messung der durchschnittlichen Bearbeitungszeit kann durch *direkte Zeitmessung* der auszuübenden Tätigkeit oder mit Hilfe des *Elementarzeitverfahrens* erfolgen. Dabei wird eine Arbeitsaufgabe in mehrere Teilaufgaben zerlegt, deren Zeitbedarf branchenspezifischen Tabellen entnommen werden kann. Im Bereich der industriellen Produktion ist etwa das *Methods-Time Measurement-Verfahren* weit verbreitet, das elf Grundbewegungen unterscheidet (vgl. Pfeiffer/Dörrie/Stoll 1977, S. 228):

- Hinlangen, Reichen.
- Mitnehmen, Bewegen, Bringen.
- Drehen.
- Kurbelbewegung.

- Greifen.
- Drücken.
- In Position bringen.
- Loslassen.
- Trennen, Lösen.
- Augenrichtungszeit (Prüfen), Augenbewegungszeit.
- Körper-, Bein- und Fußbewegungen.

Bei der Messung der durchschnittlichen Bearbeitungszeit ergibt sich das Problem, dass diese sowohl von dem eingesetzten Messverfahren als auch von externen Faktoren abhängig ist und individuelle Unterschiede, Lerneffekte, Leistungsschwankungen sowie unterschiedliche Arbeitsqualitäten nicht oder nur sehr eingeschränkt berücksichtigt werden können. Zudem fehlt ein objektives Kriterium für die Berechnung von Durchschnittswerten aus mehreren Zeitaufnahmen.

In einem dritten Schritt wird die durchschnittliche Häufigkeit der regelmäßig anfallenden Tätigkeiten in einem bestimmten Erhebungszeitraum ermittelt. Dies geschieht zumeist anhand von Akten, Statistiken, Beobachtungen oder Selbstaufschreibungen der Mitarbeiter. Durch die aktive Einbeziehung der Mitarbeiter sind Selbstaufschreibungen oft die am meisten akzeptierte Methode der Arbeitsanalyse. Sie beinhalten jedoch die Gefahr der Manipulation durch die Mitarbeiter und stellen häufig eine nicht zu unterschätzende Mehrbelastung für diese dar, wodurch wiederum die Ergebnisse der Selbstaufschreibung verfälscht werden können.

In einem letzten Schritt wird der Zeitbedarf für nicht regelmäßig anfallende und damit durch Aufgaben- und Zeitstudien nicht oder nur unter unvertretbar großem Kosten- und Zeitaufwand erfassbare Tätigkeiten geschätzt und in einem Zuschlagsfaktor zusammengefasst.

In der Literatur liegen zahlreiche Formeln vor, mit denen auf der Grundlage dieser Daten der Personalbedarf geplant werden kann (vgl. Kossbiel 1992; Wittlage 1995). Eine anspruchsvolle und in der Praxis weit verbreitete Methode ist von Rosenkranz (1968) für Bürotätigkeiten entwickelt worden. Das Grundprinzip der **Rosenkranz-Formel** lautet wie folgt:

$$PB = \frac{\sum_{i=1}^{n}(m_i * t_i)}{T} * f_{NV} + \frac{t_v}{T} * \frac{f_{NV}}{f_{TV}}$$

PB = Personalbedarf
m_i = durchschnittlicher Anfall der Aufgabe der Kategorie i pro Monat (Multimomentaufnahme)
t_i = Zeitbedarf laut Zeitaufnahme für die Aufgabe der Kategorie i (Netto-Soll-Bearbeitungszeit laut Zeitaufnahme)
T = tarifliche bzw. arbeitsvertraglich festgelegte (Brutto-)Arbeitszeit eines Mitarbeiters im Monat
t_v = Zeit für die Erledigung von Aufgaben ohne Zeitaufnahme („Verschiedenes")

f_{NV} = notwendiger Verteilzeitfaktor als Produkt aus
  - vergessenen Arbeiten und Neben-Arbeiten: $f_{NAZ} = 1,3$
  - Ermüdung und Erholung: $f_{EZ} = 1,12$
  - Ausfallstunden: $f_{AQ} = 1,1$

f_{NV} = $f_{NAZ} * f_{EZ} * f_{AQ}$

f_{TV} = tatsächlicher Verteilzeitfaktor (Quotient aus Ist- und Soll-Bearbeitungszeit laut Zeitaufnahme)

Die Rosenkranz-Formel verknüpft zwei Formen der Personalbedarfsplanung. Im linken Term der Formel wird der Personalbedarf analytisch, d.h aufgrund des unterstellten Arbeitsanfalls bestimmt. Im rechten Term der Formel wird dagegen eine summarisch ermittelte Korrekturgröße eingefügt, die sich aus der im tatsächlichen Verteilzeitfaktor enthaltenen Produktivität der Mitarbeiter bestimmt. Ein Quotient, der über dem Wert 1 liegt, bedeutet dabei, dass die Arbeitsproduktivität der Mitarbeiter geringer als die geplante Arbeitsproduktivität laut Aufgaben- und Zeitstudie ist. Das Verfahren eignet sich damit vor allem dazu, den aktuellen Personalbestand einer Organisationseinheit auf seine Angemessenheit zu überprüfen.

Zur Berechnung des im rechten Term der Formel enthaltenen *notwendigen Verteilzeitfaktors* wird zunächst ein Zuschlagsfaktor für vergessene Arbeiten und Neben-Arbeiten gebildet. Deren Anteil an der gesamten Arbeitszeit hängt von einer Vielzahl von Faktoren wie etwa dem Telefon- und Besuchsverkehr ab, wobei Rosenkranz je nach Intensität Zuschlagsfaktoren zwischen 20 und 40% vorschlägt. Im Mittel ergibt sich daraus für den Faktor f_{NAZ} ein Wert von 1,3.

Anschließend wird der Zeitbedarf für Ermüdung und Erholung festgesetzt. Dieser Wert hängt insbesondere von der Konzentration ab, die für eine Tätigkeit aufgewendet werden muss. Rosenkranz geht von einem durchschnittlichen Zuschlag von 12% aus, so dass sich für den Faktor f_{EZ} ein Wert von 1,12 ergibt.

Da Rosenkranz nicht von der (Netto-)Normalarbeitszeit eines Mitarbeiters, sondern von der tariflich bzw. arbeitsvertraglich festgelegten (Brutto-)Arbeitszeit ausgeht, muss schließlich noch ein Zuschlagsfaktor für Ausfallzeiten gebildet werden. Die Höhe der Ausfallzeiten ist stark vom Alter und Geschlecht der Mitarbeiter, dem Belastungsgrad der Aufgabe, dem Führungsstil und anderen Einflussfaktoren abhängig, wobei von einer durchschnittlichen Höhe von 10% ausgegangen wird. Der Faktor f_{AQ} erhält damit einen Wert von 1,1. Unter Berücksichtigung dieser Überlegungen ergibt sich damit ein notwendiger Verteilzeitfaktor von 1,3 * 1,12 * 1,1 = 1,6.

Die Vorgehensweise im Rahmen der analytischen Personalbedarfsplanung lässt sich an folgendem Beispiel illustrieren:

In einer Organisationseinheit fallen im Wesentlichen fünf Tätigkeiten mit unterschiedlicher Häufigkeit an. Mittels Zeitaufnahme wurden für diese Tätigkeiten folgende durchschnittliche Bearbeitungszeiten ermittelt:
- Tätigkeit 1: 4.650 Mal/Monat, Bearbeitungszeit: 10 Minuten
- Tätigkeit 2: 2.000 Mal/Monat, Bearbeitungszeit: 15 Minuten
- Tätigkeit 3: 1.800 Mal/Monat, Bearbeitungszeit: 30 Minuten
- Tätigkeit 4: 400 Mal/Monat, Bearbeitungszeit: 3 Stunden
- Tätigkeit 5: 50 Mal/Monat, Bearbeitungszeit: 5 Stunden

> Dazu kommen verschiedene nicht aufgenommene Tätigkeiten im Umfang von monatlich 200 Stunden. Die durchschnittliche Arbeitszeit je Mitarbeiter beträgt monatlich 170 Stunden. In der Abteilung sind gegenwärtig 37 Mitarbeiter beschäftigt.
>
> Nach der Rosenkranz-Formel ergibt sich folgender Personalbedarf:
>
> $$\sum_{i=1}^{n} m_i * t_i = 4650 * \frac{1}{6} + 2000 * \frac{1}{4} + 1800 * \frac{1}{2} + 400 * 3 + 50 * 5$$
> $$= 3625$$
>
> $$f_{NV} = f_{NAZ} * f_{EZ} * f_{AQ} \quad = 1{,}3 * 1{,}12 * 1{,}1 = 1{,}60$$
>
> $$f_{TV} = \frac{37 * 170}{3625} = 1{,}74$$
>
> $$PB = \frac{3625}{170} * 1{,}60 + \frac{200}{170} * \frac{1{,}6}{1{,}74}$$
>
> $PB = 34{,}12 + (1{,}18 * 0{,}92) = 35{,}20 = 36$ Mitarbeiter
>
> Nach der Rosenkranz-Formel ist die Abteilung mit einem Mitarbeiter überbesetzt.

5.1.1.3 Praktische Bedeutung und Effizienz

Die Darstellung der verschiedenen Verfahren hat deutlich gemacht, dass sich der Personalbedarf vor dem Hintergrund der zu Beginn dargestellten divergierenden Ziele nicht objektiv und exakt ermitteln lässt. Das Ergebnis der Personalbemessung ist vielmehr vom eingesetzten Verfahren und den diesem zugrundeliegenden Annahmen abhängig.

Die summarischen Verfahren arbeiten mit relativ allgemeinen Erfahrungs- und Richtwerten und nehmen keine analytische Bemessung der einzelnen Stellen vor. Im Gegensatz zu den analytischen Verfahren setzen sie zumeist nicht auf der Tätigkeitsebene an, sondern bei den Stellen der betrachteten Organisationseinheit. Summarische Verfahren basieren zudem überwiegend auf vergangenheitsorientierten Daten und unterstellen damit eine in der Praxis unrealistische weitgehende Zeitkontinuität der technologisch-organisatorischen Bedingungen.

Im Vergleich dazu sind die analytischen Verfahren der Personalbedarfsplanung zwar exakter, jedoch sehr zeit- und kostenaufwändig. Sie besitzen zudem häufig nur eine geringe Akzeptanz bei den Mitarbeitern. Ein weiterer gravierender Nachteil der analytischen Personalbemessung besteht darin, dass diese weitgehend auf Routinetätigkeiten begrenzt ist. Da sich geistig-schöpferische und dispositive Tätigkeiten einer exakten Bemessung entziehen und die Bewertung einer Tätigkeit nach qualitativen Gesichtspunkten sehr schwierig ist, nimmt die Zuverlässigkeit und Exaktheit der analytischen Personalbedarfsplanung mit steigender hierarchischer Ebene ab.

Die analytische Personalbedarfsplanung weist insbesondere in solchen Abteilungen eine hohe Planungsqualität auf, in denen der Anteil gleichförmiger Aufgaben mit einem annähernd gleichen Arbeitsablauf, gleichartigen Aufgabeninhalten und routinemäßigen, d.h. regelmäßig zu vollziehenden Aufgaben relativ hoch ist. Je größer dagegen der Anteil der nicht durch Aufgaben- und Zeitstudien erfassbaren, unregelmäßig anfallenden oder nur schwer systematisierbaren Tätigkeiten ist, desto größer ist der Zuschlagsfaktor, d.h. der analytisch nicht erfasste Anteil des Personalbedarfs. Zudem ist eine objektive Begründung für die Bemessung der sachlich wie persönlich bedingten Ausfallzeiten (z.B. Erholungszeiten, ablaufbedingte Störungen, Rüstzeiten, etc.) zumeist nicht möglich. Die etwa von Rosenkranz hierzu vorgeschlagenen Werte sind in den sechziger Jahren ermittelt worden und damit stark veraltet.

Ein weiterer Nachteil der analytischen Personalbedarfsplanung besteht darin, dass der Reservebedarf für Stoßzeiten und schwankende Anwesenheitszeiten der Mitarbeiter durch Urlaub, Krankheit, u.a. sowie zur Durchsetzung von Innovationen und Anpassungsmaßnahmen nur unzureichend berücksichtigt wird. Die Kompensation schwankenden Arbeitsanfalls und schwankender Anwesenheitszeiten durch arbeitsorganisatorische Maßnahmen (z.B. die zeitliche Verlagerung von Arbeiten, Überstunden, Aushilfen aus anderen Abteilungen, Springer-Gruppen oder gleitende Arbeitszeiten), wie sie etwa von Rosenkranz vorgeschlagen wird, stellt dabei lediglich eine Problemverlagerung dar und ist darüber hinaus von einer sehr kurzfristigen und tayloristischen Sichtweise geprägt. Schließlich bleiben organisatorische und rechtliche Bedingungen wie maßgebliche Vorgaben zur Arbeitsplatz- und Stellenbewertung durch die Addition von Tätigkeiten zu Aufgabenbereichen (Arbeitsplätzen) unberücksichtigt. Die primäre Zielsetzung der analytischen Personalbedarfsplanung besteht deshalb eindeutig in der Erzielung einer möglichst hohen Wirtschaftlichkeit, während sich die anderen Ziele der Personalbedarfsplanung wie die Leistungssicherung oder die Gewährleistung einer angemessenen, gleichmäßigen und anregenden Arbeitsbelastung der Mitarbeiter durch den Einsatz analytischer Verfahren nur sehr eingeschränkt realisieren lassen.

> In einer Studie des DGB (2019) unter 6.574 Arbeitnehmern gaben 26% der Befragten an, dass sie die Arbeitsmenge sehr häufig oder oft nicht in der vorgesehenen Zeit schaffen können. Mit 34% ist dieser Anteil bei Arbeitnehmern überproportional hoch, die hochkomplexe Tätigkeiten ausführen. Der Personalmangel führt bei 38% der Befragten zu Mehrarbeit und bei 40% zu Abstrichen bei der Arbeitsqualität. 49% gaben an, dass es keine oder nur sehr geringe Flexibilitätsreserven hinsichtlich der Arbeitsorganisation, Personalausstattung oder Zeitplanung gibt, um schwer vorhersehbare Störungen oder Personalausfälle abzumildern.

Ein eher impliziter Vorteil analytischer Verfahren besteht darin, dass für deren Anwendung zunächst umfangreiche Aufgaben- und Zeitstudien durchgeführt werden müssen, die nicht selten zu einer Verbesserung der Arbeitsorganisation in Unternehmungen führen. So können etwa Informationen darüber gewonnen werden, ob alle analysierten Tätigkeiten und Arbeitsschritte erforderlich sind, entfallen können oder ob Stichproben ausreichend sind. Bei besonders zeitaufwändigen Tätigkeiten kann zudem geprüft werden, ob diese beschleunigt, automatisiert oder ausgelagert werden können.

5.1.2 Personalbeschaffung

Der durch die Personalbedarfsplanung ermittelte Netto-Personalbedarf in quantitativer, qualitativer, zeitlicher und räumlicher Hinsicht bildet den Ausgangspunkt der Personalbeschaffung, die alle diejenigen Aktivitäten umfasst, die der bedarfsgerechten Gewinnung von Mitarbeitern dienen. Dabei können zunächst die Personalwerbung und die Bewerberauswahl als zwei miteinander verbundene Teilaufgaben bzw. -phasen unterschieden werden. Während im Rahmen der *Personalwerbung* entschieden werden muss, wie und wo ein benötigter Mitarbeiter beschafft werden soll, steht bei der *Bewerberauswahl* die Identifikation der *right potentials* im Vordergrund. Die Bedeutung dieser beiden Teilaufgaben hängt insbesondere von der jeweiligen Arbeitsmarktlage ab. Während der Schwerpunkt der Personalbeschaffung in Zeiten eines Arbeitskräftemangels auf der Personalwerbung liegt, besitzt bei einem Arbeitskräfteüberangebot die Bewerberauswahl die größte Bedeutung. Eine dritte Teilaufgabe bzw. -phase der Personalbeschaffung bildet die *Personaleinstellung*.

5.1.2.1 Personalwerbung

5.1.2.1.1 Gegenstand und Ziele

Die erste Phase der Personalbeschaffung bildet die Personalwerbung, die häufig auch als Personalmarketing bezeichnet wird (vgl. Moser/Stehle/Schuler 1993; Felser 2010; Lippold 2011). Sie hat das Ziel, potenzielle Bewerber über die Unternehmung und die zu besetzende Stelle zu informieren (*Informationsfunktion*) und eine ausreichende Zahl von Personen zu einer Bewerbung zu veranlassen (*Aktionsfunktion*), die über die erforderliche Qualifikation und Motivation zur Ausübung der zu besetzenden Stelle verfügen (*Selektionsfunktion*). Die Informationsfunktion und die Aktionsfunktion sind insbesondere für solche Unternehmungen von Bedeutung, die entweder ein relativ schlechtes Arbeitgeberimage oder einen geringen Bekanntheitsgrad haben. Dabei gilt es, Arbeitssuchenden vor allem solche Faktoren wie die Unternehmungskultur, den Abwechslungsreichtum und die Flexibilität des Arbeitsinhalts sowie die Aufstiegsmöglichkeiten zu vermitteln, die nicht oder nur schwer beobachtbar sind (*Signaling*) (vgl. Schmidtke 2002). Die Selektionsfunktion ist dagegen für Unternehmungen mit einem positiven Arbeitgeberimage besonders relevant, um den Aufwand der Bewerberauswahl bereits in dieser Phase der Personalbeschaffung zu reduzieren. Zur Realisierung dieser drei Ziele stehen Unternehmungen mehrere Wege der internen und der externen Personalwerbung zur Verfügung, die jeweils spezifische Vor- und Nachteile aufweisen (vgl. Tab. 5.1). Im Folgenden werden diese ausführlich dargestellt und analysiert.

Tabelle 5.1. Vorteile der internen und externen Personalwerbung

Interne Personalwerbung	Externe Personalwerbung
• geringes Auswahlrisiko	• größere Auswahlmöglichkeiten
• geringer Kosten- und Zeitaufwand	• oft geringerer Weiterbildungsaufwand
• bessere Betriebskenntnis der Bewerber	• fehlende Betriebsblindheit der Bewerber
• Erhalt unternehmungsspezifischer Qualifikationen	• Gewinnung von Informationen über andere Unternehmungen
• Motivationswirkung und Senkung der Fluktuation durch Angebot von Karriereperspektiven	• Förderung des Wettbewerbs durch Verhinderung von Beförderungsautomatismus und Bildung von Seilschaften
• Stabilisierung der Personalstruktur	• Flexibilisierung der Personalstruktur

5.1.2.1.2 Wege und Methoden

5.1.2.1.2.1 Innerbetriebliche Stellenausschreibungen

Die bedeutendste Form der internen Personalwerbung stellen innerbetriebliche Stellenausschreibungen dar. Diese können z.B. durch Aushänge an Schwarzen Brettern, Stellenanzeigen in der Mitarbeiterzeitung, Meldungen im Intranet oder Emails an spezifische Adressatengruppen erfolgen. Nach § 93 BetrVG kann der Betriebsrat verlangen, „dass Arbeitsplätze, die besetzt werden sollen, allgemein oder für bestimmte Arten von Tätigkeiten vor ihrer Besetzung innerhalb des Betriebs ausgeschrieben werden". Ausgenommen davon sind Positionen leitender Angestellter nach § 5 BetrVG, die nicht ausgeschrieben werden müssen. Zur Stabilisierung der Personalstruktur akzeptieren viele Unternehmungen nur Bewerbungen von Mitarbeitern, die bereits eine bestimmte Zeit (z.B. mindestens ein Jahr) auf ihrer gegenwärtigen Position tätig sind. Es sollte zudem geregelt werden, innerhalb welcher Frist ein erfolgreicher interner Bewerber seine bisherige Stelle verlassen kann, um zu vermeiden, dass Vorgesetzte die Versetzung von leistungsstarken Mitarbeitern hinauszögern.

Innerbetriebliche Stellenausschreibungen beinhalten ein geringeres Auswahlrisiko und einen geringeren Kosten- und Zeitaufwand. Dies gilt sowohl für die Auswahl- als auch für die anschließende Einarbeitungsphase. Darüber hinaus können dadurch i.S. des ressourcenorientierten Ansatzes unternehmungsspezifische Qualifikationen gesichert und die Motivation der Mitarbeiter gesteigert werden. Diese Vorteile lassen sich vor allem dann realisieren, wenn innerbetriebliche Stellenausschreibungen und -besetzungen in die langfristige Karriereplanung integriert werden und die Unternehmung einen funktionierenden internen Arbeitsmarkt besitzt (vgl. Kap. 5.1.3.3). Nach dem ressourcenbasierten Ansatz sollten Stellen vor allem dann intern ausgeschrieben werden, wenn die Unternehmung sehr erfolgreich ist. In diesem Fall wirkt sich die soziale Einbettung (*social embeddedness*) der Stelleninhaber in die Unternehmung positiv auf die Ausübung der zukünftigen Aufgabe aus. Zudem wird dadurch die Kontinuität der Unternehmungsführung sichergestellt. Bei einem geringen Unternehmungserfolg, einem starken Unternehmungswachstum und einer hohen Umweltdynamik weist dagegen die externe Stellenbesetzung eine höhere Effizienz auf (vgl. Zimmermann 2009).

5.1.2.1.2.2 Empfehlungen von Mitarbeitern

Neben der internen Stellenausschreibung greifen viele Unternehmungen bei der Personalwerbung auf Kontakte und Empfehlungen von Mitarbeitern zurück. Von Mitarbeitern empfohlene Bewerber verfügen häufig über detailliertere Informationen über die Unternehmung und können deshalb besser als andere Bewerber beurteilen, ob die offene Position ihren Erwartungen entspricht (vgl. Bretz/Judge 1998, S. 330). Durch diesen Selbstselektionseffekt steigt die Wahrscheinlichkeit, dass der empfohlene Kandidat das Stellenangebot annimmt und sich schnell in die Unternehmung integriert. Umgekehrt nimmt die Gefahr der Frühfluktuation ab (vgl. Saks 1994, S. 288). Ein weiterer Vorteil besteht darin, dass Mitarbeiter i.d.R. nur Personen empfehlen werden, die sie für geeignet halten, um negative Rückwirkungen auf ihre eigene Reputation in der Unternehmung zu vermeiden (vgl. Yakubovich/Lup 2006, S. 710 f.). Unternehmungen können auf diesem Wege zudem geeignete Personen erreichen, die bei einem anderen Arbeitgeber beschäftigt sind und (noch) nicht aktiv nach einer neuen Anstellung suchen. Diesen Vorteilen der Nutzung des sozialen Kapitals ihrer Mitarbeiter steht die Gefahr der Günstlingswirtschaft gegenüber (vgl. Simon/Warner 1992). Da Mitarbeiter zudem oft Personen mit ähnlichen demographischen Merkmalen und Werthaltungen empfehlen, besteht die Gefahr der Überhomogenisierung der Belegschaft (vgl. Mencken/Winfield 1998, S. 139).

Nach einer empirischen Studie von Klinger/Rebien (2009) nutzen 49% der befragten Unternehmungen in Deutschland Empfehlungen von Mitarbeitern zur Personalwerbung. 29% der Neueinstellungen werden auf diesem Wege realisiert. Die Nutzung von Mitarbeiterempfehlungen ist vor allem bei kleinen und mittelständischen Unternehmungen ausgeprägt. Es werden vor allem Stellen mit geringen Qualifikationsanforderungen und schwierigen Arbeitsbedingungen (wie z.B. unregelmäßige Arbeitszeiten, Schichtarbeit, Lärm- und Hitzebelastung) über Netzwerke besetzt. Darüber hinaus besitzen Empfehlungen von Mitarbeitern bei einem knappen Arbeitskräfteangebot und einer ineffizienten Arbeitsmarktinfrastruktur eine große Bedeutung. So zahlen etwa ausländische Unternehmungen in Indien ihren Mitarbeitern Prämien für die erfolgreiche Personalvermittlung (vgl. Holtbrügge/Friedmann/Puck 2010).

5.1.2.1.2.3 Stellenanzeigen in Zeitungen und Zeitschriften

Eine weit verbreitete Methode der externen Personalwerbung sind Stellenanzeigen in Zeitungen und Zeitschriften. Deren Effizienz ist insbesondere von folgenden Faktoren abhängig:

- *Inhaltliche Gestaltung*: Um eine möglichst große Informations- und Aktionswirkung zu erzielen, ist die exakte Beschreibung der Unternehmung (z.B. Branche, Größe, wirtschaftliche Lage) sowie der vakanten Position (z.B. Aufgabenstellung, Einkommen, Entwicklungsmöglichkeiten, Verantwortung) von großer Bedeutung. Die Selbstselektionsfunktion wird zudem unterstützt, wenn die erwarteten Voraussetzungen an den Bewerber (z.B. Ausbildung, Erfahrungen, persönliche Voraussetzungen) detailliert dargestellt werden. Gleiches gilt für die Bewerbungsprozedur (z.B. Bewerbungsfrist, erwartete Bewerbungsunterlagen).
- *Formale Gestaltung*: Die Aufmerksamkeitswirkung von Stellenanzeigen hängt darüber hinaus auch von Größe, Schrifttyp und -größe und anderen graphischen Gestaltungsmerkmalen ab. Eine Studie von Moser/Grabarkiewicz (1999) weist zudem darauf hin, dass durch die Verwendung visueller Elemente auch ansonsten nur schwer erfassbare Merkmale von Unternehmungen wie z.B. die Organisationskultur vermittelt werden können.
- *Zielgruppenorientierte Medienauswahl*: In Abhängigkeit von der Zielgruppe können Stellenanzeigen in regionalen und überregionalen Tages- und Wochenzeitschriften sowie in Fachzeitschriften für bestimmte Branchen oder Berufsgruppen geschaltet werden. Die größte Zahl von Stellenanzeigen in Deutschland wird wöchentlich im Stellenmarkt der Frankfurter Allgemeinen Zeitung veröffentlicht.
- *Zeitpunkt*: Bei der Wahl des Anzeigentermins sind insbesondere mögliche Kündigungsfristen sowie Urlaubszeiten zu berücksichtigen, in denen die Zahl der Bewerbungen auf Stellenanzeigen zumeist deutlich geringer als im Jahresdurchschnitt ist.

> Viele „Stellenanzeigen (..) sind nicht nur total langweilig, sondern auch total austauschbar! Wenn nicht die Unternehmen mit ihrem Namen und ihrer Adresse in den jeweiligen Anzeigen stehen würden, könnte der Leser oft noch nicht einmal die Branche erraten." Durchgängig werden Kandidaten mit ‚überzeugendem und sympathischem Auftreten' gesucht, die ‚Flexibilität' und ein ‚hohes Maß' an ‚Selbstständigkeit', ‚Eigeninitiative' und ‚Zuverlässigkeit' mitbringen. Geboten werden durchweg ein ‚kollegiales Arbeitsklima', eine ‚leistungsgerechte Vergütung' und ‚ständige berufliche Weiterbildung'. „Wer soll sich da angesprochen fühlen?" (Gaedt 2014, S. 97).
>
> Nicht nur der Inhalt, sondern auch die Form von Stellenanzeigen ist häufig wenig ansprechend. Nach einer Studie von Jobware dominieren Textwüsten mit den gängigen Bausteinen Unternehmungsbeschreibung, Anforderungs- und Bewerberprofil. Innovative gestalterische und bildliche Elemente werden dagegen nur selten genutzt. Zudem sind Stellenanzeigen oft nicht zielgruppenspezifisch gestaltet. Mit Hilfe eines Eye Tracking-Verfahrens wurde in dieser Studie festgestellt, dass Wirtschaftswissenschaftler eher Fließtext lesen, während Informatiker häufig im Text hin und her springen und querlesen. Frauen verweilen länger beim Anforderungsprofil als Männer und achten stärker auf Soft Skills und Arbeitszeitmodelle. Zu-

> dem wird empfohlen, den wenig geübten Blick von Absolventen durch eine starke Bildersprache zu lenken, während es für Berufserfahrene wichtig ist, die Kernbotschaft innerhalb weniger Sekunden zu erfassen (vgl. Zils 2014).

Vorteile von Stellenanzeigen sind die Möglichkeit einer zielgruppenspezifischen Gestaltung, deren große Verbreitung und die Ansprache von Personen, die nicht aktiv auf Stellensuche sind. Stellenanzeigen verursachen jedoch relativ hohe Kosten (vor allem in überregionalen Zeitungen und Fachzeitschriften). Darüber hinaus sind diese nur für kurze Zeit publik. Insbesondere im Vergleich zum Electronic Recruiting ist die Suche nach geeigneten Stellen für potenzielle Bewerber zudem relativ aufwändig, da komfortable Suchfunktionen fehlen (vgl. Jetter 2008, S. 54 f.).

5.1.2.1.2.4 Bundesagentur für Arbeit

Die Bundesagentur für Arbeit (BA) in Nürnberg und die ihr untergeordneten lokalen Arbeitsagenturen unterstützen Unternehmungen bei der Personalwerbung durch Arbeitsmarktberatung sowie Ausbildungs- und Arbeitsvermittlung. Die gesetzliche Grundlage dafür bildet § 3 des Dritten Sozialgesetzbuchs (SGB III). Dazu sammeln die Arbeitsagenturen systematisch Stellenangebote von Unternehmungen und Stellengesuche von Arbeitssuchenden und leiten diese weiter. Zu den Dienstleistungen zählt auch die Veröffentlichung von Stellenangeboten (Stellen-Informations-Service) und Stellengesuchen (Arbeitgeber-Informations-Service) im Internet (www.arbeitsagentur.de). Sowohl die Beratung als auch die Stellenvermittlung sind kostenlos.

Um der zunehmenden Differenzierung des Arbeitsmarktes Rechnung zu tragen, führt die BA besondere Dienste für spezielle Berufsgruppen durch. Dazu zählen etwa der Fachvermittlungsdienst für Hochschulabsolventen, Vermittlungsbörsen für IT-Fachkräfte und Ingenieure und die JOB-Vermittlungsbörse für Nebenbeschäftigungen. Die BA will sich in Zukunft verstärkt von einer Behörde zu einer Dienstleistungsunternehmung wandeln, um die Effizienz der Stellenvermittlung zu erhöhen.

5.1.2.1.2.5 Initiativbewerbung

Vor allem Unternehmungen mit einem sehr positiven Arbeitgeberimage und einem hohen Bekanntheitsgrad erhalten zahlreiche unaufgeforderte Initiativbewerbungen von Stellensuchenden. So gehen etwa bei Siemens jährlich rund 70.000 Initiativbewerbungen ein, das sind rund ein Drittel aller eingehenden Bewerbungen (vgl. Kürn 2004).

Ein Vorteil von Initiativbewerbungen ist, dass diese individuell und ohne Bezug zu einer spezifischen Ausschreibung gestaltet werden können. Informationsgehalt und Authentizität von Initiativbewerbungen sind deshalb häufig sehr hoch (vgl. Püttjer/Schnierda 2004). Sie ermöglichen zudem die Bewerbung auf Stellen, die (noch) nicht ausgeschrieben sind. Für besonders qualifizierte Bewerber können sogar Stellen im Sinne der idiosynkratischen Stellenbildung geschaffen werden (vgl. Kap. 5.2.1.4).

Initiativbewerbungen werden vor allem von Bewerbern verfasst, die nach ihrer Schul- oder Hochschulausbildung erstmals eine Stelle suchen. Die Zahl der Initiativbewerbungen kann deshalb u.a. durch intensives Hochschulmarketing gesteigert werden.

5.1.2.1.2.6 Hochschulmarketing (Campus-Recruiting)

Die Werbung der (zukünftigen) Absolventen von Universitäten, Fachhochschulen, Berufsakademien, u.a. hat in den USA seit vielen Jahren eine sehr große Bedeutung. Auch in Deutschland findet diese Form der Personalwerbung eine zunehmende Verbreitung (vgl. Schamberger 2006). Maßnahmen des Hochschulmarketing sind z.B. (vgl. Kienbaum Consultants International 2003a):

- Fachvorträge in Seminaren und Vorlesungen,
- Unterstützung von Seminar-, Bachelor- und Masterarbeiten sowie Dissertationen,
- Besichtigungen,
- Praktika und Tätigkeiten als Werkstudent,
- Beteiligung an speziellen Absolventenmessen.

Die Vorteile des Hochschulmarketing bestehen darin, geeignete Kandidaten relativ frühzeitig kennen zu lernen und deren Verhalten in unternehmungsnahen Situationen beurteilen zu können. Potenzielle Bewerber lernen die Unternehmung und deren Organisationskultur kennen und können ihr weiteres Studium an den konkreten Anforderungen ihres Wunscharbeitgebers ausrichten (vgl. Holtbrügge/Platz 2016). Dies ist besonders für die Gewinnung hochqualifizierter Absolventen relevant (vgl. von der Oelsnitz/Stein/Hahmann 2007). Ein Nachteil dieser Form der Personalwerbung ist der relativ hohe finanzielle und personelle Aufwand.

Ein sehr intensives und systematisches College Recruiting betreibt SAP. Im Rahmen ihres University Alliances-Programms kooperiert die Unternehmung weltweit mit mehr als 900 Hochschulen. Über 170.000 Studierende erhalten Zugang zu den neusten SAP-Technologien und können an Projekten und Wettbewerben teilnehmen. Studierende wirtschaftlicher und technischer Studiengänge haben die Möglichkeit, während ihres Studiums an SAP-Schulungen teilzunehmen und dafür Zertifikate zu erwerben. Besonders gute Studierende werden zu dem jährlichen Bildungskongress nach St. Leon-Rot eingeladen. Dadurch kann SAP frühzeitig Studierende an die Unternehmung binden und diese über einen längeren Zeitraum im Rahmen von Trainings und Projekten beobachten (vgl. https://www.sap.com/germany/training-certification/education-courses.html).

5.1.2.1.2.7 Personalvermittler

Die Möglichkeiten der Betätigung von Personalvermittlern wurden 1994 durch die Änderung des Arbeitsförderungsgesetzes (seit 1998 SGB III) erheblich ausgeweitet. Zuvor durften diese aufgrund des Vermittlungsmonopols der Bundesagentur für Arbeit keine eigenen Datenbanken mit Stellensuchenden und Stellenangeboten aufbauen, sondern lediglich beratend und nur bei konkreten Aufträgen von Stellenanbietern oder Stellensuchenden tätig werden.

> Ein Beispiel einer Unternehmung, die im Bereich der Personalberatung und -vermittlung tätig ist, ist die Gemini Executive Search. Im Dezember 2000 aus einem Geschäftsbereich der Capgemini ausgegründet, ist die Unternehmung derzeit in Deutschland, Tschechien und der Schweiz tätig. Gemini Executive Search greift bei der Suche nach qualifizierten Führungs- und Fachkräften ausschließlich auf die Direktansprache potenzieller Kandidaten zurück. Diese erfolgt gegenwärtig durch 30 Berater in den Bereichen Health Care, Health Tech und Life Sciences. Darüber hinaus prüft die Unternehmung die Wechselbereitschaft von Kandidaten und führt auf Wunsch des Auftraggebers eine Vorauswahl durch (vgl. https://www.mygemini.de).

Personalvermittler (Headhunter) werden aufgrund der hohen Kosten zumeist nur bei der **Besetzung von gehobenen Führungspositionen** eingeschaltet. Nach einer Studie des Bundesverbands Deutscher Unternehmensberater (2021) orientiert sich das Honorar von Personalvermittlern in 58,8% der Fälle am Zielgehalt des zu suchenden Kandidaten und in 20,6% der Fälle am zu erwartenden Suchaufwand. Im ersten Fall liegt die durchschnittliche Honorarhöhe bei 27% des Zielgehalts. Zumeist ist jeweils ein Drittel des Honorars bei Auftragserteilung, bei Präsentation der Kandidaten und bei Abschluss des Arbeitsvertrags fällig. Die durchschnittliche Besetzungsdauer beträgt 12 Wochen.

Die Vorteile dieser Rekrutierungsform bestehen vor allem darin, dass die suchende Unternehmung zunächst anonym bleiben und auf das Netzwerk des mit der Personalsuche beauftragten Personalvermittlers zurückgreifen kann (vgl. Hofmann/Steppan 2010; Füchtner/Wegerich 2011). Personalvermittler können wiederum geeignet erscheinende Kandidaten direkt ansprechen. Der gezielten Abwerbung von Mitarbeitern anderer Unternehmungen sind jedoch wettbewerbs- und arbeitsrechtliche Grenzen gesetzt (vgl. Bettin 1999). So ist etwa die Ansprache von potenziell wechselwilligen Mitarbeitern unter einem Vorwand verboten. Unzulässig ist im Unterschied zur Personalvermittlung auch die Arbeitsvermittlung, bei der Personalvermittler unabhängig von einem konkreten Auftrag etwa in Anzeigen suchen oder anbieten oder von Bewerbern Gebühren oder Erfolgshonorare verlangen oder annehmen.

5.1.2.1.2.8 Personalhomepage

Die Nutzung des Internet als Weg der Personalwerbung hat seit Mitte der neunziger Jahre eine große Bedeutung erlangt. Die Einrichtung einer eigenen Personalhomepage als spezifische Form des Electronic Recruiting bietet Unternehmungen den Vorteil einer umfassenden Darstellung ihrer Corporate Identity (*employer branding*). Nach einer empirischen Studie von Williamson et al. (2010) wirken sich der Informationsgehalt und die ansprechende Gestaltung von Personalhomepages positiv auf die Personalwerbung aus. Dies gilt insbesondere für Unternehmungen mit einem positiven Arbeitgeberimage (vgl. Abb. 5.2).

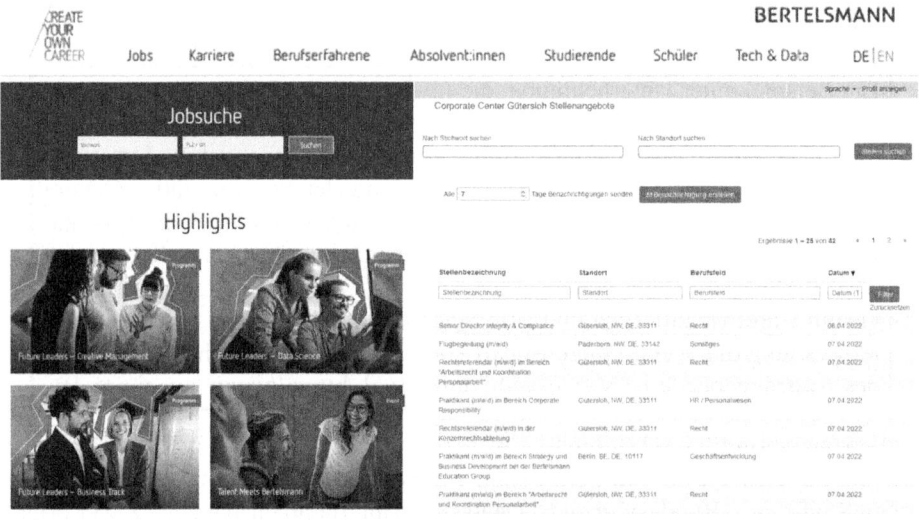

Abb. 5.2. Karriereseite der Bertelsmann AG (Quelle: https://www.bertelsmann.de/karriere/)

Über die Personalhomepage können Bewerbungen entweder per Email oder mit Hilfe eines standardisierten Formulars eingereicht werden. Während *Email-Bewerbungen* den Fokus auf die individuell ausgestaltete Bewerbung legen, steht bei *Formularbewerbungen* die standardisierte Bearbeitung der Bewerbung im Vordergrund. Dadurch können die Datenqualität erhöht und die Durchlaufzeiten und Kosten je Bewerbung reduziert werden. Diese Vorteile sind vor allem für Unternehmungen mit einem sehr positiven Arbeitgeberimage und hohem Bekanntheitsgrad relevant, die eine große Zahl von Bewerbungen erhalten. Ein Nachteil ist jedoch, dass dadurch individuelle Merkmale von Bewerbern kaum berücksichtigt werden können (vgl. Puck et al. 2004; Puck/Mohr/Holtbrügge 2006).

Neben der Personalwerbung kann die Personalhomepage auch zur **Vorauswahl** von Bewerbungen genutzt werden. Dazu sind etwa *Online-Spiele* und *Web-Assessments* geeignet, die Bewerbern die Möglichkeit einer frühzeitigen Eignungsdiagnose bzw. Selbstselektion ermöglichen (vgl. Jetter 2008, S. 66 ff.; Steiner 2009). Nach einer empirischen Studie von Hell et al. (2006) ist die Validität von Online-Tests allerdings nur gering. Sie sind deshalb vor allem zur Vorauswahl bei größeren Bewerberzahlen oder zur Selbstselektion geeignet. Nach einer Untersuchung von Laumer/Eckhardt/Weitzel (2012) sind für die Bereitschaft von Stellensuchenden, sich an Online-Tests zu beteiligen, vor allem die wahrgenommene Einfachheit, die Nützlichkeit und der Spaß der Nutzung sowie die wahrgenommene Fairness des Selektionsmechanismus relevant.

> Ein innovatives Electronic Recruiting-System hat im Oktober 2000 die Bertelsmann AG eingeführt. Im Vergleich zu vielen anderen Unternehmungen zeichnet sich dieses durch die vollständige Digitalisierung des Bewerbungsprozesses und die Integration von vier Systemelementen aus, die enge Schnittstellen zueinander aufweisen.
>
> Über die Jobbörse der Recruiting-Website www.createyourowncareer.de lassen sich alle extern ausgeschriebenen offenen Stellen nach spezifischen Kriterien durchsuchen. Interessenten haben die Möglichkeit, sich entweder online auf eine ausgeschriebene Stelle zu bewerben oder eine Online-Initiativbewerbung zu verfassen. Eine Besonderheit ist dabei der Personal-Career-Planner, der auf Wunsch von Interessierten permanent nach offenen Stellen mit dem gewünschten Profil sucht und diese darüber per SMS oder Email informiert.
>
> Ein zweites Element stellt das Bewerbermanagementsystem Becruiter dar, das die vollständig elektronische Bearbeitung von Bewerbungen ermöglicht. Dazu zählen etwa die Möglichkeit des Einscannens von Papierdokumenten (z.B. Zeugnisse) und die elektronische Weiterleitung von Bewerberdaten an die Fachabteilungen per Webdialog. Dadurch entfällt insbesondere die wiederholte Eingabe von Stellenanzeigen und Bewerberdaten in unterschiedlichen Abteilungen.
>
> Interne Bewerber haben die Möglichkeit, im Intranet alle extern und intern ausgeschriebenen Stellen zu durchsuchen und sich auf Wunsch anonymisiert zu bewerben. Dies gilt ebenfalls sowohl für ausgeschriebene Stellen als auch für Initiativbewerbungen.
>
> Das letzte Element bilden Rahmenverträge mit verschiedenen externen Jobbörsen, die direkt mit dem Electronic Recruiting-System verbunden sind. Seit 2008 erfolgt auch die schrittweise Integration von Social-Media-Plattformen wie XING, LinkedIn, Facebook und Twitter. Online-Bewerbungen werden dadurch automatisch im Becruiter gespeichert und dem ausschreibenden Bereich zugeordnet.
>
> Die Vorteile des Electronic Recruitings sieht Bertelsmann vor allem in der um bis zu 60% gesteigerten Geschwindigkeit des Personalbeschaffungsprozesses. Offene Stellen und Bewerbungen können schneller erfasst und abgeglichen werden. Zudem konnte die Produktivität (gemessen an der Zahl der bearbeiteten Bewerbungen pro Zeiteinheit) um bis zu 65% erhöht werden. Die elektronische Personalbeschaffung weist dadurch erhebliche Kostenvorteile auf (vgl. Hesse 2002; Bernauer et al. 2011, S. 90 ff.).

Eine Möglichkeit, die **Interaktivität** der Personalhomepage zu erhöhen, sind *Chatbots*. Einfache Chatbots basieren auf programmierten Regeln und geben Standardantworten auf Standardfragen. Anspruchsvollere Chatbots nutzen die Möglichkeiten der künstlichen Intelligenz und des Machine Learning und optimieren permanent ihr Antwortverhalten, indem sie aus vergangenen Interaktionen mit potenziellen Bewerbern lernen. Chatbots, die Avatare und Methoden des Natural Language Processing (NLP) einsetzen, passen zudem den Sprachstil an die Bewerber an und werden dadurch immer authentischer (Laumer/Morana 2022).

> Eine Unternehmung, die bereits seit mehreren Jahren Chatbots im Rahmen der Personalbeschaffung einsetzt, ist T-Systems. Der Chatbot Katy (kurz für Karriere@T-Systems) ist in die Karriere-Webseite der Unternehmung integriert und beantwortet rund um die Uhr Fragen zu Unternehmenskultur, Einstiegsmöglichkeiten oder Arbeitgeberleistungen. Kann Katy eine Frage nicht selbst beantworten, leitet sie diese an einen Mitarbeiter in der Personalabteilung weiter. Dessen Antwort wird von Katy im Rahmen des Machine Learning für zukünftige Anfragen gespeichert.
>
> Durch den Einsatz von Katy erzielt T-Systems höhere Bewerbungsraten, qualitativ bessere Bewerbungen und schnellere Reaktionen auf Anfragen. Durchschnittlich werden zwei Fragen pro Interessiertem beantwortet. Die automatisierte Response-Rate liegt bei 80% und die Konversionsrate, d.h. der Anteil der Besucher, die später eine Bewerbung einreichen, bei 15%. Alle 14 Tage findet ein Monitoring des Antwortverhaltens von Katy statt (vgl. Qualitz 2021).

5.1.2.1.2.9 Elektronische Jobbörsen

Neben der Einrichtung einer Personalhomepage besteht eine zweite Möglichkeit des Electronic Recruiting in der Nutzung von Online-Jobbörsen. Anbieter sind z.B. die Bundesagentur für Arbeit, verschiedene Tages- und Wochenzeitungen sowie zahlreiche spezialisierte Internet-Portale. Eine Übersicht über ausgewählte Jobbörsen gibt Tabelle 5.2.

Tabelle 5.2. Kennzahlen der beliebtesten zehn Jobbörsen in Deutschland im Jahre 2021

Jobbörse	Sichtbarkeit (Sistrix-Ranking)	Preis pro Stellenanzeige	Zufriedenheit der Arbeitgeber	Zufriedenheit der Bewerber
Stepstone	68,74	ab 1.299 €	5,30	5,22
Stellenanzeigen	11,00	ab 799 €	5,47	4,98
Jobware	4,39	ab 995 €	5,93	5,22
LinkedIn	17,51	ab 0 €	4,52	5,20
Jobstairs	0,15	k.A.	5,54	5,70
Meinestadt	1,11	ab 649 €	4,96	5,25
Kalaydo	1,93	ab 590 €	5,51	4,81
XING	8,40	ab 395 €	4,52	4,98
Ebay	50,65	ab 0 €	4,38	4,70
Stellenmarkt	4,04	k.A.	4,17	4,93

Quelle: erweitert nach https://competitiverecruiting.de/resources/AJB+2021.png

Vorteile elektronischer Jobbörsen sind die hohe Aktualität, Verbreitung und Geschwindigkeit des Internet sowie die komfortablen Navigations- und Suchfunktionen. Stellenanzeigen im Internet können von Unternehmungen relativ kostengünstig, zielgruppenspezifisch und zum gewünschten Zeitpunkt geschaltet und von Bewerbern orts- und zeitunabhängig angesehen werden (vgl. Grund 2006). Empirische Untersuchungen weisen zudem darauf hin, dass auch latent wechselwillige Personen angesprochen werden, indem Jobbörsen die Möglichkeit eröffnen, das eigene Profil anonymisiert zu hinterlegen (vgl. Kienbaum/Zimmer 2003, S. 22 ff.).

5.1.2.1.2.10 Soziale Netzwerke

Eine dritte Möglichkeit des Electronic Recruiting sind Unternehmungspräsentationen in sozialen Netzwerken. Vor allem jüngere Menschen nutzen regelmäßig *Social Media* und informieren sich darüber über Stellenangebote. Neben übergreifenden Plattformen wie Facebook und Twitter gewinnen vor allem **berufliche Netzwerke** wie LinkedIn und XING an Bedeutung. Karriereseiten in sozialen Netzwerken ermöglichen Unternehmungen eine zielgruppenspezifische und authentische Ansprache von Schul- und Hochschulabsolventen sowie von aktiv und latent Stellensuchenden. Darüber hinaus kann mit Interessierten direkt und schnell kommuniziert werden. Ein Nachteil der Nutzung sozialer Netzwerke zur Personalwerbung ist, dass Aussagen von Nutzern kaum kontrolliert werden können. Vor allem negative Bewertungen können der Reputation des jeweiligen Arbeitgebers schaden (vgl. Arnold 2014; Dannhäuser 2020).

Dies gilt in besonderem Maße für **Arbeitgeber-Bewertungsplattformen** wie Glassdoor oder Kununu (vgl. Abb. 5.3). Mitte 2022 gab es auf Kununu 5,2 Millionen Bewertungen von über 1 Million Arbeitgebern hinsichtlich Unternehmenskultur, Vielfalt, Arbeitsumgebung sowie Lohn und Gehalt. Neben Punktbewertungen finden sich oft verbale Kommentare zu besonderen Stärken und Schwächen. Obwohl sich Nutzer mit einer gültigen Email-Adresse bei Kununu anmelden müssen, kann die Identität und Authentizität der Nutzer nicht geprüft werden.

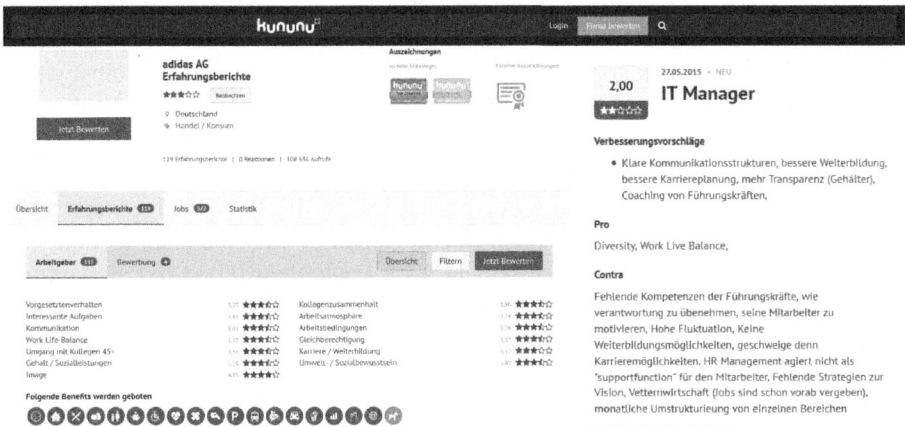

Abb. 5.3. Bewertung von Adidas auf Kununu (Quelle: https://www.kununu.com/de/adidas/kommentare)

Angesichts der wachsenden Bedeutung sozialer Netzwerke für die Arbeitgeberreputation und den Bewerbungsprozess sollten Arbeitgeber ihre Bewertungen systematisch und kontinuierlich beobachten. In Abhängigkeit von deren Schärfe und Wahrheitsgehalt sind unterschiedliche **Reaktionen auf Arbeitgeberbewertungen** möglich (vgl. Abb. 5.4):

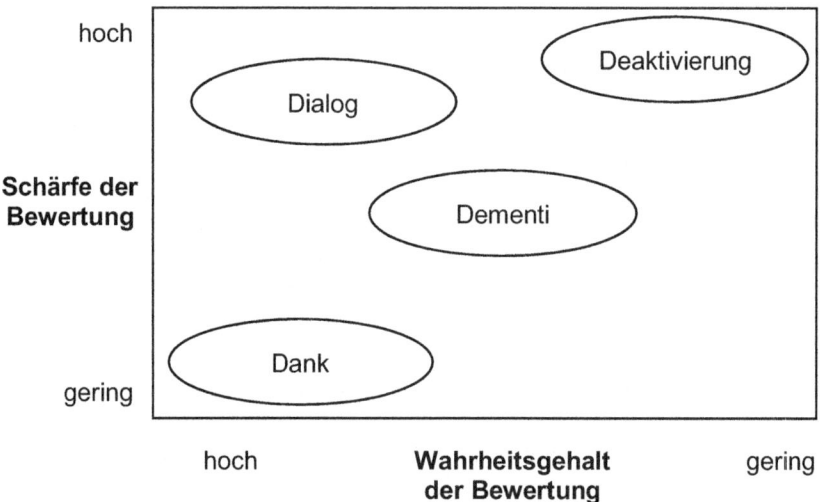

Abb. 5.4. Reaktionsmöglichkeiten auf Arbeitgeberbewertungen

- Auf milde und positive Bewertungen sollte mit *Dank* reagiert werden. Dies signalisiert, dass die Bewertung wahrgenommen und als Bestätigung bzw. Ansatz für Verbesserungen aufgegriffen wird. Besonders geeignet sind individuelle Reaktionen und die Vermeidung automatisierter Standardantworten.
- Schärfere, aber weitgehend wahrheitsgemäße Bewertungen ermöglichen es Arbeitgebern, ein Angebot zum *Dialog* zu machen. Dieses sollte individuell und mit der Nennung eines konkreten Ansprechpartners versehen sein. Selbst wenn dieses Angebot von dem Beurteilenden nicht angenommen wird, stellt dies einen wichtigen Hygienefaktor dar und signalisiert, dass der Arbeitgeber an der Verbesserung der aufgezeigten Probleme interessiert ist.
- Ist der Wahrheitsgehalt gering oder beziehen sich die Bewertungen auf nicht repräsentative Einzelfälle, ist ein *Dementi* angemessen. Auch dafür kann die Kommentarfunktion genutzt werden. Je nach konkretem Inhalt der Bewertung kann etwa die Nennung von Fakten oder die Kontextualisierung der gemachten Aussagen sinnvoll sein.
- Unwahre Bewertungen (Lügen, Beleidigungen, gefälschte Bewertungen, etc.) bieten Arbeitgebern die Möglichkeit, den Betreiber zur *Deaktivierung* der Bewertung zu veranlassen oder sogar Rechtsmittel gegen die Veröffentlichung einzulegen.

5.1.2.1.3 Praktische Bedeutung und Effizienz

Zur *praktischen Bedeutung* unterschiedlicher Wege der Personalwerbung kommt eine in Zusammenarbeit mit der Online-Jobbörse Monster durchgeführte Studie von Weitzel et al. (2020) unter den größten 1.000 Unternehmungen in Deutschland zu dem Ergebnis, dass das Electronic Recruiting und hier wiederum vor allem die Nutzung von Social Media in den letzten Jahren stark an Bedeutung gewonnen hat. Während 86,4% der offenen Stellen auf der Unternehmungs-Website, 74,1% in Internet-Stellenbörsen und 17,0% in sozialen Netzwerken ausgeschrieben werden, geschieht dies in Zeitungen und Zeitschriften nur in 8,79% der Fälle. 50,0% aller offenen Stellen werden der BA gemeldet. Ein weiterer häufig genutzter Weg der Personalwerbung sind Mitarbeiterempfehlungen mit 42,6%. Die größte Bedeutung im Rahmen von Social Media besitzt Facebook (30,4%). Danach folgen die Karrierenetzwerke XING (22,8%) und LinkedIn (16,4%). Der Anteil an Kandidaten, der häufig Werbeanzeigen für offene Stellen über Social Media bekommt, nimmt mit sinkendem Alter zu.

Obwohl mehr offene Stellen auf der eigenen Unternehmungs-Webseite als in Internet-Stellenbörsen veröffentlicht werden, kommt letzteren beim Anteil der tatsächlichen Stellenbesetzungen mit 31,3% die größte Bedeutung zu. 28,9% aller Stellenbesetzungen erfolgen über die Unternehmungs-Website und 10,2% durch Mitarbeiterempfehlungen. Auf die Arbeitsagentur entfallen 4,6%, auf Karrierenetzwerke 4,0%, auf Printmedien 2,9% und auf soziale Netzwerke lediglich 1,0%.

Auch die *Effizienz* von unterschiedlichen Wegen der Personalwerbung ist empirisch untersucht worden. Weller et al. (2009) zeigen, dass die Fluktuation von Mitarbeitern, die über unpersönliche Wege der Personalwerbung wie Zeitungsanzeigen, Jobbörsen und Arbeitsagenturen rekrutiert wurden, höher ist als von Mitarbeitern, die über persönliche Kontakte oder soziale Netzwerke angeworben bzw. intern ausgewählt wurden. Studien zum Zusammenhang zwischen der Personalwerbung und dem Unternehmungserfolg kommen zu unterschiedlichen Ergebnissen. Während etwa Chung et al. (1987) und Guthrie/Datta (1998) einen positiven Einfluss der externen Personalwerbung von Führungskräften auf den kurzfristigen Unternehmungserfolg nachweisen, kommt Zajac (1990) zu dem genau entgegengesetzten Ergebnis. Auch eine auf dem ressourcenorientierten Ansatz basierende Studie von Groysberg/Nanda/Nohria (2005) bei US-amerikanischen Investmentbanken zeigt, dass extern rekrutierte Führungskräfte aufgrund ihrer fehlenden *social embeddedness* eine geringere Leistung als intern entwickelte Manager aufweisen.

Gmür/Klimecki/Litz (2003) weisen zudem darauf hin, dass nicht nur die Form der Personalwerbung den Unternehmungserfolg, sondern umgekehrt der Unternehmungserfolg auch die Form der Personalwerbung beeinflusst. Ihre Befragung von Personalleitern mittelgroßer Unternehmen aus den Branchen Finanzdienstleistungen und Softwareentwicklung belegt, dass unterdurchschnittlich erfolgreiche Unternehmungen freiwerdende Positionen eher extern besetzen, während erfolgreiche Unternehmungen eher auf die interne Personalwerbung zurückgreifen.

5.1.2.2 Bewerberauswahl

5.1.2.2.1 Gegenstand und Ziele

Den Gegenstand der Bewerberauswahl als zweite Teilaufgabe bzw. -phase der Personalbeschaffung bildet die Identifikation desjenigen Bewerbers, dessen Eignungsprofil die höchste Übereinstimmung mit den Anforderungsmerkmalen der zu besetzenden Stelle aufweist. In dieser zumeist zeit- und kostenaufwändigsten Phase der Personalbeschaffung stehen einer Unternehmung mehrere Verfahren der **Eignungsdiagnose** von Bewerbern zur Verfügung (vgl. ausführlich Schuler et al. 1995; Jetter 2008; Schuler 2014). Mit der Entscheidung für ein bestimmtes Auswahlverfahren sind vor allem die folgenden Ziele verbunden (vgl. Tab. 5.3):

Tabelle 5.3. Gütekriterien von Verfahren der Bewerberauswahl

Kriterium	Ausprägung
Validität (Gültigkeit)	Zusammenhang zwischen Verfahren bzw. Kriterium (z.B. Zeugnisnote) und induziertem Merkmal (z.B. Leistungsfähigkeit)
Reliabilität (Zuverlässigkeit)	Zuverlässigkeit im Zeitablauf und bei verschiedenen Beurteilern
Komplexität	einfache Handhabung sowie geringer Zeit- und Kostenaufwand
Fairness	Berücksichtigung von Einschränkungen des Bewerbers, die für die Ausübung der Tätigkeit nicht relevant sind
soziale Qualität	Akzeptanz und Entscheidungsunterstützung der Bewerber
Legalität	Beachtung der gesetzlich garantierten Rechte und Interessen der Bewerber

- Das wichtigste Ziel besteht zumeist darin, mit Hilfe geeigneter Verfahren bzw. Kriterien die Eignung eines Bewerbers für die ausgeschriebene Stelle möglichst exakt zu prognostizieren. Dies setzt eine hohe *Prognosevalidität* des Auswahlverfahrens voraus, d.h. das Verfahren muss diejenigen Kriterien messen, die für die Ausübung der zukünftigen Aufgaben tatsächlich relevant sind.
- Weiterhin soll sichergestellt werden, dass die Auswahlentscheidung von dem angewandten Verfahren und nicht von subjektiven Eindrücken der Beurteilenden abhängt. Hierzu ist eine hohe *Reliabilität*, d.h. eine hohe Zuverlässigkeit des Verfahrens im Zeitablauf und bei verschiedenen Beurteilern erforderlich.
- Unter ökonomischen Aspekten soll das gewählte Verfahren eine geringe *Komplexität* aufweisen, d.h. einfach handhabbar sein und einen geringen Zeit- und Kostenaufwand verursachen.
- Die *Fairness* des Verfahrens stellt sicher, dass das Ergebnis des Auswahlverfahrens nicht durch Eigenschaften des Bewerbers (z.B. Legasthenie, Beein-

trächtigungen in der visuellen Informationsverarbeitung, motorische Einschränkungen) verzerrt wird, die für die Ausübung der Tätigkeit nicht relevant sind.
- Das Verfahren muss eine hohe *soziale Qualität* besitzen. So hängen etwa die Zahl der Bewerbungen und Zusagen von der Akzeptanz des Auswahlverfahrens ab (vgl. Hülsheger/Anderson 2009; Truxillo/Bauer/McCarthy 2015).

> In vielen Unternehmungen wird die Bewerberauswahl als einseitiger Entscheidungsprozess verstanden. Das Ziel besteht darin, die Eignung der Bewerber für die zu besetzende Stelle umfassend zu prüfen. Im Sinne der Prinzipal-Agenten-Theorie wird eine Informationsasymmetrie zwischen Arbeitgeber und Bewerber unterstellt, die durch geeignete Verfahren der Eignungsdiagnostik reduziert werden soll. Dem Bewerber wird nicht auf Augenhöhe begegnet, sondern es wird ein Machtgefälle zugunsten des Arbeitgebers unterstellt. Dabei wird jedoch oft übersehen, dass die Bewerberauswahl ein zweiseitiger Auswahlprozess ist. Nicht nur der Arbeitgeber wählt zwischen verschiedenen Bewerbern, sondern auch die Bewerber wählen häufig zwischen verschiedenen Stellenangeboten aus. Vor dem Hintergrund des wachsenden Fachkräftemangels wird es deshalb immer wichtiger, sich dem Bewerber als attraktiver Arbeitgeber zu präsentieren und dessen Interesse an einer Tätigkeit in der Unternehmung zu wecken bzw. zu festigen (vgl. Eberz/Baum/Kabst 2012).

- Schließlich muss das Verfahren *legal* sein, d.h. die Rechte von Bewerbern nicht missachten. Hierzu zählt etwa die Gewährleistung der Chancengleichheit nach Art. 33, Abs. 2 GG. Bei der Festlegung von Auswahlrichtlinien muss zudem der Betriebsrat beteiligt werden (§ 95 BetrVG).

Eine besondere Bedeutung für die legale Bewerberauswahl besitzt das am 14.8.2006 verabschiedete **Allgemeine Gleichbehandlungsgesetz** (AGG), durch das die europäische Antidiskriminierungsrichtlinie in deutsches Recht umgesetzt wurde. Das AGG verfolgt das Ziel, „Benachteiligungen aus Gründen der Rasse oder wegen der ethnischen Herkunft, des Geschlechts, der Religion oder Weltanschauung, einer Behinderung, des Alters oder der sexuellen Identität zu verhindern oder zu beseitigen" (§ 1). Dazu wird der Arbeitgeber u.a. zur diskriminierungsfreien Ausschreibung von Stellen verpflichtet (§ 11). Dies bedeutet etwa, dass geschlechtsspezifische Ausschreibungen von Stellen oder die Angabe von Altersgrenzen verboten sind. Selbst die optische Gestaltung von Stellenanzeigen muss *diskriminierungsfrei* erfolgen. So könnte z.B. ein Bild, auf dem nur Frauen oder nur Männer abgebildet sind, als diskriminierend empfunden werden. Verstößt der Arbeitgeber dagegen, können benachteiligte Bewerber Entschädigung und Schadensersatz im Umfang von bis zu drei Monatsgehältern fordern (§ 15). Problematisch für Unternehmungen ist insbesondere, dass diese die Beweislast dafür tragen, dass kein Verstoß gegen die Bestimmungen zum Schutz vor Benachteiligung vorgelegen hat, wenn Bewerber Indizien beweisen, die eine Benachteiligung vermuten lassen (§ 22).

In der Praxis hat das AGG zu einer Vielzahl von *Scheinbewerbungen* geführt, bei der abgelehnte Bewerber mit dem Hinweis auf diskriminierende Auswahlkriterien Schadensersatz fordern (vgl. Röpke 2007; Wilke 2007; Rühl/Hoffmann 2008). Dieses „AGG-Hoppping" wurde durch eine Entscheidung des EuGH vom 28.7.2016 (C-423/15) unterbunden. Danach lösen Bewerbungen keinen Diskriminierungsschutz aus, wenn eine Person mit ihrer Stellenbewerbung nicht die betreffende Stelle erhalten, sondern nur den formalen Status als Bewerber erlangen möchte, um dadurch eine Entschädigung geltend zu machen.

5.1.2.2.2 Kriterien und Verfahren

5.1.2.2.2.1 Bewerbungsunterlagen

Die Eignungsdiagnose der Bewerber beginnt zumeist mit der Analyse der schriftlichen Bewerbungsunterlagen. Diese umfassen i.d.R. das *Anschreiben*, einen *Lebenslauf*, ein *Lichtbild*, eine Zusammenstellung aller *Schul-, Ausbildungs- und Arbeitszeugnisse* sowie möglicherweise *Referenzen*. Dabei sind zahlreiche internationale Unterschiede feststellbar, die sich im Zuge der Globalisierung der Wirtschaft jedoch angleichen. Während etwa in Deutschland und den USA Motivationsschreiben üblich sind, fehlen diese in Osteuropa. In Deutschland und Frankreich erfolgt der Lebenslauf in chronologischer, in Großbritannien und den USA dagegen in umgekehrt chronologischer Reihenfolge. Auch werden dort in Lebensläufen häufig Interessen und Hobbys aufgeführt, das Alter bzw. Geburtsdatum zum Schutz vor Diskriminierung jedoch nicht angegeben. Aus dem gleichen Grund fügen Bewerber kein Foto bei. Nach der Verabschiedung des AGG wird auch in Deutschland auf persönliche Angaben, die in keinem direkten Zusammenhang zu der ausgeschriebenen Stelle stehen, zunehmend verzichtet. Ein Pilotprojekt des Bundesministeriums für Familie, Senioren, Frauen und Jugend zu *anonymisierten Bewerbungsverfahren* wurde jedoch wieder eingestellt (vgl. Krause et al. 2012).

> Den Einfluss des Aussehens von Bewerbern auf die Wahrscheinlichkeit, zu Vorstellungsgesprächen eingeladen zu werden, verdeutlicht eine Studie von Ruffle/Shtudiner (2014). Die Autoren versandten 5.312 Bewerbungen auf 2.656 Stellenausschreibungen in Israel, und zwar einmal mit und einmal ohne Foto. Die Hälfte der Fotos zeigte attraktive Gesichter, die andere durchschnittliche.
> „Und tatsächlich wurden die gut aussehenden Männer doppelt so oft angefragt wie ihre optisch neutralen Geschlechtsgenossen und auch öfter als die, deren Bewerbung ohne Foto eingereicht wurde. Bei Frauen aber war das Gegenteil der Fall. Bevorzugt wurden Bewerbungen, die das Aussehen nicht erkennen ließen. Und die attraktiven Frauen hatten das Nachsehen – vor allem dann, wenn nicht externe Agenturen, sondern firmeneigene Personalabteilungen die Auswahl trafen (…). Fällt hier die Hypothese vom blonden Dummchen ins Gewicht, die besagt, dass schönen Frauen nicht zugetraut wird, gescheit zu sein? (…)
> Als Ruffle und Shtudiner den Resultaten ihrer Studie auf den Grund gingen, stießen sie auf einen unterschätzten Faktor: In firmeneigenen Personalabteilungen sitzen bis zu 85% Frauen. Ihr Neid wurde den Geschlechts-

> genossinnen zum Verhängnis. Indem sie hässliche Entlein bevorzugten, folgerten die Forscher, versuchten sie die Schönheitskonkurrenz in der Firma zu verhindern.
>
> Zu dieser Interpretation passt, dass externe Personalagenturen (mit einem Frauenanteil von 96%) keinen Unterschied zwischen gut und weniger gut aussehenden Frauen machten. Den Agentinnen war die Optik der Kandidatinnen offensichtlich egal – sie würden ja nicht mit ihnen zusammenarbeiten. Dafür baten sie hübsche Männer auffällig oft zum Interview. Die wollten sie sich unbedingt mal ansehen" (Kutter 2012).

Neben Schul- und Abschlusszeugnissen von Berufsschulen bzw. Hochschulen kommt Arbeitszeugnissen bei der Bewerberauswahl eine große Bedeutung zu (vgl. Hesse/Schrader 2011; Schleßmann 2019). Nach § 630 BGB ist ein Arbeitgeber zur Ausstellung eines Arbeitszeugnisses verpflichtet, wenn der Arbeitnehmer dies verlangt. Das Arbeitszeugnis muss in angemessener äußerer Form verfasst sein und die in Tab. 5.4 aufgeführten Bestandteile beinhalten.

Bei der Interpretation von Arbeitszeugnissen entsteht das Problem, dass Arbeitgeber einerseits zu wahrheitsgemäßen Aussagen verpflichtet sind, der Wortlaut aber andererseits von „verständigem Wohlwollen" (Schleßmann 2019, S. 18) geleitet sein muss. Es haben sich deshalb zahlreiche Zeugnis-Codes herausgebildet, die in verschlüsselter Form die Beurteilung des Arbeitgebers ausdrücken. Besonders deutlich wird dies bei der *Zufriedenheitsformel*, die von Formulierungen wie „Er hat seine Aufgaben im Großen und Ganzen zu unserer Zufriedenheit erledigt" (mangelhaft) bis zu „Er hat seine Aufgaben stets zu unserer vollsten Zufriedenheit erfüllt" (sehr gut) reichen kann (vgl. Weuster/Scheer 2019).

Tabelle 5.4. Bestandteile von Arbeitszeugnissen

- Überschrift „Zeugnis" oder „Arbeitszeugnis"
- Name, Vorname, Geburtsdatum und eventuell Anschrift des Arbeitnehmers
- Dauer der Unternehmungszugehörigkeit mit zeitlichen Unterabschnitten bei Versetzungen oder Beförderungen
- Funktionsbezeichnungen und Beschreibungen der Tätigkeitsinhalte
- Beurteilung von Fachwissen, Leistungen, besonderen Erfolgen, Einsatzbereitschaft, Weiterbildungsaktivitäten
- Beurteilung des Verhaltens zu Vorgesetzten und Kollegen
- Gesamtbeurteilung (Zufriedenheitsformel)
- Schlussabsatz (Dankes-Bedauern-Formel und Zukunftswünsche)
- Datum und Unterschrift einer für verbindliche Erklärungen des Arbeitgebers zuständigen Person

Auch andere (grammatikalisch nicht immer korrekte) Formulierungen können dazu dienen, den Konflikt zwischen Wahrheitsmäßigkeit und Wohlwollen zu umgehen (vgl. Tab. 5.5). Problematisch ist diese Praxis dann, wenn der Verfasser und der Leser eines Zeugnisses nicht die gleichen Codes verwenden oder wenn der Leser bestimmte Bestandteile des Zeugnisses (z.B. Tippfehler) in einer Weise interpretiert, die von dem Verfasser nicht beabsichtigt wurde (vgl. Huesmann 2008).

Tabelle 5.5. Formulierungen in Arbeitszeugnissen und deren Interpretation

Formulierung	Interpretation
• Er hat alle Arbeiten ordnungsgemäß erledigt	• Er ist ein Bürokrat, der keine Eigeninitiative aufbringt
• Er zeigte großen Fleiß und Interesse an der Arbeit	• Er war eifrig, aber ohne Erfolg
• Mit seinen Vorgesetzten ist er gut zurechtgekommen	• Er ist ein Mitläufer, der sich gut zu verkaufen weiß
• Durch seine Geselligkeit trug er stets zur Verbesserung des Betriebsklimas bei	• Er neigte zu übertriebenem bis exzessivem Alkoholgenuss
• Er zeigte ein hohes Einfühlungsvermögen für die Belange der Belegschaft	• Er suchte sexuelle Kontakte zu Betriebsangehörigen
• Er galt im Kollegenkreis als toleranter Mitarbeiter	• Er war für seine Vorgesetzten ein schwerer Brocken
• Wir haben uns in gegenseitigem Einverständnis/Einvernehmen getrennt	• Wir haben ihm gekündigt bzw. ihm nahe gelegt, selbst zu kündigen

Quelle: zusammengestellt aus Lucas (2001)

5.1.2.2.2.2 Personalfragebogen

Vor allem Unternehmen mit einer großen Zahl von Bewerbungen senden an aussichtsreich erscheinende Bewerber Fragebögen, um offene Fragen zu beantworten und die wichtigsten Daten in eine standardisierte Form zu bringen. Im Rahmen des Electronic Recruiting sind Personalfragebögen häufig als Download auf der Personalhomepage verfügbar. Sowohl die Einführung als auch die Aufnahme einzelner Fragen bedarf nach § 94 BetrVG der Zustimmung des Betriebsrats.

Eine Sonderform sind *biographische Fragebögen*, in denen nicht nur objektive Daten des Lebenslaufs und des Berufswegs, sondern auch subjektive und nicht unmittelbar berufsbezogene Daten wie z.B. Hobbys, Ämter, Berufe der Eltern, das Verhalten in erlebten Konfliktsituationen oder Einstellungen zu bestimmten Themen abgefragt werden. Dem liegt die Annahme zugrunde, dass der biographische Hintergrund eines Bewerbers eine hohe Prognosevalidität für sein zukünftiges Arbeitsverhalten besitzt. Zur Erhöhung der Validität werden darüber hinaus häufig zukunftsbezogene Fragen wie z.B. nach den Zukunftsplänen oder angestrebten Positionen gestellt (vgl. Schuler/Stehle 1986; Bliesener 1992).

5.1.2.2.2.3 Selbstpräsentationen in sozialen Netzwerken

Neben den von Bewerbern eingereichten Unterlagen nutzen Arbeitgeber zunehmend Selbstpräsentationen in sozialen Netzwerken zur Gewinnung von Informationen über Bewerber (vgl. Roth et al. 2016). Nach einer repräsentativen Studie von

Bitkom Research (2018) informieren sich 63% der befragten Unternehmen in sozialen Netzwerken über Stelleninteressenten. Im Jahre 2013 waren dies erst 23%. 81% achten besonders auf fachliche Qualifikationen, 67% auf Äußerungen zu Fachthemen und 53% auf Äußerungen zur Unternehmung oder zu Wettbewerbern. 34% achten besonders auf Hobbys und private Aktivitäten, und 16% auf politische Ansichten. 24% der befragten Personalverantwortlichen, die sich Profile von Bewerbern in sozialen Netzwerken anschauen, haben schon Bewerber wegen einzelner Einträge nicht eingestellt beziehungsweise nicht in die engere Auswahl genommen.

Eine experimentelle Studie von Brecht-Heitzmann/Groels/Reichmuth (2010) zeigt, dass die Selbstpräsentation in sozialen Netzwerken einen erheblichen Einfluss auf die Vorselektion von Bewerbern haben kann. Danach wurden Bewerber, die aus Sicht von Arbeitgebern negative Eigenschaften in sozialen Netzwerken offenbart haben (z.B. politische Ansichten, Zugehörigkeit zu bestimmten Gruppen), signifikant seltener zu Bewerbungsgesprächen eingeladen als Bewerber ohne entsprechende Hinweise.

Die Zulässigkeit des *Social Media Screening* durch Arbeitgeber ist rechtlich umstritten. So erlaubt § 26 Abs. 1 des BDSG die Verarbeitung und Nutzung personenbezogener Daten nur dann, wenn dies „für die Entscheidung über die Begründung eines Beschäftigungsverhältnisses (...) erforderlich ist." Zulässig ist dies auch, wenn der Bewerber dieser zustimmt oder z.B. in seinen Bewerbungsunterlagen explizit auf seine Einträge in sozialen Netzwerken hinweist.

Neben der Suche nach Informationen durch die Arbeitgeber bieten soziale Netzwerke die Möglichkeit, Bewerberprofile direkt mit Stellenausschreibungen zu verlinken. Für Bewerber wird durch diese Möglichkeit der Bewerbung per Mausklick der Aufwand erheblich reduziert. Zugleich entfällt dadurch die Möglichkeit, die Bewerbung individuell an der ausgeschriebenen Stelle auszurichten.

5.1.2.2.2.4 Vorstellungsgespräche

Nach der Analyse der Bewerbungsunterlagen und eventuell weiterer Informationen findet zumeist eine Vorauswahl einer kleineren Zahl von potenziell geeigneten Bewerbern statt, mit denen eine direkte Kontaktaufnahme erfolgt und Vorstellungsgespräche geführt werden. Diese dienen dazu, einen persönlichen Eindruck des Bewerbers zu gewinnen, die in den Bewerbungsunterlagen gemachten Aussagen zu überprüfen und fehlende Daten zu ermitteln. Dies gilt sowohl für *biographische Daten* als auch für *Persönlichkeitsmerkmale* der Bewerber und deren *Verhalten in Gesprächssituationen* (vgl. Weuster 2012a).

Im Hinblick auf den **Freiheitsgrad** von Einstellungsgesprächen können mehrere Formen unterschieden werden:

- Bei *strukturierten Interviews* werden allen Bewerbern die gleichen Fragen mit gleichem Wortlaut und in der gleichen Reihenfolge gestellt.
- Bei *freien Interviews* können die Interviewer ihre Fragen frei formulieren und beliebige Themen ansprechen.

- Eine Mischform bilden *halbstrukturierte Interviews*, denen ein Interviewleitfaden mit zuvor festgelegten Themengebieten zugrunde liegt.

Je strukturierter und standardisierter Einstellungsgespräche sind, desto höher ist die Vergleichbarkeit der Bewerber. Strukturierte Interviews weisen deshalb nach einer Meta-Analyse von McDaniel et al. (1994) eine höhere Prognosevalidität auf. Freie Interviews erlauben es dagegen eher, auf individuelle Besonderheiten von Bewerbern einzugehen und z.B. spontan auf deren Antworten zu reagieren. Die Gefahr von Beobachtungs- und Beurteilungsfehlern (vgl. Tab. 5.6) nimmt jedoch zu (vgl. Wick 2005), weshalb mit zunehmendem Freiheitsgrad die Anzahl der am Einstellungsgespräch Beteiligten steigen sollte. Sonderformen von Einstellungsgesprächen sind Gruppeninterviews, Stressinterviews und Tiefeninterviews:

- In *Gruppeninterviews* werden mehrere Bewerber gleichzeitig befragt.
- *Stressinterviews* dienen dazu, die psychische Belastungsfähigkeit von Bewerbern mit Hilfe von provozierenden Fragen zu überprüfen.
- *Tiefeninterviews* bedienen sich psychoanalytischer Konzepte, um unbewusste Einstellungen, Werte und Motive von Bewerbern offen zu legen.

Tabelle 5.6. Beobachtungs- und Beurteilungsprobleme in Interviews

Phänomen	Beschreibung
Ähnlichkeitsphänomen	Tendenz, Bewerber besser zu bewerten, die dem Verhalten und der Herkunft des Beurteilenden ähneln
Halo-Effekt	Beurteilung von Persönlichkeitseigenschaften wird von einer einzigen positiven oder negativen Eigenschaft dominiert
Primacy-Effekt	Neigung, Bewerber nach dem ersten Eindruck zu bewerten und Folgewertungen selektiv als Bestätigung der bereits getroffenen Bewertung zu treffen
Kontrast-Effekt	Beurteilung eines Kandidaten wird durch das Auftreten des unmittelbar zuvor erschienenen Kandidaten beeinflusst
Realnormierte Messung	Derselbe Bewerber kann in einer „schwachen" Gruppe als stark und in einer „stärkeren" Gruppe als durchschnittlich eingestuft werden
Ermüdungs-Effekt	Beurteiler neigen dazu, Bewerber am Morgen positiver einzuschätzen als am Abend (vgl. Simonsohn/Gino 2013)
Matrjoschka-Effekt	Weniger kompetente Beurteiler neigen dazu, weniger kompetente Bewerber solchen mit überdurchschnittlichen Fähigkeiten vorzuziehen („A's hire A's, and B's hire C's") (vgl. Bishop 2009)
Dunning-Kruger-Effekt	Weniger kompetente Beurteiler neigen dazu, ihre eigene Beurteilungsfähigkeit zu überschätzen und überlegene Fähigkeiten bei Bewerbern zu unterschätzen (vgl. Kruger/Dunning 1999)

Bei Einstellungsgesprächen sind nicht alle Fragen zulässig. Bewerber können eine Antwort auf bestimmte Fragen verweigern oder dürfen diese nicht wahrheitsgemäß beantworten, ohne dass ihnen daraus später Nachteile entstehen dürfen. Dem stehen bestimmte Offenbarungspflichten des Bewerbers gegenüber (vgl. Tab. 5.7).

Machen Bewerber in Einstellungsgesprächen falsche Aussagen oder kommen sie ihren Offenbarungspflichten nicht nach, kann der Arbeitgeber den Arbeitsvertrag wegen arglistiger Täuschung anfechten (§ 123 BGB).

Tabelle 5.7. Offenbarungspflichten und Fragerechte in Vorstellungsgesprächen

	Offenbarungspflicht (von sich aus)	**zulässige Frage und wahrheitsgemäße Beantwortung**
Wettbewerbsverbot	ja	ja
Schwerbehinderung, chronische Krankheiten	wenn der Bewerber wegen der Behinderung bzw. Krankheit die vorgesehene Arbeit nicht leisten kann oder dessen beschränkte Leistungsfähigkeit für die vorgesehene Stelle von ausschlaggebender Bedeutung ist	soweit für die Stelle von Bedeutung
beruflicher Werdegang (einschließlich Wehr-/Zivildienst)	nein	ja
Schwangerschaft	nein	nur weibliche Bewerberinnen, soweit für die Stelle von Bedeutung
letztes Einkommen		wenn dieses Schlüsse auf die Eignung für die angestrebte Position zulässt
Vorstrafen	bei höherer Stellung, z.B. Lehrer mit Sittlichkeitsvorstrafen	soweit für die Stelle von Bedeutung, z.B. Eigentumsdelikt bei Kassierer, Verkehrsdelikt bei Fahrer
Vermögensverhältnisse		bei leitenden Angestellten, Bankkassierern und ähnlichen Vertrauensstellungen
Religions- und Parteizugehörigkeit	Nein	bei konfessionellen Krankenhäusern, Kindergärten sowie religions- oder parteigebundenen Verlagen (Tendenzbetrieben)
Gewerkschaftszugehörigkeit		allenfalls wegen Tarifbindung oder Beitragseinzug
Heiratsabsicht insbesondere bei Frauen		nein

Quelle: leicht verändert nach Scholz 2014, S. 573

> „Mit welcher Frage erfährt man *wirklich* etwas über seinen Gesprächspartner? ‚Wo sehen Sie sich in fünf Jahren?' gilt zwar als Klassiker des Bewerbungsgesprächs, führt aber oft nicht weiter: Die Frage ist völlig erwartbar und steht in jedem Bewerbungsratgeber. Kandidaten wissen, was die andere Seite hören möchte: ‚In einer Position, wo ich – gemeinsam mit meinem engagierten Team – etwas für Ihre Firma bewegen kann!' Gähn.
>
> Wer würde den Kampf zwischen Spiderman und Batman gewinnen? Schätzen Sie die Gesamtzahl der Autos in Großbritannien! Wie würden Sie den Eiffelturm bauen? Können Sie berechnen, wie viele Tennisbälle im Verlauf des Wimbledon-Turniers genutzt werden? Was kann der Grund dafür sein, dass beim Pizzadienst ‚Prima Pizza' der Umsatz einbricht, obwohl das Konzept gar nicht verändert worden ist? Das sind schon andere Kaliber. Sie kommen unerwartet und sind selbst mit gutem Allgemeinwissen schwer zu beantworten, manchmal auch gar nicht (…).
>
> Aber was soll man sagen, wenn der Personaler mit solchen Fragen um die Ecke biegt? Der beste Tipp: gelassen reagieren, auch wenn das Problem auf den ersten Blick unlösbar erscheint. Und laut denken. Denn darum geht es den Chefs in diesem Spiel. Sie erwarten keine perfekte oder nahezu korrekte Lösung. Sie wollen sich also keine richtige oder falsche Antwort abholen, sondern sehen, wie der Bewerber eine Antwort herleitet und begründet. Wer schlagfertig improvisieren kann, wer bei einem solchen ‚Brainteaser' analytisch und kreativ vorgeht, ist im Vorteil" (Kaufmann 2015).

Seit der Corona-Pandemie werden Vorstellungsgespräche zunehmend virtuell geführt. Dies reduziert den zeitlichen Aufwand und erleichtert die ortsunabhängige Mitwirkung mehrerer Teilnehmer. Zudem kann dadurch der Bewerbungsprozess beschleunigt werden. Ein weiterer Vorteil von Videointerviews ist die Möglichkeit, Verfahren der Bilderkennung einzusetzen, mit denen latente Persönlichkeitsmerkmale der Bewerber identifiziert werden können (vgl. Kap. 5.1.2.2.2.5). Nachteile sind die im Vergleich zu persönlichen Vorstellungsgesprächen geringere *media richness* und die – analog zu virtuellen Partnerbörsen – geringere Verbindlichkeit. Virtuelle Vorstellungsgespräche sind deshalb vor allem zur ersten Kontaktaufnahme geeignet.

5.1.2.2.2.5 Applicant Tracking Systeme

Zur Vorauswahl von Bewerbungen werden zunehmend elektronische *Applicant Tracking Systeme* eingesetzt, die auf Methoden der **künstlichen Intelligenz** basieren. Mit Hilfe von Verfahren der Texterkennung werden die Bewerbungsunterlagen mit den Anforderungen der zu besetzenden Stelle verglichen. Die Passgenauigkeit kann anschließend durch einen *Matching Score* visualisiert werden. Dieser Abgleich dient insbesondere der Negativselektion, d.h. der frühzeitigen Eliminierung von Bewerbungen aus dem weiteren Auswahlprozess, die die Stellenanforderungen mit hoher Wahrscheinlichkeit nicht erfüllen (vgl. Laumer/Maier/Eckhardt 2015; Verhoeven 2019).

Durch Verfahren der Bilderkennung sollen darüber hinaus latente Persönlichkeitsmerkmale der Bewerber identifiziert werden. Dazu werden neben der Text- und Sprachenanalyse (z.B. Häufigkeit von Worten und Füllworten, Länge der Pausen, etc.) auch Mimik und Gestik der Bewerber analysiert und daraus Rückschlüsse auf bestimmte Persönlichkeitseigenschaften wie etwa die Big Five-Persönlichkeitsfaktoren (vgl. Kap. 5.1.2.2.2.6) geschlossen (vgl. Stulle 2018).

Applicant Tracking Systeme reduzierenden den Zeit- und Kostenaufwand der Personalauswahl und werden deshalb insbesondere von Großunternehmungen eingesetzt, die sehr viele Bewerbungen erhalten. Ein weiterer Vorteil ist die Reduzierung von menschlichen Wahrnehmungs- und Beurteilungsfehlern bei der Vorauswahl von Bewerbern. Dem die steht die Gefahr gegenüber, dass die Auswahlentscheidung statt durch Menschen durch anonyme Algorithmen getroffen wird, die intransparente und unbewusste Diskriminierungen beinhalten können (vgl. Hunkenschroer/Luetge 2022). Auch die Validität ist unklar (vgl. Kannning 2021).

5.1.2.2.2.6 Testverfahren

Testverfahren basieren auf der Annahme, dass zwischen bestimmten, nicht durch formale Kriterien (z.B. biographische Daten, Zeugnisse) beschreibbaren Eigenschaften von Bewerbern und deren zukünftiger Leistungsfähigkeit ein Zusammenhang besteht, der durch die Wahl geeigneter Methoden aufgedeckt werden kann. Aufgrund ihrer hohen Kosten werden Testverfahren vor allem in Großunternehmungen, die regelmäßig einen umfangreichen Personalbedarf decken müssen, sowie bei der Besetzung von Führungspositionen eingesetzt. Folgende **Testtypen** lassen sich unterscheiden (für einen ausführlichen Überblick vgl. Brickenkamp/Brähler/Holling 2001; Hesse/Schrader 2001a; Moosbrugger/Kelava 2020):

- Durch *Fähigkeitstests* sollen u.a. die Leistung, Konzentrationsfähigkeit, Aufmerksamkeit und Intelligenz von Bewerbern ermittelt werden. Neben allgemeinen Fähigkeitstests, die z.B. die Gedächtnisleistungen, Problemlösungsfähigkeiten oder logisches Denkvermögen von Bewerbern messen sollen, werden Bewerber in speziellen bzw. situativen Fähigkeitstests mit realistischen Situationen aus dem Arbeitsleben konfrontiert. Beispiele dafür sind Fallstudien, Plan- und Rollenspiele oder Gruppendiskussionen, die neben der Diagnose der fachlichen Fähigkeiten auch der Beobachtung des sozialen Verhaltens dienen.
- Die häufig zeit- und kostenintensiven *Persönlichkeitstests* dienen vor allem der Erfassung weitgehend konstanter und situationsunabhängiger Persönlichkeitsmerkmale wie Interessen, Werte und Einstellungen (vgl. Hesse/Schrader 2013; Hossiep/Mühlhaus 2015). Dabei sind unterschiedliche Formen denkbar:
  - Bei *subjektiven Tests* (z.B. Interessens- und Neigungstests) ist das Testprinzip für die Bewerber durchschaubar, d.h. die gestellten Fragen lassen erkennen, auf welche Persönlichkeitseigenschaften geschlossen werden soll.
  - Bei *objektiven Tests* werden die bewerteten Merkmale und die Beurteilungskriterien dagegen nicht offen gelegt. Das Ergebnis kann deshalb durch den Bewerber nicht willentlich beeinflusst werden. Ein Beispiel dafür ist die Aufforderung, die Länge von Linien zu schätzen. Die Rückmeldung darüber

ist unabhängig von der tatsächlichen Richtigkeit. Dadurch sollen z.B. Frustrationstoleranz oder Risikobereitschaft gemessen werden.
- *Projektive Tests* dienen der Aufdeckung der tiefer liegenden, dem Bewerber häufig unbewussten Persönlichkeitsstruktur. Dazu wird den Probanden zumeist schwach strukturiertes Reizmaterial präsentiert, das von diesen gedeutet werden soll. Beispiele dafür sind der Rorschach-Test, der Assoziationen zu Tintenklecksen bewertet (vgl. Bohm 1996; Wood et al. 2003), und der Lüscher-Test, bei dem mit Hilfe verschiedener Farben auf Persönlichkeitsmerkmale geschlossen wird (vgl. Lüscher 1991).
- *Psychometrische Tests* basieren zumeist auf Fragebögen, deren Beantwortung durch einen Probanden mit den durchschnittlichen Werten einer Normstichprobe verglichen wird. Ein weit verbreitetes psychometrisches Testverfahren ist das *NEO-Fünf-Faktoren-Inventar* (NEO-FFI), das auf dem **Big Five-Modell** basiert (vgl. Tab. 5.8). Das in etwa 10 Minuten zu bearbeitende multidimensionale Persönlichkeitsinventar erhebt die Ausprägung von fünf grundlegenden Faktoren der Persönlichkeitsstruktur, die durch umfangreiche faktorenanalytische Studien validiert wurden. Während die Faktoren Neurotizismus, Offenheit und Gewissenhaftigkeit vor allem intrapersonelle Merkmale beinhalten, beschreiben die Faktoren Extraversion und Verträglichkeit insbesondere interpersonelles Verhalten.

Tabelle 5.8. Big Five-Modell der Persönlichkeitsstruktur

Faktor	**Dimensionen**
Neurotizismus (vs. emotionale Stabilität)	Ängstlichkeit, Reizbarkeit, Depression, Soziale Befangenheit, Impulsivität, Verletzlichkeit
Extraversion	Herzlichkeit, Geselligkeit, Durchsetzungsfähigkeit, Aktivität, Erlebnishunger, Frohsinn
Offenheit	Offenheit für Fantasie, Ästhetik, Gefühle, Handlungen, Ideen, bezüglich des Normen- und Wertesystems
Gewissenhaftigkeit	Kompetenz, Ordentlichkeit, Pflichtbewusstsein, Leistungsstreben, Selbstdisziplin, Besonnenheit
Verträglichkeit	Vertrauen, Freimütigkeit, Altruismus, Entgegenkommen, Bescheidenheit, Gutherzigkeit

Quelle: zusammengestellt nach McCrae/Costa 2006

Eine spezifische Kombination unterschiedlicher Testverfahren stellen **Assessment Center** dar (vgl. Paschen et al. 2003; Kleinmann 2013; Obermann 2017). Diese sind durch folgende Merkmale gekennzeichnet:

- Gleichzeitige Beurteilung *mehrerer Bewerber*
- durch *mehrere Beurteiler* (Personalspezialisten, zukünftige Vorgesetzte, externe Experten, u.a.)
- mit Hilfe *mehrerer eignungsdiagnostischer Verfahren*
- in Hinblick auf *mehrere Prädiktoren* der zukünftigen Leistungsfähigkeit

- während eines Workshops mit einer *Dauer* von ein bis drei Tagen.

Zu den gebräuchlichsten Methoden, die im Rahmen von Assessment Centern eingesetzt werden, zählen:

- *Analytisch-konzeptionelle Übungen*, mit denen das Analyse-, Entscheidungs- und Delegationsverhalten unter Zeitdruck einzuschätzen versucht wird. Dazu zählt etwa die *Postkorb-Übung*, bei der dem Bewerber zahlreiche Dokumente (Briefe, Telefon-Mitteilungen, Notizen, Emails, etc.) ausgehändigt werden, die nach ihrer Dringlichkeit geordnet werden sollen. Erschwert werden kann diese Übung noch durch Telefonate und Gespräche, die den Zeitdruck erhöhen und die Konzentration erschweren. Eine andere Variante sind simulierte Zielkonflikte zwischen Unternehmungszielen und persönlichen Zielen (z.B. durch fiktive Anrufe, dass die Kinder des Bewerbers vom Kindergarten abgeholt werden müssen). Nach Ansicht von Brandt (1989, S. 30) findet dadurch eine versteckte Gesinnungs- bzw. Loyalitätsprüfung statt, durch die festgestellt werden soll, ob „fiktive wichtige persönliche Interessen zugunsten der Interessen der Organisation zurückgestellt (werden)".
- *Präsentation*, bei denen die Bewerber spontan oder nach einer kurzen Vorbereitung zu vorgegebenen oder selbst gewählten Themen Stellung beziehen müssen. Analysiert werden sollen dadurch vor allem die verbale und non-verbale Ausdrucksfähigkeit von Bewerbern, deren Fachwissen sowie deren Fähigkeit zu analytischem Denken.
- *Gruppendiskussionen*, bei denen sich die Bewerber in die Rolle von Führungskräften, Kunden, Banken oder anderen Interessengruppen hineinversetzen und deren Position gegenüber anderen Bewerbern vertreten müssen. Dadurch sollen vor allem das Einfühlungs- und Überzeugungsvermögen sowie die soziale Kompetenz beurteilt werden.
- *Rollenspiele*, bei denen ebenfalls die Rolle eines bestimmten Aufgabenträgers eingenommen werden muss. Im Unterschied zu Gruppendiskussionen findet jedoch auch eine Simulation unternehmungsbezogener Probleme statt. Beispiele dafür sind etwa Gehaltsverhandlungen, Trennungsgespräche oder Kundenreklamationen.
- *Unternehmungsplanspiele*, bei denen mehrere Bewerber zusammen eine fiktive Unternehmung bilden und mit anderen Unternehmungen auf einem simulierten Markt miteinander konkurrieren. Neben dem Problemlösungs- und Entscheidungsverhalten soll dadurch vor allem die Teamfähigkeit von Bewerbern ermittelt werden. Da Unternehmungsplanspiele zumeist mehrere Entscheidungs- und Bewertungsperioden umfassen, sollen diese zudem Auskunft über die Lernfähigkeit von Bewerbern geben.

Da Assessment Center durch eine hohe Systematik, standardisierte Beobachtungsinstrumente und die mehrfache Erfassung einer Vielzahl von Bewerbermerkmalen gekennzeichnet sind, ist ihre Prognosevalidität empirischen Studien zufolge hoch (vgl. Hermelin/Lievens/Robertson 2007; Becker et al. 2011). Dennoch verbleibt nach Ansicht von Kompa (2004, S. 78) „ein großer Spielraum für Wahrnehmungsstereotype, implizite Persönlichkeitsmodelle und latente Urteilskriterien im Prozess der Kandidatenbeobachtung (…), Urteilsbildung und Gutachterformulierung." Darüber hinaus verweist Kompa darauf, dass das Verfahren tendenziell zu einer Machtverlagerung von der Fach- zur Personalabteilung führt, indem die Personalauswahl als Problem definiert wird, das nur von Experten mit entsprechenden Qualifikationen gelöst werden kann.

> Vor allem Unternehmungen mit einer großen Zahl von Bewerbern greifen zunehmend auf elektronische Testverfahren zur Bewerberauswahl zurück. So setzt etwa die Lufthansa ein Online-Assessment zur Vorauswahl von Bewerbern auf Führungsnachwuchsstellen ein. In einem ersten Schritt müssen die Bewerber zunächst ihre fachlichen Qualifikationen eingeben, die anschließend bewertet werden. Daran schließen sich verschiedene Tests zur Überprüfung der fachlichen und überfachlichen Kompetenzen wie z.B. des analytischen, logischen und numerischen Denkens, der Konzentrationsfähigkeit sowie der Entscheidungs- und Risikobereitschaft an. Nach der Aktivierung eines Testverfahrens erhält der Bewerber zunächst eine allgemeine Einführung, Hinweise zur Durchführung und 1-2 Beispielaufgaben. Auch das Zeitbudget für die Aufgaben wird mitgeteilt. Zwischen den einzelnen Tests können die Bewerber Pausen einlegen. Insgesamt dürfen jedoch 30 Tage zur Beendigung aller Tests nicht überschritten werden. Das Ziel des Online-Assessment besteht darin, nur diejenigen Bewerber aus dem weiteren Auswahlprozess zu selektieren, die den Anforderungen der zu besetzenden Positionen eindeutig nicht entsprechen. Alle durch das Online-Assessment überprüften Kenntnisse und Fähigkeiten werden im Falle einer Einladung zu einem Inhouse-Assessment erneut überprüft (vgl. Wiedmann 2009).

5.1.2.2.2.7 Losverfahren

Während die meisten Auswahlverfahren auf den bisherigen oder zukünftig zu erwartenden Leistungen der Bewerber basieren, erfolgt bei Losverfahren eine *fokale Zufallsauswahl* (Osterloh/Fong 2021). *Meritokratische Auswahlverfahren* sind sensibel gegenüber unterschiedlichen Gewichtungen der jeweiligen Kriterien bzw. Stärken und Schwächen der einzelnen Bewerber, was erhebliche Bewertungs- und Manipulationsspielräume eröffnet. Sie beinhalten zudem die Gefahr von Attributionsfehlern, nach denen Erfolge den Eigenschaften und Fähigkeiten von Personen zugeschrieben werden, Misserfolge dagegen den Umweltbedingungen oder Umständen. Qualifizierte Losentscheidungen unter einer kleinen Zahl von Bewerbern, die eine herkömmliche Vorauswahl durchlaufen haben, verringern dagegen die Gefahr von Wahrnehmungsverzerrungen der Beurteilenden und Selbstüberschätzungen (Hybris) der Ausgewählten (vgl. Berger et al. 2020). Laborexperimente zeigen zudem, dass dadurch die Diversität der ausgewählten Bewerber erhöht wird (Liu 2021).

5.1.2.2.3 Praktische Bedeutung und Effizienz

Empirische Untersuchungen zeigen, dass die dargestellten Verfahren der Bewerberauswahl im internationalen Vergleich eine unterschiedlich hohe praktische Bedeutung besitzen (vgl. Tab. 5.9). In deutschen Unternehmungen werden strukturierte Interviews mit Abstand am häufigsten eingesetzt. Danach folgen biographische Fragebögen und Assessment Center, während die Bedeutung der anderen Auswahlverfahren nur sehr gering ist. Dabei sind große internationale Unterschiede feststellbar (vgl. Weuster 2012b). Auffallend ist etwa die sehr große Bedeutung graphologischer Gutachten in Frankreich und Spanien. In Spanien, den Benelux-Staaten und Großbritannien werden zudem verschiedene Testverfahren und biographische Fragebögen deutlich häufiger als in Deutschland eingesetzt. Assessment Center werden am häufigsten in Großbritannien verwendet. Kontrovers wird die Frage diskutiert, ob diese Unterschiede in der Nutzung verschiedener Auswahlverfahren auf *kulturelle Unterschiede* zurückgeführt werden können. So zeigt etwa eine empirische Untersuchung von Ryan et al. (1999), dass Unternehmungen aus Kulturen mit einer höheren Unsicherheitsvermeidung Testverfahren und persönliche Interviews häufiger einsetzen, insgesamt jedoch eine geringere Zahl von Verfahren nutzen. Ähnlich wie bei der Gestaltung der Bewerbungsunterlagen nehmen internationale Unterschiede bei den von Unternehmungen eingesetzten Verfahren der Bewerberauswahl generell ab.

Tabelle 5.9. Praktische Bedeutung unterschiedlicher Verfahren der Bewerberauswahl (mittlere Führungskräfte) in ausgewählten Ländern (in %)

Verfahren	Deutschland	Frankreich	Spanien	Benelux	Großbritannien
strukturiertes Interview	58	75	74	88	94
Persönlichkeitstest	8	35	79	71	71
Leistungstest	3	25	42	53	29
Intelligenztest	2	25	63	47	35
biographischer Fragebogen	15	40	58	41	18
Assessment Center	15	5	10	12	37
graphologisches Gutachten	7	100	68	18	6

Quelle: Schuler/Frier/Kauffmann 1993

Zur Prognosevalidität der dargestellten Verfahren, d.h. zu deren Eignung, diejenigen Bewerber zu identifizieren, deren Eignungsprofil die größte Übereinstimmung mit dem Anforderungsprofil aufweist, liegen nur wenige empirische Untersuchungen vor. Die Schwierigkeit besteht darin, dass dazu Bewerber eingestellt werden müssten, die nach Anwendung des jeweiligen Verfahrens eigentlich abgelehnt worden wären (Testgruppe), um deren Arbeitsleistung anschließend mit denjenigen Bewerbern zu vergleichen, die nach dessen Anwendung tatsächlich ausgewählt wurden (Kontrollgruppe).

Die vorliegenden empirischen Studien weisen darauf hin, dass das Assessment Center-Verfahren die höchste Prognosevalidität besitzt (vgl. Tab. 5.10). Gründe dafür sind die Kombination mehrerer Auswahlmethoden und die Einbeziehung mehrerer Beobachter (vgl. Obermann 2017). Reduziert wird die Prognosevalidität jedoch dadurch, dass sich Bewerber durch Testtrainings gezielt vorbereiten und dadurch die eigentliche Testprozedur unterlaufen können (vgl. Siewert 2000; Hesse/Schrader 2001b). Aufgrund der Methodenvielfalt ist diese Gefahr beim Assessment Center allerdings geringer als bei einfachen Testverfahren.

Tabelle 5.10. Prognosevalidität unterschiedlicher Verfahren der Bewerberauswahl in empirischen Untersuchungen

Verfahren	Stehle (1980)	Reilly/Chao (1982)	Hunter/ Hunter (1984)	Cascio (1998)
Einstellungsinterview	0,00 - 0,25	0,19	0,14	
biographischer Fragebogen	0,20 - 0,50	0,35	0,44	0,33 - 0,37
Intelligenztest	0,20 - 0,30			0,30 - 0,53
Leistungstest	0,10 - 0,20	0,35	0,53	
Persönlichkeitstest	0,20 - 0,40			
situative Tests	0,20 - 0,30			0,39
Assessment Center	0,40 - 0,70		0,43	0,44 - 0,71

Angesichts der geringen Prognosevalidität vieler Auswahlverfahren wurde im Jahre 2002 auf Initiative des Berufsverbands Deutscher Psychologinnen und Psychologen die DIN 33430 verabschiedet, die Anforderungen an die Personalauswahl formuliert. Danach sollen nur solche Verfahren eingesetzt werden, *die nachweislich einen Bezug zu den Anforderungen* haben. Zudem sollen alle Aspekte der Durchführung und Auswertung der Verfahren sowie der Interpretation der Ergebnisse *vorab detailliert festgelegt und dokumentiert* werden. Der gesamte Prozess der Eignungsbeurteilung ist so zu dokumentieren, dass das Ergebnis nachvollzogen werden kann. Dadurch soll nicht nur die *Qualität der Bewerberauswahl* erhöht, sondern auch der Nachweis deren *Rechtmäßigkeit* erleichtert werden (vgl. Hornke/Winterfeld 2004; Kersting/Püttner 2006).

5.1.2.3 Personaleinstellung

Die dritte und letzte Teilphase der Personalbeschaffung bildet die Personaleinstellung. Hierunter fallen der Abschluss des Arbeitsvertrags sowie die fachliche und soziale Eingliederung des neuen Mitarbeiters. Zudem muss den nicht ausgewählten Bewerbern abgesagt werden.

Durch die Unterzeichnung des **Arbeitsvertrags** zwischen der Unternehmung und dem Bewerber wird der Prozess der Personalbeschaffung abgeschlossen und der Bewerber zu einem Mitarbeiter der Unternehmung (vgl. Kap. 4.1.1). Es besteht jedoch die Möglichkeit, eine *Probezeit* von zumeist drei bis sechs Monaten zu vereinbaren. Während der Probezeit sind die Regelungen des Kündigungsschutzes außer Kraft gesetzt, so dass die Unternehmung mit einer Frist von zwei Wochen ohne Angabe von Gründen Kündigungen aussprechen kann (§ 622 BGB). Dies eröffnet der Unternehmung die Möglichkeit, das Verhalten des neuen Mitarbeiters ausführlich zu beobachten.

Einen zweiten wichtigen Aspekt der Personaleinstellung bildet die **Eingliederung neuer Mitarbeiter** (Onboarding) (vgl. Abb. 5.5). Dabei können mehrere Maßnahmen unterschieden werden (vgl. Dierkes 2017; Moser et al. 2018):

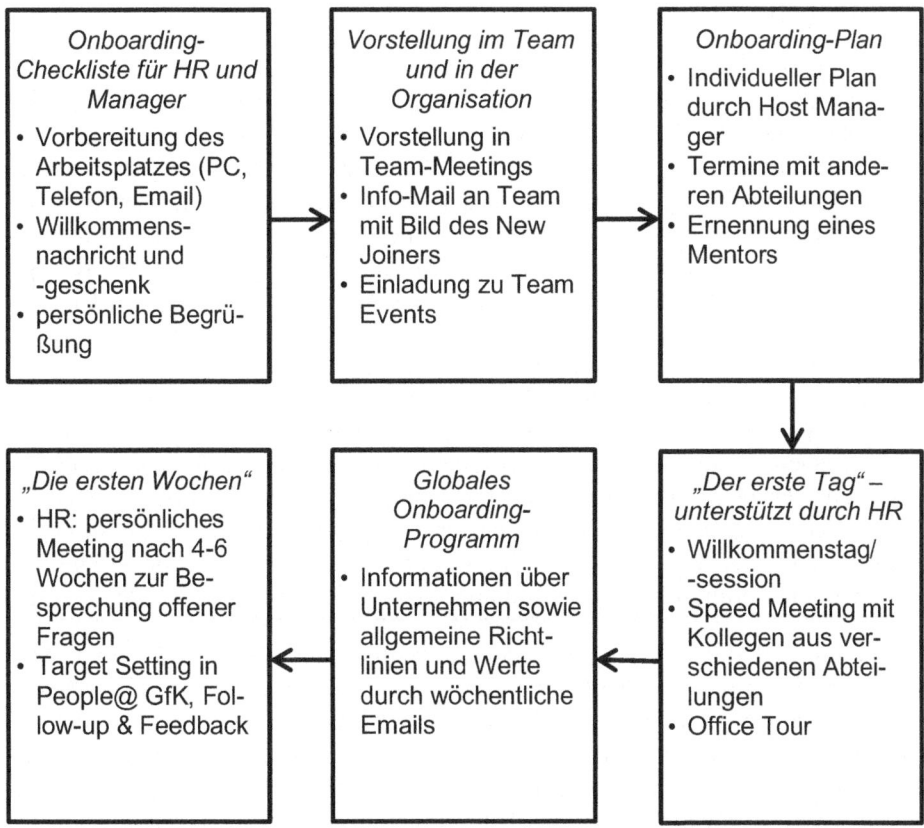

Abb. 5.5. Prozess des Onboarding bei der GfK (Quelle: leicht verändert nach Moser et al. 2018, S. 135)

- Die *fachliche Einarbeitung* soll es neu eingestellten Mitarbeitern ermöglichen, ihre Arbeitsaufgaben sowie die damit verbundenen Anforderungen systematisch und umfassend kennen zu lernen. Dabei kommt dem intensiven Kontakt zum Vorgesetzten sowie zu den Fachkollegen eine große Bedeutung zu.

- Begleitet wird die fachliche Einarbeitung zumeist durch detaillierte *Informationen über die Unternehmung*, d.h. über deren Produkte, Strukturen, Prozesse und Kultur. In Großunternehmungen geschieht dies zumeist in Form von Handbüchern für neue Mitarbeiter. Dabei ist jedoch zu berücksichtigen, dass wichtige Elemente der Unternehmungskultur impliziter Natur sind (vgl. Kap. 5.4.3) und deshalb nur durch persönliche Erfahrungen vermittelt werden können.
- Die *soziale Integration* soll dazu beitragen, dass sich neue Mitarbeiter möglichst schnell in ihrer neuen Unternehmung wohlfühlen. Dazu können u.a. Mentoren beitragen, die Nachwuchskräften frühzeitig Karrieremöglichkeiten aufzeigen. Insbesondere dann, wenn mit dem Stellenwechsel auch ein Wohnortwechsel verbunden ist, trägt darüber hinaus die Unterstützung bei der privaten Integration des Mitarbeiters und seiner Familie maßgeblich zu dessen Zufriedenheit bei.

> Eine große Herausforderung während der Corona-Pandemie war die fachliche und soziale Eingliederung neuer Mitarbeiter ohne persönliche Kontakte. Die Deutsche Telekom hat dazu eine Onboarding-App entwickelt, durch die die virtuelle Einführung neuer Mitarbeiter erleichtert werden soll. Nach der Unterzeichnung des Arbeitsvertrags können neue Mitarbeiter auf diese zurückgreifen. Die App beinhaltet u.a. eine Checkliste mit Informationen zum typischen Ablauf der ersten Arbeitstage. Ein Chatbot steht zur Klärung offener Fragen bereit. Ab dem ersten Arbeitstag gibt es Zugriff auf weitere Informationen zu Strategie und Kultur der Unternehmung, wichtigen Programme und Tools, Datenschutz und -sicherheit sowie Entwicklungs- und Weiterbildungsmöglichkeiten. Darüber hinaus enthält die App wichtige Informationen zur jeweiligen Abteilung und den individuellen Aufgaben, Produkten und Services. Diese werden mit Hilfe von Virtual Reality-Headsets erlebbar gemacht. Durch regelmäßige virtuelle Get-together werden neue und bereits länger in der Unternehmung tätige Mitarbeiter miteinander vernetzt (vgl. https://onboarding.telekom.de/onboarding/mitarbeiter.html; https://www.youtube.com/watch?v=pcsvO8vWrqM).

Die große Bedeutung der Eingliederung resultiert aus der hohen Zahl von Mitarbeitern, die in den ersten Wochen nach Beginn des Arbeitsverhältnisses bereits wieder kündigen (vgl. Weller 2007). Die *Frühfluktuation* ist besonders hoch bei Mitarbeitern der Generationen Y und Z, die eine geringere Bindung an ihren Arbeitgeber haben als frühere Generationen. Die wichtigsten Gründe dafür sind enttäuschte Erwartungen, Über- und Unterforderungen, Rollenunklarheiten sowie fehlendes Feedback des Vorgesetzten. Eine Studie von Towers Perrin (2003, S. 23) weist zudem darauf hin, dass sich die Gründe für die Wahl eines Arbeitgebers deutlich von den Gründen unterscheiden, bei diesem zu bleiben bzw. diesen zu verlassen. Neben den Aufstiegs- und Karrierechancen sind dafür vor allem weiche Faktoren wie die Work-Life-Balance sowie das Verhältnis zu Kollegen und Vorgesetzten relevant, die sich nur schwer vor Beginn der Tätigkeit vermitteln lassen.

Den Abschluss der Personalbeschaffung bildet die **Absage der nicht ausgewählten Bewerber**. Mit Ausnahme schwerbehinderter Bewerber besteht dabei keine Verpflichtung zur Auskunft über die Gründe, die zur Ablehnung einer Bewerbung geführt haben (Urteil des BAG v. 25.4.2013, Az. 8 AZR 287/08). Das AGG legt zudem nahe, abgelehnten Bewerbern die Gründe für die Nichtberücksichtigung nicht mitzuteilen, da dies das Risiko einer Klage wegen Diskriminierung reduziert. Um bei den abgelehnten Bewerbern ein positives Arbeitgeberimage zu hinterlassen, kann dies dennoch sinnvoll sein. Dazu zählt etwa, auf standardisierte Absageschreiben zu verzichten und diese persönlich und individuell zu gestalten. Zudem sollten Ablehnungsschreiben freundlich und wertschätzend formuliert werden. Einige Unternehmungen geben zudem nicht nur nachvollziehbare Gründe für die Absage an, sondern bieten darüber hinaus Hilfestellungen für weitere Bewerbungen an. Dadurch steigt die Wahrscheinlichkeit, dass der abgelehnte Bewerber die Unternehmung in sozialen Netzwerken wie Glassdoor oder Kununu positiv bewertet und sich bei einer weiteren Gelegenheit erneut bei dieser bewirbt (vgl. Engels 2014).

5.1.3 Personalentwicklung

5.1.3.1 Gegenstand und Ziele

Den Gegenstand der Personalentwicklung bilden alle planmäßigen und zielgerichteten Maßnahmen der Aus- und Weiterbildung sowie des Karrieremanagement, die der individuellen beruflichen Entwicklung und Förderung der Mitarbeiter dienen und diesen unter Beachtung ihrer persönlichen Interessen und Bedürfnisse die zur Wahrnehmung ihrer gegenwärtigen und zukünftigen Aufgaben notwendigen Qualifikationen vermitteln (vgl. ausführlich Neuberger 1994, S. 1 ff.). Die Personalentwicklung beinhaltet sowohl die Vermittlung, Erweiterung und Vertiefung von Fachwissen, Fähigkeiten und Einstellungen als auch deren Umsetzung in Verhalten (vgl. ausführlich Holtbrügge/Berg 2005). Im Gegensatz zum Management Development ist die Personalentwicklung nicht auf Führungskräfte beschränkt, sondern umfasst die Mitarbeiter aller betrieblichen Hierarchieebenen (vgl. Becker 2013, S. 4).

Mit der Personalentwicklung werden folgende Ziele verfolgt (vgl. Mentzel 2001, S. 9 ff.; Becker/Schwertner 2002, S. 89 ff.):

- Verbesserung der Leistungs- und Wettbewerbsfähigkeit der Unternehmung.
- Anpassung der Qualifikation der Mitarbeiter an veränderte Arbeitsanforderungen.
- Erhöhung der Flexibilität der Mitarbeiter.
- Steigerung der Mitarbeiterzufriedenheit und -loyalität.
- Verbesserung des Unternehmungsimages.
- Sicherung eines qualifizierten Mitarbeiterstammes.
- Befriedigung individueller Bedürfnisse und bildungspolitischer Ansprüche.

Tabelle 5.11. Phasen der beruflichen Entwicklung

Stadium	Rollen	Aufgaben
1. Wachstum Fantasien Erkundigung (0-21 Jahre)	• Schüler/Student • Auszubildender • Berufsanwärter	• eigene Interessen und Bedürfnisse entdecken und entwickeln • Fantasien in realistische Berufsvorstellungen verwandeln • Wissen, Fähigkeiten und Fertigkeiten für die Arbeitswelt erwerben
2. Eintritt in die Arbeitswelt (16-25 Jahre)	• Bewerber • Berufsanwärter	• Betreten des Arbeitsmarktes • Schließen eines tragbaren Kompromisses zwischen eigenen Vorstellungen und denen des Arbeitgebers • die erste Arbeitsstelle auswählen und erhalten
3. Grundausbildung (16-25 Jahre)	• Trainee • Auszubildender	• Realitätsschock überwinden • möglichst schnell ein effektives und akzeptiertes Mitglied der Organisation werden
4. volle Mitgliedschaft zu Beginn der Laufbahn (17-30 Jahre)	• neues, aber volles Mitglied	• Verantwortung übernehmen • erste Erfahrungen als Basis für die weitere Laufbahn sammeln • entscheiden, ob das Berufsfeld und die Organisation die eigenen Ansprüche gut genug erfüllt
5. volle Mitgliedschaft in der Mitte der Laufbahn (> 25 Jahre)	• vollwertiges Mitglied • Mitarbeiter • Vorgesetzter • Manager	• entscheiden zwischen Spezialisten- und Generalistentum und/oder Übernahme von Führungsverantwortung • sich fort- und weiterbilden • produktive Person im eigenen Berufsfeld werden • seine beruflichen Laufbahnpläne entwickeln
6. Krise in der Mitte der Laufbahn (35-45 Jahre)		• mit der Diskrepanz zwischen eigenen Hoffnungen und dem Erreichten umgehen lernen • Stellenwert der beruflichen Tätigkeit im gesamten eigenen Leben bestimmen • dem beruflichen Leben wieder neuen Sinn geben • Mentorenfunktion übernehmen
7. Ende der Laufbahn (in Tätigkeiten ohne Führungsverantwortung)	• Stabs- oder Linientätigkeit • wertvoller oder wertloser Mitarbeiter	• Mentorenfunktion übernehmen • Interessen und Fähigkeiten, die auf Erfahrung beruhen, ausweiten • Fähigkeiten, die zur Realisierung der in Phase 6 getroffenen Entscheidungen nötig sind, erwerben (Spezialist, Führungsverantwortung, Rückzug ins Private)
Ende der Laufbahn (in Tätigkeiten mit Führungsverantwortung)	• Mitglied der Geschäftsleitung bzw. des Vorstands/Führungsstabs • Hauptteilhaber	• eigene Fähigkeiten und Begabungen für das Wohl der Organisation einsetzen • Anstrengungen anderer integrieren • wichtige Mitarbeiter auswählen und entwickeln

Tabelle 5.11. Fortsetzung

8. Nachlassen und Rückzug	• geringer werdenden Einfluss und abnehmende Verantwortung akzeptieren lernen • neue Rollen, die durch abnehmende Kompetenz und Motivation geprägt sind, für sich finden • ein Leben führen lernen, das weniger durch die berufliche Tätigkeit beherrscht wird
9. Pensionierung/Ruhestand	• drastische Veränderungen in Lebensstil, Rolle und Lebensstandard akzeptieren • angesammelte Erfahrungen und angehäuftes Wissen für andere einsetzen lernen, um sich selbst aktiv zu halten

Quellen: zusammengestellt nach Schein 1978, S. 29 ff.; Neuberger 1985, S. 45 f.

Die **Anreizwirkung** der Personalentwicklung beruht einerseits auf ihrer Finalfunktion der Aktivierung und Entwicklung latent vorhandener Fähigkeiten (Selbstverwirklichung), die nach Maslow das wichtigste Bedürfnis des Menschen und damit die bedeutsamste Quelle der Arbeitszufriedenheit ist (vgl. Kap. 2.3.1.1). Andererseits besitzt sie eine Instrumentalfunktion für eine mögliche Beförderung.

Die Wertigkeit der Personalentwicklung hängt stark von der Karrierephase des Mitarbeiters ab. Während die Wertigkeit vor allem bei jüngeren Mitarbeitern hoch ist, liegt sie ansonsten im unteren bis mittleren Bereich (vgl. Tab. 5.11). Darüber hinaus sind große internationale Unterschiede zwischen Karrieremustern zu beobachten (vgl. Kap. 4.2.2).

Der Final- und Instrumentalfunktion entsprechend lassen sich mit der Aus- und Weiterbildung und dem Karrieremanagement zwei Bereiche der Personalentwicklung unterscheiden. Diese werden im Folgenden dargestellt und kritisch diskutiert.

5.1.3.2 Aus- und Weiterbildung

5.1.3.2.1 Inhalte

Aus- und Weiterbildung ist immer dann erforderlich, wenn bestehende oder zukünftige Diskrepanzen zwischen den Arbeitsanforderungen und dem Eignungsprofil der Mitarbeiter nicht durch die Personalbeschaffung ausgeglichen werden können oder sollen. Hinsichtlich der Inhalte lassen sich drei Ebenen unterscheiden (vgl. Tab. 5.12):

- Im Vordergrund steht traditionell die *Vermittlung von Fachwissen*. Dieses umfasst Wissen über die Unternehmung und deren Umwelt sowie über bestimmte betriebswirtschaftliche und technische Funktionen, Prozesse und Methoden. Beispiele dafür sind etwa Kenntnisse des Rechnungswesens oder IT-Kenntnisse.

- Anspruchsvoller als die Vermittlung von Fachwissen ist die *Erweiterung von Fähigkeiten*. Diese beinhalten nicht nur die Kenntnis bestimmter Zusammenhänge, sondern auch deren praktische Anwendung. Beispiel dafür sind Fremdsprachenkenntnisse oder Moderations- und Präsentationstechniken.
- Am schwierigsten ist die *Bildung neuer Einstellungen*. Hierzu zählen etwa die Entwicklung von Toleranz gegenüber abweichenden Meinungen und Offenheit gegenüber neuen Technologien, wissenschaftlichen Erkenntnissen und sozialen Veränderungen.

Während sich Fachwissen relativ kurzfristig vermitteln lässt, erfordert die Erweiterung von Fähigkeiten zumeist einen längeren Zeitraum. Am schwierigsten ist die Bildung neuer Einstellungen, da diese tief in der Persönlichkeit eines Individuums verankert sind. Dies gilt insbesondere für ältere und erfahrene Führungskräfte, die bereits stabile Einstellungen herausgebildet haben. Umgekehrt besitzen die Einstellungen der Mitarbeiter den größten Imitationsschutz gegenüber Konkurrenten und können deshalb im Sinne des ressourcenorientierten Ansatzes in besonderer Weise zur Entwicklung und Sicherung nachhaltiger Wettbewerbsvorteile beitragen.

Tabelle 5.12. Inhalte der Aus- und Weiterbildung

Vermittlung von Fachwissen (*knowledge*)	• Wissen über die Unternehmung (z.B. Produkte, Prozesse) und ihre Umwelt (z.B. Zulieferer, Wettbewerber, Kunden) • Kenntnisse betriebswirtschaftlicher und technischer Funktionen, Prozesse und Methoden
Erweiterung von Fähigkeiten (*skills*)	• methodische Fähigkeiten, d.h. Anwendung von Methoden und Techniken auf praktische Probleme • analytische Fähigkeiten (z.B. konzeptionelles Denken, Organisationsfähigkeit, Auffassungsvermögen, Kritikfähigkeit) • soziale Fähigkeiten, d.h. Fähigkeit, Ideen und Gefühle zu kommunizieren, effizient in Gruppen zu arbeiten sowie Mitarbeiter zu motivieren und zu führen • interkulturelle Kompetenz, d.h. die Fähigkeit zur effizienten Kommunikation und Interaktion mit Angehörigen anderer Kulturen
Bildung von neuen Einstellungen (*attitudes*)	• abweichende Meinungen und Ansichten respektieren, Toleranz, permanentes Lernen, in größeren zeitlichen und räumlichen Dimensionen denken, Offenheit gegenüber neuen Erkenntnissen und sozialem Wandel

Auf allen drei Ebenen kann unterschieden werden, ob durch die Aus- und Weiterbildung primär aufgabenspezifische, unternehmungsspezifische oder generelle

Qualifikationen vermittelt werden. Während *aufgabenspezifische Qualifikationen* nicht auf den Einsatz in einer bestimmten Unternehmung beschränkt sind, sind *unternehmungsspezifische Qualifikationen* nicht oder nur in einem sehr geringen Maße auf andere Unternehmungen übertragbar. Dadurch wird die Abhängigkeit des Mitarbeiters von der Unternehmung erhöht (vgl. Cantor 1990). *Generelle Qualifikationen* sind weder an spezifische Aufgaben, noch an eine bestimmte Unternehmung gebunden, sondern übergreifend einsetzbar. Vielfach werden diese deshalb auch als *Schlüsselqualifikationen* bezeichnet. Aus Sicht des ressourcenorientierten Ansatzes des Personalmanagement ist vor allem die Vermittlung unternehmungsspezifischer Qualifikationen von Bedeutung, da diese ein vielfältiges, aufgabenübergreifendes Einsatzspektrum besitzen (geringe *task-specificity*), anderen Unternehmungen über den Markt aber nur schwer zugänglich sind (hohe *firm-specificity*). Deren Vermittlung stellt damit eine Quelle nachhaltiger Wettbewerbsvorteile dar.

5.1.3.2.2 Methoden

Zur Vermittlung der unterschiedlichen Inhalte der Aus- und Weiterbildung stehen Unternehmungen zahlreiche Methoden zur Verfügung, die nach ihrer Nähe zur eigentlichen Arbeitsaufgabe klassifiziert werden können (vgl. Abb. 5.6).

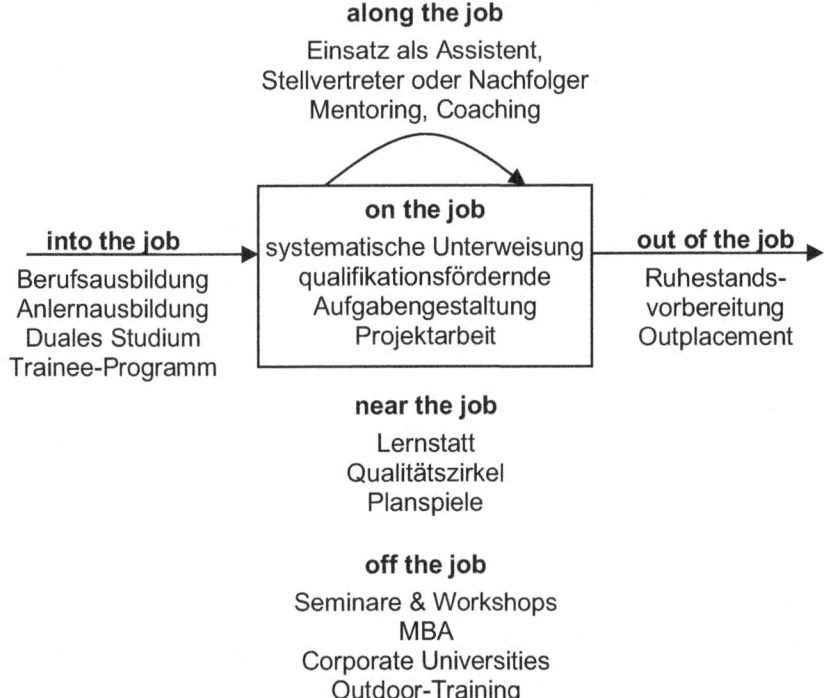

Abb. 5.6. Methoden der Aus- und Weiterbildung (Quelle: stark erweitert nach Conradi 1983, S. 25)

Zu den wichtigsten Methoden der **Personalentwicklung into the job** zählt die *Berufsausbildung* (vgl. Arnold/Lipsmeier/Rohs 2019). Diese umfasst den erstmaligen, systematischen Erwerb beruflicher Kenntnisse und Fähigkeiten in staatlich anerkannten Ausbildungsberufen. Die gesetzliche Grundlage dafür bildet das Berufsbildungsgesetz (BBiG), das ein *Duales System* der Berufsausbildung vorsieht (vgl. Wohlgemuth/Pepping 2020). Während Unternehmungen für den praktischen Teil der Ausbildung zuständig sind, werden die dazugehörige Theorie sowie berufsübergreifende und allgemeine Kenntnisse in Berufsschulen vermittelt (vgl. Wilbers 2022). Auf letzteres verzichtet wird im Rahmen der *Anlernausbildung*. Diese richtet sich an Mitarbeiter, die einfache, überwiegend manuelle und ausführende Tätigkeiten mit geringem Anspruchsniveau wahrnehmen, für die kein formaler Berufsabschluss notwendig ist.

Duale Studiengänge verknüpfen eine betriebliche Ausbildung mit einem Hochschulstudium. Sie ermöglichen den parallelen Erwerb eines beruflichen und eines akademischen Abschlusses, wobei die an der Berufsschule abgelegten Prüfungen partiell an der Hochschule anerkannt werden. Die Träger sind vorwiegend Fachhochschulen und private Hochschulen und seltener Universitäten. Fachliche Schwerpunkte liegen auf den Ingenieur- und Wirtschaftswissenschaften, den Gesundheits- und Pflegewissenschaften sowie frühpädagogischen Studiengängen. Duale Studiengänge beinhalten eine hohe Praxisorientierung und bieten zumeist gute Beschäftigungschancen, erfordern von den Studierenden aber ein hohes Maß an Disziplin und Selbstorganisation (vgl. Krone 2015).

> Die größte duale Hochschule in Deutschland ist die Duale Hochschule Baden-Württemberg (DHBW). Sie ging am 1. März 2009 aus der über 40 Jahre existierenden Berufsakademie Baden-Württemberg hervor. An neun Standorten und drei Campus bietet die DHBW in Kooperation mit rund 9.000 Partnerunternehmen und sozialen Einrichtungen zahlreiche Bachelor-Studiengänge in den Bereichen Wirtschaft, Technik, Sozialwesen und Gesundheit sowie berufsintegrierende und berufsbegleitende Masterstudiengänge an. Mit rund 33.500 Studierenden und über 200.000 Alumni ist die DHBW die größte Hochschule in Baden-Württemberg.
>
> Die Studierenden lernen immer abwechselnd für drei Monate an der DHBW und bei ihrem Dualen Partner. Durch den Wechsel zwischen Theorie- und Praxisphasen im dreimonatigen Rhythmus erwerben die Studierenden neben fachlichem und methodischem Wissen praktisches Erfahrungswissen sowie die im Berufsalltag erforderliche Handlungs- und Sozialkompetenz. Theorie- und Praxisinhalte sind dabei eng aufeinander abgestimmt
>
> Die Studierenden der DHBW werden von den Dualen Partnern ausgewählt. Sie schließen mit diesen einen dreijährigen Vertrag und erhalten während der gesamten Studiendauer eine monatliche Vergütung. Rund 85% der Studierenden bekommen noch vor Ende ihres Studiums ein festes Stellenangebot ihres Dualen Partners (vgl. https://www.dhbw.de).

Hochschulabsolventen, die zum ersten Mal eine berufliche Tätigkeit aufnehmen, absolvieren in vielen Unternehmungen ein *Trainee-Programm* zur systematischen Einarbeitung (vgl. Nesemann 2012). Trainee-Programme dauern zwischen sechs und 24 Monaten und können sowohl auf eine bestimmte Abteilung begrenzt oder abteilungsübergreifend sein. Bei der letzten Form stehen vor allem das Knüpfen von unternehmungsweiten Kontakten sowie das Finden geeigneter Tätigkeitsfelder im Vordergrund. Ein wesentliches Merkmal von Trainees ist, dass diese keine oder nur eine begrenzte Aufgabenverantwortung besitzen. Nachdem Trainee-Programme aufgrund der niedrigen Gehälter lange Zeit ein negatives Image hatten, werden sie von Hochschulabsolventen zunehmend als attraktiv wahrgenommen. So wünschen sich etwa 46% der in der Studie von Kienbaum Consultants International (2015) befragten Studierenden einen beruflichen Einstieg durch ein Trainee-Programm. Als Vorteile werden insbesondere die persönliche Betreuung, die inhaltliche Vielfalt des Programms, gezielte Maßnahmen der Personalentwicklung und die Möglichkeit eines Auslandsaufenthalts bezeichnet.

Das BMW Global Leader Development Programme dauert 18 Monate und umfasst drei Elemente. Kernelemente sind zwei jeweils sechsmonatige Einsatzphasen in verschiedenen Funktionen und Standorten in Deutschland und zwei jeweils dreimonatige Auslandsaufenthalte. Zu den weiteren Elementen zählen die jeweils einwöchigen Tätigkeiten in der Produktion, bei einem Händler und im Kundenservice. Während der gesamten Laufzeit des Programms werden die Trainees von einem Mentor begleitet. Sie nehmen an verschiedenen Network-Events und Kursen in der MBW Group Training Academy teil. Zudem gibt es mehrere Teamprojekte, in denen die Trainees gemeinsam an kaufmännischen und technischen Aufgaben arbeiten. Bewerbungsvoraussetzungen sind u.a. ein sehr guter Bachelor- oder Masterabschluss, mindestens sechs Monate Arbeitserfahrungen durch Praktika oder frühere berufliche Tätigkeiten und mindestens vier Monate Auslandserfahrungen (vgl. https://www.bmwgroup.jobs/de/de/studierende-absolventen/einstiegs-und-foerderprogramme/gldp-programme.html#).

Mitarbeiter, die bereits über eine Berufsausbildung oder universitäre Bildung und über Berufserfahrungen verfügen, werden vor der Übernahme einer neuen Aufgabe im Rahmen der **Personalentwicklung on the job** oft *systematisch angelernt*. Dies erfolgt häufig in einem vierstufigen Prozess (vgl. Becker 2013, S. 398 ff.). Nach der Vorbereitung des neuen Arbeitsplatzes und der Mitarbeiter werden diesen von den Unterweisenden die wichtigsten Tätigkeiten vorgeführt und erläutert. Anschließend führen die Mitarbeiter die neue Aufgabe unter Aufsicht und mit Hilfe der Unterweisenden selbst aus. Die vierte Phase bildet die eigenständige Übung der Tätigkeit bis zu deren vollständiger Beherrschung.

Die wichtigsten Methoden der *qualifikationsfördernden Aufgabengestaltung* sind die *job rotation*, das *job enlargement* und das *job enrichment*. Deren Ziel ist die Erweiterung des Handlungs- und Entscheidungsspielraums durch die schrittweise und systematische Hinzufügung neuartiger und teilweise höherwertiger Arbeitsaufgaben (vgl. dazu ausführlich Kap. 5.2.1.2).

Im Unterschied zu diesen primär auf der Ebene des Individuums ansetzenden Methoden stellt die *Projektarbeit* eine gruppenorientierte Form der Personalentwicklung dar. In Projektgruppen werden Mitarbeiter damit beauftragt, eine Problemlösung für eine zeitlich abgeschlossene, exakt definierte Fragestellung zu erarbeiten und deren Implementierung zu planen, zu organisieren und zu kontrollieren (vgl. dazu ausführlich Kap. 5.2.1.3). Neben der Entwicklung sozialer Fähigkeiten steht dabei die Bildung neuer Einstellungen im Vordergrund.

> Ein Beispiel für die Nutzung der Projektarbeit im Rahmen der Personalentwicklung ist das Siemens Management Learning Program. Im Rahmen dieses Programms müssen die Teilnehmer zwischen den Präsenzphasen in Gruppen von vier bis sechs Personen für eine Abteilung der Unternehmung ein reales Geschäftsprojekt (Business Impact Project) entwickeln und bearbeiten. Anschließend wird zusammen mit der betroffenen Abteilung ein Transferplan erarbeitet und das Projekt umgesetzt. Die Beurteilung des Projekts orientiert sich am konkreten und messbaren Nutzen für die Unternehmung. Da sich die einzelnen Projektteams häufig aus Mitarbeitern unterschiedlicher Abteilungen, Werke oder sogar Landesgesellschaften zusammensetzen, soll dadurch neben der Leistungsorientierung auch die abteilungs- und länderübergreifende Kooperation gefördert werden (vgl. Bellmann 2002; Holtbrügge/Welge 2015, S. 383 ff.).

Im Rahmen der **Personalentwicklung near the job** stehen nicht die eigentliche Arbeitsaufgabe, sondern zeitlich befristete Sonderaufgaben im Mittelpunkt, die ebenfalls in Gruppen gelöst werden. Ein Beispiel dafür ist die *Lernstatt* (zusammengesetzt aus den Begriffen Lernen und Werkstatt), die erstmals 1973 bei BMW zur Integration ausländischer Arbeitnehmer eingeführt wurde. International verbreiteter sind *Qualitätszirkel*, die der Übertragung von Wissen zwischen Abteilungen, der Verbesserung der abteilungs- und hierarchieübergreifenden Kommunikation und der Steigerung der Verantwortung der Mitarbeiter über ihren unmittelbaren Arbeitsplatz hinaus dienen. Bei beiden Konzepten wird neben der Personalentwicklung auch eine Organisationsentwicklung durch die Erarbeitung und Umsetzung von Verbesserungsvorschlägen angestrebt (vgl. (vgl. Deppe 1992).

In *Planspielen* werden typische Entscheidungssituationen in Unternehmungen realitätsnah simuliert. Stark verbreitet sind etwa Planspiele zur Unternehmungsführung wie z.B. LUDUS, MARGA, STRAGA und TOPSIM, bei denen die Teilnehmer die Führung einer Unternehmung übernehmen, über mehrere Perioden unternehmungspolitische Entscheidungen treffen müssen und mit anderen Unternehmungen auf einem simulierten Markt konkurrieren. Neben der Entwicklung analytischer, methodischer und sozialer Fähigkeiten steht dabei vor allem die Schulung in vernetztem Denken im Vordergrund (vgl. Blötz 2003; Trautwein 2011).

Zur **Personalentwicklung along the job** gehört der *Einsatz als Assistent, Stellvertreter oder Nachfolger*. Durch die vorübergehende bzw. schrittweise Übernahme von Arbeitsaufgaben, Kompetenzen und Verantwortlichkeiten von Stellen höherer hierarchischer Ebenen sollen Mitarbeiter einen Einblick in qualitativ anspruchsvollere Tätigkeiten gewinnen und dadurch auf die Übernahme von Führungsaufgaben vorbereitet werden.

Mentoring dient vor allem jüngeren Mitarbeitern dazu, fachliche und unternehmungsspezifische Anliegen mit einem erfahrenen Mentor oder Paten, der zumeist nicht der direkte Vorgesetzte ist, zu diskutieren (vgl. Graf/Edelkraut 2016). Häufig umfasst dieses auch den Zugang zu wichtigen Netzwerken in- und außerhalb der Unternehmung sowie die Unterstützung bei der individuellen Karriereentwicklung (vgl. Holtbrügge/Ambrosius 2015). Mentoring kann entweder institutionell verankert sein oder informell auf Initiative des Mentors oder Mentees bzw. Protegés erfolgen. Zunehmend beinhaltet Mentoring nicht nur persönliche Treffen, sondern auch die Unterstützung in Form sozialer Netzwerke (E-Mentoring).

Coaching richtet sich insbesondere an erfahrende Führungskräfte. Es beinhaltet die Reflexion des Arbeits- und Führungsverhaltens und kann auch private und persönliche Anliegen ansprechen. Im Unterschied zum Mentoring besteht zwischen dem unternehmungsexternen Coach und dem Klienten kein Beziehungsgefälle. Coaches haben zumeist eine langjährige Ausbildung absolviert, die auch psychoanalytische Methoden umfassen kann (vgl. Migge 2014; Rückerl 2015).

Die traditionell wichtigste Methode der **Personalentwicklung off the job** sind *Seminare und Workshops*, die oft verschiedene Lehr- und Lernmethoden kombinieren. In *Vorträgen* werden spezifische Lehrinhalte durch Fachexperten zumeist in komprimierter und abstrakter Form vermittelt. Im Vordergrund steht dabei eine theoretisch-deduktive Vorgehensweise, d.h. die systematische Vermittlung von Fachwissen in kurzer Zeit (vgl. Holtbrügge/Mohr 2010). Im Unterschied dazu ist die Vorgehensweise bei *Fallstudien* empirisch-induktiv. Dabei wird ein reales oder fiktives unternehmungspolitisches Problem dargestellt, für das die Teilnehmer einzeln oder in Gruppen Lösungen erarbeiten und präsentieren müssen (vgl. Thom/Wenger/Zaugg 2007; Domsch/Regnet/von Rosenstiel 2020; Holtbrügge/Haussmann 2017). In *Rollenspielen* müssen darüber hinaus nicht nur Problemlösungen entwickelt, sondern diese auch durch die Übernahme von realitätsnahen Rollen bestimmter Aufgabenträger gegenüber anderen Interessengruppen vertreten und in simulierten Interaktionssituationen durchgesetzt werden. Beispiele dafür sind Gehaltsverhandlungen, Trennungsgespräche oder Kundenreklamationen (vgl. Kratz 2013; Neumann/Heß 2017).

Der Nürnberger IT-Dienstleister für Steuerberater, Wirtschaftsprüfer und Rechtsanwälte DATEV führt regelmäßig Barcamps mit externen Consultants, Coaches, Kunden und Partnerunternehmungen durch. Barcamps sind offene Tagungen mit offenen Workshops, deren Inhalte und Ablauf von den Teilnehmern zu Beginn der Tagung selbst entwickelt und im weiteren Verlauf gestaltet werden. Es gibt kein festes Programm, sondern die Teilnehmer werben im Plenum für ihre Themen und gestalten dazu eigene Arbeitsgruppen. Durch die aktive Einbindung aller Teilnehmer sollen Kontakte über Abteilungs-, Hierarchie- und Unternehmungsgrenzen geknüpft und ein intensiver Wissensaustausch gewährleistet werden (vgl. https://www.datev.de/web/de/aktuelles/veranstaltungen/datev-barcamp/).

Während Seminare und Workshops überwiegend *inhouse* oder bei privaten Anbietern durchgeführt werden, erfolgt das berufsbegleitende Studium bei oder in Kooperation mit akkreditierten Hochschulen. Der *Master of Business Administration (MBA)* war ursprünglich als General-Management-Studium für diejenigen gedacht, die ein nicht-betriebswirtschaftliches Studium (z.B. Ingenieurwesen, IT, Medizin, Jura, etc.) absolviert haben und fehlende BWL-Kenntnisse nachholen wollen. Inzwischen zählen aber auch Absolventen eines wirtschaftswissenschaftlichen Erststudiums zu den größeren Interessentengruppen. Die ersten MBA-Programme wurden vor über 100 Jahren in Großbritannien und den USA eingeführt. Seit etwa 30 Jahren gewinnen diese auch im deutschsprachigen Raum an Bedeutung. Derzeit gibt es dort über 600 MBA-Programme mit rund 15.000 Studierenden (vgl. Kran 2021). Von vielen Unternehmungen wird die Teilnahme ihrer Mitarbeiter an MBA-Programmen finanziell und zeitlich unterstützt (vgl. Otte 2004).

> Der Fachbereich Wirtschafts- und Sozialwissenschaften (WiSo) der Friedrich-Alexander-Universität Erlangen-Nürnberg bietet verschiedene berufsbegleitende MBA-Programme an. Der MBA Business Management ist ein berufsbegleitendes deutschsprachiges Präsenzprogramm, das am Wochenende stattfindet. Der Schwerpunkt des ähnlich gestalteten Master of Digital Business Administration liegt auf der Vermittlung von Digitalkompetenzen. Der Global MBA wird vollständig virtuell und in englischer Sprache durchgeführt. Daneben gibt es ein englischsprachiges MBA-Programm in Kooperation mit Siemens sowie zwei Programme, die sich an Beschäftigte im Gesundheitswesen richten (vgl. https://www.mba-fau.com/).

Eine weitere Methode der Personalentwicklung off the job sind *Corporate Universities* (vgl. Gebauer 2007; Hovestadt/Beckmann 2010; Rademakers 2014). Deren Ziel ist es, die Lerninhalte auf die konkreten Bedürfnisse der jeweiligen Unternehmung auszurichten und vor allem unternehmungsspezifisches Wissen zu vermitteln (vgl. Tab. 5.13). Corporate Universities stellen eine Weiterentwicklung traditioneller Inhouse-Schulungen dar, bei denen Schulungsmaßnahmen nicht nur isoliert angeboten, sondern in ein umfassendes Curriculum systematisch eingebunden werden. Neben der Einbeziehung von Fach- und Führungskräften der eigenen Unternehmung als Lehrende erfolgt zudem vielfach eine kontinuierliche Zusammenarbeit mit Universitäten und anderen externen Bildungsinstitutionen. Dadurch soll die unmittelbare Umsetzbarkeit und Anwendbarkeit der vermittelten Lehrinhalte garantiert und gleichzeitig externes Wissen berücksichtigt werden.

> Die größte und bekannteste deutsche Corporate University ist die AutoUni. 2002 zunächst als Geschäftsbereich der Volkswagen Coaching GmbH gegründet, ist sie seit 2006 im Konzern-Personalwesen angesiedelt. Im gleichen Jahr erfolgte der Einzug in den MobileLifeCampus in Wolfsburg.
>   Das Ziel bestand ursprünglich darin, die AutoUni zu einer global agierenden wissenschaftlichen Einrichtung zu entwickeln, die staatlich anerkannte Studienabschlüsse vergibt. Rund 90 Mio. € wurden investiert, um renommierte Professoren zu gewinnen, die etwa 4.000 Studenten an drei Fakultäten unterrichten sollten. Nachdem bis 2006 jedoch kein Hochschul-

abschluss vergeben werden konnte, wurde die AutoUni zur internen Weiterbildungsstätte für VW-Mitarbeiter herabgestuft.

Heute bietet die AutoUni in neun Instituten mit rund 40 Mitarbeitern Vorträge, Konferenzen, Seminarprogramme und kooperative Studienmodule in Zusammenarbeit mit Universitäten an. 2018 nahmen etwa 9.700 Personen an über 250 Veranstaltungen teil. Von den jährlich insgesamt über 500 Referenten stammt fast die Hälfte aus dem Bereich Fahrzeugtechnik. Ein inhaltlicher Schwerpunkt liegt auf der zukünftigen Mobilität mit den Themenbereichen Elektrotraktion, innovative Antriebe, Leichtbau und Nachhaltigkeit der Verkehrssysteme. Rund 40% der Veranstaltungen waren für die Öffentlichkeit zugänglich. Darüber hinaus ist die AutoUni am Doktorandenprogramm des Konzerns beteiligt, das in Kooperation mit verschiedenen Universitäten betrieben wird (vgl. o.V. 2006; AutoUni 2017).

Tabelle 5.13. Ziele ausgewählter Corporate Universities in Deutschland

AutoUni	• Steigerung der akademischen Exzellenz in den Berufsfamilien des Konzerns
	• Internationale wissenschaftliche Qualifizierung der Mitarbeiter
Bertelsmann University	• Strategy Campus: Nominierungsprogramme zur Unterstützung der Konzernstrategie
	• Leadership Campus: Leadership-Programme und -Instrumente für Führungskräfte
	• Function Campus: Aufbau erfolgskritischer Kompetenzen in Business-Funktionen wie HR, IT oder Finance
	• Individual Campus: Trainings für die persönliche und fachliche Weiterbildung aller Mitarbeiter
Lufthansa School of Business	• Effektive und effiziente Unterstützung und Entwicklung der Konzernstrategie
	• Weiterentwicklung und Bindung des Intellectual Capital
	• Strategieorientierte Verknüpfung von akademischer Expertise, Best-Practices von Kooperationspartnern und eigenem Know-how
	• Förderung der Führungs- und Leistungskultur im Unternehmen
	• Erbringung eines Beitrags zur Profilierung der Lufthansa als attraktives Unternehmen auf dem Gebiet der Nachwuchsgewinnung
	• Förderung der persönlichen Weiterentwicklung jedes einzelnen Mitarbeiters
Wöhrl Akademie	• Eröffnung neuer Bildungshorizonte
	• Anleitung und Unterstützung bei der Entwicklung persönlicher Potenziale
	• Unterstützung talentierter Spitzen- und Nachwuchsführungskräfte bei der Findung neuer Wege der Personal- und Unternehmensführung

Quelle: zusammengestellt nach Gebauer 2007; Rademakers 2014

Neben traditionellen Methoden des Präsenzlernens gewinnt die **Digitalisierung und Virtualisierung der Weiterbildung** an Bedeutung (vgl. Haythornthwaite et al. 2016; Thomas/Metzger/Niegemann 2018; Nürnberg 2021). Dabei können prinzipiell zwei Formen unterschieden werden. Bei *Computer-based Trainings* (CBTs) werden Lehrinhalte programmiert und multimedial, d.h. mit Hilfe von Texten, Bildern, Filmen und Tönen auf elektronischen Speichermedien bereitgestellt. Dies können sowohl stationäre PCs als auch mobile Notebooks, Pocket-PCs oder Mobiltelefone sein (*Mobile Learning*). Die einfachste Form sind sequenzielle Programme, bei denen die Teilnehmer Aufgaben in einer vorgegebenen Reihenfolge lösen müssen und anschließend eine Rückmeldung über die richtige oder falsche Lösung erhalten. Anspruchsvoller sind Hypertext-Programme, welche die selbständige Navigation und den individuellen Zugriff auf Lehrinhalte ermöglichen. Durch Methoden der Augmented Reality werden Lerninhalte zunehmend erlebbar gemacht und in die natürliche Umgebung der Teilnehmer integriert (vgl. Kirste/Holtbrügge 2019). *Web-based Trainings* (WBTs) beinhalten darüber hinaus die Möglichkeit, Informationen aus dem Internet oder Intranet einzubeziehen und mit anderen Teilnehmern oder Tutoren zu kommunizieren (vgl. Mohr/Holtbrügge/Berg 2012). Dies kann entweder synchron (z.B. in Chatrooms und Breakout-Sessions) oder asynchron (durch Emails oder in Newsgroups) geschehen (vgl. O'Neil/Perez 2006).

> BASF setzt bereits seit den frühen neunziger Jahren verschiedene Elemente des elektronischen Lernens im Rahmen der Weiterbildung ein. Die damit verknüpften Erwartungen wurden aber nur teilweise erfüllt. Zudem fanden E-Learning-Konzepte an zentralen Lernstationen nur wenig Akzeptanz bei den Mitarbeitern. Diese zeigten nur eine geringe Bereitschaft, sich Wissen am Computer selbst ohne Begleitung durch einen Tutor oder Trainer anzueignen. Die Selbstlernprogramme wurden als statisch, unflexibel und nicht lerntypgerecht bewertet. Auch das isolierte Lernen ohne sozialen Kontakt zu anderen Lernenden wurde als unattraktiv empfunden.
>
> Im Jahre 1998 begann BASF deshalb damit, E-Learning als festen Bestandteil in alle Weiterbildungsmaßnahmen zu integrieren. Das Angebot richtet sich grundsätzlich an alle Mitarbeiter und Auszubildenden der Unternehmung und vor allem an solche Mitarbeiter, denen die Teilnahme an Präsenzseminaren nicht oder nur schwer möglich ist (z.B. Mitarbeiter im Schicht- oder Außendienst). Auf der Plattform Learnbase werden u.a. Trainings in den Bereichen IT, Fremdsprachen, Technik, Verhalten und BWL angeboten, die entweder allein oder in Ergänzung zu Präsenzseminaren durchgeführt werden können. Letzteres dient vor allem der Nivellierung des Leistungsniveaus der Teilnehmer vor dem Seminar. Während des Seminars haben die Teilnehmer zudem die Möglichkeit, sich in Diskussionsforen mit anderen Teilnehmern auszutauschen (vgl. Kapp/Mähl 2002).

Vorteile der digitalen Aus- und Weiterbildung sind die orts- und zeitunabhängige Vermittlung von Lehrinhalten durch die Nutzung multimedialer und interaktiver Anwendungen. Die Mitarbeiter können durch Selbststudium systematisch neue Qualifikationen erwerben, ohne längere Zeit von ihrem Arbeitsplatz abwesend sein zu müssen. Diese Vorteile haben insbesondere während der Corona-Pandemie große Bedeutung erlangt. Durch die Standardisierung und beliebige Reproduktion der Lehrmaterialien sind zudem erhebliche Kosteneinsparungen möglich, die sich aufgrund der hohen Produktionskosten jedoch erst bei einer großen Zahl von Teilnehmern realisieren lassen. Ein wesentlicher Nachteil ist jedoch, dass sich dadurch nur schwer komplexe Zusammenhänge vermitteln lassen. Die mangelnde persönliche Interaktion mit anderen Teilnehmern erschwert zudem die Förderung sozialer Kompetenzen. In der Praxis werden digitale Lehrformen deshalb zumeist mit Methoden des Präsenzlernens kombiniert (*Blended Learning*).

Outdoor-Trainings dienen vor allem dazu, die sozialen Fähigkeiten von Mitarbeitern zu verbessern sowie deren Einstellungen gegenüber der Zusammenarbeit mit anderen Mitarbeitern zu verändern (vgl. Schad/Michl 2004; König/König 2005). Dazu werden etwa Natursportarten ausgeübt (z.B. Bergsteigen, Klettern, Kanutouren, Segeln) und verschiedene Problemlösungs-, Initiativ- und Vertrauensübungen durchgeführt, bei denen die Teilnehmer Grenzerfahrungen sammeln sollen, die sich nur im Team bewältigen lassen.

Methoden der **Personalentwicklung out of the job** sind die Ruhestandsvorbereitung sowie das Outplacement. Während sich die *Ruhestandsvorbereitung* an ältere Mitarbeiter wendet, die kurz vor ihrer Pensionierung stehen, werden gekündigte Mitarbeiter im Rahmen des *Outplacement* z.B. durch Bewerbungstrainings bei der Suche nach einem neuen Arbeitgeber unterstützt (vgl. Kap. 5.1.4.3).

5.1.3.2.3 Praktische Bedeutung und Effizienz

Eine empirische Untersuchung von Wunderer/Dick (2007) weist darauf hin, dass die Personalentwicklung dasjenige Instrument des Personalmanagement ist, dessen *praktische Bedeutung* in Zukunft am stärksten zunehmen wird. Die nähere Analyse der gegenwärtigen und zukünftigen Bedeutung unterschiedlicher Methoden der Personalentwicklung zeigt, dass vor allem die Personalentwicklung *on the job* und *near the job* an Bedeutung gewinnen wird. Die Ursache dafür ist die Erkenntnis, dass die Personalentwicklung *off the job* häufig nur einen geringen Transfererfolg aufweist, d.h. die Teilnehmer das in Seminaren Gelernte nur in einem geringen Maße auf ihre Arbeitsaufgabe übertragen können (vgl. Staehle 1999, S. 887). Vor allem Mitarbeiter höherer hierarchischer Ebenen sind zudem zeitlich stark belastet und deshalb immer seltener bereit und in der Lage, an längeren Maßnahmen der Personalentwicklung teilzunehmen, die nicht in räumlicher Nähe zu ihrem Arbeitsplatz stattfinden. Ein weiteres Ergebnis der Studie ist die zunehmende Bedeutung der Personalentwicklung *out of the job*, d.h. die Vorbereitung der Mitarbeiter auf ihren Ruhestand sowie Maßnahmen des Outplacement. Demgegenüber wird die Personalentwicklung *into the job* zukünftig relativ an Bedeutung verlieren.

Der schwäbische Werkzeugmaschinen-Hersteller Trumpf hat 2016 im Rahmen eines Bündnisses für Arbeit eine Qualifizierungsinitiative gestartet, durch die die Eigenverantwortung der Mitarbeiter für die eigenen Weiter-

> bildung gestärkt und diese in die tägliche Arbeit integriert werden sollen. Der Kern der Vereinbarung mit dem Betriebsrat ist die Umstellung des bestehenden Stundenkontingents für die Aus- und Weiterbildung auf ein Punktesystem. Jedem Mitarbeiter wird ein Budget von 1.000 Punkten (entspricht 1.000 €) pro Jahr zur Verfügung gestellt, das für die Teilnahme an Weiterbildungsveranstaltungen genutzt werden kann. Je innovativer eine Weiterbildungsmaßnahme ist, desto weniger Punkte müssen dafür eingesetzt werden. Deren Kategorisierung erfolgt durch die Personalentwicklung.
>
> Neben der Motivation der Mitarbeiter für kontinuierliches und eigenverantwortliches Lernen wurden auch neue Lerninhalte und -formate etabliert. Auf einer Lernplattform im Intranet können die Mitarbeiter Vorschläge für Weiterbildungsmaßnahmen machen und bewerten. Zu den am häufigsten nachgefragten Inhalten zählen Data Analytics, Planspiel Industrie 4.0, Externship, Learning by Thinking und Storytelling (vgl. Maassen/Kohler 2018).

Aufgrund der hohen Kosten gehört die Personalentwicklung zu denjenigen Instrumenten des Personalmanagement, deren *Effizienz* besonders intensiv geprüft wird (vgl. von Landsberg 1995; Hummel 2001). Die Effizienzmessung im Rahmen des **Bildungscontrolling** umfasst zumeist die folgenden vier Phasen (vgl. Kirkpatrick 1998):

- Während oder kurz nach Beendigung der Personalentwicklungsmaßnahme findet eine *subjektive Zufriedenheitskontrolle* statt, bei der eine Bewertung der Inhalte, Methoden, Trainer, Materialien, u.a. erfolgt.
- Im Rahmen der *Lernerfolgskontrolle* wird der tatsächliche Lernerfolg der Teilnehmer überprüft. Idealerweise findet dabei eine Vorher-Nachher-Messung mit einer Kontrollgruppe statt.
- Die *Transfererfolgskontrolle* enthält die Überprüfung des Transfererfolgs durch Selbst- und Fremdeinschätzung der Verhaltensänderungen am Arbeitsplatz.
- Die *Impactkontrolle* umfasst schließlich die Erfassung der Wirkungen der Personalentwicklungsmaßnahme auf die Ziele der Teilnehmer und der Unternehmung. Ansatzpunkte der Erfolgsmessung auf dieser Ebene können sowohl positive Veränderungen betrieblicher Kennzahlen (z.B. Fluktuationsrate, Arbeitsproduktivität und -qualität, Arbeitsrentabilität) als auch veränderte Werthaltungen und Einstellungen der Mitarbeiter sein (vgl. Aragón-Sánchez/Barba-Aragón/Sanz-Valle 2003).

Die Problematik des Bildungscontrolling besteht darin, dass die Effizienzmessung von Phase zu Phase immer schwieriger wird. Während die subjektive Zufriedenheit der Teilnehmer durch deren Befragung relativ leicht messbar ist, lassen sich die sozialen und betriebswirtschaftlichen Auswirkungen der Personalentwicklung nur schwer ermitteln. Zu dem vor allem vom ressourcenorientierten Ansatz des Personalmanagement postulierten Zusammenhang zwischen den Investitionen in das Humankapital und dem Unternehmungserfolg liegen deshalb kaum valide empirische Untersuchungen vor (vgl. Zwick 2004).

5.1.3.3 Karrieremanagement

Den zweiten Bereich der Personalentwicklung bildet das Karrieremanagement. Im Unterschied zur Aus- und Weiterbildung geht es dabei nicht nur um die Vermittlung von Fachwissen, Fähigkeiten und Einstellungen, sondern um deren möglichst effiziente Nutzung zur Verwirklichung der Unternehmungs- und Mitarbeiterziele. Dazu bieten Unternehmungen ihren Mitarbeitern explizit oder implizit berufliche Aufstiegsmöglichkeiten an, die mit unterschiedlichen Anforderungen, Kompetenzen und Verdienstmöglichkeiten verbunden sind. Nach dem Aggregationsgrad des Karrieremanagement kann in eine individuumsorientierte und eine unternehmungsorientierte Perspektive unterschieden werden.

5.1.3.3.1 Individuumsorientiertes Karrieremanagement

Das individuumsorientierte Karrieremanagement hat das Ziel, die Anforderungen der einzelnen Stellen zu ermitteln, diese mit den bestehenden Qualifikationen der Stelleninhaber zu vergleichen und eventuelle Entwicklungslücken aufzuzeigen. Dabei können eine statische und eine dynamische Perspektive differenziert werden. Während in statischer Perspektive der Abgleich von Arbeitsanforderungen und Eignungsprofilen jeweils für einen Einzelfall erfolgt, steht in dynamischer Perspektive die Festlegung geeigneter Positionsfolgen im Vordergrund.

5.1.3.3.1.1 Abgleich von Anforderungs- und Eignungsprofilen

Mitarbeiter werden zumeist für konkrete Arbeitsaufgaben eingestellt. Je dynamischer die Rahmenbedingungen sind, unter denen Unternehmungen agieren, desto schneller wandeln sich jedoch die mit diesen Aufgaben verbundenen Anforderungen. Gleichzeitig verändern sich die Qualifikationen der Mitarbeiter durch Aus- und Weiterbildung, Berufserfahrung und Alter. In regelmäßigen Abständen muss deshalb überprüft werden, ob die Anforderungsprofile der Stellen noch mit den Eignungsprofilen der Mitarbeiter übereinstimmen.

Der Abgleich von Arbeitsanforderungen und Eignungsprofilen beginnt zumeist mit der Ermittlung des *Anforderungsprofils*, d.h. der gegenwärtigen und zukünftigen Anforderungen, die eine Stelle an einen Mitarbeiter stellt. Das Soziologische Forschungsinstitut Göttingen hat dazu mit dem SOFI-Verfahren ein Analyseinstrument entwickelt, das zwischen vier verschiedenen Anforderungsmerkmalen differenziert und sich gut als Systematisierungsheuristik zur **Klassifikation von Arbeitsanforderungen** eignet (vgl. Staehle 1999, S. 806 f.):

- Die Anforderungen an das *sensumotorische Verhalten* beziehen sich auf verfestigte und psychisch automatisierte Tätigkeiten, die ohne ständige Steuerung und Kontrolle durch das Bewusstsein ausgeübt werden.
- Die Anforderungen an das *perzeptiv-routinisierte Verhalten* beinhalten Reaktionen auf wechselnde Arbeitsfolgen in weitgehend bekannten Arbeitssituationen durch die sensorische Aufnahme informationshaltiger Signale und deren kognitive Verarbeitung.

- Die Anforderungen an das *diagnostisch-planende Verhalten* umfassen darüber hinaus eine Reaktion auf neuartige Bedingungen sowie die Entwicklung neuer Problemlösungen durch die Verbindung von abstrakt-begrifflichem mit praktisch-anschaulichem Denken. Dabei können drei Formen unterschieden werden:
    - *Empirisch-adaptive Denkanforderungen* beinhalten die Lösung neuartiger Probleme durch die Modifikation bekannter Methoden und Instrumente.
    - *Systematisch-optimierende Denkanforderungen* erfordern darüber hinaus die Kenntnis einer Vielzahl von Methoden und Instrumenten sowie deren Kombination.
    - *Strategisch-innovative Denkanforderungen* werden an die Lösung neuartiger Probleme gestellt, für die neue Methoden und Instrumente entwickelt werden müssen.
- Die Anforderungen an die *Arbeitsmotivation* beziehen sich schließlich auf die Leistungsbereitschaft, die von dem Inhaber einer Stelle erwartet wird.

In einem zweiten Schritt werden die Qualifikation der Mitarbeiter und deren Eignung beurteilt, die gestellten Arbeitsanforderungen gegenwärtig und zukünftig zu erfüllen (*Eignungsprofil*). Hierzu stehen Unternehmungen eine Vielzahl von Testverfahren zur Verfügung (vgl. Erpenbeck/von Rosenstiel 2003).

Im Rahmen der **Eignungsdiagnose** kann zwischen dem horizontalen und dem vertikalen Entwicklungspotenzial von Mitarbeitern in einem bestimmten Zeitraum differenziert werden. Dazu beurteilen die jeweiligen Vorgesetzten das Potenzial der Mitarbeiter, innerhalb einer bestimmten Zeit Aufgaben auf höheren Hierarchieebenen und in anderen Unternehmungsbereichen wahrzunehmen. Dies kann durch regelmäßige Mitarbeitergespräche, Potenzialrunden oder interne Assessment Center geschehen (vgl. Wollsching-Strobel 1999; Trost 2015).

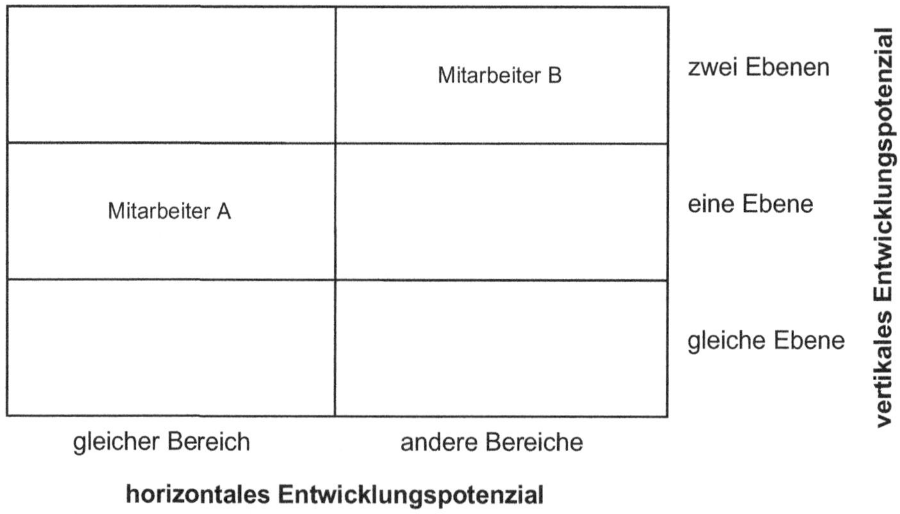

Abb. 5.7. Verfahren zur Beurteilung des Entwicklungspotenzials von Mitarbeitern

In dem in Abb. 5.7 skizzierten Beispiel wird etwa von Mitarbeiter A angenommen, dass er im gleichen Bereich eine Ebene aufsteigen kann. Mitarbeiter B wird dagegen das Potenzial zugemessen, zwei Ebenen aufzusteigen und dabei auch in andere Bereiche wechseln zu können.

In einem dritten Schritt wird dann das Anforderungsprofil der Stelle dem Eignungsprofil des Mitarbeiters gegenübergestellt. Daraus ergeben sich Implikationen für den individuellen Entwicklungsbedarf und die Durchführung von Maßnahmen der Personalentwicklung.

> Exemplarisch lässt sich dieser Ablauf am Beispiel der Lufthansa AG aufzeigen. Die Lufthansa führt regelmäßige Personalentwicklerrunden durch, die von der zentralen Führungskräfteentwicklung geleitet werden. Dabei werden die fachlichen und überfachlichen Kompetenzen aller Mitarbeiter beurteilt, die für eine Führungslaufbahn in Betracht kommen. Diese Beurteilung findet durch den unmittelbaren Vorgesetzten des jeweiligen Mitarbeiters statt. Die Grundlage der Beurteilung bilden detaillierte Kriterienkataloge, die an die jeweilige Position bzw. Unternehmungsebene angepasst sind. Mögliche Potenzialunter- oder -überdeckungen werden in umfangreichen Excel-Tabellen festgehalten, die einen komprimierten Überblick über alle Mitarbeiter sowie Analysen anhand von Kennzahlen und graphischen Übersichten ermöglichen (vgl. Bosse/Wiedmann 2017).
>
> Auf der Grundlage des Profilabgleichs von Anforderungen und Kompetenzen werden die erforderlichen Entwicklungsmaßnahmen abgeleitet und ein individueller Entwicklungsplan erstellt. Für besonders qualifizierte Mitarbeiter (*high potentials*) steht neben dem Expert Track (Fachkarriere) und dem Executive Track (Führungskarriere) auch ein Fast Executive Track offen, der einen schnelleren hierarchischen Aufstieg durch Auslassen von horizontalen Stellenrotationen ermöglicht. Die minimale Verweildauer auf Managementpositionen beträgt drei Jahre (vgl. Branke 2006).

Der Abgleich von Arbeitsanforderungen und Eignungsprofilen erhöht die Transparenz und Nachvollziehbarkeit von Stelleneingruppierungen und liefert frühzeitige Hinweise auf mögliche Qualifikationsdefizite und Weiterbildungsbedarfe. Die Gewinnung objektiver und allgemein akzeptierter Bewertungskriterien ist jedoch mit einem hohen Analyseaufwand verbunden. Zudem lassen sich die zukünftigen Anforderungen an eine Stelle sowie das Entwicklungspotenzial von Mitarbeitern nur selten exakt ermitteln (vgl. Becker 2009). Insbesondere hochqualifizierte Mitarbeiter erwarten jedoch ein regelmäßiges Feedback über ihre eigene Leistung und das Aufzeigen konkreter Entwicklungsmöglichkeiten im Rahmen eines systematischen Talentmanagement (vgl. Wollsching-Strobel/Prinz 2012).

5.1.3.3.1.2 Festlegung geeigneter Positionsfolgen

In dynamischer Perspektive umfasst das individuumsorientierte Karrieremanagement die Festlegung von Positionsfolgen, die ein Mitarbeiter während seiner Unternehmungszugehörigkeit durchläuft. In fachlicher Hinsicht können drei **Karrieremodelle** unterschieden werden:

- *Führungskarrieren* sind durch einen vertikalen Aufstieg innerhalb der Unternehmungshierarchie gekennzeichnet. Der berufliche Aufstieg, d.h. die Übernahme anspruchsvollerer und höher entlohnter Tätigkeiten, ist dabei mit einer zunehmenden Personalverantwortung verknüpft.
- Bei *Fachkarrieren* findet eine Erhöhung von Anforderungen, Kompetenzen und Gehalt statt, ohne dass damit die Übernahme von Führungsverantwortung für andere Mitarbeiter einhergeht. Dadurch sollen vor allem hoch qualifizierte Fachkräfte angesprochen werden, die einen möglichst großen Teil ihrer Arbeitszeit fachlichen Aufgaben und weniger der Führung von Mitarbeitern widmen wollen, für die sie sich weniger geeignet fühlen.

> Fachkarrieren dienen damit auch dazu, dem Peter-Prinzip entgegenzuwirken, wonach Mitarbeiter solange befördert werden, bis sie ihre individuelle Stufe der Unfähigkeit erreicht haben. Peter/Hull (2001) führen dazu das Beispiel einer engagierten Lehrerin an, die aufgrund ihrer sehr guten Beurteilungen zur Schulleiterin befördert wird. Hier kann sie ihre Begabung im Umgang mit Kindern jedoch nicht mehr nutzen. Stattdessen überfordert sie die Führung der ihr nun unterstellten Lehrer sowie die umfangreiche Verwaltungsarbeit, für die sie wenig qualifiziert ist.

- *Projektkarrieren* zeichnen sich durch einen horizontalen und diagonalen Aufstieg aus, der von der Unternehmungshierarchie entkoppelt ist. Dabei nimmt die Bedeutung der Projekte, in denen ein Mitarbeiter tätig ist, und dessen Rang innerhalb des Projektteams zu. Ein wichtiger Grund für die Einführung von Projektkarrieren ist, dass der Anteil von Führungspositionen in vielen Unternehmungen durch den Abbau von Hierarchieebenen abnimmt (vgl. Friedli 2001).

> Ein Beispiel für eine Unternehmung, in der Mitarbeitern alle drei Karrieremodelle offen stehen, ist der Softwareproduzent SAP. SAP steht in einem intensiven Wettbewerb um *high potentials* und versucht, diese durch ein ausgeprägtes Karrieremanagement an sich zu binden. Führungs-, Fach- und Projektkarrieren sind dabei gleichwertig, d.h. die Mitarbeiter können in höhere Gehaltsstufen aufsteigen, ohne Personalverantwortung übernehmen zu müssen. Diese Möglichkeit wird vor allem von Naturwissenschaftlern und Ingenieuren wahrgenommen. Je nach individuellen Präferenzen ist ein Wechsel zwischen verschiedenen Entwicklungspfaden jederzeit möglich. „Wir bieten keine konventionellen Schornsteinkarrieren, sondern identifizieren für jeden Mitarbeiter individuelle Entwicklungschancen", so der ehemalige Personalvorstand Claus Heinrich. SAP konnte dadurch eine im Branchendurchschnitt sehr niedrige Fluktuationsrate von weniger als 2% erreichen und wurde wiederholt zu einem der beliebtesten Arbeitgeber in Deutschland gewählt (vgl. Müller 2006).

Neben der fachlichen Ausrichtung können **Karrierewege** nach ihrer hierarchischen Entwicklungsrichtung differenziert werden (vgl. Abb. 5.8). *Aufstiegskarrieren* sind durch einen stufenweisen hierarchischen Aufstieg mit zunehmender Führungsverantwortung gekennzeichnet. Unterbrochen werden diese – wenn überhaupt – lediglich durch kurze Weiterbildungsphasen wie etwa ein MBA-Studium. Aufstiegskarrieren werden vor allem von Mitarbeitern angestrebt, die eine lebenslang hohe Leistungsbereitschaft und ein ausgeprägtes Entwicklungsbedürfnis aufweisen. Einige Unternehmungen (z.B. Unternehmungsberatungen) fordern von ihren Mitarbeitern sogar einen permanenten beruflichen Aufstieg und legen diesen nahe, ansonsten den Arbeitgeber zu wechseln (*up or out*) (vgl. Abb. 5.9).

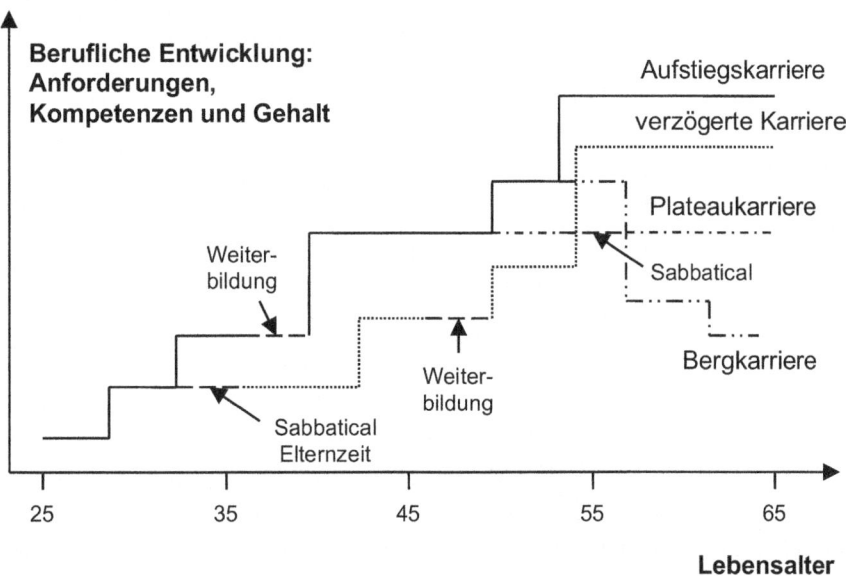

Abb. 5.8. Alternative Karrierewege

Die Karrieren von Top-Managern in Deutschland weisen zahlreiche Gemeinsamkeiten auf. Nach einer Studie von Heidrick & Struggles (2021) von 1.095 CEOs in 14 Ländern sind 97 der Vorstandsvorsitzenden von DAX- und MDAX-Unternehmungen männlich. Das Durchschnittsalter bei der ersten Berufung beträgt 49 Jahre und der aktuelle Altersdurchschnitt liegt bei 55 Jahren. Rund zwei Drittel der neu berufenen Vorstandsvorsitzenden kommen aus der eigenen Unternehmung. 22% waren zuvor als COO und 20% als CFO tätig. 75% der CEO sind Deutsche und 39%% haben Auslandserfahrungen durch frühere berufliche Tätigkeiten. 64% haben einen höheren akademischen Grad erworben, davon 27% einen MBA.

Bei den meisten Merkmalen liegt Deutschland nahe am internationalen Mittelwert. Unterschiede bestehen vor allem bei der etwas größeren internationalen Erfahrung sowie dem geringeren Anteil weiblicher CEOs. Der internationale Mittelwert liegt hier bei 6%, wobei Irland (14%), die USA (11%) sowie Schweden und Belgien (10%) führend sind.

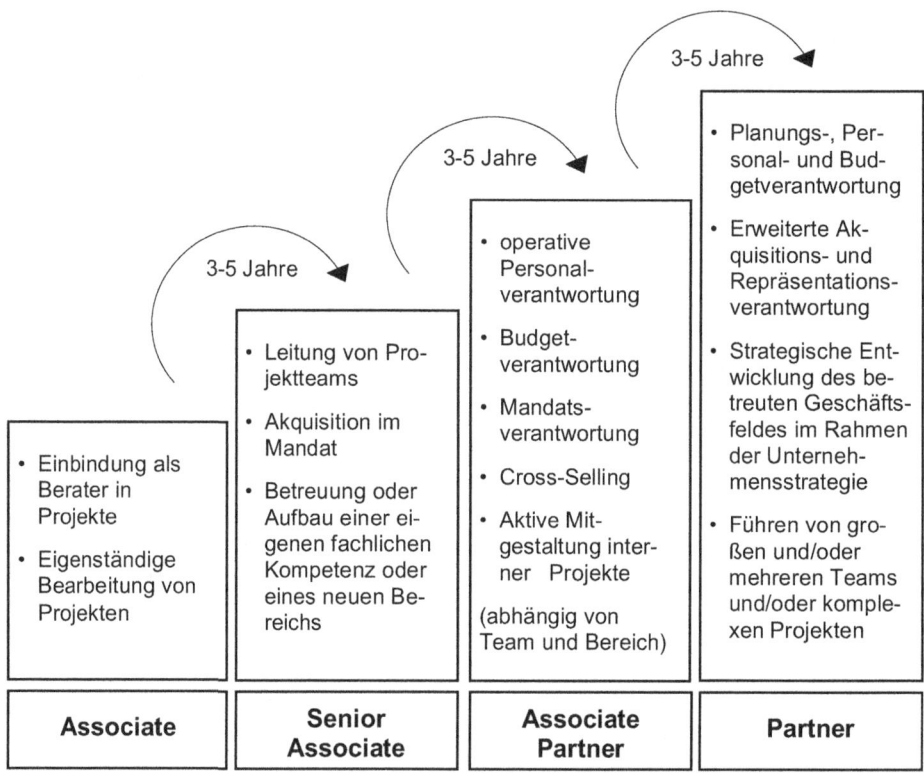

Abb. 5.9. Karrieremodell bei Roedl & Partner (Quelle: erweitert nach https://karriere.roedl.de/was-wir-bieten/karrierestufen/)

Eine besondere Herausforderung beinhaltet der hierarchische Aufstieg innerhalb derselben Abteilung. Kollegen, die zu Vorgesetzten werden, kennen zumeist die bestehenden Arbeitsabläufe, Strukturen und Ressourcen und sind mit den Teammitgliedern vertraut. Die Beförderung bewirkt im Vergleich zu einer externen Stellenbesetzung zudem einen positiven Signaling-Effekt. Dem stehen oft Neidgefühle bei den nicht-beförderten Mitarbeitern gegenüber, die sich möglicherweise ebenfalls auf die Leitungsfunktion beworben hatten. Darüber hinaus bestehen ein hoher Erwartungsdruck und die Gefahr von Autoritätsproblemen gegenüber den ehemals gleichgestellten Mitarbeitern. Diesen Nachteilen kann durch die Schaffung von Distanz und professioneller Rollenklarheit begegnet werden. Zudem sind die schnelle und umfassende Kommunikation der neuen Führungskonstellation sowie der angemessene Umgang mit möglichen Enttäuschungen bei den nicht beförderten Teammitgliedern wichtig (vgl. Stöwe/Keromosemito/Fritz 2008). Zur Vermeidung der Herausforderungen sehen viele Unternehmungen (z.B. Lufthansa) ab einer bestimmten Hierarchieebene grundsätzlich nur laterale Karrierewege vor.

Empirische Studien weisen darauf hin, dass die Bedeutung des beruflichen Aufstiegs gegenüber dem Motiv der Selbstverwirklichung in der Arbeit und einer ausgeglichenen Work-Life-Balance generell abnimmt (vgl. Wottawa et al. 2011; Albert/Hurrelmann/Quenzel 2019). Während die Generation der Baby Boomer und die Generation X eine starke Karriereorientierung besitzt, rücken bei den Generationen Y und Z die Motive der Sinnerfüllung und Selbstbestimmtheit in den Vordergrund (vgl. Tab. 5.14). Ökologische und soziale Verantwortung gewinnt gegenüber Leistungsorientierung und materiellen Anreizen an Bedeutung. Zudem nimmt die Bindung an den Arbeitgeber ab. Karrieren von der Wiege bis zur Bahre werden durch häufige Tätigkeits- und Arbeitgeberwechsel ersetzt. Sprachkenntnisse und Digitalkompetenzen erleichtern zudem die internationale Mobilität.

Tabelle 5.14. Generationsspezifische Werte und berufliche Orientierungen

	Wirtschaftswundergeneration (1945-1955)	Baby Boomer (1956-1964)	Generation X (1966-1985)	Generation Y (1986-1999)	Generation Z (ab 2000)
Lebenssituation	im oder kurz vor Ruhestand	auf dem Karrierehöhepunkt, Suche nach Sinn	im Berufsleben etabliert, späte Familienplanung	etablieren sich gerade im Berufsleben, unabhängig	Berufseinsteiger, global vernetzt im World Wide Web
Einstellung zur Arbeit	idealistisch, Skepsis gegenüber Autoritäten, loyal	Wettbewerb um Positionen und Karriere, Emanzipation	Individualismus, materielle Werte, karriereorientiert, ehrgeizig	Arbeit muss Spaß machen und fordern, lernbereit, flexibel und mobil	Arbeit ist nicht das Wichtigste im Leben
Motivation	Selbstverwirklichung und persönliche Anerkennung	weniger materielle Anreize, Partizipation	materielle Anreize, Karriere	keine finanziellen Anreize, planbare Arbeitszeiten	Sinnerfüllung, Selbstbestimmtheit und Teilhabe
Physische und psychische Belastbarkeit	abnehmende Leistungsfähigkeit, Kompensation durch Routine	hohe Leistungsfähigkeit, große Erfahrung und Routine, wenig lernwillig	sehr hohe Leistungsfähigkeit, noch lernwillig	sehr hohe Leistungsfähigkeit, unerfahren und neugierig	geringere Leistungsbereitschaft, entscheidungsschwach, unsicher
Sorgen um Arbeitsplatz	keine Sorgen (mehr)	Sorgen aufgrund Alters	Wettbewerb um attraktive Stellen	keine Sorgen wegen Fachkräftemangel	keine Sorgen wegen Fachkräftemangel

Quelle: adaptiert und erweitert nach Schmidt/Möller/Windeck 2013, S. 930

> „Unter Führungskräften gärt es. Und, schlimmer noch, unter denen, die demnächst welche werden sollten. Bei vielen Beschäftigten wächst der Unmut über das klassische, am hierarchischen Aufstieg orientierte Karrieremodell. Zu starr erscheint es vielen, mit zu viel Ergebnisdruck und interner Politik und zu wenig Zeit für Familie und Freunde. Der Unmut ist in den großen Konzernen zu spüren; in Überfliegerkanzleien, wo längst nicht mehr jeder Einsteiger Partner werden will; unter Oberärzten, die oft nur noch halbherzig um den Chefarztposten rangeln; ja selbst an Schulen, wo es zunehmend schwieriger wird, die undankbare Position des Rektors zu besetzen.
>
> Die ‚Generation Y' (…) steht an der Spitze des Vormarschs der Karriereverweigerer. Sie kombiniert ihr Interesse an mehr Work-Life-Balance mit einer prinzipiellen Skepsis gegen Geführtwerden und Führen. ‚Sie hat einen ganz anderen Blick auf Autoritäten', sagt die Personalberaterin Sophia von Rundstedt. ‚Es wird eine Herausforderung werden, ihren Fokus konstant auf Leistung zu richten' (…).
>
> Selbstverwirklichung schlägt Gestaltungsdrang, der Job wird Lifestyle: Spannend, abwechslungsreich und sinnvoll muss die Aufgabe für die Ypsiloner sein; Führung findet sich, wenn überhaupt, ganz unten auf ihrer Wunschliste. ‚Die jungen Menschen suchen durchaus die Herausforderung. Aber das Arbeiten an Sachthemen ist ihnen oft wichtiger als Personalverantwortung', sagt (der frühere) Audi-Personalvorstand Thomas Sigi (…). ‚Die Jüngeren sind nicht weniger leistungsbereit', formuliert McKinsey-Recruiting-Chef Thomas Fritz feinsinnig. ‚Aber die Vorstellung eines erfüllten Lebens ist mehrdimensional geworden'" (Werle 2012).

Signifikante Unterschiede bestehen generell zwischen den Karrierewegen von Männern und Frauen. Während es inzwischen mehr weibliche als männliche Hochschulabsolventen gibt, ist die Zahl von **Frauen in Führungspositionen** immer noch sehr gering. Anfang 2022 betrug der Anteil an den 700 Mitgliedern der Vorstände der 160 DAX-, MDAX- und SDAX-Unternehmungen lediglich 13,4 %. Gegenüber 2014 ist dieser zwar um 7,9 Prozentpunkte gestiegen, in 52 % der betrachteten Unternehmungen gibt es aber immer noch kein weibliches Vorstandsmitglied. Lediglich 5,6 % der Unternehmungen haben eine weibliche Vorstandsvorsitzende (vgl. EY 2022).

> Von den 17 Frauen, die zwischen Anfang 2012 und Juli 2014 Mitglied des Vorstands in einer DAX-Unternehmung waren, haben diesen bis November 2014 bereits sieben wieder verlassen. Frauen scheiden damit fast doppelt so häufig frühzeitig aus dem Vorstand aus wie Männer. „Kaum eine ging wirklich aus freien Stücken. Man kann es auch so sagen: Beinahe jede zweite Top-Managerin in Deutschland scheitert (…). Und während die Männer – wenn sie nicht aus Altersgründen gehen – meistens in andere Top-Jobs wechseln, verschwinden die Frauen nach ihrem Abschied aus dem DAX weitgehend von der Bildfläche (…). Beruflich noch einmal durchgestartet ist keine von ihnen" (Bund 2014).

Deutschland nimmt damit *im europäischen Vergleich* einen Schlussplatz ein (vgl. Devillard et al. 2012). Vor allem in Skandinavien und den Niederlanden, d.h. in Ländern mit einer femininen Kultur (vgl. Kap. 4.2.2), ist der Anteil von Frauen in Führungspositionen weitaus höher. Verantwortlich für die schlechten Karrierechancen von Frauen in Deutschland sind insbesondere weit verbreitete konservative Rollenvorstellungen von Männern, Stereotypen über die Eignung von Frauen für Spitzenpositionen sowie die Ansicht, dass es zu wenige karriereorientierte Frauen gibt (vgl. Wippermann 2010). Diese Mentalitätsmuster bilden eine *gläserne Decke*, die Frauen den Aufstieg in obere Führungspositionen erheblich erschwert (vgl. Krell/Ortlieb/Sieben 2011; Szebel-Habig/Kaps 2016).

Wie verbreitet stereotype Rollenbilder in Deutschland sind, belegt eine empirische Untersuchung von Störmer (2011) zum *Einfluss der Attraktivität auf den Karriereerfolg*. Auf Basis der Daten des Sozio-ökonomischen Panels (SOEP) zeigt sich, dass die Statur von Frauen einen hohen Einfluss auf deren Karriereerfolg hat. Frauen, deren Body-Maß-Index (BMI=Gewicht (kg)/Körpergröße (m^2)) den empfohlenen Normalbereich der Weltgesundheitsorganisation übersteigt, haben signifikante Karrierenachteile (gemessen als Bruttostundenlohn) zu verzeichnen. Besonders stark sind diese negativen Effekte der Übergewichtigkeit bei weiblichen Führungskräften und Akademikerinnen. Für Männer hingegen konnte insgesamt kein Einfluss des BMI auf den Karriereerfolg nachgewiesen werden.

Empirische Untersuchungen zu den **Auswirkungen des Anteils von Frauen in Führungspositionen auf den Unternehmungserfolg** kommen zu unterschiedlichen Ergebnissen. So weisen etwa die länderübergreifenden Studien von Miller/ Triana (2009), Noland/Moran/Kotschwar (2016) und Hunt et al. (2018) auf eine positive Korrelation zwischen dem Anteil von Frauen in Führungspositionen und dem Unternehmungserfolg hin, ohne jedoch Aussagen zur Kausalität machen zu können. Demgegenüber belegt die Studie von Laible (2013) auf der Basis des IAB-Betriebspanels einen negativen Zusammenhang. Die Metaanalyse von Reinwald et al. (2015) kommt zu dem Ergebnis, dass es keinen signifikanten Zusammenhang zwischen der Geschlechterdiversität und dem Unternehmungserfolg gibt. Dieser Befund ist unabhängig von der Größe des Führungsteams, der Branche, dem kulturellen Kontext und den betrachteten Erfolgskriterien.

Als Erklärung dafür wird angeführt, dass sich die positiven und negativen Wirkungen von Diversität neutralisieren (vgl. Terjesen/Sealy/Singh 2009; Reinwald et al. 2015). Positive Wirkungen können etwa mit der *Signaling-Theorie* erklärt werden, wonach die gemischte Besetzung von Führungsgremien die Erfüllung sozialer Normen und die Fähigkeit signalisiert, sich auf diverse Stakeholder und Märkte einstellen zu können, was wiederum positive Reputationseffekte zur Folge hat. Nach der *Prinzipal-Agenten-Theorie* erhöhen heterogene Teams die Kommunikationsintensität und tragen dadurch zur Reduzierung von Informationsasymmetrien bei (vgl. Kap. 2.8). Auf der Grundlage des *ressourcenbasierten Ansatzes* und der *Humankapitaltheorie* kann zudem argumentiert werden, dass heterogene Teams über ein größeres Humankapital verfügen als homogene Teams, was zur Verbesserung interner Entscheidungsprozesse führen kann (vgl. Kap. 2.7). Diesen positiven Effekten steht die Gefahr der negativen *sozialen Kategorisierung* gegenüber.

Danach wird Frauen vor allem in Unternehmungen, in denen diese unterrepräsentiert sind, eine geringere Kompetenz zugeschrieben („Quotenfrau"). Als Folge davon werden diese aus wichtigen Entscheidungsprozessen ausgeschlossen und mit höheren Leistungserwartungen konfrontiert.

Zur Erhöhung des Anteils von Frauen in Führungspositionen wurde am 24.4.2015 das Gesetz für die gleichberechtigte Teilhabe von Frauen und Männern an Führungspositionen in der Privatwirtschaft und im öffentlichen Dienst (FüPoG) verabschiedet. Danach muss der Aufsichtsrat in Unternehmungen, die börsennotiert sind und für die das MitbestG oder das MontanMitbestG gilt (vgl. Kap. 3.2.1.2), zu mindestens 30% aus Frauen und zu mindestens 30% aus Männern zusammengesetzt sein (§ 96 Abs. 2 AktG). Unternehmungen, die entweder börsennotiert sind oder der Mitbestimmung unterliegen, müssen zudem *Zielvorgaben für den Anteil von Frauen* im Aufsichtsrat, im Vorstand und auf den beiden Führungsebenen unterhalb des Vorstands festlegen und veröffentlichen. Seit dem 8.4.2021 gilt für börsennotierte und paritätisch mitbestimmte Unternehmungen eine Mindestbeteiligungsquote von einer Frau für Vorstände, die mehr als drei Mitglieder haben (FüPoG II). Zugleich wurden die Berichts- und Begründungspflichten ausgeweitet. Strafen oder gesetzliche Sanktionen für den Fall, dass das gesetzte Ziel nicht erreicht wurde, sind jedoch nicht vorgesehen.

> Porsche hat im Jahre 2012 ein Programm zur Chancengleichheit eingeführt. Dazu wird in jedem Ressort individuell ermittelt, wie viele Frauen im oberen Tarifbereich arbeiten. Dieser Anteil muss bei Beförderungen in die obersten drei Managementebenen berücksichtigt werden. Diese kaskadenartige Beförderung von Frauen ist Aufgabe der Führungskräfte der nächst höheren Hierarchieebene und wird bei der Berechnung von deren Bonuszahlungen einbezogen. Der Anteil von Frauen in der obersten Führungsebene stieg daraufhin von 1,9% im Jahre 2012 auf 8,3% im Jahre 2016 (vgl. Endres 2017).

Eine wichtige Aufgabe des individuumsorientierten Karrieremanagement ist der **Umgang mit bei Beförderungsentscheidungen nicht berücksichtigten Mitarbeitern**. Während die Aufmerksamkeit überwiegend den beförderten bzw. für ein Personalentwicklungsprogramm ausgewählten Mitarbeitern gilt („*The winner takes it all*"), stellen die nicht beförderten Mitarbeiter zumeist die Mehrheit dar. Sie verbleiben zudem überwiegend in der Unternehmung und stellen für diese weiterhin eine wertvolle Ressource dar. Umso wichtiger ist es, negative Auswirkungen auf deren Arbeitseinstellungen und die Arbeitsatmosphäre zu vermeiden.

Vor allem Mitarbeiter mit einer sehr positiven Selbsteinschätzung tendieren dazu, die Ablehnung als negatives Feedback und Bruch des psychologischen Vertrags mit ihrem Arbeitgeber aufzufassen (vgl. Kap. 2.8). Die wiederholte Nichtberücksichtigung bei Beförderungsentscheidungen kann zudem eine Stigmatisierung dieser Mitarbeiter bewirken (vgl. Goffman 1967). Um die damit verbundenen negativen emotionalen, kognitiven und motivationalen Folgen zu reduzieren, ist im Sinne der Gerechtigkeitstheorie (vgl. Kap. 2.3.2.1) eine objektive und nachvollziehbare Begründung der Entscheidung erforderlich. Unterschiedliche Reaktionen sind zu erwarten, wenn die Nichtberücksichtigung internal oder external zugerechnet wird. Bei einer internalen Attribution ist eine defensive und demotivierende Reaktion zu erwarten. Demgegenüber erzeugen externale Attributionen keine Veränderungsmotivation. Semmer/Jacobshagen (2010) empfehlen deshalb, die internalen Attributionen durch externe Gründe so abzuschwächen, dass der Mitarbeiter die Nichtberücksichtigung zwar sich selbst zurechnet, zugleich aber ihm gegenüber Wertschätzung ausgedrückt und alternative Entwicklungsmöglichkeiten aufgezeigt werden.

5.1.3.3.2 Unternehmungsorientiertes Karrieremanagement

Während beim individuumsorientierten Karrieremanagement der einzelne Mitarbeiter im Mittelpunkt steht, orientiert sich das unternehmungsorientierte Karrieremanagement an der gesamten Belegschaft. Das Ziel besteht darin, eine an der Unternehmungsstrategie orientierte Personalstruktur sicherzustellen. Umgekehrt kann i.S. des ressourcenorientierten Ansatzes die Personalstruktur auch der Ausgangspunkt für die Entwicklung der Unternehmungsstrategie sein (vgl. Kap. 4 2.1).

Ein Instrument zur Verwirklichung dieser Zielsetzung sind **Humanressourcen-Portfolios**. Mit Hilfe von Portfolio-Verfahren lassen sich die individuellen Eignungs- und Leistungsprofile der Mitarbeiter zu Personalportfolios ganzer Abteilungen, Bereiche und Unternehmungen aggregieren. Dies soll es ermöglichen, frühzeitig personalpolitische Instrumente einzusetzen, die analog zu Produkt-Markt-Portfolios im Rahmen des strategischen Management als Normstrategien formuliert werden. Ein Beispiel dafür ist das Humanressourcen-Portfolio von Odiorne (1984), das zwischen vier **Typen von Mitarbeitern** differenziert (vgl. Abb. 5.10):

Abb. 5.10. Humanressourcen-Portfolio (Quelle: Odiorne 1984, S. 66)

- Die größte Gruppe bilden die *Arbeitstiere* (*workhorses*). Sie sind zumeist schon lange in der Unternehmung tätig und weisen eine hohe Arbeitsleistung auf. Ihr weiteres Entwicklungspotenzial wird jedoch als gering eingestuft. Die Aufgabe für das Personalmanagement besteht darin, ihre Fähigkeiten durch einen effizienten Personaleinsatz möglichst weitgehend auszuschöpfen. Die Aus- und Weiterbildung ist auf die Sicherung der Fachkompetenz für die bestehenden Tätigkeiten reduziert (ernten).
- Die *Stars* sind die wichtigsten aktuellen und zukünftigen Leistungsträger der Unternehmung. Sie besitzen eine hohe Leistungs- und Aufstiegsorientierung. Die Aufgabe des Personalmanagement besteht deshalb darin, ihre Qualifikationen und Erfahrungen durch interessante Tätigkeiten und gezielte Weiterbildung permanent zu erweitern und ihnen eine individuelle Karriereperspektive zu geben (ausbauen). Gelingt dieses Talentmanagement nicht, besteht die Gefahr, dass diese Mitarbeiter die Unternehmung verlassen.
- *Problemmitarbeiter* (*problem employees*) haben ein hohes Leistungspotenzial, können dies aber aktuell nicht vollständig umsetzen. Die wichtigste Aufgabe des Personalmanagement besteht deshalb darin, die Gründe für diese Leistungsbarrieren zu analysieren und durch gezielte Maßnahmen der Personalentwicklung, des Personaleinsatzes und der Personalführung abzubauen (aufbauen).
- *Leistungsschwache* (*deadwood*) weisen eine geringe aktuelle Leistung und ein geringes Leistungspotenzial auf. Gründe dafür können fachlicher oder motivationaler Art sein. Sie sollten deshalb nach Auffassung von Odiorne freigesetzt werden (abbauen).

Eine große Verbreitung haben Personalportfolios durch *Talent-Management-Programme* erlangt, mit denen sich diese einfach erstellen und auswerten lassen. Diese bieten die Möglichkeit, Laufbahn- und Nachfolgeplanungen vollständig computergestützt durchzuführen. Darüber hinaus können weitere Funktionen wie Weiterbildungsmanagement oder Skill- und Kompetenzmanagement genutzt werden.

> Ein Beispiel für die strategische Führungskräfteentwicklung ist BASF. Die Abteilung „Führungskräfteplanung und -entwicklung" plant und entwickelt Kandidaten für weltweit ca. 650 Führungspositionen. Dafür werden im Rahmen des Karrieremanagement etwa 1.500 Kandidaten geführt, die potenziell in der Lage sind, diese Positionen im Laufe ihrer weiteren beruflichen Entwicklung zu übernehmen. Für diese Kandidaten werden regelmäßige Potenzialbeurteilungen durchgeführt und elektronisch gespeichert. Diese werden mit den Personalstammdaten, die in SAP® R/3 HR gepflegt werden, kombiniert und verarbeitet.
>
> Im Rahmen der Karriereplanung wird ein Planungshorizont von acht bis zehn Jahren angesetzt. Parallel dazu erfolgt eine auf Positionen bezogene Nachfolgeplanung mit einem Planungshorizont von zwei bis drei Jahren. Zudem werden Talent-Management-Programme in konkreten Bedarfsfällen (z.B. bei sich abzeichnenden Vakanzen) oder bei strategischen Planspielen i.S. von „was-wäre-wenn-Simulationen" eingesetzt (vgl. Schüler 2003).

5.1.4 Personalfreisetzung

5.1.4.1 Ursachen

Die letzte Phase der Personalbedarfsplanung und Personalbedarfsdeckung bildet die Personalfreisetzung. Diese ist immer dann erforderlich, wenn die Personalbedarfsplanung einen Netto-Personalüberschuss oder Qualifikationsdefizite ermittelt hat, die nicht durch Maßnahmen der Arbeitsorganisation (z.B. Verkürzung der Arbeitszeit) oder Personalentwicklung ausgeglichen werden können oder sollen. Dementsprechend können betriebsbedingte und mitarbeiterbedingte Ursachen der Personalfreisetzung unterschieden werden (vgl. Abb. 5.11):

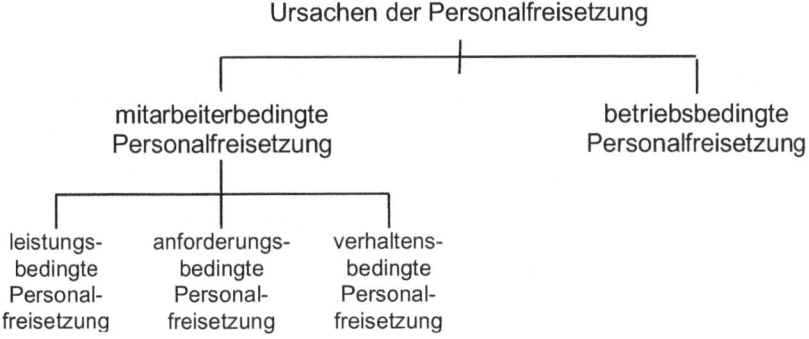

Abb. 5.11. Ursachen der Personalfreisetzung

- Mögliche Ursachen der *mitarbeiterbedingten Personalfreisetzung* sind nachlassende Arbeitsleistungen (leistungsbedingte Freisetzung), steigende qualitative Arbeitsanforderungen (anforderungsbedingte Freisetzung) sowie unentschuldigtes Fernbleiben, wiederholte Unpünktlichkeit, Alkoholmissbrauch, Leistungsverweigerung oder Straftatdelikte (verhaltensbedingte Freisetzung). In wieweit diese Sachverhalte arbeitsrechtlich relevant sind, ist im Einzelfall zu beurteilen. So kann Alkoholmissbrauch bei Kraftfahrern einen Kündigungsgrund darstellen, während ärztlich attestierter Alkoholismus nach herrschender Rechtsauffassung eine Krankheit ist, die keine Personalfreisetzung rechtfertigt (vgl. Müller 2013).
- Die *betriebsbedingte Personalfreisetzung* umfasst alle Maßnahmen zur Beseitigung einer durch die Personalbedarfsplanung ermittelten Überdeckung des Personalbestands in quantitativer, qualitativer, zeitlicher und räumlicher Hinsicht. Die wichtigsten betriebsbedingten Ursachen eines Personalüberhangs sind konjunktur-, saison- oder strukturbedingte Absatzrückgänge, die Einführung neuer Produktions- oder Informationstechnologien, Reorganisationen, Produktionsumstellungen, -stilllegungen oder -verlagerungen sowie Fusionen (vgl. Berkowsky 2007).

5.1.4.2 Maßnahmen

Die Maßnahmen der Personalfreisetzung können nach ihrem **Zeitpunkt** in antizipative und reaktive Maßnahmen differenziert werden. Während antizipative Maßnahmen (z.B. die Nichtverlängerung von befristeten Arbeitsverträgen, Einstellungsstopps, Aufhebungsverträge und frühzeitige Pensionierungen) eine zumindest kurz- bis mittelfristige Personalplanung bedingen, verursachen reaktive Maßnahmen zwar einen geringeren planerischen Aufwand, dafür jedoch zumeist größere negative Auswirkungen auf die Mitarbeiter und die Unternehmung.

Nach ihren **Auswirkungen** können die Maßnahmen der Personalfreisetzung in qualitative, zeitliche, räumliche und quantitative Maßnahmen differenziert werden. Während der Personalbestand in den ersten drei Fällen nicht verringert wird, beinhaltet der Abbau des Personalüberhangs durch quantitative Maßnahmen dagegen eine Reduzierung des Personalbestands (vgl. Abb. 5.12). Die gravierendste Maßnahme der quantitativen Personalfreisetzung stellt die Entlassung bzw. Kündigung von Mitarbeitern dar. Die Wahl geeigneter Maßnahmen der Personalfreisetzung wird vor allem durch arbeitsrechtliche Schutzklauseln (Kündigungsschutz) sowie durch die Anhörungs- und Mitbestimmungsrechte des Betriebsrats bestimmt.

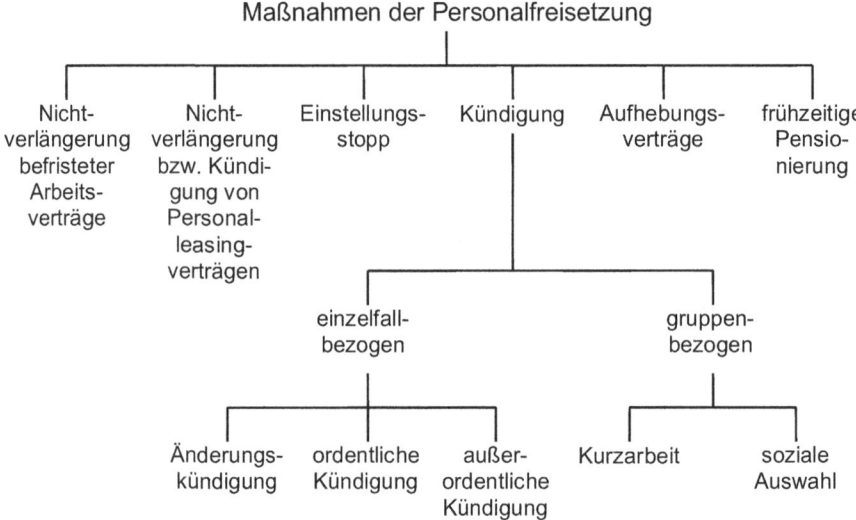

Abb. 5.12. Maßnahmen der Personalfreisetzung

5.1.4.2.1 Nichtverlängerung von befristeten Arbeitsverträgen

Die einfachste Maßnahme der Personalfreisetzung ist die Nichtverlängerung von befristeten Arbeitsverträgen (vgl. Lakies 2016). Befristete Arbeitsverträge werden insbesondere bei zeitlich bzw. finanziell begrenzter Projektarbeit, Vertretungen des Stammpersonals, wirtschaftlicher Unsicherheit oder Saisonarbeit abgeschlossen. Weitere Beispiele sind die Beschäftigung von wissenschaftlichen Mitarbeitern an Hochschulen oder von Arbeitnehmern aus Nicht-EU-Ländern. Ohne Vorliegen eines sachlichen Grundes ist die Befristung eines Arbeitsvertrages grundsätzlich bis zur Dauer von zwei Jahren zulässig (§ 14 TzBfG). Während dieser Zeit können befristete Arbeitsverträge höchstens dreimalig verlängert werden. Nach der dreimaligen Verlängerung eines befristeten Arbeitsverhältnisses mit denselben Arbeitsbedingungen haben Arbeitnehmer das Anrecht auf eine unbefristete Beschäftigung (Verhinderung von Kettenarbeitsverträgen).

Eine empirische Studie auf der Basis des IAB-Betriebspanels von Bossler et al. (2021) kommt zu dem Ergebnis, dass 2020 in Deutschland rund 3,9 Mio. sozialversicherungspflichtige Neueinstellungen vorgenommen wurden, von denen rund 1,3 Mio. (zunächst) befristet waren. Seit 2009 ist dieser Anteil von 50% auf 34% stetig gesunken. Der Anteil befristeter Beschäftigung an der Gesamtbeschäftigung lag 2020 bei 6,3%. Der Anteil befristeter Neueinstellungen liegt im Durchschnitt der letzten 5 Jahre bei Frauen rund 7 Prozentpunkte höher als bei Männern. Zudem gibt es einen im langjährigen Durchschnitt erhöhten Befristungsanteil in der Personengruppe unter 25 Jahren sowie in Betrieben mit mehr als 75 Beschäftigten. In der Mehrheit der Fälle erfolgt die Befristung ohne Angabe eines Sachgrunds. Befristete Arbeitsverhältnisse sind vor allem im Bereich sozialer Dienstleistungen wie Gesundheit und Sozialwesen, Erziehung, Unterricht und Non-Profit-Organisationen weit verbreitet. Fast die Hälfte der Einstellungen erfolgt hier auf der Basis eines befristeten Arbeitsvertrages.

5.1.4.2.2 Nichtverlängerung bzw. Kündigung von Personalleasingverträgen

Die Kündigung bzw. Nichtverlängerung von Personalleasingverträgen (vgl. Kap. 5.1.2.2.1.7) ist eine relativ einfache und schnelle Methode der Personalfreisetzung, die kaum unmittelbare negative Auswirkungen hat. Aufgrund der geringen Bedeutung dieser Beschäftigungsform in Deutschland ist deren Auswirkung auf den Personalbestand jedoch nur schwach. Zudem betrifft sie vor allem gering qualifizierte Mitarbeiter.

5.1.4.2.3 Einstellungsstopp

Beim Einstellungsstopp wird eine Personalfreisetzung durch die zumeist zeitlich befristete Ausnutzung der natürlichen Fluktuation (Kündigung durch die Mitarbeiter, Erreichen des Pensionsalters, Invalidität, Tod, etc.) erzielt. Dabei können mehrere Formen unterschieden werden:

- Ein *genereller Einstellungsstopp* gilt für alle Bereiche und Positionen. Er bietet das größte Einsparungspotenzial bei den Personalkosten, ist jedoch ein weitgehend zufallsabhängiges, undifferenziertes und kaum steuerbares Instrument. Die Nichtbesetzung wichtiger freiwerdender Positionen führt zwar zu Kosteneinsparungen, bewirkt aber gleichzeitig eine sinkende Produktivität und Renta-

bilität der Unternehmung. Zudem führt diese Maßnahme zu negativen Auswirkungen auf die Alters- und Qualifikationsstruktur der Belegschaft.
- Bei einem *qualifizierten Einstellungsstopp* dürfen nur bei bestimmten, besonders wichtigen Mitarbeitergruppen wie z.B. Fach- und Führungskräften oder Auszubildenden Einstellungen vorgenommen werden.
- Bei einem *modifizierten Einstellungsstopp* wird der Ersatzbedarf bei frei werdenden Stellen besonders intensiv geprüft. Die entsprechende Abteilung muss deshalb die Besetzung freiwerdender Stellen in jedem Einzelfall überzeugend begründen.

5.1.4.2.4 Aufhebungsverträge

Aufhebungsverträge beinhalten das Angebot an Mitarbeiter, gegen die Zahlung einer *Abfindung* freiwillig aus der Unternehmung auszuscheiden (vgl. Bauer/Krieger/Arnold 2013). Da dadurch langwierige Auseinandersetzungen mit den Mitarbeitervertretern und Arbeitsgerichtsprozesse vermieden werden, führt diese Methode zumeist zu einer sehr schnellen Reduzierung des Personalbestands. Aufgrund ihrer geringen Konfliktintensität wirken sich Aufhebungsverträge zudem nicht negativ auf das Arbeitgeberimage aus.

Ein Nachteil ist, dass zumeist vor allem qualifizierte Mitarbeiter das Angebot eines Aufhebungsvertrags wahrnehmen, die relativ schnell eine Beschäftigung bei einem anderen Arbeitgeber finden. Beispiele dafür sind die Deutsche Bahn, die Deutsche Post und die Deutsche Telekom, die bei ihrer Umwandlung von Staatsbetrieben zu privaten Aktiengesellschaften durch Aufhebungsverträge viele qualifizierte Mitarbeiter verloren haben.

5.1.4.2.5 Frühzeitige Pensionierungen

Das Angebot eines unmittelbaren oder gleitenden Übergangs in den Ruhestand mit einer schrittweisen Reduzierung der Wochenarbeitszeit ist zumeist mit staatlichen Zuschüssen zur Altersrente bzw. zum reduzierten Arbeitsentgelt verbunden. Nachdem frühzeitige Pensionierungen vor allem in den achtziger Jahren sehr weit verbreitet waren (vgl. Teipen 2003), haben diese seit 2014 wieder zugenommen. Grund hierfür ist das von der Bundesregierung beschlossene Rentenpaket, nach dem alle beitragspflichtig Beschäftigten bereits mit 63 Jahren ohne Abschläge in den Ruhestand gehen können. Diese Entwicklung steht dem allgemeinen Trend zur Verlängerung der Lebensarbeitszeit entgegen. Zurückzuführen ist dieser neben der demographischen Entwicklung vor allem auf die Erkenntnis vieler Unternehmungen, dass ältere Mitarbeiter häufig über besonderes Wissen verfügen, das mit deren Ausscheiden verloren geht. Eine Möglichkeit, diesen Wissensverlust zu reduzieren, ist die Übertragung von Mentorentätigkeiten an ältere Mitarbeiter, die dadurch ihr Wissen systematisch an jüngere Mitarbeiter weitergeben können.

Als eine der ersten Unternehmungen in Deutschland hat Audi im Jahre 2005 ein spezifisches Programm für ältere Mitarbeiter verabschiedet. Dieses beinhaltet die umfassende Förderung ihrer Beschäftigungsfähigkeit

> durch die lebenslange Entwicklung beruflicher Kompetenz, Motivation und Gesundheitsprävention. Insbesondere in der Fertigung soll die Beschäftigungsfähigkeit älterer Mitarbeiter durch eine präventive Arbeitsgestaltung gefördert werden. Dazu zählen etwa regelmäßige Belastungswechsel, die Entdichtung der Leistungsintensität durch eine angepasste Leistungs- bzw. Personalbemessung, zusätzliche Kurzpausen und der vermehrte Einsatz technischer Arbeitshilfen. Begleitet werden diese Maßnahmen durch ein „Audi Checkup" für alle Mitarbeiter über 50 Jahren, um die altersbezogene Häufigkeit chronischer Erkrankungen durch individuelle Frühdiagnostik, Beratung und Gesundheitsförderung zu reduzieren (vgl. Widuckel 2006).

5.1.4.2.6 Kündigungen bzw. Entlassungen

Kündigungen bzw. Entlassungen stellen die gravierendste Maßnahme der Personalfreisetzung dar. Aufgrund der negativen Folgen für die betroffenen Mitarbeiter, die verbleibenden Mitarbeiter sowie die Unternehmung stellen diese das letzte Mittel der Rechtsdurchsetzung dar, d.h. es darf kein milderes Mittel geben, das den gleichen Erfolg verspricht („Ultima-Ratio-Prinzip"). Die Formen und der Ablauf von Kündigungen werden durch das KSchG geregelt (vgl. auch Kap. 4.1.1.1.2). Dieses gilt für Betriebe, in denen in der Regel zehn oder mehr Arbeitnehmer ausschließlich der zu ihrer Berufsbildung Beschäftigten tätig sind (§ 23 KSchG). Ein eingeschränkter Kündigungsschutz besteht für leitende Angestellte. Insbesondere bedarf der Antrag des Arbeitgebers auf Auflösung des Arbeitsverhältnisses bei diesen keiner Begründung (§ 14 Abs. 2 KSchG). Wichtige Regelungen des KSchG sind in Tab. 4.15 zusammengefasst.

Bei der **einzelfallbezogenen Personalfreisetzung** beruht die Kündigung auf mitarbeiterbedingten Ursachen, wobei für besonders schutzbedürftige Gruppen ein *besonderer Kündigungsschutz* besteht. Dazu zählen u.a. Schwerbehinderte, Auszubildende, schwangere Frauen und Mitarbeiter in Elternzeit, Mitglieder der Betriebsverfassungsorgane sowie Wehr- und Zivildienstleistende. Nach der Anhörung des Betriebsrats (§ 102 BetrVG) kann unter Berücksichtigung der Kündigungsfrist entweder eine *ordentliche Kündigung* oder eine *Änderungskündigung* (§ 2 KSchG) ausgesprochen werden. Bei letzterer wird im gegenseitigen Einvernehmen der Wechsel auf eine Stelle mit anderen Anforderungsmerkmalen und einem zumeist geringeren Entgelt vereinbart (vgl. Wallner 2004).

Die schärfste Form der einzelfallbezogenen Personalfreisetzung ist die verhaltensbedingte Kündigung (vgl. Müller 2013). Gründe dafür können z.B. unentschuldigtes Fernbleiben, wiederholte Unpünktlichkeit, Alkoholmissbrauch, Leistungsverweigerung oder Straftaten sein. Vor einer verhaltensbedingten Kündigung ist zunächst eine *Abmahnung* auszusprechen. Diese muss das konkrete Fehlverhalten darlegen, eine angemessene Frist zur Beseitigung einräumen und einen Hinweis auf die angedrohte Folge beinhalten (vgl. Croset/Dobler 2020). Entbehrlich ist eine Abmahnung bei gravierendem Fehlverhalten (z.B. Unterschlagung, Betrug, gefälschte Arbeitsunfähigkeitsbescheinigung), welches das Vertrauen in den Arbeitnehmer unwiederbringlich zerstört. Aus wichtigen Gründen, d.h. wenn dem

Arbeitgeber die Fortsetzung des Arbeitsverhältnisses bis zum Ablauf der Kündigungsfrist nicht zugemutet werden kann, ist auch eine *außerordentliche* bzw. *fristlose Kündigung* möglich. Diese muss spätestens zwei Wochen nach sicherer Kenntnis der Kündigungsgründe erfolgen (§ 626 BGB).

Tabelle 5.15. Wichtige Regelungen des KSchG

Geltungsbereich	• Betriebe, in denen in der Regel zehn oder mehr Arbeitnehmer ausschließlich der zu ihrer Berufsbildung Beschäftigten beschäftigt werden (§ 23 KSchG)
	• eingeschränkter Kündigungsschutz für leitende Angestellte (Darlegung der Gründe entbehrlich) (§ 14 Abs. 2 KSchG)
Beteiligung des Betriebsrats	• „Der Betriebsrat ist vor jeder Kündigung zu hören. Der Arbeitgeber hat ihm die Gründe für die Kündigung mitzuteilen. Eine ohne Anhörung des Betriebsrats ausgesprochene Kündigung ist unwirksam." (§ 102 Abs. 1 BetrVG)
Formerfordernisse	• Erfordernis der Schriftform (§ 623 BGB)
	• Abmahnung mit Darlegung des konkreten Fehlverhaltens, angemessene Fristsetzung und Hinweis auf angedrohte Folge (Kündigung)
	• entbehrlich bei außerordentlicher, fristloser Kündigung (§ 626 Abs. 1 BGB)
Fristen	• ordentliche Kündigung: 4 Wochen; erhöht sich für den Arbeitgeber nach der Dauer des Arbeitsverhältnisses (§ 622 BGB)
	• außerordentliche Kündigung: 2 Wochen nach sicherer Kenntnis der Kündigungsgründe (§ 626 BGB)
	• Kündigungsschutzklage: 3 Wochen (§ 4 KSchG)

Bei der **gruppenbezogenen Personalfreisetzung** aufgrund betriebsbedingter Ursachen sind zwei Fälle zu unterscheiden (vgl. Berkowsky 2007):

- Bei einem *kurzfristigen Personalüberhang*, der auf wirtschaftlichen Gründen oder einem unabwendbaren Ereignis beruht sowie vorübergehend und nicht vermeidbar ist, kann der Arbeitgeber Kurzarbeit anmelden (§19 KSchG). Dabei zahlt das Arbeitsamt 60% (allgemeiner Leistungssatz) der Nettoentgeltdifferenz des Monats, in dem kurzgearbeitet wurde. Einen erhöhten Leistungssatz von 67% erhalten Arbeitnehmer, auf deren Lohnsteuerkarte ein Kinderfreibetrag von mindestens 0,5 eingetragen ist (§ 178 SGB III). Kurzarbeit ist grundsätzlich auf sechs Monate begrenzt (§ 177 Abs. 1 SGB III). Bei außergewöhnlichen Verhältnissen auf dem Arbeitsmarkt kann die Bezugsdauer auf bis zu 24 Monate ausgedehnt werden (§ 182 Abs. 1 Nr. 3 SGB III).

> Die Ausweitung der maximalen Bezugsdauer und der Anspruchsvoraussetzungen des Kurzarbeitergelds hat wesentlich dazu beigetragen, die Auswirkungen der Wirtschafts- und Finanzkrise auf den Arbeitsmarkt zu mildern. Zum Höhepunkt der Inanspruchnahme im Mai 2009 wurde an 1,516 Milli-

onen Arbeitnehmer konjunkturelles Kurzarbeitergeld gezahlt. Im März 2010 waren es noch 830.000 Arbeitnehmer. Der durchschnittliche Arbeitszeitausfall betrug 37%. Dies entspricht rund 305.000 Voll- bzw. Teilzeitbeschäftigten, denen ansonsten möglicherweise gekündigt worden wäre. Überproportional hoch war der Anteil der Kurzarbeiter in den stark exportabhängigen Branchen Maschinenbau, Metallverarbeitung und Automobilbau (vgl. BA 2010).

Angesichts der positiven Erfahrungen wurde das Instrument der Kurzarbeit auch zur Abmilderung der Folgen der Corona-Pandemie genutzt. Durch das Gesetz zur Verlängerung von Sonderregelungen beim Kurzarbeitergeld wurde befristet bis zum 30. Juni 2022 die maximale Bezugsdauer des Kurzarbeitergeldes auf 28 Monate verlängert. Zudem wurden die Mindesterfordernisse abgesenkt und die Leistungssätze erhöht. Im April 2020 erreichte die Zahl der angemeldeten Kurzarbeiter mit knapp 6 Millionen ihren Höhepunkt, nachdem diese in den Vorjahren in den Wintermonaten regelmäßig deutlich unter 500.000 gelegen hatte (vgl. Bundesagentur für Arbeit 2022).

Für Arbeitgeber beinhaltet Kurzarbeit den Vorteil, Arbeitnehmer in Zeiten schwacher Konjunktur nicht entlassen zu müssen und damit ihr Humankapital zu sichern. Dies hat zumeist positive Auswirkungen auf die Motivation der Mitarbeiter. Zudem werden dadurch eventuelle Abfindungen und Kündigungsklagen vermieden. Dem steht der Nachteil gegenüber, dass die Lohnkosten nicht proportional mit der Verkürzung der Arbeitszeit sinken und somit Remanenzkosten anfallen. Zudem besteht die Gefahr, dass erforderliche strukturelle Anpassungen hinausgezögert werden.

- Bei einem *dauerhaften Personalüberhang* kann der Arbeitgeber eine Kündigung unter Berücksichtigung der gesetzlichen Kündigungsfrist aussprechen. Zumeist wird dabei mit den Mitarbeitervertretern ein Sozialplan vereinbart. Bei der Auswahl der gekündigten Mitarbeiter müssen soziale Kriterien, und zwar die Dauer der Betriebszugehörigkeit, das Lebensalter und Unterhaltspflichten sowie das Schwerbehindertenrecht berücksichtigt werden, d.h. eine Auswahl nach persönlichen Qualifikationen und Arbeitsleistungen der Mitarbeiter ist nicht möglich (vgl. Tab. 4.16). Weist der Betriebsrat oder ein gekündigter Mitarbeiter nach, dass die Auswahl sozial ungerechtfertigt war, ist die Kündigung unwirksam (§ 1 KSchG).

Die Folgen einer gruppenbezogenen Personalfreisetzung lassen sich anschaulich am Beispiel der Schließung des AEG-Elektrolux-Werkes in Nürnberg im Jahre 2006 illustrieren. Nach der Ankündigung der Unternehmungsleitung im Dezember 2005, das Werk zu schließen und die Produktion nach Italien und Polen zu verlagern, legten die Arbeitnehmer spontan die Arbeit nieder und protestierten für den Erhalt ihrer Arbeitsplätze. Nach einem zweimonatigen Streik und mehreren Verhandlungsrunden verständigten sich der Mutterkonzern Electrolux, die IG Metall und der Be-

> triebsrat im März 2006 auf einen Sozialplan. Dieser sieht eine Abfindung in Höhe von 1,8 Monatsgehältern (maximal 4.500 €) für jedes Jahr der Betriebszugehörigkeit vor. Von den Arbeitnehmervertretern wird dies als großer Erfolg gewertet, da in vergleichbaren Fällen lediglich 0,4 bis 0,7 Monatsgehälter gezahlt wurden. Für Mitarbeiter ab dem 53. Lebensjahr wurde eine Vorruhestandsregelung vereinbart, die ihnen eine Abfindung zwischen 81 und 83% des Nettoeinkommens zusichert, das sie in der Zeit vom Austrittstermin bis zur Vollendung des 63. Lebensjahres verdienen würden. Nach der Entlassung können alle ehemaligen AEG-Mitarbeiter für maximal 12 Monate in die Qualifizierungs- und Beschäftigungsgesellschaft GPQ (Nürnberger Gesellschaft für Personalentwicklung und Qualifizierung mbH) übertreten (Strukturkurzarbeit). AEG stellt dafür 23,5 Mio. € bereit. Im Frühjahr 2007 hat AEG den Betrieb in Nürnberg endgültig geschlossen.

Tabelle 5.16. Beispiel für die Sozialauswahl bei betriebsbedingten Kündigungen

Beispiel	Alter (in Jahren)	Betriebszugehörigkeit (in Jahren)	Unterhaltspflicht	Schwerbehinderung	Punkte insgesamt
Arbeitnehmer A: 40 Jahre, verheiratet, 2 Kinder, 6 Jahre im Betrieb	40	6	8 (2 * 4)		54
Arbeitnehmer B: 48 Jahre, ledig, 3 Jahre im Betrieb, schwerbehindert	48	3		8	59

Die Beendigung von Arbeitsverhältnissen durch Kündigung oder Auflösungsvertrag bedarf der Schriftform (§ 623 BGB). Arbeitnehmer können ein Arbeitsverhältnis mit einer Frist von vier Wochen kündigen. Die Kündigungsfrist für den Arbeitgeber hängt von der Dauer der Betriebszugehörigkeit ab. Sie beträgt maximal sieben Monate, wenn das Arbeitsverhältnis 20 Jahre oder länger bestanden hat (§ 622 BGB). Für Kündigungsschutzklagen des Arbeitnehmers gilt eine Ausschlussfrist von drei Wochen (§ 4 KSchG).

5.1.4.3 Outplacement

Das Konzept des Outplacement ist ursprünglich zur Betreuung von aus dem Militärdienst ausscheidenden Soldaten entwickelt worden. Es basiert auf der Erkenntnis, dass die ausschließliche Betrachtung der arbeitsrechtlichen und finanziellen Aspekte von Kündigungen zu kurz greift und eine aktive Unterstützung des ausscheidenden Mitarbeiters durch die Unternehmung beiden Seiten Vorteile bringt (vgl. Mayrhofer 1989; Stoebe 1993; Berg-Peer 2003). Mit Maßnahmen des Outplacement werden folgende **Ziele** verfolgt:

- Aus Sicht der *Unternehmung* soll Outplacement die mit einer Kündigung verbundenen Trennungskosten reduzieren. Dies gilt insbesondere dann, wenn zeit- und kostenintensive Arbeitsgerichtsprozesse vermieden werden können. Verbunden damit ist das Ziel, Imageverluste in der Öffentlichkeit sowie negative Auswirkungen auf die verbleibenden Mitarbeiter zu vermeiden (vgl. Andrzejewski 2008). Abgangsinterviews im Rahmen des Outplacement ermöglichen zudem, Kündigungen zur Schwachstellenanalyse der Unternehmung zu nutzen (vgl. Lämmlein/Brauner 2003).
- Die wichtigsten *Ziele der Mitarbeiter* sind die Sicherung der materiellen Lebensbedingungen und die Bewältigung psychisch-sozialer Spannungen. Darüber hinaus soll die berufliche Weiterentwicklung der Mitarbeiter durch das Angebot von Weiterbildungsprogrammen gefördert werden. Vielfach werden angekündigte Entlassungen zudem hinausgezögert, um den Mitarbeitern in noch ungekündigter Stellung die Suche nach einem neuen Arbeitgeber zu erleichtern.

Das Outplacement umfasst verschiedene **Maßnahmen** (vgl. Alewell/Hauff/Pull 2013, S. 253 ff.). Zu Beginn steht zumeist die Ent-Dramatisierung der Kündigung durch die gemeinsame Analyse und Verarbeitung aller auslösenden Faktoren. Die Beendigung von Arbeitsverhältnissen soll dadurch als Normalfall in einer veränderten Arbeitswelt und nicht als persönlicher Schicksalsschlag aufgefasst werden. Mit den betroffenen Mitarbeitern wird darüber hinaus eine „Trennungsstory" erarbeitet, die als Rechtfertigung gegenüber Kollegen, Familie, Freunden und potenziellen zukünftigen Arbeitgebern dient.

> „First-Class-Entlassene", so Reich (2003, S. 38), „bekommen ein eigenes Büro in der Outplacement-Agentur – mit Sekretärin und Computer und frisch gebrühtem Kaffee. Es gibt Klienten, die verschweigen ihrer Familie erst mal, dass sie gefeuert wurden. Die verlassen morgens das Haus und erzählen abends, wie anstrengend der Tag war. Die Scham ist groß."

Eine weitere Maßnahme des Outplacement ist die Prüfung und Gewichtung der individuellen und auf dem Arbeitsmarkt nachgefragten Qualifikationen sowie die Erarbeitung eines Stärken- und Schwächenprofils. Dies soll es den freigesetzten Mitarbeitern erleichtern, ihre beruflichen Perspektiven und Möglichkeiten besser einzuschätzen und systematisch zu verfolgen. Viele Unternehmungen unterstützen ihre entlassenen Mitarbeiter zudem bei der Auswahl und dem Aufbau von Kontakten und Referenzen und bieten diesen Kommunikationstrainings zur Vorbereitung auf Vorstellungsgespräche an.

Die Bedeutung des Outplacement nimmt durch die wachsende Zahl von *Bumerang-Mitarbeitern* zu. Insbesondere im Technologie- und Automobilsektor kehren bis zu 5% der früheren Mitarbeiter nach einer Beschäftigung bei einem anderen Arbeitgeber wieder zum vorherigen Arbeitgeber zurück. Vor allem Großunternehmungen halten deshalb Kontakt zu ihren ehemaligen Mitarbeitern und pflegen ihr Alumni-Netzwerk (vgl. Wittmann 2017).

5.2 Personaleinsatz

Das zweite Instrument des Personalmanagement nach der Personalbedarfsplanung und -deckung stellt der Personaleinsatz dar. Dieser umfasst die Gestaltung des Arbeitsinhalts, des Arbeitsplatzes und der Arbeitszeit (vgl. Abb. 5.13).

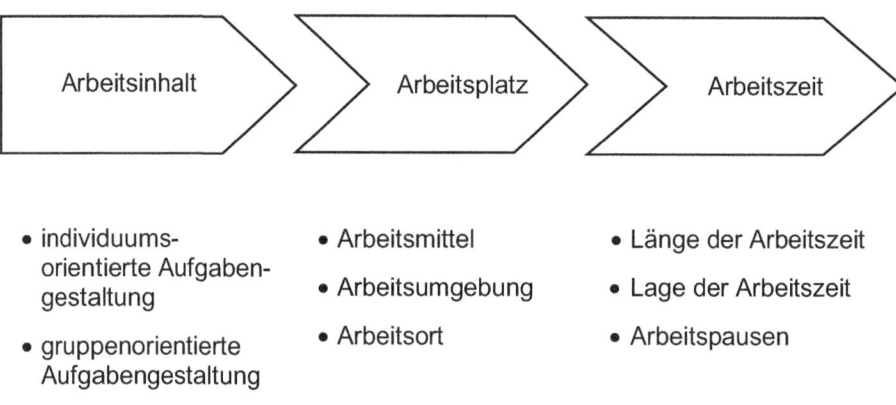

Abb. 5.13. Gestaltungsparameter des Personaleinsatzes

5.2.1 Gestaltung des Arbeitsinhalts

5.2.1.1 Kriterien der Stellenspezialisierung

Die Grundlage für die Gestaltung des Arbeitsinhaltes (Aufgabengestaltung) bildet die Gesamtaufgabe einer Unternehmung bzw. Abteilung. Diese kann grundsätzlich nach quantitativen Gesichtspunkten (Mengenteilung) oder qualitativen Gesichtspunkten (Artenteilung) in einzelne Teilaufgaben gegliedert werden (vgl. Hungenberg/Wulf 2021, S. 196 ff.):

- Bei der *Mengenteilung* übernehmen alle Mitarbeiter je nach zeitlichem Anfall gleichartige Aufgaben. Ein Beispiel dafür ist das Objektprinzip im Rahmen der Personalorganisation, bei dem jeder Mitarbeiter alle personalpolitischen Aufgaben ausübt.
- Die *Artenteilung* ist dagegen durch eine funktionale Spezialisierung der Mitarbeiter gekennzeichnet. Übertragen auf den Bereich der Personalorganisation beinhaltet dieses Funktionalprinzip die Differenzierung nach unterschiedlichen personalpolitischen Aufgaben wie Personalbeschaffung, Personalentlohnung, etc.

Das Ziel der Aufgabengestaltung ist die effiziente Bildung von Stellen, wobei der Grad der *Stellenspezialisierung* i.d.R. mit steigender Unternehmungsgröße zunimmt. Aus Sicht der Theorie der wissenschaftlichen Betriebsführung soll eine hohe Stellenspezialisierung insbesondere die Einarbeitung, Übung und Gewöhnung der Mitarbeiter an die Arbeitsaufgabe erleichtern und dadurch Lern- und Erfahrungseffekte ermöglichen. Auch die Stellenbesetzung soll durch die im Vergleich zu weniger stark spezialisierten Arbeitsaufgaben geringeren Arbeitsanforderungen erleichtert werden. Insgesamt wird dadurch eine höhere Arbeitsproduktivität und -qualität angestrebt.

Aus Sicht der Motivationstheorien stellt ein anregender Arbeitsinhalt dagegen einen zentralen intrinsischen Motivationsfaktor und eine wichtige Quelle der Arbeitszufriedenheit der Mitarbeiter dar (vgl. Kap. 2.3). Eine starke Stellenspezialisierung führt deshalb zu Monotonie und einseitigen körperlichen und geistigen Belastungen. Zudem nehmen die Anpassungs- und Umstellungsfähigkeiten an wechselnde Arbeitsanforderungen sowie die Möglichkeiten zur sozialen Interaktion und Kommunikation ab. Um zu einer für Unternehmung und Mitarbeiter gleichermaßen effizienten Aufgabengestaltung zu gelangen, müssen deshalb die Vorteile der Stellenspezialisierung gegenüber deren Nachteilen abgewogen werden (vgl. Tab. 5.17).

Tabelle 5.17. Vor- und Nachteile der Stellenspezialisierung

Vorteile	Nachteile
• geringe Übung und Gewöhnung (Lern- und Erfahrungseffekte)	• einseitige körperliche und geistige Belastungen
• leichtere Zuordnung von Mitarbeitern zu Arbeitsaufgaben	• Abnahme der Anpassungs- und Umstellungsfähigkeiten
• Verkürzung von Einarbeitungszeiten	• Einschränkung der sozialen Interaktion und Kommunikation
• Erhöhung der Arbeitsproduktivität und -qualität	• Monotonie und Entfremdung

Dabei ist zu berücksichtigen, dass der ökonomisch optimale Grad der Arbeitsteilung durch neue Produktions- und Kommunikationstechnologien, die Nachfrage nach individuellen Gütern und Dienstleistungen sowie sich schnell wandelnde Marktanforderungen gegenwärtig abnimmt. Dadurch verlieren die Vorteile der Stellenspezialisierung an Gewicht. Aufgrund der zunehmenden Variabilität von Aufgaben steigen gleichzeitig die Koordinationskosten an. In vielen Unternehmungen ist deshalb derzeit ein abnehmender Spezialisierungsgrad zu beobachten, der sowohl durch individuumsorientierte als auch durch gruppenorientierte Instrumente der Aufgabengestaltung realisiert werden kann.

5.2.1.2 Individuumsorientierte Aufgabengestaltung

Seit der Diskussion um die Humanisierung der Arbeit in den siebziger Jahren (vgl. Kubicek 1979) wurden zahlreiche theoretische und empirische Studien durchgeführt, die Kriterien einer effizienten Gestaltung des Arbeitsinhalts formulieren. Eine besondere Aufmerksamkeit hat dabei die Untersuchung von Hackman/Oldham

(1975) erlangt, in der fünf **Kriterien effizienter Aufgabengestaltung** identifiziert werden (vgl. Abb. 5.14):

- Die *Anforderungsvielfalt* beschreibt das Ausmaß, in dem zur Ausübung einer Aufgabe unterschiedliches Wissen und unterschiedliche Fähigkeiten erforderlich sind.
- Die *Ganzheitlichkeit der Aufgabe* ist dann gegeben, wenn der Mitarbeiter diese als abgeschlossen empfindet und den Zusammenhang mit anderen Tätigkeiten in der Unternehmung kennt.
- Die *Bedeutsamkeit der Aufgabe* umfasst das Ausmaß, in dem der Mitarbeiter seine Tätigkeit als für die Unternehmung und eventuell auch für die Gesellschaft insgesamt als nützlich und wichtig erachtet.
- Die *Autonomie* beinhaltet den zeitlichen und sachlichen Tätigkeitsspielraum des Mitarbeiters sowie dessen Entscheidungs- und Kontrollspielraum.
- Die *Rückmeldung aus der Aufgabenerfüllung* bezeichnet das Ausmaß an Informationen, die der Mitarbeiter über die Ergebnisse seiner Arbeit erhält.

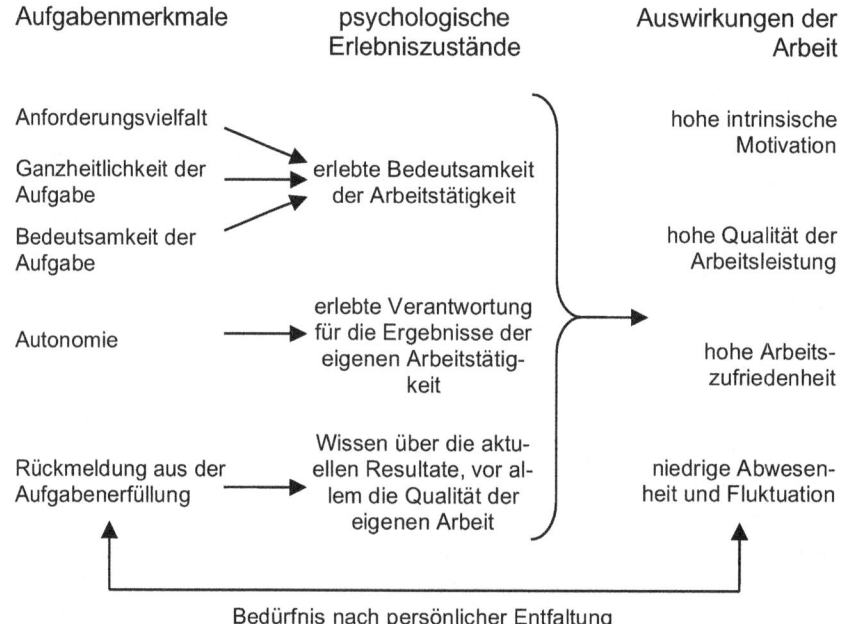

Abb. 5.14. Kriterien und Auswirkungen effizienter Aufgabengestaltung (Quelle: Hackman/Oldham 1975, S. 161)

Sind diese Anforderungsmerkmale erfüllt, wird die eigene Arbeit als bedeutsam erlebt, Verantwortung für deren Ergebnisse wahrgenommen und das Wissen über deren Qualität erhöht. Positiv auf die Motivation der Mitarbeiter, die Arbeitsqualität und -zufriedenheit sowie die Abwesenheit und Fluktuation wirkt sich eine anregende Aufgabengestaltung aber nur dann aus, wenn auch das *Bedürfnis der Mit-*

arbeiter nach persönlicher Entfaltung hoch ist. Der Unternehmungsleitung fällt deshalb neben der Gestaltung des Arbeitsinhalts auch die Aufgabe zu, dieses Bedürfnis durch eine entsprechende Gestaltung des Anreizsystems, der Personalentwicklung und der Personalführung systematisch zu fördern. Gelingt dies nicht und verlagern die Mitarbeiter die Befriedigung des Bedürfnisses nach persönlicher Entfaltung und Entwicklung auf Aktivitäten außerhalb ihrer Arbeit, lässt sich die Arbeitsleistung und -zufriedenheit nicht steigern.

> Die Relevanz der Bedeutsamkeit und Ganzheitlichkeit von Arbeitsaufgaben sowie der Rückmeldung aus der Aufgabenerfüllung erläutert Neuberger (1985, S. 76) am Beispiel einer Textilarbeiterin, die Pulloverkragen strickt und eines Tages in ein Textilgeschäft geht, um sich einmal die fertigen Pullover anzusehen. Als weiteres Beispiel führt er einen Arbeiter in einem Automobilwerk an, der – obwohl er bei der Montage des Lenkgestänges nur einige wenige simple Handgriffe auszuführen hat – seine Arbeit als sehr wichtig ansieht und stolz auf sie ist. Dabei handelt es sich um eine Sicherungseinrichtung, die nachträglich entwickelt wurde, nachdem es einige schwere Unfälle gegeben hatte. Seitdem der Arbeiter diese Arbeit macht, ist kein Unfall mehr vorgekommen. „Gerade das letzte Beispiel", so Neuberger (1985, S. 77) „macht deutlich, dass Sinn-Gebung kein objektiver Vorgang ist, der quantifiziert werden könnte."

Im Rahmen der individuumsorientierten Aufgabengestaltung können drei **Instrumente zur Erweiterung des Handlungs- und Entscheidungsspielraums** unterschieden werden:

- Bei der *job rotation* findet ein systematischer Arbeitsplatzringtausch statt, ohne dass gestalterische Eingriffe in den Arbeitsablauf vorgenommen werden (vgl. Abb. 5.15). Die Frequenz, mit der die Mitarbeiter die Arbeitsaufgabe wechseln, kann je nach Tätigkeit von wenigen Minuten bis zu mehreren Monaten reichen. Ziele der *job rotation* sind die Vermeidung von Monotonie und einseitigen Belastungen, die Erhöhung der Aufgabenvielfalt sowie die Entwicklung von Mehrfachqualifikationen.

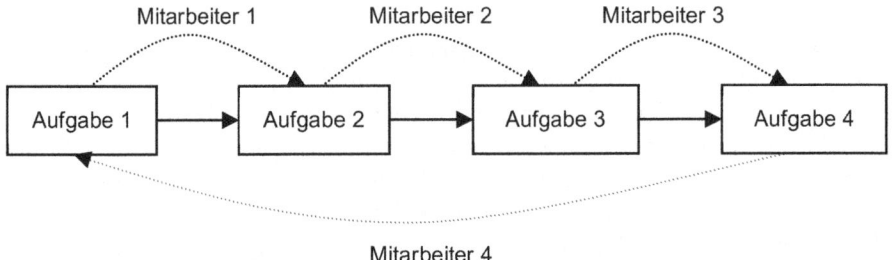

Abb. 5.15. Merkmale der Job Rotation

- Das *job enlargement* ist durch eine horizontale Aufgabenerweiterung gekennzeichnet (vgl. Abb. 5.16). Durch gestalterische Eingriffe in den Arbeitsablauf wird der Umfang der ausführenden Tätigkeiten erweitert. Es werden jedoch lediglich qualitativ gleichwertige Aufgaben hinzugefügt, ohne eine Erweiterung des Entscheidungs- und Kontrollspielraums vorzunehmen. Das Ziel ist auch hier, Monotonie und einseitige Belastungen zu reduzieren.
- Das anspruchsvollste Instrument stellt das *job enrichment* dar, bei dem eine vertikale Aufgabenbereicherung erfolgt (vgl. Abb. 5.16). Durch die Zufügung qualitativ höherwertiger Tätigkeiten wird nicht nur der Tätigkeitsspielraum, sondern auch der Entscheidungs- und Kontrollspielraum der Mitarbeiter ausgeweitet. *Job enrichment* dient damit auch der Personalentwicklung und der Vorbereitung von Mitarbeitern auf die Übernahme von Führungsaufgaben.

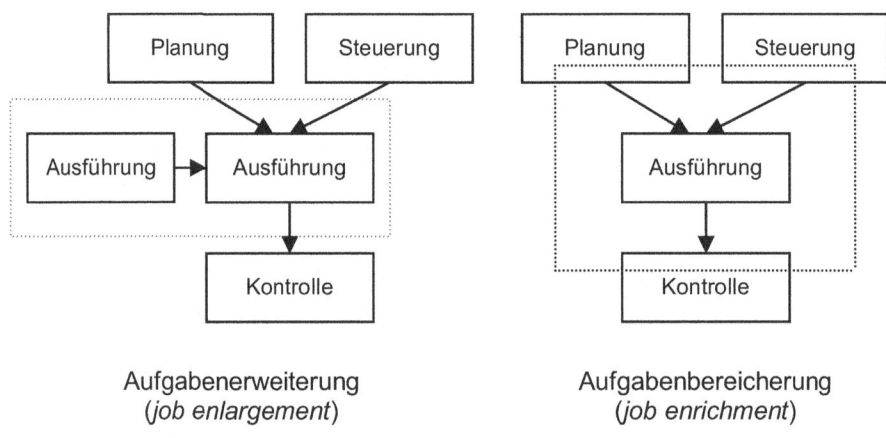

Abb. 5.16. Merkmale der Aufgabenerweiterung und Aufgabenbereicherung

5.2.1.3 Gruppenorientierte Aufgabengestaltung

Bei der gruppenorientierten Aufgabengestaltung werden Arbeitsaufgaben nicht auf einzelne, sondern auf mehrere Mitarbeiter übertragen. Insbesondere findet – in Abgrenzung zur Theorie der wissenschaftlichen Betriebsführung von Taylor – *keine explizite Unterscheidung zwischen Führungs- und Ausführungstätigkeiten* statt, so dass Arbeitsgruppen je nach konkreter Ausgestaltung z.B. über die Art und den Zeitpunkt der Aufgabenerfüllung sowie die interne Aufgabenverteilung selbständig entscheiden können. Gruppenarbeit stellt somit eine Form der Selbstorganisation im Sinne des Systemansatzes des Personalmanagement dar.

Erste Ansätze zur Einführung von Gruppenarbeit erfolgten in skandinavischen Unternehmungen wie Volvo oder Norsk Hydro bereits in den späten sechziger und frühen siebziger Jahren (vgl. Emery/Thorsrud 1976; Thorsrud 1976). Vor allem von den Mitarbeitern und Gewerkschaften initiiert, bestand die zentrale Zielsetzung darin, durch die Erweiterung des individuellen Handlungsspielraums der zunehmenden Monotonie und Entfremdung der Mitarbeiter entgegenzuwirken und dadurch zur **Humanisierung der Arbeit** beizutragen. Nach einem kurzfristigen Anstieg der Arbeitsproduktivität und -zufriedenheit gingen die positiven ökonomischen und sozialen Auswirkungen jedoch bald wieder zurück. Insbesondere zeigte sich, dass nur dann nachhaltig positive Effekte erzielt werden können, wenn die Gruppen effizient in die Organisationsstruktur der Unternehmung eingebunden werden. Gelingt dies nicht, werden deren Vorteile häufig durch Widerstände und Lernbarrieren übergeordneter hierarchischer Ebenen kompensiert.

Nachdem die Gruppenarbeit zwischenzeitlich an Bedeutung verloren hatte, ist seit Beginn der neunziger Jahre wieder eine Renaissance zu verzeichnen. Ausgelöst wurde diese vor allem durch die Erkenntnisse einer Studie des Massachusetts Institute of Technology (MIT). In einer Untersuchung der Arbeitsorganisation in der Automobilindustrie kamen Womack/Jones/Roos (1992) zu dem Ergebnis, dass sich japanische Automobilproduzenten (z.B. Toyota und Honda) gegenüber ihren amerikanischen und europäischen Konkurrenten (z.B. General Motors, Ford, Volkswagen, Daimler-Benz oder Renault) durch eine weitaus höhere Produktivität auszeichnen. Zurückgeführt wurde diese vor allem auf die in japanischen Unternehmungen deutlich höhere Verbreitung der Teamarbeit.

Bestärkt wurde diese Erkenntnis durch die Tatsache, dass die Produktivitäts- und Qualitätsvorteile japanischer Automobilproduzenten nicht nur für die in Japan gelegenen Werke, sondern auch für deren europäische und amerikanische Tochtergesellschaften gelten. Dadurch wurde der sonst häufig vorgebrachte Einwand entkräftet, dass die hohe Verbreitung der Teamorganisation ein Ausdruck des die japanische Kultur kennzeichnenden Kollektivismus und deshalb nicht auf individualistische Kulturen wie Deutschland und die USA übertragbar ist (*culture bound*-These). In der Folge haben deshalb viele europäische und amerikanische Automobilproduzenten und später auch Unternehmungen aus vielen anderen Branchen Gruppenarbeit eingeführt (vgl. Binkelmann/Braczyk/Seltz 1993). Im Unterschied zu den ersten Ansätzen in den sechziger und siebziger Jahren steht dabei das Ziel im Vordergrund, die **Arbeitsproduktivität und -qualität** zu erhöhen (vgl. Katzenbach/Smith 1993).

Nach ihrer Lebensdauer und dem Grad der Produkt- bzw. Personenorientierung lassen sich verschiedene **Formen institutionalisierter Gruppenarbeit** unterscheiden (vgl. Abb. 5.17). Drei Formen, die in der Unternehmungspraxis eine besondere Bedeutung besitzen, werden im Folgenden exemplarisch dargestellt:

- Den größten Tätigkeits- und Entscheidungsspielraum für ihre Mitglieder eröffnen *teilautonome Arbeitsgruppen*, die auch als *Gruppen- bzw. Teamarbeit i.e.S.* bezeichnet werden (vgl. Wahren 1994; Antoni 1996, 2000). Im Unterschied zu Projektgruppen und Qualitätszirkeln steht dabei die eigentliche Arbeitsaufgabe im Mittelpunkt, die von i.d.R. drei bis zehn Personen gleichrangig bearbeitet wird. Teilautonomen Arbeitsgruppen wird die gesamte Planung, Durchführung und Kontrolle von Aufgaben übertragen. Die Vergabe von Teilaufgaben an einzelne Gruppenmitglieder erfolgt durch Selbstabstimmung in der Gruppe. Zum Entscheidungsspielraum gehört dabei vielfach auch die freie Einteilung von Arbeitszeiten und Pausen.

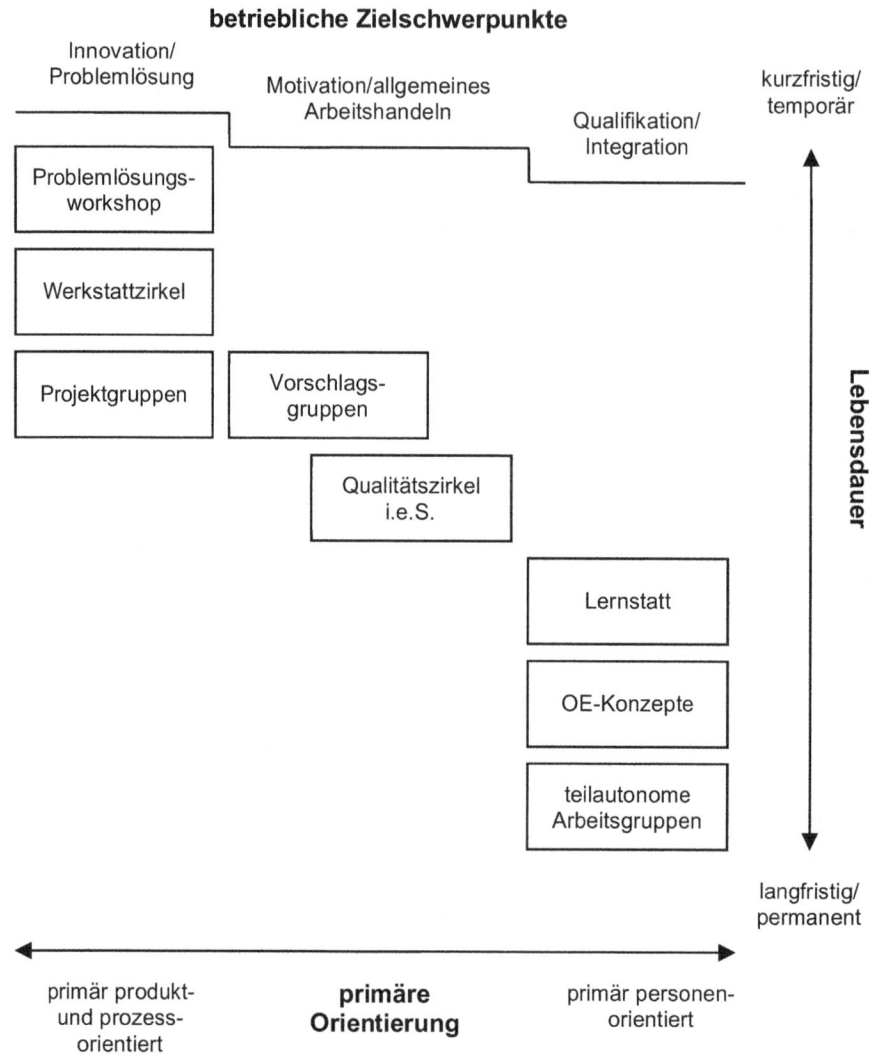

Abb. 5.17. Formen institutionalisierter Gruppenarbeit (Quelle: Breisig 1990, S. 24)

- *Qualitätszirkel* stammen ursprünglich aus Japan und den USA und wurden dort vorwiegend in Non-Profit-Organisationen wie Schulen und Krankenhäusern sowie im Dienstleistungsbereich eingesetzt (vgl. Antoni 1990; Bungard 1992). Ihre Zielsetzung besteht darin, Qualitätsprobleme im weitesten Sinne zu lösen. Dazu zählen vor allem die Übertragung von Wissen zwischen Abteilungen und die Lösung von zwischen diesen auftretenden Schnittstellenproblemen. Qualitätszirkel dienen deshalb auch dazu, die abteilungs- und bereichsübergreifende Kommunikation zu verbessern und die Verantwortung der Mitarbeiter über ihren unmittelbaren Arbeitsplatz hinaus zu steigern. Dazu kommen die Mitarbeiter zumeist freiwillig außerhalb der Arbeitszeit und außerhalb ihrer eigentlichen

Tätigkeit zusammen. Die Teilnehmer gehören überwiegend der gleichen Hierarchieebene, häufig aber unterschiedlichen Abteilungen an. Geleitet werden Qualitätszirkel durch einen externen Moderator.
- *Projektgruppen* werden gebildet, um eine Problemlösung für eine zeitlich befristete, exakt definierte Fragestellung zu erarbeiten und deren Implementierung zu planen, zu organisieren und zu kontrollieren (vgl. Fisch/Beck/Englich 2000). Dies kann z.B. die Einführung einer neuen Software, eine Reorganisation oder die Durchführung einer Akquisition sein. Entsprechend des einmaligen Charakters von Projekten ist auch die Lebensdauer von Projektgruppen zeitlich befristet. Teilnehmer sind zumeist Fachkräfte für die konkrete Fragestellung sowie Führungskräfte, welche die Implementierung der erarbeiteten Problemlösung sicherstellen sollen. Sie können entweder für die Projektarbeit von ihren eigentlichen Arbeitsaufgaben temporär freigestellt werden oder diese zusätzlich dazu ausüben.

Mitarbeiter wirken oft nicht nur in einer Gruppe mit, sondern sind gleichzeitig Mitglied mehrerer Teams. Dies gilt vor allem für informations- und wissensintensive Bereiche, in denen nach Schätzungen von O'Leary/Mortensen/Woolley (2011) 65-95% der Mitarbeiter parallel in mehreren Projektgruppen tätig sind. Ein Ziel von **Multiteaming** ist, das fachspezifische Wissen von Mitarbeitern in unterschiedlichen Anwendungsbereichen sowie über Abteilungsgrenzen und Hierarchieebenen hinaus zu nutzen. Dem steht die Herausforderung der Mitarbeiter gegenüber, die ihnen zur Verfügung stehende Zeit und Aufmerksamkeit sinnvoll auf die unterschiedlichen Teams aufzuteilen (vgl. Margolis 2020).

Gruppenarbeit besitzt gegenüber individuumsorientierten Formen des Personaleinsatzes zahlreiche **Vorteile** (vgl. Tab. 5.18). Bei körperlicher Arbeit findet eine *Addition der Kräfte* statt, durch die Größendegressionsvorteile *(economies of scale)* realisiert werden können. Darüber hinaus werden *Monotonie abgebaut* und *Gesundheitsgefahren durch einseitige körperliche Belastungen reduziert*. Bei geistiger Arbeit ist vor allem die *bessere informatorische Fundierung* von Entscheidungen durch ein umfangreicheres Gesamtwissen und eine größere Vielfalt an Lösungsansätzen von Bedeutung, die häufig Innovationen begünstigen (vgl. Högl/Gemünden 2001). Dies gilt insbesondere für komplexe und schlecht strukturierte Probleme, deren Lösung häufig *heterogen zusammengesetzten Gruppen* übertragen wird (vgl. Holtbrügge/Puck 2003). Gruppenarbeit führt zudem i.d.R. zu einer *höheren Akzeptanz und Zufriedenheit* und zu einer *Stressreduktion* durch die Verbesserung der Kommunikationsmöglichkeiten mit anderen Mitarbeitern. Unklar ist jedoch, ob diese positiven Effekte durch die objektive Verbesserung der Arbeitsorganisation oder das subjektive Gefühl bewirkt werden, eine höhere Aufmerksamkeit und Wertschätzung durch die Unternehmungsleitung zu spüren („Hawthorne-Effekt").

Von besonderer Bedeutung ist das *Risikoschub-Phänomen*, das durch die Möglichkeit der Verantwortungsdiffusion verursacht wird (vgl. Six 1981). Danach treffen Mitarbeiter in Gruppen vielfach risikoreichere Entscheidungen als in Situationen, in denen sie allein verantwortlich sind. Während dies in kreativen und innovativen Bereichen wie etwa der Forschung & Entwicklung vielfach erwünscht ist, spricht das Risikoschub-Phänomen in sicherheitsrelevanten Bereichen wie etwa bei gesundheitsgefährdenden Arbeiten gegen die Einführung von Gruppenarbeit.

Tabelle 5.18. Vor- und Nachteile der Gruppenarbeit

Vorteile der Gruppenarbeit	Nachteile der Gruppenarbeit
• Größendegressionsvorteile durch Addition der Kräfte	• höherer Zeitbedarf für die Entscheidungsfindung
• Abbau von einseitigen körperlichen und geistigen Belastungen	• Konformitätsdruck
• Abbau von Monotonie	• Gefahr der Herausbildung von Gruppennormen, die von den Zielen der Unternehmungsleitung abweichen
• bessere Fundierung von Entscheidungsprozessen	
• Stressreduktion bei den Mitarbeitern	• erschwerte Bewertung der individuellen Leistung eines Mitarbeiters
• Verbesserung der Kommunikationsmöglichkeiten	• Gefahr der Verantwortungsdiffusion
• Risikoschub-Phänomen	

Nachteile der Gruppenarbeit sind vor allem ein höherer Zeitbedarf für Entscheidungen und der auf die Gruppenmitglieder wirkende Konformitätsdruck, der häufig zur Unterdrückung abweichender Meinungen führt. Gruppen, die über einen längeren Zeitraum bestehen, bilden zudem spezifische *Gruppennormen* heraus, die von denen der Unternehmungsleitung abweichen können. Problematisch wird dies insbesondere dann, wenn die *Gruppenkohäsion*, d.h. die Attraktivität der Gruppe für die Mitglieder, und die *Gruppenabhängigkeit* groß sind (vgl. von Rosenstiel/Nerdinger 2011, S. 288 ff.). Zudem müssen konsensual oder demokratisch gefällte Entscheidungen nicht zwangsläufig optimal sein, wenn sich vor allem die Bedürfnisse und Ziele der Mitglieder und weniger deren Sachkompetenz auf die Entscheidungsfindung auswirken (vgl. Lambertz 1990 für Beispiele aus der Wirtschaftspolitik).

Die konkreten Auswirkungen auf die Arbeitsleistung und -zufriedenheit sind von zahlreichen internen und externen **Bedingungen der Gruppenarbeit** abhängig (vgl. Abb. 5.18). Dazu zählen insbesondere *Struktur-Variablen* wie die Zusammensetzung der Gruppe sowie die zwischen den Mitgliedern bestehenden Beziehungen. So sollte die Gruppe nicht zu groß sein, um eine regelmäßige Kommunikation und Interaktion der Mitglieder zu ermöglichen. Empirische Studien belegen zudem, dass sich die demographische, funktionale und kulturelle Heterogenität der Gruppenmitglieder in der kreativen Phase der Alternativengenerierung positiv auswirkt, während homogen zusammengesetzte Gruppen bei der Entscheidungsfindung überlegen sind (vgl. z.B. Maznevski 1994). Viele Unternehmungen setzen deshalb zielgerichtet multikulturelle Teams ein, um ihre Innovationsfähigkeit zu erhöhen (vgl. Berg/Holtbrügge 2010).

Belbin (2010) hat auf der Grundlage empirischer Studien festgestellt, dass sich häufig bestimmte **Teamrollen** herausbilden, die durch die Persönlichkeitseigenschaften der Teammitglieder und die strukturellen Bedingungen der Teamarbeit bestimmt werden. Sie hat neun idealtypische Teamrollen identifiziert, die jeweils spezifische Stärken und Schwächen besitzen (vgl. Tab. 5.19). In einem idealen Team sind nach Belbin alle Teamrollen besetzt, damit sich die einzelnen Stärken und Schwächen gegenseitig ausbalancieren. Dabei können die Teammitglieder auch mehrere Rollen übernehmen. Die Aufgabe der Teamleitung besteht vor allem darin, mit Hilfe von Persönlichkeitstests (vgl. Kap. 5.1.2.2.2.2.5) die individuellen Präferenzen der Teammitglieder zu identifizieren und diese bei der Zusammensetzung des Teams zu berücksichtigen. Das Konzept der Teamrollen erleichtert es diesen, Ursachen von Konflikten zu analysieren und Lösungen zu finden (vgl. van Dick/West 2013, S. 29 ff.).

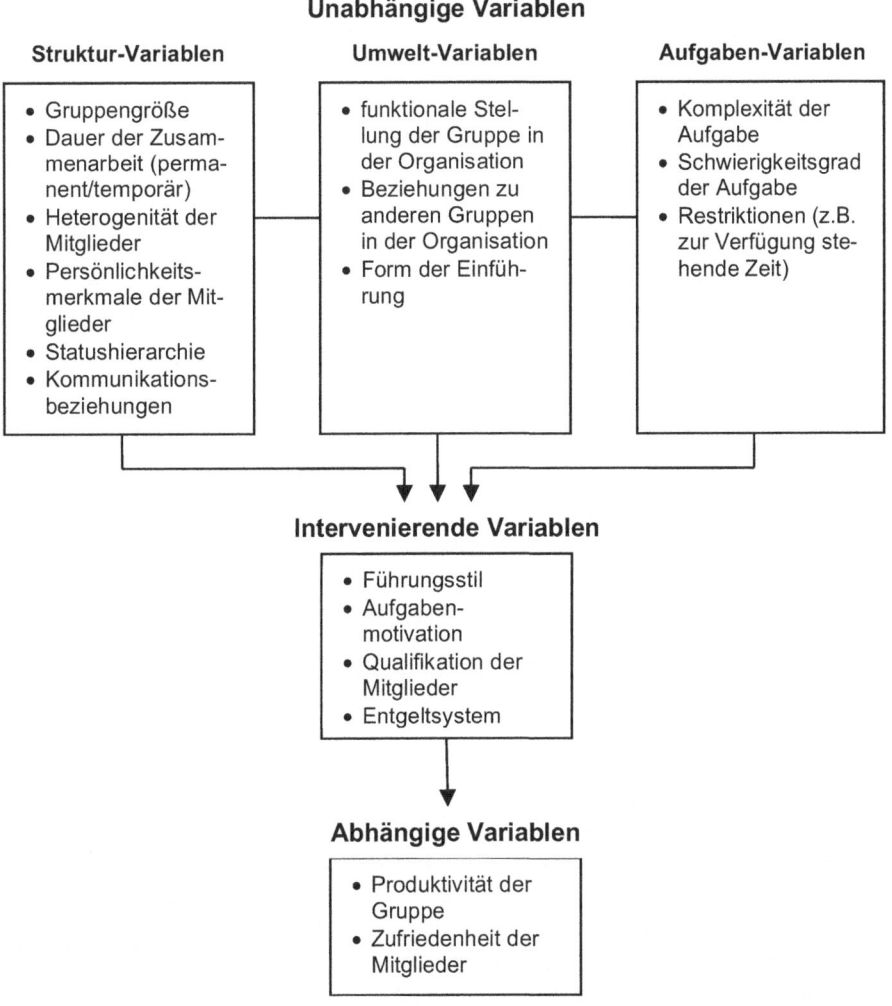

Abb. 5.18. Einflussfaktoren auf die Effizienz der Gruppenarbeit (Quelle: leicht verändert nach Staehle 1999, S. 286)

Tabelle 5.19. Idealtypische Teamrollen nach Belbin

	Stärken	Schwächen
Erfinder	Kreativ, ideenreich, unorthodox. Löst schwierige Probleme.	Ignoriert Details. Vernachlässigt Kommunikation.
Wegbereiter	Extrovertiert, enthusiastisch, kommunikativ. Entdeckt Möglichkeiten. Knüpft Kontakte.	Überoptimistisch. Verliert nach anfänglichem Enthusiasmus schnell das Interesse.
Koordinator	Reif, souverän, guter Leiter. Präzisiert Ziele, fördert Entscheidungsfindung, kann gut delegieren.	Kann als manipulativ wahrgenommen werden. Delegiert eigene Aufgaben.
Macher	Herausfordernd, dynamisch, wächst mit den Herausforderungen. Hat Tatkraft und Courage, um Widerstände zu überwinden.	Kann andere provozieren. Verletzt Gefühle anderer.
Beobachter	Nüchtern, strategisch, kritisch. Wägt alle Optionen ab. Urteilt überlegt.	Vermisst Energie und Fähigkeit, andere zu überzeugen. Überkritisch.
Teamarbeiter	Kooperativ, mild, einfühlsam, diplomatisch. Hört zu, baut auf, reduziert Spannungen, beruhigt.	Häufig unentschlossen. Leicht beeinflussbar.
Umsetzer	Diszipliniert, zuverlässig, konservativ, effizient. Setzt Ideen in Taten um.	Wenig flexibel. Greift neue Möglichkeiten nur zögernd auf.
Perfektionist	Akribisch, gewissenhaft, besorgt. Entdeckt Fehler. Pünktlich.	Bedenkenträger. Unfähig, zu delegieren. Erbsenzähler.
Spezialist	Zielstrebig, selbst-motiviert, engagiert. Besitzt umfangreiches Fachwissen.	Auf engen Arbeitsbereich reduziert. Detailfixiert. Übersieht das große Ganze.

Quelle: Belbin 2010, S. 24

> Eine besondere Bedeutung kommt der Besetzung spezifische Teamrollen in **Scrum-Teams** zu. Scrum ist eine Methode des Projekt- und Produktmanagement, die insbesondere zur agilen Softwareentwicklung eingesetzt wird. Im Unterschied zum hierarchischen Wasserfallmodell basiert Scrum auf den Prinzipien der Selbstorganisation und des inkrementellen Fortschritts. Verantwortlich für das Projekt bzw. Produkt und dessen wirtschaftlichen Erfolg ist der *Product Owner*. Er besitzt die größte Entscheidungskompetenz. Der *Scrum Master* ist dafür verantwortlich, dass Scrum als Methode von allen Teammitgliedern akzeptiert und angewendet wird. Die Entwicklung des Produktes ist Aufgabe der *Entwickler*. Sie besitzen einen hohen Autonomiegrad und entscheiden selbst, wie die Aufgaben aus dem Sprint

> Backlog, den der Product Owner zusammenstellt, aufgeteilt und gelöst werden (vgl. Schwaber/Beedle 2001).

Im Rahmen der *Umwelt-Variablen* sind vor allem die funktionale Stellung der Gruppe in der Organisation und die Beziehungen zu anderen Gruppen wichtig. Dazu gehört etwa, welchen Status die Gruppe hat und welche Ressourcen diese besitzt, von anderen Organisationseinheiten benötigt oder diesen zur Verfügung stellt. Darüber hinaus wirkt sich auch die Form der Einführung auf die Effizienz der Gruppenarbeit aus. Bei der Einführung der Gruppenarbeit in neu eingerichteten Abteilungen oder Werken überwiegen zumeist die Vorteile. Demgegenüber ist der nachhaltige Erfolg bei der Umwandlung von Individual- in Gruppenarbeitsplätze eher gering. Die Ursache dafür sind insbesondere Widerstände derjenigen Mitarbeiter, die dadurch an Macht und Einfluss verlieren (z.B. Meister) und deshalb die Gruppenarbeit durch mikropolitische Aktionen vielfach behindern.

> Ein Beispiel dafür ist die Einführung der Gruppenarbeit in den Werken der Adam Opel AG in Eisenach und Rüsselsheim. In dem 1993 eröffneten Werk in Eisenach konnte Opel die 1.850 Mitarbeiter aus 10.000 durch den Konkurs der Eisenacher Automobilwerke arbeitslos gewordenen Fachkräften auswählen. Dabei wurde vor allem der Teamfähigkeit eine große Bedeutung zugemessen. Als Folge davon verfügte die Unternehmung über eine sehr homogene und junge Belegschaft mit einem Altersdurchschnitt von nur 33 Jahren. Lediglich sechs Mitarbeiter waren Ausländer. Als Folge dieser systematisch ausgewählten und vorbereiteten Belegschaft wurde die in allen Bereichen praktizierte Gruppenarbeit von der Unternehmungsleitung und den Mitarbeitern überwiegend sehr positiv beurteilt.
>
> Aufgrund der positiven Erfahrungen wurde 1994 auch im Stammwerk in Rüsselsheim in vielen Bereichen Gruppenarbeit eingeführt. Die Arbeitsteilung zwischen einfachen, zumeist von ausländischen Mitarbeitern durchgeführten Tätigkeiten am Fließband und Gewährleistungstätigkeiten durch überwiegend deutsche Facharbeiter wurde aufgehoben, was zu erheblichen Reibungen führte und das über viele Jahre lang etablierte Hierarchiegefälle erschütterte. Als Beispiel für die Veränderungen führt Hank (1994) den Mitarbeiter Willi Schneider an: „Bis vor drei Jahren war er Instandhalter, mit eigenem Büro. Einer, der etwas galt. Wenn das Band eine Störung hatte, wurde der Willi gerufen, der sich auf das Fahrrad setzte und den Fehler behob. Diese Instandhalter müssen einen dramatischen Statusverlust hinnehmen: Im selben Maße, in dem die Arbeit in der Gruppe aufgewertet (und) von jedermann verlangt wird, dass er kleine Reparaturen selbst beheben kann, gelten die Instandhalter als mehr oder weniger überflüssig. Die Eisenacher haben eine solche Sondertruppe gleich gar nicht eingeführt."
>
> „Die Eisenacher", so resümiert Hank (1994) „hatten die Chance des Neubeginns, die Rüsselsheimer müssen sich selbst umkrempeln: sozusagen bei laufenden Motoren. In Eisenach sind aus Pionieren unterdessen Routiniers geworden, in Rüsselsheim sollen Routiniers zu Pionieren werden."

Hinsichtlich der *Aufgaben-Variablen* weisen Gruppen vor allem bei Tätigkeiten mit einer hohen **Komplexität und Schwierigkeit** Vorteile gegenüber der Individualarbeit auf. Gruppenarbeit ist deshalb insbesondere zur Förderung von Innovationen geeignet. Dieser Zusammenhang wird jedoch durch eine Vielzahl von Einflussfaktoren wie etwa zeitliche Restriktionen beeinflusst (vgl. Gemünden/Högl 2001).

Schließlich hängt die Effizienz der Gruppenarbeit von zahlreichen *intervenierenden Variablen* ab. Eine wichtige Voraussetzung ist insbesondere ein kooperativer **Führungsstil**, der sich in veränderten Rollenerwartungen an die Gruppenleiter niederschlägt (vgl. Antoni 1992; Stewart/Manz 1995). Diese umfassen etwa die interne und externe Koordination der Gruppe, die Moderation von Gruppenbesprechungen und das Management von Konflikten.

Nach Tuckman (1965) durchlaufen Teams häufig verschiedene idealtypische **Entwicklungsphasen**, die durch spezifische Herausforderungen und Verhaltensweisen gekennzeichnet sind und unterschiedliche Führungsinstrumente bedingen:

- *Forming*: Die Einstiegs- und Findungsphase ist durch Unsicherheit und Verwirrung gekennzeichnet. Die Teammitglieder müssen sich miteinander bekannt machen und ihre Zugehörigkeit zur Gruppe absichern. Erste Ziele und Regeln werden definiert und geeignete Methoden ausprobiert. Die Beziehungen der Teammitglieder untereinander sind noch unklar und die Gruppe ist oft stark von einer Führungsperson abhängig.
- *Storming*: In der Auseinandersetzungs- und Konfliktphase kommt es häufig zu Unstimmigkeiten über Prioritätensetzungen, Machtkämpfen um die Führungsrolle und Spannungen zwischen den Teammitgliedern. Die Kommunikation ist eher emotional geprägt als sachlich. Als Folge davon ist die Leistung der Gruppe zumeist gering.
- *Norming*: In der Regelungs- und Übereinkommensphase bilden sich verbindliche und nachhaltige Gruppennormen heraus. Konflikte und Widerstände werden abgebaut und die Gruppenkohäsion steigt. Die Beziehungen zwischen den Teammitgliedern werden harmonischer, die gegenseitige Akzeptanz steigt und die Aufgabenorientierung rückt in den Vordergrund. Zu den wichtigsten Führungsaufgaben zählt die Moderation der Teamprozesse.
- *Performing*: In der Arbeits- und Leistungsphase verstetigt sich die Leistung der Teammitglieder auf hohem Niveau. Interpersonelle Konflikte sind gelöst. Die gegenseitigen Beziehungen sind durch Anerkennung, Akzeptanz und Wertschätzung geprägt. Die Gruppenstruktur ist funktional und das Rollenverhalten flexibel. Die Führungsaufgabe ist oft auf die Vertretung der Gruppe nach außen beschränkt.
- *Adjourning*: Die Auflösungsphase, um die das Phasenmodell durch Tuckman/Jensen (1977) erweitert wurde, ist nur für Teams relevant, die sich z.B. nach Abschluss eines Projekts auflösen. Die Teammitglieder bedauern häufig das bevorstehende Ende der Zusammenarbeit, sind unsicher über die Zeit danach und suchen nach Anschlusstätigkeiten. Die wichtigste Aufgabe ist oft die Dokumentation der Teamarbeit.

Einen weiteren wichtigen Einflussfaktor der Gruppeneffizienz bildet das **Entgeltsystem**, und zwar insbesondere die Relation von individuellen zu gruppenorientierten Kriterien der Entgeltdifferenzierung (vgl. Welbourne/Cable 1995). Während individuelle Kriterien Leistungsunterschiede zwischen einzelnen Gruppenmitgliedern berücksichtigen, wird bei gruppenorientierten Kriterien die Gruppenleistung als Ganzes belohnt. Gruppenarbeit hat schließlich Auswirkungen auf die **Personalentwicklung**, die zur Förderung der benötigten Mehrfachqualifikationen beizutragen hat. Die Gruppenarbeit ist somit ein gutes Beispiel für die Notwendigkeit, personalpolitische Instrumente nicht isoliert voneinander einzusetzen, sondern – wie durch den *Systemansatz* des Personalmanagement hervorgehoben (vgl. Kap. 2.6) – miteinander abzustimmen.

5.2.1.4 Idiosynkratische Stellenbildung

Sowohl den individuums- als auch den gruppenorientierten Formen der Arbeitsgestaltung liegt das Prinzip zugrunde, die Gesamtaufgabe einer Unternehmung bzw. Organisationseinheit in Teilaufgaben zu zerlegen, die einzelnen oder mehreren Mitarbeitern übertragen werden. Das Ergebnis ist die synthetische Zusammenfassung von Teilaufgaben zu einer Stelle, „die nicht nach den persönlichen Neigungen oder Fähigkeiten einer bestimmten Person gestaltet wird, sondern bei Personenwechsel weiter bestehen bleibt" (Kosiol 1976, S. 89 f.). Diese aufgabenbezogene Stellenbildung ermöglicht es Unternehmungen, ihre internen Kommunikationswege und Kompetenzstrukturen personenunabhängig nach primär funktionalen Erfordernissen zu gestalten.

Dem Ansatz der idiosynkratischen bzw. personenbezogenen Stellenbildung liegt dagegen das entgegengesetzte Prinzip zugrunde, Stellen entsprechend persönlicher Neigungen und Qualifikationspotenziale zu bilden bzw. durch die Stelleninhaber eigenständig entwickeln zu lassen (vgl. Abb. 5.19). Idiosynkratische Stellen sind durch folgende zentrale **Merkmale** gekennzeichnet (vgl. Miner 1987, S. 327; Rousseau/Ho/Greenberg 2006):

- *Individualität*: Idiosynkratische Stellen werden zwischen Mitarbeiter und Unternehmung individuell ausgehandelt.
- *Heterogenität*: Die Inhalte idiosynkratischer Stellen weichen ganz oder teilweise von den Stelleninhalten anderer Mitarbeiter ab.
- *Nutzen für Unternehmung und Mitarbeiter*: Im Unterschied zu opportunistischem Verhalten oder Pflichtverletzungen werden idiosynkratische Stellen mit Zustimmung der Unternehmung gebildet.
- *Variationsbreite*: Idiosynkratische Stellen können einzelne personenspezifische Inhalte oder das gesamte Aufgabenspektrum umfassen.

Die idiosynkratische Stellenbildung kann somit als Form der **potenzialorientierten Arbeitsorganisation** aufgefasst werden, die weniger an den aktuellen Aufgaben als vielmehr an den Qualifikationen der Mitarbeiter orientiert ist (vgl. Holtbrügge 2001, S. 144). Sie strebt nicht die möglichst vorgabengetreue Erfüllung zuvor definierter Aufgaben an, sondern die relativ autonome Entwicklung und Vermarktung eigener Qualifikationen im Rahmen des betrieblichen Wertschöpfungsprozesses. Dem liegt die Auffassung des dem ressourcenorientierten Ansatz des Personalmanagement entlehnten *strategy follows people*-Konzepts zugrunde, zunächst hoch-qualifizierte Mitarbeiter (*high potentials*) zu rekrutieren und anschließend Aufgaben für diese Mitarbeiter zu definieren bzw. durch diese selbst definieren zu lassen. Die idiosynkratische Stellenbildung weist insofern ein „janusköpfiges Bild" (Röllinghoff 1996, S. 308) auf, da zwar die Prinzipien der Selbstverantwortung und Subsidiarität betont, das Solidaritätsprinzip jedoch zurückgedrängt wird. Während sich einerseits die Möglichkeiten der individuellen Entfaltung und Emanzipation vergrößern, wird andererseits die „Ausbeutung auch noch der feinsten und individuellsten Züge des Menschen, die produktiv eingesetzt werden können", erleichtert (Wächter 1992, S. 334).

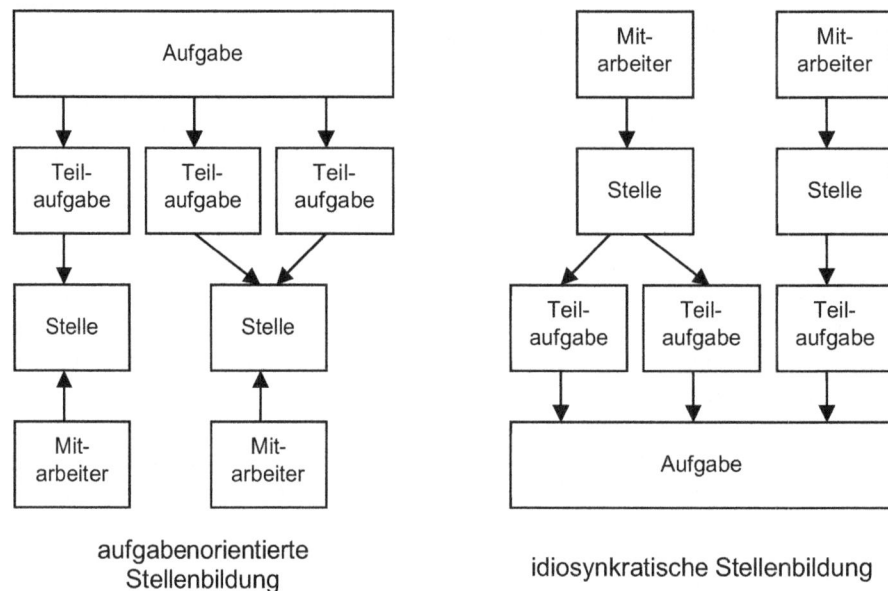

Abb. 5.19. Aufgabenorientierte und idiosynkratische Stellenbildung

Empirische Untersuchungen in den USA belegen, dass *idiosyncratic jobs* vor allem bei neu geschaffenen Stellen in innovativen Klein- und Mittelunternehmungen sowie in Start-ups anzutreffen sind (vgl. Miner 1987, S. 341 f.; Rousseau/Ho/ Greenberg 2006, S. 981). Nach einer Studie von Holtbrügge/Friedmann/Puck (2010) stellt die idiosynkratische Stellenbildung in Indien zudem ein wirkungsvolles Instrument zur Reduzierung der Fluktuation von hoch qualifizierten Mitarbeitern dar. Für deutsche Unternehmungen zeigt eine Befragung von Röllinghoff (1996, S. 61 ff.), dass personenbezogene Stellenbildungen nur selten bewusst und zielgerichtet erfolgen. Idiosynkratisierungstendenzen ergeben sich eher langfristig und indirekt durch die Ausfüllung von gewährten Ermessensspielräumen in zunehmend indeterminierten organisatorischen Bezügen.

Röllinghoff (1996, S. 170) weist zudem darauf hin, dass Unternehmungen, die diese Form der Organisation *ad personam* praktizieren, überdurchschnittlich erfolgreich sind. Entgegen der von der Transaktionskostentheorie thematisierten systematischen Verschärfung von Kontroll- und Koordinationsproblemen stellt Idiosynkrasie damit nicht zwangsläufig eine Gefahr für die Stabilität von Unternehmungen, sondern in einer dynamischen Umwelt vielmehr ein effizientes Instrument der Arbeitsorganisation dar (vgl. Miner 1990). Zwar verfügen die Inhaber idiosynkratischer Stellen über neuartige Ungewissheitszonen und damit über eine zentrale Machtbasis in Organisationen (vgl. Crozier/Friedberg 1979), die damit verbundene Gefahr opportunistischen Verhaltens ist jedoch in der Praxis zumeist nur gering. So belegen z.B. die Untersuchungen von Alvesson (1993) und Kanter (1993) in innovativen Hochtechnologie-Unternehmungen, dass die Gefahr opportunistischen Verhaltens durch vielfältige soziale Institutionen wie moralische Bindungen, professionelle Orientierungen und andere intrinsische Anreize wirksam begrenzt bzw. verhindert werden kann. Idiosynkratische Stellen eröffnen zudem nicht nur deren Inhabern, sondern auch der Unternehmung einen Spielraum für opportunistisches Verhalten, wenn die von dem Stelleninhaber erworbenen Qualifikationen in einem hohen Maße unternehmungsspezifisch sind, in anderen Beschäftigungsverhältnissen kaum einsetzbar sind und bei einem Austritt aus der Unternehmung ihren Wert verlieren. Zwischen Unternehmung und Mitarbeitern besteht somit eine gegenseitige Abhängigkeit, welche die Möglichkeit eines bilateralen Opportunismus eröffnet (vgl. Röllinghoff 1996, S. 302 f.).

5.2.2 Gestaltung des Arbeitsplatzes

5.2.2.1 Gestaltung von Arbeitsmitteln und Arbeitsumgebung

Die Gestaltung des Arbeitsplatzes als zweite Dimension des Personaleinsatzes wird insbesondere im Rahmen der **Arbeitswissenschaften** thematisiert (vgl. Bokranz/Landau 1991; Luczak/Volpert 1996; Schlick/Bruder/Luczak 2018). Im Rahmen verschiedener Teildisziplinen wie der Arbeitsphysiologie, -psychologie, -soziologie und -medizin verfolgt diese das *Ziel*, übermäßige und einseitige körperliche und psychische Belastungen sowie negative Umgebungseinflüsse durch Klima, Schall, mechanische Schwingungen, Schadstoffe, Beleuchtung, Farben, u.a. zu reduzieren, um eine möglichst hohe Leistungsbereitschaft und Leistungsfähigkeit der Mitarbeiter sicherzustellen. *Instrumente* dazu sind die ergonomische Gestaltung und Anordnung der Arbeitsmittel (Arbeitsplatzeinrichtungen, Werkzeuge, Behälter, u.a.) sowie der Arbeitsumgebung (z.B. Büro- und Fabrikgestaltung). Ein Beispiel dafür ist die sachgerechte Auswahl von Farben (vgl. Tab. 5.20).

Problematisch an den von der Arbeitswissenschaft entwickelten Kriterien einer effizienten Arbeitsplatzgestaltung ist, dass diese überwiegend auf naturwissenschaftlichen Analysen basieren und psychologischen sowie sozialen Aspekten nur eine untergeordnete Bedeutung zumessen. Zudem muss berücksichtigt werden, dass die Arbeitszufriedenheit eines Mitarbeiters nicht nur von der erträglichen und beeinträchtigungsfreien Arbeitsgestaltung abhängt. So ist es denkbar, „dass für ihn ‚hohes Einkommen jetzt' wichtiger ist als ‚später auftretende Gesundheitsschäden', so dass er Akkordlohn, Schichtarbeit, Terminhetze, Lärmzulagen etc. in Kauf (!) nimmt" (Neuberger 1985, S. 35).

Tabelle 5.20. Psychologische Wirkungen von Farben

Farbe	Distanzwirkung	Temperatur-wirkung	psychische Stimmung
blau	Entfernung	kalt	beruhigend
grün	Entfernung	kalt bis neutral	sehr beruhigend
rot	Nähe	warm	sehr aufreizend und beunruhigend
orange	sehr nahe	sehr warm	anregend
gelb	Nähe	sehr warm	anregend
braun	sehr nahe, einengend	neutral	anregend
violett	sehr nahe	kalt	aggressiv, beunruhigend, entmutigend

Quelle: Grandjean 1987, S. 332

Zunehmend setzt sich deshalb auch die Personal- und Organisationspsychologie mit der effizienten Gestaltung der Arbeitsmittel und -umgebung auseinander. Neben der Analyse von Industriearbeitsplätzen liegt dabei ein Schwerpunkt auf der **Gestaltung von Büros**. Empirische Studien belegen, dass Mitarbeiter in offenen Großraumbüros eine positivere Einstellung gegenüber der Organisationskultur, ihren Kollegen und ihrer Tätigkeit haben als Mitarbeiter in Einzelbüros. Dieser Zusammenhang wird jedoch durch das Alter moderiert, d.h. Großraumbüros werden von jüngeren Mitarbeitern positiver wahrgenommen als von älteren (vgl. McElroy/Morrow 2010). Darüber hinaus kann die an sozialen Kriterien orientierte architektonische Anordnung von Arbeitsmitteln (z.B. Fotokopierer, Drucker, Faxgeräte) oder Pauseneinrichtungen (z.B. Kaffeeküchen), die von mehreren Mitarbeitern genutzt werden, zur Verbesserung der informellen Interaktion und dadurch zur Steigerung der Arbeitszufriedenheit und Kreativität der Mitarbeiter beitragen (vgl. Fayard/Weeks 2007; Meinel et al. 2017).

Auf die große Bedeutung einer attraktiven Arbeitsumgebung weist insbesondere das Konzept des **New Work** hin (vgl. Bergmann 2004). Danach hat die Gestaltung der Arbeitsmittel und -umgebung nicht nur eine technische und ergonomische, sondern auch eine soziale, ästhetische und sinnstiftende Funktion. Vor allem die Mitglieder der Generationen Y und Z stellen hohe Anforderungen an die Flexibilität, Vernetzungsmöglichkeiten und Inszenierung von Büro- und Gebäudestrukturen. Eine wachsende Bedeutung kommt darüber hinaus deren Umweltverträglichkeit zu (vgl. Wörwag/Reutlinger 2021; Käfer/Müller/Rief 2022).

> Die Unternehmensberatung Accenture hat zu Beginn der 2000er Jahre damit begonnen, non-territoriale Arbeitskonzepte für ihre Bürogebäude zu entwickeln. Den Kern bildet das Konzept des *Hoteling*, bei dem die Mitarbeiter keinen festen Arbeitsplatz mehr haben, sondern je nach Bedarf und persönlichen Bedürfnissen unterschiedliche Räume buchen können. Insgesamt stehen sieben Arbeitsplatztypen vom Einzelarbeitsplatz bis zum Besprechungszimmer zur Verfügung. Diese haben nicht nur eine unterschied-

> liche räumliche Gestaltung, sondern folgen auch verschiedenen Farbkonzepten, die wiederum unterschiedliche psychologische Erlebniszustände bewirken sollen. Die soziale Interaktion und das Zugehörigkeitsgefühl der Mitarbeiter soll etwa durch Coffee Points gesteigert werden. Begleitet wird die Auflösung fester Arbeitsplatzstrukturen durch die Einführung von Vertrauensarbeitszeit (vgl. Vischer 2005).

5.2.2.2 Virtualisierung des Arbeitsortes

Die Digitalisierung weiter Unternehmensbereiche führt dazu, dass viele Arbeiten nicht mehr zwangsläufig an einem betrieblichen Arbeitsplatz stattfinden müssen, sondern auch in der Wohnung des Mitarbeiters oder virtuell an beliebigen Standorten ausgeübt werden können (vgl. Welpe/Brosi/Schwarzmüller 2018; Picot et al. 2022). Dies gilt vor allem für informations- und wissensintensive Tätigkeiten in Banken und Versicherungen, Handel und Verkehr, Steuer- und Unternehmensberatungen sowie sonstigen Dienstleistungsbereichen, die keine permanente persönliche Interaktion erfordern. Je nach Anforderungen und konkreter Ausgestaltung sind unterschiedliche Formen der Virtualisierung denkbar:

- *Homeoffice* umfasst alle Tätigkeiten, die an einem fest eingerichteten häuslichen Arbeitsplatz des Mitarbeiters ausgeübt werden. Dabei sind alle Vorschriften zum Arbeitsschutz, Datenschutz und zur Arbeitszeit einzuhalten, die auch für im Betrieb verrichtete Tätigkeiten gelten (vgl. Müller 2020). Dies beinhaltet auch die ergonomische Gestaltung des Arbeitsplatzes (vgl. DGUV 2021). Die Regelungen der Verordnung über Arbeitsstätten (ArbStättV) können teilweise auf die Eigenarten des Homeoffice angepasst werden (etwa bezüglich der Aufklärung über Fluchtwege). Der Arbeitgeber ist für die Einhaltung der arbeits- und datenschutzrechtlichen Regelungen verantwortlich und übernimmt auch die Kosten für die Einrichtung des häuslichen Arbeitsplatzes.
- *Mobilarbeit* beinhaltet Tätigkeiten, die Mitarbeiter an beliebigen und auch wechselnden Orten (*Everywhere Office*) erbringen können. Die Kosten für die Anschaffung von mobilen Informations- und Kommunikationstechnologien trägt nach § 670 BGB auch hier grundsätzlich der Arbeitgeber. Während die meisten arbeits- und datenschutzrechtlichen Vorschriften (teilweise in angepasster Form) gültig sind, findet die ArbStättV keine Anwendung. Bei Mobilarbeit im Ausland sind über das deutsche Arbeits- und Datenschutzrecht hinaus die Regelungen des jeweiligen Aufenthaltsstaates maßgeblich. Gleiches gilt für die steuerliche Behandlung der Tätigkeit, wobei gegebenenfalls zwischen den Staaten bestehende Doppelbesteuerungsabkommen zu beachten sind (vgl. Fiebelkorn/Dotou 2022).
- Bei der Tätigkeit in *Co-Working Spaces* nutzen Arbeitnehmer zeitlich befristet und gegen Entgelt die Räume und Infrastruktur (z.B. eingerichtete Arbeitsplätze, Netzwerk/WLAN, Drucker, Scanner, Fax, Telefon, Beamer, Sitzungszimmer etc.) externer Anbieter. Einige Betreiber bieten darüber hinaus IT-Support, Post- und Empfangsservice, Kinderbetreuung und Fitnessräume für ihre Mieter

an. Während Co-Working Spaces bisher vor allem von freien Mitarbeitern genutzt wurden, gewinnen diese im Rahmen der Virtualisierung des Arbeitsortes zunehmend auch für Arbeitnehmer an Bedeutung (Orel/Dvoulety/Ratten 2021). Co-Working Spaces werden dadurch zu einem dritten Arbeitsort zwischen Büro und Homeoffice. Auch hier hat der Arbeitgeber die Gesamtverantwortung für die Einhaltung des Arbeits- und Datenschutzrechts, jedoch geringere Einwirkungsmöglichkeiten.

Neben der räumlichen Dimension beinhaltet die Virtualisierung eine zeitliche Dimension. Dabei kann unterschieden werden, ob auch eine Flexibilisierung der Arbeitszeit erfolgt oder diese weitgehend fest bleibt (vgl. Tab. 5.21).

Tabelle 5.21. Raum- und Zeitdimensionen der Virtualisierung

Zeit Raum	synchron	asynchron
zentral	Arbeitsplatz im Betrieb mit festen Arbeitszeiten (*same time, same place*)	Arbeitsplatz im Betrieb mit flexiblen Arbeitszeiten (*different time, same place*)
dezentral	Homeoffice, Mobilarbeit oder Arbeit im Co-Working Space mit festen Arbeitszeiten (*same time, different place*)	Homeoffice, Mobilarbeit oder Arbeit im Co-Working Space mit flexiblen Arbeitszeiten (*different time, different place*)

Einen großen Schub hat die Virtualisierung des Arbeitsortes durch die **Corona-Pandemie** erlangt. Gab es vorher zahlreiche Vorbehalte, hatten viele Unternehmungen aufgrund der während dieser Zeit verschärften Bestimmungen des Infektionsschutzes vielfach keine Alternative. Bis zum 19.3.2022 musste der Arbeitgeber den Beschäftigten im Fall von Büroarbeit oder vergleichbaren Tätigkeiten anbieten, diese Tätigkeiten in deren Wohnung auszuführen, sofern zwingende betriebsbedingte Gründe dem nicht entgegenstehen (§28b Abs. 4 Infektionsschutzgesetz). Zum Höhepunkt der Corona-Pandemie im März 2021 waren 31,7% der Arbeitnehmer permanent oder überwiegend im Homeoffice tätig (vgl. Alipour et al. 2021). Nach Auslaufen der Pflicht zur Telearbeit sank dieser auf 2,9% im April 2022 (ifo Institut 2022). Nach Schätzungen von Alipour/Falck/Schüller (2020) können 56% der Beschäftigten zumindest teilweise außerhalb des betrieblichen Arbeitsplatzes tätig werden.

Empirische Studien weisen darauf hin, dass die Beurteilung von Homeoffice und Mobilarbeit durch die Arbeitnehmer und Arbeitgeber unterschiedlich und vielfach kontrovers ausfällt (vgl. Ahlers/Mierich/Zucco 2021; Frodermann et al. 2021; Pfnür et al. 2021; Bockstahler/Jurecic/Rief 2022). **Vorteile** sind insbesondere die bessere Vereinbarkeit von Arbeit und Privatleben (*Work-Life-Balance*) und die bessere Berücksichtigung individueller Mitarbeiterbedürfnisse. Dies gilt insbesondere dann, wenn die Virtualisierung des Arbeitsortes freiwillig erfolgt und mit flexiblen Arbeitszeiten und einer erhöhten Zeitsouveränität einhergeht. Vor allem

Mitarbeiter mit langen Wegen zum Arbeitsplatz begrüßen zudem die Einsparung von Wegezeiten und -kosten. Insgesamt berichtet die überwiegende Mehrheit der Mitarbeiter über eine höhere Arbeitsproduktivität und -zufriedenheit.

Die größten **Nachteile** auf Seiten der Mitarbeiter sind die soziale Isolation, emotionale Distanz und Sinnesarmut durch die Reduktion informeller und nonverbaler Kommunikation (vgl. Weibler 2021). Medien- und Technikkompetenzen werden oft wichtiger wahrgenommen als die Arbeitsinhalte. Einige Mitarbeiter empfinden die Vermischung von Arbeit und Privatleben (*Work-Life-Blending*) zudem eher als belastend. Dies gilt insbesondere dann, wenn von den Mitarbeitern eine permanente Erreichbarkeit erwartet wird und es zu einer Entgrenzung der Arbeit kommt. Eine häufige Folge davon sind ergonomische Belastungen und Bewegungsmangel. Negativ auf die Wahrnehmung von Homeoffice wirken sich zudem eine beengte Wohnsituation und mangelnde technische Ausstattung aus.

Führungskräfte nehmen insbesondere einen Kontroll- und Machtverlust wahr und empfinden die Delegation von Aufgaben oft als schwierig, da den erhöhten Kommunikationserfordernissen sinkende Kommunikationsmöglichkeiten gegenüberstehen. Darüber hinaus führt die Virtualisierung des Arbeitsortes oft zu einer Spreizung der Arbeitsproduktivität und -zufriedenheit und damit einhergehenden höheren Anforderungen an die Personalführung. Zur Reduzierung dieser Nachteile haben deshalb viele Unternehmungen Hybridmodelle entwickelt, bei denen alternierend am häuslichen Arbeitsplatz und im Betrieb gearbeitet wird.

> Siemens hat 2020 eine Gesamtbetriebsvereinbarung *Mobile Working im New Normal* für den gesamten Konzern abgeschlossen, die den Beschäftigten nach Absprache mit ihrer Führungskraft die Möglichkeit gibt, durchschnittlich 2-3 Tage in der Woche mobil zu arbeiten, wo dies sinnvoll und machbar ist. Dies umfasst neben der Arbeit im Homeoffice auch andere Arbeitsorte, wie z.B. Co-Working-Büros. Die Betriebsvereinbarung gilt für mehr als 140.000 Mitarbeiter an über 125 Standorten in 43 Ländern. Siemens hat dazu eine Cloud-basierte IT-Infrastruktur entwickelt, über die täglich über 800.000 Online-Besprechungen durchgeführt werden. Die Betriebsvereinbarung enthält explizite Regelungen, die verhindern sollen, dass Mobile Working zu einer tatsächlichen Verlängerung oder Verkürzung der individuellen Arbeitszeit führt. Auch Zeiten ohne Erreichbarkeit wurden festgelegt. Weitere Bestandteile sind umfassende Trainingsmaßnahmen für Führungskräfte sowie die Partizipation der Mitarbeitervertreter bei der konkreten Umsetzung (vgl. Siemens 2020).

5.2.3 Gestaltung der Arbeitszeit

Die dritte Dimension des Personaleinsatzes stellt die Gestaltung der Arbeitszeit dar. Wie bei den beiden anderen Dimensionen bestehen auch dabei zahlreiche Zielkonflikte zwischen der Unternehmungsleitung und den Mitarbeitern (vgl. Tab. 5.22). Zu deren Ausgleich stehen vier Gestaltungsparameter zur Verfügung, und zwar die Länge bzw. Dauer, die Lage und die Flexibilität der Tages-, Wochen-,

Monats-, Jahres- und Lebensarbeitszeit sowie die Gestaltung der Arbeitspausen. Diese werden im Folgenden erläutert.

Tabelle 5.22. Ziele der Arbeitszeitgestaltung

Ziele der Unternehmungsleitung	Ziele der Mitarbeiter
• optimale Ausnutzung der Betriebsmittel • Anpassung des Mitarbeiterpotenzials an schwankende Kapazitätserfordernisse • Vermeidung von Leerzeiten und Überstunden • Verringerung der Unfallhäufigkeit, des Absentismus und der Fluktuation	• individuelle Abstimmung der Arbeitszeit mit persönlichen und familiären Interessen (*Work-Life-Balance*) • Auflockerung des Erwerbscharakters der Arbeit • Reduzierung nicht vermeidbarer psychischer und physischer Belastungen

5.2.3.1 Länge bzw. Dauer der Arbeitszeit (Chronometrie)

Die *maximale* Länge bzw. Dauer der Arbeitszeit ist in Deutschland durch das *Arbeitszeitgesetz* (ArbZG) gesetzlich geregelt, das zum 1. Januar 2021 letztmalig geändert wurde (vgl. Baeck/Deutsch/Winzer 2020). § 3 sieht eine regelmäßige werktägliche Arbeitszeit von acht Stunden vor. Sie kann auf bis zu zehn Stunden verlängert werden, wenn innerhalb von sechs Kalendermonaten oder innerhalb von 24 Wochen im Durchschnitt acht Stunden werktäglich nicht überschritten werden. Abweichungen und Ausnahmen davon sind u.a. bei Arbeitsbereitschaften oder Bereitschaftsdiensten sowie aus Gründen des Gemeinwohls zulässig und müssen durch einen Tarifvertrag oder eine Betriebsvereinbarung geregelt werden (§ 7 ArbZG). Sonderregelungen gelten für Jugendliche (§§ 8 ff. JArbSchG), Schwangere (§ 8 MuSchG) und Schwerbehinderte (§ 124 SGB IX). Das ArbZG ist nicht auf Führungskräfte bzw. leitende Angestellte anwendbar (§ 18 Abs. 1 Nr. 1).

Die *individuelle* Dauer bzw. Länge der Arbeitszeit ergibt sich aus dem Arbeitsvertrag, einem Tarifvertrag oder einer Betriebsvereinbarung. Üblicherweise ist die wöchentliche Arbeitszeit tariflich festgelegt. Sie beträgt i.d.R. zwischen 37,5 und 40 Stunden, wobei gegenwärtig ein Trend zur Individualisierung der Arbeitszeit auf Unternehmungsebene feststellbar ist. Während in einigen Unternehmungen die Arbeitszeit verlängert wird, haben andere Unternehmungen mit ihren Mitarbeitern eine Verkürzung der Arbeitszeit vereinbart.

Aus Sicht der Unternehmung steht bei der Gestaltung der Länge der Arbeitszeit die Erzielung einer möglichst hohen Gesamtleistung der Mitarbeiter im Vordergrund. Empirische Untersuchungen belegen, dass diese – abhängig von Arbeitsinhalt und Arbeitsbedingungen – bis zu einer täglichen Arbeitszeit von ca. 10 bis 11 Stunden degressiv ansteigt und danach wieder abnimmt. Eine Arbeitszeit, welche die bio-physischen Belastungsgrenzen des menschlichen Organismus regelmäßig wesentlich überschreitet, sowie häufige Überstunden führen somit zu einer überproportional starken Abnahme der Durchschnittsleistung und Arbeitszufriedenheit. Dieses Phänomen der *Überkompensation von Arbeitszeitverkürzungen durch die Steigerung der Durchschnittsleistung* wurde bereits zu Beginn des 20. Jahrhunderts von Ernst Abbé, dem Gründer der Zeiss-Werke, entdeckt (zur historischen Entwicklung der Dauer der Arbeitszeit vgl. Baillod 1986, S. 27 ff.). Die Studie von Virtanen et al. (2009) belegt, dass eine wöchentliche Arbeitszeit, die regelmäßig deutlich über 40 Stunden hinausgeht, nicht nur mit einer sinkenden Arbeitsleistung verbunden ist, sondern auch die Gefahr von Herz-Kreislauferkrankungen signifikant erhöht und die messbare Intelligenz abnimmt.

> Einer der Vorreiter bei der Verkürzung der Wochenarbeitszeit war im Jahre 1994 die Volkswagen AG. Nach einem massiven Absatzrückgang einigten sich Vorstand und Betriebsrat darauf, die Arbeitszeit aller Mitarbeiter für einen Zeitraum von zwei Jahren um 20% zu senken. Für die meisten Mitarbeiter bedeutete dies, statt fünf nur noch vier Tage in der Woche zu arbeiten. Im Gegenzug verzichteten die Mitarbeiter auf 20% ihres Bruttolohns. VW konnte durch dieses vielfach als wegweisend bezeichnete Modell Personalkosten in Höhe von 1,6 Mrd. DM einsparen (vgl. Hartz 1994). „Der Vorteil für den Konzern", so Blüthmann (1993), „liegt klar auf der Hand. Er spart kostspielige Abfindungen, senkt dennoch die Personalkosten und produziert keine Autos, die niemand haben will. Arbeiter und Angestellte behalten ihre Jobs, die obendrein ein wenig sicherer werden, müssen dafür allerdings auf Geld verzichten. Für manchen Arbeitnehmer, vor allem ältere Gutverdienende, erfüllt der Tausch ‚Geld gegen Freizeit' sogar einen lang gehegten Wunsch. Durch den Steuereffekt verliert der Vier-Tage-Wöchner überdies prozentual weniger Nettoeinkommen, als er Zeit gewinnt."
>
> Problematisch an dieser Arbeitszeitverkürzung war jedoch, dass VW dadurch zwar seine Personalkosten absolut senken konnte, die Stundenlöhne der Mitarbeiter jedoch anstiegen. Abermalige Absatzrückgänge im Jahre 2004 führten deshalb erneut zur Krise. Mit der IG-Metall wurde daraufhin neben einem neuen Haustarif vereinbart, die Flexibilität der Arbeitszeit zu erhöhen. So wurde die Bandbreite der Arbeitszeitkonten um 200 Stunden auf +/- 400 Stunden angehoben. Zudem wird Mehrarbeit grundsätzlich durch bezahlte Freistellung von der Arbeit ausgeglichen. Ist ein Ausgleich durch Freizeit auf absehbare Zeit nicht möglich, werden Überstundenzuschläge nur dann gezahlt, wenn der Mitarbeiter länger als 40 Stunden in der Woche arbeitet. Im Gegenzug verzichtete VW bis zum Jahr 2011 auf betriebsbedingte Kündigungen sowie auf die Verlagerung der Produktion ins Ausland (vgl. Hawranek 2004; Lamparter 2004b).

Eine zentrale Aufgabe des individuellen **Zeitmanagement** ist es deshalb, übermäßige Belastungen durch lange Arbeitszeiten und Arbeiten unter Zeitdruck zu vermeiden. Eine weit verbreitete Methode dazu ist die Eisenhower-Matrix zur Priorisierung von Arbeitsaufgaben, nach der diese anhand der beiden Dimensionen Dringlichkeit und Wichtigkeit dichotomisiert werden (vgl. Abb. 5.20):

- In einem ersten Schritt sollen alle Aufgaben eliminiert werden, die weder wichtig noch dringend sind. Dazu zählen etwa Massen-Emails, ausufernde Besprechungen und Ablenkungen. Diese Tätigkeiten führen zwar zu einem schnellen

Feedback und können kurzfristig die individuelle Zufriedenheit steigern, sie sind aus Sicht der Unternehmung jedoch ineffektiv (vgl. Seiwert 2009).
- Zu Aufgaben, die zwar dringend, aber nicht sehr wichtig sind, zählen z.B. Routine- und Supporttätigkeiten, Antworten auf wiederholte Emails und Anrufe oder die Behebung von akuten technischen Problemen. Diese Aufgaben erfordern die unmittelbare Aufmerksamkeit und üben häufig einen großen Druck aus. Mitarbeiter, die viele Aufgaben dieses Typs ausüben, haben deshalb das Gefühl, besonders aktiv zu sein. Sie sind jedoch aus Sicht der Unternehmung langfristig kaum relevant. Führungskräfte sollten deshalb entsprechende Aufgaben an untergeordnete Mitarbeiter delegieren, um genügend Zeit für Aufgaben von hoher Wichtigkeit zu haben.
- Aufgaben mit hoher Dringlichkeit und Wichtigkeit erfordern die sofortige Erledigung. Dazu gehören kurzfristige Deadlines, akute Probleme mit großer Relevanz für die Unternehmung oder Krisen. Mitarbeiter, die permanent Aufgaben dieses Typs ausüben, empfinden oft ein hohes Maß an Stress, der auf Dauer zu massiven seelischen und körperlichen Schäden führen kann (Burnout). Erforderlich ist deshalb die Schaffung von Zeitbudgets durch die Minimierung von Terminen, die möglichst nur einmalige Bearbeitung von Aufgaben oder das zeitweilige Abschalten von Kommunikationsmedien (vgl. Meckel 2008).
- Am effektivsten sind Mitarbeiter, die sich durch proaktives Handeln Aufgaben von hoher Wichtigkeit, aber geringer Dringlichkeit zuwenden. Dazu zählen etwa grundlegende Verbesserungen, langfristige Aktivitäten und Investitionen mit hohen Rationalisierungseffekten. Durch diese Maßnahmen lassen sich die Aufgaben mit hoher Dringlichkeit reduzieren und dadurch Stress und Zeitdruck abbauen.

Abb. 5.20. Eisenhower-Matrix zur Priorisierung von Arbeitsaufgaben

Kritisch gegenüber dem Konzept von Eisenhower wird häufig eingewandt, dass zwischen Zeitmangel und Stress ein multikausaler Zusammenhang besteht. So können Stresshormone jenen Teil der Großhirnrinde, der für die Zeitwahrnehmung verantwortlich ist, in seiner Funktion einschränken, wodurch Stress zu einem Auslöser für Zeitmangel wird (vgl. Klein 2011). Zeitdruck und Stress müssen zudem nicht immer negativ sein, sondern können kurzfristig auch zu besonderen Leistungssteigerungen führen (vgl. Menkes 2012). Vor allem aber orientieren sich Menschen nicht nur zweckrational an der Effektivität, sondern auch am Sinn und der Befriedigung, die ihnen die Zeitverwendung gibt (vgl. Geißler 2008).

5.2.3.2 Lage der Arbeitszeit (Chronologie)

Die Arbeitsleistung und -zufriedenheit wird nicht nur durch die Länge, sondern auch durch die Lage der Arbeitszeit bestimmt. Empirische Untersuchungen zeigen, dass die Leistungsfähigkeit von Mitarbeitern und die Unfallhäufigkeit während des Tages stark schwanken (für einen Überblick vgl. Scholz 2014, S. 783 ff.). So ist etwa bei der Schichtarbeit die Durchschnittsleistung in der Nachtschicht weitaus geringer als in der Früh- oder Spätschicht. Die *Schwankungen der Leistungsfähigkeit* sind jedoch nicht bei allen Mitarbeitern gleich ausgeprägt, sondern von individuellen Faktoren (Biorhythmus) abhängig (vgl. z.B. Zulley/Knab 2003). Die Zufriedenheit der Mitarbeiter mit der Lage der Arbeitszeit wird darüber hinaus durch private und familiäre Interessen sowie die Entgeltgestaltung (z.B. Zuschläge für Nacht- und Wochenendarbeit) beeinflusst.

Diesen individuellen Bedürfnissen und Interessen der Mitarbeiter steht auf Seiten der Unternehmung das Ziel gegenüber, die Arbeitszeit an der Nachfrage auszurichten. Insbesondere bei einer kapitalintensiven Produktion wird zudem die permanente und gleichmäßige Auslastung der Produktionsanlagen angestrebt.

Üblicherweise wird die Lage der Arbeitszeit durch Tarifvertrag oder Betriebsvereinbarung geregelt oder durch Weisung des Arbeitgebers festgelegt, wobei dem Betriebsrat nach § 87 Abs. 1 Nr. 2 BetrVG ein Mitbestimmungsrecht zukommt. Für Sonn- und gesetzliche Feiertage gilt ein generelles Beschäftigungsverbot (§ 9 ArbZG), von dem allerdings zahlreiche Ausnahmen möglich sind (§ 10 ArbZG).

5.2.3.3 Arbeitspausen

Der dritte Parameter der Arbeitszeit ist die Gestaltung der Arbeitspausen. Je nach Schwere der Arbeit werden damit folgende *Ziele* verfolgt:

- Abbau zentraler Ermüdungszustände (Herz-Kreislauf-System, Zentralnervensystem) oder peripherer Ermüdungszustände (Muskelgruppen) auf den Ruhewert.
- Prophylaxe möglicher Ermüdungssymptome (Wahrnehmung, Konzentration, etc.).
- Erhaltung eines ausreichenden Wachsamkeitsniveaus bei Beobachtungs- und Kontrolltätigkeiten.

Die Länge der Ruhepausen ist in § 4 ArbZG geregelt. Danach ist die Arbeit durch im Voraus feststehende Ruhepausen von mindestens 30 Minuten bei einer Arbeitszeit zwischen sechs und neun Stunden und 45 Minuten bei einer Arbeitszeit von mehr als neun Stunden insgesamt zu unterbrechen. Die Ruhepausen können in Zeitabschnitten von jeweils mindestens 15 Minuten aufgeteilt werden. Länger als sechs Stunden hintereinander dürfen Arbeitnehmer nicht ohne Ruhepausen beschäftigt werden.

> In den letzten Jahren wurde eine juristische Auseinandersetzung darüber geführt, ob Bereitschaftsdienste (z.B. bei Feuerwehr und Polizei, in Krankenhäusern oder bei Energieversorgern) Arbeitspausen sind oder zur Arbeitszeit zählen. Nach einem Urteil des Europäischen Gerichtshofs vom 3. Oktober 2000 zählen Bereitschaftsdienste zur Arbeitszeit, wenn der Arbeitnehmer sich während dieser Zeit an einem vom Arbeitgeber bestimmten Ort aufzuhalten hat, um bei Bedarf seine volle Arbeitstätigkeit sofort oder bald aufnehmen zu können. Sie sind deshalb bei der Berechnung der zulässigen Höchstarbeitszeit voll zu berücksichtigen. Die Details dieser durch das Gesetz zur Reform des Arbeitsmarkts zum 1. Januar 2004 in deutsches Recht umgesetzten Bestimmung werden zumeist in Tarifverträgen oder Betriebsvereinbarungen geregelt (vgl. Stoll 2014).

Empirische Untersuchungen belegen, dass die Erholungskurve zumeist einen *degressiven Verlauf* aufweist (vgl. Wendsche/Lohmann-Haislah 2018). Dies bedeutet, dass mehrere kurze Pausen insgesamt eine höhere Erholungswirkung haben als eine lange Pause. Arbeitspausen haben darüber hinaus vielfach eine Steigerung der Gesamtleistung zur Folge. Dieses *Phänomen der lohnenden Pausen* wird dadurch hervorgerufen, dass vor und nach Arbeitspausen häufig temporäre Leistungssteigerungen zu beobachten sind, durch welche die Arbeitsunterbrechung überkompensiert wird. Die positiven Erholungseffekte treten bei *fremd- und selbstorganisierten Pausen* gleichermaßen auf.

> Unternehmungen versuchen zunehmend, Arbeitspausen zum *social networking* zu nutzen. So können etwa die Mitarbeiter von Boehringer Ingelheim an Lunch Roulettes teilnehmen. Dazu müssen diese auf einer Web-Anwendung einen oder mehrere Tage und Uhrzeiten angeben, an denen sie sich mit anderen Mitarbeitern zum Mittagessen treffen wollen. Anschließend wird ein geeigneter Ort angegeben. Mit Hilfe eines Algorithmus, der Präferenzen wie Abteilungszugehörigkeit oder den fachlichen Hintergrund berücksichtigen kann, werden dann passende Mitarbeiter ausgewählt und diesen eine Einladung zum gemeinsamen Mittagessen zugesendet (http://lunchroulette.us/index.html; https://www.lunchmates.org/).
> Der Hamburger Onlinehändler Otto hat im Jahre 2014 aus ähnlichen Gründen eine „inspirierende Mittagspause" eingeführt. Zwischen 12:00 und 13:30 Uhr finden im Culture Club@Loft 06 kostenlos Poetry Slams, Konzerte, Lesungen, Vorführungen neuester Produkte und andere Veranstaltungen statt. Dazu gibt es kleine Snacks und Getränke. Im ersten Jahr

nach der Einführung haben rund 5.000 Mitarbeiter am Standort Hamburg an diesen Veranstaltungen teilgenommen. In einer internen Umfrage gaben fast 85% der Veranstaltungsbesucher an, dass der Culture Club zu einer positiven und inspirierenden Unternehmenskultur beiträgt (vgl. Otto & Co KG 2015).

5.2.3.4 Flexibilität der Arbeitszeitgestaltung

Einen besonders hohen Einfluss auf die Arbeitsleistung und -zufriedenheit hat die Flexibilität der Arbeitszeitgestaltung, die nicht nur ein technologisch-organisatorisches und soziales Erfordernis darstellt, sondern zunehmend auch zu einem Anreizinstrument und strategischen Erfolgsfaktor wird (vgl. Marr 2001; Hellert 2022). Während eine starre Arbeitszeitgestaltung durch Uniformität, Gleichzeitigkeit, Pünktlichkeit und Fremdbestimmtheit sowie die Identität von Arbeits- und Betriebszeit gekennzeichnet ist, zeichnet sich eine flexible Arbeitszeitgestaltung durch ein hohes Maß an Beweglichkeit und Reversibilität, die asynchrone Anwesenheit der Mitarbeiter sowie die weitgehende Entkopplung von Arbeits- und Betriebszeit aus. Aus Sicht der Unternehmung ist damit vor allem die Anpassung an schwankende Nachfragebedingungen verbunden. Dem steht auf Seiten der Mitarbeiter das Ziel gegenüber, die individuelle Gestaltungsfreiheit zu erhöhen, weshalb vielfach statt von einer flexiblen von einer *autonomieorientierten Arbeitszeitgestaltung* gesprochen wird (vgl. Baillod 1986, S. 144).

In der Unternehmungspraxis sind unterschiedliche **Formen flexibler Arbeitszeitgestaltung** anzutreffen, die nach ihrem Flexibilisierungszeitraum sowie dem Entscheidungsspielraum für Unternehmung und Mitarbeiter differenziert werden können (vgl. Abb. 5.21).

Die älteste Form flexibler Arbeitszeitgestaltung ist die **Schichtarbeit**. Dabei wird die Betriebszeit in mehrere Zeitabschnitte unterteilt, die von verschiedenen Mitarbeitern nacheinander ausgefüllt werden (vgl. Gärtner et al. 2021). Es können mehrere Formen unterschieden werden:

- Beim *Einschicht-Betrieb* liegt die tägliche Arbeitszeit regelmäßig über der sich aus der tariflich vereinbarten Wochenarbeitszeit durchschnittlich ergebenden Arbeitszeit, wobei die Differenz in einem vorher festgelegten Zeitraum durch Freischichten ausgeglichen wird.
- Beim *Mehrschicht-System* wird die tägliche Betriebszeit auf zwei oder mehrere Schichten aufgeteilt, d.h. ein Arbeitsplatz nacheinander durch zwei oder mehr Mitarbeiter besetzt.
- *Wechselschicht-Systeme* sind durch den regelmäßigen, d.h. täglichen, wöchentlichen oder monatlichen Wechsel des Schichteinsatzes gekennzeichnet. Die Mitarbeiter wechseln dabei in einem bestimmten Rhythmus z.B. von der Früh- zur Spätschicht bzw. zur Nachtschicht.

Die Schichtarbeit führt zu einer Verlängerung der Betriebszeit und wird deshalb insbesondere in kapitalintensiven Bereichen wie der Automobilindustrie oder der Eisen- und Stahlindustrie eingesetzt. Von den Mitarbeitern wird diese Form der

Arbeitszeitflexibilisierung vor allem aufgrund der damit häufig verbundenen Entgelterhöhungen durch Schichtzuschläge präferiert. Nachteile sind jedoch die insbesondere bei Wechselschicht-Systemen auftretenden negativen psychischen und sozialen Folgen wie Schlafstörungen, Leistungsbeeinträchtigungen und die durch die unregelmäßigen Arbeitszeiten bedingten Einschränkungen der familiären und sozialen Kontakte. Zu deren Reduzierung wird u.a. empfohlen, die Schichtlänge an der Arbeitsschwere zu orientieren, Freizeiten zu blocken und bei Wechselschicht-Systemen Vorwärtswechsel festzulegen (vgl. Kutscher/Leydecker 2018).

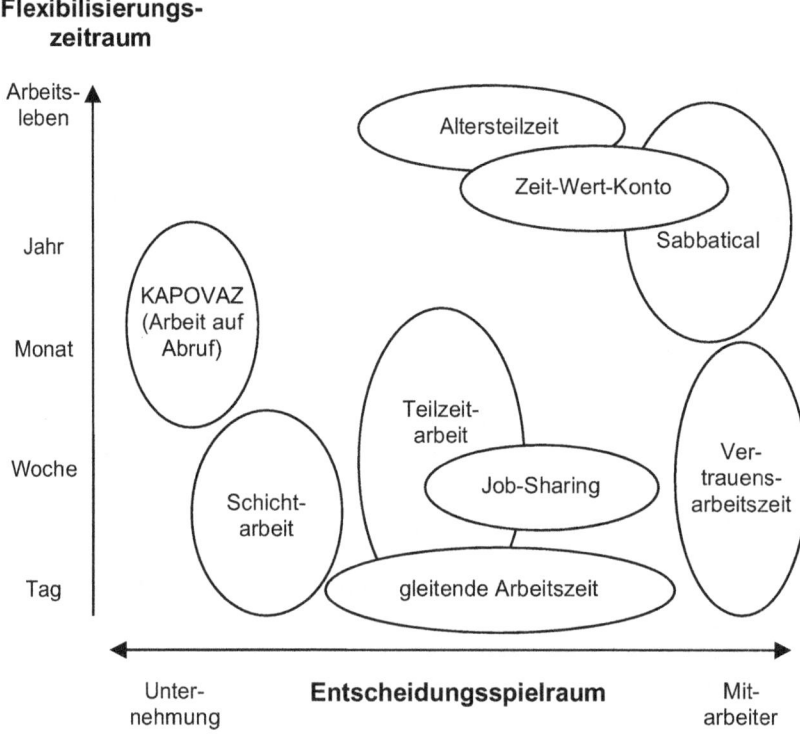

Abb. 5.21. Formen flexibler Arbeitszeitgestaltung

Bei der **gleitenden Arbeitszeit** kann der Mitarbeiter Arbeitsbeginn und -ende täglich individuell bestimmen, wobei häufig eine bestimmte *Kernzeit* festgelegt ist, während der Anwesenheitspflicht besteht. Über- oder unterschreitet er die tariflich festgesetzte Arbeitszeit, so wird auf einem *Gleitzeitkonto* ein Guthaben oder eine Schuld verbucht. Dessen Ausgleich erfolgt in zuvor festgelegten Zeiträumen (Woche, Monat, Jahr oder Berufsleben) durch Urlaubstage oder Überstundenvergütung (vgl. Hanau/Veit/Hoff 2015). Der wesentliche Vorteil der Gleitzeit für den Mitarbeiter besteht darin, seine tägliche Arbeitszeit an seinen persönlichen Lebens- und Leistungsrhythmus anpassen zu können. Gleitende Arbeitszeit wird vor allem bei Bürotätigkeiten ohne ausgeprägten Kundenkontakt angewandt.

Im Unterschied zur gleitenden Arbeitszeit legt bei der **kapazitätsorientierten variablen Arbeitszeit (KAPOVAZ)** der Arbeitgeber fest, wann der Mitarbeiter ein zuvor mit diesem vereinbartes Monats- bzw. Jahreskontingent an Arbeitsstunden abarbeiten muss. Um dem Mitarbeiter bei dieser Form der **Arbeit auf Abruf** eine gewisse Planungsmöglichkeit zu geben, muss der Arbeitgeber diesem die Lage seiner Arbeitszeit mindestens vier Tage im Voraus mitteilen (§ 12 Abs. 2 TzBfG). Die Abrufarbeit ist besonders dazu geeignet, die Arbeitszeit an saisonale oder konjunkturelle Nachfrageschwankungen anzupassen und auf Kundenwünsche flexibel zu reagieren. Sie besitzt deshalb z.B. in der Bauindustrie, im Hotel- und Gaststättengewerbe sowie im Einzelhandel eine große Bedeutung. Nachteilig für die Mitarbeiter sind insbesondere die Beeinträchtigung von Erholungsphasen und starke Freizeiteinschränkungen (vgl. Tobsch et al. 2014).

Bei der **Teilzeitarbeit** wird mit dem Mitarbeiter eine geringere als die tarifliche Arbeitszeit bei geringerer Vergütung vereinbart (vgl. Katterbach/Stöver 2018). Die rechtliche Grundlage dafür bildet das am 1. Januar 2001 in Kraft getretene Gesetz über Teilzeitarbeit und befristete Arbeitsverträge (TzBfG) (vgl. Meinel/Heyn/Herms 2015). Die Verkürzung der Arbeitszeit kann täglich, wöchentlich oder monatlich erfolgen. Die Voraussetzung dafür ist die zeitliche und sachliche Teilbarkeit von Arbeitsaufgaben. Unter der Voraussetzung, dass ein Arbeitsverhältnis länger als sechs Monate besteht, der Arbeitgeber mehr als 15 Arbeitnehmer beschäftigt und kein betrieblicher Grund entgegensteht, hat der Arbeitgeber den Arbeitnehmern Teilzeitarbeit zu ermöglichen (§§ 6, 8 TzBfG). Durch eine Gesetzesreform haben Arbeitnehmer seit dem 1.1.2019 in Betrieben mit mehr als 45 Mitarbeitern auch das Recht, die Arbeitszeit über einen Zeitraum zwischen einem und fünf Jahren zu reduzieren und nach Ablauf dieses Zeitraums wieder zur ursprünglichen Arbeitszeit zurückzukehren (Brückenteilzeit), soweit keine betrieblichen Gründe entgegenstehen (§ 9a TzBfG). Der wichtigste Vorteil der Teilzeitarbeit für die Mitarbeiter ist die bessere Vereinbarkeit von beruflichen und privaten Interessen (z.B. Kindererziehung; Pflege von Angehörigen). Nachteile sind das geringere Entgelt und häufig ein schlechteres beruflichen Image. Obwohl ein Arbeitgeber einen teilzeitbeschäftigten Arbeitnehmer ohne sachlichen Grund nicht schlechter behandeln darf (§ 4 TzBfG), sind die Aufstiegschancen von Teilzeitarbeitnehmern oft schlechter als die von Vollzeitarbeitnehmern. Besonders häufig wird Teilzeitarbeit deshalb als Form des *gleitenden Übergangs in den Ruhestand* (*Altersteilzeit*) praktiziert (vgl. Rittweger/Petri/Schweikert 2002; Bauer/Gehring 2016).

> Eine Unternehmung, die seit vielen Jahren unterschiedliche Formen der flexiblen Arbeitszeitgestaltung praktiziert, ist die Kaufhof Warenhaus AG. Bereits in den sechziger Jahren realisierte die Unternehmung eines der ersten Rolliersysteme im Einzelhandel. Dabei wurden in den verschiedenen Abteilungen Gruppen zu sechs Mitarbeitern gebildet, von denen an jedem der damals fünf Öffnungstage immer fünf Mitglieder planmäßig anwesend waren und das sechste Gruppenmitglied frei hatte. Dieser freie Arbeitstag rollierte vorwärts über die Öffnungstage, d.h. ein Mitarbeiter hatte z.B. in der ersten Arbeitswoche am Montag frei, in der zweiten am Dienstag, usw.

> In der Folge verlängerter Ladenöffnungszeiten und verkürzter tariflicher Arbeitszeiten wurde dieses Modell 1990/91 angepasst und um eine saisonal differenzierte Besetzung der Warenhäuser erweitert. Dazu konnten die Mitarbeiter je nach Arbeitsanfall Zeitguthaben ansammeln und diese zumeist durch mehrtägige Freizeitblöcke vor und nach Wochenenden abbauen.
> Seit 1997 wurde dieses Modell durch die Einführung einer kundenorientierten Arbeitszeit weiter flexibilisiert. Auf der Basis von Prognosen der Kundenfrequenz werden tägliche und wöchentliche Höchst- und Mindestbesetzungen pro Bereich festgelegt, die nicht über- oder unterschritten werden dürfen. Innerhalb dieser Grenzen können die Mitarbeiter in ihrer jeweiligen Gruppe ihre individuellen An- und Abwesenheitszeiten selbständig abstimmen. Die Grundlage für die gruppeninterne Arbeitszeitplanung bilden individuelle Jahresarbeitszeitkonten, die innerhalb eines Jahres, und zwar von 1. Oktober bis zum 30. September, ausgeglichen werden müssen. Die Verschiebung des Arbeitsjahres gegenüber dem Kalenderjahr bietet den Mitarbeitern die Möglichkeit, in der Vorweihnachtszeit relativ schnell ein Zeitguthaben ansammeln zu können, das in den verkaufsschwächeren Sommermonaten durch vermehrte Freizeit ausgeglichen werden kann (vgl. www.bmgs.bund.de/de/asp/arbeitszeitmodelle/dokument.asp?id=27).

Eine spezifische Form der Teilzeitarbeit stellt das **Job-Sharing** dar, bei der sich mehrere Mitarbeiter die Arbeitszeit an einem Arbeitsplatz teilen. Dabei kann zwischen einer zeitlichen und einer funktionalen Arbeitsteilung unterschieden werden. Bei der *zeitlichen Arbeitsteilung (Mengenteilung)* können die Job-Sharer die Dauer und Lage ihrer jeweiligen Arbeitszeit untereinander abstimmen. Dies kann auch die gegenseitige Vertretung bei Ausfallzeiten (Krankheit, Urlaub, etc.) umfassen (§ 13 Abs. 1 TzBfG). Bei der *funktionalen Arbeitsteilung (Artenteilung)* haben die Job-Sharer dagegen unterschiedliche Aufgabenprofile. Diese Form der Arbeitsteilung ist z.B. bei der Zusammenarbeit von älteren, kurz vor der Pensionierung stehenden Mitarbeitern mit jüngeren Mitarbeitern gebräuchlich, bei der erstere ihre Erfahrungen an letztere weitergeben. Für die Mitarbeiter bietet das Job-Sharing eine höhere Flexibilität und für die Unternehmung den Vorteil einer permanenten Besetzung des Arbeitsplatzes durch die Verpflichtung zur gegenseitigen Vertretung. Nachteile sind der höhere Koordinationsbedarf sowie der Wechsel von Ansprechpartnern bei Kundenkontakten (vgl. Heymann/Seiwert 1986).

Während die Teilzeitarbeit und das Job-Sharing die Flexibilisierung der täglichen und wöchentlichen Arbeitszeit beinhalten, steht bei **Sabbaticals** die Flexibilisierung der Lebensarbeitszeit im Mittelpunkt (vgl. Hess 2002; Richter 2002). Dabei ist der Mitarbeiter einen festgelegten Zeitraum lang mit der vollen Höhe der vereinbarten Arbeitszeit tätig, verzichtet jedoch auf die Auszahlung eines bestimmten Anteils seines Arbeitsentgelts. Dieses wird aufgespart und dem Mitarbeiter während des Sabbatzeitraums ausgezahlt, während dessen dieser nicht für die Unternehmung tätig ist. Die Dauer dieses Langzeiturlaubs kann von wenigen Wochen bis zu einem Jahr reichen. Der Vorteil dieser Form der Arbeitszeitflexibilisierung für die Mitarbeiter besteht vor allem darin, bestimmte private Wünsche (z.B. längere Reisen, Fortbildungen, familiäres oder soziales Engagement) erfüllen zu können, ohne kündigen zu müssen. Insbesondere beruflich stark angespannten Mitarbeitern eröffnen Sabbaticals zudem die Möglichkeit zur Regeneration ihrer Leistungsbereitschaft und -fähigkeit. Für die Unternehmung bieten Sabbaticals neben den damit verbundenen positiven Auswirkungen auf die Arbeitsleistung die Möglichkeit, temporäre Überdeckungen des Personalbedarfs ohne Personalfreisetzung ausgleichen zu können (vgl. Kap. 5.1.4).

Um die Attraktivität von Sabbaticals zu erhöhen und insbesondere Arbeitszeitguthaben gegen eine Insolvenz des Arbeitgebers abzusichern, trat am 1. Januar 2009 das Gesetz zur Verbesserung der Rahmenbedingungen für die Absicherung flexibler Arbeitszeitregelungen („Flexi II-Gesetz") in Kraft, das zu Änderungen des Sozialgesetzbuchs (SGB) geführt hat (vgl. Uckermann 2009). Danach können Arbeitnehmer geleistete, aber noch nicht vergütete Arbeitsstunden oder Anteile ihres Arbeitsentgelts in ein **Zeit-Wert-Konto** einbringen. Wertguthaben können für Pflegezeiten, Elternzeiten oder die befristete Verringerung der vertraglich vereinbarten Arbeitszeit genutzt werden. Darüber hinaus ist die Nutzung von Wertguthaben für Freistellungen oder eine Reduzierung der Arbeitszeit für Zeiten, die unmittelbar vor dem Renteneintritt liegen, oder für berufliche Qualifizierungsmaßnahmen möglich (§ 7c SGB IV). Zeit-Wert-Konten dürfen jedoch nicht der flexiblen Gestaltung der werktäglichen oder wöchentlichen Arbeitszeit oder dem Ausgleich betrieblicher Produktions- und Arbeitszeitzyklen dienen (§ 7b SGB IV). Der Arbeitgeber ist verpflichtet, das Wertguthaben gegen das Risiko der Insolvenz vollständig abzusichern (§ 7e SGB IV). Arbeitnehmer haben ein Anrecht darauf, ein Wertguthaben auf einen neuen Arbeitgeber zu übertragen, wenn dieser eine Wertguthabenvereinbarung mit dem neuen Arbeitnehmer abschließt und der Übertragung zustimmt. Zudem besteht die Option, das Wertguthaben auf die Deutsche Rentenversicherung Bund zu übertragen (§ 7f SGB IV).

> Zahlreiche Möglichkeiten, eine begrenzte Auszeit von seiner beruflichen Tätigkeit zu nehmen und eine Tätigkeit in einer sozialen Einrichtung auszuüben, vermittelt die 1995 in der Schweiz gegründete Agentur SeitenWechsel, die seit Ende 2000 auch in Deutschland tätig ist. SeitenWechsel bietet insbesondere Führungskräften die Möglichkeit an, eine Woche lang z.B. Menschen mit Behinderungen zu pflegen, die Hausaufgaben von minderjährigen Flüchtlingen zu betreuen oder in Drogenberatungsstellen zu arbeiten. Dadurch sollen sich die Teilnehmer mit Werten, Einstellungen und Lebenssituationen auseinandersetzen, mit denen sie in ihrem beruflichen Alltag gewöhnlich nicht konfrontiert werden. Das langfristige Ziel besteht darin, die Sozialkompetenz von Führungskräften zu entwickeln und neue Erfahrungen zu sammeln, die sich für die berufliche Tätigkeit produktiv nutzen lassen (vgl. Ettlin/Schweizerische Gemeinnützige Gesellschaft 2003; www.seitenwechsel.ch; www.seitenwechsel.com).

Die größte Autonomie bei der Gestaltung der Arbeitszeit besitzen die Mitarbeiter bei der **Vertrauensarbeitszeit** (vgl. Hoff 2002). Dabei verzichtet der Arbeitgeber nicht nur auf die Vorgabe der Arbeitslage und -dauer, sondern auch auf die

Kontrolle der Einhaltung der Vertragsarbeitszeit. Durch diese zunehmend für außertariflich beschäftigte Mitarbeiter praktizierte Form der Arbeitszeitflexibilisierung sollen der Aufwand für die Zeitkontrolle gespart, die unterschiedlichen Präferenzen der Mitarbeiter berücksichtigt und die eigenverantwortliche Steuerung der Arbeitszeiten gefördert werden (vgl. Andresen 2009). Die Vertrauensarbeitszeit kann deshalb auch als Form der ergebnisorientierten Kontrolle aufgefasst werden, bei der nicht das Verhalten der Mitarbeiter, sondern die Erreichung zuvor vereinbarter Ziele kontrolliert wird (vgl. Kap. 5.4.1.4). Nach einer empirischen Untersuchung von Neubert/Thomas (2005) wirkt sich die Einführung von Vertrauensarbeitszeit vor allem auf die wahrgenommene Autonomie der Mitarbeiter positiv aus. Darüber hinaus ist die Arbeitsproduktivität und -zufriedenheit oft höher, da die Arbeitszeit besser mit den individuellen Präferenzen und den Arbeitsanforderungen abgestimmt werden kann. Die Vertrauensarbeitszeit besitzt damit potenziell eine hohe Leistungs- und Zufriedenheitswirkung. Kritisch gegen diese Form der Arbeitszeitflexibilisierung wird häufig eingewandt, dass diese zur Entgrenzung der Arbeit beiträgt und für die Mitarbeiter die Gefahr der unbezahlten Mehrarbeit beinhaltet. Dieser kann jedoch durch die Erfassung von Überschreitungen der täglichen Arbeitsdauer von acht Stunden entgegengewirkt werden, zu der der Arbeitgeber nach § 16 Abs. 2 ArbZG gesetzlich verpflichtet ist. Nach einem Urteil des EuGH vom 14. Mai 2019 (C-55/18) zur Umsetzung der EU-Richtlinie 2003/88/EG über bestimmte Aspekte der Arbeitszeitgestaltung ist zudem mit einer Änderung des ArbZG zu rechnen, die Arbeitgeber auch zur Erfassung von Beginn, Ende und Dauer der täglichen Arbeitszeit verpflichtet.

> Besonders weitgehend sind Formen der Vertrauensarbeitszeit, die auch die Urlaubsgestaltung umfassen. Nach einer Studie der Organisation World at Work räumen etwa 1% der befragten amerikanischen Unternehmen ihren Mitarbeiten die Möglichkeit ein, unbegrenzt bezahlten Urlaub zu nehmen. „Obwohl die Mitarbeiter sich so viel freinehmen können, wie sie wollen, erbringen sie nicht weniger Leistung, beobachten die Vorgesetzten. Im Gegenteil: Oft steigt die Produktivität (…). Dass sich unbegrenzter Urlaub bewährt, liegt vermutlich auch daran, dass die Angestellten ihre grenzenlose Freiheit weniger nutzen, als man vermuten würde (…). Es scheint, dass die meisten Angestellten etwa so viel Urlaub machen wie zuvor (…).
>
> Vielleicht gibt es für die Tatsache, dass die Mitarbeiter (...) nicht ständig aus dem Büro verschwinden, einen ganz einfachen Grund: Die Angestellten dieser Firmen arbeiten lieber als zu faulenzen. Sie träumen lieber von Urlaub, als ihn zu nehmen. Wir malochen, um uns zu ernähren. Natürlich verschafft uns die Arbeit auch einen Zeitvertreib und oft ein Gefühl von Identität (…). Überwiegend aber vermuten wir die lohnendsten Stunden eines Menschenlebens nicht im Job, sondern in Freizeit und Erholung (...). So ist etwa längst nicht jeder Urlauber gehobener Stimmung (…). Urlaub kann wunderbare Erfahrungen bescheren. Aber eben auch unerfreuliche. Das Bett ist ungewohnt, das Wetter nie so schön wie auf den Bildern im Reiseführer, man versteht die Sprache nicht, und das fremde Essen schlägt auf den Magen. Die Fluglinie verschlampt das Gepäck, vor der be-

> rühmten Kathedrale stehen Schlangen, die Kinder quengeln, die Mücken stechen, und der Fernseher des Hotelnachbarn plärrt durch die Wand. Herzkranke mögen langfristig von Urlaub profitieren. Doch gerade in den ersten Ferientagen, wenn Reise und Ankunft die Anspannung hochtreiben, erleiden sie statistisch überdurchschnittlich viele Anfälle.
>
> Wir scheinen also zu überschätzen, wie froh uns Urlaub macht. Und gleichzeitig unterschätzen wir, wie viel Befriedigung wir aus der Arbeit ziehen. Forscher haben festgestellt, dass es uns besonders gut geht, wenn uns etwas beansprucht und wir uns so darin vertiefen, dass wir sogar vergessen, wie die Zeit verfliegt. In solchen Momenten erleben wir großes Wohlempfinden" (Eberle 2012).

5.2.3.5 Praktische Bedeutung und Effizienz

Deutschland zählt im **internationalen Vergleich** zu den Ländern mit den kürzesten wöchentlichen Arbeitszeiten. Mit 35,6 Stunden liegt die tarifvertraglich vereinbarte Wochenarbeitszeit um 2,2 Stunden unter dem EU-Durchschnitt (vgl. Tab. 5.23). Hinzu kommen ein durchschnittlicher jährlicher Urlaubsanspruch von 30 Tagen und neun gesetzliche Feiertage. Die jährliche Nettoarbeitszeit ist deshalb mit 1.574 Stunden kürzer als in allen anderen EU-Ländern. Länger sind die Arbeitszeiten zudem etwa in der Schweiz, einigen osteuropäischen Staaten, den USA sowie in vielen asiatischen Ländern wie China, Indien und Japan.

Da die Länge der Arbeitszeit ein wichtiger Faktor der internationalen Wettbewerbsfähigkeit ist, wird darin vielfach ein Wettbewerbsnachteil deutscher Unternehmungen gegenüber diesen Ländern gesehen. Dabei muss jedoch berücksichtigt werden, dass die Produktivität und Wertschöpfung der Mitarbeiter je Arbeitsstunde in Deutschland höher als in den meisten anderen Ländern sind. Die kürzere Arbeitszeit wird somit durch eine höhere Arbeitsproduktivität und -rentabilität teilweise kompensiert. Die Gewerkschaften argumentieren deshalb, dass die Wettbewerbsfähigkeit deutscher Unternehmungen weniger von der Länge der Arbeitszeit, als vielmehr von der Nutzung flexibler und autonomieorientierter Formen der Arbeitszeitgestaltung abhängt.

Empirische Untersuchungen belegen zudem, dass die tatsächliche Arbeitszeit häufig deutlich über der tariflich vereinbarten liegt. Eine Studie von Brenke (2004) auf der Basis des SOEP kommt etwa zu dem Ergebnis, dass die tatsächlich geleistete Wochenarbeitszeit in Deutschland mit 42,4 Stunden um rund 10% über der tariflich bzw. vertraglich vereinbarten liegt. Die wöchentliche Mehrarbeit ist höher, je qualifizierter die Mitarbeiter sind. So leisten Führungskräfte mit vertraglich festgeschriebenen Arbeitszeiten 9,9 Überstunden pro Woche, während es bei un- und angelernten Arbeitern, Angestellten ohne Berufsausbildung und Beamten im einfachen Dienst nur 2,6 Stunden sind.

Nach einer empirischen Studie der Hans-Böckler-Stiftung gelten nur noch für 13% der Beschäftigten klassische Arbeitszeiten zwischen 35 und 41 Wochenstunden. Dagegen praktizieren 40% der Befragten verschiedene *Formen flexibler Arbeitszeitgestaltung*. 29% der Arbeitnehmer haben pro Woche 42 oder mehr Arbeitsstunden und 15% sehr stark schwankende Arbeitszeiten. Überlange Arbeitszeiten kommen insbesondere in der Bauindustrie, im Handel, im Bereich Transport und Logistik sowie bei Versicherungen vor. Weit verbreitet ist auch die Schichtarbeit, die z.B. in Großunternehmungen des verarbeitenden Gewerbes von 50,2% der Beschäftigten geleistet wird. Ähnliches gilt für soziale Dienstleistungen. Aufgrund der dabei gezahlten Schichtzuschläge ist das Einkommen der dort Beschäftigten überdurchschnittlich hoch (vgl. Groß/Seifert/Sieglen 2007).

Tabelle 5.23. Durchschnittliche tarifvertraglich vereinbarte Wochenarbeitszeiten von Vollerwerbstätigen im europäischen Vergleich im Jahr 2020 (in Stunden)

Land	Wochenarbeitszeit	Brutto-Jahresarbeitszeit	Urlaubstage	Gesetzliche Feiertage	Netto-Jahresarbeitszeit
Ungarn	40	2.080	20	9	1.848
Polen	40	2.080	20	9	1.848
Estland	40	2.080	20	10	1.840
Litauen	40	2.080	2	11	1.832
Kroatien	40	2.080	20	12	1.824
Griechenland	40	2.080	20	12	1.824
Lettland	40	2.080	20	12	1.824
Slowenien	40	2.080	20	12	1.824
Rumänien	40	2.080	21	13	1.808
Irland	39	2.028	20	9	1.802
Bulgarien	40	2.080	24	11	1.800
Luxemburg	39,8	2.070	26	9	1.791
Portugal	39,4	2.049	22	12	1.781
Malta	40	2.080	27	12	1.768
Schweden	39,8	2.070	27,4	11	1.764
Belgien	37,8	1.966	20	9	1.746
Slowakei	39	2.029	24,9	13	1.733
Österreich	38,75	2.015	25	12	1.728
Spanien	38,4	1.997	22	14	1.720
Italien	38	1.976	25	9	1.718
Niederlande	38	1.976	24,4	10	1.715
Zypern	38	1.976	21	14	1.710
Tschechien	38	1.976	25	12	1.695
Finnland	37,5	1.950	25	10	1.688
Dänemark	37	1.924	30	9	1.683
Frankreich	35,6	1.852	25	9	1.610
Deutschland	**35,6**	**1.951**	**30**	**9**	**1.574**
EU	37,8	1.966	25,6	10,1	1.703

Quelle: European Foundation for the Improvement of Living and Working Conditions 2021

> Eine der innovativsten Unternehmungen im Bereich der Arbeitszeitgestaltung ist Hewlett-Packard Deutschland. Bereits im Jahre 1967 wurden am Standort Böblingen gleitende Arbeitszeiten eingeführt. In den nächsten

Jahren folgten weitere Flexibilisierungen. Das gegenwärtige Standard-Arbeitszeitmodell für vollzeitbeschäftigte Mitarbeiter sieht eine individuelle vertragliche Wochenarbeitszeit von 38 Stunden pro Woche vor. Bei einer tatsächlichen Arbeitszeit von 40 Wochenstunden werden somit 2 Stunden Vorarbeitszeit pro Woche bzw. circa 12 Tage im Jahr geleistet, die monatlich wahlweise als Geldwert (Wertausgleich) oder als Zeitgutschrift (Zeitkonto) vergütet werden. Unter der Formel 100=80+20 kann ein Mitarbeiter darüber hinaus maximal 8 Stunden (= 20%) pro Woche ansparen, indem er seine individuelle vertragliche Wochenarbeitszeit und damit sein Gehalt auf 32 Stunden (= 80%) reduziert. Alle Zusatzleistungen (z.B. Urlaubsgeld, betriebliche Sonderzahlungen, Aktiensparen) werden auf der Grundlage dieses reduzierten Gehalts gewährt. Der Vergütungsmodus kann zum Ende eines jeden Jahres jeweils für das kommende Kalenderjahr geändert werden.

Darüber hinaus gibt es ein Zeitkonto, auf das geleistete, aber noch nicht vergütete Arbeitsstunden eingezahlt werden können. Auch nicht beanspruchter Resturlaub fließt jeweils zum 31. März des Folgejahrs dem Zeitkonto zu. Im Durchschnitt beträgt das Zeitguthaben der Mitarbeiter rund 65 Tage. Sämtliche Zeitgutschriften sind unverfallbar und werden nur in Ausnahmesituationen (z.B. Wechsel des Arbeitgebers, Todesfall) ausbezahlt.

Zur Finanzierung der Zeitkonten bildet HP Rückstellungen in Höhe des Geldwertes der angesparten Zeitguthaben. Zur Insolvenzsicherung wird der Gegenwert der Rückstellungen durch einen externen Treuhänder in Fonds angelegt. Dadurch soll ein höchstmögliches Maß an Sicherheit für die Guthaben aus den Zeitkonten gewährleistet werden (vgl. o.V. 2008). Die Mitarbeiter führen die flexible Arbeitszeitgestaltung regelmäßig als einen besonders wichtigen Faktor der Arbeitszufriedenheit an (vgl. https://www.glassdoor.de/Bewertungen/Hewlett-Packard-Enterprise-HPE-Bewertungen-E1093046.htm).

Die *Bedeutung autonomieorientierter Formen der Arbeitszeitgestaltung* ist in Deutschland im Vergleich zu anderen Ländern bislang noch relativ gering. Vor allem in den Niederlanden, Irland und Skandinavien sind Teilzeitarbeit und Job-Sharing auch in Führungspositionen weitaus stärker verbreitet (vgl. Hipp/Stuth 2013). Ein Grund dafür könnte die feminine Kultur in diesen Ländern sein, die dem Gleichgewicht zwischen Beruf und Familie (*Work-Life-Balance*) eine größere Bedeutung als dem beruflichen Aufstieg zumisst (vgl. Kap. 4.2.2). Während dort auch Mitarbeiter mit einer reduzierten Wochenarbeitszeit in hohe Führungspositionen aufsteigen können, herrscht in Deutschland nach einer Studie von Kienbaum Consultants International (2003b) immer noch die Auffassung vor, dass eine herausragende Position mit hoher Verantwortung verlangt, klare Prioritäten für den Beruf zu setzen. Teilzeit wird deshalb in Deutschland immer noch als „absoluter Karrierekiller" wahrgenommen. „Vor allem an Frauen gerichtete Angebote wie beispielsweise Teilzeitmodelle oder die Unterstützung von Erwerbsunterbrechungen werden oft zum sogenannten ‚Mummy-Track' – einem toten Karrieregleis für Mütter" (Holst, zit. nach o.V. 2014).

5.3 Personalentlohnung

Die Personalentlohnung umfasst die Gestaltung aller materiellen Anreize, die eine Unternehmung ihren Mitarbeitern offiziell als Ausgleich für die von diesen geleistete Arbeit gewährt. Um die gewünschte Anreizwirkung zu erzielen, muss die Personalentlohnung drei miteinander verknüpfte Aufgaben erfüllen (vgl. Abb. 5.22). Zunächst muss entschieden werden, nach welchen Kriterien die Entgeltdifferenzierung zwischen den Mitarbeitern vorgenommen werden soll. In einem zweiten Schritt erfolgt die Wahl der Entgeltform, die sich zumeist aus monetären und nicht-monetären Bestandteilen zusammensetzt. Den dritten Schritt bildet die Bestimmung der absoluten Höhe des Arbeitsentgelts, d.h. des auf die Mitarbeiter entfallenden Teils der Wertschöpfung einer Unternehmung. Die Auswahl der im Rahmen dieser drei Aufgaben zur Verfügung stehenden Alternativen hängt insbesondere von den Zielen ab, die mit der Personalentlohnung verfolgt werden.

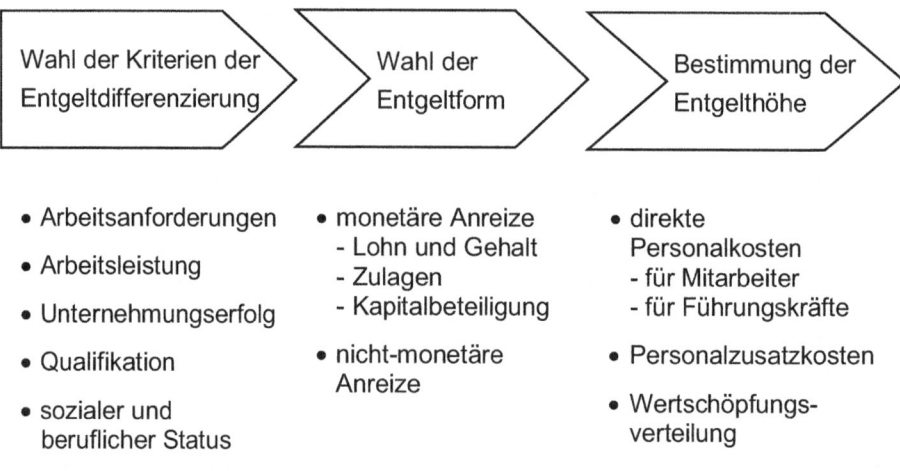

Abb. 5.22. Aufgaben der Personalentlohnung

5.3.1 Ziele der Personalentlohnung

5.3.1.1 Gewährleistung der Arbeitsleistung und -zufriedenheit

Im Mittelpunkt der Personalentlohnung steht zumeist das Ziel, die Arbeitsleistung und -zufriedenheit der Mitarbeiter zu gewährleisten. Die *Theorie der wissenschaftlichen Betriebsführung* unterstellt, dass Mitarbeiter die Maximierung ihres individuellen Entgelts anstreben und ihr Arbeitsverhalten rational an der Verwirklichung dieses Ziels ausrichten. Eine ähnliche **Maximumhypothese** liegt auch dem *personalökonomischen Ansatz* zugrunde, der zudem ein opportunistisches Verhalten gegenüber der Unternehmungsleitung und anderen Mitarbeitern annimmt.

Demgegenüber weisen die *motivationstheoretischen Ansätze* darauf hin, dass die Arbeitsleistung und -zufriedenheit neben dem Arbeitsentgelt auch von anderen Faktoren abhängt. Während Maslow etwa die Möglichkeit zur Selbstverwirklichung in der Arbeit als das bedeutendste Bedürfnis ansieht, betont Herzberg die Bedeutung des Arbeitsinhalts und der Anerkennung durch Vorgesetzte.

Auch nach der *Gerechtigkeitstheorie* ist die von der Theorie der wissenschaftlichen Betriebsführung und dem personalökonomischen Ansatz vertretene Maximumhypothese nicht haltbar. Diese geht vielmehr von der **Gleichgewichtshypothese** aus, nach der die Mitarbeiter eine gerechte Austauschrelation von Input (Leistung, Erfahrung, sozialer und beruflicher Status, etc.) und Output (Bezahlung) anstreben. Als gerecht wird eine Entlohnung dann empfunden, wenn die eigene Austauschrelation mit der vergleichbarer Mitarbeiter übereinstimmt.

Die Wirkung der Personalentlohnung auf die Arbeitsleistung und -zufriedenheit ist somit vielschichtig. Als zentrale Einkommensquelle der meisten Menschen dient sie zur *Befriedigung der niedrigen Bedürfniskategorien*. Darüber hinaus ist die Entlohnung aber auch ein *Statussymbol und Zeichen der Anerkennung*. Eine besonders hohe Wertigkeit kommt ihr dann zu, wenn sie vor allem *zur Befriedigung höherer Motive außerhalb der Arbeit* dient. Zudem ist ihre Wertigkeit *von Alter, Geschlecht und kultureller Prägung des Mitarbeiters abhängig*.

Empirische Studien zur *motivationalen Wirkung von Entgelterhöhungen* zeigen, dass diese nur dann leistungs- und zufriedenheitssteigernd wirken, wenn sie überraschend erfolgen (vgl. Gilchrist/Luca/Malhotra 2016) und mindestens 7-8% betragen (vgl. Mitra/Tenhiälä/Shaw 2016). Die leistungssteigernde Wirkung ist zudem größer, wenn die Entgelterhöhung in zwei kleinen Schritten anstatt einem großen Schritt erfolgt (vgl. Ockenfels/Sliwka/Werner 2015).

5.3.1.2 Induzierung eines strategiekonformen Verhaltens

Bei der Gestaltung der unternehmerischen Entgeltpolitik muss nicht nur deren Leistungs- und Zufriedenheitswirkung berücksichtigt, sondern auch sichergestellt werden, dass die von den Mitarbeitern erbrachte Leistung einen positiven *Beitrag zur Implementierung der Unternehmungsstrategie* leistet (vgl. Kap. 4.2.1). Im Sinne der *Principal-Agent-Theorie* besteht das Ziel darin, die Gefahr des *moral hazard* und opportunistischen Verhaltens der Mitarbeiter zu reduzieren und diese zu einem Verhalten anzuregen, das der Umsetzung der von der Unternehmungsleitung formulierten Strategie dient. Diese **Strategiekonformität** des Entlohnungssystems spielt vor allem bei der Gestaltung strategischer Anreizsysteme für Führungskräfte eine zentrale Rolle (vgl. Newman/Gerhart/Milkovich 2016, S. 38 ff.).

Die Unternehmungsstrategie kann jedoch nur dann erfolgreich implementiert werden, wenn die Anstrengungen *aller* Mitarbeiter in die angestrebte strategische Richtung gelenkt werden (vgl. Martocchio 2001). Wenn die Unternehmung z.B. eine Strategie der Kostenführerschaft verfolgt, wird die Einsparung von Kosten und die Ausschöpfung von Kostendegressionseffekten am besten durch ein leistungsorientiertes Entlohnungssystem unterstützt, während bei einer Differenzierungsstrategie eine erfolgs- und qualifikationsorientierte Entlohnung effizienter ist. In ähnlicher Weise muss die Entgeltpolitik z.B. an Innovations-, Wachstums-, Reife- oder Schrumpfungsstrategien angepasst werden (vgl. Kap. 4.2.1).

Dabei bietet sich eine *Beschränkung auf die strategisch relevanten Kriterien* der Entgeltdifferenzierung an. Empirische Untersuchungen zeigen, dass die verhaltenssteuernde Wirkung von Anreizen abnimmt, wenn in einer Unternehmung mehr als drei Kriterien der Entgeltdifferenzierung gleichzeitig angewandt werden (vgl. Hüttemann 1993, S. 281).

5.3.1.3 Gewährleistung der Entgeltgerechtigkeit

In der Praxis ist häufig nur eine *relativ geringe Differenzierung, Flexibilisierung und Individualisierung* der Entgeltpolitik festzustellen. Diese resultiert nicht nur aus der mangelnden Berücksichtigung motivationstheoretischer Aspekte oder der Verhandlungsmacht der Arbeitnehmervertreter, die sich häufig gegen eine stärkere Individualisierung der Entlohnung und die damit verbundene Segmentierung der Belegschaft aussprechen, sondern auch aus der Befolgung des Gleichbehandlungsgebots (vgl. Staehle 1999, S. 822 f.).

Der **Grundsatz der Gleichbehandlung** bei der Entgeltpolitik ergibt sich aus Art. 3 GG (Gleichheit vor dem Gesetz) sowie § 75 Abs. 1 BetrVG (Grundsätze für die Behandlung von Betriebsangehörigen). Danach hat der Arbeitgeber sicherzustellen, dass alle Mitarbeiter nach den Grundsätzen von Recht und Billigkeit behandelt werden. Insbesondere jede unterschiedliche Behandlung von Mitarbeitern aufgrund ihrer Abstammung, Religion, Nationalität, Herkunft, politischen oder gewerkschaftlichen Betätigung oder Einstellung sowie ihres Geschlechts oder Alters ist rechtswidrig. „Der Grundsatz der Gleichbehandlung besagt nicht", so eine Entscheidung des BAG (Urteil vom 3.4.1957 – 4 AZR 644/54) „dass von allen vergleichbaren Arbeitnehmern ein jeder einen Anspruch darauf habe, ebenso gestellt zu werden wie bestimmte einzelne vom Arbeitgeber bevorzugte Arbeitnehmer. Dieser Grundsatz verbietet vielmehr nur die willkürliche Schlechterstellung einzelner Arbeitnehmer aus sachfremden Gründen gegenüber anderen in vergleichbarer Lage befindlichen Arbeitnehmern, das heißt ihre willkürliche Herausnahme aus einer bestimmten Ordnung."

Neben arbeitsrechtlichen Gesichtspunkten ist die Gewährleistung der **Entgeltgerechtigkeit** auch aus motivationstheoretischer Sicht von großer Bedeutung. Dabei können zwei Formen der Gerechtigkeit mit jeweils unterschiedlichen Implikationen für die Personalentlohnung unterschieden werden (vgl. Greenberg 1987). Im Mittelpunkt der Gerechtigkeitstheorie von Adams steht die *Verteilungsgerechtigkeit*. Diese ist dann gegeben, wenn das eigene Austauschverhältnis von Anreizen und Beiträgen mit dem Austauschverhältnis vergleichbarer Mitarbeiter übereinstimmt. Darüber hinaus muss die *Verfahrensgerechtigkeit* der Entlohnung gegeben sein (vgl. dazu die Meta-Analyse von Colquitt et al. 2001). Voraussetzung dafür ist, dass die Kriterien der Entgeltdifferenzierung bekannt und transparent sind und deren Messung nachvollziehbar ist. Wird ein Entlohnungssystem im Hinblick auf diese beiden Formen als ungerecht empfunden, lassen sich die angestrebten Anreizwirkungen nicht erzielen. Vielmehr erfolgen häufig unerwünschte Anpassungsreaktionen der Mitarbeiter, die von Frustrationen über Leistungsrestriktionen bis zur Kündigung reichen können.

5.3.2 Kriterien und Verfahren der Entgeltdifferenzierung

Zur Realisierung der drei genannten Ziele müssen geeignete Verfahren und Kriterien der Entgeltdifferenzierung ausgewählt werden. Grundsätzlich kann diese

- anforderungsabhängig („gleicher Lohn für gleiche Arbeit"),
- leistungsabhängig („gleicher Lohn für gleiche Leistung"),
- erfolgsabhängig („gleicher Lohn für gleichen Unternehmungserfolg"),
- qualifikationsabhängig („gleicher Lohn für gleiche Qualifikation"), oder
- statusabhängig („gleicher Lohn für gleichen Status")

erfolgen.

Bei der Auswahl der Differenzierungskriterien ist zu berücksichtigen, dass *zentrale Aspekte der Personalentlohnung durch Tarifverträge geregelt* sind und somit außerhalb des personalpolitischen Entscheidungsspielraums der Unternehmung liegen. Im Sinne des Günstigkeitsprinzips kann diese davon zwar zugunsten, nicht aber zulasten des Arbeitnehmers abweichen. Bei Aspekten, die nicht umfassend durch gesetzliche oder tarifvertragliche Regelungen festgelegt sind, besteht zudem ein *Mitbestimmungsrecht des Betriebsrats* (§ 87 Abs. 1 BetrVG). Hierzu zählen etwa die Aufstellung und Veränderung von Verteilungsgrundsätzen über tarifliche Zulagen sowie die Festsetzung von Akkord- und Prämienlöhnen. Ausgenommen davon sind lediglich nicht-tarifgebundene Arbeitsverhältnisse.

5.3.2.1 Anforderungsabhängige Entgeltdifferenzierung

Bei der anforderungsabhängigen Entgeltdifferenzierung hängt die Höhe des Arbeitsentgelts ausschließlich von den Anforderungen der Arbeitsaufgabe ab, d.h. individuelle Leistungsunterschiede haben keinen Einfluss auf die Entlohnung. Die Grundlage der Entgeltfindung ist die *gedachte Normalleistung*.

Um eine anforderungsabhängige Entgeltdifferenzierung durchführen zu können, muss der Schwierigkeitsgrad der Arbeitsaufgabe bekannt und bewertbar sein. Hierzu können zwei unterschiedliche *Verfahren der Arbeitsbewertung* angewandt werden, die jeweils zwei Varianten aufweisen (vgl. Tab. 5.24).

Bei der **summarischen Arbeitsbewertung** erfolgt eine ganzheitliche Erfassung der Arbeitsanforderungen. Diese mündet in die Bildung von Lohn- bzw. Gehaltsgruppen, wobei zwei Varianten denkbar sind. Während beim *Rangfolgeverfahren* ein Paarvergleich aller Arbeitsanforderungen eines Analysebereichs und die Bildung einer Rangfolge erfolgt, werden beim *Lohngruppenverfahren* die Arbeitsanforderungen zu vorher definierten Lohn- bzw. Gehaltsgruppen zugeordnet. Ein Beispiel zum Lohngruppenverfahren ist in Tab. 5.25 wiedergegeben. Der Vorteil der summarischen Arbeitsbewertung ist deren einfache und verständliche Handhabung. Vielfach ist jedoch die Abgrenzung der einzelnen Entgeltgruppen problematisch. Zudem lassen sich spezifische Arbeitsanforderungen wie z.B. besondere Kenntnisse oder Belastungen nur schwer berücksichtigen.

Tabelle 5.24. Verfahren der Arbeitsbewertung

	summarisch	analytisch
Reihung	*Rangfolgeverfahren*	*Rangreihenverfahren*
	Alle Gesamtanforderungen werden als Ganzes verglichen und in eine Rangfolge gebracht	Die Einzelkriterien der Gesamtanforderungen werden verglichen und einer Rangreihe zugeordnet
Stufung	*Lohngruppenverfahren*	*Stufenwertzahlverfahren*
	Alle Gesamtanforderungen werden als Ganzes mit Richtbeispielen verglichen und zugeordnet	Die Einzelkriterien der Gesamtanforderungen werden nach einem gewichteten Schema bewertet

Quelle: leicht verändert nach Scholz 2014, S. 849

Bei der **analytischen Arbeitsbewertung** erfolgt eine Aufteilung der Arbeitsaufgabe in einzelne Anforderungsarten. Diese orientiert sich häufig am Genfer Schema, das sechs Anforderungsarten mit jeweils unterschiedlichen Anforderungsstufen umfasst (vgl. Tab. 5.23). Anschließend erfolgt die Gewichtung und Bewertung der einzelnen Anforderungsarten und die Addition der jeweiligen Einzelbewertungen zu einem Gesamtwert. Auch dabei können zwei Varianten unterschieden werden. Beim *Rangreihenverfahren* wird eine Rangordnung der zu realisierenden Anforderungsarten hinsichtlich ihrer Schwierigkeit vorgenommen. Beim *Stufenwertzahlverfahren* erfolgt dagegen eine Einstufung der einzelnen Anforderungsarten einer Arbeitsaufgabe in zuvor definierte Stufen, deren Anzahl je nach Bedeutung der Tätigkeit schwanken kann. Vorteile der analytischen Arbeitsbewertung sind die transparente Darstellung der Bewertungskriterien und die damit verbundene hohe Beurteilungsschärfe. Die leichte Nachvollziehbarkeit der Arbeitsbewertung fördert zudem die Lohngerechtigkeit. Aufgrund des technischen Fortschritts wird die Auswahl geeigneter Anforderungsarten jedoch immer schwieriger. Darüber hinaus ist die Arbeitsbewertung auch bei diesem Verfahren letztlich immer subjektiv.

Die anforderungsabhängige Entgeltdifferenzierung eignet sich vor allem für Arbeiten (vgl. Kupsch/Marr 1985, S. 721; Hentze/Graf 2005, S. 125 f.),

- die eine hohe Qualität, Sorgfalt oder Gewissenhaftigkeit erfordern (z.B. medizinische Versorgung in Krankenhäusern),
- die eine große Unfallgefahr beinhalten (z.B. Tätigkeiten in Kernkraftwerken),
- bei denen die Leistung nicht oder nur unter sehr großem Aufwand messbar ist (z.B. geistig-schöpferische Arbeiten, Bürotätigkeiten),
- bei denen eine unterschiedliche Arbeitsintensität verlangt wird (z.B. Lager-, Transport- oder Reparaturarbeiten), und
- bei denen die Arbeitsgeschwindigkeit nicht oder nur in sehr engen Grenzen durch die Mitarbeiter selbst beeinflusst werden kann (z.B. Fließbandarbeit).

Tabelle 5.25. Beispiel zum Lohngruppenverfahren aus dem Entgeltrahmenabkommen (ERA) für die Metall- und Elektroindustrie des Landes Hessen

Gruppe	Anforderungsdefinition	Entgelt-schlüssel
1	Einfache Tätigkeiten, die nach einer zweckgerichteten Einarbeitung und Übung von bis zu vier Wochen verrichtet werden können. Es ist keine berufliche Vorbildung erforderlich.	84%
2	Tätigkeiten, deren Ablauf und Ausführungen weitgehend festgelegt sind. Erforderlich sind Kenntnisse und Fertigkeiten, wie sie in der Regel durch ein systematisches Anlernen von bis zu sechs Monaten erworben werden.	86%
3	Tätigkeiten, deren Ablauf und Ausführungen überwiegend festgelegt sind. Erforderlich sind Kenntnisse und Fertigkeiten, wie sie in der Regel durch ein systematisches Anlernen von mehr als sechs Monaten erworben werden.	89%
4	Tätigkeiten, deren Ablauf und Ausführung teilweise festgelegt sind. Erforderlich sind Kenntnisse und Fertigkeiten, wie sie in der Regel durch eine mindestens zweijährige fachspezifische Ausbildung erworben werden.	94%
5	Sachbearbeitende Aufgaben und/oder Facharbeiten, deren Erledigung weitgehend festgelegt ist. Erforderlich sind Kenntnisse und Fertigkeiten, wie sie in der Regel durch eine abgeschlossene mindestens dreijährige fachspezifische Berufsausbildung erworben werden.	100% (Ecklohn)
6	Schwierige sachbearbeitende Aufgaben und/oder schwierige Facharbeiten, deren Erledigung überwiegend festgelegt ist. Erforderlich sind Kenntnisse und Fertigkeiten, wie sie in der Regel durch eine abgeschlossene mindestens dreijährige fachspezifische Berufsausbildung und mehrjährige Berufserfahrung erworben werden.	110%
...		
10	Ein Aufgabenbereich, der im Rahmen von allgemeinen Richtlinien erledigt wird. Erforderlich sind Kenntnisse und Fertigkeiten, wie sie durch den Abschluss einer mindestens vierjährigen Hochschulausbildung erworben werden und Fachkenntnisse durch mehrjährige spezifische Berufserfahrung. Diese Kenntnisse und Fähigkeiten können auch auf einem anderen Weg erworben werden.	170%
11	Ein erweiterter Aufgabenbereich, der teilweise im Rahmen von allgemeinen Richtlinien erledigt wird. Erforderlich sind Kenntnisse und Fertigkeiten, wie sie durch den Abschluss einer mindestens vierjährigen Hochschulausbildung erworben werden sowie Fachkenntnisse und langjährige spezifische Berufserfahrung. Diese Kenntnisse und Fähigkeiten können auch auf einem anderen Weg erworben werden.	185%

Quelle: Schlick/Bruder/Luczak 2018, S. 564

Ein gravierender Nachteil ist, dass die Abhängigkeit der Entgelthöhe von den Arbeitsanforderungen die Mitarbeiter dazu veranlassen könnte, belastende Arbeitsanforderungen nicht zu beseitigen, obwohl dies z.B. durch bauliche oder arbeitsorganisatorische Änderungen oder durch die Erhöhung der Qualifikation möglich wäre. Die anforderungsabhängige Entgeltdifferenzierung erschwert dadurch Innovationen bei der Gestaltung des Personaleinsatzes. Darüber hinaus führen marktliche, technologische und organisatorische Veränderungen dazu, dass körperliche Belastungen und negative Einflüsse der Arbeitsumwelt (z.B. Lärm, Schmutz, Hitze) ständig abnehmen. Traditionelle Methoden der Arbeitsbewertung wie etwa das Genfer Schema (vgl. Tab. 5.26) sind dadurch immer weniger geeignet, die Anforderungen an eine Tätigkeit umfassend und valide zu erfassen (vgl. Hamel 1991).

Tabelle 5.26. Bewertung von Arbeitsanforderungen nach dem Genfer Schema

Anforderungsarten		Punktzahl je Anforderungsart
Kenntnisse	Ausbildung	0 1 2 3 4 5 6 7 8 9
	Erfahrung	0 1 2 3 4 5 6 7 8
	Denkfähigkeit	0 1 2 3 4 5 6 7
geistige Belastung	Aufmerksamkeit	0 1 2 3 4
	Denktätigkeit	0 1 2 3 4 5
Geschicklichkeit	Handfertigkeit	0 1 2 3 4 5 6 7
	Körpergewandtheit	0 1 2 3 4 5
muskelmäßige Belastung	dynamische Muskelarbeit	0 1 2 3 4
	statische Muskelarbeit	0 1 2 3 4 5 6
	einseitige Muskelarbeit	0 1 2 3 4 5
Verantwortung	für die eigene Person	0 1 2 3 4 5
	für andere Personen	0 1 2 3 4 5 6
	für Funktionen, Strukturen und Prozesse	0 1 2 3 4 5
Umweltbedingungen	Klima	0 1 2 3
	Lärm	0 1 2
	Beleuchtung	0 1 2
	Schwingungen	0 1 2
	Staub	0 1 2 3
	Nässe	0 1 2 3
	Öl, Fett, Schmutz	0 1 2 3
	Gase, Dämpfe	0 1 2
	Schutzkleidung	0 1 2
	negatives Sozialprestige	0 1 2 3 4

5.3.2.2 Leistungsabhängige Entgeltdifferenzierung

Die Grundlage der leistungsabhängigen Entgeltdifferenzierung bildet der *Grundsatz der Leistungsgerechtigkeit*. Dieser besagt, dass sich unterschiedliche individuelle Leistungsgrade bei Arbeiten mit gleichen Anforderungen auf die Höhe des

Arbeitsentgelts auswirken. Leistungsabhängige Entgeltbestandteile werden somit als *Belohnung für die tatsächlich erbrachte Mehrleistung eines Mitarbeiters im Verhältnis zur Normalleistung* gezahlt (vgl. Kupsch/Marr 1985, S. 719). Dabei lassen sich mehrere Formen unterscheiden (vgl. Knebel 1995; Zander/Femppel 2000, S. 92 ff.; Breisig 2003).

Beim **Akkord- bzw. Stücklohn** ist die Entgelthöhe von der Arbeitsintensität (Leistungsgrad) eines Mitarbeiters abhängig. Mit Hilfe von Zeit- und Bewegungsstudien werden Vorgabezeiten zur Ausübung einer Tätigkeit ermittelt, deren Unterschreitung zu Entgeltsteigerungen führt (Zeitakkord). Beim weniger verbreiteten Geldakkord wird ein Geldbetrag für eine bestimmte Normalleistung (z.B. Stückzahl) angesetzt und mit dem Leistungsgrad multipliziert. Die Anwendung von Akkordlöhnen ist an mehrere Voraussetzungen geknüpft:

- Die *Akkordfähigkeit* einer Arbeit ist dann erfüllt, wenn ihr Ablauf in einer im Voraus bekannten oder bestimmbaren Weise wiederholbar und die Arbeitsleistung mengenmäßig und zeitlich messbar ist.
- Die *Akkordreife* ist gegeben, wenn eine akkordfähige Arbeit von allen den Arbeitsablauf störenden Einflussgrößen befreit ist und von den Mitarbeitern nach entsprechender Übung und Einarbeitung beherrscht wird.
- Erforderlich ist schließlich, dass die *Arbeitsgeschwindigkeit durch die Mitarbeiter beeinflussbar* und nicht durch technisch-organisatorische Bedingungen (z.B. Fließband) vorgegeben ist.

Prämienlöhne werden häufig für Arbeiten gezahlt, deren Bedingungen wechseln oder für die Vorgabezeiten nur sehr schwer ermittelbar sind. Dabei sind Quantitätsprämien, Qualitätsprämien und Ersparnisprämien denkbar. Im Unterschied zu Akkordlöhnen wird die Mehrleistung bei den meisten Prämienlohnsystemen zwischen der Unternehmung und den Mitarbeitern geteilt. Dadurch steigt deren Stundenverdienst an, während gleichzeitig die durchschnittlichen Stückkosten sinken (vgl. Hentze/Graf 2005, S. 132 ff.).

Im Unterschied zu Akkord- und Prämienlöhnen liegt einer **Leistungszulage** eine subjektive Leistungsbewertung zugrunde. Deren Ergebnis muss nach § 82 Abs. 2 BetrVG in einem Beurteilungsgespräch dargelegt und erläutert werden. Beurteilungsgespräche dienen der Anregung, Darlegung von Schwachstellen, Initiierung von Lernprozessen, Kontrolle der Beurteilung durch den Beteiligten und Kommunikation über Aufgaben und Anforderungen (vgl. Zander/Halberstadt 1995, S. 178 f.).

Pensumlöhne werden im Gegensatz zu den drei zuvor dargestellten Formen nicht für die tatsächlich erbrachte, sondern für die erwartete Leistung eines Mitarbeiters gezahlt. Über- oder Unterschreitungen dieses Wertes werden vermerkt und in bestimmten Zeiträumen verrechnet. Pensumlöhne beinhalten eine höhere Prognosesicherheit für die Unternehmung und die Mitarbeiter, da sich Leistungsschwankungen erst mittelfristig auf die Lohnhöhe auswirken (vgl. Hentze/Graf 2005, S. 140; Scholz 2014, S. 864).

Leistungslöhne werden zumeist zusätzlich zu einem fixen, häufig tariflich festgelegten Grundlohn gewährt, wenn eine vorher festgelegte Leistungsgrenze überschritten wird. Üblicherweise wird zudem ein maximales Entgelt festgelegt. Zwischen Unter- und Obergrenze ist ein linearer, progressiver oder degressiver **Verlauf der Entgeltlinien** möglich:

- Ein *linearer* Verlauf der Entgeltlinie wird vor allem dann gewählt, wenn ein Anreiz zur Steigerung der Arbeitsquantität geschaffen werden soll.
- Ein *progressiver* Verlauf bietet einen Anreiz zur Leistungssteigerung in höheren Bereichen. Diese Form wird oft bei Ersparnisprämien angewandt.
- Bei einem *degressiven* Verlauf wird eine Leistungssteigerung in den oberen Bereichen nicht gewünscht, um z.B. der Unfallgefahr oder Überanstrengung vorzubeugen.
- Ein *s-förmiger* Verlauf ergibt sich durch eine Kombination der progressiven und degressiven Entgeltlinie. Dadurch sollen in bestimmten Bereichen Leistungsanreize gesteigert bzw. gedrosselt werden.

Eine empirische Untersuchung zur *praktischen Relevanz* unterschiedlicher Formen der leistungsorientierten Entgeltdifferenzierung von Oechsler/Reichmann (2002, S. 535 f.) zeigt, dass Leistungszulagen in 34,4% der deutschen Unternehmungen verbreitet sind. Prämienlöhnen kommt dagegen mit 15,1% und Akkordlöhnen mit 6,7% der Unternehmungen eine deutlich geringere Bedeutung zu. Die Untersuchung belegt zudem, dass diese Formen der leistungsorientierten Entgeltdifferenzierung in Unternehmungen mit Tarifvertrag weitaus häufiger praktiziert werden als in nicht-tarifgebundenen Unternehmungen.

Das primäre Ziel der leistungsabhängigen Entgeltdifferenzierung ist die Steigerung der Arbeitsleistung und -zufriedenheit. Wie zu Beginn dieses Kapitels dargelegt, ist die Realisierbarkeit dieses Ziels aus Sicht der unterschiedlichen Theorien des Personalmanagement allerdings differenziert zu beurteilen. Als Vorteile sind insbesondere die *hohe Instrumentalität und Transparenz* zu nennen. Die Wertigkeit von Leistungslöhnen ist dagegen fraglich und insbesondere von der absoluten Höhe des Arbeitseinkommens abhängig. Da mit steigender Entgelthöhe der Grenznutzen monetärer Anreize abnimmt, sinkt auch deren motivierende Wirkung. Demgegenüber nimmt deren *akquisitorische Funktion*, d.h. deren Einfluss auf Eintritts-, Verbleibens- und Austrittsentscheidungen von Mitarbeitern, mit zunehmender Entgelthöhe zu (vgl. Drumm 2008, S. 594 f.). Eine Gefahr ist der hohe *Leistungsdruck*, der häufig zur Überanstrengung der Mitarbeiter führt und sich negativ auf die Arbeitsqualität auswirkt. Zudem ist der *Aufwand für die Datenermittlung, Kontrolle und Anpassung* hoch.

Die Eignung der leistungsabhängigen Entgeltdifferenzierung wird vor allem dadurch eingeschränkt, dass der Einfluss der Mitarbeiter auf die Arbeitsleistung durch den Einsatz neuer Technologien immer geringer wird, während die *Grenzanforderungen* für einzelne Arbeiten stark ansteigen. So gewinnt etwa die Minimierung von Ausfallzeiten kostenintensiver Produktionsanlagen gegenüber der Steigerung der individuellen Arbeitsproduktivität an Bedeutung. Präzise Leistungs- und Zeitvorgaben sind bei anspruchsvollen und häufig wechselnden Arbeitsaufgaben vielfach nicht mehr möglich bzw. sinnvoll (vgl. Becker 2009). Darüber hinaus führt die Einführung gruppenorientierter Formen des Personaleinsatzes dazu, dass die *Vernetzung und Integration einzelner Aufgaben* zunimmt und die Zuordnung von Aufgaben bzw. Leistungen zu einzelnen Stellen bzw. Mitarbeitern immer schwieriger wird (vgl. Lang 2001). Individuelle Leistungsentgelte beinhalten dabei die Gefahr, die prosoziale Motivation der Mitarbeiter zu verdrängen und damit die Kooperation in Arbeitsgruppen zu reduzieren (vgl. Matiaske/ Weller 2008).

5.3.2.3 Erfolgsabhängige Entgeltdifferenzierung

Die erfolgsabhängige Entgeltdifferenzierung basiert im Unterschied zur leistungsabhängigen Entlohnung nicht nur auf der Mengenleistung eines Mitarbeiters, sondern bezieht auch verschiedene *monetäre und nicht-monetäre Erfolgsgrößen* ein. Diese werden aus dem **Ergebnis des Wertschöpfungsprozesses** der Unternehmung abgeleitet, weshalb vielfach auch vom *Prinzip der finalen Entgeltfindung* gesprochen wird (vgl. z.B. Pullig 1993, S. 96).

Als **Bezugsgrößen** der Erfolgsbeteiligung können der Ertrag, der Gewinn, der Unternehmungswert und die Unternehmungsstrategie herangezogen werden (vgl. Becker 1990, S. 116 ff.; Schneider/Fritz 2013). **Ertragsbeteiligungen** können sich auf den Umsatz, Rohertrag oder Nettoertrag der Unternehmung oder eines Unternehmungsteilbereichs beziehen. Mit ihnen wird verdeutlicht, dass der Erfolg einer Unternehmung nicht nur vom effizienten Einsatz der Produktionsfaktoren, sondern auch vom Absatzerfolg abhängt. Sie sind deshalb vor allem bei Vertriebs- und Außendienstmitarbeitern von Bedeutung. Problematisch ist jedoch, dass das Umsatzstreben zu Lasten der Kosten und damit des Gewinns führen kann (z.B. durch überproportional hohe Werbeaufwendungen). Ertragsbeteiligungen weisen zudem eine hohe Abhängigkeit von externen Bedingungen wie etwa der Konjunktur auf, so dass ihre Beeinflussbarkeit in vielen Bereichen nur gering ist.

Gewinnbeteiligungen haben demgegenüber den Vorteil, dass sowohl die Kosten- als auch die Ertragsseite der Unternehmung Berücksichtigung finden. Als problematisch erweist sich jedoch der große bilanzpolitische Bewertungsspielraum, der den Zusammenhang zwischen Gewinn und Mitarbeiterverhalten verwischt. Führungskräfte können zudem die Eigenkapitalrendite der Unternehmung und damit ihre Erfolgsbeteiligung durch Veränderungen der Finanzierung (Leverage-Effekt) steigern, ohne wertsteigernde Projekte zu realisieren (vgl. Hachmeister 2001, S. 51). Darüber hinaus werden der Zeitwert des Geldes sowie die Renditevorstellungen der Aktionäre nicht oder nur unzureichend einbezogen (vgl. Achleitner/Wichels 2002, S. 9).

Der **Unternehmungswert** als Bezugsgröße der Personalentlohnung hat in den letzten Jahren vor allem in Rahmen von Shareholder Value-Ansätzen eine große Bedeutung erlangt (vgl. z.B. Pellens 1998; Bühler/Siegert 1999). Dabei können externe und interne Wert-Kennzahlen unterschieden werden:

- *Externe Erfolgskriterien* sind bei börsennotierten Aktiengesellschaften anwendbar, bei denen die Entwicklung des Börsenkurses als Indikator der Wertentwicklung dient. Dabei können sowohl dessen absolute Entwicklung als auch die relative Kursentwicklung im Vergleich zum Branchendurchschnitt herangezogen werden. Problematisch ist, dass der Aktienkurs einer Unternehmung nicht nur von der Unternehmungspolitik und damit von dem Verhalten der Führungskräfte, sondern auch von nicht beeinflussbaren Faktoren wie etwa der Konjunktur, der Zentralbank oder Spekulationen abhängt. Darüber hinaus zeigen zahlreiche Beispiele auf dem ehemaligen Neuen Markt, dass sich Aktienkurse durch unternehmungspolitische Maßnahmen steigern lassen, die sich langfristig negativ auf die Entwicklung einer Unternehmung auswirken und sogar deren Existenz gefährden können (vgl. Martin 2003).

- Liegen keine Börsenkurse zur Abbildung der Wertentwicklung vor, kann auf *interne Erfolgskriterien* zurückgegriffen werden. Hierzu zählen etwa der Economic Value Added oder der Cash Value Added (vgl. Tab. 5.27).

Tabelle 5.27. Vor- und Nachteile von internen Kriterien der erfolgsabhängigen Entgeltdifferenzierung

	Vorteile	Nachteile
Economic Value Added (EVA)	• Regeln der operativen Gewinnermittlung haben Raum für verbesserte Anreizkompatibilität und Risikoaufteilung • schematische Bestimmung der Kapitalnutzungskosten vermindert Manipulationsspielräume	• Operativer Gewinn ist manipulationsanfällig • Bestimmung der Kapitalnutzungskosten verstößt evtl. gegen das Prinzip der Belastungsfähigkeit • Periodenerfolg ist abhängig von der Lebensphase des Projekts
Cash Value Added (CVA)	• Cash Flow vor Investitionen und Finanzierung ist wenig manipulationsanfällig • schematische Bestimmung der Kapitalnutzungskosten vermindert Manipulationsspielräume • Periodenerfolg ist unabhängig von der Lebensphase des Projekts	• Cash Flow vor Investitionen und Finanzierung bietet keine Möglichkeit, die Anreizverträglichkeit und Risikoaufteilung durch Gewinnermittlungsregeln zu verbessern • Bestimmung der Kapitalnutzungskosten verstößt evtl. gegen das Prinzip der Belastungsfähigkeit

Quelle: Hachmeister 2001, S. 57

> Als eine der ersten deutschen Unternehmungen hat die Deutsche Bank im Jahre 1995 eine wertorientierte Vergütung für Führungskräfte eingeführt. Diese hat das Ziel, eine langfristig überdurchschnittliche Wertschaffung für die Aktionäre sicherzustellen und dadurch die Marktkapitalisierung der Deutschen Bank zu erhöhen.
> Nach mehrmaligen Modifizierungen besteht das Vergütungssystem gegenwärtig aus drei Bestandteilen. Im Rahmen des *Key Executive Equity Plans* können die obersten 2.600 Führungskräfte der Bank in Wandel-

5.3 Personalentlohnung

> schuldverschreibungen investieren. Als Erfolg ist dabei die relative Aktienrendite, d.h. die Outperformance eines Benchmarkindex definiert.
>
> Den zweiten Bestandteil bildet ein *Mid-term Incentive*, der die mittelfristige interne Wertschaffung der Unternehmungsbereiche und Geschäftsfelder belohnt. Diese wird durch dreijährige Economic-Profit-Vorgaben definiert, die aus der langfristigen Planung der Deutschen Bank abgeleitet werden.
>
> Der *Jahresbonus* belohnt schließlich den kurzfristigen Erfolg des einzelnen Mitarbeiters und seines Teams. Er basiert auf individuellen Zielvereinbarungen zwischen dem Mitarbeiter und seinem Vorgesetzten.
>
> Eine hohe Gewichtung der direkt beeinflussbaren Ziele bewirkt, dass der Jahresbonus und das Grundgehalt umso bedeutender werden, je niedriger die Hierarchiestufe ist. Bei den obersten Führungskräften dominieren dagegen mittel- und langfristige Vergütungselemente (vgl. Svoboda 2001).

Angesichts der genannten Nachteile von Ertrags-, Gewinn- und Wertbeteiligungen werden in der Unternehmungspraxis in jüngster Zeit verstärkt **strategische Erfolgskriterien** angewandt (vgl. Fischer/Rödl 2007). Der Erfolg wird dabei an der Realisierung von zuvor vereinbarten Unternehmungs-, Bereichs- und Mitarbeiterzielen gemessen. Ein Beispiel einer solchen strategieorientierten Auswahl und Gewichtung von Bezugsgrundlagen ist in Tab. 5.28 dargestellt. Neben betriebswirtschaftlichen Zielen werden zunehmen Nachhaltigkeitsziele als strategische Ziele im Rahmen der erfolgsabhängigen Entgeltdifferenzierung berücksichtigt (vgl. Fischer/Eireiner/Weber 2019).

Tabelle 5.28. Strategieabhängige Differenzierung der Beteiligungsbasis bei der erfolgsabhängigen Entgeltdifferenzierung

Unternehmungsstrategie	Differenzierungskriterien der Beteiligungsbasis
Wachstumsstrategie in einem bereits reifen Geschäft	50% Marktanteilsgewinn 20% Vermögensrendite 20% Produktivität 10% Cash Flow
Verteidigungsstrategie in einem reifen Geschäft	35% Rendite 25% Cash Flow 20% Produktivität 20% Innovation
Diversifikationsstrategie	50% Marktanteilsgewinn 40% Kompetenzaufbau 10% Rendite 0% Cash Flow

Quelle: Laukamm 1986, S. 102 ff.

> Siemens hat im Jahre 2020 beschlossen, 20% der langfristigen variablen Vergütung der Vorstandsmitglieder an der Erfüllung von Nachhaltigkeitskriterien zu orientieren. Zu deren Messung wird die Entwicklung hinsichtlich Umwelt, Soziales und Unternehmensführung (ESG) anhand eines Siemens-internen ESG-Nachhaltigkeitsindex betrachtet, über dessen Zusammensetzung der Aufsichtsrat jährlich entscheidet. Eines von drei Kriterien im Jahre 2021 sind die CO_2-Emissionen der Unternehmung (vgl. Siemens 2021).

Das zentrale Ziel der erfolgsabhängigen Entgeltdifferenzierung ist neben der *Variabilisierung fixer Personalkosten* die *Ausrichtung des Entlohnungssystems auf die Unternehmungsziele*. Dazu müssen diese für die einzelnen Mitarbeiter in konsistente Teilziele untergliedert und operational formuliert werden. Die Erfolgskriterien müssen zudem anspruchsvoll, realistisch und von dem Mitarbeiter beeinflussbar sein (zu Gütekriterien von Zielsystemen vgl. ausführlich Kap. 5.4.1.3).

Die erfolgsabhängige Entgeltdifferenzierung besitzt in den USA seit den sechziger Jahren eine große *praktische Relevanz* (vgl. Becker 1990). Nach einer empirischen Untersuchung von Gilson/Vetsuypens (1993) wird sie dort vor allem von Unternehmungen in wirtschaftlichen Krisensituationen angewandt. In Deutschland gewinnt sie seit Mitte der neunziger Jahre an Bedeutung (vgl. Prinz/Schwalbach 2011). Ein Grund dafür ist die durch das 1998 verabschiedete Gesetz zur Kontrolle und Transparenz im Unternehmensbereich (KonTraG) geschaffene Möglichkeit, Führungskräfte in Form von Aktienoptionen zu entlohnen (vgl. hierzu Kap. 5.3.3.1.2).

Zur *Effizienz* der erfolgsabhängigen Entgeltdifferenzierung kommt eine Auswertung verschiedener empirischer Untersuchungen von Winter (2000) zu dem Ergebnis, dass sich deren Einführung nur in einem geringen Maße auf den Markterfolg niederschlägt. Auch nach einer Meta-Untersuchung von Murphy (1999) gibt es kaum Belege dafür, dass eine hohe Abhängigkeit der Entlohnung vom Unternehmungserfolg auch zu höheren Aktienkursen führt.

Gründe dafür können zwei bereits bei der kritischen Diskussion der *Motivationstheorien* als *multiple tasking* bzw. *crowding-out* thematisierte Phänomene sein (vgl. Kap. 2.3.3). Als *multiple tasking* wird das Problem bezeichnet, dass es für eine Unternehmung nicht möglich ist, in einem Entlohnungssystem alle relevanten Erfolgskriterien abzubilden. Die Mitarbeiter werden deshalb ihre Aufmerksamkeit auf diejenigen Erfolgskennzahlen richten, die von der Unternehmung vergütet werden. Erfolgskennzahlen, deren Realisierung sich nicht entlohnungssteigernd auswirkt, werden dagegen vernachlässigt, obwohl sie für die Unternehmung wichtig sein können (vgl. Frey/Osterloh 2000). Darüber hinaus weisen empirische Studien in diesem Zusammenhang auf einen Verdrängungseffekt (*crowding-out*) zwischen extrinsischer und intrinsischer Motivation hin. Danach bewirken von außen kommende, extrinsische Eingriffe vielfach, dass Tätigkeiten, die ihrer selbst wegen ausgeübt worden wären, unterbleiben (vgl. Weibel/Rost/Osterloh 2007). Die Konditionierung der Mitarbeiter auf leicht erfassbare Erfolgsfaktoren kann somit zur Aushöhlung der intrinsischen Arbeitsmotivation führen (vgl. Frey/Osterloh 2002).

5.3.2.4 Qualifikationsabhängige Entgeltdifferenzierung

Die Grundlage der qualifikationsabhängigen Entgeltdifferenzierung, die Mitte der 1980er Jahre erstmals bei Volkswagen und dem mittelständischen Maschinenbauer Vögele eingeführt wurde (vgl. Eckardstein et al. 1988), bildet die der *ressourcenorientierten Theorie* entlehnte Annahme, dass der Erfolg einer Unternehmung insbesondere auf der Entwicklung und Nutzung ihres Humankapitals beruht. Entsprechend ist die Höhe des Arbeitsentgelts bei dieser Form der Entgeltdifferenzierung an die betriebsnotwendige bzw. tätigkeitsspezifische Qualifikation des Mitarbeiters geknüpft. Sie wird deshalb häufig auch als **Polyvalenz-, Potenzial- bzw. Qualifikationslohn** bezeichnet.

Die qualifikationsabhängige Entgeltdifferenzierung wird vor allem dadurch begünstigt, dass das Anforderungsspektrum vieler Stellen durch den Einsatz neuer Technologien zunimmt und *Mehrfachqualifikationen* der Stelleninhaber erfordert. Gleichzeitig nehmen schwere körperliche Belastungen und negative Umgebungseinflüsse ab, so dass eine anforderungsabhängige Entgeltdifferenzierung (etwa mit Hilfe des Genfer Schemas) ineffizient wird. Die immer schnelleren marktlichen, technologischen und arbeitsorganisatorischen Veränderungen führen zudem dazu, dass sich die Arbeitsanforderungen von Stellen und die Qualifikationsanforderungen an Mitarbeiter permanent ändern und die Zeiträume einer Übereinstimmung immer kürzer werden.

Vorteil der qualifikationsabhängigen Entgeltdifferenzierung ist die bessere Einschätzung der eigenen Identität und Rolle durch die Mitarbeiter, die langfristig auch eine leistungssteigernde Wirkung zur Folge hat (vgl. Murray/Gerhart 1998). Potenziallöhne regen zudem zur permanenten Weiterbildung an und unterstützen dadurch die *Personal- und Organisationsentwicklung* (vgl. Dierdorff/Surface 2008). Sie können damit auch als *Äquivalent zur idiosynkratischen Stellenbildung* aufgefasst werden (vgl. Kap. 5.2.1.4).

Die Effizienz der qualifikationsabhängigen Entgeltdifferenzierung hängt vor allem von der Erfassung und Ordnung von Qualifikationen und ihrer Zuordnung zu Entgeltgruppen ab. Hierbei ist insbesondere das Problem der *Auswahl und Abstufung betriebsrelevanter Qualifikationen* zu lösen. Dies kann mit Hilfe von Beurteilungen durch den jeweiligen Vorgesetzten oder durch formale Prüfungen und entsprechende Zertifikate (z.B. Facharbeiterbrief, Meisterprüfung, Teilnahmebestätigungen oder Zeugnisse) erfolgen. Darüber hinaus müssen die Qualifikationen und der Arbeitseinsatz der Mitarbeiter so aufeinander abgestimmt sein, dass *ungenutzte Kenntnisse und Fähigkeiten minimiert* werden (vgl. Eckardstein 1991, S. 215 ff.; Shaw et al. 2005). Zudem können Motivationsprobleme auftreten, wenn mehrere Mitarbeiter die gleichen Aufgaben mit dem gleichen Ergebnis verrichten, aufgrund unterschiedlicher Qualifikationen aber unterschiedlich entlohnt werden (vgl. Eckardstein et al. 1988, S. 81).

5.3.2.5 Statusabhängige Entgeltdifferenzierung

Die statusabhängige Entgeltdifferenzierung kann sowohl an den beruflichen als auch an den privaten Status von Mitarbeitern geknüpft sein. Eine vor allem im Öffentlichen Dienst weit verbreitete Form der statusabhängigen Entgeltdifferenzierung ist die **Senioritätsentlohnung**. Diese basiert auf der Annahme, dass Mitarbeiter mit einer längeren Unternehmungszugehörigkeit eine *höhere Arbeitsleistung* erbringen. Ursachen dafür sind etwa Lerneffekte sowie die Aneignung *unternehmungsspezifischen Wissens* über Produkte, Kunden, Lieferanten, Entscheidungsstrukturen oder die Organisationskultur (vgl. Bellmann 1986). Neben der Orientierung am Gerechtigkeitspostulat kann ein weiteres Ziel der senioritätsabhängigen Entgeltdifferenzierung die *Senkung der Fluktuation* sein. Das Kriterium der Seniorität wird deshalb vielfach in Unternehmungen angewandt, die eine überdurchschnittlich hohe Fluktuation aufweisen (vgl. Hotbrügge/Friedmann/Puck 2010).

Vorteile der Senioritätsentlohnung sind die leichte Messung und Handhabbarkeit dieses Kriteriums. Sie eignet sich deshalb vor allem für Tätigkeiten, bei denen eine große Zahl von Mitarbeitern betroffen ist und schwer wahrnehmbare oder nur unwesentliche Unterschiede der Arbeitsquantität oder -qualität bestehen. Problematisch ist jedoch, dass die senioritätsabhängige Entgeltdifferenzierung keine Anreize zur individuellen Leistungssteigerung bietet. Zudem ist der unterstellte Zusammenhang zwischen Unternehmungszugehörigkeit und Arbeitsleistung fragwürdig (vgl. Knoll 1994). Untersuchungen zur internen vs. externen Personalbeschaffung weisen sogar darauf hin, dass eine lange Unternehmungszugehörigkeit häufig zu Betriebsblindheit und damit zu Leistungseinbußen führen kann (vgl. Kap. 5.1.2.1.3).

Ein zweites Kriterium der statusabhängigen Entgeltdifferenzierung ist die **hierarchische Position**. Die Grundlage dafür ist die Annahme, dass Mitarbeiter in einer höheren hierarchischen Position einen größeren Einfluss auf den Unternehmungserfolg haben und deshalb nach dem Gerechtigkeitspostulat auch ein höheres Arbeitseinkommen erzielen sollten. Zumeist fließt die hierarchische Position jedoch nur indirekt in die Entgeltfestsetzung ein, indem für unterschiedliche Ebenen unterschiedliche Kriterien und Verfahren der Entgeltdifferenzierung angewandt werden. So findet etwa eine leistungsabhängige Entlohnung vor allem auf unteren Hierarchieebenen statt, während Erfolgsbeteiligungen überwiegend für mittlere und obere Führungskräfte relevant sind.

Neben dem beruflichen kann auch der **soziale Status** als Kriterium der Entgeltdifferenzierung herangezogen werden. Der Soziallohn ist durch die *Fürsorgepflicht* der Unternehmung gegenüber ihren Mitarbeitern begründet und kann deshalb auch als *betriebliches Pendant zur sozialen Marktwirtschaft* bezeichnet werden. Mögliche Kriterien des sozialen Status sind das Alter, der Familienstand sowie die Anzahl der Kinder bzw. unterhaltsberechtigten Personen.

Ziele der statusabhängigen Entgeltdifferenzierung sind die Verbesserung des sozialen Klimas und des Unternehmungsimages in der Öffentlichkeit. Gravierende Nachteile sind jedoch das Fehlen individueller Leistungsanreize sowie die fehlende Strategieorientierung. Statusabhängige Löhne sind deshalb vor allem im Öffentlichen Dienst sowie in Form der *bedarfsabhängigen Entgeltdifferenzierung* in Sozialunternehmungen (*social enterprises*) anzutreffen (vgl. Hoffmann 2016). Darüber hinaus besitzen diese in traditionellen Kulturen eine große Bedeutung (vgl. Kap. 4.2.2).

5.3.3 Auswahl bzw. Kombination der Entgeltformen

Die zweite Aufgabe der Personalentlohnung stellt die Auswahl bzw. Kombination der Entgeltformen dar. Dabei können zunächst materielle und immaterielle Anreize differenziert werden (vgl. Abb. 5.23). Die materiellen Anreize stellen das Arbeitsentgelt i.w.S. dar. Sie müssen nicht zwangsläufig mit einer Ausgabe verbunden sein, im Gegensatz zu den immateriellen Anreizen (Gestaltung von Arbeitsinhalt, -platz und -zeit, Entwicklungs- und Aufstiegsmöglichkeiten, soziale Beziehungen, u.a.) muss ihr Geldwert jedoch quantifizierbar sein. Eine eindeutige Differenzierung in materielle und immaterielle Anreize ist allerdings nicht in jedem Fall möglich, da einige Anreize sowohl materielle als auch nicht-materielle Komponenten enthalten. So ist z.B. mit einer Beförderung neben der Ausübung einer verantwortungsvolleren Tätigkeit zumeist auch die Einstufung in eine höhere Lohn- oder Gehaltsgruppe und damit ein höheres Entgelt verbunden. Materielle Anreize können weiter in *monetäre* und *nicht-monetäre* Bestandteile unterteilt werden. Bei ersteren ist zudem eine Differenzierung in *fixe* und *variable* Formen möglich. Die einzelnen monetären und nicht-monetären Entgeltformen werden im Folgenden erläutert.

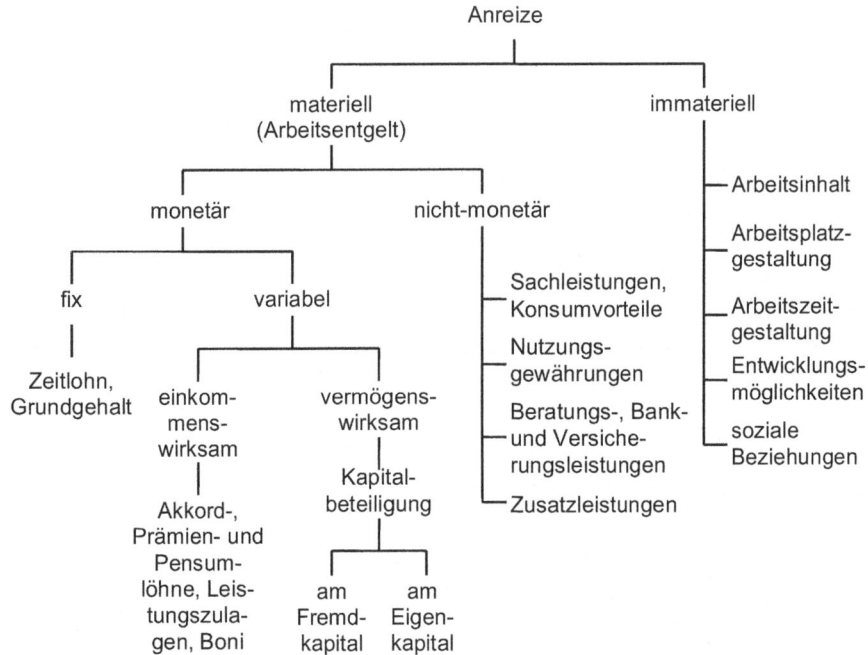

Abb. 5.23. Anreizformen

5.3.3.1 Monetäre Entgeltbestandteile

5.3.3.1.1 Fixe Entgeltbestandteile: Zeitlohn bzw. Grundgehalt

Den fixen Bestandteil des Arbeitsentgelts bildet für gewerbliche Mitarbeiter ein zumeist *tariflich vereinbarter Zeitlohn*, der monatlich gezahlt wird und von der individuellen Arbeitsleistung sowie weiteren Faktoren unabhängig ist. Nicht-gewerbliche Mitarbeiter erhalten entsprechend ein tariflich oder außertariflich vereinbartes *Grundgehalt*. Der Anteil fixer Entgeltbestandteile ist i.d.R. umso höher, desto niedriger die Hierarchieebene des Mitarbeiters ist.

5.3.3.1.2 Variable Entgeltbestandteile: Zuschläge und Kapitalbeteiligung

Zu den *einkommenswirksamen* variablen Entgeltbestandteilen gehören z.B. Zulagen und Zuschläge für Nacht-, Sonn- und Feiertagsarbeit, Erschwerniszulagen und Ortszuschläge. Daneben zählen dazu Provisionen und die bereits erwähnten Leistungszulagen, Boni, Prämien sowie Akkord- und Pensumlöhne.

Neben diesen einkommenswirksamen Entgeltbestandteilen wird auch die materielle Mitarbeiterbeteiligung in Form einer *vermögenswirksamen Kapitalbeteiligung* zu den monetären Entgeltformen gezählt. Deren Ziel ist es, den Gegensatz zwischen Kapital (Anteilseignern) und Arbeit (Mitarbeiter) aufzuheben und die Verbundenheit der Mitarbeiter mit der Unternehmung zu erhöhen. Begünstigt wird diese Entgeltform durch das Vermögensbildungsgesetz (VermBG), das dem Mitarbeiter eine staatliche *Arbeitnehmersparzulage* zur Vermögensbildung gewährt und sowohl diesen als auch die Unternehmung steuerlich entlastet.

Kapitalbeteiligungen können unterschiedliche Formen aufweisen (vgl. Abb. 5.24). Bei der **Fremdkapitalbeteiligung** stellen die Mitarbeiter der Unternehmung Kapital für eine vereinbarte Laufzeit zur Verfügung und erhalten dafür einen Zinssatz, der über dem Marktzins liegt (*Mitarbeiterdarlehen*). Ebenfalls möglich ist der Verkauf von festverzinslichen Wertpapieren an die Mitarbeiter in Form von *Mitarbeiterschuldverschreibungen*. Diese können mit einer Gewinnbeteiligungsoption (*Gewinnschuldverschreibung*) oder einer Wandlungsmöglichkeit in Aktien der Unternehmung (*Wandelschuldverschreibung*) ausgestattet werden.

Die häufigste Form der **Eigenkapitalbeteiligung** in Aktiengesellschaften sind *Belegschaftsaktien*. Dabei wird den Mitarbeitern zumeist ein Kaufpreis eingeräumt, der unterhalb des aktuellen Börsenkurses liegt. Die nach Ablauf einer Sperrfrist veräußerbaren Belegschaftsaktien weisen dadurch gegenüber auf dem Kapitalmarkt erworbenen Aktien eine höhere Gewinnchance auf. In Unternehmungen mit anderen Rechtsformen sind häufig *stille Beteiligungen* möglich. Die Mitarbeiter erwerben dadurch das Recht auf Gewinnbeteiligung, ohne Mitwirkungsrechte an der Unternehmung zu erlangen.

Eine zunehmend verbreitete Sonderform der Mitarbeiterbeteiligung stellen **Aktienoptionen** dar. Sie beinhalten das Recht (nicht aber die Pflicht), eine bestimmte Anzahl Aktien zu einem im Voraus festgelegten, oft vergünstigten Preis innerhalb einer bestimmten Periode beziehen zu können. Steigt der Aktienkurs über ein zuvor definiertes Erfolgsziel, kann die Option zum Bezugskurs ausgeübt werden. Durch den Verkauf der Aktien zu einem höheren als dem Bezugskurs kann der Begünstigte einen Vermögenszuwachs realisieren (vgl. Achleitner/Wichels 2002, S. 11). Neben diesen *realen Optionen* sind auch *virtuelle Optionen* möglich, bei denen der Begünstigte von der Unternehmung einen äquivalenten Geldbetrag erhält. Der Vorteil virtueller Optionen besteht darin, dass dadurch keine Kapitalerhöhung und keine Verwässerung des Aktionärskapitals erfolgen. Zudem ist hierfür keine Genehmigung durch die Hauptversammlung notwendig (vgl. Hahn 2016).

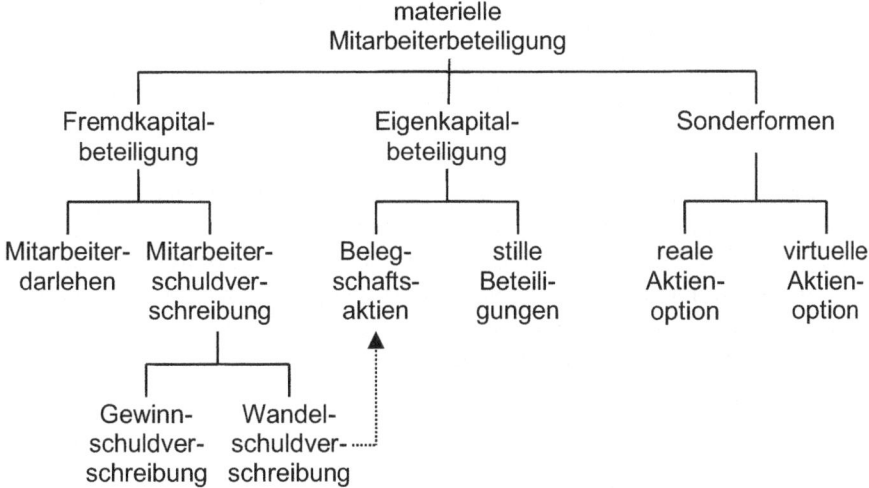

Abb. 5.24. Formen der materiellen Mitarbeiterbeteiligung (Kapitalbeteiligung)

SAP hat im Jahre 2000 ihr bereits seit dem Börsengang im Jahre 1988 bestehendes System der materiellen Mitarbeiterbeteiligung neu gestaltet. Der SAP Long-Term Incentives Plan 2000 mit einer Laufzeit von fünf Jahren richtet sich an alle Mitglieder des Vorstands, die Geschäftsführer von Konzerngesellschaften sowie ausgewählte Führungskräfte.

Die Berechtigten können entweder eine mit Wandelschuldverschreibungen verknüpfte Option ohne Ausübungshürde, nackte Aktienoptionen mit Ausübungshürde oder eine Kombination beider Alternativen zu je 50% wählen. Die Wandelschuldverschreibungen beziehen sich auf einen Nennbetrag von 3 € und lauten auf den Inhaber. Sie berechtigen diesen, diese innerhalb einer Frist von 10 Jahren zum Tageskurs gegen auf den Inhaber lautende stimmrechtslose Vorzugsaktien umzutauschen. Für den Verkauf ist eine Sperrfrist von durchschnittlich drei Jahren einzuhalten.

Die nackte Aktienoption gewährt das Recht auf den Bezug einer Vorzugsaktie gegen Zahlung des Ausübungspreises. Das Bezugsrecht kann jedoch nur ausgeübt werden, wenn die Entwicklung der Aktie diejenige des Referenzindexes der weltweit wichtigsten Softwareunternehmen über-

> trifft. Der Ausübungspreis bemisst sich als Kurs der Aktie am Vortag der Ausübung abzüglich des Produkts aus dem Anfangswert der Aktie minus der in Prozentpunkten ausgedrückten Outperformance der Aktie gegenüber dem Referenzindex (vgl. Joulia/Goerke 2001).

Um den Manipulationsspielraum zu begrenzen, sah das KonTraG bei Aktienoptionen eine *Warte- oder Haltefrist* für die Optionsausübung von zunächst mindestens zwei Jahren vor. Diese wurde durch das Gesetz zur Angemessenheit der Vorstandsvergütung (VorstAG) im Jahre 2009 auf vier Jahre erhöht (§ 193 Abs. 2 Nr. 4 AktG). Die *Insiderproblematik* wird zumeist dadurch reduziert, dass die Realisierung der Optionen auf vier Ausübungsfenster beschränkt wird, die den Zeitraum von vier Wochen nach Veröffentlichung der Quartals- und Jahresberichte umfassen. Alternativ können Sperrfristen von ein bis zwei Wochen vor dem jeweiligen Veröffentlichungstermin festgelegt werden (vgl. Evers 2001, S. 42).

Eine empirische Studie von Wilke, Maack und Partner (2014) auf der Basis der European Working Conditions Survey 2012 kommt zu dem Ergebnis, dass materielle Mitarbeiterbeteiligungen in Deutschland im Vergleich zu anderen EU-Staaten nur eine relativ geringe Bedeutung besitzen (vgl. Tab. 5.29). Am weitesten verbreitet sind diese in Frankreich, wo diese zahlreiche Steuervorteile und Vergünstigungen bei der Berechnung der Sozialabgaben genießen. Die geringste Verbreitung hat die materielle Mitarbeiterbeteiligung in Südeuropa, wo der Anteil von Unternehmungen in Familienbesitz besonders hoch ist.

Tabelle 5.29. Verbreitung der materiellen Mitarbeiterbeteiligung in der EU im Jahre 2012 (Unternehmungen mit mehr als 250 Mitarbeitern)

Land	Verbreitung der Erfolgsbeteiligung	Verbreitung der Kapitalbeteiligung	Staatliche Förderung	Position der Gewerkschaften
Bulgarien	8,3%	0,6%	Nein	Generell positiv
Dänemark	11,5%	4,5%	Ja	Kritisch
Deutschland	12,2%	2,0%	Ja	Kritisch
Finnland	23,6%	2,1%	Ja	Generell positiv
Frankreich	22,9%	7,0%	Ja	Kritisch
Griechenland	2,9%	0,2%	Ja	Generell positiv
Großbritannien	11,8%	4,4%	Ja	Kritisch
Italien	8,8%	2,3%	Ja	Unterschiedlich
Niederlande	18,0%	2,6%	Ja	Kritisch
Österreich	8,9%	1,9%	Ja	Kritisch
Polen	14,5%	1,6%	Ja	Kein wichtiges Thema
Portugal	3,0%	1,7%	Ja	Kein wichtiges Thema
Schweden	15,0%	2,0%	Ja	Kritisch
Spanien	5,9%	2,2%	Ja	Kritisch
Tschechien	17,8%	1,3%	Nein	Kein wichtiges Thema

Quelle: Wilke, Maack und Partner 2014

5.3.3.2 Nicht-monetäre Entgeltbestandteile

Nicht-monetäre Entgeltbestandteile sind für die Unternehmung nicht zwangsläufig mit einer Ausgabe verbunden, ihr Geldwert muss jedoch quantifizierbar sein. Dabei können mehrere **Formen** unterschieden werden:

- Zu den *Sachleistungen* zählen z.B. ein kostenloses oder subventioniertes Kantinenessen, Deputate und Konsumvorteile wie etwa der vergünstigte Bezug von Produkten oder Dienstleistungen.
- *Nutzungsgewährungen* sind etwa betriebliche Sport-, Freizeit- und Sozialeinrichtungen (z.B. Betriebskindergärten), Betriebswohnungen oder die geduldete private Nutzung betrieblichen Vermögens (z.B. Dienstwagen).
- *Beratungs-, Bank- und Versicherungsleistungen* umfassen z.B. Steuer-, Rechts- und Anlagenberatung, Anlagedienste oder die Vergabe zinsgünstiger Darlehen und Betriebsrenten.
- Darüber hinaus sind verschiedene *Zusatzleistungen* wie etwa Spesenkonten oder Hauspersonal möglich, die zumeist status- bzw. positionsbezogen sind und vor allem höheren Führungskräften gewährt werden.

> Seit der Reform der privaten und betrieblichen Altersvorsorge („Riester-Rente") muss jede Unternehmung ihren Mitarbeitern eine Betriebsrente anbieten. Dabei können fünf Formen unterschieden werden, wobei die letzten drei Formen staatlich gefördert werden können. Durch eine *Direktzusage* verpflichtet sich der Arbeitgeber, seinen Beschäftigten nach Beendigung des Arbeitsverhältnisses Versorgungsleistungen aus betrieblichen Mitteln zu gewähren. Seit 1974 sind alle Unternehmungen, die ihren Mitarbeitern diese Form der Altersicherung anbieten, verpflichtet, dem Pensions-Sicherungs-Verein beizutreten, der im Konkursfall die Auszahlung der Betriebsrente sichert. Die *Unterstützungskasse* ist eine eigenständige Versorgungseinrichtung, die von einem oder mehreren Unternehmungen finanziell getragen wird. Bei der *Direktversicherung* handelt es sich um eine besondere Form der Lebensversicherung, die der Arbeitgeber als Versicherungsnehmer für seine Arbeitnehmer abschließt. Die *Pensionskasse* ist eine rechtlich selbstständige Versorgungseinrichtung, die von einer oder mehreren Unternehmungen getragen wird. Im Unterschied zur Unterstützungskasse sind die Arbeitnehmer jedoch selbst Mitglieder der Pensionskasse, an die sie auch Rentenbeiträge zahlen. *Pensionsfonds* unterscheiden sich von Pensionskassen durch eine größere Freiheit bei der Auswahl der Geldanlagen und damit verbundene höhere Renditechancen. Um die Sicherheit des angelegten Kapitals zu gewährleisten, unterliegen Pensionsfonds der staatlichen Aufsicht (vgl. Schwarz 2013; Hagemann/Oecking/Reichenbach 2015; Buttler/Keller 2021).

Aus Sicht des *Human Relations-Ansatzes* und der *Motivationstheorien* stellen nicht-monetäre Anreize Sozialleistungen dar, die Unternehmungen ihren Mitarbeitern gewähren, um die sozialen Bedingungen der Arbeit zu verbessern. Als Folge davon werden eine höhere Arbeitsmotivation, eine Reduzierung von Fehlzeiten und eine Verringerung der individuellen Kündigungsneigung erwartet. Für diese *Motivationshypothese* lassen sich aber kaum empirische Bestätigungen finden (vgl. z.B. Frick/Bellmann/Frick 2000).

Aus Sicht des *personalökonomischen Ansatzes* lassen sich nicht-monetäre Entgeltbestandteile dagegen als Sach- oder Dienstleistungen interpretieren, die eine Unternehmung ihren Mitarbeitern gegen entsprechende Lohn- bzw. Gehaltseinbehaltungen anbietet (*Substitutionshypothese*). Die Mitarbeiter werden diese genau dann monetären Entgeltbestandteilen („Geld als allgemeines Gut") vorziehen, wenn die von der Unternehmung gewährten Güter oder Dienstleistungen aufgrund von Marktunvollkommenheiten anderweitig überhaupt nicht oder nur zu höheren Preisen erhältlich sind. Gründe hierfür können die Steuervergünstigungen für bestimmte nicht-monetäre Entgeltformen wie z.B. Betriebsrenten, reduzierte Transaktionskosten oder Mengenrabatte sein, die Unternehmungen an ihre Mitarbeiter weiterreichen (vgl. Sadowski 1984).

5.3.3.3 Cafeteria-Systeme

Viele Unternehmungen ermöglichen ihren Mitarbeitern, im Rahmen von Cafeteria-Systemen nach ihren individuellen Präferenzen zwischen verschiedenen materiellen und immateriellen Leistungen auszuwählen. Die Auswahl erfolgt aus einem von der Unternehmung zusammengestellten Leistungsangebot unter Ausschöpfung eines zuvor individuell festgelegten Budgets. Cafeteria-Systeme umfassen folgende **Bestandteile** (vgl. Schuster 1991; Wagner/Grawert/Langemeyer 1993; Langemeyer 1999):

- In einem periodisch wiederkehrenden *Wahlturnus* wird den Mitarbeitern die Möglichkeit geboten, aus einem Angebot von Leistungen nach ihren individuellen Präferenzen auszuwählen. Diese Wahlmöglichkeit wird allerdings dadurch eingeschränkt, dass viele Leistungen wie z.B. Renten- oder Krankenzusatzversicherungen eine langfristige Bindung der Mitarbeiter beinhalten und nur schwer revidierbar sind.
- Die *Festlegung des individuellen Budgets* kann am Bruttoentgelt, am beruflichen oder sozialen Status des Mitarbeiters oder am Durchschnittswert aller Mitarbeiter orientiert sein. Bei der Ausgestaltung des Budgets sind unterschiedliche Varianten denkbar. So kann das Budget als Geldbetrag oder in Form von Äquivalenzziffern (Prozente oder Punkte) ausgewiesen werden, die den Wert der einzelnen Leistungen widerspiegeln. Eine weitere Variante ist die Budgetgestaltung über Scheckhefte. Auch das Ansparen von Ansprüchen und die Überziehbarkeit des Budgets können vereinbart werden.
- Das *Spektrum der Leistungsangebote* ist unternehmungsindividuell gestaltbar (vgl. Tab. 5.30). Häufig wird eine Differenzierung zwischen Kern- und Wahlleistungen vorgenommen. Kern- bzw. Muss-Leistungen entsprechen dem unternehmerischen Interesse der Mindestabsicherung ihrer Mitarbeiter und umfassen z.B. Krankenzusatzversicherungen und die betriebliche Altersvorsorge. Zu den Wahlleistungen zählen alle weiteren Leistungen, die frei wählbar sind.

Durch die mit Cafeteria-Systemen verbundene Individualisierung der Entgeltformen hat jeder Mitarbeiter die Möglichkeit, diejenigen Anreizkomponenten zu wählen, die seinen Bedürfnissen und seiner finanziellen Situation am besten entsprechen, und auf Leistungen zu verzichten, die für ihn von geringer Wertigkeit sind. Für Unternehmungen beinhalten Cafeteria-Systeme somit den Vorteil, die Leistungs- und Zufriedenheitswirkung der Entgeltpolitik durch die optimale Aufteilung der Personalaufwendungen steigern zu können, ohne diese absolut erhöhen zu müssen (*Allokationseffekt*) (vgl. Wagner 1991b). Im Sinne der Valenz-Instrumentalitäts-Erwartungstheorie kann somit die Wertigkeit von Anreizen kostenneutral gesteigert werden.

Tabelle 5.30. Mögliche Leistungsangebote eines Cafeteria-Systems

Geld-/Zeit-Verrechnungs-Leistungen	Zusätzliche Versicherungs-Leistungen
• zusätzlicher Urlaub	• Lebensversicherung (Direktversicherung)
• kürzere Tagesarbeitszeit	• zusätzliche Krankenversicherung
• kürzere Wochenarbeitszeit	- zahnärztliche Behandlung
• kürzere Jahresarbeitszeit	- Krankenhauspflege
• freie Tage	- augenärztliche Behandlung
• Langzeiturlaub (Sabbatical)	- psychiatrische Behandlung
• Ruhestandsregelung/Frühpensionierung	• Pflegegeldversicherung
• Teilzeitarbeit	• Unfallversicherung
• Job-Sharing	• Arbeitsunfähigkeitsversicherung
• Geld statt Urlaub	• Haftpflichtversicherung
	• Rechtsschutzversicherung
Zeit-Leistungen	• Haus- und Hausratsversicherung
• Urlaubsangebote	• Kfz-Versicherung
• flexible Arbeitszeiten	• Versicherung gegen Vermögensschaden
Geld-Leistungen	**Gesundheitsleistungen**
• Barzahlung	• kostenlose Vorsorgeuntersuchung
• Arbeitgeberdarlehen	
• Kapitalanlagen	**Beratungsleistungen**
• Betriebsaktien	• Rechts- und Steuerberatung
• Sparangebote	• Finanzberatung
• Vermögensbeteiligung	
• Gewinnbeteiligung	**Sach- und sonstige Leistungen**
• Steuerbegünstigungen	• Firmenwagen
• Studien- und Erziehungsgelder	• Firmenwohnungen
• zusätzliche betriebliche Altersversorgung	• Firmeneinkäufe
	• Entlohnung in „Natura"
Weiterbildungs-Leistungen	• verbesserte Büroausstattung
• Bildungsurlaub	• reservierte Parkplätze
• Auslandsaufenthalte	• Sportangebote
• Forschungsmöglichkeiten	• 1. Klasse-Flugreisen
• Kongressteilnahmen	• längere Kündigungsfrist

Quelle: Schuster 1991, S. 364

Bei Übertragung der ursprünglich in den USA entwickelten Cafeteria-Systeme nach Deutschland muss berücksichtigt werden, dass das Niveau der gesetzlichen Sozialleistungen in den USA niedriger ist und somit individuelle, gruppen- oder unternehmungsbezogene Leistungsprogramme (insbesondere Versicherungspläne) dort notwendiger und auch üblicher sind. Cafeteria-Systeme verursachen zudem einen *hohen Verwaltungsaufwand* sowie einen *hohen Informations- und Beratungsbedarf*. Auch die Angebotspalette betrieblicher Leistungen muss ständig kontrolliert und aktualisiert werden, um *veränderten Nachfragepräferenzen* gerecht zu werden (vgl. Grawert 2012). Darüber hinaus wird die Einführung von Cafeteria-Systemen vielfach *durch die Gewerkschaften und den Betriebsrat erschwert*, die fürchten, dass ihr Einfluss durch die damit verbundene Individualisierung und Differenzierung der Mitarbeiter zurückgeht. Schließlich ist das Mitarbeiterinteresse an flexiblen Sozialleistungen stark *konjunkturabhängig*. In Zeiten von Rezession oder Stagnation sind Mitarbeiter, die nur ein geringes Einkommen beziehen, zumeist nicht bereit, auf monetäre Entgeltbestandteile zu Gunsten von Sozialleistungen oder immateriellen Anreizen zu verzichten (vgl. Hentze/Graf 2005, S. 209 ff.).

5.3.4 Festlegung der absoluten Entgelthöhe

Den dritten und letzten Schritt der Personalentlohnung bildet die von Kosiol (1962, S. 19 f.) als *materielles Lohnproblem* bezeichnete Festlegung der absoluten Entgelthöhe. Wie bereits bei der Darstellung der arbeitsrechtlichen Bedingungen des Personalmanagement in Kap. 4.1.1 erläutert, wird die absolute Entgelthöhe in Deutschland im Wesentlichen nicht durch die einzelne Unternehmung festgelegt, sondern **von den Tarifparteien ausgehandelt**. Die Untergrenze bildet der zum 1.1.2015 durch das Mindestlohngesetz (MiLoG) eingeführte **allgemeine gesetzliche Mindestlohn**, der seit dem 1.10.2022 12 € pro Stunde beträgt. Daneben gibt es in mehreren Branchen spezielle Branchenmindestlöhne. Diese gehen dem allgemeinen Mindestlohn vor, wenn sie höher als der allgemeine Mindestlohn sind.

In der Praxis besitzen Unternehmungen trotz der generellen Aushandlung der Arbeitslöhne durch die Tarifparteien einen erheblichen *Entscheidungsspielraum*. So zeigt etwa eine auf die Gesamtzahl der deutschen Unternehmungen hochgerechnete empirische Untersuchung von Oechsler/Reichmann (2002), dass mehr als ein Viertel der Unternehmungen Tarifverträge freiwillig anwenden. Sie sind deshalb grundsätzlich frei, im Rahmen der einzelvertraglichen Regelung eine vom Tarifvertrag abweichende Personalentlohnung zu praktizieren.

Darüber hinaus besteht die Möglichkeit, in Krisenzeiten und zum Zweck der Beschäftigungssicherung im Rahmen von *Öffnungsklauseln* betriebsspezifische Abweichungen von den tarifvertraglichen Entgeltbedingungen zu vereinbaren (vgl. Schnabel 1998). Diese haben in der Praxis allerdings nur eine sehr geringe Bedeutung. Weitaus häufiger wird durch Veränderungen der regelmäßigen Arbeitszeit indirekt eine Flexibilisierung der Personalentlohnung bewirkt. Ein Beispiel dafür ist das Modell 5000 mal 5000 der Volkswagen AG, bei dem das Grundgehalt der Mitarbeiter aufgrund einer Verkürzung der Arbeitszeit unter dem geltenden Tarifvertrag liegt und Prämienzahlungen an den wirtschaftlichen Erfolg der Unternehmung gekoppelt sind (vgl. Oechsler/Reichmann/Mitlacher 2003).

Eine empirische Untersuchung auf Basis des IAB-Betriebspanels von Kohaut/ Schnabel (2003) zeigt, dass in Westdeutschland im Jahre 2002 45,6% aller tarifgebundenen Unternehmungen übertarifliche Löhne bezahlt haben. In Ostdeutschland ist dieser Anteil mit 18,9% deutlich geringer. Im Durchschnitt beträgt die relative Lohnspanne 10,8% (Westdeutschland) bzw. 9,9% (Ostdeutschland).

Nach einer Studie von Addison/Teixeira/Zwick (2006) liegt die Entgelthöhe in Unternehmungen mit Betriebsrat durchschnittlich um mehr als 10% über derjenigen in Unternehmungen, die keinen Betriebsrat haben. Zudem ist die *Lohnspreizung*, d.h. der Abstand zwischen den Lohngruppen, geringer. Dies liegt insbesondere daran, dass der durch den Betriebsrat bewirkte Lohnaufschlag nicht allen Arbeitnehmern in gleichem Maße zugutekommt. Vielmehr profitieren davon die unteren Entgeltgruppen überproportional stark.

Einen relativ großen Entscheidungsspielraum haben Unternehmungen bei der Festlegung des Entgelts für nicht-tarifgebundene Mitarbeiter. Die Entlohnung außertariflich Angestellter liegt mindestens 10-25% über der höchsten tariflichen Entgeltgruppe (*Abstandsgebot*). Alle weiteren Regelungen werden zwischen Arbeitgeber und Arbeitnehmer frei ausgehandelt. Aus personalökonomischer Perspektive wird der Verhandlungsspielraum durch die *Best Alternative to a Negotiated Agreement (BATNA)* bestimmt (vgl. Fisher/Ury/Patton 2021). Für den Arbeitnehmer ist dies das Entgelt, das er bei einem anderen Arbeitgeber erzielen könnte, während der Arbeitgeber die Kosten betrachtet, die eine Kündigung des Mitarbeiters zur Folge hätte.

Durch die Verwendung unterschiedlicher Kriterien und Verfahren der Entgeltdifferenzierung für unterschiedliche Hierarchieebenen ist die **Führungskräfteentlohnung** in den letzten Jahren weitaus stärker als die Entlohnung im gewerblichen Bereich angestiegen. So haben Sabadish/Mishel (2013) für die USA ermittelt, dass ein Vorstandsvorsitzender (CEO) der größten 350 Unternehmungen im Jahre 2012 durchschnittlich 202 mal so viel verdiente wie ein durchschnittlicher Mitarbeiter. Im Jahre 1965 lag diese Relation bei 18:1, 1978 bei 137:1 und 2000 bei 411:1. Nach einer Studie von Bebchuk/Fried (2006) stieg der Anteil der fünf bestbezahlten Manager an den Nettoerträgen amerikanischer Unternehmungen von rund 5% im Zeitraum von 1993 bis 1995 auf 9,8% im Zeitraum zwischen 2001 bis 2003.

In Deutschland sind die Gehälter der oberen Führungskräfte in den letzten Jahren ebenfalls stark angestiegen. Zwischen 1987 und 2005 stieg die durchschnittliche Vergütung der Vorstandsmitglieder der DAX 30-Unternehmungen um 445% (vgl. Schmidt/Schwalbach 2007). Nach einer Studie von Weckes (2018) verdienten die Vorstände der DAX 30-Unternehmungen im Jahre 2017 im Mittel 71 mal so viel wie ein durchschnittlicher Mitarbeiter. Am größten ist diese Spreizung bei der Deutschen Post mit 159:1 und am geringsten bei der Commerzbank mit 20:1.

Nach einer experimentellen Studie von Kluckow (2014) führt eine als übermäßig wahrgenommene Vergütung von Führungskräften zu Ungerechtigkeitsempfinden bei den Mitarbeitern, das – nach der Gerechtigkeitstheorie von Adams (vgl. Kap. 2.3.2.1) – wiederum negative Auswirkungen auf deren Arbeitsleistung haben kann. Neben der absoluten Entgelthöhe haben aber auch die persönlichen Beziehungen zwischen Führungskraft und Mitarbeiter (interpersonale Gerechtigkeit), die Transparenz über die Differenzierungskriterien (informatorische Gerechtigkeit) sowie deren personenunabhängige Anwendung (prozessuale Gerechtigkeit) Auswirkungen auf das Gerechtigkeitsempfinden der befragten Mitarbeiter.

> Besonderen Unmut rufen in der Öffentlichkeit häufig die Abfindungen an abberufene Vorstandsmitglieder hervor. So erhielt etwa der ehemalige Vorstandsvorsitzende von Porsche Wendelin Wiedeking nach der Übernahme der Unternehmung durch Volkswagen eine Abfindung in Höhe von 50 Mio. €. Mehr als die Hälfte davon brachte er in eine eigene gemeinnützige Stiftung ein. Der ehemalige Vorstandsvorsitzende der Deutschen Bahn Helmut Mehdorn, der im April 2009 aufgrund massiver Vorwürfe des Missbrauchs der Daten von bis zu 170.000 Mitarbeitern aus seinem Amt schied, erhielt eine Abfindung in Höhe von 4,8 Mio. €. Jens-Peter Neumann, der ehemalige Leiter der Kapitalmarktsparte der Dresdner Bank, erstritt vor dem Arbeitsgericht Frankfurt im April 2009 eine Abfindung in Höhe von 1,5 Mio. €, obwohl die Bank im vorangegangenen Geschäftsjahr einen Verlust von mehr als 6 Mrd. € erlitt. Das Gericht folgte dessen Auffassung, dass die Ertragslage der Unternehmung nicht Geschäftsgrundlage seines Vertrags war. Demgegenüber verzichtete der ehemalige Vorstandsvorsitzende der Dresdner Bank Herbert Walter auf eine Abfindung in Höhe von 3,6 Mio. € „mit Rücksicht auf die massiven Auswirkungen der Finanzmarktkrise auf die Dresdner Bank", obwohl ihm die Abfindung nach eigener Aussage rechtlich zugestanden hätte. Christine Hohmann-Dennhardt erhielt im Januar 2017 eine Abfindung in Höhe von 12 Mio. €, nachdem sie nach nur einem Jahr „aufgrund unterschiedlicher Auffassung über Verantwortlichkeiten und die künftigen operativen Arbeitsstrukturen" in ihrem mit dem Abgasskandal neu geschaffene Ressort Integrität und Recht aus dem Vorstand von Volkswagen ausschied.

Ein Grund für diese zunehmende Entgeltspreizung ist das **Fehlen eines funktionierenden Marktmechanismus**. Die Aktionäre werden in Gehaltsverhandlungen mit Vorstandsmitgliedern überwiegend durch die Aufsichtsräte vertreten, die gleichzeitig zumeist selbst Vorstandsmitglieder anderer Unternehmungen sind und deshalb im Sinne eines *tit for tat* ein Interesse an allgemein hohen Vorstandsgehältern haben (vgl. Benz/Stutzer 2003; Noll/Volkert/Zuber 2011). Vorstände sind somit oft „Agenten ohne Prinzipale" (Betrand/Mullainathan 2000). Vor dem Hintergrund stagnierender Löhne für die Arbeitnehmer führt dies vielfach zu Unzufriedenheit und Protesten (vgl. Liebig/Schupp 2004). Um die Kontrollfunktion des Aufsichtsrats gegenüber dem Vorstand zu verbessern, wurde deshalb im Jahre 2009 durch das Gesetz zur Angemessenheit der Vorstandsvergütung (VorstAG) festgelegt, dass nicht Mitglied des Aufsichtsrats werden kann, wer in den letzten zwei Jahren Vorstandsmitglied derselben Unternehmung war. Eine Ausnahme gilt für ehemalige Vorstandsmitglieder, deren Wahl auf Vorschlag von Aktionären erfolgt, die mehr als 25% der Stimmrechte halten (§ 100 Abs. 2 Satz 4 AktG). Dadurch soll den besonderen Kontrollbedürfnissen von eigentümergeführten und Familienunternehmungen Rechnung getragen werden.

Seit dem 1. Januar 2006 sind alle börsennotierten Aktiengesellschaften durch das **Vorstandsvergütungs-Offenlegungsgesetz** (VorstOG) dazu verpflichtet, in ihrem Geschäftsbericht „unter Namensnennung die Bezüge jedes einzelnen Vorstandsmitgliedes, aufgeteilt nach erfolgsunabhängigen und erfolgsbezogenen Komponenten sowie Komponenten mit langfristiger Anreizwirkung, gesondert anzugeben" (§ 285 Satz 1 Nr. 9 Buchstabe a HGB). Damit wird einer Empfehlung des Deutschen Corporate Governance Kodex gefolgt. Von der namentlichen Offenlegung der Vorstandsbezüge darf nur abgewichen werden, wenn mindestens 75% der Hauptversammlung dafür stimmen. Durch die namentliche Offenlegung sollen die Information der Anleger und der Anlegerschutz verbessert werden sowie die Feststellung gemäß § 87 Abs. 1 AktG erleichtert werden, ob „die Gesamtbezüge in einem angemessenen Verhältnis zu den Aufgaben des Vorstandsmitglieds und zur Lage der Gesellschaft stehen." Tab. 5.31 gibt beispielhaft die Vergütung der Vorstandsmitglieder der Mercedes-Benz AG für das Jahr 2021 wieder.

Tabelle 5.31. Vorstandsvergütung der Mercedes-Benz Group AG im Jahr 2021 (in Tausend €)

Vorstandsmitglied	Fixe Vergütung	Variable Vergütung			Versorgungsaufwand	Summe
		kurzfristig	mittelfristig	langfristig		
Ola Källenius	1 760	832	832	2.200	518	6 142
Dr. Jörg Burzer	72	35	35	-	-	142
Martin Daum	854	382	382	1 008	250	2 876
Renata Jungo Brüngger	926	416	416	1 100	251	3 109
Sabine Kohleisen	73	35	35	-	-	143
Wilfried Porth	824	382	382	1 054	-	2 642
Markus Schäfer	920	416	416	1 100	253	3 105
Britta Seeger	919	416	416	1 100	255	3 106
Hubertus Troska	1 560	416	416	1 100	250	3 742
Harald Wilhelm	909	425	425	1 100	278	3 137
Summe	8 817	3 755	3 755	9 762	2 055	28 144

Quelle: Mercedes-Benz Group AG 2022

Am 5. August 2009 trat das **Gesetz zur Angemessenheit der Vorstandsvergütung** (VorstAG) in Kraft, durch das das AktG geändert wird. Danach hat der Aufsichtsrat bei der Festsetzung der Gesamtbezüge der Vorstandsmitglieder dafür zu sorgen, dass diese in einem angemessenen Verhältnis zu deren Aufgaben und Leistungen, zur Lage der Gesellschaft und der üblichen Vergütung stehen und langfristige Verhaltensanreize zur nachhaltigen Unternehmensentwicklung setzen (§ 87 Abs. 1 Satz 1 AktG). Verschlechtert sich die Lage der Unternehmung nach der Festsetzung so, dass die Weitergewährung der Bezüge unbillig wäre, hat der Aufsichtsrat die Bezüge auf die angemessene Höhe herabzusetzen (§ 87 Abs. 1 Satz 1 AktG). Legen die Mitglieder des Aufsichtsrats eine unangemessene Vergütung fest, so sind sie persönlich gegenüber der Unternehmung schadenersatzpflichtig (§ 116 AktG). Das Gesetz zur Umsetzung der zweiten Aktionärsrechterichtlinie (ARUG II) vom 12.12.2019 verpflichtet den Aufsichtsrat zudem, ein „klares und verständliches System zur Vergütung der Vorstandsmitglieder" zu beschließen, das die „Festlegung einer Maximalvergütung der Vorstandsmitglieder" beinhaltet (§ 87a AktG).

> Angesichts der großen Spreizung zwischen der Vorstandsvergütung und den Gehältern der Mitarbeiter hat der Aufsichtsrat von Volkswagen im Februar 2017 ein neues Vergütungsmodell beschlossen. Dieses sieht eine Obergrenze von 10 Mio. € für den Vorstandsvorsitzenden und von 5,5 Mio. € für die übrigen Mitglieder des Vorstands vor. Diese Höchstbeträge können aber nur bei einer herausragenden Unternehmungsentwicklung erreicht werden. Durch das neue Vergütungsmodell, das seit dem Geschäftsjahr 2017 gilt, sinkt die maximal mögliche Vergütung gegenüber dem bisherigen Modell um 40%.

Eng verbunden mit der Vergütung des Top-Managements ist die anhand ökonomischer Kriterien nicht lösbare *Werturteilsproblematik*, welcher Teil der Wertschöpfung den Anteilseignern und welcher den Mitarbeitern zufließen soll. Die **volkswirtschaftliche Lohnquote** als Indikator für die Verteilung der Wertschöpfung zwischen Arbeitnehmern und Arbeitgebern sank nach Angaben des Bundesministeriums für Finanzen (2022) zwischen 2000 und 2007 von 72,1% auf 65,9%. Bis 2020 stieg diese dann auf 73,1% an, bevor sie 2021 im Zuge der Corona-Pandemie wieder auf 70,8% zurückging. Aus den Veränderungen kann aufgrund mehrerer statistischer Erfassungsprobleme jedoch nicht zwangsläufig auf eine soziale Umverteilung zugunsten bzw. zulasten der Arbeitnehmer geschlossen werden (vgl. Krämer 1997). So verfügen viele Mitarbeiter über Einkünfte aus Kapitalvermögen (z.B. Belegschaftsaktien), die zu den Einkommen aus Unternehmertätigkeit gerechnet werden. Andererseits zählen die Einkommen der Vorstandsmitglieder von Unternehmungen zu den Einkommen aus abhängiger Beschäftigung und erhöhen damit die Lohnquote. Tab. 5.32 gibt exemplarisch die **Wertschöpfungsverteilung** der Volkswagen AG in den Jahren 2015 und 2016 wieder.

Neben Unterschieden zwischen Führungskräften und Mitarbeitern weist die absolute Entgelthöhe große **Unterschiede zwischen Männern und Frauen** auf. Diese sind in Deutschland höher als in den meisten EU-Ländern (vgl. Eurostat 2022). Der nicht-korrigierte *gender pay gap* beim durchschnittlichen monatlichen Bruttoverdienst beträgt in Deutschland in der Privatwirtschaft im Jahre 2020 21,6% gegenüber 13,0% im Durchschnitt der EU-Länder. Am größten ist dieser im Bereich der Forschung und Wissenschaft (27,5%), der Informations- und Kommunikationstechnologie (23,5%) sowie im Banken- und Versicherungsgewerbe (23,3%). Mit 16,1% ist der *gender pay gap* für Vollzeitbeschäftigte deutlich größer als für Teilzeitbeschäftigte (7,2%). Zudem nimmt dieser tendenziell mit steigendem Alter zu. Nach einer Studie von Busch/Holst (2008b) ist der *gender pay gap* in der Gruppe der Arbeiter mit 30% am höchsten und am geringsten bei den Beamten im höheren Dienst mit 12%. Verheiratete Frauen erhalten im Durchschnitt nur etwa 77% der Verdienste der Männer, während es bei Unverheirateten 92% sind. Besonders ausgeprägt ist der *gender pay gap* mit 33% in ländlichen Gebieten, während dieser in städtischen Ballungsräumen nur bei 12% liegt.

Tabelle 5.32. Wertschöpfungsrechnung der Volkswagen AG für die Jahre 2015 und 2016

Verteilung	2015		2016		Veränderung gegenüber dem Vorjahr	
	(in Mio. €)	(in %)	(in Mio. €)	(in %)	(in Mio. €)	(in %-P)
an Aktionäre (Dividende)	68	0,2	1 015	2,0	+947	+1,8
an Mitarbeiter (Löhne, Gehälter, Soziales)	36 268	87,6	37 017	74,1	+749	-13,5
an den Staat (Steuern, Abgaben)	3 033	7,3	3 486	7,0	+453	-0,3
an Kreditgeber (Zinsaufwand)	3 472	8,4	4 070	8,1	+598	-0,3
an das Unternehmen (Rücklagen)	-1 428	-3,4	4 365	8,7	+5 793	+12,1
Wertschöpfung	41 413	100	49 953	100	+8 540	+/-0

Quelle: Volkswagen AG 2017, S. 131

Ein Grund für diese Verdienstunterschiede ist die *horizontale Segregation* auf dem Arbeitsmarkt. So arbeiten Frauen häufiger als Männer in kleinen Betrieben, in denen das Durchschnittsentgelt unter dem in großen Betrieben liegt. Frauen sind auch häufiger als Männer in Branchen mit geringerer Entlohnung beschäftigt. Zudem hat die *vertikale Segregation* einen Einfluss auf die Entgeltunterschiede. Frauen sind etwa seltener in Führungspositionen tätig als Männer. Nicht zuletzt sind dafür kulturelle Ursachen verantwortlich (vgl. Kap. 4.2.2). Insbesondere führt die ausgeprägte Maskulinität und das damit einhergehende traditionelle Rollenverständnis dazu, dass viele Frauen in Teilzeit sowie in Tätigkeiten arbeiten, die vergleichsweise schlechter entlohnt werden, um Beruf und Familie zu vereinbaren (vgl. Busch/Holst 2008a).

Zur Reduzierung der Entgeltunterschiede zwischen Männern und Frauen wurde am 30. März 2017 das **Gesetz zur Förderung der Transparenz von Entgeltstrukturen** (EntgTranspG) verabschiedet (vgl. Oerder/Wenckebach 2018). Danach darf für gleiche oder für gleichwertige Arbeit nicht wegen des Geschlechts der oder des Beschäftigten ein geringeres Entgelt vereinbart oder gezahlt werden als bei einer oder einem Beschäftigten des anderen Geschlechts (§ 7). Um dieses Entgeltgleichheitsgebot zu verwirklichen, müssen Entgeltsysteme die Art der zu verrichtenden Tätigkeit objektiv berücksichtigen, auf für weibliche und männliche Beschäftigte gemeinsamen Kriterien beruhen, die einzelnen Differenzierungskriterien diskriminierungsfrei gewichten sowie insgesamt durchschaubar sein (§ 4 Abs. 4). In Betrieben mit in der Regel mehr als 200 Beschäftigten bei demselben Arbeitgeber haben diese einen individuellen Auskunftsanspruch zu dem durchschnittlichen monatlichen Bruttoentgelt und zu bis zu zwei einzelnen Entgeltbestandteilen (§ 10). Private Arbeitgeber mit in der Regel mehr als 500 Beschäftigten sind aufgefordert, mithilfe betrieblicher Prüfverfahren ihre Entgeltregelungen und die verschiedenen gezahlten Entgeltbestandteile sowie deren Anwendung regelmäßig auf die Einhaltung des Entgeltgleichheitsgebots zu überprüfen (§ 17). Unternehmen, die nach dem HGB lageberichtspflichtig sind, müssen zudem einen Bericht zur Gleichstellung und Entgeltgleichheit erstellen, der Informationen über die Maßnahmen zur Förderung der Gleichstellung von Frauen und Männern und deren Wirkungen sowie zur Herstellung von Entgeltgleichheit für Frauen und Männer enthält (§ 21).

Ein vom Bundesministerium für Familie, Senioren, Frauen und Jugend (2019) in Auftrag gegebenes Gutachten zeigt, dass das EntgTranspG bisher bei den Beschäftigten nur wenig bekannt ist. Zwei Jahre nach Verabschiedung des Gesetzes hatten lediglich 2% der befragten Beschäftigten und 4% der befragten Beschäftigten in Unternehmungen mit mehr als 200 Beschäftigten den Auskunftsanspruch gestellt. Kritisiert wird zudem, dass das EntgTranspG über den individuellen Auskunftsanspruch hinaus kaum Sanktionsmöglichkeiten beinhaltet (vgl. Häferer/Köhler 2019). Ein Anspruch auf Zahlung gleichheitswidrig vorenthaltener Vergütung kann jedoch zukünftig aus dem Urteil des BAG vom 21.1.2021 (8 AZR 488/19) abgeleitet werden: „Klagt eine Frau auf gleiches Entgelt für gleiche oder gleichwertige Arbeit (Art. 157 AEUV, § 3 Abs. 1 und § 7 EntgTranspG), begründet der Umstand, dass ihr Entgelt geringer ist als das vom Arbeitgeber nach §§ 10 ff. EntgTranspG mitgeteilte Vergleichsentgelt (Median-Entgelt) der männlichen Vergleichsperson, regelmäßig die – vom Arbeitgeber widerlegbare – Vermutung, dass die Benachteiligung beim Entgelt wegen des Geschlechts erfolgt ist."

Aus Sicht des **Personalkostenmanagement** ist zu berücksichtigen, dass Unternehmungen neben den direkten Personalkosten unterschiedliche **Personalzusatzkosten** aufbringen müssen, die in gesetzliche, tarifliche und freiwillige Leistungen differenziert werden können. Zu den *gesetzlichen Leistungen* zählen insbesondere die Arbeitgeberbeiträge zur Sozialversicherung (Kranken-, Renten-, Arbeitslosen- und Pflegeversicherung), bezahlte Feiertage sowie die Entgeltfortzahlung im Krankheitsfall. *Tarifliche und betriebliche Personalzusatzkosten* fallen insbesondere für Urlaub und Urlaubsgeld an. Dazu gehören auch verschiedene Sonderzahlungen (z.B. 13. Monatsgehalt, Weihnachtsgeld) sowie Aufwendungen zur betrieblichen Altersversorgung und zur Vermögensbildung. Zu den sonstigen Personalzusatzkosten zählen etwa Entlassungsentschädigungen, Mutterschaftsgeld sowie Kosten für Aus- und Weiterbildung und Sozialeinrichtungen. Auch ursprünglich freiwillige Sozialleistungen erhalten durch wiederholte betriebliche Übung, d.h. durch mehrmalige vorbehaltslose Zahlung der Zuwendungen, den Charakter einer verbindlichen Zusage gegenüber der Belegschaft und können deshalb nicht ohne weiteres eingestellt werden (vgl. Dütz/Thüsing 2021, S. 36 ff.). Tab. 5.33 verdeutlicht, dass die Personalkosten in Westdeutschland 2020 immer noch mehr als 40% über denen in Ostdeutschland liegen.

Tabelle 5.33. Personalkosten im produzierenden Gewerbe in Deutschland 2020

Personalkostenarten	West		Ost	
	in €	in %	in €	in %
Entgelt für geleistete Arbeit	43.400	74,7	30.620	77,4
Entgelt für arbeitsfreie Tage	9.860	17,0	6.820	17,5
• Feiertage	1.960	3,4	1.260	3,2
• Urlaub	5.580	9,6	3.815	9,6
• Krankheit	2.160	3,7	1.770	4,5
• Sonstige arbeitsfreie Zeiten	160	0,3	75	0,2
Sonderzahlungen	4.820	8,3	2.020	5,1
• Fest vereinbarte Sonderzahlungen	4.680	8,1	1.930	4,9
• Vermögenswirksame Leistungen	140	0,2	90	0,2
Bruttoentgelt	58.080	100,0	39.560	100,0
Arbeitgeberpflichtbeiträge zur Sozialversicherung	9.830	16,9	7.320	18,5
• Rentenversicherung	4.745	8,2	3.380	8,5
• Arbeitslosenversicherung	605	1,0	430	1,1
• Kranken- und Pflegeversicherung	3.950	6,8	3.070	7,8
• Unfallversicherung	530	0,9	440	1,1
Betriebliche Altersversorgung	2.305	4,0	260	0,7
Sonstige Personalzusatzkosten	300	5,2	1.865	4,7
Personalkosten insgesamt	73.215	126,1	49.005	123,9
• darunter gesetzlich bedingte Personalkosten	18.570	25,4	13.530	27,6
Personalzusatzkosten	29.815	68,7	18.385	60,0

Quelle: Gesamtmetall 2021

Aufgrund des zunehmenden globalen Wettbewerbs, dem deutsche Unternehmungen ausgesetzt sind, ist schließlich ein **internationaler Vergleich** der Personalkosten von Bedeutung. Tab. 5.34 zeigt, dass die durchschnittlichen Arbeitskosten je Stunde in Deutschland über den meisten anderen EU-Mitgliedern liegen. Noch größer sind die Arbeitskostennachteile gegenüber den Schwellenländern in Asien und Südamerika. Diese gravierenden Arbeitskostendifferenzen werden zunehmend als Grund für Produktionsverlagerungen und die damit verbundene Verlagerung von Arbeitsplätzen ins Ausland angeführt (vgl. Holtbrügge/Welge 2015, S. 23 ff.).

Beim internationalen Vergleich von Arbeitskosten sind jedoch *Wechselkursverzerrungen* bzw. *Kaufkraftunterschiede* zu berücksichtigen (vgl. Scholz 2014, S.

822 ff.). Zudem liegt die *Arbeitsproduktivität und -qualität* in Deutschland über den meisten anderen Ländern der Welt. Ob die hohen Arbeitskosten tatsächlich einen gravierenden internationalen Wettbewerbsnachteil darstellen, muss deshalb für Tätigkeiten mit geringen und hohen Anforderungen an die Mitarbeiter individuell beurteilt werden. Während die hohen Arbeitskosten für qualifizierte Tätigkeiten oft durch eine hohe Arbeitsproduktivität und -qualität kompensiert werden können, ist der Wettbewerbsnachteil bei geringer qualifizierten Tätigkeiten gravierend. Durch die Senkung der Lohnnebenkosten in Deutschland und überproportional hohe Lohnsteigerungen in den mittel- und osteuropäischen Staaten nach ihrem Beitritt zur Europäischen Union nimmt das Lohngefälle zudem leicht ab.

Tabelle 5.34. Struktur der industriellen Arbeitskosten im internationalen Vergleich im Jahr 2020

Land	Arbeitskosten je Stunde (in €)	Veränderung gegenüber 2019 (in %)	Lohn- nebenkosten (in %)	Produktivitäts- niveau* (Deutschland = 100)
Dänemark	49,90	1,7	15	174
Luxemburg	41,80	0,6	14	k.A.
Belgien	41,40	1,6	36	k.A.
Schweden	39,80	0,6	47	117
Frankreich	38,10	2,3	45	101
Österreich	38,00	5,7	41	105
Deutschland	**36,70**	**3,0**	**27**	**100**
Niederlande	35,20	-0,6	21	123
Finnland	34,90	0,2	23	112
Irland	30,50	-3,8	9	k.A.
Italien	29,10	4,6	40	71
EU	28,00	2,6	32	96
Spanien	22,60	3,9	36	70
Slowenien	19,50	2,4	18	52
Griechenland	17,30	3,9	34	36
Zypern	14,90	-3,6	19	k.A.
Portugal	14,40	7,9	25	33
Tschechien	14,00	5,8	35	36
Malta	13,70	-6,6	-5	k.A.
Estland	13,70	1,5	35	30
Slowakei	13,30	5,4	33	36
Lettland	11,00	5,8	28	26
Polen	10,60	5,6	22	24
Ungarn	10,60	7,6	22	31
Kroatien	10,60	-2,4	17	20
Litauen	10,10	6,2	3	33
Rumänien	7,70	6,6	5	21
Bulgarien	6,40	7,0	19	15

* auf Wechselkursbasis

Quelle: Destatis 2021; Schröder 2021

5.4 Personalführung

Die Personalführung beinhaltet die unmittelbare Kommunikation und Interaktion zwischen Führungskräften und den ihnen unterstellten Mitarbeitern, die auf der Basis einer durch organisatorische Regelungen festgelegten Rollendifferenzierung erfolgt und der absichtlichen Beeinflussung der Einstellungen und des Verhaltens der Mitarbeiter im Hinblick auf die angestrebten Unternehmungsziele dient (zum Begriff vgl. ausführlich Steinle 1995). Während bei den zuvor dargestellten Instrumenten des Personalmanagement die Verhaltensbeeinflussung durch eher abstrakte und allgemeine Regeln und Strukturen bewirkt werden soll, steht bei der Personalführung die *direkte, persönliche und individuelle Beziehung zwischen Führungskräften und Mitarbeitern* im Vordergrund. Die Personalbedarfsplanung und -deckung, der Personaleinsatz und die Personalentlohnung fallen zudem überwiegend in den Verantwortungsbereich der Personalabteilung, wohingegen die Personalführung *Aufgabe der Linienvorgesetzten* ist (vgl. Kap. 3.1.2).

Die Beeinflussung von Einstellungen und Verhalten der Mitarbeiter im Rahmen der Personalführung kann prinzipiell auf zwei unterschiedlichen Wegen erfolgen:

- Verhaltensbeeinflussung durch *Motivation*: Eine zentrale Erkenntnis der Motivationstheorien ist, dass Menschen demjenigen folgen, der am besten in der Lage ist, ihre Bedürfnisse zu befriedigen. Personalführung bedeutet in diesem Sinne, das Führungsverhalten an den Bedürfnissen der Mitarbeiter auszurichten (kooperative Führung).
- Verhaltensbeeinflussung durch *Macht*: Die organisatorische Rollendifferenzierung in Führungskräfte und unterstellte Mitarbeiter eröffnet ersteren die Möglichkeit, „den eigenen Willen auch gegen Widerstreben durchzusetzen" (Weber 1972, S. 281). Personalführung bedeutet in diesem Sinne, das Führungsverhalten an der Positionsmacht der Führungskraft auszurichten (autoritäre Führung).

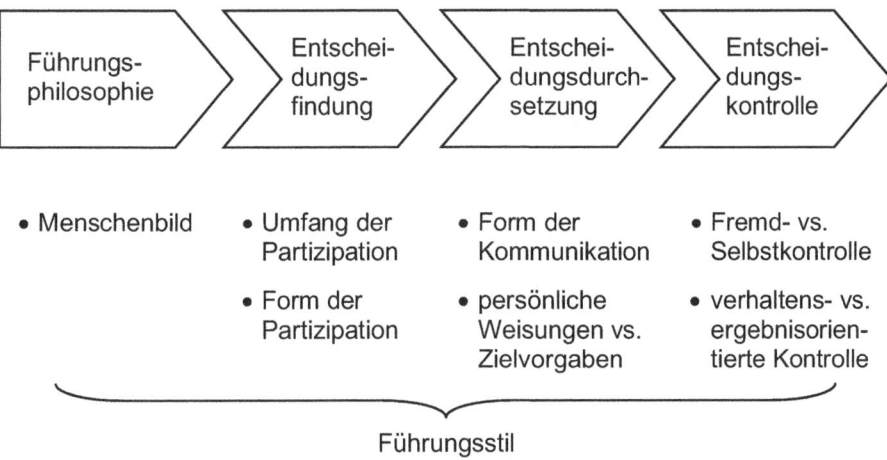

Abb. 5.25. Phasen des Führungsprozesses

Diese beiden Extremtypen der kooperativen und autoritären Personalführung ziehen sich in unterschiedlichen Ausprägungen und Abstufungen durch den gesamten Führungsprozess hindurch. Dabei können vier Phasen unterschieden werden (vgl. Bleicher/Meyer 1976; Steinle 1978, S. 118 ff.), anhand derer der Prozess der Personalführung im Folgenden erläutert wird: Führungsphilosophie, Entscheidungsfindung, Entscheidungsdurchsetzung und Entscheidungskontrolle (vgl. Abb. 5.25).

5.4.1 Phasen des Führungsprozesses

5.4.1.1 Führungsphilosophie (Menschenbild der Führungskräfte)

Der Führungsstil einer Führungskraft wird in einem hohen Maße durch ihre Führungsphilosophie bzw. ihr Menschenbild beeinflusst. Empirische Untersuchungen weisen übereinstimmend darauf hin, dass Führungskräfte an ihre Mitarbeiter mehr Verantwortung delegieren, wenn sie diese als intelligent, kenntnisreich und verlässlich einschätzen (vgl. Weinert 1995, Sp. 1496). „Hinter jeder Entscheidung oder Maßnahme eines Managers", so McGregor (1970, S. 47), „stehen Auffassungen über die Natur des Menschen und sein Verhalten."

Tabelle 5.35. Menschenbilder nach McGregor

Theorie X
- Der Mensch hat eine angeborene Abneigung gegen Arbeit und versucht sie so weit wie möglich zu vermeiden.
- Deshalb muss er kontrolliert, geführt und mit Strafandrohung gezwungen werden, einen positiven Beitrag zur Realisierung der Unternehmungsziele zu leisten.
- Der Mensch möchte geführt werden und zieht es vor, Verantwortung zu vermeiden. Er hat wenig Ehrgeiz und strebt vor allem nach Sicherheit.

Theorie Y
- Die Arbeit kann für den Menschen eine wichtige Quelle der Zufriedenheit sein.
- Der Mensch entwickelt Eigeninitiative und bevorzugt die Selbstkontrolle.
- Zwischen den Zielen der Unternehmung und der Mitarbeiter besteht keine grundsätzliche Unvereinbarkeit. Die Realisierung der Unternehmungsziele ist abhängig von der dadurch erreichten Verwirklichung der Mitarbeiterziele.
- Die wichtigsten Arbeitsanreize sind die Befriedigung von Ich-Bedürfnissen und das Streben nach Selbstverwirklichung.
- Der Mensch strebt bei entsprechender Anleitung nach Verantwortung.
- Einfallsreichtum und Kreativität sind weit verbreitet, sie werden in Unternehmungen jedoch kaum genutzt.

Quelle: McGregor 1960, S. 33 ff., 47 f.

Menschenbilder sind vereinfachte und standardisierte Muster von menschlichen Verhaltensweisen, die Personen im Laufe der Zeit aufgrund ihrer Sozialisation und Erfahrungen entwickeln. Sie dienen dazu, die Vielfalt der in der Realität vorkommenden Persönlichkeitseigenschaften auf wenige Typen zu reduzieren (Komplexitätsreduktionsfunktion) und Individuen anhand dieser Typen zu klassifizieren (Klassifikationsfunktion). Auf der Basis dieser Zuordnungen können dann standardisierte Handlungsempfehlungen abgeleitet werden (Handlungsfunktion).

In der wissenschaftlichen Literatur hat sich erstmals McGregor (1960) mit Menschenbildern beschäftigt und eine Dichotomisierung in ein pessimistisches (**Theorie X**) und ein optimistisches Menschenbild (**Theorie Y**) vorgenommen (vgl. Tab. 5.35). Nach diesem weit verbreiteten Ansatz sollte eine Führungskraft grundsätzlich vom Menschenbild Y ausgehen und die Rahmenbedingungen zu dessen Umsetzung schaffen. Dem liegt die der Bedürfnispyramide von Maslow entlehnte Annahme zugrunde, dass sich die menschlichen Bedürfnisse in einer Hierarchie anordnen lassen und Menschen vor allem durch höherwertige Bedürfnisse wie das Bedürfnis nach Anerkennung und nach Selbstverwirklichung motiviert werden (vgl. Kap. 2.3.1). Das Menschenbild X führt dagegen zu einer sich selbst erfüllenden Prophezeiung: Führungskräfte, die ihren Mitarbeitern keine Verantwortung übertragen, entziehen diesen die Möglichkeit, eigenverantwortlich zu handeln, wodurch ihr negatives Menschenbild bestätigt wird.

Ein differenzierterer Ansatz ist die **Typologie von Schein** (1980, S. 52 ff.), die anschaulich die historische Entwicklung von Menschenbildern widerspiegelt und auf verschiedene Theorien des Personalmanagement Bezug nimmt (vgl. Kap. 2). Aus dieser Typologie lassen sich zudem zahlreiche Implikationen für die Personalführung ableiten:

- Der *rational-ökonomische Mensch* folgt dem der *Theorie der wissenschaftlichen Betriebsführung* von Taylor (1911) zugrunde liegenden Menschenbild des *homo oeconomicus*. Danach sind Menschen primär durch monetäre Anreize motivierbar. Für die Personalführung ergibt sich daraus ein aufgabenorientierter Führungsstil, der die Mitarbeiter von Leitungsaufgaben entlastet und eindeutige Leistungsziele vorgibt.
- Der *soziale Mensch* entspricht dem Menschenbild der von Mayo (1946) initiierten *Human Relations-Ansätze*. Im Mittelpunkt steht die Annahme, dass Menschen vor allem durch soziale Bedürfnisse wie Anerkennung, Zugehörigkeit und Identität motiviert werden und deshalb häufige und vielfältige Kontakte zu ihren Mitmenschen suchen. Neben der Interaktion mit dem Vorgesetzten wird das Verhalten eines Mitarbeiters auch durch die sozialen Beziehungen zu anderen Mitarbeitern beeinflusst. Dies impliziert einen demokratischen Führungsstil, der Raum für Gruppenentscheidungen lässt.
- Der *sich-selbst-verwirklichende* Mensch basiert vor allem auf der *Motivationstheorie von Maslow*, nach der das Bedürfnis nach Selbstverwirklichung an der Spitze menschlicher Bedürfnisse steht. Mitarbeiter streben demnach nach Autonomie und bevorzugen Selbstkontrollen. Die Aufgaben einer Führungskraft bestehen deshalb vor allem darin, verlässliche Rahmenbedingungen für die Mitarbeiter vorzugeben und deren Weiterentwicklung zu fördern.
- Das Bild des *komplexen Menschen* geht auf den *Kontingenzansatz* zurück, wonach sich Menschen situativ unterschiedlich verhalten und in verschiedenen Situationen verschiedene Ziele anstreben. Es gibt deshalb keinen in allen Situatio-

nen effizienten Führungsstil. Führungskräfte müssen vielmehr in der Lage sein, die aktuellen Bedürfnisse und Erwartungen der Mitarbeiter sowie die Merkmale der Führungssituation zu analysieren und einen individuell und temporär daran angepassten Führungsstil zu praktizieren.

Schein sieht im komplexen Menschen ein Menschenbild, das für die westlichen Industriestaaten charakteristisch ist. Dementsprechend propagiert er einen Kontingenzansatz der Personalführung, wie er insbesondere den Situationstheorien der Führung zu Grunde liegt (vgl. Kap. 5.4.2.3). Demgegenüber sieht Neuberger (2002, S. 80 ff.) in dem komplexen Menschen einen sich der Unternehmung und ihren Veränderungen bereitwillig und aktiv unterordnenden Mitarbeiter, der den stetigen Wandel nicht nur hinnimmt oder mitmacht, sondern braucht und aktiv betreibt. Scholz (2003a) spricht sogar von „Darwiportunisten", die opportunistisch jede neue Chance ergreifen und sich weder durch Solidarität an andere Mitarbeiter noch durch Loyalität an die Unternehmung gebunden fühlen.

5.4.1.2 Entscheidungsfindung

In der Phase der Entscheidungsfindung wird der Führungsstil vor allem durch das Ausmaß und die Form der Partizipation, d.h. die Möglichkeit der Mitarbeiter zur mitwirkenden Teilnahme an den Entscheidungsprozessen in einer Unternehmung bestimmt. Dabei kann zunächst in eine *formale* bzw. *indirekte* Partizipation im Rahmen der gesetzlichen Mitbestimmungs- und Mitwirkungsrechte (vgl. Kap. 3.1.1) und eine *informale* bzw. *direkte* Partizipation der Mitarbeiter unterschieden werden (vgl. Staehle 1999, S. 535).

Im Rahmen der im Vordergrund der weiteren Ausführungen stehenden informalen Beziehungen wird häufig auf das **Führungsstilkontinuum von Tannenbaum/Schmidt** (1958) zurückgegriffen, bei dem die beiden Extremformen der vollständigen Alleinentscheidung durch die Führungskraft und der autonomen Entscheidung durch die Mitarbeiter mit verschiedenen Zwischenformen unterschieden werden (vgl. Abb. 5.26). Die Eignung der unterschiedlichen Formen der Entscheidungsfindung ist nach Tannenbaum/Schmidt von den Charakteristika der Führungskraft, der geführten Mitarbeiter und der Situation abhängig. Während etwa bei schlecht strukturierten Entscheidungen, einer hohen fachlichen Kompetenz der Mitarbeiter und einem optimistischen Menschenbild der Führungskraft ein hoher Grad an Entscheidungspartizipation vorteilhaft ist, weist bei einem hohen Zeitdruck, gering qualifizierten Mitarbeitern und einem pessimistischen Menschenbild der Führungskraft ein geringer Partizipationsgrad eine höhere Effizienz auf. Da dem Führungsstilkontinuum lediglich Plausibilitätsüberlegungen zugrunde liegen, die nicht empirisch getestet wurden, ist der präskriptive Gehalt des Ansatzes relativ gering (vgl. Scholz 2014, S. 1124).

Stärker auf die *Ziele* der Partizipation ausgerichtet ist der **Ansatz von Kirsch/Esser/Gabele** (1979, S. 298 f.), der vier idealtypische Formen der Partizipation unterscheidet:

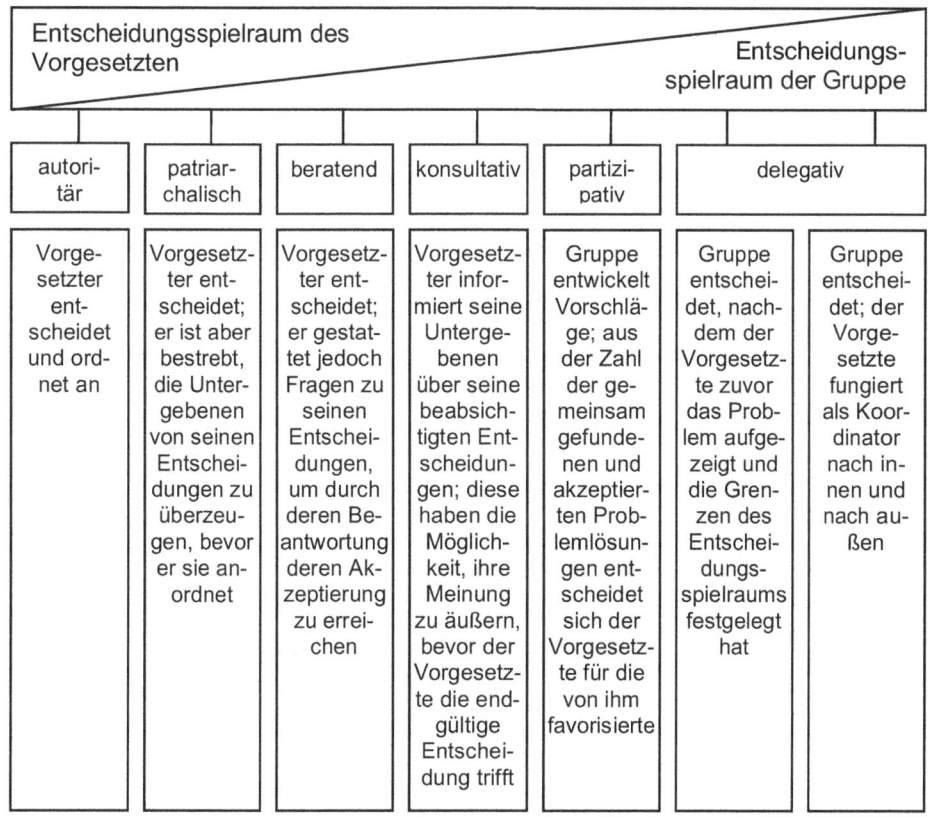

Abb. 5.26. Führungsstilkontinuum von Tannenbaum/Schmidt (1958, S. 96)

- Bei der *Pseudo-Partizipation* dient die Information der Mitarbeiter lediglich der Verbesserung der zwischenmenschlichen Beziehungen, ohne dass deren Werte, Bedürfnisse und Wissen in die Entscheidungsfindung einbezogen werden. Faktisch entscheidet die Führungskraft alleine.
- Die Partizipation i.S. einer *Human-Resources-Strategie* strebt die Nutzbarmachung des Wissenspotenzials der Mitarbeiter i.S. des ressourcenorientierten Ansatzes an, ohne deren Werte und Bedürfnisse bei der Entscheidungsfindung zu berücksichtigen.
- Bei der Partizipation i.S. einer *Social-Values-Strategie* werden zwar die Werte und Bedürfnisse der Mitarbeiter berücksichtigt, ohne dass jedoch deren Wissen in die Entscheidungsfindung einfließt. Sie weist einen engen Bezug zum Human Relations-Ansatz auf.
- Die *authentische Partizipation* ist durch die Kombination der Human Resources- und Social Values-Strategie, d.h. die gleichgewichtige Nutzung bzw. Berücksichtigung des Wissens sowie der Werte und Bedürfnisse der Mitarbeiter gekennzeichnet. Nach Ansicht von Kirsch/Esser/Gabele (1979, S. 299) ist diese in der Unternehmungspraxis nur selten anzutreffen.

Ein mit der Partizipation eng verwandtes Konzept ist das der **Delegation**, bei dem bestimmte Entscheidungs- und Kontrollaufgaben an unterstellte Mitarbeiter weitergegeben werden. Die Delegation dient vor allem der Entlastung der Führungskräfte von Routineaufgaben. Eine besondere Bedeutung besitzt die Delegation im **Harzburger Modell**, das in Deutschland vor allem in den siebziger und achtziger Jahren eine weite Verbreitung gefunden hat (vgl. Höhn 1970). Dabei werden nicht nur einzelne Aufgaben, sondern ganze Aufgabenbereiche an untergeordnete Mitarbeiter delegiert. Diesen werden zudem die zur Ausübung der Aufgaben notwendigen Befugnisse übertragen. Die Mitarbeiter übernehmen im Gegenzug die Verantwortung für die von ihnen getroffenen Entscheidungen.

Die Vertreter und Anhänger des Harzburger Modells weisen diesem eine hohe Effizienz zu, die in empirischen Untersuchungen allerdings nicht bestätigt werden konnte. Vielmehr wurde eine Zunahme von Bürokratie und Formalismus beobachtet. Kritisiert wird zudem, dass das Harzburger Modell vor allem auf die Steigerung der Arbeitsleistung abzielt und die Arbeitszufriedenheit nicht als gleichrangiges Ziel ansieht (vgl. Hentze et al. 2005, S. 582).

5.4.1.3 Entscheidungsdurchsetzung

In der Phase der Entscheidungsdurchsetzung wird der Führungsstil vor allem durch die **Form der innerbetrieblichen Kommunikation** bestimmt. Dabei können nach Watzlawick/Beavin/Jackson (1985, S. 53 ff.) ein Inhaltsaspekt und ein Beziehungsaspekt unterschieden werden (vgl. auch Wahren 1985; Schulz von Thun 2011):

- Der *Inhaltsaspekt* umfasst den sachlich-formalen Inhalt der Kommunikation. Von Bedeutung im Rahmen der Personalführung ist etwa, ob eine Führungskraft lediglich ihren gesetzlich vorgeschriebenen Informationspflichten nachkommt oder die Mitarbeiter darüber hinaus über weitere Belange der Unternehmung bzw. Abteilung informiert.
- Der *Beziehungsaspekt* beinhaltet die informellen Aspekte der Kommunikation. Dazu zählt, was die Führungskraft durch die Kommunikation über sich selbst offenbart, was sie bei ihren den Mitarbeitern erreichen will und wie sie die Beziehungen zwischen sich und den Mitarbeitern sieht.

Die unterschiedlichen Facetten des Inhalts- und Beziehungsaspekts der Kommunikation werden insbesondere bei Mitarbeitergesprächen deutlich (vgl. Neuberger 2020; Hossiep/Zens/Berndt 2020). Diese können regelmäßig (z.B. in Form eines Jahresgesprächs) oder bedarfsspezifisch stattfinden. Abb. 5.27 fasst wichtige Empfehlungen zur Gestaltung von Mitarbeitergesprächen zusammen.

> Brettschneider/Thoms (2021) haben die formale Verständlichkeit von Reden der Vorstandsvorsitzenden auf den Hauptversammlungen der DAX-Unternehmungen im Jahr 2021 untersucht. Formal am verständlichsten waren die Reden von Nikolai Setzer (Continental), Timotheus Höttges (Telekom), Stephan Sturm (Fresenius SE), Theodor Weimer (Deutsche Börse), Frank Appel (Deutsche Post), Rolf Buch (Vonovia), Oliver Zipse (BMW)

und Stefan Oschmann (Merck). Am schlechtesten im Hinblick auf die formale Verständlichkeit schnitten Rice Powell (Fresenius MC), Stefan De Loecker (Beiersdorf) und Christian Bruch (Siemens Energy) ab. Die Verständlichkeit von Reden wird vor allem durch Bandwurmsätze, abstrakte Begriffe, zusammengesetzte Wörter und nicht erklärte Fachbegriffe geschmälert. Darüber hinaus werden oft Anglizismen wie „Travel-Retail-Bereich", „Intelligent-Spend-Geschäft" oder „Markenpurpose" verwendet, deren Bedeutung nicht erläutert wird.

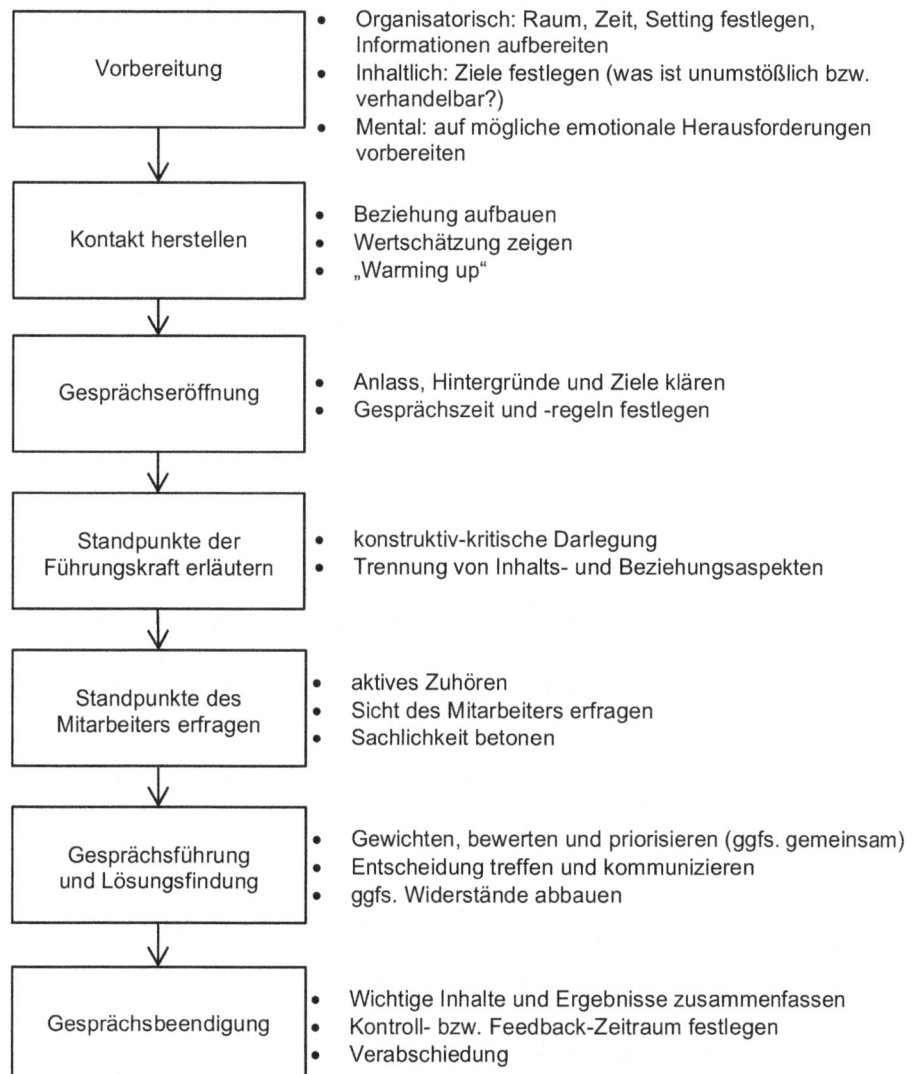

Abb. 5.27. Empfehlungen zur Gestaltung von Mitarbeitergesprächen

Neben Mitarbeitergesprächen gehören persönliche Weisungen und Zielvorgaben zu den wichtigsten Instrumenten der Entscheidungsdurchsetzung. Durch *persönliche Weisungen* wird der Handlungsspielraum eines Mitarbeiters auf eine einzige von der Führungskraft vorgegebene Alternative eingeschränkt. Sie haben einen stark hierarchischen Charakter und erfordern einen ausgeprägten vertikalen Informations- und Kommunikationsfluss. Ihr Vorteil besteht in der Möglichkeit, die Interessen der Unternehmungsleitung bei strategisch wichtigen Entscheidungen durch verbindliche Vorgaben sichern zu können. Zudem kann dieses Instrument relativ leicht und flexibel eingesetzt werden. Die intensive Nutzung persönlicher Weisungen birgt jedoch die Gefahr einer Überlastung der Kommunikationskanäle. Ein weiterer Nachteil ist die häufig nur geringe Akzeptanz bei den untergeordneten Mitarbeitern, die die Durchsetzbarkeit von Entscheidungen erschweren kann (vgl. Kieser/Walgenbach 2010, S. 102 f.).

Die *Vorgabe von Zielen* lässt den Mitarbeitern dagegen einen eigenen Entscheidungsspielraum offen, innerhalb dessen sie über den Einsatz bestimmter Maßnahmen selbst entscheiden können. Ziele stellen damit Orientierungspunkte für die Mitarbeiter dar, an denen diese ihre Handlungen ausrichten müssen (vgl. Hungenberg/Wulf 2021, S. 45 ff.).

Eine besondere Form der Entscheidungsdurchsetzung durch die Vorgabe von Zielen liegt dem von Drucker (1956) und Odiorne (1967) entwickelten **Management by Objectives-Ansatz** zugrunde (vgl. Abb. 5.28). Dabei werden mit den Mitarbeitern in einem mehrstufigen Zielbildungsprozess wichtige Ziele vereinbart, an deren Realisierung diese gemessen werden. Der Management by Objectives-Ansatz weist somit einen engen Bezug zur leistungs- bzw. erfolgsorientierten Entgeltdifferenzierung auf (vgl. Kap. 5.3.2).

Das wichtigste Prinzip des Management by Objectives-Ansatzes ist der Vorrang von Zielvorgaben vor anderen Führungsinstrumenten, insbesondere vor detaillierten Verfahrensregelungen (vgl. Breisig 2006). Darüber hinaus hängt der Erfolg des Management by Objectives von der Konsistenz des Zielsystems und der Vereinbarkeit der Subziele ab. Die Zielvorgaben müssen zudem operational formuliert werden. Dazu müssen die folgenden Anforderungen erfüllt sein (SMART-Konzept) (vgl. Eyer/Haussmann 2022, S. 45 ff.):

- *Specific*: Der Zielinhalt, d.h., das, was erreicht werden soll, muss exakt und eindeutig formuliert werden.
- *Measurable*: Das Zielausmaß und der Grad der Zielerreichung müssen messbar sein.
- *Achievable*: Der Mitarbeiter muss über die zur Zielerreichung erforderlichen personellen, sachlichen und finanziellen Ressourcen verfügen.
- *Realistic*: Das Zielausmaß muss herausfordernd sein, ohne den Mitarbeiter zu überfordern.
- *Timely*: Der Zeitpunkt, zu dem das Ziel erreicht werden soll, sollte nicht zu weit in der Zukunft liegen, um ein rechtzeitiges Feedback und daran anschließende Ziel- oder Verhaltensänderungen zur ermöglichen.

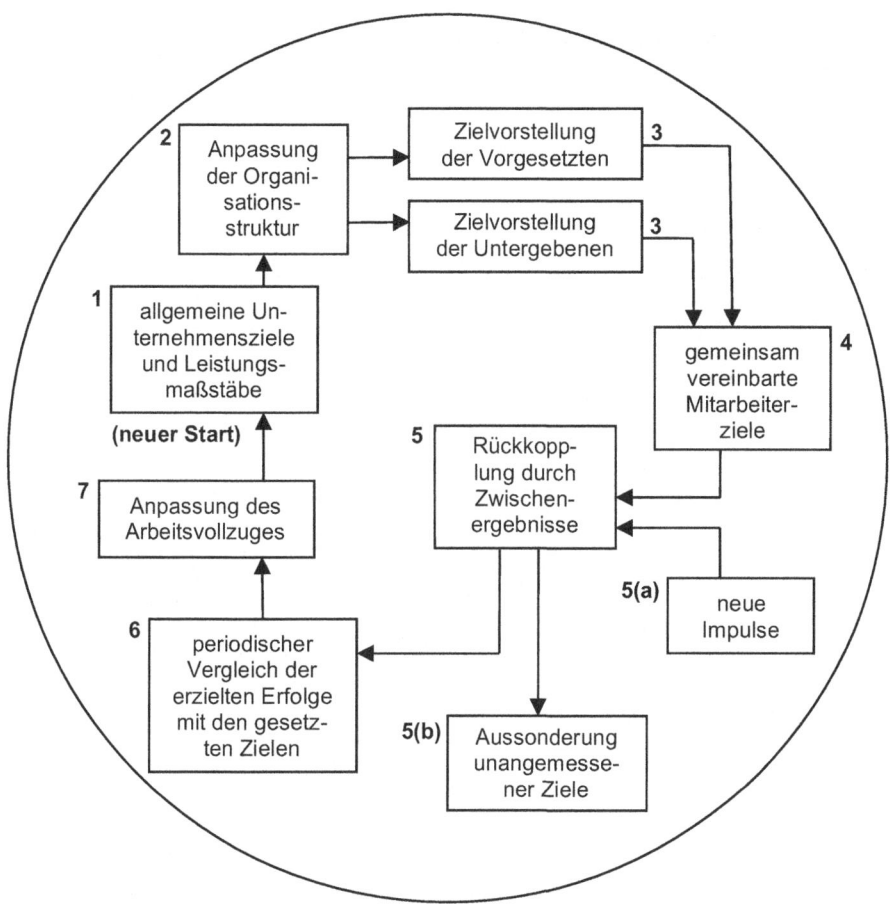

Abb. 5.28. Management by Objectives als Kreislaufschema (Quelle: Odiorne 1967, S. 102)

Vor allem vom *konfliktorientierten Ansatz* werden diese Voraussetzungen als unrealistisch kritisiert. Danach gibt es kein konsistentes und von allen Mitarbeitern geteiltes Zielsystem, das einen Grundkonsens herbeiführen und allgemeine Kriterien für personalwirtschaftliche Entscheidungen liefern könnte. Betriebliche Ziele sind demnach vielmehr das Ergebnis eines multipersonalen Verhandlungsprozesses, häufig irrational und widersprüchlich. Aus Sicht des konfliktorientierten Ansatzes ist deshalb vor allem die Fähigkeit einer Führungskraft entscheidend, mit Zielkonflikten umzugehen und diese positiv zu nutzen.

Empirische Studien weisen zudem auf verschiedene **negative Folgen der Führung durch Zielvorgaben** hin (vgl. den Überblick von Ordóñez et al. 2009). So besteht die Gefahr, dass Mitarbeiter relevante Aspekte ihrer Tätigkeit ausblenden, die nicht durch Ziele erfasst werden. Mitarbeiter neigen zudem dazu, sich an aus ihrer Sicht einfacher zu erreichenden Zielen stärker zu orientieren als an Zielen, deren Erreichung schwieriger erscheint. Die Vorgabe sehr anspruchsvoller Ziele erhöht die Risikobereitschaft von Individuen und kann zu unethischem Verhalten führen (vgl. Holtbrügge/Baron/Friedmann 2015). Darüber hinaus besteht die Gefahr, dass die Vorgabe von Zielen als Form extrinsischer Anreize die intrinsische Motivation verdrängt und einen *crowding out*-Effekt bewirkt (vgl. 2.3.3).

Aufgegriffen werden diese Erkenntnisse vor allem vom **Konzept der transformationalen Führung** (*transformational leadership*) (vgl. Bass 1985; Bass/Riggio 2006). Während die transaktionale Führung (*transactional leadership*) die Vorgabe von Zielen sowie die Kontrolle und Belohnung der Zielerreichung umfasst, kommt der Führungskraft bei der transformationalen Führung die Rolle zu, die Mitarbeiter intellektuell anzuregen, durch eine fesselnde Mission für die Ziele und Aufgaben der Unternehmung zu begeistern sowie die Identifikation mit der Organisationskultur zu erhöhen (vgl. Kap. 5.4.3). Die Voraussetzung dafür ist die individuelle Führung und Förderung der Mitarbeiter (vgl. Abb. 5.29).

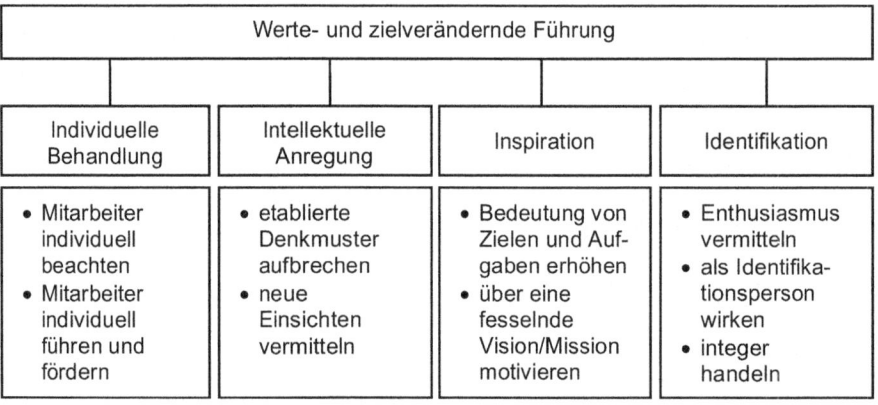

Abb. 5.29. Komponenten transformationaler Führung (Quelle: Wunderer 2011, S. 242)

Ein Vergleich der beiden Konzepte der transaktionalen und transformationalen Führung zeigt, dass diese unterschiedliche Anwendungsvoraussetzungen haben (vgl. Abb. 5.30). Transaktionale Führung ist vor allem bei einfachen Routineaufgaben und einer stabilen Umweltsituation sinnvoll. Sie wird zudem begünstigt, wenn die Qualifikation der Geführten gering ist. Transformationale Führung ist insbesondere bei neuartigen Aufgaben in einer dynamischen Umwelt geeignet. Mit steigender Qualifikation der Geführten nimmt die Effektivität von Zielvorgaben ab und der Wunsch nach intellektueller Anregung und Inspiration zu.

Abb. 5.30. Bedingungen transaktionaler und transformationaler Führung

5.4.1.4 Entscheidungskontrolle

Im Rahmen der Entscheidungskontrolle wird der jeweils praktizierte Führungsstil insbesondere durch die Kontrollträger, Kontrollart und Kontrollinstrumente bestimmt (vgl. z.B. Welge 1988, S. 324 ff.). Die **Kontrollträger** können danach unterschieden werden, ob die Kontrolle vor allem durch den Vorgesetzten oder den Mitarbeiter selbst erfolgt:

- Bei der *Fremdkontrolle* wird die Tätigkeit durch übergeordnete Führungskräfte oder andere Mitarbeiter kontrolliert. Der Handlungs- und Entscheidungsspielraum des Mitarbeiters ist somit auf ausführende Tätigkeiten beschränkt.
- Bei der *Selbstkontrolle* findet die Kontrolle dagegen durch den Mitarbeiter selbst statt, der damit neben Ausführungs- auch Überwachungstätigkeiten wahrnimmt.

Der größte Vorteil der Fremdkontrolle ist die Reduzierung von Manipulationsspielräumen durch die Mitarbeiter. Zudem werden diese von aufwändigen Selbstaufzeichnungen oder Dokumentationen entlastet, was vor allem bei gering qualifizierten Mitarbeitern relevant ist. Es besteht jedoch die Gefahr der Überlastung der Führungskräfte durch Kontrolltätigkeiten. Ausgeprägte Fremdkontrollen haben zudem vor allem bei hoch qualifizierten Mitarbeitern negative Auswirkungen auf Arbeitsmotivation und -zufriedenheit.

Bei der **Kontrollart** kann zwischen einer verhaltens- und einer ergebnisorientierten Kontrolle differenziert werden:

- Bei der *verhaltensorientierten Kontrolle* wird die Einhaltung vorgegebener Verhaltens- bzw. Verfahrensregeln überprüft. Diese bietet sich vor allem dann an, wenn der Arbeitsprozess einen hohen Routine- und Standardisierungsgrad besitzt.
- Bei der *ergebnisorientierten Kontrolle* findet dagegen ein Vergleich zwischen der geplanten und der realisierten Leistung der Mitarbeiter statt. Ergebnisorientierte Kontrollen sind insbesondere bei Führungsaufgaben sinnvoll.

Eine spezifische Form der ergebnisorientierten Eigenkontrolle ist das **Management by Exception-Konzept**. Dieses basiert auf der Annahme, dass es für Führungskräfte weder möglich noch erforderlich ist, über alle Entwicklungen in einer Unternehmung permanent informiert zu sein und alle Entscheidungen selbst zu treffen. Im Rahmen der Vorgabe von Zielen werden deshalb Schwellenwerte festgelegt, innerhalb derer den Mitarbeitern ein autonomer Entscheidungs- und Handlungsspielraum eingeräumt wird. Lediglich bei Über- bzw. Unterschreitungen der Schwellenwerte müssen die Vorgesetzten informiert werden.

Das Management by Exception-Konzept weitet die Beteiligung der Mitarbeiter bei der Entscheidungsfindung auf die Entscheidungskontrolle aus. Durch diese Delegation von Verantwortung werden die Führungskräfte von Routinetätigkeiten entlastet und gewinnen Zeit für wichtigere Aufgaben. Problematisch ist jedoch, dass Führungskräfte mit ihren unterstellten Mitarbeitern nur bei ungeplanten Zielabweichungen, d.h. vor allem in Problemfällen miteinander kommunizieren, was negative Auswirkungen auf die Arbeitsmotivation und -zufriedenheit haben kann.

Zudem ist die Festlegung geeigneter Schwellenwerte schwierig und auf repetitive Aufgaben beschränkt.

Zur Ergebnis- und Verhaltenskontrolle stehen unterschiedliche personenorientierte und technische **Kontrollinstrumente** zur Verfügung, die sowohl offen als auch verdeckt eingesetzt werden können (vgl. Tab. 5.36). Deren Spektrum hat in den letzten Jahren durch technologische Entwicklungen stark zugenommen und umfasst neben einfachen An- und Abwesenheitskontrollen auch umfassende Tätigkeits- und Leistungskontrollen.

Tabelle 5.36. Kontrollinstrumente

Personenorientierte Kontrollinstrumente	Technische Kontrollinstrumente
• Mitarbeitergespräche • Mitarbeiterbefragungen • (anonyme) Briefkästen • Kontrollanrufe • „Maulwürfe", „Spitzel" • Detekteien	• Mechanische Instrumente: Stempeluhren, Stückzähler, Produktographen • Akustische Instrumente: Mikrophone, Telefonüberwachung • Optische Instrumente: Kameras • Datentechnische Instrumente: Tastatur-, Email- und Internetüberwachung • Radio Frequency Identification (RFID)

Quelle: zusammengestellt nach Krimphove 2007

Dem Einsatz dieser Kontrollinstrumente sind in Deutschland jedoch enge rechtliche Grenzen gesetzt. So ist das Erheben, Speichern, Verändern oder Übermitteln personenbezogener Daten nach dem Bundesdatenschutzgesetz (BDSG) nur dann erlaubt, wenn (§ 26)

- der Betroffene hierzu seine Einwilligung erteilt und diese auf Freiwilligkeit des Betroffenen beruht,
- dies für die Entscheidung über die Begründung eines Beschäftigungsverhältnisses oder nach Begründung des Beschäftigungsverhältnisses für dessen Durchführung oder Beendigung oder zur Ausübung oder Erfüllung der sich aus einem Gesetz oder einem Tarifvertrag, einer Betriebs- oder Dienstvereinbarung (Kollektivvereinbarung) ergebenden Rechte und Pflichten der Interessenvertretung der Beschäftigten erforderlich ist, oder
- zu dokumentierende tatsächliche Anhaltspunkte den Verdacht begründen, dass die betroffene Person im Beschäftigungsverhältnis eine Straftat begangen hat, die Verarbeitung zur Aufdeckung erforderlich ist und das schutzwürdige Interesse der oder des Beschäftigten an dem Ausschluss der Verarbeitung nicht überwiegt,
- dies zur Ausübung von Rechten oder zur Erfüllung rechtlicher Pflichten aus dem Arbeitsrecht, dem Recht der sozialen Sicherheit und des Sozialschutzes erforderlich ist und kein Grund zu der Annahme besteht, dass das schutzwürdige Interesse der betroffenen Person an dem Ausschluss der Verarbeitung überwiegt.

Insbesondere sind alle Maßnahmen der Mitarbeiterkontrolle unzulässig, die in keinem Verhältnis zu der geschuldeten Arbeitsleistung stehen. Zudem ist der Grundsatz der Verhältnismäßigkeit zu wahren. Nach § 87 Abs. 1 Nr. 6 BetrVG hat der Betriebsrat ein Mitbestimmungsrecht bei der Einführung und Anwendung von technischen Einrichtungen, die dazu bestimmt sind, das Verhalten oder die Leistung der Arbeitnehmer zu überwachen. Damit technische Kontrollinstrumente zu positiven Leistungs- und Zufriedenheitswirkungen führen, ist es deshalb wichtig, deren Akzeptanz durch die Mitarbeiter sicherzustellen (vgl. Abraham et al. 2019).

> Besonderes Aufsehen erregte die im März 2008 bekannt gewordene Überwachung von Mitarbeitern durch die Discounterkette Lidl. Diese hatte eine Detektei damit beauftragt, in rund 80 Filialen Kameraanlagen zu installieren. Diese wurden zumeist in den Verkaufsräumen oberhalb der Kasse, teilweise aber auch in den Mitarbeitern vorbehaltenen Nebenräumen wie etwa im Bereich der Mitarbeiterspinde oder im Pausenraum angebracht. Begründet wurden diese Maßnahmen von den Lidl-Vertriebsgesellschaften vor allem mit „permanent schlechten Inventurergebnissen" sowie mit Diebstahlverdacht gegen Mitarbeiter.
>
> Nach Erkenntnissen der zuständigen Datenschutzbehörden ließ sich die heimliche Videoüberwachung der Mitarbeiter jedoch nur in einem Teil der Fälle rechtfertigen. Die von Lidl beauftragte Detektei wurde zudem beschuldigt, Gespräche und (private) Telefonate von Mitarbeitern mitgehört sowie Gespräche über Vorgesetzte und Kollegen geführt und die darin gewonnen Informationen in schriftlichen Einsatzberichten niedergelegt zu haben. Diese enthielten u.a. mitarbeiterbezogene Feststellungen und Bewertungen über das Pausenverhalten, persönliche Probleme, zwischenmenschliche Beziehungen, die finanzielle Situation der Mitarbeiter und ihrer Familien und den Gesundheitszustand sowie (mögliche) Schwangerschaften. Darin sahen die Aufsichtsbehörden zum Teil schwerwiegende oder zumindest erhebliche Datenschutzverstöße. Im September 2008 wurden gegen die 35 Lidl-Vertriebsgesellschaften deshalb Bußgelder in Höhe von insgesamt 1,462 Millionen € verhängt (vgl. https://www.datenschutzzentrum.de/presse/20080911-bw-lidl-bussgeldverfahren.pdf).

5.4.2 Führungstheorien

Nach der Darstellung der einzelnen Phasen des Führungsprozesses wird im Folgenden untersucht, wie sich diese zum Führungsstil einer Führungskraft zusammenfügen und von welchen Einflussfaktoren dieser abhängt. Dabei können Eigenschaftstheorien, Verhaltenstheorien, Austauschtheorien und Situationstheorien der Personalführung unterschieden werden (vgl. Abb. 5.31).

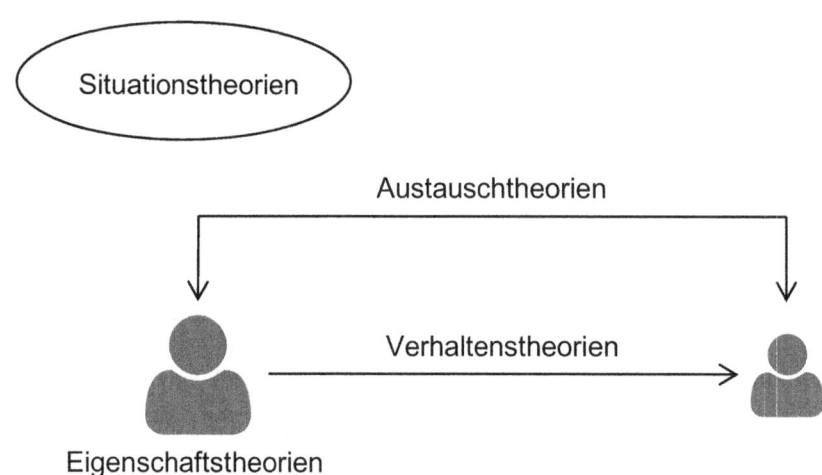

Abb. 5.31. Spektrum von Führungstheorien

5.4.2.1 Eigenschaftstheorien

Im Rahmen der Eigenschaftstheorien wird vor allem der Frage nachgegangen, was eine erfolgreiche von einer weniger erfolgreichen Führungskraft und was eine Führungskraft von einem Geführten unterscheidet. Als Erklärung dafür werden außergewöhnliche Eigenschaften von Menschen angeführt. Hierzu zählen z.B. (vgl. Stogdill 1974, S. 35 ff.; Bass 1990, S. 46 ff.; Weibler 2016, S. 98 ff.):

- *Erbliche Eigenschaften* wie z.B. Herkunft, Name und Adelstitel.
- *Sozialisation*, wie z.B. Beruf der Eltern, Bildungsweg.
- *Physische Eigenschaften* wie z.B. Alter, Stärke, Körpergröße und -gewicht, Gesundheit und physische Attraktivität.
- *Psychische* und *Persönlichkeits-Eigenschaften* wie z.B. Intelligenz, Aktivität, Aufstiegswille, Selbstvertrauen, Leistungsorientierung, Ehrgeiz und Kontaktfähigkeit.

> Rudolph/Böhm/Lummer (2007) weisen auf den Einfluss bestimmter Vornamen auf die Kompetenzzuschreibung hin. Je moderner die Befragten einen Namen einer Person empfinden, desto intelligenter schätzen sie diese ein. Menschen mit Vornamen wie Dennis, Kevin, Justin, Marvin, Jacqueline, Mandy oder Chantal werden demnach eher als leistungsschwach eingestuft, während Vornamen wie Alexander, Maximilian, Simon, Lukas, Jakob, Charlotte, Nele, Marie, Emma und Katharina mit positiven Verhaltens- und Leistungseigenschaften assoziiert werden (vgl. auch Hein 2013).

Vor allem in Ländern mit einem *elitären Bildungssystem* wie Frankreich, Großbritannien und den USA hängt die Wahrscheinlichkeit, eine Führungsposition einzunehmen, in hohem Maße von den besuchten Schulen und Hochschulen ab. Deren Funktion ist nicht nur die Vermittlung von Wissen, sondern vor allem das Knüpfen von Beziehungsnetzwerken, die für die spätere Karriere förderlich sind. Im Vergleich dazu weist Deutschland ein stärker *egalitäres Bildungssystem* auf, d.h. der **Einfluss des Bildungswegs** auf die Erlangung einer Führungsposition ist weniger ausgeprägt. Während etwa die Vorstandsmitglieder in Frankreich und den USA Absolventen weniger Elitehochschulen bzw. *grandes écoles* sind, ist diese Konzentration in Deutschland weit weniger stark ausgeprägt (vgl. Tab. 5.37).

Tabelle 5.37. Alma Mater der Vorstandsmitglieder der DAX-, MDAX- und SDAX-Unternehmungen

Rang	Universität	Zahl der Absolventen
1	Universität zu Köln	20
2	RWTH Aachen	18
3	Universität Mannheim	15
	Ludwig-Maximilians-Universität München	15
	Westfälische Wilhelms-Universität Münster	15
6	Karlsruher Institut für Technologie	13
7	TU München	12
8	WHU Koblenz	11
9	Friedrich-Alexander-Universität Erlangen-Nürnberg	10
	TU Darmstadt	10
	Leibniz Universität Hannover	10

Quelle: Horváth 2022

Nach der Meta-Analyse von Hoffman et al. (2010) ist der Einfluss von weitgehend stabilen **Persönlichkeitseigenschaften** (*trait-like characteristics*) auf den Führungserfolg etwa gleich groß wie derjenige veränderbarer Eigenschaften wie Wissen und Fähigkeiten (*state-like characteristics*). Die Eigenschaften erfolgreicher Führungskräfte sind demnach zu einem Teil angeboren und zum anderen Teil erlernbar. Eine große Bedeutung besitzen in diesem Zusammenhang die Big Five-Persönlichkeitsfaktoren (vgl. Kap. 5.1.2.2.2.5). Nach einer Meta-Analyse von Judge et al. (2002) begünstigen emotionale Stabilität, Extraversion und Offenheit sowohl das Erreichen einer Führungsposition als auch den Führungserfolg. Gewissenhaftigkeit hat einen großen Einfluss auf das Erreichen einer Führungsposition, wirkt sich aber nur schwach positiv auf den Führungserfolg aus. Soziale Verträglichkeit hat schließlich keinen signifikanten Einfluss auf die Wahrscheinlichkeit, eine Führungsposition auszuüben, aber eine sehr positive Wirkung auf den Führungserfolg.

Die Studie der Persönlichkeitsprofile der Vorstandsvorsitzenden der DAX-Unternehmungen von Mai et al. (2015) zeigt, dass diese signifikant höhere Werte für Gewissenhaftigkeit und emotionale Stabilität aufweisen als der Durchschnitt der Männer über 50 Jahren in Deutschland. Demgegenüber

> sind Offenheit und vor allem Anpassungsfähigkeit geringer ausgeprägt als in dieser Vergleichsgruppe. Für Extraversion wurden keine Unterschiede festgestellt.

Hinsichtlich der Erfolgskriterien der Personalführung zeigt die Meta-Analyse von Derue et al. (2011), dass sich Gewissenhaftigkeit und Extraversion vor allem auf die positive Beurteilung als Führungskraft durch die unterstellten Mitarbeiter auswirken. Extraversion und soziale Verträglichkeit einer Führungskraft beeinflussen dagegen die Leistung der von diesen geführten Teams. Generell wirken sich die Persönlichkeitseigenschaften von Führungskräften stärker auf die affektive Zufriedenheit der untergeordneten Mitarbeiter mit der Führungskraft als auf deren in objektiven Kriterien gemessene Führungsleistung aus.

Die Meta-Analyse von Hoffman et al. (2010) kommt zu dem Ergebnis, dass die dargestellten Eigenschaften von Führungskräften auf den unteren Hierarchieebenen einen größeren Einfluss auf den Führungserfolg haben als im mittleren und Top-Management. Erklärbar ist dies durch die Tatsache, dass der Führungserfolg auf den unteren Hierarchieebenen weniger von äußeren Bedingungen (z.B. Marktentwicklung, Einfluss der Stakeholder) abhängt als auf höheren Ebenen.

Eigenschaftstheorien gewinnen vor allem in Krisensituationen eine große Bedeutung, in denen von charismatischen Führungspersönlichkeiten schnelle und tief greifende Erfolge erhofft werden (vgl. Erhart/Klein 2001). Charismatische Führungskräfte werden deshalb vor allem von Mitarbeitern mit einem geringen Selbstbewusstsein bevorzugt (vgl. Howell/Shamir 2005). Als Mentalitätsmuster prägen sie zudem oft das Selbstverständnis und die Selbstdarstellung von Führungskräften (vgl. Hansen 1994; Hegele/Kieser 2000).

> Als Musterbeispiel einer charismatischen Führungskraft wird häufig Steve Jobs, der ehemalige CEO von Apple, bezeichnet. Durch seine Vision, vollkommen neue Technologien zu entwickeln, und die extreme Fokussierung auf das Design und die Qualität der Produkte schuf er eine sehr leistungsorientierte Unternehmungskultur. Viele Mitarbeiter verehrten ihn wie Jünger und folgten seinen Entscheidungen vorbehaltlos. Im Unterschied zu vielen anderen charismatischen Führungskräften war Steve Jobs kein großer Redner, sondern eher introvertiert. Er übte wichtige Reden und Präsentationen jedoch minutiös ein und begeisterte seine Zuhörer durch seinen Perfektionismus.
>
> Gleichzeitig war er stur, übertrieben kritisch, launenhaft und manchmal tyrannisch. Seine Ungeduld und extrem hohen Leistungsanforderungen verschreckten insbesondere diejenigen Mitarbeiter, die Zuspruch und Bestätigung suchten. Erstaunlicherweise wurde er aber auch von vielen Mitarbeitern geschätzt, die von ihm kritisiert wurden, sich ungerecht behandelt fühlten und deshalb sogar die Unternehmung verließen (vgl. Isaacson 2011; Elliot/Simon 2011; Katzenbach 2012).

Bei der Identifikation potenziell erfolgreicher Führungskräfte ergibt sich das Problem, dass empirische Untersuchungen eine Vielzahl von teilweise sehr *widersprüchlichen Eigenschaften* identifizieren, die den Führungserfolg bestimmen (für einen Überblick vgl. Neuberger 2002, S. 231 ff.). So haben etwa charismatische Führungskräfte selten auch eine hohe analytische Kompetenz und Führungskräfte mit hoher emotionaler Intelligenz gleichzeitig auch ausgeprägte Umsetzungsfähigkeiten (vgl. Kaplan/Sorensen 2021).

Welche Eigenschaften in einer bestimmten Situation tatsächlich relevant sind, lässt sich zumeist nur ex-post bestimmen. Einzelne Eigenschaften können in den vorliegenden Studien zudem selten mehr als 10% der Erfolgsvarianz erklären. Unklar ist auch, wie die einzelnen Eigenschaften zusammenwirken, d.h. sich gegenseitig verstärken oder behindern.

In den letzten Jahren widmet sich die Führungsforschung vermehrt der Untersuchung von Persönlichkeitsmerkmalen, die negative Führungsergebnisse zur Folge haben (vgl. Judge/Piccolo/Kosalka 2009; Padilla/Hogan/Kaiser 2007). Häufig werden dabei Narzissmus, Hybris und Machiavellismus als **dysfunktionale Persönlichkeitseigenschaften** (*dark triad*) herausgestellt (vgl. Paulhus/Williams 2002):

- *Narzissmus* beinhaltet ein übersteigertes Autoritäts- und Überlegenheitsgefühl, Selbstgenügsamkeit und Eitelkeit. Narzisstische Führungskräfte tendieren dazu, aufgrund ihres ausgeprägten Selbstfokus weniger mit ihren Mitarbeitern zu kommunizieren und deren Interessen bei Entscheidungen nicht ausreichend zu berücksichtigen. Sie gieren nach Bewunderung und reagieren empfindlich auf Kritik.
- *Hybris* bezeichnet die Überschätzung der eigenen Fähigkeiten. Führungskräfte mit übersteigertem Selbstvertrauen tendieren zu Überinvestitionen und risikoreichen Entscheidungen. Sie sind kaltherzig, impulsiv und angstfrei.
- Führungskräfte mit einem ausgeprägten *Machiavellismus* vernachlässigen bei der Erreichung der eigenen Ziele häufig ethische Prinzipien. Sie sind manipulativ und ohne Empathie. Der Einsatz von Macht erfolgt ohne Rücksicht auf die Interessen anderer Mitarbeiter und kann auch beinhalten, diesen bewusst zu schaden (opportunistisches Verhalten).

In schwacher Ausprägung können diese Persönlichkeitseigenschaften auch positive Folgen für die Personalführung haben und etwa die Durchsetzung von unpopulären Entscheidungen erleichtern. Führungskräfte, die durch Narzissmus, Hybris und Machiavellismus gekennzeichnet sind, erreichen häufig bereits in einem frühen Karrierestadium Führungspositionen, erzielen durchschnittlich ein höheres Gehalt und erhöhen kurzfristig den Unternehmungserfolg (vgl. Wille/De Fruyt/De Clercq 2013; Spurk/Keller/Hirschi 2016). Erst wenn diese Eigenschaften ein bestimmtes Maß übersteigen, wirken sie dysfunktional und können zum *Derailment* der Führungskraft führen (vgl. O'Boyle et al. 2012; Landay/Harms/Credé 2019).

> Ein Beispiel einer Führungskraft, die viele dysfunktionale Persönlichkeitseigenschaften aufweist, ist Martin Winterkorn. Nachdem er 2007 Vorstandsvorsitzender von Volkswagen wurde, hat er den Umsatz und Gewinn der Unternehmung stark gesteigert. Angetrieben von dem Ziel, Volkswagen bis 2018 zum größten Automobilproduzenten der Welt zu machen, musste er 2015 in der Folge des Dieselskandals zurücktreten.

> Winterkorn wird als pedantischer Qualitätsfanatiker beschrieben, der Lackdichten und Spaltmaße auf Automessen persönlich kontrollierte. Gefürchtet war auch der Schadenstisch, zu dem Winterkorn alle zwei Wochen Ingenieuren und Managern einbestellt hat. „Selbst gestandene, erfolgreiche Führungskräfte nahmen an den Treffen wohl mit Bauchschmerzen teil. Winterkorn ging es darum, dort Qualitätsprobleme bei Bauteilen zu analysieren und zu besprechen. Er ließ sich dann das ‚Winterkorn-Besteck' reichen (…): Messer, Hammer, Lupe, Schraubenzieher. Einzelne Bauteile wurden untersucht, sollen schon mal durch den Raum geflogen sein" (Schmitz 2019). „Der Druck, Leistung zu zeigen, stieg durch Winterkorns Regiment enorm - offene Kritik traute sich kaum jemand" (Gnirke 2017).
>
> „Wie es scheint, hatte Winterkorn vorwiegend Menschen um sich, die seine Meinungen und Entscheidungen abnickten. Das ist gefährlich, doch Top-Manager achten selten darauf, Kritiker an ihrer Seite zu behalten (…). Solche Manager haben durch ihre Erfolge das Gefühl, die Größten und Schlausten zu sein (…). Die Arroganz der Macht ergreift von vielen Top-Managern Besitz. Sie sind dann der Ansicht, dass ihnen mehr zusteht, als sie für ihre Arbeit erhalten. Dann empfinden sie völlig überzogene Sonderkonditionen als ganz normal" (Itten 2016).

Längsschnittanalysen und Fallstudien belegen darüber hinaus, dass viele Führungskräfte in bestimmten Phasen der Unternehmungsentwicklung erfolgreich, in anderen dagegen wenig erfolgreich sein können. Der Erfolg einer Führungskraft hängt demnach nicht nur von den Eigenschaften der Person, sondern auch von der Situation ab. Wenn etwa der Vorgesetzte wechselt, eine neue Aufgabe übernommen wird oder sich die wirtschaftliche Situation der Unternehmung ändert, wird Zielstrebigkeit plötzlich als mangelnde Sensibilität oder Entscheidungsfreudigkeit als Unfähigkeit zur Delegation uminterpretiert. „Mit Blick auf das Leistungsniveau", so resümieren McCall/Lombardo/Morrison (1988, S. 467), „kann ein kleiner Unterschied genügen, um Gewinner und Verlierer zu erzeugen."

> Beispiele für Führungskräfte, deren Persönlichkeitsmerkmale im Laufe ihrer Karriere eine fundamental andere Bewertung erfahren haben, sind etwa Edzard Reuter, Ron Sommer oder Thomas Middelhoff. Edzard Reuter, der ehemalige Vorstandsvorsitzende von Daimler-Benz, wurde zu Beginn seiner Amtszeit als visionäre Führungskraft bewundert, die die Unternehmung in einen integrierten Technologiekonzern transformieren wollte. Gleichzeitig wurden seine soziale und ethische Verantwortung als vorbildlich herausgestellt. Nachdem die angestrebten Synergien zwischen den einzelnen Geschäftsbereichen nicht realisiert werden konnten und der Börsenkurs drastisch zurückging, wurde Reuter dagegen als größter Kapitalvernichter und weltfremder Sozialromantiker kritisiert (vgl. Scheib 2008). Ähnlich erging es Ron Sommer, dem ehemaligen Vorstandsvorsitzenden der Deutschen Telekom. Aus dem mitreißenden Medienprofi, der ein ganzes Volk zu Aktionären machen wollte, wurde nach dem Kursverfall der Telekom-Aktie ein „Populist ohne unternehmerische Substanz" (Glotz 2001).

> Besonders eklatant ist der Fall von Thomas Middelhoff. Während seiner Zeit als Vorstandsvorsitzender von Bertelsmann und Arcandor wurde „Big T." als „Deutschlands einziger Topmanager" (Hegemann 2014) bezeichnet, ihm eine „Mischung aus Beharrlichkeit und Eloquenz" zugeschrieben und er mit zahlreichen Auszeichnungen wie der Ehrendoktorwürde der Handelshochschule Leipzig und dem Vorbildpreis der Universität Bayreuth geehrt. Nach dem von ihm mitverschuldeten Konkurs von Arcandor wurde er von den Insolvenzverwaltern wegen zahlreicher Managementfehler auf Schadenersatz verklagt und im November 2014 wegen Untreue und Steuerhinterziehung zu einer Freiheitsstrafe von drei Jahren verurteilt. „Die Wucht, mit der Karriere, Ruf und Vermögen des Thomas Middelhoff in den vergangenen Jahren zerbarsten, ist wohl einmalig in der deutschen Wirtschaftsgeschichte. Vom gefeierten Wunderknaben bei Bertelsmann ist er erst zur Wut-, dann zur Witzfigur avanciert (...). Zu verrückt klingt aus heutiger Sicht, dass die Elite des Landes dem Blendax-Lächeln und festen Blick des Managers jahrelang mehr Glauben schenkte als den wirtschaftlichen Kennzahlen" (Hielscher/Finkenzeller/Zerfaß 2014).

Trotz der aufgezeigten Mängel kommt den Eigenschaftstheorien wegen ihrer hohen Anschaulichkeit und Einfachheit in der Unternehmungspraxis eine große Bedeutung zu. Unter dem Stichwort der transformationalen Führung wird seit einigen Jahren sogar wieder verstärkt die vermeintliche Bedeutung einzigartiger Persönlichkeitsmerkmale hervorgehoben (vgl. Kap. 5.4.1.3). Nach Ansicht von Neuberger (2002, S. 240 ff.) dienen Eigenschaftstheorien vor allem der Personifizierung und Zurechnung von Erfolg und Misserfolg und damit der Befriedigung eines insbesondere in individualistischen Kulturen stark ausgeprägten Bedürfnisses. „Der Rückgriff auf ‚Charisma' und ‚Vision'", so bemerken Ridder et al. (2001, S. 87), „ist (somit) eher Ausdruck eines Erklärungsnotstands, denn einer kritischen Betrachtung des Phänomens von Führung und Folgebereitschaft."

5.4.2.2 Verhaltenstheorien

Im Rahmen der Verhaltenstheorien steht die Frage im Vordergrund, welches Verhalten eine erfolgreiche Führungskraft auszeichnet. Zumeist werden dabei in Anlehnung an die **Idealtypen legaler Herrschaft von Weber** (1972) vier Führungsstile differenziert (vgl. Tab. 5.38).

Welcher Führungsstil die höchste Effizienz aufweist, ist stark umstritten. Während für Weber der bürokratische Führungsstil die reinste und rationalste Form der Führung darstellt, da dieser „das Optimum an Möglichkeit für die Durchführung des Prinzips der Arbeitszerlegung (...) nach rein sachlichen Gesichtspunkten" (Weber 1972, S. 562) darstellt und die berechenbare Ausübung von Aufgaben „ohne Ansehen der Person" (ebenda) ermöglicht, weisen insbesondere Crozier/Friedberg (1979) auf dessen dysfunktionale Wirkungen hin. Nach ihrer Auffassung führt der bürokratische Führungsstil zu einer Ritualisierung des Verhaltens und zur Abnahme von Anpassungs- und Umstellungsfähigkeiten der Mitarbeiter.

Insbesondere bei schlecht strukturierten und häufig wechselnden Arbeitsaufgaben wird ihm deshalb nur eine geringe Effizienz zugeschrieben.

Tabelle 5.38. Klassifikation idealtypischer Führungsstile nach Max Weber

Kriterien des Führungsstils	autoritär/ autokratisch	patriarchalisch	charismatisch	bürokratisch
Menschenbild: Mitarbeiter werden behandelt als ...	Maschinen	Kinder	Jünger	Nummern, anonyme Faktoren
Schwerpunkt der Motivation	Angst und Zwang	Abhängigkeit	Bewunderung und Identifikation	Anweisungen und Vorschriften
Autorität und Macht des Vorgesetzten basiert auf	Positionsmacht	Treue- und Versorgungspflicht	persönliche Ausstrahlung	Hierarchie
Entscheidungen werden durchgesetzt durch	Befehl	persönliche Weisungen und Vorschriften	Überzeugung	anonyme Regeln und Strukturen
Information	von der Spitze	wohlwollend von der Spitze	persönlich von der Spitze	formelle Wege von oben nach unten
Entscheidungen werden kontrolliert durch	totale Fremdkontrolle durch Vorgesetzte	persönlich durch den Patriarchen	Sozialisation und soziale Kontrolle	Berichte und schriftliche Überprüfungen

Quelle: zusammengestellt nach Zander 1990, S. 139; Staehle 1999, S. 335 f.; Freund/Knoblauch/Eisele 2003, S. 129

Im Hinblick auf die *Realisierung unterschiedlicher personalpolitischer Ziele* kommen empirische Untersuchungen zu dem Ergebnis, dass ein kooperativer Führungsstil eng mit der Arbeitszufriedenheit der Mitarbeiter zusammenhängt, während ein autoritärer Führungsstil tendenziell eine höhere Arbeitsleistung bedingt (vgl. Judge/Piccolo/Ilies 2004). Deshalb wird vielfach argumentiert, dass Führungskräfte gleichzeitig einen aufgaben- und beziehungsorientierten Führungsstil praktizieren sollten.

Ein Beispiel dafür ist der **Verhaltensgitter-Ansatz** von Blake/Mouton (1980). Dessen Grundlage bilden die Ohio State-Studien (vgl. Stogdill/Coons 1957), die im Unterschied zu früheren Studien davon ausgehen, dass Sachorientierung (*task orientation* bzw. *initiating structure*) und Menschenorientierung (*people orientation* bzw. *consideration*) nicht die Extrempunkte eines Kontinuums, sondern zwei voneinander unabhängige Dimensionen darstellen. Entsprechend lassen sich diese als Achsen eines zweidimensionalen Verhaltensgitters (*managerial grid*) auffassen, die jeweils durch eine neunstufige Skala unterteilt werden. Dadurch entstehen

81 unterschiedliche Führungsstile, die zur Komplexitätsreduktion jedoch auf fünf Ausprägungen beschränkt werden (vgl. Abb. 5.32).

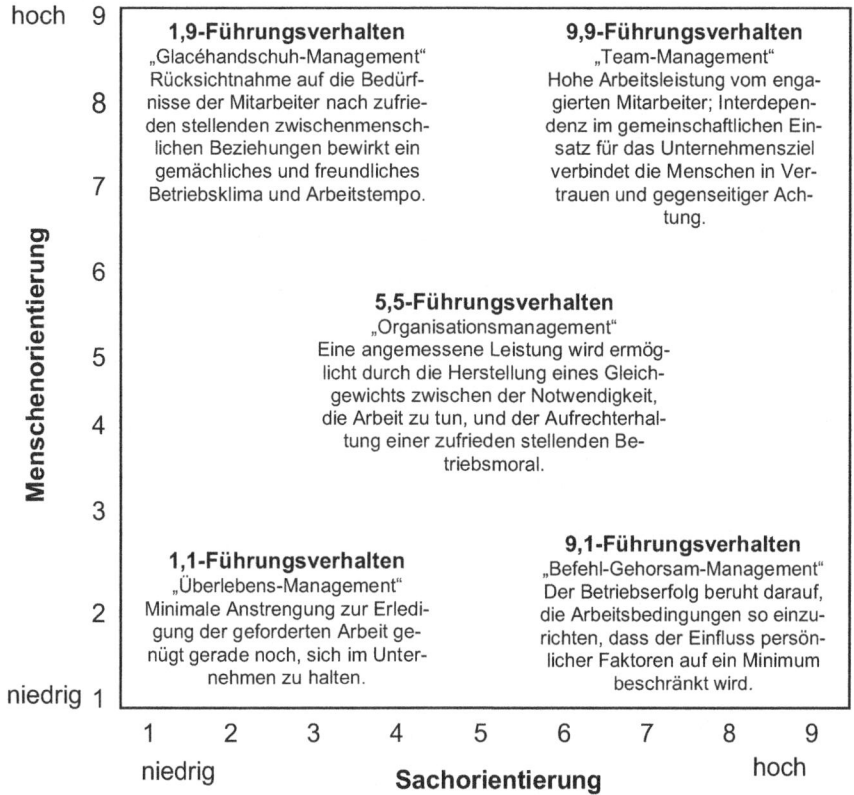

Abb. 5.32. Verhaltensgitter von Blake/Mouton (1980, S. 27)

Nach einer umfangreichen Beschreibung dieser fünf Führungsstile und ihrer Auswirkungen argumentieren Blake/Mouton, dass allein der Führungsstil 9,9 Erfolg versprechend ist. Die Führungsstile 9,1 werden dagegen als pessimistisch, 5,5 als unpraktisch, 1,9 als zu idealistisch und 1,1 als unmöglich verworfen. Der Verhaltensgitter-Ansatz besitzt damit nicht nur eine deskriptive, sondern auch eine normative Dimension, die ihm in der Unternehmungspraxis eine weite Verbreitung beschert hat. Gefördert wurde diese vor allem in den achtziger Jahren durch Grid-Seminare, in denen die Autoren Anleitungen zur Aneignung des 9,9-Führungsstils gegeben haben.

Generell belegt die Meta-Analyse von Derue et al. (2011), dass das Verhalten von Führungskräften einen größeren Einfluss auf den Führungserfolg als deren Persönlichkeitseigenschaften hat. Besonders groß ist der Erklärungsgehalt der Sachorientierung, während die Menschenorientierung einen deutlich schwächeren Zusammenhang mit der Führungsleistung aufweist. Unklar ist jedoch, ob dies unter allen situativen Bedingungen gilt oder vom spezifischen Führungskontext (z.B. kulturelle Prägung, Aufgabenkomplexität, Qualifikationsniveau) abhängig ist.

Mögliche situative Einflussfaktoren werden vom Verhaltensgitter-Ansatz jedoch vernachlässigt. Zwar werden zunächst unterschiedliche Führungsstile differenziert und deren Eignung in unterschiedlichen Situationen diskutiert, schließlich jedoch ein einziger Führungsstil für allgemeingültig deklamiert (vgl. Staehle 1999, S. 841 f.).

5.4.2.3 Austauschtheorien

Die Austauschtheorien der Personalführung gehen auf soziologische Ansätze zurück, die in den 1960er Jahren vor allem von Blau (1967) und Homans (1968) entwickelt wurden. Sie basieren auf der Annahme, dass die Führungskraft und die ihr unterstellten Mitarbeiter zur Erreichung ihrer jeweiligen Ziele aufeinander angewiesen sind. Während die Leistung der Führungskraft an den Leistungen ihrer Mitarbeiter gemessen wird, hängen die Handlungs- und Entwicklungsmöglichkeiten der Mitarbeiter wesentlich vom Verhalten ihrer Führungskraft ab.

Die Grundlage der Austauschtheorien bildet ein *rationales Menschenbild*. In Anlehnung an die personalökonomischen Ansätze wird unterstellt, dass sich die Beteiligten stets rational verhalten und danach streben, in der Austauschbeziehung ihren eigenen Nutzen zu maximieren. Diese umfasst sowohl ökonomische als auch soziale Elemente (vgl. Abb. 5.33):

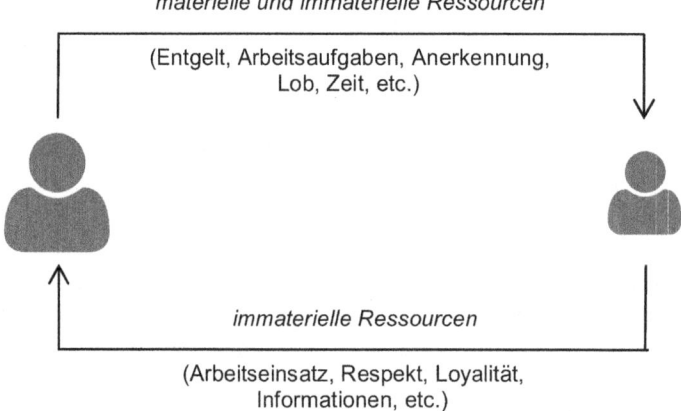

Abb. 5.33. Grundstruktur der sozialen Austauschbeziehung zwischen Führungskraft und Mitarbeiter

- Der *ökonomische Austausch* beinhaltet materielle Ressourcen (insbesondere das Entgelt) und immaterielle Ressourcen (z.B. die Zuweisung von Arbeitsaufgaben, Beförderungsmöglichkeiten, etc.). Er ist durch die arbeitsvertraglichen und organisatorischen Beziehungen zwischen Führungskraft und Mitarbeiter geregelt. Der ökonomische Austausch ist zumeist zeitlich begrenzt und hat somit einen transaktionalen Charakter.

- Der *soziale Austausch* umfasst immaterielle Ressourcen wie Arbeitsleistung, Respekt, Loyalität, Zurückweisung und Informationen. Er basiert auf dem psychologischen Vertrag zwischen Führungskraft und Mitarbeiter und ist auf Dauer angelegt. Das Austauschverhältnis ist insofern asymmetrisch, als den Mitarbeitern i.d.R. nur immaterielle Ressourcen zur Verfügung stehen, während die Führungskräfte sowohl materielle als auch immaterielle Ressourcen einsetzen können.

Die bekannteste soziale Austauschtheorie ist die **Leader-Member-Exchange-Theorie (LMX-Theorie)**. Im Mittelpunkt der Analyse steht die *vertikale Führungsdyade* zwischen einer Führungskraft und einem Mitarbeiter (vgl. Graen/Uhl-Bien 1995). Führungskräfte verhalten sich nicht gegenüber allen Mitarbeitern gleich, sondern teilen die ihnen zur Verfügung stehenden Ressourcen selektiv unter diesen auf. Damit gehen sie qualitativ unterschiedliche Austauschbeziehungen mit ihren Mitarbeitern ein:

- Bei *hochwertigen Austauschbeziehungen* finden Führungstransaktionen häufig, intensiv und mit einem hohen Maß an gegenseitiger Beeinflussung statt. Sie sind je wahrscheinlicher, desto stärker die impliziten Erwartungen an gute Führung übereinstimmen (vgl. Epitropaki/Martin 2005). Hochwertige Austauschbeziehungen sind insbesondere zur Ausübung anspruchsvoller Aufgaben erforderlich. Sie sind mit einem höheren Ausmaß an Rollenklarheit verbunden und führen zu einer höheren Arbeitsproduktivität und -zufriedenheit.
- *Geringwertige Austauschbeziehungen* bestehen dagegen zu Mitarbeitern, deren Leistung und Leistungspotenzial nur durchschnittlich sind. Dabei bestehen keine tiefergehenden emotionalen Bindungen zwischen Führungskraft und Mitarbeiter, sondern es wird kurzfristig Leistung gegen Gegenleistung getauscht. Geringwertige Austauschbeziehungen sind in der Unternehmungspraxis vorherrschend (vgl. Weibler 2016, S. 152).

Empirische Studien weisen darauf hin, dass die Führungsqualität durch die Führungskraft und die Mitarbeiter häufig unterschiedlich wahrgenommen wird (vgl. Gerstner/Day 1997). Während für Führungskräfte vor allem aufgabenbezogene Kriterien wie Leistung, Kompetenzen, Initiative und Zuverlässigkeit relevant sind, legen Mitarbeiter vor allem Wert auf soziale Kriterien wie Unterstützung, Respekt und Rücksicht (vgl. Zhou/Schriesheim 2010).

Eine wichtige Erweiterung der ursprünglichen LMX-Theorie ist des Berücksichtigung des Ketteneffekts, nach dem Führungskräfte, die eine hochwertige Führungsbeziehung zu ihren eigenen Vorgesetzten pflegen, dazu neigen, auch zu ihren Mitarbeitern eine hochwertige Führungsbeziehung aufzubauen (vgl. Tangirala/Green/Ramanujam 2007). Das Konzept der Führungsdyade wurde deshalb um eine vertikale Dimension zum Konzept der Führungstriade erweitert. Netzwerkansätze betonen zudem, dass sich auch die Interaktionen mit anderen Mitarbeitern auf die Beziehung zur Führungskraft auswirken. Neben der vertikalen Leader-Member Exchange (LMX) besteht somit auch eine horizontale Co-Worker Exchange (CWX).

Ein Vorteil der Austauschtheorien gegenüber den Eigenschaftstheorien und Verhaltenstheorien der Personalführung ist, dass diese nicht mehr als eine ausschließlich von der Führungskraft ausgehende Kraft, sondern als sozialer Austauschprozess verstanden wird, in dem den Mitarbeitern eine gleichgewichtige Rolle zukommt (vgl. Rybnikova 2021; Erdogan/Bauer 2014). Gute Führung wird also im Unterschied zur Eigenschaftstheorie der Führung nicht durch heroische Führungskräfte, sondern die Diagnose und den Ausgleich der gegenseitigen Erwartungen bewirkt. Postheroische Führung „(sucht) sein Heldentum nicht mehr in der (…) Inszenierung von entsprechenden Risikobereitschaften und Verantwortungen (..), sondern (entwickelt) einen neuartigen Spürsinn für die sachlichen und sozialen Dimensionen der Organisation von Arbeit und der Verteilung von Verantwortlichkeiten (..), die damit einhergeht" (Baecker 1994, S. 18). Im Unterschied zu anderen Führungstheorien hat die Austauschtheorie zudem eine dynamische Perspektive, die die Veränderungen von Führungsbeziehungen im Laufe der Zusammenarbeit betrachtet.

Ein Kritikpunkt ist das rational-ökonomische Menschenbild, das davon ausgeht, dass Führungskräfte und Mitarbeiter lediglich auf ihren individuellen Vorteil bedacht sind. Soziale Aspekte werden dagegen weitgehend ausgeblendet. Zudem werden der organisatorische Kontext und das Hierarchiegefälle zwischen Führungskraft und Mitarbeiter zu wenig thematisiert (vgl. Schyns/Day 2010).

5.4.2.4 Situationstheorien

Im Gegensatz zu den Eigenschafts- und Verhaltenstheorien wird von den Situationstheorien der Personalführung sowohl die Vorstellung eines *great man*, der sich aufgrund seiner Persönlichkeitsmerkmale als erfolgreiche Führungskraft auszeichnet, als auch die eines *one best way*, der in allen Situationen anwendbar ist, abgelehnt. Vielmehr herrscht im Sinne der Kontingenztheorie die Auffassung vor, dass die Effizienz eines Führungsstils von den situativen Rahmenbedingungen abhängig ist. Erfolgreich sind demnach Führungskräfte, die über analytische Fähigkeiten verfügen und ihr Führungsverhalten der Situation entsprechend anpassen können.

Der Zusammenhang zwischen unterschiedlichen Situationsmerkmalen, Führungsstilen und Führungseffizienz wird in zahlreichen Führungstheorien thematisiert. Exemplarisch dafür sind das 3-D-Programm von Reddin, die Reifegradtheorie von Hersey/Blanchard, die Kontingenztheorie der Personalführung von Fiedler und das normative Entscheidungsmodell von Vroom/Yetton, die im Folgenden ausführlich dargestellt werden.

5.4.2.4.1 3-D-Programm von Reddin

Das 3-D-Programm der Personalführung von Reddin (1977) basiert wie der Verhaltensgitteransatz von Blake/Mouton auf den Ohio State-Studien. Im Unterschied zu diesem werden die beiden Achsen jedoch als Beziehungsorientierung und Aufgabenorientierung bezeichnet und statt in neun lediglich in zwei Stufen unterteilt. Daraus ergeben sich vier typische Führungsstile, die als Verfahrensstil, Beziehungsstil, Aufgabenstil und Integrationsstil bezeichnet werden. Mit der Effektivität des Führungsverhaltens wird zudem eine dritte Dimension eingeführt (vgl. Abb. 5.34).

Im Gegensatz zu Blake/Mouton vertritt Reddin damit die Auffassung, dass ein Führungsstil in Abhängigkeit der Situation, in der er angewandt wird, sowohl effektiv als auch ineffektiv sein kann. Merkmale der Situation sind etwa die Aufgabenanforderungen, die Mitarbeiter und Kollegen, die Vorgesetzten sowie die Organisationsstruktur und das Organisationsklima.

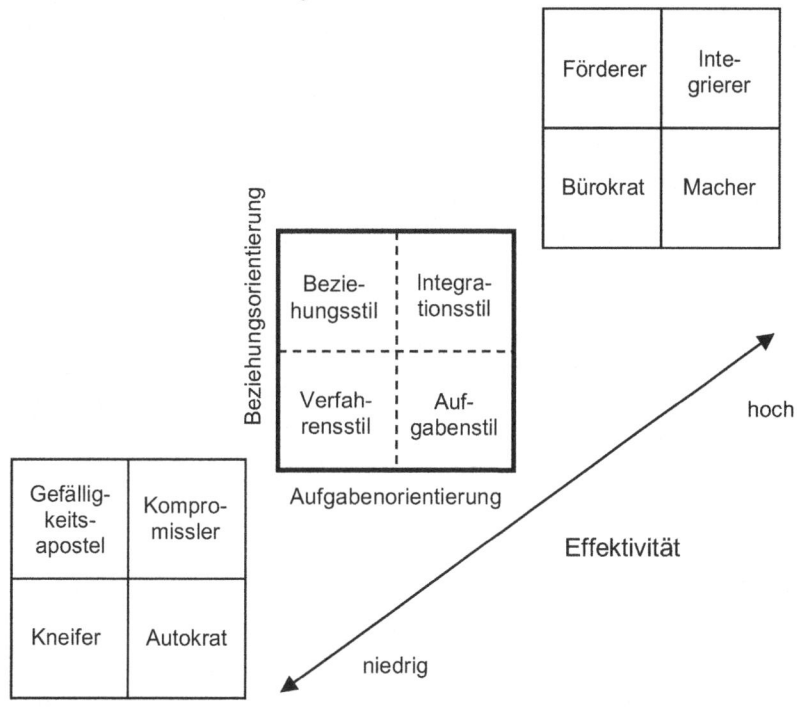

Abb. 5.34. Führungsstile im 3-D-Programm von Reddin (1977, S. 28)

- Der *Verfahrensstil* ist durch die Betonung von Regeln, Vorschriften und Verfahren gekennzeichnet. Effektiv ist dieser Führungsstil vor allem bei eindeutigen Aufgabenanforderungen, einer ausgeprägten Unabhängigkeit von Vorgesetzten und Mitarbeitern sowie bewährten Organisationsprinzipien (*Bürokrat*). Zum *Kneifer* wird eine Führungskraft dagegen, wenn sie einen Verfahrensstil bei schlecht strukturierten und schwierigen Aufgaben, wenig kooperationsbereiten und schlecht ausgebildeten Mitarbeitern und unberechenbaren Vorgesetzten praktiziert.
- Der *Beziehungsstil* beinhaltet eine starke Orientierung an den Bedürfnissen der Mitarbeiter. Effektiv sind dabei *Förderer*, die möglichst viele Aufgaben an ihre Mitarbeiter delegieren und diesen Raum für ihre eigene Entwicklung lassen. Gehen sie dabei jedoch allen Konflikten aus dem Weg und vernachlässigen die Aufgabenorientierung, werden sie zu ineffektiven *Gefälligkeitsaposteln*.

- Beim *Aufgabenstil* ist das Führungsverhalten ausschließlich auf die Arbeitsleistung ausgerichtet. Als *Macher* setzen Führungskräfte anspruchsvolle, aber realisierbare Ziele und überzeugen ihre Mitarbeiter durch ihr Fachwissen. Fehlt dieses und beruht der Führungsstil vor allem auf der Positionsmacht der Führungskraft, werden diese zu ineffektiven *Autokraten*.
- Der *Integrationsstil* zeichnet sich durch die gleichzeitige und gleichgewichtige Betonung der Aufgaben- und Beziehungsorientierung aus. *Integrierer* sind dabei Führungskräfte, die die unterschiedlichen Bedürfnisse und Qualifikationen der Mitarbeiter produktiv zur Steigerung der Arbeitsleistung zu nutzen wissen. *Kompromissler* sind dagegen entscheidungsscheu und verstehen es nicht, Mitarbeiter- und Unternehmungsziele miteinander in Einklang zu bringen.

Der Vorteil des 3-D-Programms gegenüber dem Verhaltensgitteransatz ist die Berücksichtigung verschiedener Situationsfaktoren. Entsprechend zielen die auf der Grundlage dieses Konzepts entwickelten Trainingsmaßnahmen darauf ab, die Führungssituation zu analysieren und den effektivsten Führungsstil auszuwählen, und nicht wie bei Blake/Mouton, den richtigen Führungsstil einzuüben (vgl. Staehle 1999, S. 844). Offen bleibt jedoch, warum gerade die von Reddin ausgewählten und nicht andere Faktoren der Führungssituation relevant sind. Insbesondere fehlt eine theoretische Fundierung des Konzepts. Zudem ist der Ansatz bislang noch nicht empirisch getestet worden und aufgrund der Abstraktheit der verwendeten Konzepte und Begriffe einer Überprüfung auch kaum zugänglich (vgl. Neuberger 2002, S. 517).

5.4.2.4.2 Reifegradtheorie von Hersey/Blanchard

Auch die Reifegradtheorie von Hersey/Blanchard (1969) basiert auf den zwei Dimensionen des Führungsstils der Ohio State-Studien. Im Unterschied zu dem 3-D-Programm hängt die Wahl des effizienten Führungsstils jedoch nicht von der Aufgabe, sondern vom aufgabenrelevanten Reifegrad des Mitarbeiters ab. Darunter wird die technische Reife verstanden, eine Aufgabe zu erfüllen, sowie die psychologische Reife, die dafür erforderliche Motivation zu besitzen. Ein hoher Reifegrad schlägt sich demnach in der mentalen Unabhängigkeit des Mitarbeiters, der ganzheitlichen Betrachtung der Aufgabe sowie einem ausgeprägten Leistungsstreben nieder. Der Reifegrad durchläuft nach Hersey/Blanchard eine Entwicklungskurve, die vier idealtypische Führungsstile beinhaltet (vgl. Abb. 5.35):

- Den Ausgangspunkt bildet die *Unterweisung* des Mitarbeiters. Dabei werden diesem die einzelnen Merkmale der Aufgabe detailliert erläutert und der Prozess der Aufgabenerledigung festgelegt. Eine Partizipationsmöglichkeit des Mitarbeiters besteht nicht.
- Bei dem als *Verkaufen* bezeichneten Führungsstil wird davon ausgegangen, dass der Mitarbeiter bereits eine gewisse Reife zur Ausübung seiner Aufgabe besitzt. Die Führungskraft bezieht diesen deshalb in seine Entscheidungsfindung ein, behält sich aber das letzte Entscheidungsrecht vor.

- Mit zunehmender Reife findet eine *Beteiligung* des Mitarbeiters am Entscheidungsprozess statt. Führungskraft und Mitarbeiter verstehen sich als gleichberechtigt und tragen in gleicher Weise zur Entscheidungsfindung bei.
- Bei Mitarbeitern mit einem sehr hohen Reifegrad soll nach Hersey/Blanchard eine *Delegation* von Entscheidungskompetenzen erfolgen. Im Extremfall überlässt die Führungskraft dem Mitarbeiter nach der Erläuterung der Aufgabe die alleinige Entscheidung über die einzusetzenden Mittel.

Die Aufgabe der Führungskraft besteht somit darin, den aufgabenrelevanten Reifegrad des Mitarbeiters zu diagnostizieren und den eigenen Führungsstil daran anzupassen. Dies erfordert von der Führungskraft eine hohe Führungsstilflexibilität. Darüber hinaus besteht ihre Aufgabe darin, den Reifegrad der Mitarbeiter permanent zu erhöhen. Die Personalführung weist deshalb in der Reifegradtheorie einen engen Bezug zur Personalentwicklung auf (vgl. Kap. 4.1.3).

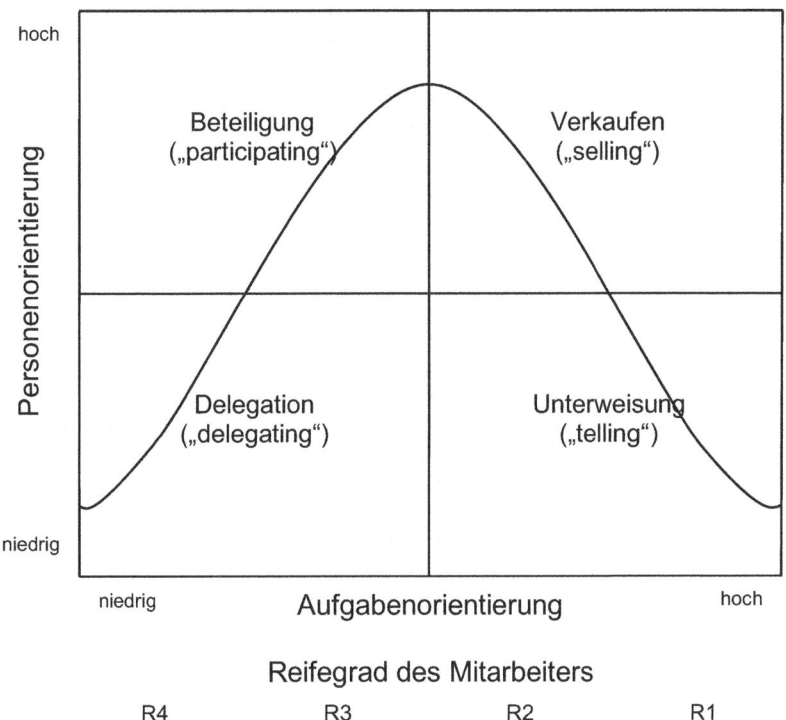

Abb. 5.35. Reifegradtheorie von Hersey/Blanchard (1969)

5.4.2.4.3 Kontingenztheorie der Personalführung von Fiedler

Ähnlich wie dem 3-D-Programm der Personalführung von Reddin und der Reifegradtheorie von Hersey/Blanchard liegt auch der Kontingenztheorie der Personalführung von Fiedler (1967) die Hypothese zugrunde, dass die Effizienz eines Führungsstils von der Führungssituation abhängig ist. Im Unterschied dazu stellen für

Fiedler die Aufgaben- und Beziehungsorientierung jedoch keine unabhängigen Dimensionen dar. Vielmehr geht dieser von der Annahme aus, dass stets eine der beiden Orientierungen eindeutig überwiegt.

Zur Messung des Führungsstils hat Fiedler einen Fragebogen mit 18 achtstufigen semantischen Differenzialen entwickelt, mit dessen Hilfe Führungskräfte den von ihnen am wenigsten geschätzten Mitarbeiter (*least preferred coworker*, LPC) einschätzen sollen (vgl. Tab. 5.39). Dem liegt die Annahme zugrunde, dass eine günstige Beschreibung des LPC für einen *personenorientierten Führungsstil* und eine ungünstige Beschreibung des LPC für einen *aufgabenorientierten Führungsstil* spricht.

Zur Beschreibung der auf eine Führungskraft einwirkenden situativen Bedingungen unterscheidet Fiedler drei Dimensionen, die jeweils dichotomisiert und kombiniert werden und so acht unterschiedliche Führungssituationen ergeben:

Tabelle 5.39. LPC-Skala von Fiedler

angenehm	8	7	6	5	4	3	2	1	unangenehm
freundlich	8	7	6	5	4	3	2	1	unfreundlich
zurückweisend	1	2	3	4	5	6	7	8	entgegenkommend
gespannt	1	2	3	4	5	6	7	8	entspannt
distanziert	1	2	3	4	5	6	7	8	persönlich
kalt	1	2	3	4	5	6	7	8	warm
unterstützend	8	7	6	5	4	3	2	1	feindselig
langweilig	1	2	3	4	5	6	7	8	interessant
streitsüchtig	1	2	3	4	5	6	7	8	ausgleichend
verdrießlich	1	2	3	4	5	6	7	8	heiter
offen	8	7	6	5	4	3	2	1	verschlossen
verleumderisch	1	2	3	4	5	6	7	8	loyal
unzuverlässig	1	2	3	4	5	6	7	8	zuverlässig
rücksichtsvoll	8	7	6	5	4	3	2	1	rücksichtslos
widerlich	1	2	3	4	5	6	7	8	nett
akzeptabel	8	7	6	5	4	3	2	1	nicht akzeptabel
unaufrichtig	1	2	3	4	5	6	7	8	aufrichtig
gefällig	8	7	6	5	4	3	2	1	nicht gefällig

Quelle: Fiedler/Chemers/Mahar 1979, S. 16

- Die *Positionsmacht* gibt an, in wieweit eine Führungskraft aufgrund ihrer Position und der ihr eingeräumten Befugnisse und Kompetenzen in der Lage ist, die Mitarbeiter in ihrem Sinne zu führen.
- Die *Aufgabenstruktur* bezeichnet, ob eine Aufgabe stark oder schwach strukturiert ist.
- Die *Führungskraft-Mitarbeiter-Beziehung* charakterisiert das Vertrauen der Mitarbeiter in eine Führungskraft und deren Bereitschaft, Anweisungen zu folgen.

Die Führungseffizienz als dritte Modellvariable wird als *Gruppenleistung* definiert. In den unterschiedlichen Untersuchungen von Fiedler wird diese etwa anhand von Umsatz, Stückzahl, Fehlerhäufigkeit oder Zeitbedarf gemessen. Die *Zufriedenheit der Gruppenmitglieder* geht als Nebenprodukt in die Führungseffizienz ein.

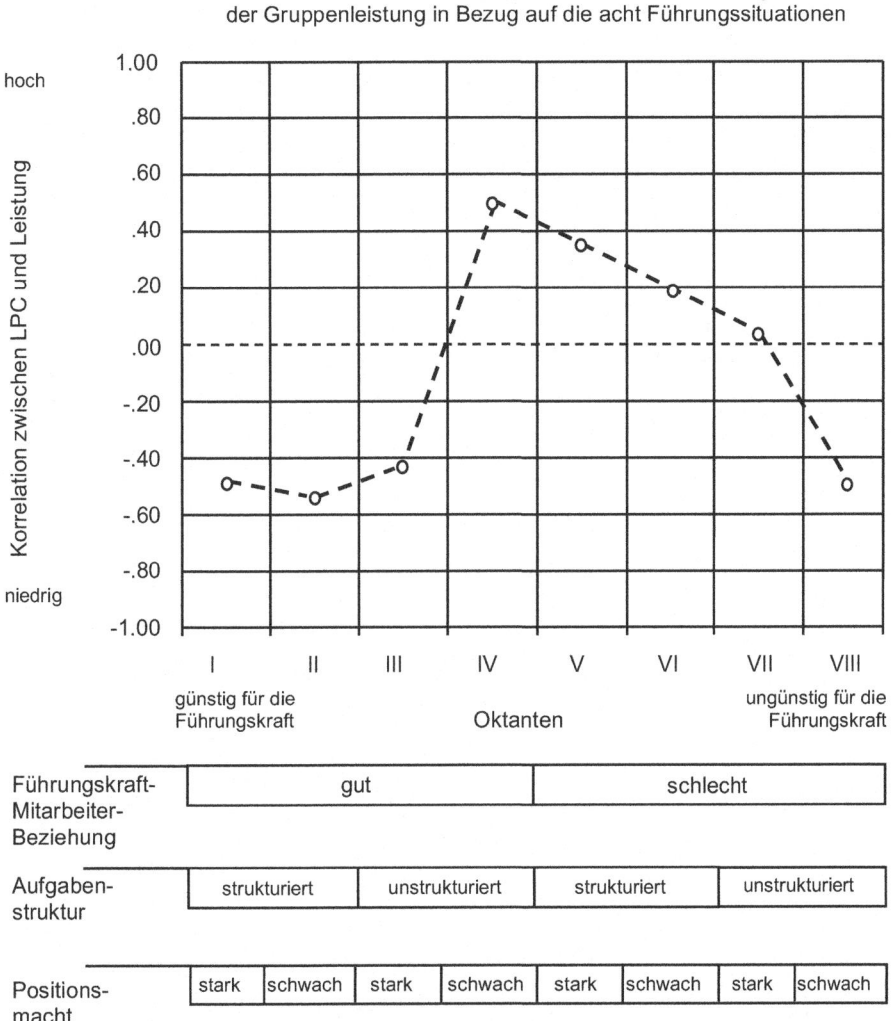

Abb. 5.36. Modell zur Analyse von Führungssituationen nach Fiedler (Quelle: leicht modifiziert nach Staehle 1999, S. 351)

Ursprünglich ging Fiedler von der dem Human Relations-Ansatz entlehnten Hypothese aus, dass die Gruppenleistung mit zunehmender Personenorientierung der Führungskraft (hoher LPC-Wert) zunimmt. Seine empirischen Untersuchungen konnten diese Hypothese jedoch nicht bestätigen. Vielmehr zeigte sich, dass die Effizienz des personen- bzw. aufgabenorientierten Führungsstils von der jeweili-

278   5 Instrumente des Personalmanagement

gen Führungssituation abhängig ist. Abb. 5.36 gibt die Korrelation zwischen dem LPC-Wert der Führungskraft und der Gruppenleistung in den acht verschiedenen Führungssituationen wieder. Eine positive Korrelation zwischen dem LPC-Wert und der Gruppenleistung bedeutet, dass ein personenorientierter Führungsstil erfolgreich ist, während bei einer negativen Korrelation ein aufgabenorientierter Führungsstil eine höhere Effizienz aufweist. Aus dieser Erkenntnis leitet Fiedler ein präskriptives und normatives Modell ab, das Führungskräften anzeigt, in welcher Situation welcher Führungsstil am besten geeignet ist (vgl. Abb. 5.37).

Im Unterschied zu früheren Ansätzen ist Fiedler nicht der Auffassung, dass Führungskräfte ihren Führungsstil an die Führungssituation anpassen sollten, da dieser nur sehr langfristig veränderbar ist. Vielmehr schlägt er vor, zunächst den Führungsstil einer Person zu bestimmen und dann die Situation, d.h. eine oder mehrere der drei als relevant erachteten Dimensionen, an diesen anzupassen.

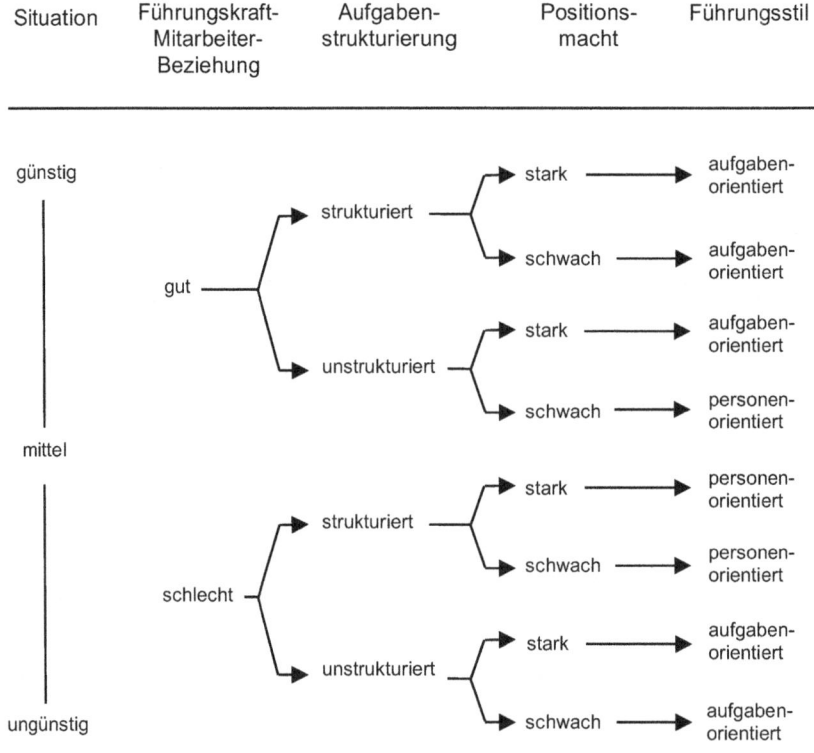

Abb. 5.37. Zusammenhang zwischen Führungssituation, Führungsstil und Führungseffizienz (Quelle: leicht modifiziert nach Fiedler/Mai-Dalton 1995, Sp. 943)

Diese Schlussfolgerung kann jedoch zu problematischen Ergebnissen führen. So schlägt Fiedler in bestimmten Situationen eine Verschlechterung der Führungskraft-Mitarbeiter-Beziehung vor, um die Situation dem praktizierten Führungsstil anzupassen. Ein weiterer fundamentaler Kritikpunkt ist die mangelnde empirische

Bestätigung des Ansatzes. Fiedler selbst kommt in Folgestudien zu teilweise erheblich von der Ursprungsstudie abweichenden Ergebnissen, die jedoch als theoriekonform interpretiert werden (vgl. den Überblick in Neuberger 2002, S. 500 f.). Kritisiert wird darüber hinaus die mangelnde theoretische Begründung und Unvollständigkeit der drei Situationsvariablen, bei denen insbesondere Merkmale der geführten Mitarbeiter unberücksichtigt bleiben (vgl. Scholz 2014, S. 1126 f.). Gegen den LPC-Wert wird angeführt, dass dieser die Aufgaben- und Personenorientierung im Gegensatz zu den Erkenntnissen der Ohio State-Studien nicht als voneinander unabhängige Dimensionen, sondern als Extrempunkte auf einem Kontinuum ansieht. Zudem wird bezweifelt, ob dieser tatsächlich das Verhalten oder nicht vielmehr lediglich die Einstellung einer Führungskraft misst (vgl. Staehle 1999, S. 352).

Trotz dieser teilweise vehementen Kritik muss Fiedler das Verdienst zugesprochen werden, zum ersten Mal die situativen Bedingungen der Personalführung in ein empirisch überprüfbares Modell integriert und damit die weitere Forschung stark beeinflusst zu haben. Die Kritik, wichtige Dimensionen der Führungssituation oder Kriterien der Führungseffizienz nicht zu berücksichtigen, lässt sich zudem gegen jede Führungstheorie vorbringen. „Denn: Es gibt weder *die* Führungssituation, noch *die* Arbeitsgruppe, daher gibt es auch nicht *den* Führenden, *das* Führungsverhalten, *die* Führungseffizienz" (Berthel/Becker 2013, S. 191).

5.4.2.4.4 Normatives Entscheidungsmodell von Vroom/Yetton

Die Grundlage des normativen Entscheidungsmodells von Vroom/Yetton (1973) bildet ein Entscheidungsbaum, der Führungskräften vorgibt, welchen Führungsstil sie in welcher Situation praktizieren sollen, um erfolgreich zu sein (vgl. Abb. 5.38). Hierzu werden sieben *Entscheidungsregeln* aufgestellt, von denen sich die ersten drei auf die Entscheidungsqualität und die letzten vier auf die Entscheidungsakzeptanz beziehen. Die sukzessive Anwendung der Entscheidungsregeln führt zu unterschiedlichen Führungsstilempfehlungen (vgl. Tab. 5.40). Diese reichen vom autokratischen (A) über den beratenden Stil (B) bis zu Gruppenentscheidungen (G), wobei jeweils mehrere Varianten möglich sind. Neben diesen für *Gruppenprobleme* geeigneten Führungsstilen werden von Vroom/Yetton zwei Führungsstile für *Individualprobleme* (GI und D für Delegation) thematisiert, die zur Komplexitätsreduktion im Folgenden jedoch unberücksichtigt bleiben.

Zur Auswahl der sich aus der Anwendung des Modells ergebenden und am Ende des Entscheidungsbaums aufgeführten Führungsstile muss eine Gewichtung der Ziele vorgenommen werden. Soll vor allem der *Zeitaufwand der Entscheidungsfindung* reduziert werden (*time-efficient model*), wird die jeweils erste von häufig mehreren Alternativen als beste angesehen. Besitzen dagegen die Entscheidungskriterien Partizipation und Personalentwicklung eine größere Relevanz (*time-investment model*), so ergibt sich genau die umgekehrte Reihenfolge.

Das normative Entscheidungsmodell wurde in mehreren Untersuchungen empirisch getestet und dabei weitgehend bestätigt (vgl. den Überblick in Jago 1995, Sp. 1066 ff.). Dies gilt auch für Studien außerhalb Nordamerikas wie die Studie von Piel (1986) in Deutschland und von Böhnisch/Jago/Reber (1987) in Österreich, was auf eine hohe *interkulturelle Gültigkeit* des Modells hindeutet. Staehle (1999, S. 860) kritisiert jedoch, dass diese Studien überwiegend nicht von unabhängigen Dritten durchgeführt wurden. Zudem wird dabei häufig auf retrospektive Selbsteinschätzungen von Führungskräften zurückgegriffen, die zumeist eher den Eindruck eines stärker partizipativen Führungsstils vermitteln als Befragungen untergeordneter Mitarbeiter.

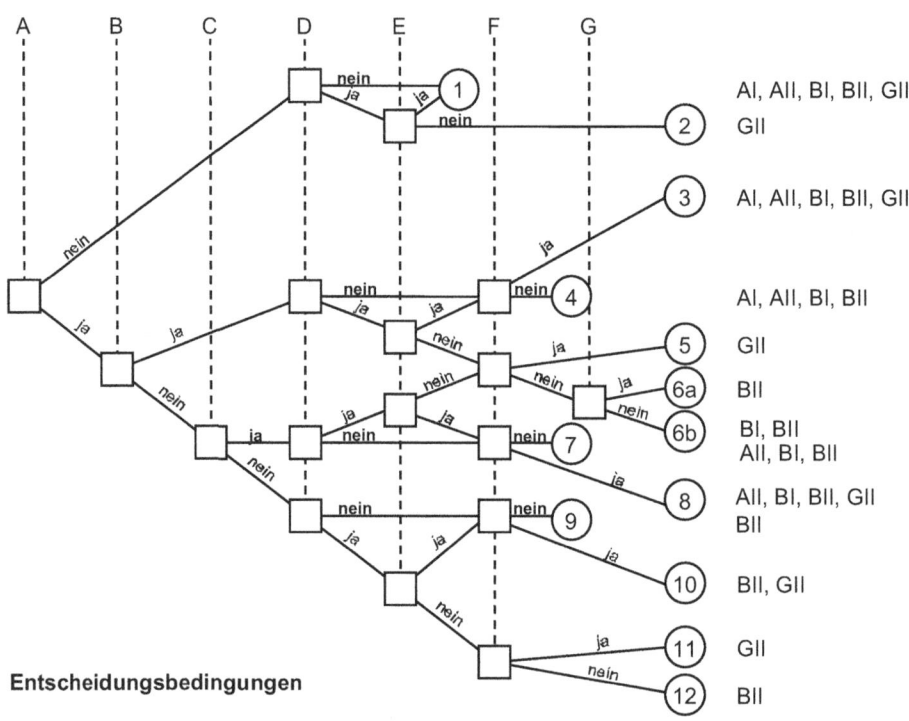

Entscheidungsbedingungen

A **Qualität wichtig?**
Ist vermutlich eine Lösung sachlich besser als eine andere?
B **Genügend Informationen vorhanden?**
Hat der Vorgesetzte selbst alle Informationen für eine richtige Entscheidung?
C **Problem strukturiert?**
Ist bekannt, welche Informationen fehlen, wie das Problem zu lösen ist, wo fehlende Informationen zu holen sind?
D **Akzeptierung wichtig?**
Ist das Akzeptieren der Entscheidung durch die Mitarbeiter für die effektive Ausführung wichtig?
E **Akzeptierung bei Alleinentscheidung?**
Wenn der Vorgesetzte die Entscheidung selbst trifft, würde sie dann von den Mitarbeitern akzeptiert?
F **Betriebsziele akzeptiert?**
Teilen die Mitarbeiter die Betriebsziele, die durch die Problemlösung erreicht werden sollen?
G **Konflikte wahrscheinlich?**
Wird es vermutlich zwischen den Mitarbeitern zu Konflikten kommen, welche Lösung zu bevorzugen ist?

Abb. 5.38. Entscheidungsbaum zum Auffinden des effizientesten Führungsstils nach Vroom/Yetton (Quelle: Jago 1995, Sp. 1066 f.)

Kritisch gegen die *Modellkonzeption* wird eingewandt, dass mit der Entscheidungsfindung lediglich eine Phase des Führungsprozesses konzeptionell erfasst wird. Ein weiterer Kritikpunkt ist, dass ein autoritärer Führungsstil ausschließlich unter Zeitdruck als legitim angesehen wird und andere Einflussfaktoren, die diesen rechtfertigen könnten, ausgeblendet werden. Darüber hinaus bleiben mitarbeiterorientierte Effizienzkriterien (Zufriedenheit, Sicherheit, etc.) unberücksichtigt (vgl. Berthel/Becker 2022, S. 221).

Die *praktische Anwendbarkeit* des normativen Entscheidungsmodells von Vroom/ Yetton besteht vor allem in der Schulung von Führungskräften in situativem Denken. Darüber hinaus wird deutlich gemacht, dass unterschiedliche Situationen bzw. Probleme unterschiedliche Formen der Personalführung erfordern. Durch die hohe Zahl der berücksichtigten Situationsvariablen ist das Modell dabei den zuvor dargestellten Ansätzen überlegen. Wenig realistisch erscheint jedoch die Annahme, dass Führungskräfte ihr Verhalten permanent neuen Situationen anpassen können. Neuberger (2002, S. 508) bezeichnet das Modell deshalb als „Horrorvision", da es die Aufgabe von Führungskräften auf die Situationsanalyse reduziert und ihr Handeln programmiert.

Tabelle 5.40. Führungsstile nach Vroom/Yetton

AI	Die Führungskraft löst das Problem selbst und trifft die Entscheidung alleine, wobei sie lediglich die ihr im Moment verfügbaren Informationen nutzt.
AII	Die Führungskraft holt zunächst die notwendigen Informationen von ihren Mitarbeitern ein und entscheidet dann alleine. Die Rolle der Mitarbeiter besteht ausschließlich in der Beschaffung von Informationen, nicht jedoch in der Bewertung von Alternativen oder der Anregung von Lösungen.
BI	Die Führungskraft diskutiert das Problem mit einzelnen Mitarbeitern individuell und holt deren Meinung ein, trifft jedoch die Entscheidung anschließend alleine. Dabei können, müssen aber nicht die Vorschläge der Mitarbeiter berücksichtigt werden.
BII	Die Führungskraft diskutiert das Problem mit den Mitarbeitern in einer Gruppenbesprechung, trifft jedoch die Entscheidung anschließend alleine. Dabei können, müssen aber nicht die Vorschläge der Mitarbeiter berücksichtigt werden.
GII	Die Führungskraft diskutiert das Problem mit den Mitarbeitern in einer Gruppe. Gemeinsam werden Informationen ausgetauscht, Alternativen entwickelt und eine Entscheidung getroffen. Die Rolle der Führungskraft ist vor allem die eines Diskussionsleiters, der jedoch nicht versucht, den Gruppenmitgliedern seine Meinung aufzuzwingen.

Quelle: Vroom/Yetton 1973, S. 13

5.4.2.5 Praktische Bedeutung und Effizienz

Obwohl die in den letzten Abschnitten dargestellten Führungstheorien von ihren Vertretern popularisiert und in einer Vielzahl von Veröffentlichungen und Seminaren verbreitet wurden, sind sie zur Erklärung der betrieblichen Realität und zur Ableitung von Handlungsempfehlungen nur bedingt geeignet. Ein zentraler Mangel ist insbesondere die weitgehende Vernachlässigung von **Merkmalen der geführten Mitarbeiter**, die in der Unternehmungspraxis zunehmend an Gewicht gewinnen. So führt etwa der *Wertewandel* von materiellen zu postmateriellen Werten (Inglehart 2018) dazu, dass die Führungserwartungen immer mehr zu einer kooperativen Führung tendieren. Durch den Abbau von Hierarchien, die Dezentralisierung von Entscheidungskompetenzen und die Veränderung der Kommunikationsstrukturen durch neue Informationstechnologien nimmt zudem die Bedeutung der lateralen Kooperation und des Schnittstellenmanagements zu. Die Individualisierung und Professionalisierung der Mitarbeiter bewirkt darüber hinaus eine wachsende Bedeutung von Selbststeuerung und Selbstführung.

Empirische Studien weisen darüber hinaus darauf hin, dass der Führungsstil und die Führungsstilerwartungen **generationsspezifisch** sind (vgl. Tab. 5.41). Konfliktpotenzial besteht insbesondere zwischen zwei unmittelbar aufeinanderfolgenden Generationen und bei der Führung älterer durch jüngere Mitarbeiter. Galt in den meisten Unternehmungen bislang überwiegend das Senioritätsprinzip, bedingt die Digitalisierung zunehmend eine Umkehr der Altersstruktur und dadurch eine *Statusinkongruenz* in Führungsbeziehungen (vgl. Collins/Hair/Rocco 2009; Bilinska/Wegge 2016).

Eine weitere Schwäche der klassischen Führungstheorien ist die **mangelnde Berücksichtigung kultureller Einflüsse**. Die interkulturelle Managementforschung weist darauf hin, dass die Effizienz unterschiedlicher Führungsstile in einem hohen Maße von den kulturell geprägten Partizipationserwartungen der unterstellten Mitarbeiter abhängig ist (vgl. Kap. 4.2.2). So zeichnen sich Mitarbeiter aus den meisten protestantisch geprägten westlichen Industrieländern, in denen ein starker Glaube an die Selbstbestimmtheit der menschlichen Existenz vorherrscht, durch hohe Partizipationserwartungen aus. In traditionellen Gesellschaften, die durch den Glauben an die Schicksalsbedingtheit des persönlichen Daseins geprägt sind, überwiegen dagegen autoritäre Führungsstilpräferenzen (vgl. z.B. Holtbrügge/Friedmann 2011, S. 186 ff.). Von Keller (1995, Sp. 1402) begründet diese geringe Partizipationserwartung damit, dass durch traditionelle Werte geprägte Mitarbeiter eigene Entscheidungen häufig als Last empfinden, die ihnen durch eine autoritäre Führung abgenommen wird. Auch wenn diese Schlussfolgerung häufig kritisiert wird, besteht Einigkeit darüber, dass Führungsstile *culture bound* und deshalb nicht von einer Kultur in eine andere übertragbar sind (vgl. Hofstede 2001; House et al. 2004; Holtbrügge 2022). Wie Weibler et al. (2000) aufzeigen, gilt dies selbst für kulturell verwandte Länder wie Deutschland, Österreich und die Schweiz. Vor dem Hintergrund der zunehmenden kulturellen Heterogenität der Belegschaft vieler Unternehmungen besitzt diese Erkenntnis nicht nur für international tätige Unternehmungen eine hohe Relevanz.

Tabelle 5.41. Selbst- und Fremdwahrnehmungen generationsspezifischer Führungsstile und Führungserwartungen

Wie sieht oben unten? / Wie sieht unten oben?	Wirtschaftswundergeneration (1945-1955)	Baby Boomer (1956-1964)	Generation X (1966-1985)	Generation Y (1986-1999)	Generation Z (ab 2000)
Wirtschaftswundergeneration	*Wir bekommen durch harte Arbeit Anerkennung und Wohlstand.*	Suchen stets Kompromisse statt sich durchzusetzen. Gewerkschaftstypen, die alles weicher machen.	Von uns geförderte, ehrgeizige Typen. Oft kompromisslos in der Durchsetzung ihrer Ziele.	Haben keinen Respekt mehr vor älteren Mitarbeitern. Sind freizeit- und spaßorientiert.	Bekommen alles geschenkt und leben nur im Internet.
Baby Boomer	Haben die Arbeitsbedingungen humaner und gerechter gestaltet.	*Die Arbeit ist ein wichtiger Bestandteil meines Lebens, der mir Befriedigung verschafft.*	Ehrgeizig und heiß auf Karriere. Sind unzufrieden, trauen sich aber nicht auszubrechen.	Respektlose Anfänger, die alles machen und nichts selbst lernen wollen.	Sollten lieber lernen als zu demonstrieren.
Generation X	Stehen meiner Karriere im Weg. Haben immer eine Anekdote und wollen alles reflektieren.	Sind Workaholics und sehen mich als Wettbewerber um ihre Position.	*Wo wir sind, ist vorne. Erst die Karriere und das persönliche Fortkommen, dann die Familie.*	Nichtskönner, Waschlappen und Heulsusen, die arrogant ihre Ziele einfordern.	Können mit Computern umgehen, sind aber sehr naiv.
Generation Y	Sind nett und wissen viel. Könnten uns Mentoren sein.	Workaholics, die alles ausdiskutieren müssen und immer gerecht sein wollen.	Jammern viel, wie hart ihre Zeit war und wie komfortabel wir es heute haben.	*Arbeit ist schön, aber nicht das ganze Leben.*	Haben hohe Ideale, wollen aber keine Verantwortung übernehmen.
Generation Z	Begegnen uns respektlos. Sind beruflich nicht mehr relevant.	„Boomer"	Ihre Profitgier zerstört den Planeten.	Haben coole Ideen, sind aber nicht konsequent genug.	*Wir müssen den Planeten retten, sonst sind wir die letzte Generation.*

Quelle: adaptiert und erweitert nach Schmidt/Möller/Windeck 2013, S. 932

Den meisten Führungstheorien liegt die implizite Annahme zugrunde, dass zwischen den Führungskräften und den ihnen untergeordneten Mitarbeitern eine permanente persönliche Interaktion besteht. Die zunehmende Virtualisierung des Arbeitsortes bewirkt jedoch, dass Personalführung immer öfter über räumliche und zeitliche Grenzen hinweg und mit Hilfe elektronischer Kommunikationsmedien stattfindet, die eine geringere *media richness* als die persönliche Kommunikation aufweisen (vgl. Kap. 5.2.2.2). Die damit einhergehende *psychologische Distanz* erschwert die Verständigung über gemeinsame Normen und Werte. Darüber hinaus erhöht die Tätigkeit in verschiedenen architektonischen und physischen Kontexten die *strukturelle Distanz* zwischen Führungskraft und Mitarbeitern. Die abnehmende Interaktionshäufigkeit und -qualität als Folge reduzierter Kommunikationsmöglichkeiten bedingt zudem eine wachsende *funktionale Distanz* (vgl. Napier/Ferris 1993; Antonakis/Atwater 2002).

Besonders groß sind die Herausforderungen der **Führung auf Distanz** in international tätigen Unternehmungen, die über eine Vielzahl ausländischer Tochtergesellschaften verfügen und deren Führungskräfte häufig für mehrere Unternehmungseinheiten verantwortlich sind (vgl. Holtbrügge/Schillo 2011). Über die psychische, strukturelle und funktionale Distanz hinaus wird die Personalführung hier durch die *kulturelle Distanz* zwischen Führungskraft und Mitarbeitern erschwert. Diese entsteht z.B. durch unterschiedliche Kommunikationsstile und -inhalte sowie Unterschiede beim Zeitverständnis und bei den Partizipationserwartungen (vgl. Herrmann/Hüneke/Rohrberg 2006; Grundgreif/Holtbrügge/Schillo 2007).

Umstritten ist, ob es auch **geschlechtsspezifische Führungsstile und Führungserwartungen** gibt. Während einige empirische Studien darauf hinweisen, dass Frauen sowohl einen eher partizipativen Führungsstil praktizieren als auch erwarten, wird diese *sex differences*-Hypothese von anderen Untersuchungen nicht bestätigt (vgl. den Überblick in Parkin/Hearn 1995). Relativ unstrittig ist jedoch, dass die Ausübung von Macht in Unternehmungen als Teilaspekt der Personalführung eine starke sexuelle Komponente aufweist (vgl. Hearn et al. 1989; Krell/Osterloh 1992; Alvesson/Billing 1997).

Die Kritik an den klassischen Führungstheorien hat in den letzten Jahren zu einer Umorientierung der Führungsforschung geführt. Dabei sind vor allem zwei Ansätze von Interesse, die im Folgenden ausführlich thematisiert werden: die Personalführung in symbolischer und in struktureller Perspektive.

5.4.3 Personalführung in symbolischer Perspektive: Der Ansatz der Organisationskultur

Führungskräfte können das Denken und Handeln der ihnen unterstellten Mitarbeiter nicht nur durch unmittelbare Kommunikation und Interaktion, sondern auch durch *symbolische Führung* beeinflussen. Sie handeln symbolisch, „indem sie Handlungen ausführen, die von anderen (sinnvoll) gedeutet werden und geregeltes (regeltreues) Anschlusshandeln auslösen" (Neuberger 2002, S. 662). Dem liegt die Erkenntnis zugrunde, dass Führungskräfte durch direkte Interventionen nur in dem Maße intendierte Einstellungs- und Verhaltensänderungen herbeiführen können, in dem diese mit den in der Organisationskultur verwurzelten Werten übereinstimmen und sich deren Sprache und Symbole bedienen (vgl. Hentze et al. 2005, S. 470 ff.).

Die Organisationskultur bildet die Gesamtheit der Orientierungsmuster, Denkhaltungen und Symbole, die eine Unternehmung im Verlauf ihrer Geschichte herausbildet und die das Verhalten der Mitarbeiter maßgeblich prägt (vgl. Schreyögg/Geiger 2016, S. 317 ff.). Deren Ausgangspunkt bildet die Annahme, „dass das ganze organisatorische Leben – und nicht nur einige offenkundige Dinge wie das Firmenlogo oder das Firmengebäude – von Symbolen und symbolischer Interaktion geprägt ist" (Schreyögg/Geiger 2016, S. 338).

Zur Beschreibung und Analyse von Organisationskulturen wird häufig auf das **Kulturmodell von Schein** (1984) zurückgegriffen, bei dem zwischen drei Kulturebenen mit unterschiedlichen Formen der Manifestation bzw. Erschließung unterschieden wird (vgl. Abb. 5.39):

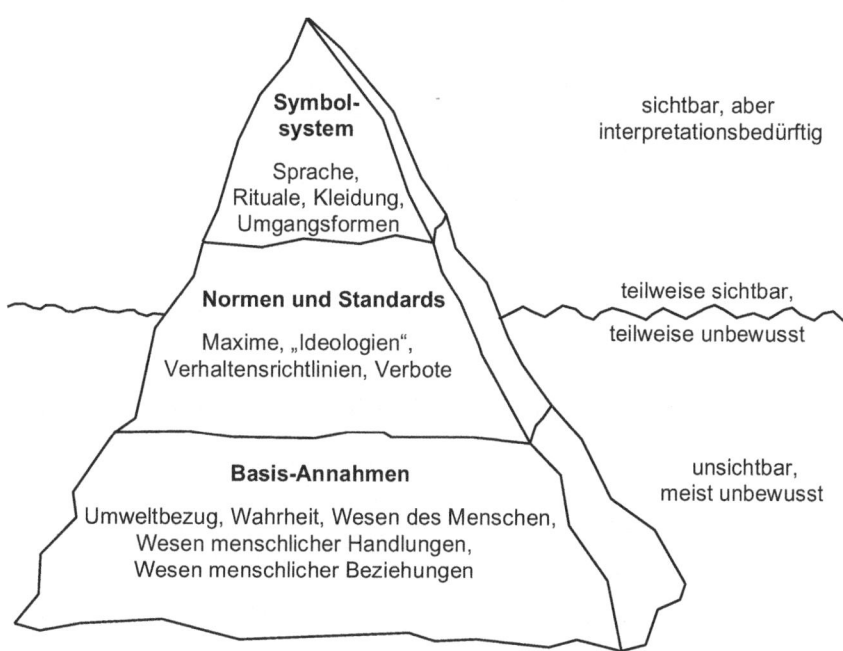

Abb. 5.39. Ebenen der Organisationskultur (Quelle: in Anlehnung an Schein 1984, S. 4)

- Auf der ersten Ebene siedelt Schein die *Basisannahmen* einer Unternehmung an. Diese umfassen die grundlegenden Überzeugungen und Vorstellungsmuster über die Umwelt, die Wahrheit, die Natur des Menschen, das menschliche Handeln und die zwischenmenschlichen Beziehungen. Die Basisannahmen bilden eine unsichtbare, überwiegend unbewusste und unterhalb der Realitätsebene angesiedelte latente Sinnstruktur, die nur interpretativ erschlossen werden kann. Sie sind besonders tief verwurzelt und nur sehr langfristig veränderbar.

- Die weitgehend unsichtbaren und unbewussten Basisannahmen drücken sich in *Normen und Standards* aus, die konkrete Regeln für das Handeln beinhalten. Diese können sowohl in unternehmungspolitischen Grundsätzen explizit formuliert sein als auch implizite Verhaltensrichtlinien darstellen. Auch diese Muster für die Selektion und Interpretation von Ereignissen und Handlungsweisen sind nur teilweise sichtbar und bewusst und damit ebenfalls schwer erfassbar.
- Die dritte Ebene der Organisationskultur bilden die *Symbolsysteme*. Dazu zählen z.B. Architektur, Firmenzeichen (Logos), Kleidung, Sprache und Umgangsformen, Geschichten und Legenden sowie Zeremonien, Riten und „Helden" der Unternehmung. Symbole dienen der Kommunikation der schwer fassbaren Annahmen und Wertvorstellungen nach innen und außen. Sie sind sichtbar, aber interpretationsbedürftig.

Eine starke Organisationskultur, die sich durch Prägnanz sowie einen hohen Verbreitungs- und Internalisierungsgrad auszeichnet (vgl. Schreyögg/Geiger 2016, S. 331 ff.), kann den Bedarf an direkter persönlicher Einflussnahme durch Führungskräfte reduzieren. An die Stelle der interaktionalen Führung treten dabei kulturelle Orientierungen, die das Denken und Handeln der Mitarbeiter bestimmen. Die Organisationskultur stellt somit ein *Führungssubstitut* dar (vgl. Ebers 1995, Sp. 1677 f.).

> Beispiele für symbolische Führung sind etwa geöffnete Bürotüren als Ausdruck von Transparenz und offener Kommunikation, Statussymbole wie Dienstwagen zur Förderung des Leistungsprinzips, die Benutzung von Titeln zur Betonung von Seriosität oder Geschichten und Legenden über den Unternehmungsgründer zur Vermittlung von unternehmerischer Initiative und Langfristigkeit. Auch das Kommunikationsverhalten von Führungskräften (vgl. Tab. 5.42) und deren Präsentation in der Öffentlichkeit stellen wichtige Elemente der symbolischen Führung dar. Den intendierten Einfluss auf Einstellungen und Verhalten der Mitarbeiter können diese Symbole aber nur dann ausüben, wenn sie in der jeweiligen Organisationskultur verankert sind. Geöffnete Bürotüren werden deshalb nicht zur Verbesserung der Kommunikation beitragen, wenn die Führungskraft ein pessimistisches Menschenbild hat und die ‚Helden' der Unternehmung Mitarbeiter sind, die ihre Entscheidungen einsam und gegen alle Widerstände durchsetzen.

Symbolische Führung auf der Basis gemeinsamer Orientierungspunkte für das Denken und Handeln der Mitarbeiter ist vor allem dann geeignet, wenn (vgl. Hentze et al. 2005, S. 471)

- die Mitarbeiter zur Legitimierung und Unterstützung der (nicht immer unzweifelhaften) Unternehmungsziele aufgefordert und motiviert werden sollen (Herstellung von Unternehmungsidentität, Bindung an die Unternehmung, Loyalität, Gruppenkohäsion),

- lediglich unbestimmte, wenig stabile oder nicht näher definierte Präferenzen der geführten Mitarbeiter vorliegen oder aufgrund rationaler Argumentation nicht eindeutig hergeleitet werden können, und
- die Unternehmungsleitung (wenig motivierende, weil schlechte) Bewertungen ihres verantwortlichen Handelns vermeiden bzw. im eigenen positiven Sinne verbessern möchte.

Tabelle 5.42. Kommunikationsverhalten ausgewählter Top-Manager

	Email/Tag	Telefon	Assistenten	Sonstiges
Bill Gates (Microsoft)	100 (gefiltert)	in Email integriert	1	Whiteboard und Buntstifte (kein Papier)
Bill Gross (Pimco)	0	nur für Ehefrau	0	6 Bildschirme
Alan Laffey (Procter & Gamble)	minimieren	minimieren	k.A.	handgeschriebene Zettel
Marissa Mayer (Google)	> 700	„Ich liebe mein Handy"	1	tägliche Sprechstunde 16-17.30 Uhr
Hank Paulsen (Goldman Sachs)	0	200/Tag	1	Fitness-Studio nach Ankunft in Übersee
Amy Schulman (DLA Piper)	600 (Blackberry)	Handy (früher 2)	2 (in Schichten)	versucht, „Emails nicht im Kino zu lesen"
Howard Schulz (Starbucks)	wenig	wichtig	k.A.	„Gute Tasse Kaffee"
Vera Wong (Vera Wong Group)	0	"Hasse Telefon"	1	immer erreichbar für die Mitarbeiter

Quelle: Walsh 2006, S. 11

Unterschiedliche Auffassungen bestehen darüber, ob und wie Organisationskulturen beeinflusst werden können. Während die *Kulturingenieure* davon ausgehen, dass sich Kulturen ähnlich wie andere Führungsinstrumente einsetzen und planmäßig verändern lassen, betrachten die *Kulturalisten* die Organisationskultur als eine organisch gewachsene Lebenswelt, die sich gezielten Beeinflussungsversuchen entzieht bzw. auf diese mit unbeabsichtigten Folgen reagiert. Realistisch scheint die Annahme zu sein, dass sich die Veränderung von Organisationskulturen zwar initiieren lässt, der Ausgang dieses Veränderungsprozesses aber nur in einem begrenzten Maße vorhersehbar ist (vgl. Schreyögg/Geiger 2016, S. 343 ff.). Symbolische Führung ist deshalb zwar eine in vielen Situationen sehr effiziente, jedoch nur langfristig wirksame Form der Personalführung.

5.4.4 Personalführung in struktureller Perspektive: Der Ansatz der Postmoderne

Die Grundlage des postmodernen Ansatzes der Personalführung bildet die Erkenntnis, dass Macht nicht nur durch direkte und personale Eingriffe (interaktionale Führung) und durch sinnstiftendes Handeln (symbolische Führung), sondern auch durch Programme, Strukturen und Regeln (strukturelle Führung) ausgeübt werden kann (vgl. zum Folgenden ausführlich Holtbrügge 2001, S. 181 ff.). Besonders radikal wird diese Dezentrierung und Entpersonalisierung der Macht von Foucault formuliert. Den Ausgangspunkt seines Ansatzes einer zellenförmigen „Mikrophysik der Macht" (Foucault 1976, S. 40) bildet die historische Analyse gesellschaftlicher Sanktionsformen, die sich von affektgeladenen, auf körperliche Schmerzen zielenden Strafen (Macht des Souveräns) in der zweiten Hälfte des 18. Jahrhunderts zu subtilen und kontinuierlichen Formen der Überwachung und Kontrolle von Handlungen (Disziplinarmacht) gewandelt haben.

> Das Sinnbild dieser entpersonalisierten Mikrophysik der Macht ist für Foucault (1976, S. 251 ff.) das Panoptikum. Ende des 18. Jahrhunderts von Jeremy Bentham zur Humanisierung des Strafvollzugs entwickelt, stellt das Panoptikum ein ringförmiges Gebäude dar, in dessen Zentrum sich ein Wachturm befindet, um den herum einzelne Zellen gruppiert sind. Zwischen dem Wachturm und den Zellen sind Fenster angebracht, die so beschaffen sind, dass alle Zellen vom Turm, der Turm aber nicht von den Zellen eingesehen werden können. Die Häftlinge können deshalb von den Wärtern jederzeit beobachtet werden, ohne zu wissen, wann dies genau geschieht. „Die Wirkung der Überwachung ‚ist permanent, auch wenn ihre Durchführung sporadisch ist'; die Perfektion der Macht vermag ihre tatsächliche Ausübung überflüssig zu machen" (Foucault 1976, S. 258).

Die Grundlage der entpersonalisierten Ausübung von Macht ist die Trennung gesellschaftlicher Bereiche der Normalität von solchen der Anomalität und die Aufrechterhaltung des Normalen durch einen umfassenden Erfassungs-, Disziplinierungs- und Normierungsprozess. Voraussetzung und Gegenstand dieses Prozesses sind die Beobachtung und die Produktion von Wissen von Individuen. Beispiele für die Normierung von Mitarbeitern durch die Produktion von Wissen im Bereich des Personalmanagement sind etwa Stellenbeschreibungen, Multimomentaufnahmen, Einstellungsmessungen, Assessment Center oder Leistungsbeurteilungen (vgl. Townley 1993, S. 526 ff.; Findlay/Newton 1998; Fox 1990). Durch diese Techniken der Erfassung, Bewertung, Sichtbarmachung und Internalisierung wird ein automatisiertes Machtverhältnis geschaffen und aufrechterhalten, das vom Machtausübenden unabhängig ist.

Foucaults Ansatz einer zellenförmigen Mikrophysik der Macht versteht Macht damit nicht als Besitz, der an ein bestimmtes Subjekt gebunden ist, sondern als Grundlage und Produkt der strategischen Auseinandersetzung zwischen Akteuren. Sie ist nicht durch Argumente und Wahlentscheidungen wie etwa die organisatorische Rollendifferenzierung in Führungskräfte und untergeordnete Mitarbeiter legitimiert, sondern stellt ein Netz von arbiträren, asymmetrischen und temporären Beziehungen dar, das alle Bereiche der Lebenswelt durchzieht. „Die Macht ist nicht etwas, was man erwirbt, wegnimmt, teilt, was man bewahrt oder verliert; die Macht ist etwas, was sich von unzähligen Punkten aus und im Spiel ungleicher und beweglicher Beziehungen vollzieht. (Sie ist) das Spiel, das in unaufhörlichen Kämpfen und Auseinandersetzungen die Kraftverhältnisse verwandelt, verstärkt, verkehrt" (Foucault 1977, S. 113 ff.).

Das postmoderne Verständnis der Personalführung steht damit in einem starken Kontrast zu den klassischen Führungstheorien, die von hierarchischen Beziehungen ausgehen und die Möglichkeit voraussetzen, das Handeln der untergeordneten Mitarbeiter zielgerichtet zu beeinflussen (vgl. Clegg 1994). „Macht ist (vielmehr) diffundiert, (...) nicht mehr konkreten Personen zuschreibbar, noch nicht einmal denjenigen an der Spitze der Hierarchie. Es gibt zwar den Chef, aber Macht ist kein Eigentum, das man übertragen kann, sondern ein integriertes System, das selbständig ist, weil es von innen her mit der Ökonomie und den Zwecken der jeweiligen Organisation verbunden ist" (Pelzer 1995, S. 50). Man könnte sogar so weit gehen, zu sagen, dass die an der Spitze einer Hierarchie stehenden Führungskräfte am wenigsten Macht besitzen, individuelle Ziele zu setzen, Entscheidungen zu treffen und Maßnahmen umzusetzen. Mit der Verpflichtung auf den Shareholder Value, d.h. auf die Erfüllung der Ansprüche *einer* Interessengruppe, berauben sie sich gerade selbst ihrer Freiheit. Sie stehen nicht an der Spitze, weil sie als individuelle Subjekte autonom, innovativ und initiativ handeln, sondern den Zwängen, die das Prinzip des Shareholder Value ausübt, am besten gerecht werden. Ein Blick in ihren Terminkalender belegt, wie stark ihr Dispositions- und Entscheidungsspielraum geschrumpft ist. „Sie sind Sklaven des Systems, das sie selbst reproduzieren" (Holtbrügge 2001, S. 190).

Grundlage und Instrumente der Machtausübung in postmoderner Perspektive sind deshalb weder bestimmte Eigenschaften von Führungskräften noch die Anwendung eines bestimmten aufgaben- oder mitarbeiterorientierten Führungsstils, sondern subtile Formen der Überwachung und internalisierten Selbstkontrolle. Diese basieren vor allem auf der Nutzung neuer Informations- und Kommunikationstechnologien, denen eine zentrale Koordinationsfunktion zugeschrieben wird. An die Stelle der optischen Überwachung mit Hilfe von Mauern, Fenstern und Türmen rückt dabei häufig die elektronische Überwachung durch Zeit- und Nutzungserfassungen, *cookies* und Berechtigungschips, die alle Aktivitäten der Mitarbeiter in Datenbanken erfassen, codieren und speichern. Jeder Mitarbeiter hinterlässt elektronische Spuren, die sich jederzeit verfolgen lassen und dadurch eine umfassende Kontrolle ermöglichen. Die Digitalisierung von Daten erlaubt dabei die Reproduktion von Wissen ohne Informationsverlust. Das architektonische Panoptikum wird so zum „elektronischen Superpanoptikum" (Poster 1990, S. 90).

Intensiv untersucht wurden die Auswirkungen subtiler Formen der Überwachung und der internalisierten Selbstkontrolle vor allem im Rahmen der Teamorganisation (vgl. z.B. Barker 1993; Ezzamel/Willmott 1998; Sewell 1998). Da die Leistungen der einzelnen Teammitglieder aufgrund der intransparenten Arbeitsteilung bei dieser Form der Arbeitsorganisation durch außenstehende Führungskräfte häufig nicht mehr adäquat beurteilt werden können, erfolgt die Kontrolle vielfach durch die gegenseitige Beurteilung der Teammitglieder. Diese *peer reviews* führen dazu, dass der „zwingende Blick" (Foucault 1976) nicht mehr von den Vorgesetzten, sondern von den Mitarbeitern selbst ausgeht, die dadurch gleichzeitig zum Objekt und Subjekt der Kontrolle werden. „The employee can never tell who might use what against him or her or when a statement will come back to one's own demise. And the wider the group participation in decision-making, the fewer people are safe confidants. Worker participation programmes, for example, can move the work group from interest solidarity to member self-surveillance" (Deetz 1992, S. 40). *Peer reviews* ermöglichen der Organisation zudem den Zugang zu intuitiven und subjektiven Bewertungen von Mitarbeitern, die gewöhnlich verborgen bleiben. Diese Form der Kontrolle generiert damit nicht nur Wissen über die physische Verrichtung von vorgegebenen Arbeitsprozessen und die Realisierung der Unternehmungsziele, sondern auch über das psychische *commitment* der Mitarbeiter (vgl. McKinlay/Taylor 1998, S. 181).

Neue Formen der internalisierten Kontrolle besitzen nicht nur in Bereichen mit geringen Qualifikationsanforderungen und repetitiven Arbeitsaufgaben, sondern häufig auch in hochinnovativen und wissensintensiven Unternehmungen wie etwa der Computer-, Biotechnologie-, Consulting- und Telekommunikationsbranche eine große Bedeutung (vgl. Alvesson 1993; Barker 1993; Deetz 1998). Arbeitsaufgaben in diesen Branchen zeichnen sich durch die zentrale Bedeutung des intellektuellen Kapitals, unstrukturierte und nicht-repetitive Arbeitsaufgaben und das Fehlen eines physischen Produkts mit exakt bestimmbaren Eigenschaften aus. Wie Deetz (1998) in einer Fallstudie aufzeigt, werden die hier herrschenden Normen und Werte wie Fortschrittsoptimismus, Kundenorientierung und *entrepreneurial spirit* von den Mitarbeitern vor allem dann als Zwang internalisiert, wenn die Ergebnisse ihrer Entscheidungen und Handlungen nicht unmittelbar durch übergeordnete Vorgesetzte beurteilt, sondern in abstrakten Erfolgskriterien wie Gewinn, Kundenzufriedenheit oder Aktienkurs gemessen werden. Denn während hierarchische Beziehungen zwischen Führungskräften und Mitarbeitern offensichtlich sind und deshalb hinterfragt, kritisiert oder umgangen werden können, verlieren diese mikropolitischen Strategien bei abstrakten Erfolgskriterien ohne direkte Referenz zu bestimmten Personen oder Handlungen ihre Wirkung. „Gegen eine als ungerecht empfundene Beurteilung durch einen Vorgesetzten kann man sich wehren, gegen einen sinkenden Aktienkurs nicht" (Holtbrügge 2001, S. 197).

6 Personalcontrolling

Den vierten und letzten Bestandteil des integrierten Personalmanagement-Ansatzes bildet die Messung der Personalmanagement-Effizienz im Rahmen des Personalcontrolling. Das Personalcontrolling umfasst drei zentrale Elemente. Zunächst müssen geeignete Instrumente und Methoden ausgewählt werden, mit denen die Effizienz des Personalmanagement gemessen werden kann. Die umfassende Realisierung der Kontroll-, Informations- und Steuerungsfunktion erfordert in einem zweiten Schritt deren Integration in ein konsistentes Kennzahlensystem. Das dritte Element bildet die Institutionalisierung und Organisation des Personalcontrolling (vgl. Abb. 6.1).

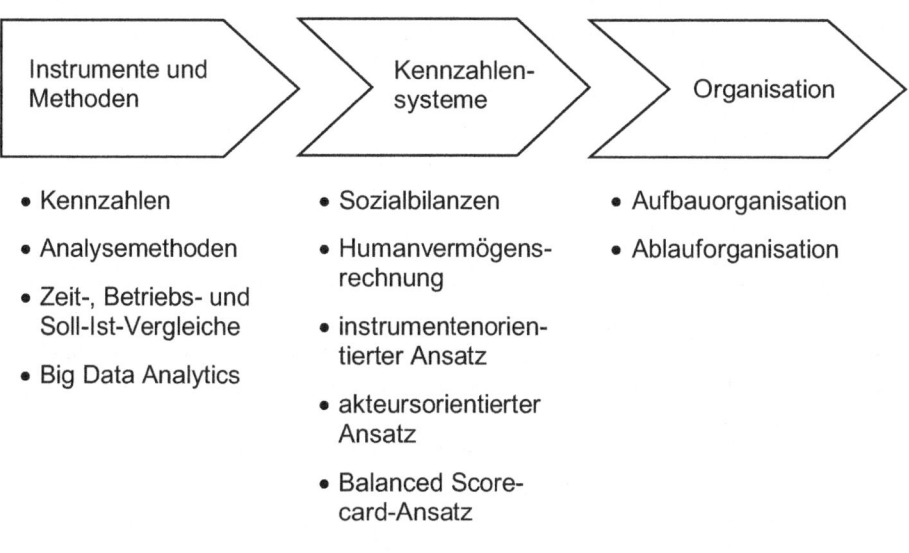

Abb. 6.1. Elemente des Personalcontrolling

6.1 Gegenstand und Ziele des Personalcontrolling

Am Beginn des Controllingprozesses steht die **Kontrollfunktion** der Bewertung des Personalmanagement auf seine Effizienz, d.h. den Erreichungsgrad der angestrebten Ziele. Dies gilt sowohl für die Kontrolle der in der Vergangenheit getroffenen Entscheidungen (*feedback*-Kontrolle) als auch für die antizipative Bewertung zukünftiger Handlungsalternativen (*feedforward*-Kontrolle). Die Voraussetzung dafür ist die Implementierung eines leistungsfähigen Planungssystems, das die zeitnahe Festlegung bzw. Erfassung aller erforderlichen Soll- und Ist-Größen sowie das frühzeitige Erkennen von entscheidenden Abweichungen erlaubt.

Die **Informationsfunktion** umfasst darüber hinaus die systematische, rechtzeitige und nutzergerechte Information aller Entscheidungsträger und Interessengruppen des Personalmanagement. Erforderlich dazu ist der Aufbau und die regelmäßige Pflege eines umfassenden und detaillierten Informationssystems, das die Erfassung, Verarbeitung, Aufbereitung und Bereitstellung aller für das Personalmanagement relevanten Informationen sicherstellt. Viele Unternehmungen greifen dazu auf standardisierte Personalsoftware zurück (vgl. Bruhn 2002).

> Die meistverwandte Personalsoftware in Großunternehmungen ist SAP® ERP HCM. Sie besteht aus einer Personaldatenbank, einer Arbeitsplatzdatenbank, einer Methoden- und Modellbank sowie verschiedenen Schnittstellen zur Datenein- und -ausgabe. Der besondere Vorteil von SAP® ERP HCM ist die Möglichkeit, alle Daten sowohl innerhalb dieses Moduls sowie mit allen anderen Modulen von SAP® ERP HCM auszutauschen und damit Datenredundanzen und -inkonsistenzen zu vermeiden. SAP® ERP HCM umfasst die beiden unabhängig voneinander einsetzbaren Komponenten Personaladministration und -abrechnung sowie Personalplanung und -entwicklung, wobei die verwaltenden Instrumente des Personalmanagement stärker unterstützt werden als die gestaltenden (vgl. Edinger/Marxsen/Krüger 2014).

Die **Steuerungsfunktion** des Personalcontrolling beinhaltet die Identifikation möglicher Ursachen des ineffizienten Einsatzes von Instrumenten des Personalmanagement und die Ausarbeitung sinnvoller Handlungsalternativen. Dies schließt auch die Initiierung von Änderungen des Ziel- und Handlungsrahmens bei permanenten und erheblichen Soll-Ist-Abweichungen (Prämissen-Controlling) ein. Strittig wird die Frage diskutiert, ob auch die Einleitung bzw. Veranlassung der erforderlichen Aktivitäten zu den Aufgaben des Personalcontrolling zählt (vgl. etwa Amshoff 1993, S. 191 f.). Während dies einerseits mit dem hohen Informationsstand über die relevanten Zusammenhänge begründet werden kann, besteht dadurch andererseits die Gefahr, dass das Personalcontrolling seine Unabhängigkeit gegenüber den entsprechenden Fachabteilungen einbüßt.

Im Hinblick auf die **Controllingobjekte** kann zwischen einem instrumentalen, institutionellen und funktionalen Personalcontrolling unterschieden werden:

- Das *instrumentale* Personalcontrolling misst die Effizienz der unterschiedlichen Instrumente des Personalmanagement, d.h. es findet ein Controlling der Personalbeschaffung, der Personalentwicklung, des Personaleinsatzes etc. statt. Im Mittelpunkt steht zumeist die dem *Kontingenzansatz* entlehnte Frage, ob diese Instrumente in Übereinstimmung mit den relevanten Bedingungen des Personalmanagement ausgewählt und eingesetzt werden.

- Das *institutionelle* Personalcontrolling ist auf die Personalabteilung als Organisationseinheit gerichtet. Diese Perspektive weist somit einen engen Bezug zu dem auf den *personalökonomischen Ansätzen* basierenden Wertschöpfungscenter-Konzept der Personalorganisation auf (vgl. Kap. 3.2.2.4).
- Das *funktionale* Personalcontrolling betrachtet das Personalmanagement als Ganzes. Im Sinne des *ressourcenorientierten Ansatzes* wird untersucht, in wieweit dieses einen positiven Beitrag zur Wettbewerbsfähigkeit der Unternehmung leistet.

Je nachdem, welche dieser drei Perspektiven überwiegt, können unterschiedliche Instrumente, Methoden und Systeme des Personalcontrolling eingesetzt werden. Hierauf wird im Folgenden eingegangen.

6.2 Instrumente und Methoden des Personalcontrolling

Das zentrale Instrument der Effizienzmessung im Rahmen des Personalcontrolling stellen **Kennzahlen** dar. Kennzahlen sind Messgrößen, die in konzentrierter Form über quantitativ erfassbare Sachverhalte informieren (vgl. Reichmann/Kißler/Baumöl 2017, S. 34 ff.). Deren Grundgedanke ist die Verdichtung der Vielzahl der im Personalmanagement anfallenden Daten zu wenigen aussagefähigen Größen. Durch die Abstraktion und Reduktion von Informationen sollen sie Führungskräfte und die Personalabteilung bei der Entscheidungsfindung unterstützen und die Kontrolle von Entscheidungen erleichtern. Voraussetzungen dafür sind die permanente Bildung und Analyse von Kennzahlen sowie deren systematische Integration in ein umfassendes Controllingsystem (vgl. Kap. 6.3). Kennzahlen können unterschiedliche **Formen** haben (vgl. Abb. 6.2):

- *Absolute Zahlen* sind Summen, Differenzen und Mittelwerte, die wiederum jeweils Mengen- oder Wertgrößen darstellen können. Sie besitzen nur einen relativ geringen Informationswert, da sie keine Ursache-Wirkungs-Zusammenhänge abbilden können.
- Bei *Verhältniszahlen* können drei Formen unterschieden werden:
  - *Gliederungszahlen* geben die relative Bedeutung einer Teilgröße an einer Gesamtgröße wieder. Beide Größen werden in derselben Dimension (z.B. €, Stunde oder Anzahl) und demselben Zeitpunkt bzw. Zeitraum gemessen.
  - Bei *Beziehungszahlen* werden wesensverschiedene, jedoch sachlich zusammenhängende Größen zueinander ins Verhältnis gesetzt. Zähler und Nenner können in derselben oder in unterschiedlichen Dimensionen gemessen werden, müssen sich jedoch auf denselben Zeitpunkt bzw. Zeitraum beziehen.
  - *Indexzahlen* geben das Verhältnis gleichartiger, aber örtlich oder zeitlich verschiedener Größen zueinander wieder. Dabei wird eine betrachtete Größe mit einer Basisgröße verglichen. Eine Sonderform sind *Elastizitätskoeffizienten*, durch welche die Auswirkungen von Veränderungen einer unabhängigen Größe (Ursache) auf eine abhängige Größe (Wirkung) abgebildet werden.

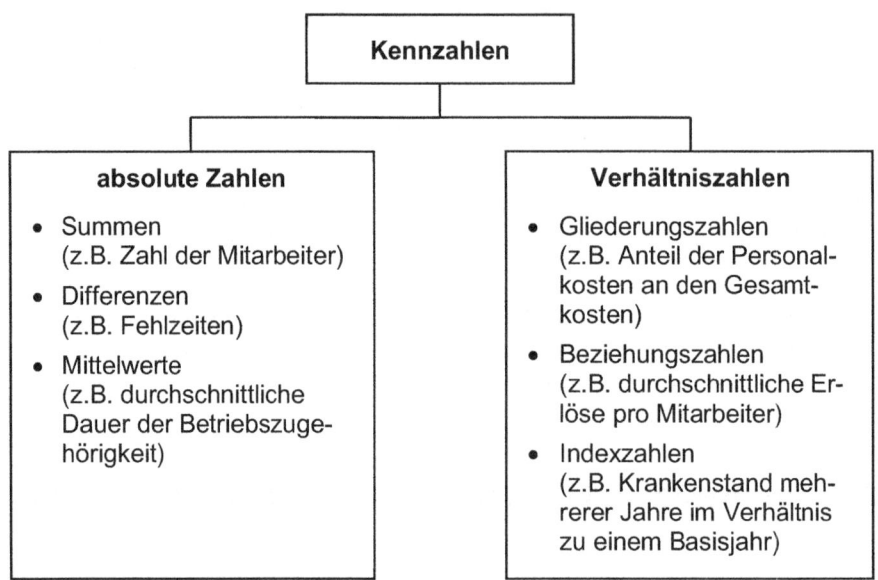

Abb. 6.2. Formen von Kennzahlen (Quelle: adaptiert nach Schulte 2020, S. 7 f.)

Abhängig davon, ob Informationen über die Kosten und den Nutzen der einzelnen Instrumente des Personalmanagement in monetärer oder nicht-monetärer Form vorliegen, können vier **Methoden des Personalcontrolling** angewandt werden (vgl. Hentze/Kammel 1993, S. 143 ff.; Gerpott 1995, S. 23 ff.):

- Bei der *Nutzwert-Analyse* wird der Zielerreichungsgrad des Personalmanagement durch nicht-monetäre Punktbewertungen ermittelt. Aufgrund der relativ geringen Informationsanforderungen sind Nutzwert-Analysen zumeist für alle Controllingobjekte möglich.
- Bei der *Kostenvergleichsrechnung* werden die Kostenwirkungen unterschiedlicher Instrumente miteinander verglichen. Die höchste Effizienz weist dasjenige Instrument auf, das die geringsten Kosten verursacht. Neben dieser instrumentalen Sichtweise lassen sich Kostenvergleichsrechnungen oft auch im Rahmen des institutionellen und funktionalen Personalcontrolling durchführen.
- Bei der *Kosten-Wirksamkeits-Analyse* werden die Kosten, die mit dem Einsatz eines Personalmanagement-Instruments verbunden sind, den in nicht-monetären Einheiten gemessenen Wirkungen gegenübergestellt. Voraussetzung dafür ist, dass die Kosten der betrachteten Instrumente bekannt und deren Nutzen operationalisierbar und messbar ist.
- Bei der *Kosten-Nutzen-Analyse* werden sowohl die Kosten als auch die Erträge des Einsatzes von Personalmanagement-Instrumenten betrachtet. Die höchste Effizienz weist dasjenige Instrument mit dem höchsten Kapitalwert auf, d.h. bei dem die Differenz zwischen diskontierten Erträgen und Kosten am größten ist. Aufgrund der hohen Informationsanforderungen sind Kosten-Nutzen-Analysen zumeist auf das institutionelle Personalcontrolling beschränkt.

Zur Messung der instrumentalen, institutionellen und funktionalen Effizienz des Personalmanagement bedient sich das Personalcontrolling verschiedener **Vergleiche**:

- *Zeitvergleiche* umfassen die Kontrolle der Personalmanagement-Effizienz im Zeitablauf. Sie dienen vor allem dazu, Änderungen des Einsatzes personalpolitischer Instrumente aufzuzeigen.
- *Betriebsvergleiche* beinhalten die Kontrolle der Personalmanagement-Effizienz im Vergleich zu den unmittelbaren Konkurrenten (Benchmarking). Eine weitere Form ist der Vergleich unterschiedlicher Unternehmungsbereiche.
- Bei *Soll-Ist-Vergleichen* werden die angestrebte und die tatsächlich realisierte Personalmanagement-Effizienz gegenübergestellt. Indem unmittelbar an der Personalplanung angesetzt wird, wird so die Gefahr des „Vergleichs des Schlendrians mit dem Schlendrian" (Schmalenbach 1934, S. 263) verringert.

Die Durchführung von Vergleichen setzt voraus, dass die Kennzahlen im Zeitablauf bzw. in den jeweiligen Bereichen und Unternehmungen einheitlich definiert und berechnet werden. Diese Voraussetzung ist i.d.R. im Rahmen des instrumentalen Personalcontrolling eher erfüllt als beim institutionellen und funktionalen Personalcontrolling.

Neben der systematischen Analyse strukturierter und zu diesem Zweck erhobener und aufbereiteter Personaldaten ermöglichen neue Informations- und Kommunikationstechnologien zunehmend, auch nicht strukturierte Daten auszuwerten. Im Rahmen der **Big Data Analytics** lassen sich dafür etwa personenbezogene Stammdaten und Daten zu Arbeitsplätzen, Leistungen, Kompetenzen, Weiterbildungsaktivitäten, Entgelt und Mitarbeiterengagement nutzen. Darüber hinaus können Daten aus sozialen Netzwerken sowie von mobilen Endgeräten der Mitarbeiter zur Analyse von Zusammenhängen und Mustererkennung herangezogen werden (vgl. Fitz-enz/Mattox 2014). Während die Menge entsprechender Daten exponentiell wächst, liegen jedoch erst wenige Erfahrungen mit Algorithmen und Heuristiken zu deren Auswertung vor (vgl. Strohmeier/Piazza 2015). Big Data Analytics wird deshalb bislang vor allem zur operativen Berichterstattung und weniger zur strategischen und prognostizierenden Analytik genutzt. Darüber hinaus müssen die Bestimmungen des Datenschutzes berücksichtigt werden (vgl. Gola 2015). Das BDSG schränkt etwa die Verarbeitung personenbezogener Daten stark ein. Zudem besteht nach § 87 BetrVG Abs. 1 Nr. 6 ein Mitbestimmungsrecht des Betriebsrats bei der „Einführung und Anwendung von technischen Einrichtungen, die dazu bestimmt sind, das Verhalten oder die Leistung der Arbeitnehmer zu überwachen" (vgl. Kap. 3.2.1.1).

Ein Beispiel für eine Unternehmung, die bereits in einem großen Umfang Big Data Analytics im Personalmanagement einsetzt, ist Xerox. Traditionell legte Xerox bei der Auswahl von Mitarbeitern großen Wert auf deren Erfahrungen. Durch Big Data Analytics wurde dann jedoch festgestellt, dass für die hohe Fluktuation in Call Centern vor allem deren Persönlichkeit maßgeblich ist. Während wissbegierige Menschen die Unternehmung

> oft schon nach weniger als sechs Monaten wieder verlassen, ist die Verweildauer von kreativen Menschen dort deutlich größer. Nach der Umstellung der Personalauswahl konnte deshalb die Fluktuationsrate um rund 50% reduziert werden (vgl. Cornerstone on Demand 2013).

6.3 Kennzahlensysteme

Zur Realisierung der Steuerungsfunktion des Personalcontrolling müssen Kennzahlen nicht nur sporadisch und vereinzelt gebildet, sondern in ein umfassendes Kennzahlensystem integriert werden. Als Kennzahlensystem wird die systematische Zusammenstellung von Kennzahlen bezeichnet, die in einer sachlich sinnvollen Beziehung zueinander stehen, einander ergänzen oder erklären und die Ziele des Personalmanagement umfassend abbilden. Kennzahlensysteme müssen folgende **Anforderungen** erfüllen (vgl. Hentze/Kammel 1993, S. 87 ff.; Wimmer/Neuberger 1998, S. 559; Wunderer/Jaritz 2007, S. 28 ff.):

- *Klarheit und Übersichtlichkeit*: Die Kennzahlen müssen verständlich und eindeutig sein und einen schnellen Überblick ermöglichen.
- *Umfang*: Die Anzahl der Kennzahlen darf nicht zu groß sein, da diese sonst ihre handlungsleitende Funktion verlieren.
- *Systematische Struktur*: Eine Vielzahl formal-logischer und empirischer Beziehungen zwischen den einzelnen Kennzahlen erleichtert die Ursachenanalyse.
- *Umfassender Zielbezug*: Die einzelnen Kennzahlen müssen an den Zielen des Personalmanagement ausgerichtet sein und sowohl die Abstimmung der einzelnen Instrumente des Personalmanagement untereinander (*Konsistenzansatz*) als auch deren Abstimmung mit den Bedingungen des Personalmanagement (*Kontingenzansatz*) ermöglichen.

In der Literatur liegen mehrere Kennzahlensysteme vor, die in unterschiedlicher Weise versuchen, diesen Anforderungen gerecht zu werden. Zu den bekanntesten Ansätzen zählen Sozialbilanzen, die Humanvermögensrechnung, instrumentenorientierte und akteursorientierte Kennzahlensysteme sowie der Balanced Scorecard-Ansatz. Diese werden im Folgenden dargestellt.

6.3.1 Sozialbilanzen

Sozialbilanzen stellen einen der frühesten Ansätze von Unternehmungen dar, Rechenschaft über die Auswirkungen ihrer Tätigkeit für die Mitarbeiter abzulegen. Erstmals in den siebziger Jahren als Bestandteil des gesellschaftsbezogenen Rechnungswesens eingeführt, dienen sie vor allem der Information externer Interessengruppen wie den Anteilseignern, dem Staat oder potenziellen Bewerbern (vgl. Pieroth 1978). Entsprechend beinhalten Sozialbilanzen Kennzahlen zur Struktur der Mitarbeiter, zu deren Entlohnung, zur Arbeitssicherheit, u.a. (vgl. Dierkes 1992).

> Eine Unternehmung, die seit 1954 im Rahmen von Berichten zur gesellschaftlichen Verantwortung Sozialbilanzen veröffentlicht, ist die BASF AG. Darin finden sich etwa Angaben zur Zusammensetzung der Belegschaft, zu den Personal- und Personalzusatzkosten und zur materiellen Mitarbeiterbeteiligung. Weitere Kennzahlen geben die Teilzeitquote, die Fluktuationsrate, die prämierten Verbesserungsvorschläge und die Aufwendungen für Weiterbildung wieder. Wie in vielen anderen Unternehmungen nehmen die mitarbeiterbezogenen Kennzahlen im Vergleich zur Berichterstattung über das ökologische und gesellschaftliche Verhalten jedoch nur einen relativ kleinen Raum ein (vgl. BASF 2002).

Im Rahmen der Novellierung des Rechnungswesens gewinnt die Berichterstattung über die Belange der Mitarbeiter zunehmend an Bedeutung. So schreibt § 289c HGB vor, dass nichtfinanzielle Leistungsindikatoren wie Informationen über Arbeitnehmerbelange im Konzernlagebericht darzustellen sind. Auch das Deutsche Rechnungslegungs Standards Committee (2021) empfiehlt im DRS 12, Informationen über das intellektuelle Kapital und damit auch über das Humankapital in den Konzernlagebericht aufzunehmen. Bislang gibt es dafür jedoch noch keinen Standard, so dass jede Unternehmung selbst darüber entscheiden kann, worüber und in welcher Form sie berichtet (vgl. Schütte 2004). Aufgrund ihres primär externen Adressatenkreises und der starken Verdichtung der Kennzahlen steht zudem eindeutig die Informationsfunktion des Personalcontrolling im Vordergrund, während sich die Kontroll- und Steuerungsfunktionen dagegen nur in einem begrenzten Maße erfüllen lassen (vgl. von Wysocki 1992). Sozialbilanzen sind deshalb zur Ableitung personalpolitischer Handlungsempfehlungen kaum geeignet.

6.3.2 Humanvermögensrechnung

Die Humanvermögensrechnung basiert auf der Überlegung der *personalökonomischen Ansätze*, die Mitarbeiter nicht als Kostenfaktor, sondern als Investitionsgut aufzufassen und analog zu den anderen Vermögensgegenständen der Unternehmung als Humanvermögen zu aktivieren (vgl. Flamholtz 1999). Für jeden Mitarbeiter wird ein Zeitwert berechnet, der sich als Differenz zwischen dem diskontierten Wert seiner zukünftig erwartbaren Beiträge zum Unternehmungserfolg abzüglich der periodenbezogenen Personalaufwendungen (z.B. Lohn- und Gehaltszahlungen, vermögenswirksame Leistungen, Pensionsrückstellungen) und der investiven Personalaufwendungen (z.B. Kosten der Personalwerbung, -auswahl, -einstellung und -weiterbildung) ergibt (vgl. Wucknitz 2002, S. 195 ff.; Fitz-enz 2003, S. 108 ff.). Das Humanvermögen umfasst in diesem Sinne das gesamte einer Unternehmung zur Verfügung stehende menschliche Leistungspotenzial, das zur Realisierung der Unternehmungsziele eingesetzt werden kann.

Nachdem die Humanvermögensrechnung in den achtziger Jahren an Bedeutung verloren hatte, ist in jüngster Zeit im Rahmen des *ressourcenorientierten Ansatzes* wieder eine verstärkte Aufmerksamkeit zu beobachten. Der Anlass dafür ist die Erkenntnis, dass die Wettbewerbsfähigkeit einer Unternehmung in einem zunehmenden Maße von der Entwicklung und Nutzung ihrer personellen Ressourcen abhängt, die sich im Vergleich zu finanziellen und materiellen Ressourcen durch ihre hohe Unternehmungsspezifität und ihren damit verbundenen hohen Imitationsschutz auszeichnen. Dieser Aspekt wird jedoch in Shareholder Value-Ansätzen, die ausschließlich finanzwirtschaftliche Kennzahlen betrachten, nicht adäquat berücksichtigt (vgl. Schmeisser/Lukowsky 2006). Dies ist insofern erstaunlich, als einer empirischen Studie von Strack/Franke/Dertnig (2000) zufolge die Personalkosten bei allen DAX-Unternehmungen ein Vielfaches der Kapitalkosten ausmachen.

> Empirische Untersuchungen weisen darauf hin, dass die Entlassung von Mitarbeitern kurzfristig häufig zu steigenden Aktienkursen führt und der Kapitalmarkt somit die gesunkenen Personalkosten honoriert (vgl. Knauer/Lachmann 2011). Dabei bleibt jedoch zumeist unberücksichtigt, dass Unternehmungen durch Entlassungen wertvolles Humankapital verlieren, das nach einiger Zeit oft mit einem erheblichen Kostenaufwand wieder neu beschafft werden muss. Zudem wirken sich Entlassungen negativ auf die Leistung der verbleibenden Mitarbeiter aus. Langfristig haben Entlassungen deshalb häufig einen sinkenden Unternehmungswert zur Folge, was durch die Betrachtung der Mitarbeiter als Humanvermögen und nicht als Kostenfaktor vermieden werden kann (vgl. Herding/Stumpfhaus 2003).

Zunehmend wird deshalb gefordert, neben Finanzkennzahlen langfristig orientierte personelle Kennzahlen in die Berechnung des Unternehmungswertes einzubeziehen und im Rahmen der wertorientierten Unternehmungsführung analog zum Finanzmanagement auch ein Human Capital Management einzuführen (vgl. Becker 2008). Dessen Aufgabe ist es, das Humanvermögen der Unternehmung gezielt zu identifizieren, zu entwickeln und Gewinn bringend einzusetzen.

Ein Beispiel dafür ist die von Scholz/Stein/Bechtel (2011) entwickelte **Saarbrücker Formel**. Diese umfasst vier Komponenten des Human Capital (HC) (vgl. Abb. 6.3):

$$HC = \sum_{i=1}^{g} ((\overbrace{FTE_i * l_i}^{\text{HC-Wertbasis}} * \underbrace{\frac{w_i}{b_i}}_{\text{HC-Wertverlust}} + \overbrace{PE_i}^{\text{HC-Wertkompensation}}) * \underbrace{M_i}_{\text{HC-Wertveränderung}})$$

Abb. 6.3. Saarbrücker Formel (Quelle: Scholz/Stein/Bechtel 2011)

- Die *HC-Wertbasis* gibt an, welchen Wert die Mitarbeiter für die Unternehmung bilden. Dazu werden die Beschäftigten in Vollzeitkräfte (Full Time Equivalent, FTE) umgerechnet und in sinnvolle Beschäftigtengruppen (i) unterteilt. Ein

Kriterium dafür kann z.B. der höchste erreichte Ausbildungsabschluss sein. Für die einzelnen Beschäftigtengruppen werden dann die branchenüblichen Durchschnittslöhne und -gehälter (l_i) ermittelt. Die Produkte aus FTE_i und l_i ergeben die Lohn- und Gehaltssummen, die eine Unternehmung branchenüblich für die einzelnen Beschäftigtengruppen seiner Belegschaft zahlen müsste.

- Der *HC-Wertverlust* bildet den natürlichen Relevanzverfall des Wissens der Mitarbeiter ab. Zu dessen Ermittlung wird die Zeitspanne, über die Wissen zur Erzielung von Wertschöpfung relevant ist (w_i), mit der nach Gruppen differenzierten durchschnittlichen Betriebszugehörigkeit der Beschäftigten (b_i) zueinander in Relation gesetzt. Zur Quantifizierung der Wissensrelevanzzeit wird auf Erkenntnisse zur Halbwertszeit des Wissens in unterschiedlichen Branchen zurückgegriffen. Während diese etwa im öffentlichen Dienst auf 10 Jahre beziffert wird, beträgt sie in der IT-Branche nur zwei Jahre.
- Die *HC-Wertkompensation* dokumentiert, in wieweit die abnehmende Wissensrelevanz durch Personalentwicklung (PE_i) kompensiert wird. Sie wird durch den im Erhebungszeitraum getätigten Aufwand für Maßnahmen der Personalentwicklung (in €) abgebildet. Dahinter verbirgt sich die Erkenntnis, dass Mitarbeiter nur dann wertvolle Träger von Humankapital bleiben, wenn sie ihre Qualifikationen permanent aktualisieren.
- Die *HC-Wertveränderung* basiert auf der Idee, dass der Wert des Humankapitals von der Motivation der Mitarbeiter abhängt. Mit Motivation wird die Bereitschaft der Mitarbeiter bezeichnet, sich für den Erfolg ihrer Unternehmung einzusetzen. Zu ihrer Quantifizierung wird auf Mitarbeiterbefragungen zurückgegriffen, die in einem Motivationsindex (M_i) zusammengefasst werden. Dieser wird rechnerisch so gestaltet, dass er Werte zwischen 0 und 2 annehmen kann. Je geringer der Wert ist, desto größer ist die HC-wertmindernde Demotivation der Mitarbeiter. Je höher dieser ist, desto größer ist deren HC-wertsteigernde Motivation. Ein Motivationsindex von 1 ist HC-wertneutral.

Das HC nimmt nach der Saarbrücker Formel stets Werte größer oder gleich 0 an. Es wird umso größer,

- je mehr Humankapitalträger in der Unternehmung arbeiten (FTE_i),
- je höher deren marktübliche Durchschnittsgehälter sind (l_i),
- je aktueller und somit wertschöpfungsrelevanter deren Wissen ist (w_i/b_i),
- je höher die Investitionen in Maßnahmen der Personalentwicklung (PE_i) sind, und
- je höher die Motivation der Mitarbeiter (M_i) ist.

Die Vorteile der Saarbrücker Formel sehen Scholz/Stein/Bechtel (2011, S. 213 ff.) darin, ökonomische, ressourcenorientierte und motivationstheoretische Ansätze miteinander zu verbinden. Der ermittelte HC-Wert ist auf eine bestimmte Periode bezogen und nach unterschiedlichen Organisationseinheiten differenzierbar, so dass er sich sowohl für Zeit- als auch für Betriebsvergleiche eignet. Die vier Komponenten des HC weisen zudem auf unterschiedliche Instrumente des Personalmanagement hin, mit denen ein Wertzuwachs realisiert werden kann. Insofern weist der Ansatz einen expliziten Entscheidungsbezug auf. Im Mittelpunkt steht dabei der Wert der Mitarbeiter und nicht der Wert des Personalmanagement, d.h. die funktionale Perspektive des Personalcontrolling. Tab. 6.1 gibt ein Rechenbeispiel zur Saarbrücker Formel wieder.

Tabelle 6.1. Rechenbeispiel zur Saarbrücker Formel

Grunddaten Input			Wertmäßige Auswirkung Output
HC-Wertbasis	Full-Time-Equivalent (FTE)	100,00	
	Marktgehalt (L)	25.000 €	2.500.000 €
HC-Wertverlust	Wissensrelevanzzeit (W)	10 Jahre	
	Betriebszugehörigkeit (B)	15 Jahre	- 833.333 €
HC-Wertkompensation	Personalentwicklung (PE)		+ 700.000 €
HC-Wertveränderung	Commitment (M1)	1,51	+ 402.233 €
	Arbeitssituation (M2)	1,10	+ 78.889 €
	Retention (M3)	0,70	- 236.667 €
HC			2.611.222 €

Quelle: Scholz/Bechtel 2005, S. 33

In einer Studie bei 13 DAX 30-Unternehmungen haben Scholz/Stein (2007) die Anwendbarkeit der Saarbrücker Formel empirisch getestet. Dabei konnten sie vier **Typen von Humankapitalstrategien** identifizieren:

- Bei *Humankapitalvernichtern* ist der HC-Wert kleiner als die HC-Wertbasis. Dies ist vor allem auf den Wissensverlust aufgrund der wissensmäßigen Überalterung der Belegschaft zurückzuführen, die nicht durch Personalentwicklung kompensiert wird.
- *Wissenserosionsoptimierer* zeichnen sich nur durch einen geringen Wissensverlust aus, der durch Personalentwicklung und Maßnahmen zur Motivationssteigerung ausgeglichen wird.
- *Punktlander* verzeichnen zwar einen hohen Wissensverlust, der aber fast punktgenau kompensiert wird. HC-Wert und HC-Wertbasis sind nahezu gleich groß.
- Bei *Humankapitalmaximierern* wird der HC-Wertverlust durch intensive Personalentwicklung und Motivationssteigerung überkompensiert. Der HC-Wert liegt deshalb über der HC-Wertbasis.

Die Saarbrücker Formel hat in den letzten Jahren eine große Aufmerksamkeit erlangt, aber auch zahlreiche, teilweise massive *Kritik* hervorgerufen (vgl. Becker/Lubucay/Rieger 2007). So wird kritisiert, dass die Saarbrücker Formel keinen expliziten Marktbezug hat, da in die Berechnung der HC-Wertbasis vergangenheitsorientierte Durchschnittslöhne und keine Wiederbeschaffungskosten eingehen. Zudem fließen lediglich der Aufwand der Personalentwicklung und nicht deren Nutzenbeitrag in die Berechnung der HC-Wertkompensation ein. Der Saarbrücker Formel liegt deshalb die „heroische Annahme" (Kossbiel 2007, S. 340) zugrunde, dass der jährliche Personalentwicklungsaufwand unmittelbar und in vollem Umfang zu einer Erhöhung des Humankapitals führt. Ein weiterer Kritikpunkt ist, dass die Kategorien zur Bestimmung der HC-Wertveränderung wichtige Erkenntnisse der Motivationsforschung nicht berücksichtigen und die komplexen Beziehungen zwischen Motivation und Leistung (vgl. Kap. 2.3) stark vereinfachend abgebildet werden. Nach Auffassung von Becker/Lubucay/Rieger (2007, S. 54 f.) setzt die Saarbrücker Formel deshalb personalpolitische Fehlanreize, da sich der HC-Wert steigern lässt, indem wenig sinnvolle Maßnahmen wie die Einstellung von Mitarbeitern in Bereichen mit geringer Innovation oder die Entlassung erfahrener bei gleichzeitiger Einstellung neuer Mitarbeiter ergriffen werden.

Insgesamt leistet die Humanvermögensrechnung – trotz zahlreicher Detailprobleme – einen wichtigen Beitrag zur informatorischen Fundierung personalpolitischer Entscheidungen. Die dabei vorgenommene Betrachtung der Mitarbeiter als Aktiva und nicht als Kostenverursacher ist in vielen Bereichen bereits üblich. Beispiele dafür sind der Transfer von Spitzensportlern zwischen Vereinen (vgl. Schmeisser/Ennemann/Drewicke 2009) und der Abschluss von Versicherungen gegen Invalidität oder Erkrankung von Schauspielern, Rockstars, Models u.a. (vgl. Papmehl 1999, S. 81). Problematisch ist jedoch, dass sich der Wert eines Mitarbeiters für eine Unternehmung nur schwer in quantitativen Größen ausdrücken lässt. Während der Personalaufwand relativ leicht ermittelbar ist, ist die Ermittlung des zukünftigen potenziellen Humanertrags mit großen Prognoseunsicherheiten behaftet. Die Mitarbeiter stellen zudem kein Eigentum der Unternehmung dar, über das diese uneingeschränkt verfügen kann, und sind als nicht entgeltlich erworbene immaterielle Vermögenswerte gemäß DRS 12 in Deutschland nicht aktivierungsfähig (vgl. Persch 2003, S. 40 ff.). Darüber hinaus ist die Gleichsetzung von Mitarbeitern mit Maschinen, Grundstücken und Gebäuden sowie deren Reduzierung auf ihre ökonomische Verwertbarkeit aus ethischen Gründen bedenklich. Die Humanvermögensrechnung ist deshalb in deutschen Unternehmen bislang kaum verbreitet (vgl. Brandl/Welpe 2006; Schmeisser/Eckstein/Boche 2009).

6.3.3 Instrumentenorientierter Ansatz

Im Mittelpunkt des instrumentenorientierten Ansatzes steht die Überlegung, spezifische Kennzahlen für die einzelnen Instrumente des Personalmanagement zu bilden. Die größte Verbreitung in der Literatur hat dabei der **Ansatz von Schulte** (2020) erfahren, der zwischen acht Instrumenten des Personalmanagement mit jeweils unterschiedlichen Kennzahlen unterscheidet (vgl. Tab. 6.2).

Entsprechend der von Schulte gewählten Vorgehensweise ist sein Ansatz auf die instrumentale Perspektive des Personalcontrolling gerichtet. Unklar ist jedoch, welche Zusammenhänge zwischen den einzelnen Kennzahlen bestehen. Deren Steuerungsfunktion bleibt deshalb offen. Wimmer/Neuberger (1998, S. 557) wenden zudem ein, dass nicht nachzuvollziehen ist, aus welchem übergeordneten Gesichtspunkt die einzelnen Kennzahlen abgeleitet werden, d.h. warum genau diese und nicht andere Kennzahlen relevant sind. Sie halten deshalb den Anspruch von Schulte, ein Kennzahl*ensystem* entwickelt zu haben, für nicht eingelöst.

Tabelle 6.2. Personal-Kennzahlensystem von Schulte

Personal-bedarf und -struktur	Personal-beschaffung	Personal-einsatz	Personalerhaltung und Leistungsstimulation
• Netto-Personal-bedarf • Arbeitsvolumen/ Arbeitszeit • Qualifikationsstruktur • Behindertenanteil • Frauenanteil • Durchschnittsalter der Belegschaft • Durchschnittsdauer der Betriebszugehörigkeit	• Bewerber pro Ausbildungsplatz • Vorstellungsquote • Effizienz der Beschaffungswege • Personalbeschaffungskosten je Eintritt • Produktivität der Personalbeschaffung • Grad der Personaldeckung • Frühfluktuationsrate • Anzahl der Versetzungswünsche nach kurzer Dienstdauer	• Vorgabezeit • Leistungsgrad • Arbeitsproduktivität • Arbeitsplatzstruktur • Verteilung des Jahresurlaubs • Überstundenquote • Durchschnittskosten je Überstunde • Leitungsspanne • Entsendungsquote • Rückkehrquote	• Fluktuationsrate • Fluktuationskosten • Krankheitsquote • Unfallhäufigkeit • Ausfallzeit infolge Unfall • Kosten von Arbeitsunfällen • Grad der Unfallschwere • Lohnformenstruktur • Lohngruppenstruktur • Vermögensbildende Leistungen je Mitarbeiter • Erfolgsbeteiligung je Mitarbeiter • Altersversorgungsanspruch je Mitarbeiter • Nutzungsgrad betrieblicher Sozialeinrichtungen • Aufwand für freiwillige betriebliche Sozialleistungen je Mitarbeiter
Personalentwicklung	**Betriebliches Vorschlagswesen**	**Personalfreisetzung**	**Personalkostenplanung und -kontrolle**
• Ausbildungsquote • Übernahmequote • Struktur der Prüfungsergebnisse • Struktur der Bildungsmaßnahmen • jährliche Weiterbildungszeit pro Mitarbeiter • Anteil der Personalentwicklungskosten an den Gesamtpersonalkosten • Weiterbildungskosten pro Tag u. Teilnehmer • Bildungsrendite	• Verbesserungsvorschlagsrate • Struktur der Einreicher • Bearbeitungszeit pro Verbesserungsvorschlag • Annahmequote • Realisierungsquote • Durchschnittsprämie • Einsparungsquote	• Sozialplankosten pro Mitarbeiter • Abfindungsaufwand je Mitarbeiter	• Personalintensität • Personalkosten in Prozent der Wertschöpfung • Personalzusatzkostenquote • Personalkosten je Mitarbeiter • Personalkosten je Stunde

Quelle: Schulte 2011, S. 182

Eine instrumentale Perspektive liegt auch dem **Leitfaden zum Human Capital Reporting nach DIN ISO 30414** zugrunde. Dieser umfasst 58 Kennzahlen in 11 Reportingbereichen: Compliance und Ethik; Personalkosten; Vielfalt; Führung; Unternehmenskultur; Wohlbefinden, Arbeits- und Gesundheitsschutz; Produktivität; Personaleinstellung, Mobilität und Fluktuation; Fähigkeiten und Leistungspotenzial; Nachfolgeplanung sowie Mitarbeiterverfügbarkeit. Die Kennzahlen weisen viele Ähnlichkeiten zu dem Ansatz von Schulte auf. Im Unterschied dazu werden unterschiedliche Kennzahlen für das interne Personalcontrolling und die Berichterstattung an externe Interessengruppen vorgeschlagen. Für kleine und mittelständische Unternehmen werden 58 und für große Unternehmen 32 Kennzahlen zum internen Personalcontrolling vorgeschlagen.

6.3.4 Akteursorientierter Ansatz

Die Grundlage des akteursorientierten Ansatzes bildet die dem *Konfliktansatz* entlehnte Annahme, dass zwischen den Akteuren des Personalmanagement partielle Zielkonflikte bestehen, die zu unterschiedlichen Interpretationen von Ergebnissen des Personalmanagement führen können. Entsprechend können zwei grundlegende **Dimensionen der Personalmanagement-Effizienz** unterschieden werden (vgl. Marr/Stitzel 1979):

- Die *unternehmungsbezogene bzw. betriebswirtschaftliche Effizienz* betrachtet die Auswirkungen des Personalmanagement aus Sicht der Anteilseigner bzw. der Führungskräfte als deren Interessenvertreter.
- Im Rahmen der *mitarbeiterbezogenen bzw. sozialen Effizienz* steht die Perspektive der Mitarbeiter im Vordergrund.

Aus diesen beiden Dimensionen müssen in jeder Unternehmung **Kriterien und Indikatoren der Personalmanagement-Effizienz** abgeleitet werden, die eine valide, reliable, wirtschaftliche und rechtzeitige Effizienzmessung ermöglichen. Auf der Basis einer umfassenden Analyse von Zielen des Personalmanagement in der Literatur argumentiert Holtbrügge (1995a, S. 277 ff.), dass sich die beiden zentralen Dimensionen der Personalmanagement-Effizienz durch folgende Kriterien und Indikatoren abbilden lassen (vgl. Tab. 6.3):

- *Personalbereitstellung*: Die Fähigkeit, die zur Realisierung der Unternehmungsziele benötigten Mitarbeiter (insbesondere Fach- und Führungskräfte) nach quantitativen, qualitativen, zeitlichen und örtlichen Erfordernissen jederzeit bereitstellen zu können, wird vor allem durch das Potenzial des relevanten Arbeitsmarktes und das Arbeitgeberimage einer Unternehmung bestimmt. Ihren Niederschlag finden diese Kriterien in der Bewerberzahl und -qualität. Ein weiteres Kriterium ist die Höhe der mit der Stellenbesetzung anfallenden Kosten.
- *Arbeitsproduktivität*: Die Erzielung einer hohen Arbeitsproduktivität bzw. Arbeitsleistung erfordert den optimalen Einsatz des Faktors „menschliche Arbeit" und dessen bestmögliche Kombination mit den anderen Produktionsfaktoren. In Anlehnung an den physikalischen Arbeitsbegriff wird die Arbeitsproduktivität

als die in einer bestimmten Zeit und einer festgelegten Arbeitsqualität erbrachte Arbeitsmenge bzw. Arbeitsquantität definiert. Eine weitere Determinante der Arbeitsproduktivität ist die Stabilität der Arbeit, die insbesondere durch mitarbeiterbedingte Unterbrechungen des Produktionsablaufes gefährdet werden kann. Vor allem im Rahmen neuer Formen der Arbeitsorganisation sind darüber hinaus die Flexibilität und Integration der Arbeitsleistung von Bedeutung. Während als Flexibilität die Anpassungsfähigkeit an veränderte Arbeitsanforderungen bezeichnet wird, zielt die Integration auf die Zusammenarbeit mit anderen Mitarbeitern ab.

Tabelle 6.3. Dimensionen, Kriterien und Indikatoren der Personalmanagement-Effizienz

Kriterien	**Indikatoren**
unternehmungsbezogene Effizienz	
Personalbereitstellung	• Arbeitsmarktpotenzial
	• Arbeitgeberimage
	• Bewerberzahlen und -qualität
	• Beschaffungskosten
Arbeitsproduktivität	• Arbeitsmenge
	• Arbeitsqualität
	• Flexibilität
	• Leistungsintegration
Arbeitsrentabilität	• Entgelthöhe
	• Umsatz pro Mitarbeiter
	• Wertschöpfung pro Mitarbeiter
Strategieimplementierung	• potenzielles Einsatzspektrum
	• Qualifikation und Motivation
	• Loyalität zur Unternehmung
mitarbeiterbezogene Effizienz	
Arbeitszufriedenheit	• Absentismus
	• Fluktuation
	• Streiks
	• Zufriedenheitsindizes

- *Arbeitsrentabilität*: Ein ebenfalls relativ leicht operationalisierbares Kriterium der Personalmanagement-Effizienz ist die Arbeitsrentabilität bzw. Arbeitswirtschaftlichkeit. Die Arbeitsrentabilität stellt als personalwirtschaftliches Leistungs-Kosten-Verhältnis die Relation der von den Mitarbeitern erbrachten Arbeitsleistung zu den mitarbeiterbedingten Kosten (insbesondere Löhne und Gehälter) dar. Sie kann insbesondere durch eine bewusste Leistungsrestriktion, Streiks, Absentismus sowie die negativen Auswirkungen der Fluktuation beeinträchtigt werden.
- *Strategieimplementierung*: Angesichts der wachsenden Bedeutung der Mitarbeiter als strategischer Wettbewerbsfaktor gewinnt die Fähigkeit einer Unter-

nehmung an Relevanz, das bei den Mitarbeitern vorhandene Leistungs- und Fähigkeitspotenzial umfassend zu nutzen und permanent zu entwickeln. Kriterien dafür sind etwa die Qualifikation der Mitarbeiter, deren potenzielles Einsatzspektrum (Mehrfachqualifikationen) sowie die von diesen ausgehenden Innovationen, die z.B. anhand der eingehenden und umgesetzten Verbesserungsvorschläge gemessen werden können.
- *Arbeitszufriedenheit*: Das zentrale mitarbeiterorientierte Kriterium der Personalmanagement-Effizienz stellt die Arbeitszufriedenheit der Mitarbeiter dar. Diese kann entweder durch systematische Mitarbeiterbefragungen oder mit Hilfe von Indikatoren gemessen werden (vgl. z.B. Neuberger 1974b; Neuberger/ Allerbeck 1978; Domsch/Ladwig 2013). Empirische Untersuchungen zeigen etwa, dass z.B. die Fluktuations- und Abwesenheitsrate, die Zahl und Dauer von Streiks sowie Beschwerden über das Verhalten von Vorgesetzten und Kollegen (Mobbing) eine hohe Korrelation mit dem theoretischen Konstrukt der Arbeitszufriedenheit aufweisen (vgl. z.B. die Beiträge in Fischer 2006).

Eines der am intensivsten untersuchten Phänomene im Rahmen des Personalcontrolling stellt der Absentismus von Mitarbeitern dar. Nach einer Vollerhebung des Wissenschaftlichen Instituts der AOK waren im Jahre 2020 durchschnittlich 5,3% aller 14,1 Mio. erwerbstätigen AOK-Mitglieder krankgeschrieben. Nachdem zwischen 1995 und 2006 ein kontinuierlicher Rückgang von 5,9% auf 4,4% zu beobachten war, steigt der Krankenstand seitdem wieder leicht an. Die durchschnittliche krankheitsbedingte Abwesenheit lag bei 19,9 Kalendertagen. 45,5% der Ausfalltage entfielen auf Langzeiterkrankungen mit einer Dauer von mehr als sechs Wochen. Im internationalen Vergleich nimmt Deutschland damit einen mittleren Platz ein.

Mit zunehmendem Alter nimmt die Zahl der Krankmeldungen ab, während jedoch die Dauer der Arbeitsunfähigkeit kontinuierlich zunimmt. Der Krankenstand liegt bei den Frauen mit 5,6% etwas höher als bei den Männern mit 5,3 %. Zudem sind auffällige regionale Unterschiede feststellbar. Am höchsten ist der Krankenstand in Brandenburg und Thüringen (jeweils 6,3%) und im Saarland (6,2%), während die Bundesländer Hamburg (4,5%) und Bayern (4,8%) die niedrigsten Krankenstände aufweisen. Einen erheblichen Einfluss auf die Zahl der Arbeitsunfähigkeitstage haben auch die Branche und Schwere der ausgeübten Tätigkeit. Am höchsten ist der Krankenstand mit 6,6% in der Öffentliche Verwaltung und Sozialversicherung, gefolgt von der Branche Energie, Wasser, Entsorgung und Bergbau mit 6,5%. Der niedrigste Krankenstand war mit 3,7% in der Branche Banken und Versicherungen zu finden (vgl. Meyer et al. 2021).

Neben unfallbedingten und medizinisch-biologisch verursachten Fehlzeiten hat die Abwesenheit der Mitarbeiter häufig motivationale Ursachen (vgl. Brandenburg/Nieder 2009). Betriebliche Untersuchungen belegen, dass die motivational bedingte Abwesenheit vor allem durch Rückkehrgespräche und Anwesenheitsprämien gesenkt werden kann (vgl. Backes-Gellner/Schorn/Krings 2001).

Im Unterschied zum instrumentenorientierten Ansatz steht beim akteursorientierten Ansatz die funktionale Perspektive des Personalcontrolling im Vordergrund. Der Ansatz eignet sich deshalb vor allem dazu, die Auswirkungen des Personalmanagement insgesamt abzubilden. Durch die Anknüpfung an den *Konfliktansatz des Personalmanagement* weist der akteursorientierte Ansatz zudem ein tragfähiges theoretisches Fundament auf. Wie beim Ansatz von Schulte (2020) ist aber auch hier die Auswahl der Kennzahlen letztlich subjektiv.

6.3.5 Balanced Scorecard-Ansatz

Ähnlich wie dem Humanvermögensansatz liegt auch dem Balanced Scorecard-Ansatz die Überlegung zugrunde, dass eine Reduzierung auf finanzwirtschaftliche Kennzahlen nicht ausreicht, um den Wert einer Unternehmung adäquat abzubilden und diese effizient zu steuern. Entsprechend wird die finanzielle Perspektive um nicht-monetäre Kennzahlen zur Kundenzufriedenheit, zur Innovationstätigkeit und zu den internen Prozessen ergänzt. Das Ziel besteht darin, der Unternehmungsführung neben den traditionellen monetär-operativen Kennzahlen nicht-monetäre, strategisch orientierte Kennzahlen zur Verfügung zu stellen, mit denen die strategischen Ziele der Unternehmung in operative Messgrößen umgesetzt und gleichzeitig die Interessen der wichtigsten Stakeholder abgebildet werden können (vgl. Kaplan/Norton 1997).

In jüngster Zeit wurden zahlreiche Konzepte entwickelt, den für die Steuerung von Unternehmungen entwickelten Balanced Scorecard-Ansatz für das Personalmanagement zu adaptieren (vgl. Ackermann 2000; Becker/Huselid/Ulrich 2001; Kunz 2001; Tönnesen 2002). Dabei ergeben sich für die vier Perspektiven folgende Implikationen:

- Bei der *Finanzperspektive* wird das Personalmanagement unter monetären Aspekten betrachtet. Im Mittelpunkt steht das Kosten-Nutzen-Verhältnis der einzelnen Instrumente des Personalmanagement, der Personalabteilung oder des Personalmanagement insgesamt.
- Die *Kundenperspektive* umfasst die Beurteilung der Produkte und Dienstleistungen, die die Personalabteilung den Führungskräften und Mitarbeitern zur Verfügung stellt. Deren Kundenzufriedenheit wird i.d.R. durch nicht-monetäre Kennzahlen bewertet.
- Die Perspektive *Lernen und Innovationen* beinhaltet die Messung der bei den Mitarbeitern vorhandenen Qualifikationen und deren Veränderung. Im Mittelpunkt stehen dabei Maßnahmen der Personalentwicklung.
- Die *interne Prozessperspektive* untersucht die von der Personalabteilung ausgelösten bzw. durchgeführten Prozesse (z.B. Einstellungen, Versetzungen oder Pensionierungen von Mitarbeitern). Von besonderer Bedeutung sind Prozesse, die über die Grenzen der Personalabteilung hinausgehen.

Um keine unüberschaubare Vielzahl von Kennzahlen zu bilden und damit die Steuerungsfunktion des Personalcontrolling zu gefährden, sollte deren Zahl vier bis sieben Messgrößen pro Perspektive nicht überschreiten. Insgesamt ergeben sich somit etwa 20 Kennzahlen, die einen ausgeprägten Bezug zur Unternehmungsstrategie als wichtigste interne Bedingung des Personalmanagement aufweisen sollen (vgl. Wickel-Kirsch 2001, S. 285).

Die Balanced Scorecard lässt sich im Rahmen des instrumentalen, institutionellen und funktionalen Personalcontrolling einsetzen. Ein Beispiel für deren Anwendung auf die Personalabteilung als Wertschöpfungscenter gibt Tab. 6.4 wieder. Dabei werden die einzelnen Erfolgsfaktoren und Messgrößen nicht aus der Personalstrategie der Unternehmung, sondern aus der Strategie des Personalbereichs abgeleitet.

Der Vorteil des Balanced Scorecard-Ansatzes besteht darin, dass die vier Perspektiven und die einzelnen Kennzahlen nicht isoliert neben einander stehen, sondern in eine Gesamtperspektive integriert sind und einen expliziten strategischen Bezug aufweisen. Entgegen der großen Aufmerksamkeit in der Literatur liegen jedoch noch keine umfassenden und systematischen Untersuchungen zur Umsetzung und zum praktischen Nutzen des Balanced Scorecard-Ansatzes für das Personalcontrolling vor.

Tabelle 6.4. Beispiel einer Balanced Scorecard für die Personalabteilung als Wertschöpfungscenter

	Erfolgsfaktoren	**Messgrößen**
Finanzielle Perspektive	• Geschäftsergebnis der Personalabteilung	• Budgeteinhaltung • Anteil der verrechneten Leistungen an die dezentralen Auftraggeber • Gewinn (*Business-Dimension*)
Kundenperspektive	• Zufriedenheit der (internen) Kunden	• Zufriedenheit mit den Dienstleistungen der Personalabteilung (Servicequalität) • Arbeitszufriedenheit der Führungskräfte und Mitarbeiter (*vor allem Service-Dimension*)
Innovations- und Lernperspektive	• Innovations- und Umsetzungsfähigkeit der Personalabteilung	• Managementqualität der Personalabteilung (z.B. Entwicklung neuer Konzepte und Instrumente) • Beurteilung des Umsetzungserfolgs wichtiger Aufträge durch Geschäftsleitung und Betroffene (*vor allem Management-Dimension*)
	• Adäquanz des Personalinformationssystems	• Beurteilung des Personalinformationssystems durch die Nutzer
Perspektive der internen Geschäftsprozesse	• Effizienz der Personalmanagementprozesse	• Ressourceneinsatz (Input) • Prozesskennziffern (Throughput) • Zielerreichungsgrad (Output)

Quelle: erweitert nach Wunderer/Jaritz 2007, S. 385

6.4 Organisation des Personalcontrolling

6.4.1 Aufbauorganisation

Empirische Untersuchungen belegen, dass das Personalcontrolling in vielen Unternehmungen nicht nur eine von anderen Abteilungen wahrgenommene Aufgabe darstellt, sondern *als Stabsfunktion institutionalisiert* ist. So schätzt etwa Gerpott (1995, S. 12), dass das Personalcontrolling Mitte der neunziger Jahre in etwa 30 bis 40% der deutschen Unternehmungen in einer eigenen Organisationseinheit zusammengefasst ist, wobei der Grad der Institutionalisierung mit zunehmender Unternehmungsgröße ansteigt. Für die Schweiz haben Wunderer/Dick (2007, S. 184) für das Jahr 1999 einen Institutionalisierungsgrad von 27% ermittelt.

Prinzipiell kann das Personalcontrolling organisatorisch entweder der Personalabteilung oder der Controllingabteilung zugeordnet werden (vgl. Hentze/Kammel 1993, S. 194 ff.; Schulte 2020, S. 283 ff.). Die mit diesen beiden Alternativen jeweils verbundenen Vorteile sind in Tab. 6.5 zusammengefasst.

Tabelle 6.5. Bewertung alternativer Zuordnungsformen des Personalcontrolling

Unterordnung des Personalcontrolling unter die Personalabteilung	Unterordnung des Personalcontrolling unter die Controllingabteilung
• höhere Akzeptanz bei den Mitarbeitern • geringere Datenschutzprobleme • bessere Berücksichtigung von Besonderheiten des Personalmanagement (*soft facts*)	• größere Unabhängigkeit von der Personalabteilung • besserer Zugriff auf Unternehmungsdaten • höhere Kompetenz bei Techniken und Methoden des Controlling

In der Unternehmungspraxis findet zumeist eine Zuordnung des Personalcontrolling zur Personalabteilung statt, um dessen Akzeptanz bei den Mitarbeitern sicherzustellen (vgl. DGFP 2001, S. 38). Nach einer empirischen Studie unter 690 deutschen Unternehmungen von Schmeisser/Eckstein/Boche (2009, S. 47 f.) gilt dies insbesondere für kleine und nicht-börsennotierte Unternehmungen. Dabei besteht jedoch die bereits bei der Darstellung der Funktionen des Personalcontrolling in Kap. 6.1 beschriebene Gefahr, dass das Personalcontrolling die für Verfahrensanalysen und Ergebniskontrollen notwendige Unabhängigkeit einbüßt. Diese Gefahr kann durch die Anwendung des *dotted-line*-Prinzips begrenzt werden, bei dem eine disziplinarische Unterstellung unter die Personalabteilung bei gleichzeitiger funktionaler Zuordnung zur Controllingabteilung stattfindet (vgl. Wunderer/Schlagenhaufer 1994, S. 89).

6.4.2 Ablauforganisation

Die zentrale Aufgabe im Rahmen der Ablauforganisation ist es, die reibungslose Durchführung des Personalcontrolling sicherzustellen. Die einzelnen **Phasen des Controllingprozesses** sind in Abb. 6.4 dargestellt.

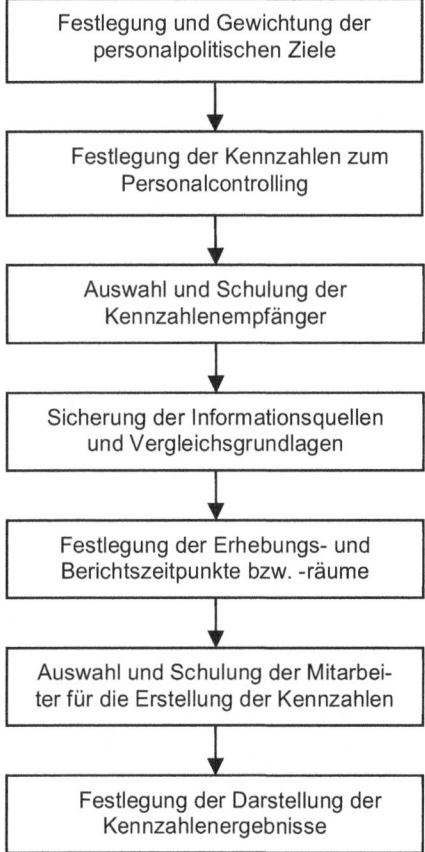

Abb. 6.4. Phasen des Controllingprozesses (Quelle: leicht verändert nach Schulte 2020, S. 280)

Die erste Phase bildet die *Festlegung und Gewichtung der personalpolitischen Ziele*. Diese erfolgt jedoch nicht durch das Personalcontrolling, sondern ist eine strategische Aufgabe der Unternehmungsleitung.

An die Zielplanung schließt sich die Festlegung der für das Personalcontrolling relevanten Kennzahlen an. Diese umfasst nicht nur die *Entwicklung eines unternehmungsindividuellen Kennzahlensystems*, sondern auch die exakte Beschreibung und Definition der Kennzahlen. Dazu bietet sich die Erstellung von Kennzahlenblättern an (vgl. Tab. 6.6), die in einem Kennzahlenhandbuch zusammengefasst werden.

Tabelle 6.6. Beispiel für ein Kennzahlenblatt

Kennzahlen-Bezeichnung	Unfallhäufigkeit	Kennzahl-Nr.
Beschreibung/ Formel	$\dfrac{\text{Anzahl der Unfälle}}{\text{Durchschnittliche Anzahl der Mitarbeiter}} \times 100\,[\%]$	
Gliederungs-möglichkeiten	• Wegeunfälle/Arbeitsunfälle • Mitarbeitergruppen • Standorte	
Erhebungszeit-punkte/-räume	monatlich; jährlich	
Anwendungs-bereich	Maß für die Arbeitssicherheit	
Kennzahlenzweck	Kontrolle der Unfallhäufigkeit	
mögliches Ziel	Senkung der Unfallhäufigkeit	
Basisdaten	Anzahl der meldepflichtigen Unfälle Durchschnittliche Anzahl der Mitarbeiter	
Vergleichs-grundlagen	Zeitvergleich Betriebsvergleich	
Interpretation	Aufgabe einer gezielten, aktiven Personalarbeit muss es sein, die Unfallhäufigkeit permanent zu reduzieren. Als Maßnahmen hierzu bieten sich an: • Verbesserung der Arbeitssicherheit • Information der Mitarbeiter und Vorgesetzten • Schaffung von Anreizen • gezielte Beratung durch Sicherheitsfachkräfte und Mitarbeiter • regelmäßige Veröffentlichung der Unfallstatistik	

Quelle: Schulte 2011, S. 211

Eng verbunden damit ist die Sicherung der Informationsquellen für die Berechnung der Kennzahlen sowie der Vergleichsgrundlagen. Wie bereits in Kap. 6.2 dargestellt, muss dabei insbesondere deren *formale und zeitliche Übereinstimmung* sichergestellt werden, d.h. die zu Vergleichen herangezogenen Kennzahlen müssen einheitlich definiert und berechnet werden.

Darüber hinaus kommt der *Auswahl und Schulung der Kennzahlenersteller und -empfänger* eine große Bedeutung zu. Aufgrund des hohen Verdichtungsgrads der in Kennzahlen verborgenen Informationen muss garantiert werden, dass diese adäquat interpretiert werden. Insbesondere die Zusammenhänge zwischen einzelnen Kennzahlen können nur dann umfassend erkannt werden, wenn die Kennzahlenempfänger dazu entsprechend geschult worden sind.

Bei der Festlegung der Erhebungs- und Berichtszeitpunkte und -räume ist gegenwärtig ein Wandel erkennbar. In der Vergangenheit war das Berichtswesen vielfach an den Ansprüchen externer Interessengruppen wie der Arbeitsverwaltung, Krankenkassen oder Versicherungen orientiert. Die Folge davon war ein statisch und statistisch orientiertes Auftrags-Controlling, bei dem die Informationsfunktion im Vordergrund stand (vgl. Wunderer/Jaritz 2007, S. 12 ff.). Aufgrund der veränderten Rahmenbedingungen des Personalmanagement entwickelt sich das Berichtswesen jedoch immer stärker von der periodischen Kontrolle zu einem *anlassorientierten Controlling*. Dies bedeutet, dass Berichte nicht nur in zuvor festgelegten regelmäßigen Abständen (z.B. monatlich, halbjährlich oder jährlich), sondern auch unregelmäßig bei Bedarf (z.B. Reorganisationen, Unternehmungsübernahmen, Einführung neuer Technologien) erfolgen. Den letzten Schritt bildet die *übersichtliche und nutzergerechte Aufbereitung der Kennzahlenergebnisse*. Hierzu bieten sich insbesondere graphische Formen der Darstellung an (vgl. Hungenberg 2010; Zelazny 2015). Um Fehlinterpretationen vorzubeugen, sollten diese jedoch durch ausführliche verbale Erläuterungen ergänzt werden.

6.5 Voraussetzungen und Grenzen des Personalcontrolling

Die Aufgaben des Personalcontrolling bestehen darin, den Erreichungsgrad der angestrebten Personalmanagement-Ziele zu messen, die Entscheidungsträger des Personalmanagement über deren Ergebnisse zu informieren und sinnvolle Handlungsalternativen auszuarbeiten. Dazu bedient sich das Personalcontrolling verschiedener Kennzahlen und Kennzahlensysteme, deren Entwicklung und Messung jedoch zahlreiche **konzeptionelle und methodische Probleme** aufwirft:

- *Kausalität*: Der Nachweis kausaler Zusammenhänge zwischen dem Einsatz eines Personalmanagement-Instruments und der Veränderung der Personalmanagement-Effizienz ist nur möglich, wenn andere Faktoren konstant oder vernachlässigbar sind (*ceteris paribus*-Bedingung).
- *Wirkungsrichtung*: Konzeptionell kann nur schwer zwischen Ursache und Wirkung des Einsatzes eines bestimmten Instruments unterschieden werden. So können etwa höhere Weiterbildungsaufwendungen einerseits zu einer höheren Arbeitsproduktivität führen, während es andererseits denkbar ist, dass sich Unternehmungen mit einer höheren Arbeitsproduktivität einen höheren Weiterbildungsaufwand leisten. Ein anderes Beispiel dafür ist die Richtung des Zusammenhangs zwischen Arbeitsleistung und -zufriedenheit, die z.B. von den motivationstheoretischen Ansätzen unterschiedlich beurteilt wird (vgl. Kap. 2.3).
- *Wirkungsverzögerungen*: Es ist nur schwer erfassbar, ob der Einsatz eines Personalmanagement-Instruments unmittelbar oder erst mit Zeitverzögerungen (*time lag*) zu einer höheren Effizienz führt.

- Nicht zuletzt ist der unterstellte *stetige Ursache-Wirkungs-Zusammenhang* problematisch. So können in bestimmten Situationen bereits geringfügige Veränderungen eines Personalmanagement-Instruments erhebliche Auswirkungen auf die Personalmanagement-Effizienz haben (Schmetterlings-Effekt der Chaos-Theorie).

Beispielhaft lassen sich diese konzeptionellen und methodischen Probleme an dem Ziel der Arbeitszufriedenheit illustrieren. Abb. 6.5 zeigt, dass sich diese in unterschiedlichen Zufriedenheitsformen und -folgen niederschlagen kann. So können Innovationen der Mitarbeiter je nach Ergebnis des Anreiz-Beitrags-Vergleichs sowohl Folge von Arbeitszufriedenheit als auch von Arbeitsunzufriedenheit sein (vgl. auch Zhou/George 2001). Das Ergebnis dieses Anreiz-Beitrags-Vergleichs kann zudem durch geringfügige Veränderungen (z.B. Wechsel der Vergleichsperson, Über- oder Unterschreitungen kritischer Schwellenwerte bei der Personalentlohnung) stark beeinflusst werden. Die Analyse von Ursache-Wirkungs-Beziehungen und die Ableitung von Handlungsempfehlungen setzt deshalb die genaue Kenntnis der jeweiligen inhaltlichen Zusammenhänge voraus (vgl. Ittner/Larcker 2004).

Das mitarbeiterorientierte Kriterium der Arbeitszufriedenheit ist auch ein anschauliches Beispiel dafür, dass sich viele personalpolitische Phänomene nur schwer operationalisieren und quantifizieren lassen (vgl. Hentze/Kammel 1993, S. 136). Im Unterschied etwa zum Investitions- und Beschaffungscontrolling beschäftigt sich das Personalcontrolling mit Menschen, für die die Arbeit nicht nur einen Verwendungszweck hat, sondern – wie bereits in Kap. 4.1.1 ausgeführt – „die nicht erneuerbare Grundlage der Existenz" (Dütz/Thüsing 2021, S. 1 f.) darstellt. Dies bedeutet, dass sich das Personalcontrolling nicht nur auf die relativ leicht messbaren ökonomischen Aspekte des Personalmanagement beschränken darf, sondern sich auch mit den komplexen Zusammenhängen der menschlichen Existenz auseinandersetzen muss. Die größte Gefahr für das Personalcontrolling ist deshalb die trügerische Exaktheit von Kennzahlen, die die umfassende Messbarkeit und Steuerbarkeit des menschlichen Verhaltens suggerieren.

> „Um das Personal optimal zu unterstützen, damit es die Zielvorgaben des Unternehmens erfüllt, wird jede Tätigkeit evaluiert. Daten werden erfasst und ausgewertet, Potenzialanalysen gemacht und die Zufriedenheit gemessen, was wiederum zu neuen Projekten und Maßnahmen führt, die dokumentiert sein wollen und die jemand lesen muss. Es fällt so viel administrative Arbeit an, dass man nicht mehr zum Arbeiten kommt.
>
> Bei dieser Besessenheit mit Kennzahlen, die bis auf die dritte Kommastelle erhoben werden, geht der Blick fürs Ganze verloren. Vor allem fühlt sich kein Mensch darin abgebildet. Ernst genommen sowieso nicht. Statt ein Ansprechpartner zu sein, hat der verstorbene Berner Betriebswirtschaftsprofessor Norbert Thom einmal gesagt, würden sie in den HR-Abteilungen nur noch vor dem Computer sitzen, ihre SAP-Software steuern und Personalakten verwalten: ‚Um die Menschen zu kennen, würde es manchmal helfen, Shakespeare oder Molière im Kopf zu haben.' Das HR

> hat sich vom Personal entfremdet und ist zur menschenfernen Bürokratie geworden. Dabei wählen doch gerade viele einen Beruf im HR, weil sie mit Menschen arbeiten wollen. Tragik der Berufung: Sie suchen Menschen und landen in der Bürokratie" (Schmid 2022).

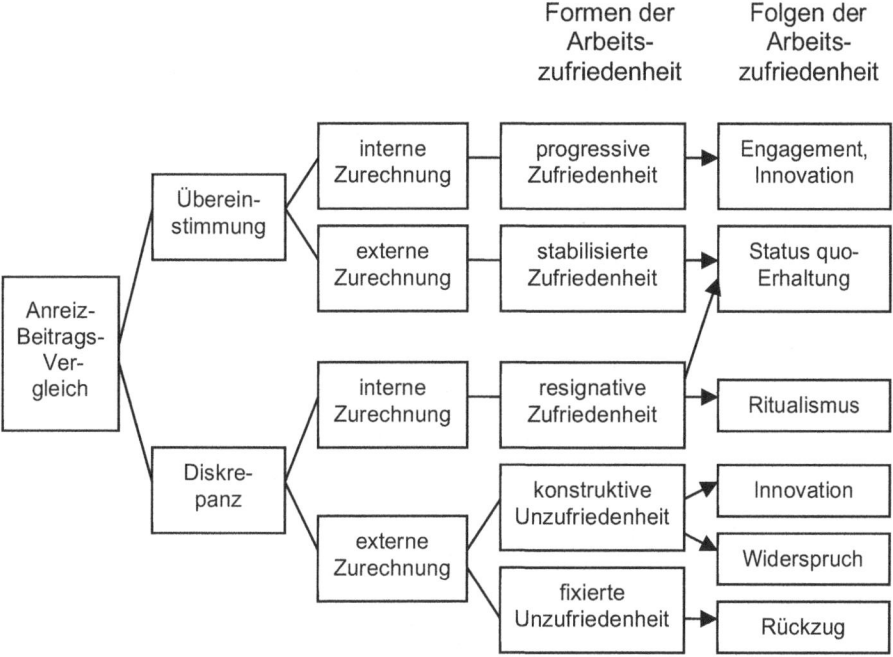

Abb. 6.5. Formen und Folgen der Arbeitszufriedenheit (Quelle: leicht verändert nach Berthel/Becker 2022, S. 139)

Schließlich muss berücksichtigt werden, dass das Personalcontrolling immer auch einen politischen Aspekt beinhaltet (vgl. Wimmer/Neuberger 1998, S. 583 ff.). „Quantitativ ausgewiesene personalwirtschaftliche Erfolgsbeiträge dienen nicht nur als Reflexionsinput, sondern fungieren – nicht selten vorrangig – als Rationalitätsmythos zur Legitimation personalwirtschaftlicher Strukturen" (Scherm/Pietsch 2005, S. 54). Im Unterschied zu den Naturwissenschaften ist die Messung von Ergebnissen des Personalmanagement – wie insbesondere die postmoderne Organisationstheorie betont (vgl. Holtbrügge 2001, S. 129 ff.) – somit kein wertfreier Prozess, sondern immer auch Ausdruck von Herrschaft. Entscheidend ist deshalb nicht nur, was kontrolliert wird, sondern auch, wer wen zu welchem Zweck kontrolliert.

Abkürzungsverzeichnis

AA	Angewandte Arbeitswissenschaft
AER	American Economic Review
AME	Academy of Management Executive
AMJ	Academy of Management Journal
AMLE	Academy of Management Learning & Education
AMR	Academy of Management Review
ASQ	Administrative Science Quarterly
A&O	Zeitschrift für Arbeits- und Organisationspsychologie
BEER	Business Ethics: A European Review
BFuP	Betriebswirtschaftliche Forschung und Praxis
CRR	Corporate Reputation Review
DBW	Die Betriebswirtschaft
DGFP	Deutsche Gesellschaft für Personalführung
DIW	Deutsches Institut für Wirtschaftsforschung
DU	Die Unternehmung
EJCCM	European Journal of Cross-Cultural Competence and Management
GOM	Group & Organization Management
HBM	Harvard Business Manager
HBR	Harvard Business Review
HR	Human Relations
HRDI	Human Resource Development International
HRDQ	Human Resource Development Quarterly
HRM	Human Resource Management
HRMJ	Human Resource Management Journal
HRMR	Human Resource Management Review
HRP	Human Resource Planning
HWFü	Handwörterbuch der Führung
HWO	Handwörterbuch Unternehmensführung und Organisation
HWP	Handwörterbuch des Personalwesens
HWPlan	Handwörterbuch der Planung
IAB	Institut für Arbeitsmarkt- und Berufsforschung
IJCCM	International Journal of Cross Cultural Management
IJHRM	International Journal of Human Resource Management
IndBez	Industrielle Beziehungen
IW	Institut der Deutschen Wirtschaft
JAP	Journal of Applied Psychology
JEBO	Journal of Economic Behavior & Organization
JIBS	Journal of International Business Studies
JIM	Journal of International Management

© Springer-Verlag GmbH Deutschland, ein Teil von Springer Nature 2022
D. Holtbrügge, *Personalmanagement*,
https://doi.org/10.1007/978-3-662-65742-3

JMS	Journal of Management Studies
JOB	Journal of Organizational Behavior
JOD	Journal of Organization Design
JOM	Journal of Management
JOOP	Journal of Occupational and Organizational Psychology
JPSP	Journal of Personality and Social Psychology
MitAB	Mitteilungen aus der Arbeitsmarkt- und Berufsforschung
MM	Manager Magazin
MR	Management Revue
MSc	Management Science
NZA	Neue Zeitschrift für Arbeitsrecht
OD	Organizational Dynamics
OS	Organization Studies
OSc	Organization Science
PPsych	Personnel Psychology
PSS	Psychological Science
RES	Review of Economic Studies
SMJ	Strategic Management Journal
SMR	Sloan Management Review
THE	Teaching in Higher Education
TPM	Team Performance Management
WiSt	Wirtschaftswissenschaftliches Studium
wisu	Das Wirtschaftsstudium
WZB	Wissenschaftszentrum Berlin
ZAF	Zeitschrift für Arbeitsmarktforschung
ZFA	Zeitschrift für Arbeitsrecht
ZfB	Zeitschrift für Betriebswirtschaft
ZfbF	Zeitschrift für betriebswirtschaftliche Forschung
ZfM	Zeitschrift für Management
ZfO	Zeitschrift für Organisation
ZfP	Zeitschrift für Personalforschung

Literaturverzeichnis

Abraham, M./Büschges, G.: Einführung in die Organisationssoziologie. 4. Aufl., Berlin 2009.
Abraham, M./Niessen, C./Schnabel, C./Lorek, K./Grimm, V./Möslein, K./Wrede, M.: Electronic monitoring at work: The role of attitudes, functions, and perceived control for the acceptance of tracking technologies. In: HRMJ, Vol. 29, 4, 2019, S. 657-675.
Achleitner, A.-K./Wichels, D.: Stock-Option Pläne als Vergütungsbestandteil wertorientierter Entlohnungssysteme. In: Stock Options, hrsg. v. A.-K. Achleitner u. P. Wollmert. 2. Aufl., Stuttgart 2002, S. 1-25.
Achleitner, A.-K./Wollmert, P. (Hrsg.): Stock Options. 2. Aufl., Stuttgart 2002.
Ackermann, K.-F. (Hrsg.): Balanced Scorecard für Personalmanagement und Personalführung. Praxisansätze und Diskussion. Wiesbaden 2000.
Adams, J.S.: Toward an Understanding of Inequity. In: Journal of Abnormal Social Psychology, Vol. 67, 1963, S. 422-436.
Adams, J.S.: Inequity in Social Exchange. In: Advances in Experimental Social Psychology, hrsg. v. L. Berkowitz, Vol. 2, 1965, S. 267-299.
Addison, J.T./Schnabel, C./Wagner, J.: Works Councils in Germany. Their Effects on Establishment Performance. In: Oxford Economic Papers, 53, 2001, S. 659-694.
Addison, J.T./Teixeira, P./Evers, K./Bellmann, L.: Is the Erosion Thesis Overblown? Evidence from the Orientation of Uncovered Employers. IZA Discussion Paper 6658, Bonn 2012.
Addison, J.T./Teixeira, P./Zwick, T.: Works Councils and the Anatomy of Wages, ZEW Discussion Paper 06-086, Mannheim 2006.
Adler, N. J./Gundersen, A.: International Dimensions of Organizational Behavior. 5. Aufl., Mason, OH 2008.
Adler, P./Kwon, S.-W.: Social Capital. Prospects for a New Concept. In: AMR, Vol. 27, 1, 2002, S. 27-40.
Ahlers, E./Mierich, S./Zucco, A.: Homeoffice. Was wir aus der Zeit der Pandemie für die zukünftige Gestaltung von Homeoffice lernen können. WSI Report, 65, 2021, https://www.boeckler.de/pdf/p_wsi_report_65_2021.pdf.
Albert, M./Hurrelmann, K./Quenzel, G.: 18. Shell Jugendstudie. Eine Generation meldet sich zu Wort. Weinheim 2019.
Alewell, D.: Zeitarbeit und Interimsmanagement in Deutschland. Ein empirischer und institutioneller Vergleich. In: ZfbF, 58. Jg., 12, 2006, S. 990-1012.

Alewell, D./Bähring, K./Canis, A./Hauff, S./Thommes, K.: Outsourcing von Personalfunktionen. Motive und Erfahrungen im Spiegel von Experteninterviews. München-Mering 2007.

Alewell, D./Hauff, S./Pull, K.: Trennungsmanagement. Stand der Forschung und aktuelle empirische Befunde. In: Handbuch Strategisches Personalmanagement. 2. Auf., hrsg. v. R. Stock-Homburg. Wiesbaden 2013, S. 245-261.

Alewell, D./Martin, S.: Transaktionskostenansatz und Personalwirtschaftslehre. In: ZfM, 1. Jg., 3, 2006, S. 282-302.

Alipour, J.-V./Falck, O./Follmer, R./Gilberg, R./Nolte, B.: Homeoffice im Verlauf der Corona-Pandemie. Themenreport Corona-Datenplattform, Juli 2021, https://www.bmwk.de/Redaktion/DE/Downloads/I/infas-corona-datenplattform-homeoffice.pdf?__blob=publicationFile&v=4.

Alipour, J.-V./Falck, O./Schüller, S.: Germany's Capacity to Work from Home. CESifo Working Paper 8227, 2020, ttps://www.cesifo.org/DocDL/cesifo1_wp8227.pdf.

Alvesson, M.: Management of Knowledge-Intensive Companies. Berlin-New York 1993.

Alvesson, M./Billing, Y.D.: Understanding Gender and Organizations. London-Thousand Oaks-New Delhi 1997.

Ambros, S.: Personaladministration outsourcen. In: Personalwirtschaft, 29. Jg., 10, 2002, S. 14-17.

Amshoff, B.: Controlling in deutschen Unternehmungen. Realtypen, Kontext und Effizienz. Wiesbaden 1993, zugl. Diss., Dortmund 1991.

Andreoni, J./Miller, J.: Giving According to Garp. An Experimental Test of the Consistency of Preferences for Altruism. In: Econometrica, Vol. 70, 2, 2002, S. 737-753.

Andresen, M.: Das (Un-)Glück der Arbeitszeitfreiheit: Eine ökonomisch-psychologische Analyse und Bewertung. Wiesbaden 2009, zugl. Habil., Hamburg 2008.

Andrzejewski, L.: Trennungs-Kultur. Handbuch für ein professionelles, wirtschaftliches und faires Kündigungs-Management. 3. Aufl., Neuwied 2008.

Antonakis, J./Atwater, L.: Leader distance: A review and a proposed theory. In: Leadership Quarterly, Vol. 13, 2002, S. 673-704.

Antoni, C.H.: Qualitätszirkel als Modell partizipativer Gruppenarbeit. Analyse der Möglichkeiten und Grenzen aus der Sicht betroffener Mitarbeiter. Bern-Stuttgart-New York 1990, zugl. Diss., Mannheim 1990.

Antoni, C.H.: Meister im Wandel. Zur veränderten Rolle des Meisters bei der Einführung von Gruppenarbeit. In: AA, 134, 1992, S. 32-56.

Antoni, C.H.: Teilautonome Arbeitsgruppen. Ein Königsweg zu mehr Produktivität und einer menschengerechteren Arbeit? Weinheim 1996.

Antoni, C.H.: Teamarbeit gestalten. Grundlagen, Analysen, Lösungen. Weinheim 2000.

Aragón-Sánchez, A./Barba-Aragón, I./Sanz-Valle, R.: Effects of Training on Business Results. In: IJHRM, Vol. 14, 6, 2003, S. 956-980.

Arnold, H.: Personal gewinnen mit Social Media. 2. Aufl., Freiburg 2014.

Arnold, R./Lipsmeier, A./Rohs, M. (Hrsg.): Handbuch Berufsbildung. 3. Aufl., Wiesbaden 2019.

AutoUni: Zahlen, Daten, Fakten. Wolfsburg 2017, https://www.autouni.de/content/master/de/home/die-autouni/weiterbildung/zahlen_daten_fakten.html.

Backes-Gellner, U.: Personalwirtschaftslehre – eine ökonomische Disziplin?! In: ZfP, 7. Jg., 4, 1993, S. 513-529.

Backes-Gellner, U./Lazear, E.P./Wolff, B.: Personalökonomik. Fortgeschrittene Anwendungen für das Management. Stuttgart 2001.

Backes-Gellner, U./Schorn, R./Krings, A.: Ursachen und Abbau von Fehlzeiten: Analysen auf der Basis einer mehrjährigen Betriebsfallstudie. In: ZfB, 81. Jg., Ergänzungsheft 1, 2001, S. 105-117.

Baeck, U./Deutsch, M./Winzer, T.: Arbeitszeitgesetz. Kommentar. 4. Aufl., München 2020.

Baecker, D.: Postheroisches Management. Ein Vademecum. Berlin 1994.

Bährle, R.J.: Arbeitsrecht. Stuttgart 1997.

Baillod, J.: Arbeitszeit. Humanisierung der Arbeit durch Arbeitszeitgestaltung. Stuttgart 1986.

Barker, J.R.: Tightening the Iron Cage: Concertive Control in Self-Managing Teams. In: ASQ, Vol. 38, 1993, S. 408-437.

Barmeyer, C.I./Stein, V.: Deutschland denkt's, Frankreich tut's? Die virtuelle Personalabteilung im Kulturvergleich. In: Interkulturelle Personalorganisation, hrsg. v. C.I. Barmeyer u. J. Bolten. Sternenfels 1998, S. 71-105.

Barney, J.: Gaining and Sustaining Competitive Advantage. 3. Aufl., New York 2007.

Barney, J.B./Clark, D.N.: Resource-Based Theory. Creating and Sustaining Competitive Advantage. Oxford 2007.

BASF AG: Gesellschaftliche Verantwortung 2001. Ludwigshafen 2002.

Bass, B.M.: Leadership and Performance beyond Expectations. New York-London 1985.

Bass, B.M.: Bass and Stogdill's Handbook of Leadership. Theory, Research and Managerial Applications. New York 1990.

Bass, B.M./Riggio, R.E.: Transformational Leadership. 2. Aufl., Mahwah, NJ 2006.

Bauer, J.-H./Krieger, S./Arnold, C.: Arbeitsrechtliche Aufhebungsverträge. Arbeits-, gesellschafts-, steuer- und sozialversicherungsrechtliche Hinweise zur einvernehmlichen Beendigung von Dienst- und Arbeitsverhältnissen. 9. Aufl., München 2013.

Bauer, K./Gehring, S.: Altersteilzeit: Handbuch zu den gesetzlichen und tariflichen Regelungen. 2. Aufl., Baden-Baden 2016.

Baumann, H./Brehmer, W.: Die Zusammensetzung von Betriebsräten. Ergebnisse aus der WSI-Betriebsrätebefragung 2015. In: WSI-Mitteilungen, 3, 2016, S. 201-210.

Bayer, W./Hoffmann, T.: Gesetzeswidrige Mitbestimmungslücken bei der GmbH, GmbH-Rundschau, 17, 2015, S. 909-918.

Bebchuk, L.A./Fried, J.: Pay Without Performance. Overview of the Issues. In: AMP, Vol. 20, 1, 2006, S. 5-24.
Becker, B.E./Huselid, M.A./Ulrich, D.: The HR Scorecard. Linking People, Strategy, and Performance. Boston, Mass. 2001.
Becker, F.G.: Anreizsysteme für Führungskräfte. Möglichkeiten zur strategischorientierten Steuerung des Managements. Stuttgart 1990.
Becker, F.G.: Lexikon des Personalmanagements. 2. Aufl., München 2002.
Becker, F.G.: Grundlagen betrieblicher Leistungsbeurteilungen. Leistungsverständnis und -prinzip, Beurteilungsproblematik und Verfahrensprobleme. 5. Aufl., Stuttgart 2009.
Becker, G.S.: Human Capital. A Theoretical and Empirical Analysis with Special Reference to Education. New York 1964.
Becker, G.S.: Vom Nutzen der Liebe. In: McK Wissen, 3. Jg., 12, 2004, S. 78-83.
Becker, N./Höft, S./Holzenkamp, M./Spinath, F.M.: The Predictive Validity of Assessment Centers in German-Speaking Regions. A Meta-Analysis. In: Journal of Personnel Psychology, Vol. 10, 2, 2011, S. 61-69.
Becker, M.: Messung und Bewertung von Humanressourcen. Konzepte und Instrumente für die betriebliche Praxis. Stuttgart 2008.
Becker, M.: Personalentwicklung. Bildung, Förderung und Organisationsentwicklung in Theorie und Praxis. 6. Aufl., Stuttgart 2013.
Becker, M./Labucay, I./Rieger, C.: Erfassung und Bewertung von Humankapital – Kritische Anmerkungen zur Saarbrücker Formel. In: BFuP, 59 Jg., 1, 2007, S. 38-58.
Becker, M./Schwertner, A.: Gestaltung der Personal- und Führungskräfteentwicklung. Empirische Erhebung, State of the Art und Entwicklungstendenzen. München-Mering 2002.
Beer, M./Spector, B./Lawrence, P.R./Mills, D.Q./Walton, R.E.: Human Resource Management. A General Manager's Perspective. New York- London 1985.
Beile, J. unter Mitarbeit von C. Dencker u. P. Sommer: Personalberichterstattung der DAX-30-Unternehmen. 2. Aufl., Arbeitspapier 138 der Hans-Böckler-Stiftung. Düsseldorf 2011.
Belbin, R.M.: Team Roles at Work. 2. Aufl., London-New York 2010.
Bellgardt, P.: Flexible Arbeitszeitsysteme. Heidelberg 1987.
Bellmann, L.: Senioritätsentlohnung, betriebliche Hierarchie und Arbeitsleistung. Eine theoretische und empirische Untersuchung zur Lohnstruktur. Frankfurt a.M. 1986, zugl. Diss., Hannover 1985.
Bellmann, M.: Siemens Management Learning – ein ganzheitlicher Ansatz zur Integration von Lernen und Arbeit. In: Strategien der Personalentwicklung, hrsg. v. H.-C. Riekhof. 5. Aufl., Wiesbaden 2002, S. 13-22.
Bénabou, R./Tirole, J.: Intrinsic and Extrinsic Motivation. In: RES, Vol. 70, 2003, S. 489-520.
Benz, M./Stutzer, A.: Was erklärt die gestiegenen Managerlöhne? In: DU, 57. Jg., 1, 2003, S. 5-19.
Berg, N.: Globale Teams: Eine kritische Analyse des gegenwärtigen Forschungsstands. In: ZfP, 20. Jg., 3, 2006 (a), S. 215-232.

Berg, N.: „Gemeinsam sind wir stärker". Ansätze einer ressourcenbasierten Fundierung globaler Teams. In: ZfM, 1. Jg., 3, 2006 (b), S. 204-233.
Berg, N./Holtbrügge, D.: Global Teams. A Network Approach. In: TPM, Vol. 16, 3/4, 2010, S. 187-211.
Berg-Peer, J.: Outplacement in der Praxis. Trennungsprozesse sozialverträglich gestalten. Wiesbaden 2003.
Berger, J./Osterloh, M./Rost, K./Ehrmann, T.: How to Prevent Leadership Hubris? Comparing Competitive Selections, Lotteries, and their Combination. Leadership Quarterly, Vol. 31, 5, 2020, 101388.
Berkowsky, W.: Die betriebsbedingte Kündigung. Eine umfassende Darstellung unter Berücksichtigung des Betriebsverfassungs- und Sozialrechts sowie des Arbeitsgerichtsverfahrens. 6. Aufl., München 2007.
Bergmann, F.: Neue Arbeit, neue Kultur. Freiamt 2004.
Bernhard, T./Holtbrügge, D.: Netzwerkanalyse von Arbeitgeberpräferenzen. In: Personal Quarterly, 3, 2019, S. 35-41.
Berthel, J./Becker, F.G.: Personal-Management. Grundzüge für Konzeptionen betrieblicher Personalarbeit. 8. Aufl., Stuttgart 2007; 10. Aufl., Stuttgart 2013; 12. Aufl., Stuttgart 2022.
Besgen, N. (Hrsg.): Rechtshandbuch Leitende Angestellte, Geschäftsführer und Vorstände. Arbeitsrecht, Gesellschaftsrecht, Steuerrecht. 2. Aufl., München 2022.
Betrand, M./Mullainathan, S.: Agents With and Without Principals. In: AER, Vol. 90, 2, 2000, S. 203-208.
Bettin, E.: Unlautere Abwerbung. Berlin 1999.
Bilinska, P./Wegge, J.: Jung führt Alt. Wenn Altersunterschiede zwischen Mitarbeitern und Führungskräften zum Problem werden. In: Handbuch Mitarbeiterführung. Wirtschaftspsychologisches Praxiswissen für Fach- und Führungskräfte, hrsg. v. J. Felfe u. R. van Dick. Berlin-Heidelberg 2016, S. 213-225.
Binkelmann, P./Braczyk, H.-J./Seltz, R. (Hrsg.): Entwicklung der Gruppenarbeit in Deutschland. Stand und Perspektiven. Frankfurt a.M.-New York 1993.
Bisani, F.: Ausgewählte Probleme betrieblicher Personalarbeit. Wiesbaden 1983.
Bishop, J.: A's hier A's and B's hier C's. In: Leadershipisaverb.blogspot, 15.7.2009, http://leadershipisaverb.blogspot.de/2009/07/as-hire-as-and-bs-hire-cs.html.
Bitkom Research: Zwei von drei Personalern informieren sich online über Bewerber. https://www.bitkom.org/Presse/Presseinformation/Zwei-von-drei-Personalern-informieren-sich-online-ueber-Bewerber.html, 30.07.2018.
Blake, R.R./Mouton, J.S.: Verhaltenspsychologie im Betrieb. 2. Aufl., Düsseldorf-Wien 1980.
Blau, P.M.: Exchange and Power in Social Life. New York 1967.
Bleicher, K./Meyer, E.: Führung in der Unternehmung. Formen und Modelle. Reinbek bei Hamburg 1976.
Blessin, B./Wick, A.: Führen und führen lassen. Ergebnisse, Kritik und Anwendungen der Führungsforschung. 9. Auf., München 2021.
Bliesener, T.: Ist die Validität biographischer Daten ein methodisches Artefakt? Ergebnisse einer meta-analytischen Studie. In: A&O, 36. Jg., 1992, S. 12-21.

Blötz, U.: Planspiele in der beruflichen Bildung. Bielefeld 2003.
Blüthmann, H.: Geld gegen Freizeit. In: Die Zeit, 44, 29.10.1993, S. 27.
Bockstahler, M./Jurecic, M./Rief, S.: Homeoffice Experience 2.0. Veränderungen, Entwicklungen und Erfahrungen zur Arbeit aus dem Homeoffice während der Corona-Pandemie. Fraunhofer IAO 2022, https://www.iao.fraunhofer.de/content/dam/iao/images/dokumente/2022_Homeoffice_Experience2_0.pdf.
Böhm, W./Hennig, J./Popp, C.: Praxishandbuch Arbeitnehmerüberlassung. 5. Aufl., Köln 2022.
Bohm, E.: Lehrbuch der Rorschach-Psychodiagnostik. Bern 1996.
Böhmer R.: Moderne Nomaden des Arbeitsmarkts. In: Wirtschaftswoche, 13, 2007, S. 54-65.
Böhnisch, W./Jago, A.G./Reber, G.: Zur interkulturellen Validität des Vroom/Yetton Modells. In: DBW, 47. Jg., 1987, S. 85-93.
Bokranz, R./Landau, K.: Einführung in die Arbeitswissenschaft. Stuttgart 1991.
Bond, M.A./Pyle, J.L.: The Ecology of Diversity in Organizational Settings: Lessons from a Case Study. In: HRB, Vol. 51, 5, 1998, S. 589-623.
Bonn, G./Gmür, M./Klimecki, R.G.: Der Einfluss des Personalmanagements auf organisationale Kreativität und Markterfolg von Unternehmen. In: ZfP, 18. Jg., 1, 2004, S. 5-23.
Bosse, A./Wiedmann, J.: 360 Möglichkeiten, die Komplexität nicht auf die Spitze zu treiben: die Simplifizierung des 360°-Feedbacks der Lufthansa Group. In: Neue Komplexität in Personalarbeit und Führung. Herausforderungen und Lösungsansätze, hrsg. v. R. Scheinpflug u. K. Stolzenberg. Wiesbaden 2017, S. 211-225.
Bossler, M./Gürtzgen, N./Kubis, A./Küfner, B./Popp, M.: Befristungen bei Neueinstellungen 2020. Institut für Arbeitsmarkt- und Berufsforschung, Aktuelle Daten und Indikatoren, 26.05.2021, https://doku.iab.de/arbeitsmarktdaten/Befristungen_bei_Neueinstellungen.pdf.
Boswell, W.R./Roehling, M.V./LePine, M.A./Moynihan, L.M.: Individual Jobchoice Decisions and the Impact of Job Attributes and Recruitment Practices. A Longitudinal Field Study. In: HRM, Vol. 42, 1, 2003, S. 23-37.
Brandenburg, U./Nieder, P.: Betriebliches Fehlzeiten-Management: Instrumente und Praxisbeispiele für erfolgreiches Anwesenheits- und Vertrauensmanagement. 2. Aufl., Wiesbaden 2009.
Brandl, J.: Die Legitimität von Personalabteilungen. Eine Rekonstruktion aus Sicht der Unternehmensleitung. München-Mering 2005, zugl. Diss., Wien 2005.
Brandl, J./Welpe, I.: Ursachen der Ablehnung von Human Capital Management seitens der Unternehmensführung. Eine Analyse aus Perspektive interpretativer Ansätze der Accountingforschung. In: DBW, 66. Jg., 5, 2006, S. 542-560.
Brandt, P.: Das Assessment Center. Ein erfolgreiches Instrument der Personalauswahl? In: Psychologie und Gesellschaftskritik, 13. Jg., 4, 1989, S. 25-40.
Branke, S.: Konzernübergreifende Talentplanung für das Mittlere und Top-Management bei der Deutschen Lufthansa. Vortrag auf dem IQPC Skills and Competencies Workshop, Neuss 8.3.2006.

Braun, D./Prüwer, M./von Nitzsch, R.: Ultimatum-Spiele und Fairness in Verhandlungssituationen. Erkenntnisse der spieltheoretischen Entscheidungsforschung. In: WiSt, 40. Jg., 10, 2011, S. 507-512.
Braun, I.: Outsourcing von Personalfunktionen. Eine Strategie zur Erhöhung der Dienstleistungsqualität? München-Mering 2009, zugl. Diss., Tübingen 2009.
Brecht, B.: Dreigroschenoper. Berlin 1928.
Brecht-Heitzmann, H./Groels, M./Reichmuth, T.: Bewerberüberprüfung mittels Internet. Ergebnisse einer experimentellen Untersuchung. In: ZfP, 24. Jg., 1, 2010, S. 69-78.
Breisig, T.: It's Team Time. Kleingruppenkonzepte in Unternehmen. Köln 1990.
Breisig, T.: Entgelt nach Leistung und Erfolg. Grundlagen moderner Entlohnungssysteme. Frankfurt a.M. 2003.
Breisig, T.: Entlohnen und Führen mit Zielvereinbarungen: Methoden, Chancen und Risiken – Wissen für Betriebs- und Personalräte. 3. Aufl., Frankfurt a.M. 2006.
Bremer, C.: Formen und Voraussetzungen der Telearbeit. In: Virtuelle Wirtschaft. Virtuelle Unternehmen, Virtuelle Produkte, Virtuelles Geld und Virtuelle Kommunikation, hrsg. v. A. Brill u. M. de Vries. Opladen 1998, S. 120-136.
Brenke, K.: Dauer der Arbeitszeiten in Deutschland. In: Wochenberichte des DIW, 71. Jg., 47, 2004, S. 731-737.
Brenke, K.: Home Office: Möglichkeiten werden bei weitem nicht ausgeschöpft. In: DIW Wochenbericht, 5, 2016, S. 95-105.
Brenke, K./Rinne, U./Zimmermann, K.F.: Kurzarbeit: Nützlich in der Krise, aber nun den Ausstieg einleiten. In: Wochenberichte des DIW, 77. Jg., 16, 2010, S. 2-14.
Brettschneider, F./Thoms, C.: Klartext oder Kauderwelsch? Die formale Verständlichkeit der CEO-Reden auf den Hauptversammlungen 2021 (DAX-30-Unternehmen). Universität Hohenheim 2021, https://www.uni-hohenheim.de/uploads/media/CEO-Klartext_2021.pdf.
Bretz, R./Judge, T.: Realistic Job Previews: A Test of the Adverse Self-Selection Hypothesis. In: JAP, Vol. 83, 2, 1998, S. 330-337.
Brewster, C./Wood, G./Brookes, M./van Ommeren, J.: What Determines the Size of the HR Function? A Cross-national Analysis. In: HRM, Vol. 45, 1, 2006, S. 3-21.
Brickenkamp, R./Brähler, E./Holling, H.: Brickenkamp Handbuch psychologischer und pädagogischer Tests. Bd.1, Göttingen 2001.
Briedis, K./Minks, K.-H.: Generation Praktikum – Mythos oder Massenphänomen? Gefördert vom Bundesministerium für Bildung und Forschung. Berlin 2007.
Brockhausen, E./Kielisch, J./Schnerring, J./Staeck, J.: SAP® HR. Technische Grundlagen und Programmierung. Bonn 2003.
Bruhn, H.-D.: Software für das Human-Asset-Management. In: Personalwirtschaft, 29. Jg., 12, 2002, S. 19-22.
Bühler, W./Siegert, T. (Hrsg.): Unternehmenssteuerung und Anreizsysteme. Stuttgart 1999.
Bund, K.: Frau. Vorstand. Abgehängt. In: Die Zeit, 27.11.2014, S. 21-22.

Bundesagentur für Arbeit: Entwicklungen in der Zeitarbeit. Nürnberg 2012.

Bundesagentur für Arbeit: Monatsbericht zum Arbeits- und Ausbildungsmarkt. März, Nürnberg 2022.

Bundesministerium für Familie, Senioren, Frauen und Jugend (2019): Bericht der Bundesregierung zur Wirksamkeit des Gesetzes zur Förderung der Entgelttransparenz zwischen Frauen und Männern sowie zum Stand der Umsetzung des Entgeltgleichheitsgebots in Betrieben mit weniger als 200 Beschäftigten. Berlin 2019, https://www.bmfsfj.de/resource/blob/137224/79c7431772c 314367059abc8a3242a55/bericht-der-br-foerderung-entgelttransparenz-data.pdf.

Bundesministerium für Finanzen: BMF-Monatsbericht. Januar 2022, https://www.Bundesfinanzministerium.de/Monatsberichte/2022/01/monatsbericht-01-2022.html.

Bundesverband Deutscher Unternehmensberater: Personalberatung in Deutschland 2020. Bonn et al. 2021.

Bungard, W.: Qualitätszirkel in der Arbeitswelt. Göttingen 1992.

Burt, R.S.: The Contingent Value of Social Capital. In: ASQ, Vol. 42, 2, S. 339-365.

Busch, A./Holst, E.: Verdienstdifferenzen zwischen Frauen und Männern nur teilweise durch Strukturmerkmale zu erklären. In: Wochenberichte des DIW, 75. Jg., 15, 2008 (a), S. 184-191.

Busch, A./Holst, E.: „Gender Pay Gap": In Großstädten geringer als auf dem Land. In: Wochenberichte des DIW, 75. Jg., 33, 2008 (b), S. 462-469.

Buttler, A./Keller, M.: Einführung in die betriebliche Altersversorgung. 8. Aufl., Karlsruhe 2021.

Cantor, R.: Firm-specific Training and Contract Length. In: Economica, Vol. 57, 2, 1990, S. 1-14.

Cascio, E.F.: Applied Psychology in Personnel Management. 5. Aufl., New York 1998.

Chadwick, C./Dabu, A.: Human Resources, Human Resources Management, and the Competitive Advantage of Firms. Toward a More Comprehensive Model of Causal Linkages. In: OSc, Vol. 20, 1, 2009, S. 253-272.

Chandler, A.D. Jr.: Strategy and Structure. Chapters in the History of the Industrial Enterprise. Cambridge, Mass.-London 1962.

Chung, K.H./Rogrs, R.C./Lubatkin, M./Owens, J.E.: Do Insiders Make Better CEOs than Outsiders? In: AME, Vol. 1, 4, 1987, S. 323-329.

Clegg, S.R.: Weber and Foucault: Social Theory for the Study of Organizations. In: Organization, Vol. 1, 1, 1994, S. 149-178.

Coase, R.H.: The Nature of the Firm. In: Economica, Vol. 4, 1937, S. 386-405.

Collins, M.H./Hair, J.F. Jr./Rocco, T.S.: The older-worker-younger-supervisor dyad: A test of the Reverse Pygmalion effect. In: HRDQ, Vol. 20, 1, 2009, S. 21-41.

Colquitt, J.A.: On the Dimensionality of Organizational Justice. A Construct Validation of a Measure. In: JAP, Vol. 86, 3, 2001, S. 386-400.

Colquitt, J.A./Conlon, D.E./Wesson, M.J./Porter, C.: Justice at the Millennium. A Meta-Analytic Review of 25 Years of Organizational Justice Research. In: JAP, Vol. 86, 3, 2001, S. 425-445.

Conrad, P.: Strategisches Human Resources Management. In: Personalmanagement im Wandel. Vom Dienstleister zum Businesspartner. Karl-Friedrich Ackermann zum 65. Geburtstag, hrsg. v. P. Speck u. D. Wagner. Wiesbaden 2003, S. 3-21.

Conradi, W.: Personalentwicklung. Stuttgart 1983.

Conway, N./Briner, R.B.: Understanding psychological contracts at work. A critical evaluation of theory and research, Oxford 2005.

Cooke, F.L./Shen, J./McBride, A.: Outsourcing HR as a Competitive Strategy? A Literature Review and an Assessment of Implications. In: HRM, Vol. 44, 4, 2005, S. 413-432.

Cornerstone on Demand: Big Data in HR. München 2013, http://www.cornerstoneondemand.de/sites/multisite/files/whitepaper/csod-wp-big-data-de.pdf.

Croset, P./Dobler, M.: Die rechtssichere Abmahnung. Arbeitspsychologisch kommentierter Leitfaden für Personaler und Geschäftsführer. 4. Auf., Wiesbaden 2020.

Crozier, M./Friedberg, E.: Macht und Organisation. Die Zwänge kollektiven Handelns. Königstein i. Ts. 1979.

Csikszentmihalyi, M.: Das flow-Erlebnis. Jenseits von Angst und Langeweile: im Tun aufgehen. 11. Aufl., Stuttgart 2010.

Cyert, R.M./March, J.G.: A Behavioral Theory of the Firm. Englewood Cliffs, NJ 1963.

Dannhäuser, R. (Hrsg.): Praxishandbuch Social Media Recruiting: Experten Know-How, Praxistipps, Rechtshinweise. 4. Aufl., Wiesbaden 2020.

Deci, E.L./Koestner, R./Ryan, R.M.: A Meta-Analytic Review of Experiments Examining the Effects of Extrinsic Rewards on Intrinsic Motivation. In: Psychological Bulletin, Vol. 125, 6, 1999, S. 627-668.

Deckstein, D.: SAP. Der etwas andere Betriebsrat. In: Süddeutsche Zeitung, 21.7.2007.

Deetz, S.: Disciplinary Power in the Modern Corporation. In: Critical Management Studies, hrsg. v. M. Alvesson u. H. Willmott. London-Newbury Park-New Delhi 1992, S. 21-45.

Deetz, S.: Discursive Formations, Strategized Subordination and Self-surveillance. In: Foucault, Management and Organization Theory. From Panopticon to Technologies of Self, hrsg. v. A. McKinlay u. K. Starkey. London-Thousand Oaks-New Delhi 1998, S. 151-172.

Delery, J.E./Roumpi, D.: Strategic Human Resource Management, Human Capital and Competitive Advantage: is the Field Going in Circles? In: HRMJ, Vol. 27, 1, 2017, S. 1-21.

Demir, N./Funder, M./Greifenstein, R./Kißler, L./Maschke, M.: Trendreport Betriebsratswahlen 2018. IMU-Mitbestimmungsreport, 45, 2018, https://www.boeckler.de/de/faust-detail.htm?sync_id=HBS-007025.

Deppe, J.: Quality Circle und Lernstatt. Ein integrativer Ansatz. 3. Aufl., Wiesbaden 1992, zugl. Diss., Bochum 1988.

Derue, D.S./Nahrgang, J.D./Wellman, N./Humphrey, S.E.: Trait and Behavioral Theories of Leadership. An Integration and Meta-analytical Test of their Relative Validity. In: PPsych, Vol. 64, 1, 2011, S. 7-52.

Destatis: Arbeitskosten in Deutschland 2020 im oberen EU-Drittel. Pressemitteilung, Nr. 203, 3.5.2021, https://www.destatis.de/DE/Presse/Pressemitteilungen/2021/05/PD21_203_624.html.

Deutsche Bank AG: Personalbericht 2021. Frankfurt a.M. 2022.

Deutsche Dachgesellschaft für Interimsmanagement: Interim Management Markt in Deutschland. Online-Markterhebung 2009. Münster 2009, http://www.ddim.de/de/Interim_Management_Markt/Markt/Markterhebung_2009.php.

Deutsches Rechnungslegungs Standards Committee: Deutsche Rechnungslegungs Standards (DRS). Grundwerk mit 30. Ergänzungslieferung. Stuttgart 2021.

Devillard, S./Graven, W./Lawson, E./Paradise, R./Sancier-Sultan, S.: Woman Matter 2012. Making the Breakthrough. Report, McKinsey & Company. Paris et al. 2012.

DGB: Arbeiten am Limit. Report 2019. Berlin 2019. https://index-gute-arbeit.dgb.de/++co++caa19028-1511-11ea-81ba-52540088cada.

DGFP (Hrsg.): Personalcontrolling in der Praxis. Stuttgart 2001.

DGFP (Hrsg.): Employer Branding. Die Arbeitgebermarke gestalten und im Personalmarketing umsetzen. Bielefeld 2012.

DGUV: Arbeiten im Homeoffice – nicht nur in der Zeit der SARS-CoV-2-Epidemie. Fachbereich Aktuell, 24.2.2021, https://publikationen.dguv.de/widgets/pdf/download/article/3925.

Dierdorff, E.C./Surface, E.A.: If You Pay for Skills, Will They Learn? Skill Change and Maintenance under a Skill-Based Pay System. In: JOM, Vol. 34, 4, 2008, S. 721-743.

Dierkes, M.: Die Sozialbilanz. Ein gesellschaftsbezogenes Planungs- und Rechnungssystem. Frankfurt a.M. 1992.

Dierkes, M.-J.: Programmdesign für ein erfolgreiches Onboarding neuer Führungspersönlichkeiten – Darstellung des First Leadership Programms bei der Lufthansa Technik. In: Auswahl und Onboarding von Führungspersönlichkeiten. Diagnose, Assessment und Integration, hrsg. v. C. von Au. Wiesbaden 2017, S. 177-194.

Dilger, A.: Ökonomik betrieblicher Mitbestimmung. Die wirtschaftlichen Folgen von Betriebsräten. München-Mering 2002, zugl. Habil., Greifswald 2001.

van Dick, R./West, M.A.: Teamwork, Teamdiagnose, Teamentwicklung. 2. Aufl., Göttingen et al. 2013.

Dögl, C./Holtbrügge, D.: Corporate environmental responsibility, employer reputation and employee commitment. An empirical study in developed and emerging economies. In: IJHRM, Vol. 25, 12, 2013, 1739-1762.

Doll, N.: GDL-Chef Schell: „Es gibt keine Sieger und keine Besiegten". In: welt.de, 14.1.2008, http://www.welt.de/wirtschaft/article1552975/Es_gibt_keine_Sieger_und_keine_Besiegten.html.

Domsch, M./Gerpott, T.J.: Personalwesen(s), Organisation des. In: HWO, 3. Aufl., hrsg. v. E. Frese. Stuttgart 1992, Sp. 1934-1949.

Domsch, M.E./Ladwig, D.H. (Hrsg.): Handbuch Mitarbeiterbefragung. 3. Aufl., Berlin-Heidelberg. 2013.

Domsch, M.E./Regnet, E./von Rosenstiel, L. (Hrsg.): Führung von Mitarbeitern. Fallstudien zum Personalmanagement. 8. Aufl., Stuttgart 2020.

Dorfman, P.W./Hanges, P. J./Brodbeck, F. C.: Leadership and Cultural Variation. The Identification of Culturally Endorsed Leadership Profiles. In: Culture, Leadership, and Organizations. The GLOBE Study of 62 Societies, hrsg. v. R.J. House, P. J. Hanges, M. Jarvidan, P.W. Dorfman u. V. Gupta. Thousand Oaks et al. 2004, S. 669-719.

Dribbusch, H.: Tarifkonkurrenz als gewerkschaftspolitische Herausforderung: Ein Beitrag zur Debatte um die Tarifeinheit. WSI-Diskussionspapier Nr. 172, Düsseldorf 2010.

Drucker, P.F.: Die Praxis des Management. Düsseldorf 1956.

Drumm, H.J.: Ethik in der Personalwirtschaft. In: HWP, 3. Aufl., hrsg. v. E. Gaugler, W.A. Oechsler u. W. Weber. Stuttgart 2004, Sp. 723-734.

Drumm, H.J.: Personalwirtschaft. 6. Aufl., Berlin et al. 2008.

Dütz, W./Thüsing, G.: Arbeitsrecht. 26. Aufl., München 2021.

Eberle, U.: Urlaub nach Gusto. In: Brand Eins, 8, 2012, S. 66-71.

Ebers, M.: Organisationskultur und Führung. In: HWFü, 2. Aufl., hrsg. v. A. Kieser, G. Reber u. R. Wunderer. Stuttgart 1995, Sp. 1664-1682.

Eberz, L.-M./Baum, M./Kabst, R.: Der Einfluss von Rekrutiererverhaltensweisen auf den Bewerber. Ein mediierter Prozess. In: ZfP, 26. Jg., 1, 2012, S. 5-29.

Eckardstein, D. von: Von der anforderungsabhängigen zur qualifikationsorientierten Entlohnung. In: Handbuch Anreizsysteme, hrsg. v. G. Schanz. Stuttgart 1991, S. 215-232.

Eckardstein, D. von/Fredecker, I./Greife, W./Janisch, R./Zingsheim, G.: Die Qualifikation der Arbeitnehmer in neuen Entlohnungsmodellen. Zur Funktion von Modellen des Qualifikationslohns in personalwirtschaftlichen und gesellschaftlichen Strategien. Frankfurt a.M. et al. 1988.

Eckardstein, D. von/Schnellinger, F: Betriebliche Personalpolitik. 3. Aufl., München 1978.

Edinger, J./Marxsen, A./Krüger, C.: Personalwirtschaft mit SAP® ERP HCM. Funktionen- Prozesse-Customizing. 4. Aufl., Bonn 2014.

Eichenberg, T./Bursy, R. (Hrsg.): Management von internationalen HR Shared Service Centern: Implementierungsempfehlungen und Best Practice. Wiesbaden 2017.

Eigler, J.: Transaktionskosten als Steuerungsinstrument für die Personalwirtschaft. Frankfurt a.M. 1996, zugl. Diss., Regensburg 1995.

Eisenhardt, K.: Agency Theory: An Assessment and Review. In: AMR, Vol. 14, 1989, S. 57-74.

Ellguth, P./Kohaut, S.: Tarifbindung und betriebliche Interessenvertretung. Ergebnisse aus dem IAB-Betriebspanel 2019. In: WSI-Mitteilungen 73. Jg., 4, 2020, S. 278-285.

Elliot, J./Simon, W.L.: Steve Jobs – iLeadership. Mit Charisma und Coolness an die Spitze. München 2011.

Elšik, W.: Strategisches Personalmanagement. Konzeptionen und Konsequenzen. München-Mering 1992.

Emery, F./Thorsrud, E.: Democracy at Work. The Report of the Norwegian Industrial Democracy Program. Leiden 1976.

Endres, H.: Frauen im Top-Management? So macht es Porsche. In: HBM, 1, 2017, S. 88-95.

Engelhard, F./Holtbrügge, D.: Biculturals, Team Facilitation and Multicultural Team Performance. An Information-Processing Perspective. In: EJCCM, Vol. 4, 3/4, 2017, S. 236-262

Engels, L.: Prämierte Absageschreiben. Brennen Sie eigentlich für unser Unternehmen? In: Spiegel Online, 24.11.2014, http://www.spiegel.de/karriere/berufsleben/bewerbung-die-besten-absageschreiben-2014-a-1001209.html.

Epitropaki, O./Martin, R.: From Ideal to Real. A Longitudinal Study of the Role of Implicit Leadership Theories on Leader-Member Exchanges and Employee Outcomes. In: JAP, Vol. 90, 4, 2005, S. 659-676.

Erdogan, B./Bauer, T.N.: Leader-member exchange (LMX) theory. The relational approach to leadership. In: The Oxford Handbook of Leadership and Organizations, hrsg. v. D.V. Day. Oxford 2014, S. 407-433.

Erhart, M.G./Klein, K.J.: Predicting followers' preferences for charismatic leadership. The influence of follower values and personality. In: The Leadership Quarterly, Vol. 12, 2, 2001, S. 153-179.

Erpenbeck, J./von Rosenstiel, L. (Hrsg.): Handbuch Kompetenzmessung. Erkennen, Verstehen und Bewerten von Kompetenzen in der betrieblichen, pädagogischen und psychologischen Praxis. Stuttgart 2003.

Ettlin, T./Schweizerische Gemeinnützige Gesellschaft (Hrsg.): SeitenWechsel. Lernen in anderen Arbeitswelten. Zürich 2003.

European Foundation for the Improvement of Living and Working Conditions: Working time in 2019–2020. Luxemburg 2021, https://www.eurofound.europa.eu/sites/default/files/ef_publication/field_ef_document/ef21038en.pdf.

EUROSTAT: Gender pay gap statistics. 3, 2022, https://ec.europa.eu/eurostat/statistics-explained/index.php?title=Gender_pay_gap_statistics#Gender_pay_gap_levels_vary_significantly_across_EU.

Evans, P.: On the Importance of a Generalist Conception of Human Resource Management: A Cross-National Look. In: HRM, Vol. 23, 4, 1984, S. 347-363.

Evans, P.: The Strategic Outcomes of Human Resource Management. In: HRM, Vol. 25, 1, 1986, S. 149-167.

Evans, P./Lank, E./Farquhar, A.: Managing Human Resources in the International Firm: Lessons from Practice. In: Human Resource Management in the International Firm. Change, Globalization, Innovation, hrsg. v. P. Evans, Y. Doz u. A. Laurent. London 1989, S. 113-143.

Evers, H.: Stand und Entwicklung variabler Vergütungssysteme für Führungskräfte in Deutschland. In: Handbuch Variable Vergütung für Führungskräfte, hrsg. v. D. von Eckardstein. München 2001, S. 27-45.

EY: Mixed Leadership-Barometer Januar 2022. Anteil weiblicher Vorstandsmitglieder in deutschen börsennotierten Unternehmen. https://assets.ey.com/content/dam/ey-sites/ey-com/de_de/news/2022/01/ey-mixed-leadership-2022.pdf.
Eyer, E./Haussmann, T.: Zielvereinbarung und variable Vergütung. Ein praktischer Leitfaden – nicht nur für Führungskräfte. 8. Aufl., Wiesbaden 2022.
Ezzamel, M./Willmott, H.: Accounting for Teamwork: A Critical Study of Groupbased Systems of Organizational Control. In: ASQ, Vol. 43, 1998, S. 358-396.

Falk, A./Kosfeld, M.: The Hidden Costs of Control. In: AER, Vol. 96, 12, 2006, S. 1611-1630.
Fayard, A.-L./Weeks, J.: Photocopiers and Water-coolers. The Affordances of Informal Interaction. In: OS, Vol. 28, 5, 2007, S. 605–634.
Fayol, H.: Administration industrielle et générale. Extrait du Bulletin de la Société de l'Industrie Minérale. Paris 1916.
Felser, G.: Personalmarketing. Praxis der Personalpsychologie. Göttingen et al. 2010.
Ferstl, J.: Managervergütung und Shareholder Value. Konzeption einer wertorientierten Vergütung für das Top-Management. Wiesbaden 2000, zugl. Diss., Regensburg 1999.
Festing, M./Dowling, P.J./Weber, W./Engle, A.D.: Internationales Personalmanagement. 3. Aufl., Wiesbaden 2011.
Festing, M./Martin, A./Mayrhofer, W./Nienhüser, W. (Hrsg.): Personaltheorie als Beitrag zur Theorie der Unternehmung. Festschrift für Prof. Dr. Wolfgang Weber zum 65. Geburtstag. München-Mering 2004.
Fiebelkorn, L./Dotou, O.: Workation und Homeoffice im Ausland: Was Arbeitgeber wissen müssen. 18.01. 2022, https://www.haufe.de/personal/entgelt/homeoffice-im-ausland-was-arbeitgeber-wissen-muessen_78_536748.html.
Fiedler, F.E.: A Theory of Leadership Effectiveness. New York et al. 1967.
Fiedler, F.E./Chemers, M.M./Mahar, L.: Der Weg zum Führungserfolg. Ein Selbsthilfeprogramm für Führungskräfte. Stuttgart 1979.
Fiedler, F.E./Mai-Dalton, R.: Führungstheorien – Kontingenztheorie. In: HWFü, 2. Aufl., hrsg. v. A. Kieser, G. Reber u. R. Wunderer. Stuttgart 1995, Sp. 940-953.
Findlay, P./Newton, T.: Re-framing Foucault: The Case of Performance Appraisal. In: Foucault, Management and Organization Theory. From Panopticon to Technologies of Self, hrsg. v. A. McKinlay u. K. Starkey. London-Thousand Oaks-New Delhi 1998, S. 211-229.
Fisch, R./Beck, D./Englich, B.: Projektgruppen in Organisationen. Göttingen 2000.
Fischbacher, U./Fehr, E./Gächter, S.: Are People Conditionally Cooperative? Evidence from Public Good Experiments. In: Economic Letters, Vol. 71, 3, 2001, S. 397-404.
Fischer, L.: Arbeitszufriedenheit. Konzepte und empirische Befunde. 2. Aufl., Göttingen et al. 2006.
Fischer, S./Eireiner, C./Weber, S.: Nachhaltiges HR-Management. Konzepte-Rollen-Handlungsempfehlungen. Stuttgart 2019.

Fischer, T./Rödl, K.: Unternehmensziele und Anreizsysteme. Theoretische Grundlagen und empirische Befunde aus deutschen Unternehmen. In: Controlling, 19. Jg., 1, 2007, S. 5-14.

Fisher, R./Ury, W./Patton, B.: Das Harvard-Konzept. Die unschlagbare Methode für das beste Verhandlungsergebnis. 5. Aufl., München 2021.

Fitting, K./Engels, G./Schmidt, I./Trebinger, Y./Linsenmeier, W.: Betriebsverfassungsgesetz mit Wahlordnung. 28. Aufl., München 2016.

Fitz-enz, J.: Renditefaktor Personal. So messen und erhöhen Sie den Roi Ihrer Mitarbeiter. Frankfurt-New York 2003.

Fitz-enz, J./Mattox, J.R.: Predictive Analytics for Human Resources. New York 2014.

FitzRoy, F.R./Kraft, K.: Unionization, Wages and Efficiency: Theories and Evidence from the US and West Germany. In: Kyklos, 38. Jg, 1985, S. 537-554.

Flamholtz, E.: Human Resource Accounting. Advances in Concepts, Methods, and Applications. 3. Aufl., Dordrecht 1999.

Fombrun, C.J./Tichy, N.M./Devanna, M.A. (Hrsg.): Strategic Human Resource Management. New York et al. 1984.

Foucault, M.: Überwachen und Strafen. Die Geburt des Gefängnisses. Frankfurt a.M. 1976.

Foucault, M.: Sexualität und Wahrheit, Bd. 1: Der Wille zum Wissen. Frankfurt a.M. 1977.

Fox, S.: Strategic HRM: Postmodern Conditioning for the Corporate Culture. In: Management Education and Development, Vol. 21, 3, 1990, S. 192-206.

Franz, W.: Arbeitsmarktökonomik. 8. Aufl., Berlin et al. 2013.

Freeman, R.E.: Strategic Management. A Stakeholder Approach. Boston, Mass. 1984.

Freund, F./Knoblauch, R./Eisele, D.: Praxisorientierte Personalwirtschaftslehre. 6. Aufl., Stuttgart 2003.

Frey, B.S.: Markt und Motivation. Wie ökonomische Anreize die (Arbeits-)Moral verdrängen. München 1997.

Frey, B.S./Meier, S.: Social Comparisons and Pro-Social Behavior. Testing 'Conditional Cooperation' in a Field Experiment. In: AER, Vol. 94, 12, 2004, S. 1717-1722.

Frey, B.S./Osterloh, M.: Pay for Performance – Immer empfehlenswert? In: ZfO, 69. Jg., 2, 2000, S. 64-69.

Frey, B.S./Osterloh, M.: Motivation – der zwiespältige Produktionsfaktor. In: Managing Motivation. Wie Sie die neue Motivationsforschung für Ihr Unternehmen nutzen können, hrsg. v. B.S. Frey u. M. Osterloh. 2. Aufl., Wiesbaden 2002, S. 19-42.

Frick, B./Bellmann, L./Frick, J.: Betriebliche Zusatzleistungen in der Bundesrepublik Deutschland: Verbreitung und Effizienzfolgen. In: ZfO, 69. Jg., 2, 2000, S. 83-91.

Friedli, V.: Die betriebliche Karriereplanung. Konzeptionelle Grundlagen und empirische Studien aus der Unternehmensperspektive. Bern et al. 2002, zugl. Diss., Bern 2001.

Frieling, T./Jacobs, M./Krois, C. (Hrsg.):Arbeitskampfrecht: Handbuch für Wissenschaft und Praxis. München 2021.
Frindert, J./Dribbusch, H./Schulten, T.: WSI-Arbeitskampfbilanz 2020. Streiks unter den Bedingungen der Corona-Pandemie. WSI-Report, 66, 2021.
Frodermann, C./Grunau, P./Haas, G.-C./Müller, D.: Homeoffice in Zeiten von Corona: Nutzung, Hindernisse und Zukunftswünsche. IAB-Kurzbericht, 5, 2021, https://www.econstor.eu/bitstream/10419/234218/1/kb2021-05.pdf.
Füchtner, S./Wegerich, T. (Hrsg.) Das Handbuch der Personalberatung: Eine Branche im Umbruch. 2. Aufl., Frankfurt a.M. 2011.

Gaedt, M.: Mythos Fachkräftemangel. Was auf Deutschlands Arbeitsmarkt gewaltig schiefläuft. Weinheim 2014.
Gärtner, J./Kundi, M./Wahl, S./Siglär, R./Boonstra-Hörwein, K./Arlinghaus, A./Baumgartner, P.: Handbuch Schichtpläne. Planungstechnik, Entwicklung, Ergonomie, Umfeld. 3. Aufl., Zürich 2021.
Gatewood, R.D./Gowan, M.A./Lautenschlager, G.J.: Corporate Image, Recruitment Image, and Initial Job Choice Decisions. In: AMJ, Vol. 36, 1993, S. 414-427.
Gebauer, A.: Einführung von Corporate Universities. Eine kritische Rekonstruktion der Entwicklungsverläufe in Deutschland. Heidelberg 2007, zugl. Diss., Witten-Herdecke 2006.
Gebert, D./von Rosenstiel, L.: Organisationspsychologie. Person und Organisation. 5. Aufl., Stuttgart 2002.
Gehrmann, W./Tenbrock, C.: Flexible Funktionäre. In: Die Zeit, 50, 4.12.2003, S. 23.
Geißler, K.A.: Zeit – verweile doch... Lebensformen gegen die Hast. Freiburg 2008.
Gemünden, H.G./Högl, M.: Teamarbeit in innovativen Projekten. Eine kritische Bestandsaufnahme der empirischen Forschung. In: Management von Teams. Theoretische Konzepte und empirische Befunde, hrsg. v. H.G. Gemünden u. M. Högl, 2. Aufl., Wiesbaden 2001, S. 1-31.
Gerpott, T.J.: Controlling von Personalprogrammen als Teilfeld des operativen Personal-Controlling. In: Controlling von Personalprogrammen, hrsg. v. T.J. Gerpott u. S.H. Siemers. Stuttgart 1995, S. 3-56.
Gerstner, C.R./Day, D.V.: Meta-Analytic review of leader–member exchange theory: Correlates and construct issues. In: JAP, Vol. 82, 6, 1997, S. 827-844.
Gesamtmetall: Die Metall- und Elektro-Industrie in der Bundesrepublik Deutschland. Zahlen 2021. Berlin-Köln 2021, https://www.gesamtmetall.de/sites/default/files/downloads/zahlenheft_2021.pdf.
Ghoshal, S.: Bad Management Theories are Destroying Good Management Practices. In: AMLE, Vol. 4, 1, 2005, S. 75–91.
Ghoshal, S./Moran, P.: Bad for Practice. A Critique of the Transaction Cost Theory. In: AMR, Vol. 21, 1996, S. 13-47.
Giardini, A./Kabst, R.: Recruitment Process Outsourcing. Eine Szenariostudie zur Akzeptanz von Outsourcing-Maßnahmen in der Personalauswahl. In: ZfP, 22. Jg., 4, 2008, S. 370-387.

Giertz, J.-P.: Personalvorstände in mitbestimmten Unternehmen. IMU Policy Brief, 6, 2021.

Gilbert, C./De Winne, S./Sels, L.: The Influence of Line Managers and HR Department on Employees' Affective Commitment. In: IJHRM, Vol. 22, 8, 2011, S. 1618-1637.

Gilchrist, D./Luca, M./Malhotra, D.: When 3 + 1 > 4: Gift Structure and Reciprocity in the Field. In: MSc, Vol. 62, 9, 2016, S. 2639-2650.

Gilson, S.C./Vetsuypens, M.R.: CEO Compensation in Financially Distressed Firms. An Empirical Analysis. In: Journal of Finance, Vol. 48, 1993, SD. 425-459.

Glassdoor: Beste Arbeitgeber 2022. https://www.glassdoor.de/Award/Beste-Arbeitgeber-Deutschland-LST_KQ0,29.htm.

Glotz, P.: Ron Sommer. Der Weg der Telekom. Hamburg 2001.

Gmür, M./Klimecki, R.G./Litz, S.A.: Führungskräfterekrutierung in wissensintensiven Unternehmen. In: DU, 57. Jg., 3, 2003, S. 185-199.

Gmür, M./Schwerdt, B.: Der Beitrag des Personalmanagements zum Unternehmenserfolg. Eine Metaanalyse nach 20 Jahren Erfolgsfaktorenforschung. In: ZfP, 19. Jg., 3, 2005, S. 221-251.

Gnirke, K.: Martin Winterkorn wird 70. Die Arroganz der Macht. In: Der Spiegel, 24.05.2017, https://www.spiegel.de/wirtschaft/unternehmen/martin-winterkorn-wird-70-die-arroganz-der-macht-a-1149070.html.

Göpfert, B./Wilke, E.: Recherchen des Arbeitgebers in Sozialen Netzwerken nach dem geplanten Beschäftigtendatenschutzgesetz. In: NZA, 23. Jg., 2010, S. 1329–1333.

Goffman, E.: Stigma. Über Techniken der Bewältigung beschädigter Identität. Frankfurt a.M. 1967.

Gola, P.: HR Intelligence und Analytics. Datenschutzrechtliche Grenzziehungen. In: Human Resource Intelligence und Analytics. Grundlagen, Anbieter, Erfahrungen und Trends, hrsg. v. S. Strohmeier u. F. Piazza. Berlin 2015, S. 127-158.

Graen, G.B./Uhl-Bien, M.: Relationship-based approach to leadership: Development of leader-member exchange (LMX) theory of leadership over 25 years: Applying a multi-level multi-domain perspective. In: Leadership Quarterly, Vol. 6, 2, 1995, S. 219-247.

Graf, A.: Lebenszyklusorientierte Personalentwicklung. Ein Ansatz für die Erhaltung und Förderung von Leistungsfähigkeit und -bereitschaft während des gesamten betrieblichen Lebenszyklus. Bern et al. 2002, zugl. Diss., Bern 2002.

Graf, N./Edelkraut, F.: Mentoring. Das Praxisbuch für Personalverantwortliche und Unternehmer. 2. Aufl., Wiesbaden 2016.

Grandjean, E.: Physiologische Arbeitsgestaltung. Leitfaden der Ergonomie. 3. Aufl., Landsberg a.L. 1987.

Granovetter, M.S.: The Strength of Weak Ties. In: American Journal of Sociology, Vol. 78, 6, 1973, S. 1360-1380.

Grawert, A.: Cafeteria-Systeme in Deutschland. 30 Jahre Individualisierung von Entgeltbestandteilen. In: Differentielles Management. Individualisierung und

Organisation in systemischer Kongruenz. Festschrift für Prof. Dr. Dieter Wagner, hrsg. v. S. Armutat u. A. Seisreiner. Wiesbaden 2012, S. 109-124.
Greenberg, J.: The Social Side of Fairness. Interpersonal and Informational Classes of Organizational Justice. In: Justice in the Workplace. Approaching Fairness in Human Resource Management, hrsg. v. R. Cropanzano. Hillsdale 1980, S. 79-103.
Greenberg, J.: A Taxonomy of Organizational Justice Theories. In: AMJ, Vol. 12, 1, 1987, S. 9-22.
Grieger, J.: Ökonomisierung in Personalwirtschaft und Personalwirtschaftslehre. Theoretische Grundlagen und praktische Bezüge. Wiesbaden 2004, zugl. Habil., Wuppertal 2003.
Groß, H./Seifert, H./Sieglen, G.: Formen und Ausmaß verstärkter Arbeitszeitflexibilisierung. In: WSI-Mitteilungen, 4, 2007, S. 202-208.
Groysberg, B./Nanda, A./Nohria, N.: Wenn Stars verglühen. In: HBM, 27. Jg., 1, 2005, S. 34-45.
Groysberg, B./Sant, L./Abrahams, R.: When „Stars" Migrate, do they still Perform like Stars? In: SMR, Vol. 50, 1, 2008, S. 41-46.
Grund, C.: Mitarbeiterrekrutierung über das Internet. Marktanalyse und empirischer Untersuchung von Determinanten und Konsequenzen für die Arbeitnehmer. In: ZfB, 76. Jg., 5, 2006, S. 451-472.
Grundei, J./Zaumseil, P. (Hrsg.): Der Aufsichtsrat im System der Corporate Governance: Betriebswirtschaftliche und juristische Perspektiven. Wiesbaden 2012.
Grundgreif, D./Holtbrügge, D./Schillo, K.: Problemfelder virtueller Auslandsentsendungen. Ergebnisse einer empirischen Studie. In: Remote Services. Neue Formen der Internationalisierung von Dienstleistungen, hrsg. v. D. Holtbrügge, H. Holzmüller u. F. v. Wangenheim. Wiesbaden 2007, S. 41-65.
Guest, D.E.: Human Resource Management and Performance: A Review and Research Agenda. In: IJHRM, Vol. 8, 3, 1997, S. 263-276.
Gutenberg, E.: Grundlagen der Betriebswirtschaftslehre. Bd. 1: Die Produktion. 24. Aufl., Heidelberg 1983.
Guthrie, J.P./Datta, D.K.: Corporate Strategy, Executive Selection, and Firm Performance. In: HRM, Vol. 37, 2, 1998, S. 101-115.
Gutmann, J.: Flexible Arbeit. Zeitarbeit, Werkvertrag, Outsourcing. Freiburg 2017.

Hachmeister, D.: Möglichkeiten und Grenzen wertorientierter Steuerungskennzahlen als Bemessungsgrundlage der Entlohnung für Führungskräfte. In: Handbuch Variable Vergütung für Führungskräfte, hrsg. v. D. von Eckardstein. München 2001, S. 47-67.
Hackl, B./Gerpott, F.: HR 2020 – Personalmanagement der Zukunft. Strategien umsetzen, Individualität unterstützen, Agilität ermöglichen. München 2015.
Hackman, J.R./Oldham, G.R.: Development of the Job Diagnostic Survey. In: JAP, Vol. 60, 2, 1975, S. 159-170.

Häferer, K./Köhler, M.: Praxisleitfaden Entgelttransparenzgesetz. Ein Überblick über die zentralen Regelungen und deren Anwendung in der Praxis. Wiesbaden 2019.

Hagemann, T./Oecking, S./Reichenbach, R.: Betriebliche Altersversorgung. 5. Aufl., Freiburg 2015.

Hahn, C.: Virtuelle Mitarbeiterbeteiligung. Grundlagen, Aufbau und praktische Formulierungsbeispiele. Wiesbaden 2016.

Haipeter, T.: Tarifabweichungen und Flächentarifverträge. Eine Analyse der Regulierungspraxis in der Metall- und Elektroindustrie. Wiesbaden 2009.

Haipeter, T./Hertwig, M./Rosenbohm, S. (Hrsg.): Vernetzt und verbunden. Koordinationsprobleme im Mehrebenensystem der Arbeitnehmervertretung. Wiesbaden 2019.

Halgmann, M.: Der Einfluss der Betriebsräte auf Personalstrategien im Betrieb. Augsburg-München 2019.

Hamel, W.: Entgeltformen bei veränderten Technologien und Arbeitsstrukturen. In: Handbuch Anreizsysteme, hrsg. v. G. Schanz. Stuttgart 1991, S. 111-126.

Hanau, P./Veit, A./Hoff, A.: Recht und Praxis der Arbeitszeitkonten: Wertguthaben, Altersteilzeit, Flexikonten. 2. Aufl., München 2015.

Hank, R.: Die Eisenacher und die Rüsselsheimer. In: Frankfurter Allgemeine Zeitung, 181, 6.8.1994, S. 11.

Hans-Böckler-Stiftung: Mitbestimmte Unternehmen in Deutschland, 2021, https://www.imu-boeckler.de/de/mitbestimmte-unternehmen-in-deutschland-19328.htm.

Hansen, K.P.: Die Mentalität des Managers. In: Managementforschung, Bd. 4, hrsg. v. G. Schreyögg u. P. Conrad. Berlin-New York 1994, S. 71-103.

Haritz, J.: Personalarbeit im dezentralen Modell am Beispiel Bertelsmann. In: Innovative Personal-Organisation. Center-Modelle für Wertschöpfung, Strategie, Intelligenz und Virtualisierung, hrsg. v. C. Scholz. Neuwied-Kriftel-Berlin 1999, S. 189-197.

Hartz, P.: Jeder Arbeitsplatz hat ein Gesicht. Die Volkswagen-Lösung. Frankfurt a.M.-New York 1994.

Havranek, C./Freudhofmeier, M./Schmidt, N.: Die optimierte Personalabteilung. Wege zur Effizienzsteigerung von Human Resources. Wien 2010.

Haythornthwaite, C./Andrews, R./Fransman, J./Meyers, E.M. (Hrsg.): The Sage Handbook of E-learning Research. 2. Aufl., London et al. 2016.

Hawranek, D.: Das Signal von Wolfsburg. In: Der Spiegel, 46, 2004, 102-104.

Hearn, J./Sheppard, D.L./Tancred-Sheriff, P./Burrell, G. (Hrsg.): The Sexuality of Organizations. London-Newbury Park-New Delhi 1989.

Heckhausen, J./Heckhausen, H. (Hrsg.): Motivation und Handeln. 5. Aufl., Stuttgart 2018.

Hegele, C./Kieser, A.: Neutron Jack oder Hero Jack. Sammelrezension von Büchern über Jack Welch und General Electric. In: DBW, 60. Jg., 3, 2000, S. 379-398.

Hegemann, L.: Thomas Middelhoff. Der Absturz. In: Wirtschaftswoche, 14.11.2014, http://www.handelsblatt.com/unternehmen/management/thomas-middelhoff-der-absturz/10950442-all.html.

Heidrick & Struggles: Route to the Top 2021. https://www.heidrick.com/-/media/heidrickcom/publications-and-reports/route-to-the-top-2021.pdf.
Hein, T.: Uschi oder Maybee? In.: Die Zeit, 27.12.2013, S. 28.
Hell, B./Schuler, H./Boramir, I./Schaar, H.: Verwendung und Einschätzung von Verfahren der internen Personalauswahl und Personalentwicklung im 10 Jahres-Vergleich. In: ZfP, 20. Jg., 1, 2006, S. 58-78.
Hellert, U.: Arbeitszeitmodelle der Zukunft. Arbeitszeiten flexibel und attraktiv gestalten. 3. Aufl., Freiburg 2022.
Hentze, J./Graf, A.: Personalwirtschaftslehre. Bd. 2, 7. Aufl., Bern-Stuttgart-Wien 2005.
Hentze, J./Kammel, A.: Personalcontrolling. Bern-Stuttgart-Wien 1993.
Hentze, J./Kammel, A.: Personalwirtschaftslehre. Bd. 1, 7. Aufl., Bern-Stuttgart-Wien 2001.
Hentze, J./Graf, A./Kammel, A./Lindert, K.: Personalführungslehre. Grundlagen, Funktionen und Modelle der Führung. 4. Aufl., Bern-Stuttgart-Wien 2005.
Herding, K./Stumpfhaus, B. Humankapital nicht bewerten, sondern entfalten. In: Personalwirtschaft, 30. Jg., 5, 2003, S. 55-58.
Hermelin, E./Lievens, F./Robertson, I.T.: The Validity of Assessment Centres for the Prediction of Supervisory Performance Ratings. A Meta-Analysis. In: International Journal of Selection and Assessment, Vol. 15, 2007, S. 405-411.
Herrmann, D./Hüneke, K./Rohrberg, A.: Führung auf Distanz. Mit virtuellen Teams zum Erfolg. Wiesbaden 2006.
Hersey, P./Blanchard, K.: Management of Organizational Behavior. Utilizing Human Resources. Englewood Cliffs, NJ 1969.
Herzberg, F.: Work and the Nature of Man. Cleveland, Ohio 1966.
Hess, B.: Sabbaticals. Auszeit vom Job - wie Sie erfolgreich gehen und motiviert zurückkommen. Frankfurt a.M. 2002.
Hesse, G.: Integrierte E-Recruiting-Lösung. In: Personalwirtschaft, 29. Jg., 1, 2002, S. 18-23.
Hesse, J./Schrader, H.C.: Testaufgaben. Das Übungsprogramm. Frankfurt 2001 (a).
Hesse, J./Schrader, H.C.: Testtraining 2000plus. Einstellungs- und Eignungstests erfolgreich bestehen. Frankfurt 2001(b).
Hesse, J./Schrader, H.C.: Das perfekte Arbeitszeugnis. Richtig formulieren, verstehen, verhandeln. Hallbergmoos 2011.
Hesse, J./Schrader, H.C.: Persönlichkeitstests. Verstehen – durchschauen – trainieren. Hallbergmoos 2013.
Heymann, H.-H./Seiwert, L.J.: Job-Sharing. Flexible Arbeitszeit durch Arbeitsplatzteilung. Renningen 1986.
Hielscher, H./Finkenzeller, K./Zerfaß, F.: Thomas Middelhoff. Noch mehr Ärger für Big T. In: Wirtschaftswoche, 25.11.2014, http://www.wiwo.de/unternehmen/handel/thomas-middelhoff-noch-mehr-aerger-fuer-big-t-/11014242-all.html.
Hildisch, A.K.: Zur strategischen Integration der Personalabteilung. Eine erweiterte strukturationstheoretische Betrachtung. Wiesbaden 2012, zugl. Diss., Eichstätt-Ingolstadt 2012.

Hipp, L./Stuth, S.: Management und Teilzeitarbeit. Wunsch und Wirklichkeit. WZBrief Arbeit, 15, Mai 2013.

Hirsch, B./Lentge, P./Schnabel, C.: Uncovered workers in plants covered by collective bargaining: Who are they and how dothey fare? In: British Journal of Industrial Relations, 2022, https://onlinelibrary.wiley.com/doi/pdf/10.1111/bjir.12679.

Hirschman, A.O.: Exit, Voice, and Loyality. Cambridge, Mass. 1970.

Högl, M./Gemünden, H.G.: Teamwork Quality and the Success of Innovative Projects. A Theoretical Concept and Empirical Evidence. In: OSc, Vol. 12, 4, 2001, S. 435-449.

Höhn, R.: Verwaltung heute. Autoritäre Führung oder modernes Management. Bad Harzburg 1970.

Hoffmann, T.M.: Motivation im Führungskontext von Sozialunternehmen. Wiesbaden 2016.

Hofmann, D./Steppan, R.: (Hrsg.): Headhunter: Blick hinter die Kulissen einer verschwiegenen Branche. Wiesbaden 2010.

Höpner, M.: Unternehmensmitbestimmung unter Beschuss. Die Mitbestimmungsdebatte im Licht der sozialwissenschaftlichen Forschung. In: IntBez, 11. Jg., 4, 2004, S. 347-379.

Hoff, A.: Vertrauensarbeitszeit. Einfach flexibel arbeiten. Wiesbaden 2002.

Hoffman, B.J./Woehr, D.J./Maldagen-Youngjohn, R./Lyons, B.D.: Great Man or Great Myth? A Quantitative Review of the Relationship between Individual Differences and Leader Effectiveness. In: JOOP, Vol. 84, 2, 2011, S. 347-381.

Hofstede, G.: Culture's Consequences: International Differences in Work-Related Values. Beverly Hills-London 1980.

Hofstede, G.: Culture's Consequences. Comparing Values, Behaviors, Institutions, and Organizations Across Nations. 2. Aufl., Thousand Oaks-London-New Delhi 2001.

Hofstede, G./Hofstede, G.J./Minkov, M.: Cultures and Organizations - Software of the Mind: Intercultural Cooperation and Its Importance for Survival. 3. Aufl., New York et al. 2010.

Hofstede, G./Bond, M.H.: The Confucius connection: From cultural roots to economic growth. In: OD, Vol. 16, 4, 1988, S. 5-21.

Hohendanner, C.: Befristet Beschäftigte. Gut positioniert mit Hoffnung auf Anschluss. In: IAB-Forum, 1, 2008, S. 26-31.

Holtbrügge, D.: Personalmanagement multinationaler Unternehmungen in Osteuropa. Bedingungen - Gestaltung - Effizienz. Wiesbaden 1995 (a), zugl. Diss., Dortmund 1995.

Holtbrügge, D.: Quantitative Personalbedarfsplanung in der öffentlichen Verwaltung. Ziele, Möglichkeiten und Grenzen vor dem Hintergrund der Diskussion um einen schlanken Staat. In: Verwaltung und Fortbildung, 23. Jg., 1, 1995 (b), S. 41-59.

Holtbrügge, D.: Postmoderne Organisationstheorie und Organisationsgestaltung. Wiesbaden 2001, zugl. Habil., Dortmund 2000.

Holtbrügge, D.: Personalmanagement in Multinationalen Unternehmungen. In: Management Multinationaler Unternehmungen, hrsg. v. D. Holtbrügge. Heidelberg et al. 2003, S. 199-215.

Holtbrügge, D.: Intercultural Management. Concepts, Practice, Critical Reflection. London et al. 2022.

Holtbrügge, D./Ambrosius, J.: Mentoring, Skill Development, and Career Success of Foreign Expatriates. In: HRDI, Vol. 18, 3, 2015, S. 278-294.

Holtbrügge, D./Baron, A./Friedmann, C.B.: Personal Attributes, Organizational Conditions and Ethical Attitudes. A Social Cognitive Approach. In: BEER, Vol. 24, 3, 2015, S. 264-281.

Holtbrügge, D./Berg, N.: Personalentwicklung. In: WiSt, 34. Jg., 3, 2005, S. 133-137.

Holtbrügge, D./Engelhard, F.: Bikulturelle Führungskräfte. In: WiSt, 43. Jg., 10, 2014, S. 521-526.

Holtbrügge, D./Engelhard, F.: Study Abroad Programs. Individual Motivations, Cultural Intelligence, and the Mediating Role of Boundary Spanning. In: AMLE, Vol. 15, 3, 2016, S. 435-455.

Holtbrügge, D./Friedmann, C.B.: Geschäftserfolg in Indien. Strategien für den vielfältigsten Markt der Welt. Berlin et al. 2011.

Holtbrügge, D./Friedmann, C.B./Puck, J. F.: Recruitment and Retention in Foreign Firms in India. A Resource-based view. In: HRM, Vol. 49, 3, 2010, S. 439-455.

Holtbrügge, D./Haussmann, H. (Hrsg.): The Internationalization of Firms. Case Studies from the Nürnberg Metropolitan Region. 2. Aufl., Augsburg-München 2017.

Holtbrügge, D./Holzmüller, H.H./v. Wangenheim, F. (Hrsg.): Internationalisierung von Dienstleistungen mit 3K. Konfiguration-Koordination-Kundenintegration. Wiesbaden 2009.

Holtbrügge, D./Kreppel, H.: Employer Attractiveness of Chinese, Indian and Russian Firms in Germany. Signaling Effects of HR Practices. In: CRR, Vol. 18, 3, 2015, S. 223-242.

Holtbrügge, D./Mohr, A.T.: Cultural Determinants of Learning Style Preferences. In: AMLE, Vol. 9, 4, 2010, S. 622-637.

Holtbrügge, D./Platz, S.: Student expectations and experiences in higher education A comparison of state and private universities in Germany. In: International Marketing of Higher Education, hrsg. v. T. Wu u. V. Naido. London 2016, S. 171-190.

Holtbrügge, D./Puck, J.: Interkulturelle Teams - Chancen, Risiken und Erfolgsfaktoren. In: Personal, 55. Jg., 8, 2003, S. 46-49.

Holtbrügge, D./Puck, J.: Geschäftserfolg in China. Strategien für den größten Markt der Welt. 2. Aufl. Berlin et al. 2008.

Holtbrügge, D./Rygl, D.: Arbeitgeberimage deutscher Großunternehmungen. In: Personal, 54. Jg., 10, 2002, S. 18-21.

Holtbrügge, D./Schillo, K.: Virtuelle Auslandsentsendungen. Konzeptionelle Grundlagen, Anwendungsbeispiele und Bewertung. In: Remote Services. Neue

Formen der Internationalisierung von Dienstleistungen, hrsg. v. D. Holtbrügge, H. Holzmüller u. F. v. Wangenheim. Wiesbaden 2007, S. 27-37.
Holtbrügge, D./Schillo, K.: Virtual delegation across borders. A knowledge-based perspective. In: EMJ, Vol. 29, 1, 2011, S. 1-10.
Holtbrügge, D./Weldon, A./Rogers, H.: Cultural Determinants of Email Communication Styles. In: IJCCM, Vol. 13, 2013, 1, S. 89-110.
Holtbrügge, D./Welge, M.K.: Internationales Management. Theorien, Funktionen, Fallstudien. 6. Aufl., Stuttgart 2015.
Homans, C.G.: Elementarformen sozialen Verhaltens. Köln 1968.
Hornke, L./Winterfeld, U. (Hrsg.): Eignungsbeurteilungen auf dem Prüfstand: DIN 33430 zur Qualitätssicherung. Heidelberg-Berlin 2004.
Horváth: Horváth-Studie zu Top-Kaderschmieden deutscher DAX-Vorstände. 5.5.2022, https://www.pressebox.de/pressemitteilung/horvth-ag/Horvath-Studie-zu-Top-Kaderschmieden-deutscher-DAX-Vorstaende/boxid/1110917.
Hossiep, R./Mühlhaus, O.: Personalauswahl und -entwicklung mit Persönlichkeitstests. 2. Aufl., Göttingen et al. 2015.
Hossiep, R./Zens, J.E./Berndt, W.: Mitarbeitergespräche. Motivierend, wirksam, nachhaltig. 2. Aufl., Göttingen 2020.
House, R.J./Hanges, P.J./Jarvidan, M./Dorfman, P.W./Gupta, V. (Hrsg.): Culture, Leadership, and Organizations. The GLOBE Study of 62 Societies. Thousand Oaks et al. 2004.
Hovestadt, G./Beckmann, T.: Corporate Universities. Ein Überblick. Untersuchung im Auftrag der Hans-Böckler-Stiftung. Düsseldorf 2010, http://www.boeckler.de/pdf/mbf_netzwerke_corporate_unis.pdf.
Howell, J.M./Shamir, B.: The Role of Followers in the Charismatic Leadership Process. Relationships and their Consequences. In: AMR, Vol. 30, 1, 2005, S. 96-112.
Hromadka, W./Maschmann, F.: Arbeitsrecht. Bd. 1: Individualarbeitsrecht. 7. Aufl., Berlin et al. 2018.
Hromadka, W./Maschmann, F.: Arbeitsrecht. Bd. 2: Kollektivarbeitsrecht und Arbeitsstreitigkeiten. 8. Aufl., Berlin et al. 2020.
Huber, G./Müller, W.: Das Arbeitszeugnis in Recht und Praxis. Rechtliche Grundlagen, Textbausteine, Musterzeugnisse, Zeugnisanalyse. 17. Aufl., Freiburg 2019.
Hülsheger, U.R./Anderson, N.: Applicant Perspectives in Selection: Going beyond preference reactions. In: International Journal of Selection and Assessment, Vol. 17, 4, 2009, S. 335-345.
Huesmann, M.: Arbeitszeugnisse aus personalpolitischer Perspektive. Wiesbaden 2008, zugl. Diss., Berlin 2007.
Hummel, T.R.: Erfolgreiches Bildungscontrolling. Heidelberg 2001.
Hungenberg, H.: Problemlösung und Kommunikation im Management. Vorgehensweisen und Techniken. 3. Aufl., München-Wien 2010.
Hungenberg, H./Wulf, T.: Grundlagen der Unternehmensführung. 6. Aufl., Wiesbaden 2021.

Hunkenschroer, A.L./Luetge, C.: Ethics of AI-Enabled Recruiting and Selection. A Review and Research Agenda. In: Journal of Business Ethics, 2022, https://doi.org/10.1007/s10551-022-05049-6.

Hunt, V./Prince, S./Dixon-Fyle, S./Yee, L.: Delivering through Diversity. McKinsey & Company, Januar 2018, https://www.mckinsey.com/~/media/McKinsey/Business%20Functions/Organization/Our%20Insights/Delivering%20through%20diversity/Delivering-through-diversity_full-report.ashx.

Hunter, J.E./Hunter, R.F.: Validity and Utility of Alternative Predictors of Job Predictors of Job Performance. In: Psychological Bulletin, Vol. 96, 1984, S. 72-98.

Hüttemann, H.-H.: Anreizmanagement in schrumpfenden Branchen. Wiesbaden 1993, zugl. Diss., Dortmund 1993.

Hutzschenreuter, T.: Wachstumsstrategien. Einsatz von Managementkapazitäten zur Wertsteigerung. Wiesbaden 2001, zugl. Habil., Leipzig 2001.

ifo Institut: Homeoffice-Nutzung sinkt trotz Ende der Pflicht zur Telearbeit kaum. Pressenmitteilung, 9.5.2022, https://www.ifo.de/node/69501.

Inglehart, R.: Cultural Evolution: People's Motivations are Changing, and Reshaping the World. Cambridge 2018.

Isaacson, W.: Steve Jobs. Die autorisierte Biografie des Apple-Gründers. München 2011.

Itten, T.: Größenwahn: Ursachen und Folgen der Selbstüberschätzung. Zürich 2016.

Ittner, C.D./Larcker, D.F.: Wenn die Zahlen versagen. In: HBM, 26. Jg., 2, 2004, S. 70-81.

Jago, A.G.: Führungstheorien – Vroom/Yetton-Modell. In: HWFü, 2. Aufl., hrsg. v. A. Kieser, G. Reber u. R. Wunderer. Stuttgart 1995, Sp. 1058-1075.

Jetter, W.: Effiziente Personalauswahl. Durch strukturierte Einstellungsgespräche die richtigen Mitarbeiter finden. 3. Auf., Stuttgart 2008.

Joulia, F./Goerke, D.: Langfristige variable Vergütungsinstrumente bei SAP. In: Handbuch Variable Vergütung für Führungskräfte, hrsg. v. D. von Eckardstein. München 2001, S. 253-263.

Judge, T.A./Bono, J.E./Ilies, R./Gerhardt, M.W.: Personality and leadership. A qualitative and quantitative review. In: JAP, Vol 87, 4, 2002, S. 765-780.

Judge, T.A./Piccolo, R.F./Ilies, R.: The Forgotten Ones? The Validity of Consideration and Initiating Structure in Leadership Research. In: JAP, Vol. 89, 1, 2004, S. 36-51.

Judge, T.A./Piccolo, R.F./Kosalka, T.: The bright and dark sides of leader traits: A review and theoretical extension of the leader trait paradigm. In: Leadership Quarterly, Vol. 20, 2009, S. 855-875.

Kabst, R.: Transaktionskostentheorie: Einführung, kritische Diskussion und Ansätze zur Weiterentwicklung. In: Personaltheorie als Beitrag zur Theorie der Unternehmung. Festschrift für Prof. Dr. Wolfgang Weber zum 65. Geburtstag, hrsg. v. M. Festing, A. Martin, W. Mayrhofer u. W. Nienhüser. München-Mering, 2004, S. 43-70.

Kabst, R./Thost, T./Isidor, R.: Interim Management. Auf dem Weg zur Selbstverständlichkeit. Düsseldorf 2010.

Käfer, A./Müller, C./Rief, S.: Beyond Multispace. Szenarien zu veränderten Anforderungen an Büroflächen und -immobilien im urbanen Umfeld bis 2030. Fraunhofer IAO 2022, https://office21.de/wp-content/uploads/2022/05/2022_05_Beyond_Multispace_Office_21_Fraunhofer_IAO.pdf.

Kaiser, S./Kozica, A. (Hrsg.): Ethik im Personalmanagement: Zentrale Konzepte, Ansätze und Fragestellungen. München-Mering 2012.

Kaiser, S./Paust, R./Kampe, T.: Externe Mitarbeiter. Erfolgreiches Management externer Professionals, Freelancer und Dienstleister. Wien 2007.

Kaiser, S./Ringlstetter, M. (Hrsg.): Work-Life Balance. Erfolgversprechende Konzepte und Instrumente für Extremjobber. Berlin et al. 2010.

Kanning, U.P.: Künstliche Intelligenz in der Eignungsdiagnostik. In: Digitales Human Resource Management. Aktuelle Forschungserkenntnisse, Trends und Anwendungsbeispiele, hrsg. v. H. Tirrel, L. Winnen u. R. Lanwehr. Wiesbaden 2021, S. 17-29.

Kanter, R.M.: The Change Masters. New York 1993.

Kaplan, R.S./Norton D.P.: Balanced Scorecard. Stuttgart 1997.

Kaplan, S.N./Sorensen, M.: Are CEOs Different? Journal of Finance, Vol. 76, 4, 2021, S. 1773-1811.

Kapp, H./Mähl, C.: E-Learning bei BASF. In: E-Learning in der Praxis. Strategien, Konzepte, Fallstudien, hrsg. v. H.-C. Riekhof u. H. Schüle. Wiesbaden 2002, S. 381-395.

Katterbach, S./Stöver, K.: Effektiver und besser Führen in Teilzeit: Hintergründe und zeitgemäße Maßnahmen für ein flexibles Führungsmodell. Wiesbaden 2018.

Katzenbach, J.R.: The Steve Jobs Way. In: Strategy+Business, 67, 2012, S. 1-3.

Katzenbach, J.R./Smith, D.K.: Teams. Der Schlüssel zur Hochleistungsorganisation. Wien 1993.

Kaufmann, M.: Fiese Fragen. Rätselraten im Vorstellungsgespräch. In: Spiegel Karriere, 18.3.2015, http://www.spiegel.de/karriere/berufsstart/vorstellungsgespraech-die-schwierigsten-fragen-a-1024060.html.

Keller, B.: Berufs- und Spartengewerkschaften. Neue Akteure und Perspektiven der Tarifpolitik. Augsburg-München 2017.

von Keller, E.: Kulturabhängigkeit der Führung. In: HWFü, 2. Aufl., hrsg. v. A. Kieser, G. Reber u. R. Wunderer. Stuttgart 1995, Sp. 1397-1406.

Kerschbaumer, J./Eischl, K./Kossens, M.: Freie Mitarbeit und Ich-AG. Köln 2004.

Kersting, M./Püttner, I.: Personalauswahl: Qualitätsstandards und rechtliche Aspekte. In: Lehrbuch der Personalpsychologie, hrsg. v. H. Schuler. 2. Aufl., Göttingen 2006, S. 841-861.

Kersting, S./Neuerer, D.: Arbeitsagenturchef lobt Tesla: „Die Bezahlung ist einfach mal ein Kracher". In: Handelsblatt, 10.11.2020, https://www.handelsblatt.com/politik/deutschland/jochem-freyer-im-interview-arbeitsagenturchef-lobt-tesla-die-bezahlung-ist-einfach-mal-ein-kracher/26604268.html.

Kienbaum, G.: Umfeldanalyse. In: HWPlan, hrsg. v. N. Szyperski u. U. Winand. Stuttgart 1989, Sp. 2033-2044.

Kienbaum, J./Zimmer, E.: Integriertes HR-Management. In: Webbasierte Personalwertschöpfung. Theorien-Konzeption-Praxis, hrsg. v. C. Scholz u. J. Gutmann. Wiesbaden 2003, S. 15-26.

Kienbaum Consultants International GmbH: Internationale Rekrutierungsmessen im Vergleich. Gummersbach 2003 (a).

Kienbaum Consultants International GmbH: Worklife-Balance internationaler Top-Manager 2003. Gummersbach 2003 (b).

Kienbaum Consultants International GmbH: HR 4 HR. Professionalisierung von HR-Funktionen durch Kompetenzentwicklung und attraktivere Karrieren. Gummersbach 2014.

Kienbaum Consultants International GmbH: Absolventenstudie 2014/2015. Gummersbach 2015.

Kieser, A.: Der situative Ansatz. In: Organisationstheorien. 8. Aufl., hrsg. v. A. Kieser u. M. Ebers. Stuttgart 2019, S. 168-195.

Kieser, A./Walgenbach, P.: Organisation. 6. Aufl., Stuttgart 2010.

Kissel, O.R.: Arbeitskampfrecht. München 2002.

Kirkpatrick, D.L.: Evaluating Training Programs. The Four Levels. San Francisco 1998.

Kirsch, W./Esser, W.-M./Gabele, E.: Das Management des geplanten Wandels von Organisationen. Stuttgart 1979.

Kirste, L./Holtbrügge, D.: Experiential Learning in the Digital Context: An Experimental Study of Online Cultural Intelligence Training, Journal of Teaching in International Business, Vol. 30, 2, 2019, S. 147-174.

Klauß, B.: Sensation bei SAP. Gewerkschaften sind die Gewinner der SAP-Betriebsratswahl. In: Rhein-Neckar-Zeitung, 08.04.2022, https://www.rnz.de/wirtschaft/wirtschaft-regional_artikel,-sensation-bei-sap-ig-metall-liste-gewinnt-betriebsratswahl-_arid,862399.html.

Klein, S.: Zeit. Der Stoff, aus dem das Leben ist. Eine Gebrauchsanleitung. 4. Aufl., Frankfurt a.M. 2011.

Kleinmann, M.: Assessment Center. 2. Aufl., Göttingen et al. 2013.

Klinger, S./Rebien, M.: Soziale Netzwerke helfen bei der Personalsuche. In: IAB-Kurzbericht, 24, 2009.

Kluckow, N.: Managerentlohnung. Distributives, prozedurales und interaktionales (Un-)Gerechtigkeitsempfinden. Wiesbaden 2014, zugl. Diss., Halle-Wittenberg 2014.

Kluge, N./Sick, S./Pütz, L.: Aufsichtsräte. Wie Firmen de Mitbestimmung aushebeln. In: Böckler Impuls, 6, 2016, S. 2-3.

Knauer, T.: Relevanz, Qualität und Determinanten der externen Unternehmenspublizität zum Humankapital – eine empirische Bestandsaufnahme der HDAX-Unternehmen. In: ZfP, 24. Jg., 3, 2010, S. 205-230.

Knauer, T./Lachmann, M.: Kapitalmarktreaktionen auf Personalabbauprogramme. Welchen Einfluss haben Motiv, Umfang und Freiwilligkeit? In: ZfB, 81. Jg., 10, 2011, S. 1109-1140.

Knebel, H. (Hrsg.): Stand der Leistungsbeurteilung und Leistungszulagen. Neuwied-Kriftel 1995.

Knoll, L.: Intertemporale Entlohnung und ökonomische Effizienz. Ein Beitrag zur Theorie und Empirie von Alters-Verdienst-Profilen. München 1994, zugl. Diss., Würzburg 1994.

Koch, A. unter Mitarbeit von A. Wohlhüter: Werkverträge in der Arbeitswelt. Arbeitspapier Nr. 2 der Otto-Brenner-Stiftung. Frankfurt a.M. 2012.

König, S./König, A.: Outdoor-Teamtrainings. Von der Gruppe zum Hochleistungsteam. 2. Aufl., Augsburg 2005.

Kohaut, S./Schnabel, C.: Verbreitung, Ausmaß und Determinanten der übertariflichen Entlohnung. In: MitAB, 36. Jg., 4, 2003, S. 661-671.

Kolakovic, M./Kempfer, U.: Komplett-Outsourcing des Personalbereichs. Das Beispiel der Jenoptik-Gruppe. In: Personal, 50. Jg., 10, 1998, S. 494-501.

Kolakovic, M./Kempfer, U.: Die Personalabteilung als externer Dienstleister. Das Beispiel der Jenoptik-Gruppe. In: Personal, 52. Jg., 1, 2000, S. 8-10.

Kommission zur Modernisierung der deutschen Unternehmensmitbestimmung: Bericht der wissenschaftlichen Mitglieder der Kommission mit Stellungnahmen der Vertreter der Unternehmen und der Vertreter der Arbeitnehmer. 2006, http://www.bundesregierung.de/Content/DE/Archiv16/Artikel/2006/12/Anlagen/2006-12-20-mitbestimmungskommission,property=publicationFile.pdf.

Kompa, A.: Demontage des Assessment Centers : Kritik an einem modernen personalwirtschaftlichen Verfahren. In: DBW, 50. Jg., 1990, 5, S. 587-609.

Kompa, A.: Assessment Center. Bestandsaufnahme und Kritik. 7. Aufl., München-Mering 2004.

Kosiol, E.: Leistungsgerechte Entlohnung. Wiesbaden 1962.

Kosiol, E.: Organisation der Unternehmung. 2. Aufl., Wiesbaden 1976.

Kossbiel, H.: Personalbedarfsermittlung. In: HWP, 2. Aufl., hrsg. v. E. Gaugler u. W. Weber. Stuttgart 1992, Sp. 1596-1608.

Kossbiel, H.: Anmerkungen zur Logik, Mystik und Heroik in der sogenannten Saarbrücker Formal für die Bewertung des Humankapitals. In: ZfM, 2. Jg., 3, 2007, S. 336-348.

Kotthoff, H.: Betriebsräte und betriebliche Herrschaft. Eine Typologie von Partizipationsmustern im Industriebetrieb. Frankfurt a.M.-New York 1981.

Kotthoff, H.: Betriebsräte und Bürgerstatus: Wandel und Kontinuität betrieblicher Mitbestimmung. München-Mering 1994.

Krämer, C./Lübke, C./Ringling, S.: Personalplanung und -entwicklung mit mySAP® HR. Prozessorientierte Einführung – Rollenbasierte Anwendung. Bonn 2002.

Krämer, W.: Das Fallen der Lohnquote zeigt keine unsoziale Umverteilung an. In: Handelsblatt, 16.10.1997.

Kramarsch, M.H.: Aktienbasierte Managervergütung. 2. Aufl., Wiesbaden 2004.

Kran, D.: Der MBA- und Master-Guide 2021. Weiterbildende Management-Studiengänge in Deutschland, Österreich und der Schweiz. 20. Aufl., Frankfurt a.M. 2021.

Kratz, H.-J.: 20 Rollenspiele für Führungssituationen. Für Trainer, Coaches, Berater und Führungskräfte. Weinheim/Basel 2013.

Krause, A./Rinne, U./Zimmermann, K.F./Böschen, I./Alt, R.: Pilotprojekt „Anonymisierte Bewerbungsverfahren". Berlin-Bonn-Frankfurt a.d.O. 2012, http://www.iza.org/en/webcontent/publications/reports/report_pdfs/iza_report_44.pdf.

Krell, G./Ortlieb, R./Sieben, B. (Hrsg.): Chancengleichheit durch Personalpolitik. Gleichstellung von Frauen und Männern in Unternehmen und Verwaltungen. 6. Aufl., Wiesbaden 2011.

Krell, G./Osterloh, M. (Hrsg.): Personalpolitik aus der Sicht von Frauen – Frauen aus der Sicht der Personalpolitik. Was kann die Personalforschung von der Frauenforschung lernen? Sonderband der ZfP, München-Mering 1992.

Kriegler, W.R.: Praxishandbuch Employer Branding. Mit starker Marke zum attraktiven Arbeitgeber werden. 3. Aufl., Freiburg 2018.

Krimphove, D.: Rechtsfragen des Personalcontrollings. Eine Übersicht. In: Einführung in die finanz- und kapitalmarktorientierte Personalwirtschaft, hrsg. v. W. Schmeisser, A. Clermont, T.R. Hummel u. D. Krimphove. München-Mering 2007, S. 111-138.

Krone, S. (Hrsg.): Dual Studieren im Blick. Entstehungsbedingungen, Interessenlagen und Umsetzungserfahrungen in dualen Studiengängen. Wiesbaden 2015.

Kruger, J./Dunning, D.: Unskilled and Unaware of it. How Difficulties in Recognizing One's Own Incompetence Lead to Inflated Self-Assessments. In: JPSP, Vol. 77, 6, 1999, S. 1121-1134.

Krulis-Randa, J.S.: Personalbedarf und Personalausstattung der Personalabteilung. In: Reorganisation der Personalabteilung, hrsg. v. K.-F. Ackermann. Stuttgart 1994, S. 187-200.

Kubicek, H.: Dimensionen der Humanisierung des Arbeitslebens. Eine Analyse ausgewählter Buchveröffentlichungen unter besonderer Berücksichtigung betriebswirtschaftlicher Literatur. In: DBW, 39. Jg., 4, 1979, S. 663-679.

Kubis, D./Tödtmann, U. (Hrsg.): Arbeitshandbuch für Vorstandsmitglieder. 3. Aufl., München 2021.

Kürn, H.-C.: E-Recruiting bei Siemens. Neue Philosophie, Roll-out und Change Management. Vortrag auf der Tagung „e-Recruiting – Experten im Gespräch". Hamburg 2004.

Kunz, G.: Die Balanced Scorecard im Personalmanagement. Ein Leitfaden für Aufbau und Einführung. Frankfurt a.M.-New York 2001.

Küpper, H.-U.: Mitbestimmung. In: HWP, 2. Aufl., hrsg. v. E. Gaugler u. W. Weber. Stuttgart 1992, Sp. 1408-1419.

Kupsch, P.U./Marr, R.: Personalwirtschaft. In: Industriebetriebslehre, hrsg. v. E. Heinen. 8. Aufl., Wiesbaden 1985, S. 623-767.

Kutscher, J./Leydecker, J.M.: Schichtarbeit und Gesundheit: Aktueller Forschungsstand und praktische Schichtplangestaltung. Wiesbaden 2018.

Kutter, I.: Die Schöne und das Personalbiest. In: Die Zeit, 23, 31.5.2012, S. 34.

Lado, A.A./Wilson, M.C.: Human Resource Systems and Sustained Competitive Advantage: A Competency-based Perspective. In: AMR, Vol. 19, 4, 1994, S. 699-727.

Laible, M. (2013). Gender Diversity in Top Management and Firm Performance. An Analysis with the IAB-Establishment Panel. CAED Conference Paper, Atlanta 2013, https://www.semanticscholar.org/paper/Gender-Diversity-in-Top-Management-and-Firm-%3A-An-Laible/23abc3ce68a98a731d539bc985ff5fca9b374916?p2df.

Lakies, T.: Befristete Arbeitsverträge. Der Ratgeber für Beschäftigte und ihre Interessenvertretung. Köln 2016.

Lämmlein, A./Brauner, C.: Exit-Interview: Mitarbeiterbindung als Schlüsselfaktor zum Erfolg. In: Webbasierte Personalwertschöpfung. Theorien-Konzeption-Praxis, hrsg. v. C. Scholz u. J. Gutmann. Wiesbaden 2003, S. 269-283.

Lambertz, G.: Bessere Wirtschaftspolitik durch weniger Demokratie? Ökonomische Demokratiekritik und Theorie der Autokratie. Hamburg 1990, zugl. Diss., Duisburg 1989.

Lamparter, D.H.: Die 35-Stunden-Mär. In: Die Zeit, 28, 1.7.2004 (a), S. 19.

Lamparter, D.H.: Kraftakt in Wolfsburg. In: Die Zeit, 39, 16.9.2004 (b), S. 25-26.

Landay, K./Harms, P.D./Credé, M.: Shall we Serve the Dark Lords? A Meta-analytic Review of Psychopathy and Leadership. In: JAP, Vol. 104, 1, 2019, S. 183-196.

Landmann, J./Thode, E.: Herausforderung Zeitarbeit. Studie im Auftrag der Bertelsmann Stiftung. Gütersloh 2012, http://www.bertelsmann-stiftung.de/cps/rde/xbcr/SID-739AA97C-872E256D/bst/xcms_bst_dms_35839__2.pdf.

von Landsberg, G.: Bildungs-Controlling. 2. Aufl., Stuttgart 1995.

Lang, J.M.: Moderne Entgeltsysteme. Leistungslohn bei Gruppenarbeit. 2. Aufl., Wiesbaden 2001, zugl. Diss., Trier 1997.

Langemeyer, H.: Das Cafeteria-Verfahren. München-Mering 1999, zugl. Diss., Potsdam 1998.

Laukamm, T.: Strategisches Management von Human Ressourcen. In: Strategieorientierte Personalentwicklung, hrsg. v. C. Riekhof. Wiesbaden 1986, S. 77-113.

Laumer, S./Eckhardt, A./Weitzel, T.: Online Gaming to Find a New Job. Examining Job Seekers' Intention to Use Serious Games as a Self-Assessment Tool. In: ZfP, 26. Jg., 3, 2012, S. 218-240.

Laumer, S./Maier, C./Eckhardt, A.: The impact of business process management and applicant tracking systems on recruiting process performance: an empirical study. In: ZfB, 85. Jg., 4, 2015, S: 421-453.

Laumer, S./Morana, S.: HR natural language processing - conceptual overview and state of the art on conversational agents in human resources management. In: Handbook of Research on Artificial Intelligence in Human Resource Management, hrsg. v. S. Strohmeier. Cheltenham-Northampton 2022, S. 226-242.

Laux, H./Gillenkirch, R.M./Schenk-Mathes, H.Y.: Entscheidungstheorie. 10. Aufl., Berlin 2018.

Lehnen, C.: DAX-Aufsichtsräte: HR-Expertise verzweifelt gesucht. In: Personalwirtschaft, 27.4.2022, https://www.personalwirtschaft.de/news/hr-organisation/dax-aufsichtsraete-hr-expertise-verzweifelt-gesucht-135796/.

Lentz, B./Kahlen, R.: Hartnäckige Verehrer. In: Capital, 13, 2006, S. 70-78.

Lesch, H.: Je kleiner, desto böser? Tarifkonflikte von Sparten- und Branchengewerkschaften im Vergleich. In: ifo-Schnelldienst, 70. Jg., 2, 2017, S. 33-38.
Lesch, H./Hellmich, P.: Das Tarifeinheitsgesetz: Juristischer Balanceakt mit ökonomischer Wirkung. IW Policy Paper 1, Köln 2015.
Leventhal, G.S.: What Should be Done with Equity Theory? New Approaches to the Study of Fairness in Social Relationships. In: Social Exchange. Advances in Theory and Practice, hrsg. v. K. Gergen, M. Greenberg u. R. Willis. New York 1980, S. 27-55.
Liebig, S./Schupp, J.: Entlohnungsgerechtigkeit in Deutschland? Hohes Ungerechtigkeitsempfinden bei Managergehältern. In: Wochenberichte des DIW, 71. Jg., 47, 2004, S. 725-730.
Lievens, F./Slaughter, J.E.: Employer Image and Employer Branding: What We Know and What We Need to Know. In: Annual Review of Organizational Psychology and Organizational Behavior, Vol. 3, 2016, S. 407-440.
Lippold, D.: Die Personalmarketing-Gleichung. Einführung in das wertorientierte Personalmanagement. München 2011.
Liu, C.: In Luck We Trust. Capturing the Diversity Bonus through Random Selection. In: JOD, Vol. 10, 2021, S. 85-91.
Löhr, J.: Mittleres Management. Die Leiden der Sandwich-Chefs. In: faz.net, 4.5.2010, http://www.faz.net/aktuell/beruf-chance/arbeitswelt/mittleres-management-die-leiden-der-sandwich-chefs-1964960.html.
Löwisch, M./Caspers, G./Klumpp, S.: Arbeitsrecht. 12. Aufl., München 2019.
Löwisch, M./Rieble, V.: Tarifvertragsgesetz. 4. Aufl., München 2016.
Lucas, M.: Arbeitszeugnisse richtig deuten. München 2001.
Luce, R.A./ Barber, A.E./ Hillmann, A.J.: Good Deeds and Misdeeds: A mediated model of the effect of corporate social performance on organizational attractiveness. In: Business & Society, Vol. 40, 2001, S. 397-415.
Luczak, H./Volpert, W. (Hrsg.): Handbuch Arbeitswissenschaft. Stuttgart 1996.
Luhmann, N.: Soziale Systeme. Grundriß einer allgemeinen Theorie. 6. Aufl., Frankfurt a.M. 2001.
Lüscher, M.: Der Vier-Farben Mensch. München 1991.

Maassen, O./Kohler, M.: HR-Digitalisierung und Kompetenzmanagement in Zeiten von Industrie 4.0. In: Kompetenzen der Zukunft - Arbeit 2030. Als lernende Organisation wettbewerbsfähig bleiben, hrsg. v. K.-M. Molina, S. Kaiser u. W. Widuckel. Freiburg-München-Stuttgart 2018, S. 131.144.
Macharzina, K./Wolf, J.: Unternehmensführung. Das internationale Managementwissen. Konzepte-Methoden-Praxis. 11. Aufl. Wiesbaden 2021.
Mag, W.: Einführung in die betriebliche Personalplanung. 2. Aufl., München 1998.
Mai, C./Frey, R.V./Büttgen, M./Hülsbeck, M.: Persönlichkeitsprototyp der DAX 30 Vorstandsvorsitzenden: Eine empirische Analyse mittels Attribution anhand des NEO-Fünf- Faktoren-Inventars. In: ZfbF, 67. Jg., 2, 2015, S. 4-34.
Maier, W.: Systemisches Personalmanagement. Möglichkeiten und Grenzen. München-Mering 1998, zugl. Diss., Berlin 1997.
March, J.G./Simon, H.A.: Organizations. New York-London-Sydney 1958.

Margolis, J.: Multiple Team Membership: An Integrative Review. In: Small Group Research, Vol. 51, 1, 2020, S. 48-86.

Marr, R.: Überlegungen zu einem Konzept der „differentiellen Personalwirtschaft". In: Individualisierung der Personalwirtschaft. Grundlagen, Lösungsansätze und Grenzen, hrsg. v. H.J. Drumm. Bern-Stuttgart 1989, S. 37-47.

Marr, R. (Hrsg.): Arbeitszeitmanagement. 3. Aufl., Berlin 2001.

Marr, R./Schmidt, H.: Humanvermögensrechnung. In: HWP, 2. Aufl., hrsg. v. E. Gaugler u. W. Weber. Stuttgart 1992, Sp. 1031-1042.

Marr, R./Stitzel, M.: Personalwirtschaft. Ein konfliktorientierter Ansatz. München 1979.

Martin, A. (Hrsg.): Personal als Ressource. München-Mering 2003.

Martin, A./Nienhüser, W. (Hrsg.): Personalpolitik. Wissenschaftliche Erklärung der Personalpraxis. München-Mering 1998.

Martin, R.L.: Irrweg Optionsplan. In: HBM, 25. Jg., 4, 2003, S. 12-13.

Martocchio, J.J.: Strategic Compensation. A Human Resource Management Approach. 2. Aufl., Upper Saddle River, NJ 2001.

Maslow, A.H.: A Theory of Human Motivation. In: Psychological Review, Vol. 50, 1943, S. 370-396.

Maslow, A.H.: Motivation and Personality. 2. Aufl., New York-Evantson-London 1970.

Maslow, A.H.: Motivation und Persönlichkeit. Olten-Freiburg 1977.

Matiaske, W./Kabst, R.: Outsourcing und Professionalisierung in der Personalarbeit: Eine transaktionskostentheoretisch orientierte Studie. In: Neue Formen der Beschäftigung und Personalpolitik. Sonderband der ZfP, hrsg. von A. Martin u. W. Nienhüser. München-Mering 2002, S. 247-271.

Matiaske, W./Weller, I.: Leistungsorientierte Vergütung im öffentlichen Sektor. Ein Test der Motivationsverdrängungshypothese. In: ZfBF 78. Jg., 1, 2008, S. 35-60.

Mayo, E.: The Human Problems of an Industrial Civilization. Boston 1946.

Mayrhofer, W.: Trennung von der Organisation. Vom Outplacement zur Trennungsberatung. Wiesbaden 1989, zugl. Diss., Wien 1988.

Mayrhofer, W.: Systemtheorie und Personalwirtschaft. In: Grundlagen der Personalwirtschaft. Theorien und Konzepte, hrsg. v. W. Weber. Wiesbaden 1996, S. 89-114.

Maznevski, M.L.: Understanding Our Differences: Performance in Decision-Making Groups with Diverse Members. In: HR, Vol. 47, 5, 1994, S. 531-552.

McCall, M.W./Lombardo, M.M./Morrison, A.M.: The Lessons of Experience. Lexington, Mass. 1988.

McCrae, R.R./Costa, P.T.: Personality in Adulthood. A Five-Factor Theory Perspective. 2. Auf., New York 2006.

McDaniel, M.A./Whetzel, D.L./Schmidt, F.O./Hunter, J.E./Maurer, S.D./Russel, J.: The Validity of Employment Interviews. A Comprehensive Review and Meta-Analysis. In: JAP, Vol. 79, 4, 1994, S. 599-616.

McElroy, J.C./Morrow, P.C.: Employee Reactions to Office Redesign. A Naturally Occurring Quasi-field Experiment in a Multi-generational Setting. In: HR, Vol. 63, 5, 2010, S. 609-636.

McGregor, D.: The Human Side of Enterprise. New York 1960.
McGregor, D.: Der Mensch im Unternehmen. Düsseldorf-Wien 1970.
McKinlay, A./Taylor, P.: Through the Looking Glass: Foucault and the Politics of Production. In: Foucault, Management and Organization Theory. From Panopticon to Technologies of Self, hrsg. v. A. McKinlay u. K. Starkey. London-Thousand Oaks-New Delhi 1998, S. 173-190.
McKinsey: Investor Opinion Survey. London 2000.
McKinsey: Global Investor Opinion Survey. Key Findings. London 2003.
Meckel, M.: Das Glück der Unerreichbarkeit. Wege aus der Kommunikationsfalle. München 2008.
Meier, A./Stuker, C./Trabucco, A.: Auslagerung der Personaldienstfunktion. Machbarkeit und Grenzen. In: ZfO, 66. Jg., 3, 1997, S. 138-145.
Meinel, G./Heyn, J./Herms, S.: Teilzeit- und Befristungsgesetz (TzBfG). Kommentar. 5. Aufl., München 2015.
Meinel, M./Maier, L./Wagner, T./Voigt, K.-I.: Designing Creativity-Enhancing Workspaces: A Critical Look at Empirical Evidence. In: Journal of Technology and Innovation Management, Vol. 1, 1, 2017, S. 1-12.
Mencken, F.C./Winfield, I.: In Search of the "Right Stuff": The Advantages and Disadvantages of Informal and Formal Recruiting Practices in External Labor Markets. In: American Journal of Economics and Sociology, Vol. 57, 2, 1998, S. 135-153.
Menkes, J.: Better under Pressure. Wie Spitzenleistungen unter extremer Belastung möglich werden. Die Gesetze exzellenter Führung unter Stress. Wien 2012.
Mentzel, W.: Personalentwicklung. Erfolgreich motivieren, fördern und weiterbilden. München 2001.
Mercedes-Benz Group AG: Vergütungsbericht 2021. Stuttgart 2022.
Metz, F.: Konzeptionelle Grundlagen, empirische Erhebungen und Ansätze zur Umsetzung des Personal-Controlling in die Praxis. Frankfurt a.M. 1995 (a).
Metz, T.: Status, Funktion und Organisation der Personalabteilung. Ansätze zu einer institutionellen Theorie des Personalwesens. München-Mering 1995, zugl. Diss., Trier 1995 (b).
Meyer, M./Wing, L./Schenkel, A./Meschede, M.: Krankheitsbedingte Fehlzeiten in der deutschen Wirtschaft im Jahr 2020. In: Fehlzeiten-Report 2021. Betriebliche Prävention stärken - Lehren aus der Pandemie, hrsg. v. B. Badura, A. Ducki, H. Schröder u. M. Meyer. Berlin et al. 2021, S. 441-538.
Migge, B.: Handbuch Coaching und Beratung. 3. Auf., Weinheim-Basel 2014.
Mikl-Horke, G.: Industrie- und Arbeitssoziologie. 6. Aufl., Oldenburg 2007.
Miller, T./Triana, M.C.: Demographic Diversity in the Boardroom: Mediators of the Board Diversity–Firm Performance Relationship. In: JMS, Vol. 46, 5, 2009, S. 755-786.
Miner, A.S.: Idiosyncratic Jobs in Formalized Organizations. In: ASQ, Vol. 32, 1987, 3, S. 327-351.
Miner, A.S.: Structural Evolution through Idiosyncratic Jobs. In: Organization Science, Vol. 1, 2, 1990, S. 195-210.

Mintzberg, H.: Die Mintzberg-Struktur. Organisationen effektiver gestalten. Landsberg a.L. 1992.

Mitlacher, L.W.: Zeitarbeit in Deutschland und den USA. Eine vergleichende Analyse von Einflussfaktoren auf die Nutzung von Zeitarbeit. Lohmar 2004, zugl. Diss., Mannheim 2004.

Mitra, A./Tenhiälä, A./Shaw, J.D: Smallest Meaningful Pay Increases: Field Test, Constructive Replication, and Extension. In: HRM, Vol. 55, 1, 2016, S. 69-81.

Mohnen, A./Falk, S.: Familienunternehmen als Arbeitgeber. Empirische Untersuchung aus Sicht junger Akademiker. Stiftung Familienunternehmen, München 2014, http://www.familienunternehmen.de/media/public/pdf/publikationen-studien/studien/Studie_Stiftung_Familienunternehmen_Familienunternehmen-als-Arbeitgeber.pdf.

Mohr, A.T./Holtbrügge, D./Berg, N.: Learning Style Preferences and the Perceived Usefulness of E-Learning. In: THE, Vol. 63, 3, 2012, S. 309-322.

Moosbrugger, H./Kelava, A. (Hrsg.): Testtheorie und Fragebogenkonstruktion. 3. Aufl., Berlin 2020.

Moser, K./Galais, N.: Zeitarbeit aus Mitarbeitersicht. In: Zeitarbeit: Chancen, Erfahrungen, Herausforderungen, hrsg. v. M.O. Schwaab u. A. Durian. Wiesbaden 2009, S. 49-65.

Moser, K./Grabarkiewicz, R.: Die Darstellung unternehmenskultureller Werte in visuellen Elementen von Stellenanzeigen. In: ZfO, 68. Jg., 1, 1999, S. 1-19.

Moser, K./Souček, R./Galais, N./Roth, C.: Onboarding. Neue Mitarbeiter integrieren. Göttingen 2018.

Moser, K./Stehle, W./Schuler, H.: Personalmarketing. Göttingen-Stuttgart 1993.

Müller, E.: Mensch schlägt Maschine. In: Managermagazin, 12, 2006, S. 130-136.

Müller, M.: Die Institution Betriebsrat aus personalwirtschaftlicher Sicht. München-Mering 2005, zugl. Diss., Braunschweig 2004.

Müller, S.: Die verhaltensbedingte Kündigung. Leitfaden für die Praxis. München 2013.

Müller, S.: Homeoffice in der arbeitsrechtlichen Praxis: Rechtshandbuch für die Arbeit 4.0. Baden-Baden 2020.

Müller-Jentsch, W.: Strukturwandel der industriellen Beziehungen. „Industrial Citizenship" zwischen Markt und Regulierung. Wiesbaden 2007.

Mueller-Oerlinghausen, J./Schaefer, K.: Mit der Marke bei Bewerbern punkten. In: Personalwirtschaft, 32. Jg., 9, 2005, S. 40-42.

Murphy, K.J.: Executive Compensation. In: Handbook of Labor Economics. Vol. 3, hrsg. v. O. Ashfelder u. D. Card. Amsterdam 1999, S. 2485-2563.

Murray, B./Gerhart, B.: An Empirical Analysis of a Skill-based Pay Program and Plant Performance Outcomes. In: AMJ, Vol. 41, 1, 1998, S. 68-78.

Napier, B.J./Ferris, G.R.: Distance in organizations. In: HRMR, Vol. 3, 4, 1993, S. 321-357.

Nerdinger, F.W./Blickle, G./Schaper, N.: Arbeits- und Organisationspsychologie. 4. Aufl., Berlin 2018.

Nesemann, K.: Talentmanagement durch Trainee-Programme. Auswirkungen der Gestaltungsmerkmale auf den Programmerfolg. Wiesbaden 2012, zugl. Diss., Bern 2011.
Neuberger, O.: Theorien der Arbeitszufriedenheit. Stuttgart 1974 (a).
Neuberger, O.: Messung der Arbeitszufriedenheit. Stuttgart 1974 (b).
Neuberger, O.: Arbeit. Begriff, Gestaltung, Motivation, Zufriedenheit. Stuttgart 1985.
Neuberger, O.: Personalentwicklung. 2. Aufl., Stuttgart 1994.
Neuberger, O.: Personalwesen 1: Grundlagen, Entwicklung, Organisation, Arbeitszeit, Fehlzeiten. Stuttgart 1997.
Neuberger, O.: Führen und führen lassen. 6. Aufl., Stuttgart 2002.
Neuberger, O.: Das Mitarbeitergespräch: Praktische Grundlagen für erfolgreiche Führungsarbeit. 6. Aufl., Wiesbaden 2015.
Neuberger, O./Allerbeck, M.: Messung und Analyse der Arbeitszufriedenheit. Erfahrungen mit dem „Arbeitsbeschreibungsbogen (ABB)". Bern-Stuttgart-Wien 1978.
Neubert, R./Thomas, M.: Das Arbeitszeitmodell Vertrauensarbeitszeit in der Praxis. Empirische Erkenntnisse zur Motivation, zur wahrgenommenen Arbeitseffizienz und zur Arbeitszeitmodell-Zufriedenheit. In: ZfO, 74. Jg., 4, 2005, S. 211-216.
Neumann, E./Heß, S.: Mit Rollen spielen. Rollenspielsammlung für Trainerinnen und Trainer. 5. Aufl., Bonn 2017.
Neuvians, N.: Die arbeitnehmerähnliche Person. Berlin 2002.
Newman, J.M./Gerhart, B./ Milkovich, G.T.: Compensation. 12. Aufl., New York 2016.
Niedenhoff, H.-U.: Mitbestimmung in der Bundesrepublik Deutschland. 14. Aufl., Köln 2005.
Niggl, M./Edfelder, D./Kraupa, M.: Telearbeit bei der BMW Group. Steigerung der Wettbewerbsfähigkeit durch flexibles Arbeiten. Berlin-Heidelberg-New York 2000.
Noland, M./Moran, T./Kotschwar, B.R.: Is Gender Diversity Profitable? Evidence from a Global Survey. Peterson Institute for International Economics, Working Paper 16-3, 2016.
Noll, B./Volkert, J./Zuber, N.: Managermärkte. Wettbewerb und Zugangsbeschränkungen. Eine institutionen- und sozioökonomische Perspektive. Baden-Baden 2011.
Northouse, P.G.: Leadership. Theory and Practice. 7. Aufl., Thousand Oaks-London-New Delhi 2015.
Nürnberg, V.: Digital Learning Experience. Betriebliche Weiterbildung durch Blended Learning zukunftsfähig gestalten. Freiburg 2021.

Obermann, C.: Assessment Center. Entwicklung, Durchführung, Trends. Mit originalen AC-Übungen. 6. Aufl. Wiesbaden 2017.
Oberthür, N./Seitz, S. (Hrsg.): Betriebsvereinbarungen. 3. Aufl., München 2021.

O'Boyle, E.H. Jr./Forsyth, D.R./Banks, G.C./McDaniel, M.A.: A meta-analysis of the Dark Triad and work behavior: A social exchange perspective. In: JAP, Vol. 97, 3, 2012, S. 557–579.

Ockenfels, A./Sliwka, D./Werner, P.: Timing of Kindness. Evidence from a Field Experiment. In: JEBO, Vol. 111, S. 79-87.

Odiorne, G.S.: Management by Objectives. Führung durch Vorgabe von Zielen. München 1967.

Odiorne, G.S.: Strategic Management of Human Resources. A Portfolio Approach. San Francisco-London 1984.

Oechsler, W.A./Paul, C.: Personal und Arbeit. Einführung in das Personalmanagement. 11. Aufl., Berlin-München-Boston 2019.

Oechsler, W.A./Reichmann, L./Mitlacher, L.: Flexibilisierung der Beschäftigung. Das VW-Modell ‚5000 mal 5000' als Ansatz zur Flexibilisierung von Arbeitsbeziehungen in Deutschland? In: DBW, 63. Jg., 1, 2003, S. 93-107.

Oechsler, W.A./Reichmann, L.: Entgeltflexibilisierung – Zur Rolle des Tarifvertrags bei aktuellen Flexibilisierungstendenzen. In: ZfbF, 54. Jg., 9, 2002, S. 527-542.

Oerder, L./Wenckebach, J.: Entgelttransparenzgesetz. Basiskommentar zum EntgTranspG. Köln 2018.

von der Oelsnitz, D./Stein, V./Hahmann, M.: Der Talente-Krieg. Personalstrategie und Bildung im globalen Kampf um Hochqualifizierte. Bern-Stuttgart-Wien 2007.

Oesterle, M.-J.: Führungskräfte. In: HWP, 3. Aufl., hrsg. v. E. Gaugler, W.A. Oechsler u. W. Weber. Stuttgart 2004, Sp. 790-801.

O'Leary, M.B./Mortensen, M./Woolley, A.W.: Multiple Team Membership. A Theoretical Model of its Effects on Productivity and Learning for Individuals and Teams. In: AMR, Vol. 36, 3, 2011, S. 461-478.

O'Neil, H.F./Perez, R.S.: Web-Based Learning. Theory, Research, and Practice. Mahwah, NJ-London 2006.

Ordóñez, L.D./Schweitzer, M.E./Galinsky, A.D./Bazerman, M.H.: Goals Gone Wild. The Systematic Side Effects of Overprescribing Goal Setting. In: AMP, Vol. 23, 2, 2009, S. 6-16.

Orel, M./Dvouletý, O./Ratten, V. (Hrsg.): The Flexible Workplace. Coworking and Other Modern Workplace Transformations. Cham 2021.

Osterloh, M./Fong, M.: Wir würfeln einen Chef oder eine Chefin. In: DU, 75. Jg., 2, 2021, S. 259-265.

Otte, T.: Die arbeitgeberseitige Finanzierung der MBA-Ausbildung als Investition in Humankapital. In: ZfP, 18. Jg., 4, 2004, S. 418-435.

Otto & Co KG: Otto gewinnt mit inspirierender Mittagspause den HR Excellence Award. Pressemitteilung, 3.12.2015, https://www.otto.de/unternehmen/de/newsroom/news/2015/otto-culture-club-gewinnt-hr-excellence-award.php.

o.V.: VW nimmt Abschied von der AutoUni. In: Spiegel Online, 15.6.2006, http://www.spiegel.de/unispiegel/studium/prestigeprojekt-gescheitert-vw-nimmt-abschied-von-der-autouni-a-454861.html.

o.V.: Langzeitkonten. Keine Zeit für die Auszeit. In: Stuttgarter Zeitung, 13.4.2008, http://content.stuttgarter-zeitung.de/stz/page/1682689_0_6340_-langzeitkonten-keine-zeit-fuer-die-auszeit.html.

o.V.: Die Mär vom familienfreundlichen Unternehmen. In: Die Welt, 23.3.2014, http://www.welt.de/wirtschaft/article126096856/Die-Maer-vom-familienfreundlichen-Unternehmen.html.

Padilla, A./Hogan, R./Kaiser, R.B.: The toxic triangle: Destructive leaders, susceptible followers, and conducive environments. In: The Leadership Quarterly, Vol. 18, 2007, S. 176-194.

Papmehl, A.: Personal-Controlling. 2. Aufl., Heidelberg 1999.

Parkin, P.W./Hearn, J.: Frauen, Männer und Führung. In: HWFü, 2. Aufl., hrsg. v. A. Kieser, G. Reber u. R. Wunderer. Stuttgart 1995, Sp. 392-408.

Paschen, M./Weidemann, A./Turck, D./Stöwe, C.: Assessment Center professionell. Worauf es ankommt und wie Sie vorgehen. Neuwied-Kriftel 2003.

Paton, R./Peters, G./Storey, J./Taylor, A.S. (Hrsg.): Handbook of Corporate University Development: Managing Strategic Learning Initiatives in Public and Private Domains. Aldershot-Burlington 2005.

Paulhus, D.L./Williams, K.M.: The Dark Triad of personality: Narcissism, Machiavellianism, and psychopathy. Journal of Research in Personality, Vol. 36, 6, 2002, S. 556-563.

Pellens, B. (Hrsg.): Unternehmenswertorientierte Entlohnungssysteme. Stuttgart 1998.

Pelzer, P.: Der Prozeß der Organisation. Zur postmodernen Ästhetik der Organisation und ihrer Rationalität. Amsterdam 1995.

Persch, P.-R.: Die Bewertung von Humankapital – eine kritische Analyse. München-Mering 2003, zugl. Diss., Potsdam 2003.

Peter, L.J./Hull, R.: Das Peter-Prinzip oder Die Hierarchie der Unfähigen. 16. Aufl., Reinbek b. Hamburg 2001.

Peters, T.J./Waterman, R.H.: Auf der Suche nach Spitzenleistungen. Was man von den bestgeführten US-Unternehmen lernen kann. Landsberg a.L. 1984.

Pfarr, H./Ullmann, K./Bradtke, M./Schneider, J./Kimmich, M./Bothfeld, S.: Der Kündigungsschutz zwischen Wahrnehmung und Wirklichkeit: Betriebliche Erfahrungen mit der Beendigung von Arbeitsverhältnissen. München-Mering 2005.

Pfeiffer, W./Dörrie, U./Stoll, E.: Menschliche Arbeit in der industriellen Produktion. Göttingen 1977.

Pfnür, A./Gauger, F./Bachtal, Y./Wagner, B.: Homeoffice im Interessenkonflikt: Ergebnisbericht einer empirischen Studie. Technische Universität Darmstadt, Forschungscenter Betriebliche Immobilienwirtschaft, Arbeitspapiere zur immobilienwirtschaftlichen Forschung und Praxis, 41, 2021, https://www.econstor.eu/bitstream/10419/250143/1/1761309978.pdf.

Picot, A./Dietl, H./Franck, E./Fiedler, M./Royer, S.: Organisation. Theorie und Praxis aus ökonomischer Sicht. 8. Aufl., Stuttgart 2020.

Picot, A./Reichwald, R./Wiegand, R.T./Möslein, K.M./Neuburger, R./Neyer, A.-K.: Die grenzenlose Unternehmung. Information, Organisation & Führung. 6. Aufl., Wiesbaden 2022.

Piel, N.: Strategien der Entscheidungsfindung in bürokratischen Organisationen. Diss., Bochum 1986.

Pieroth, E.: Sozialbilanzen in der Bundesrepublik Deutschland. Ansätze, Entwicklungen, Beispiele. München 1978.

Pilarski, B./Tornack, C./Klein, M./Schumann, M.: Mobile Anwendungen im Personalmanagement. Marktüberblick und Eignung. In: HMD – Praxis der Wirtschaftsinformatik, 49. Jg., 286, 2012, S. 63-72.

Pink, D.H.: Drive. Was Sie wirklich motiviert. Salzburg 2010.

Porter, L.W./Lawler III, E.E.: Managerial Attitudes and Performance. Homewood, Ill. 1968.

Porter, M.E.: Wettbewerbsstrategie. Methoden zur Analyse von Branchen und Konkurrenten. 10. Aufl., Frankfurt a.M. 1999.

Poster, M.: The Mode of Information. Chicago 1990.

Prinz, E./Schwalbach, J.: Zum Stand der Managervergütung in Deutschland und Europa: Ein aktuelles Porträt. In: DU, 65. Jg., Sonderband 1, 2011, S. 130-151.

Puck, J.F./Mohr, A.T./Holtbrügge, D.: Cultural Convergence through Web-Based Management Techniques? The Case of Corporate Web Site Recruiting. In: JIM, Vol. 12, 2006, S. 181-195.

Puck, J./Rygl, D./Exter, A./Holtbrügge, D.: Kulturelle Einflüsse auf internetbasierte HR-Managementtechniken. Verliert die nationale Kultur an Bedeutung? In: ZfP, 18. Jg., 1, 2004, S. 24-38.

Püttjer, C./Schnierda, U.: Initiativbewerbung. Frankfurt-New York 2004.

Pullig, K.-K.: Personalmanagement. Leipzig 1993.

Qualitz, R.: Wie Chatbots die HR-Abteilung unterstützen können. 23.06.2021, https://www.haufe.de/personal/hr-management/recruiting-vorteile-von-chatbots-in-der-hr-abteilung_80_544798.html.

Rademakers, M.: Corporate Universities: Drivers of the Learning Organization. London 2014.

Randstad: Employer Brand Research 2021 Deutschland. https://www.randstad.de/s3fs-media/de/public/2021-06/employer-brand-research-deutschland-2021.pdf#page=39&zoom=auto,-91,523.

Rapp, M.S./Wolff, M. unter Mitarbeit von J.C. Hennig u. I. Udoieva: Mitbestimmung im Aufsichtsrat und ihre Wirkung auf die Unternehmensführung. Study 424 der Hans-Böckler-Stiftung. Düsseldorf 2019, https://www.econstor.eu/bitstream/10419/197973/1/1666942960.pdf.

Reddin, W.J.: Das 3-D Programm zur Leistungssteigerung des Managements. München 1977.

Reich, F. unter Mitarbeit von M. Grill u. S. Scheytt: Gekündigt! Was jetzt?. In: Stern, 20, 2003, S. 24-38.

Reichert, T.: Outsourcing interner Dienste. Agenturtheoretische Analyse am Beispiel von Personalleistungen. Wiesbaden 2005, zugl. Diss., Bochum 2004.

Reichmann, T./Kißler, M./Baumöl, U.: Controlling mit Kennzahlen. Die systemgestützte Controlling-Konzeption. 9. Aufl., München 2017.
Reilly, R.R./Chao, G.T.: Validity and Fairness of Some Alternative Employee Selection Procedures. In: PPsych, Vol. 35, 1982, S. 1-62.
Reinwald, M./Hüttermann, H./Kröll, J./Boerner, S.: Gender Diversity in Führungsteams und Unternehmensperformanz. Eine Metaanalyse. In: ZfbF, 67. Jg., 9, 2015, S. 262-296.
Remer, A.: Personal und Management im Wandel der Strategien. In: Personal als Strategie. Mit flexiblen und lernbereiten Human-Ressourcen Kernkompetenzen aufbauen, hrsg. v. R. Klimecki u. A. Remer. Neuwied-Kriftel-Berlin 1997, S. 399-417.
Rettig, D.: Arbeitgeber-Ranking. „Schatz, ich bleibe heute wieder länger im Büro". In: Wirtschaftswoche, 20, 16.5.2011, S. 120-125.
Rheinberg, F.: Motivation. Stuttgart 2002.
Rieble, V.: Bezahlung des Betriebsrats. München 2017.
Richter, A.: Aussteigen auf Zeit. Das Sabbatical-Handbuch. Köln 2002.
Ridder, H.-G./Conrad, P./Schirmer, F./Bruns, H.-J.: Strategisches Personalmanagement. Mitarbeiterführung, Integration und Wandel aus ressourcenorientierter Sicht. Landsberg a.L. 2001.
Rieble, V.: Flash-Mob – ein neues Kampfmittel? In: NZA, 14. Jg., 25.7.2008, S. 796-798, http://beck-online.beck.de/default.aspx?typ=reference&y=300&z=NZA&b=2008&s=796&n=1.
Riedl, J.: Strategie und Personal. Ansätze zur Personalorientierung der strategischen Unternehmensführung. Wiesbaden 1995, zugl. Diss., Bayreuth 1995.
Ring, G.: Arbeitsrecht für Wirtschaftswissenschaftler. München-Wien 2012.
Ringlstetter, M./Kaiser, S.: Humanressourcen-Management. München 2008.
Ristau-Winkler, M.: Fachkräfte dringend gesucht. Von der Engpassanalyse zur erfolgreichen Sicherung. In: Arbeitskultur 2020. Herausforderungen und Best Practices der Arbeitswelt der Zukunft, hrsg. v. W. Widuckel, K. de Molina, M.J. Ringlstetter u. D. Frey. Wiesbaden 2015, S. 13-25.
Rittweger, S./Petri, U./Schweikert, F.-J.: Altersteilzeit. 2. Aufl., München 2002.
Roethlisberger, F.J./Dickson, W.J.: Management and the Worker. An Account of a Research Program Conducted by the Western Electric Company, Hawthorne Works, Chicago. Cambridge, Mass. 1939.
Röllinghoff, S.: Die Individualisierung des Personaleinsatzes. Empirische Annäherungen, normative Programme und theoretische Implikationen unter Berücksichtigung neuerer organisationstheoretischer Ansätze. München-Mering 1996, zugl. Diss., Münster 1995.
Röpke, T.: Diskriminiert mich, bitte! In: Die Zeit, 5, 25.1.2007, S. 77.
Roth, P.L./Bobko, P./Van Iddekinge, C.H./Thatcher, J.B.: Social Media in Employee-Selection-Related Decisions. A Research Agenda for Uncharted Territory. In: JOM, Vol. 42, 1, 2016, S. 269-298.
Roumpi, D./Magrizos, S./Nicolopoulou, K.: Virtuous circle: Human capital and human resource management in social enterprises. In: HRM, Vol. 59, 5, 2020, S. 401-424.

Rousseau, D.M.: Psychological contracts in organizations. Understanding written and unwritten agreements. Thousand Oaks, CA et al. 1995.

Rousseau, D.M./Ho, V.T./Greenberg, J.: I-Deals. Idiosyncratic Terms in Employment Relationships. In: AMR, Vol. 31, 4, 2006, S. 977-994.

Rosenkranz, R.: Personalbedarfsrechnung in Bürobetrieben. In: Das Rationelle Büro, 19. Jg., 1968, 12, S. 16-22.

von Rosenstiel, L.: Motivation im Betrieb. Mit Fallstudien aus der Praxis. 11. Aufl., Wiesbaden 2015.

von Rosenstiel, L./Nerdinger, F.W.: Grundlagen der Organisationspsychologie. Basiswissen und Anwendungshinweise. 7. Aufl., Stuttgart 2011.

Rudolph, U./Böhm, R./Lummer, M.: Ein Vorname sagt mehr als 1000 Worte. In: Zeitschrift für Sozialpsychologie, 38. Jg., 2007, S. 17-31.

Rückerl, T.: Das große Praxis-Handbuch Business Coaching. Die wirkungsvollsten Werkzeuge für Profis. 2. Aufl., Weinheim 2015.

Rühl, M./Hoffmann, J.: Das AGG in der Unternehmenspraxis. Wie Unternehmen und Personalführung Gesetz und Richtlinien rechtssicher und diskriminierungsfrei umsetzen. Wiesbaden 2008.

Ruffle, B.J./Shtudiner, Z.: Are Good-Looking People More Employable? In: MSc, Vol. 61, 8, 2014, S. 1760-1776.

Rump, J./Walter, N. (Hrsg.): Arbeitswelt 2030. Trends, Prognosen, Gestaltungsmöglichkeiten. Stuttgart 2013.

Ryan, A.M./McFarland, L./Baron, H./Page, R.: An International Look at Selection Practices: Nation and Culture as Explanations for Variability in Practice. In: PPsych, Vol. 52, 2, 1999, S. 359-391.

Rybnikova, I.: Austauschtheoretische Führungssicht: „Wie du mir, so ich dir". In: Aktuelle Führungstheorien und -konzepte, hrsg. v. I. Rybnikova u. R. Lang. Wiesbaden 2021, S. 57-85.

Rygl, D./Puck, J.A.: Alters-Diversität. Entwicklung eines ganzheitlichen personalpolitischen Konzepts am Beispiel der Pharmabranche. In: Erfolgreiche Umsetzung von Work-Life-Balance in Organisationen. Strategien, Konzepte, Maßnahmen. Wiesbaden 2007, S. 291-309.

Sabadish, N./Mishel, L.: CEO Pay in 2012 Was Extraordinarily High Relative to Typical Workers and Other High Earners. Economic Policy Institute, Issue Brief 367, 26.06.2013, http://www.epi.org/publication/ceo-pay-2012-extraordinarily-high/.

Sachverständigenrat zur Beurteilung der gesamtwirtschaftlichen Entwicklung: Jahresgutachten: 2006/07. „Widerstreitende Interessen – Ungenutzte Chancen". Wiesbaden 2006.

Sadowski, D.: Der Handel mit Sozialleistungen. Zur Ökonomie und Organisation der betrieblichen Sozialpolitik. In: DBW, 44. Jg., 4, 1984, S. 579-590.

Sadowski, D.: Personalökonomie und Arbeitspolitik. Stuttgart 2002.

Sadowski, D./Backes-Gellner, U./Frick, B.: Works Councils: Barriers or Boosts for the Competitiveness of German Firms. In: British Journal of Industrial Relations, Vol. 33, 1995, S. 493-513.

Saks, A.: A Psychological Process Investigation for the Effects of Recruitment Source and Organization Information on Job Survival. In: JOB, Vol. 15, 3, 1994, S. 225-244.

Sauder, G./Schmidt, H.: Die Personalabteilung als Dienstleistungsfunktion. In: Personal, 40. Jg., 3, 1988, S. 90-94.

Schad, N./Michl, W.: Outdoor-Training. Personal- und Organisationsentwicklung zwischen Flipchart und Bergseil. 2. Aufl., Neuwied 2004.

Schamberger, I.: Differenziertes Hochschulmarketing für High Potentials. Norderstedt 2006.

Scheffer, U./Hesse, F.W. (Hrsg.): E-Learning. Die Revolution des Lernens gewinnbringend einsetzen. Stuttgart 2003.

Scheib, W.: Edzard Reuter. Ein Visionär wird 80, http://www.manager-magazin.de.koepfe/portraets/0,2828,535569,00.html, 15.2.2008.

Schein, E.H.: Career Dynamics. Matching Individual and Organizational Needs. Reading, Mass. 1978.

Schein, E.H.: Organizational Psychology. Englewood Cliffs, NJ 1980.

Schein, E.H.: Coming to a New Awareness of Organizational Culture. In: SMR, Vol. 25, 2, 1984, S. 3-16.

Scherm, E.: Unternehmerische Arbeitsmarktforschung. München 1990.

Scherm, E.: Personalabteilung als Profit Center: Ein realistisches Leitbild? In: Personalführung, 12, 1992, S. 1034-1037.

Scherm, E.: Braucht die Personalwirtschaftslehre mehr Ökonomie? In: Personal, 50. Jg., 9, 1998, S. 450-455.

Scherm, E./Pietsch, G.: Erfolgsmessung im Personalcontrolling – Reflexionsimpuls oder Rationalitätsmythos. In: BFuP, 57. Jg., 1, 2005, S. 43-57.

Schermerhorn, J.R./Hunt, J.G./Osborn, R.N.: Managing Organizational Behavior. 2. Aufl., New York 1985.

Schiefele, H.: Lernmotivation und Motivlernen. München 1974.

Schleßmann, H.: Das Arbeitszeugnis: Zeugnisrecht, Zeugnissprache, Muster, Auskünfte über Arbeitnehmer. 23. Aufl., Frankfurt a.M. 2019.

Schlick, C.M./Bruder, R./Luczak, H.: Arbeitswissenschaft. 4. Aufl., Berlin et al. 2018.

Schmalenbach, E.: Selbstkostenrechnung und Preispolitik. 6. Aufl., Leipzig 1934.

Schmeisser, W./Eckstein, P.E./Boche, M.: Die Finanzorientierte Personalwirtschaft auf dem empirischen Prüfstand. Eine webbasierte Befragung. München-Mering 2009.

Schmeisser, W./Ennemann, C./Drewicke, O.: Berliner Humankapitalbewertungsmodell am Beispiel von Fußballspielerwerten. In: Die Finanzorientierte Personalwirtschaft auf dem empirischen Prüfstand. Eine webbasierte Befragung, hrsg. v. W. Schmeisser, P.E. Eckstein u. M. Boche. München-Mering 2009, S. 131-140.

Schmeisser, W./Lukowsky, M.: Human Capital Management. A Critical Consideration of the Evaluation and Reporting of Human Capital. München-Mering 2006.

Schmid, B.: Die Macht der Machtlosen – wie das HR uns die Arbeit erschwert. In: Neue Zürcher Zeitung, 31.03.2022, https://www.nzz.ch/feuilleton/hr-exzesse-in-unternehmen-die-macht-der-personalabteilung-ld.1676762.

Schmidt, B./Hecht, H.: Generation Praktikum 2011. Praktika nach Studienabschluss: Zwischen Fairness und Ausbeutung. Berlin 2011.

Schmidt, R./Schwalbach, J.: Zur Höhe und Dynamik der Vorstandsvergütung in Deutschland. In: ZfB, 77. Jg., Special Issue 1, 2007, S. 111-22.

Schmidtke, C.: Signaling im Personalmarketing. Eine theoretische und empirische Analyse des betrieblichen Rekrutierungserfolges. München-Mering 2002, zugl. Diss., Köln 2002.

Schmitt, C./Möller, J./Windeck, P.: Arbeitsplatz Krankenhaus. Vier Generationen unter einem Dach. In: Deutsches Ärzteblatt, 110. Jg., 19, 2013, S. 928-933.

Schmitz, H.: „Tribunal"? Winterkorns „Qualitätsfetischismus" am Schadenstisch. In: Braunschweiger Zeitung, 18.12.2019, https://www.braunschweiger-zeitung.de/politik/article227949041/Tribunal-Winterkorns-Qualitaetsfetischismus-am-Schadenstisch.html.

Schnabel, C.: Betriebliche Flexibilisierungsspielräume durch tarifvertragliche Öffnungsklauseln. In: Personal, 50. Jg., 4, 1998, S. 160-164.

Schnabel, C.: Gewerkschaften auf dem Rückzug? Mythen, Fakten und Herausforderungen. In: Wirtschaftsdienst, 96. Jg., 6, 2016, S. 426-432.

Schnabel, C.: Betriebliche Mitbestimmung in Deutschland: Verbreitung, Auswirkungen und Implikationen. In: Perspektiven der Wirtschaftspolitik, 21. Jg., 4, 2020, S. 361-378.

Schneider, H.J./Fritz, S.: Erfolgs- und Kapitalbeteiligung. 7. Aufl., Stuttgart 2013.

Schneyink, D.: Zeitarbeit in Deutschland: Billig-Branche vor neuem Boom. In: stern.de, 20.8.2009, http://www.stern.de/wirtschaft/news/maerkte/zeitarbeit-in-deutschland-billig-branche-vor-neuem-boom-1504400.html.

Scholz, C.: Ein Denkmodell für das Jahr 2000? Die virtuelle Personalabteilung. In: Personalführung, 28. Jg., 5, 1995, S. 398-403.

Scholz, C.: Die virtuelle Personalabteilung: Stand der Dinge und Perspektiven. In: Personalführung, 35. Jg., 2, 2002, S. 22-31.

Scholz, C.: Spieler ohne Stammplatzgarantie. Darwiportunismus in der neuen Arbeitswelt. Weinheim 2003 (a).

Scholz, C.: Personalmanagement – Strategisches Outsourcing oder operative Selbstauflösung? In: Personalmanagement im Wandel. Vom Dienstleister zum Businesspartner. Karl-Friedrich Ackermann zum 65. Geburtstag, hrsg. v. P. Speck u. D. Wagner. Wiesbaden 2003 (b), S. 105-123.

Scholz, C. Personalmanagement. Informationsorientierte und verhaltenstheoretische Grundlagen. 6. Aufl., München 2014.

Scholz, C./Bechtel, R.: Zehn Nutzen der Saarbrücker Formel. In: Personalwirtschaft, 32. Jg., 11, 2005, S. 32-36.

Scholz, C./Sattelberger, T.: Human Capital Reporting: HCR10 als Standard für eine transparente Personalberichterstattung. München 2012.

Scholz, C./Stein, V.: Humankapitalstrategien bei DAX 30-Unternehmen. In: Personalwirtschaft, 34. Jg., 1, 2007, S. 30-32.

Scholz, C./Stein, V./Bechtel, R.: Human Capital Management. Wege aus der Unverbindlichkeit. 3. Aufl., Köln 2011.

Schreurs, K.: A New Look at Employee Motivation. HR News, 7, 2018, https://www.hrnews.be/2018/07/motivation-at-work.html.

Schreyögg, G./Geiger, D.: Organisation. Grundlagen moderner Organisationsgestaltung. 6. Aufl., Wiesbaden 2016.

Schreyögg, G./Sydow, J. (Hrsg.): Strategische Prozesse und Pfade. Managementforschung Bd. 13, Wiesbaden 2003.

Schröder, C.: Lohnstückkosten im internationalen Vergleich. In: IW-Trends 48. Jg., 2, 2021, S. 85-104.

Schröder, H.G.: Das neue Betriebsverfassungsgesetz 2001: (K)ein Wettbewerbsvorteil für die deutsche Wirtschaft. In: Krise des Flächentarifvertrags?, hrsg. v. F.W. Lehmann. München-Mering 2002, S. 100-109.

Schüler, R.V.: Globale Führungskräfteplanung. In: Personalwirtschaft, 30. Jg., 10, 2003, S. 10-13.

Schütte, M.: Humankapital: Kein Thema für externe Berichterstattung und Corporate Governance? In: Der Betrieb, 34, 20.8.2004, S. 1793-1795.

Schuler, H.: Psychologische Personalauswahl. Eignungsdiagnostik für Personalentscheidungen und Berufsberatung. 4. Aufl., Göttingen 2014.

Schuler, H./Moser, K. (Hrsg.): Lehrbuch Organisationspsychologie. 6. Aufl., Bern 2019.

Schuler, H./Frier, D./Kauffmann, M.: Personalauswahl im europäischen Vergleich. Göttingen 1993.

Schuler, H./Funke, U./Moser, K./Donat, M.: Personalauswahl in Forschung und Entwicklung. Eignung und Leistung von Wissenschaftlern und Ingenieuren. Göttingen 1995.

Schuler, H./Stehle, W. (Hrsg.): Biographische Fragebögen als Methode der Personalauswahl. Stuttgart 1986.

Schulte, C.: Personalcontrolling mit Kennzahlen. 3. Aufl., München 2011.

Schulte, C.: Personalcontrolling mit Kennzahlen. Aussagefähige Instrumente für eine aktive Steuerung im Personalwesen. 4. Aufl., München 2020.

Schulz von Thun, F.: Miteinander reden 1. Störungen und Klärungen: Allgemeine Psychologie der Kommunikation Taschenbuch. 49. Aufl., Reinbek b. Hamburg 2011.

Schuster, L.: Gestaltungsformen eines Cafeteria-Systems. In: wisu, 20. Jg., 1991, 5, S. 363-365.

Schuster, T./Holtbrügge, D./Heidenreich, S.: Konfiguration und Koordination von Unternehmungen in der Softwarebranche. Das Beispiel SAP. In: Internationalisierung von Dienstleistungen mit 3K. Konfiguration-Koordination-Kundenintegration, hrsg. v. D. Holtbrügge, H. Holzmüller und F. von Wangenheim. Wiesbaden 2009, S. 155-181.

Schwaab, M.-O./Durian, A. (Hrsg.): Zeitarbeit: Chancen – Erfahrungen – Herausforderungen. Wiesbaden 2009.

Schwaber, K./Beedle, M.: Agile Software Development With Scrum. London 2001.

Schwarz, R.: Praxisleitfaden Betriebliche Altersvorsorge. Alles Wichtige für den täglichen Einsatz. Wiesbaden 2013.

Schwarzbach, M.: Betriebliche Bündnisse. Ein Leitfaden für die Praxis. Wiesbaden 2006.

Schwertfeger, B.: Personalverantwortung. Mitarbeiter sind zweitrangig. In: Die Zeit, 25.7.2014.

Schwierz, C./Klempert, A./Kuptz, K./Lorenz, C.: Social Media und Personalarbeit: Potenzial erkannt. Und genutzt? IFOK-Studie, Bensheim et al. 2009, http://www.ifok.de/uploads/media/IFOK_Pluspunkt_SocialMedia_HR.pdf.

Schyns, B./Day, D.: Critique and review of leader-member exchange theory: Issues of agreement, consensus, and excellence. In: European Journal of Work and Organizational Psychology, Vol. 19, 1, 2010, S. 1-29.

Seibert, S.E./Kraimer, M.L./Liden, R.C.: A Social Capital Theory of Career Success. In: AMJ, Vol. 44, 2, 2001, S. 219-237.

Seiwert, L.: Noch mehr Zeit für das Wesentliche. Zeitmanagement neu entdecken. München 2009.

Semmer, N.K./Jacobshagen, N.: Feedback im Arbeitsleben – eine Selbstwert-Perspektive. In: Gruppendynamik & Organisationsberatung, 41. Jg., 1, 2010, S. 39-55.

Sewell, G.: The Discipline of Teams: The Control of Team-based Industrial Work through Electronic Surveillance. In: ASQ, Vol. 43, 1998, S. 397-428.

Shaw, J.D./Gupta, N./Mitra, A./Ledford, G.E.: Success and Survival of Skill-Based Pay Plans. In: JOM, Vol. 31, 1, 2005, S. 28-49.

Siebenhüter, S.: Integrationshemmnis Leiharbeit. Auswirkungen von Leiharbeit auf Menschen mit Migrationshintergrund. Arbeitsheft Nr. 69 der Otto-Brenner-Stiftung. Frankfurt a.M. 2011.

Siemens: Siemens etabliert mobiles Arbeiten als Kernelement der „neuen Normalität". Pressemitteilung, 16.7.2020, https://press.siemens.com/global/de/pressemitteilung/siemens-etabliert-mobiles-arbeiten-als-kernelement-der-neuen-normalitaet.

Siemens: Vergütungsbericht 2021, https://assets.new.siemens.com/siemens/assets/api/uuid:8b688ceb-cecf-4558-aa16-76057413da28/verguetungsbericht-gj21.pdf?ste_sid=b68e746c5922603068fcf1e2f9399f8f.

Simon, C./Warner J.: Matchmaker, Matchmaker: The Effect of Old Boy Networks on Job Match Quality, Earnings, and Tenure. In: Journal of Labor Economics, Vol. 10, 3, 1992, S. 306-330.

Simonsohn, U./Gino, F.: Daily Horizons. Evidence of Narrow Bracketing in Judgment from 10 Years of M.B.A. Admissions Interviews. In: PSS, Vol. 24, 2, 2013, S. 219–224.

Sick, S.: Mitbestimmungsfeindlicheres Klima. In: Mitbestimmungsförderung, Report Nr. 13, 2015, https://www.boeckler.de/pdf/p_mbf_report_2015_13.pdf.

Sick, S.: „Wir bekommen einen Schweizer Käse". In: Magazin Mitbestimmung, 3, 2021, https://www.boeckler.de/de/magazin-mitbestimmung-2744-wir-bekommen-einen-schweizer-kaese-33307.htm.

Siewert, H.H.: Einstellungstests souverän meistern. Frankfurt a.M. 2000.

Six, U.: Sind Gruppen radikaler als Einzelpersonen? Darmstadt 1981.

Sprenger, R.K.: Mythos Motivation. Wege aus der Sackgasse. 15. Aufl., Frankfurt-New York 1998.
Spurk, D./Keller A.C./Hirschi, A.:. Do Bad Guys Get Ahead or Fall Behind? Relationships of the Dark Triad of Personality With Objective and Subjective Career Success. Social Psychological and Personality Science, Vol. 7, 2, 2016, S. 113-121.
Staehle, W.H.: Management. Eine verhaltenswissenschaftliche Perspektive. 8. Aufl., überarbeitet von P. Conrad u. J. Sydow. München 1999.
Staffelbach, B.: Strategisches Personalmanagement. Bern, Stuttgart 1986.
Stehle, W.: Verfahren zur Auswahl von Führungskräften. In: ZfbF, 32. Jg., 1980, S. 89-97.
Stein, V.: Personalmanagement für Dummies. 2. Aufl., Weinheim 2020.
Steiner, H. (Hrsg.): Online-Assessment. Grundlagen und Anwendung von Online-Tests in der Unternehmenspraxis. Berlin et al. 2009.
Steininger, F./Herrmann, K.: Arbeitsverträge in Textbausteinen. 5. Aufl., Freiburg 2020.
Steinle, C.: Führung. Grundlagen, Prozesse und Modelle der Führung in der Unternehmung. Stuttgart 1978.
Steinle, C.: Führungsdefinitionen. In: HWFü, 2. Aufl., hrsg. v. A. Kieser, G. Reber u. R. Wunderer. Stuttgart 1995, Sp. 523-533.
Steinmann, H./Hennemann, C.: Personalmanagementlehre zwischen Managementpraxis und mikro-ökonomischer Theorie. Versuch einer wissenschaftstheoretischen Standortbestimmung. In: Entgeltsysteme. Lohn, Mitarbeiterbeteiligung und Zusatzleistungen. Festschrift zum 65. Geburtstag von Eduard Gaugler, hrsg. v. W. Weber. Stuttgart 1993, S. 41-78.
Steinmann, H./Löhr, A.: Ethik im Personalwesen. In: HWP, 2. Aufl., hrsg. v. E. Gaugler u. W. Weber. Stuttgart 1992, Sp. 843-852.
Stephan, M.: Offshoring von HR-Prozessen bei der SAP AG. In: ZfO, 76. Jg., 3, 2007, S. 151-157.
Stewart, G.L./Manz, C.C.: Leadership for Self-Managing Work Teams: A Typology and Integrative Model. In: HR, Vol. 48, 7, 1995, S. 747-770.
Stock, R.: Erfolgsauswirkungen der marktorientierten Gestaltung des Personalmanagements. In: ZfbF, 56. Jg., 5, 2004, S. 237-258.
Stock-Homburg, R./Groß, M.: Personalmanagement. Theorien, Konzepte, Instrumente. 4. Aufl., Wiesbaden 2019.
Stock-Homburg, R./Herrmann, L./Bieling, G.: Erfolgsrelevanz des Personalmanagements. Ein Überblick über 17 Jahre empirische Forschung. In: DU, 63. Jg., 1, 2009, S. 8-74.
Stoebe, F.: Outplacement. Manager zwischen Trennung und Neuanfang. Frankfurt a.M. 1993.
Störmer, S.: Führt Attraktivität zum Erfolg? Zum Einfluss des Body-Maß-Index auf den Karriereerfolg. In: ZfbF, 63. Jg., 9, 2011, S. 609-631.
Strohmeier, S. (Hrsg.): Handbook of Research on Artificial Intelligence in Human Resource Management. Cheltenham-Northampton 2022.
Strohmeier, S./Piazza, F. (Hrsg.): Human Resource Intelligence und Analytics. Grundlagen, Anbieter, Erfahrungen und Trends. Berlin et al 2015.

Stöwe, C./Keromosemito, L./Fritz, A.: Vom Kollegen zum Vorgesetzten. Wie Sie sich als Führungskraft erfolgreich positionieren. 2. Aufl., Wiesbaden 2008.

Stogdill, R.M./Coons, A.E.: Leader Behavior. Its Description and Measurement. Ohio 1957.

Stogdill, R.M.: Handbook of Leadership. New York 1974.

Stoll, L.: Rechtliche Bedingungen und Möglichkeiten von Rufbereitschaft. In: Rufbereitschaft. Wenn die Arbeit in der Freizeit ruft, hrsg. v. S. Fietze, M. Keller, N. Friedrich u. J. Dettmers. München-Mering 2014, S. 137-150.

Stolz, M.: Generation Praktikum. In: Die Zeit, 14, 31.3.2005, S. 61-63.

Strack, R./Franke, J./Dertnig, S.: Workonomics™: Der Faktor Mensch im Wertmanagement. In: ZfO, 69. Jg., 5, 2000, S. 283-288.

Strack, R./Caye, J.-M./von der Linden, C./Quiros, H./Haen, P.: From Capability to Profitability: Realizing the Value of People Management. Boston Consulting Group, Boston 2012.

Stritzke, C.: Marktorientiertes Personalmanagement durch Employer Branding: Theoretisch-konzeptioneller Zugang und empirische Evidenz. Wiesbaden 2010, zugl. Diss., Mannheim 2009.

Stulle, K.P. (Hrsg.).: Psychologische Diagnostik durch Sprachanalyse. Validierung der PRECIRE®-Technologie für die Personalarbeit. Wiesbaden 2018.

Süß, S./Kleiner, M.: The Psychological Relationship between Companies and Freelancers. An Empirical Study of the Commitment and the Work-related Expectations of Freelancers. In: MR, Vol. 18, 3, 2007, S. 251-270.

Svoboda, M.: Wertorientierte Vergütung bei der Deutschen Bank. In: Handbuch Variable Vergütung für Führungskräfte, hrsg. v. D. von Eckardstein. München 2001, S. 239-252.

Szebel-Habig, A./Kaps, R.U. (Hrsg.): Mit Gender Management zum Unternehmenserfolg: Grundlagen, wissenschaftliche Beiträge, Best Practice. Freiburg 2016.

Tangirala, S./Green, S.G./Ramanujam, R.: In the shadow of the boss's boss: Effects of supervisors' upward exchange relationships on employees. In: JAP, Vol. 92, 2, 2007, S. 309-320.

Tannenbaum, R./Schmidt, W.H.: How to Choose a Leadership Pattern. In: HBR, Vol. 36, 2, 1958, S. 95-101.

Taylor, F.W.: The Principles of Scientific Management. New York 1911.

Taylor, F.W.: Die Grundsätze wissenschaftlicher Betriebsführung. München 1913.

Teipen, C.: Die Frühverrentung im Wandel betrieblicher Strategien. München-Mering 2003, zugl. Diss, Berlin 2002.

Terjesen, S./Sealy, R./Singh, V.: Women Directors on Corporate Boards: A Review and Research Agenda. In: Corporate Governance, Vol. 17, 3, 2009, S. 320-337.

Thibaut, J./Walker, L.: Procedural Justice. A Psychological Analysis. Hillsdale, NJ 1975.

Thom, N./Wenger, A./Zaugg, R. (Hrsg.): Fälle zu Organisation und Personal. 5. Aufl., Bern 2007.

Thomas, O./Metzger, D./Niegemann, H. (Hrsg.): Digitalisierung in der Aus- und Weiterbildung. Virtual und Augmented Reality für Industrie 4.0.Berlin 2018.

Thorsrud, E.: Democratization of Work as a Process of Change towards Non-Bureaucratic Types of Organization. In: European Contributions to Organization Theory, hrsg. v. G. Hofstede. Assen 1976, S. 244-271.

Thüsing, G.: Arbeitnehmerüberlassungsgesetz (AÜG). 4. Aufl., München 2018.

Tobsch, V./Schult, M./Fietze, S./Matiaske, W.: Rufbereitschaft auf betrieblicher Sicht. Bedeutung, Ausgestaltung und Erfahrungen. In: Rufbereitschaft. Wenn die Arbeit in der Freizeit ruft, hrsg. v. S. Fietze, M. Keller, N. Friedrich u. J. Dettmers. München-Mering 2014, S. 7-28.

Tonnesen, C.T.: Die Balanced Scorecard als Konzept für das ganzheitliche Personalcontrolling. Analyse und Gestaltungsmöglichkeiten. Wiesbaden 2002, zugl. Diss., Stuttgart 2001.

Towers Perrin: Working Today. Understanding what Drives Employee Engagement. o. Ort 2003.

Townley, B.: Foucault, Power/Knowlege, and its Relevance for Human Resource Management. In: AMR, Vol. 18, 3, 1993, S. 518-545.

Trautwein, C.: Unternehmensplanspiele im industriebetrieblichen Hochschulstudium. Wiesbaden 2011, zugl. Diss, Hohenheim 2010.

Trendence: Trend Report 2021. https://www.trendence.com/reports/arbeitsmarkt/tesla-schlaegt-zu-daimler-verteidigt-pole-position-die-beliebtesten-arbeitgeber-deutschlands.

Trost, A.: Unter den Erwartungen. Warum das jährliche Mitarbeitergespräch in modernen Arbeitswelten versagt. Weinheim 2015.

Truxillo, D.M./Bauer, T.N./McCarthy, J.M.: Applicant Fairness Reactions to the Selection Process. In: The Oxford Handbook of Justice in Work Organizations, hrsg. v. R. Cropanzano u. M. Ambrose. Oxford 2015, S. 621-640.

Tsai, W./Ghoshal, S.: Social Capital and Value Creation. The Role of Intrafirm Networks. In: AMR, Vol. 41, 4, 1998, S. 464-476.

Tuckman, B.W.: Developmental Sequence in Small Groups. In: Psychological Bulletin, Vol. 63, 1965, S. 384-399.

Tuckman, B.W./Jensen, M.A.: Stages of Small-group Development Revisited. In: GOM, Vol. 2, 4, 1977, S. 419-427.

Uckermann, S.: Betriebliche Altersversorgung und Zeitwertkonten. Arbeits- und Sozialrecht, Steuer- und Bilanzrecht. Stuttgart 2009.

Ulich, E.: Arbeitspsychologie. 7. Aufl., Stuttgart 2011.

Ulrich, P./Fluri, E.: Management. 7. Aufl., Stuttgart 1995.

Vašek, T.: Work-Life-Bullshit. Warum die Trennung von Arbeit und Leben in die Irre führt. München 2013.

Verhoeven, T. (Hrsg.): Digitalisierung im Recruiting: Wie sich Recruiting durch künstliche Intelligenz, Algorithmen und Bots verändert. Wiesbaden 2019.

Virtanen, M./Singh-Manoux, A./Ferrie, J.E./Gimeno, D./Marmot, M.G./Elovainio, M./Jokela, M./Vahtera, J./Kivimäki, M.: Long Working Hours and Cognitive

Function. The Whitehall II Study. In: American Journal of Epidemiology, Vol. 169, 5, 2009, S. 596-605.

Visher, J.: Space Meets Status. Designing Workplace Performance. London 2005.

Volkswagen AG: Geschäftsbericht 2016. Wolfsburg 2017.

Vosberg, D.: Der Markt für Personaldienstleistungen. Ökonomische Analyse von Nachfrage und Angebot. Wiesbaden 2003, zugl. Diss, Leipzig 2002.

Vroom, V.H.: Work and Motivation. New York u.a. 1964.

Vroom, V.H./Yetton, P.W.: Leadership and Decision-making. Pittsburg 1973.

Waas, B.: Bausteine einer Flexibilisierung des deutschen Arbeitsrechts aus rechtsvergleichender Sicht am Beispiel der Niederlande. In: ZFA, 34. Jg., 1, 2003, S. 1-42.

Wächter, H.: Mitbestimmung. München 1983.

Wächter, H.: Vom Personalwesen zum Strategic Human Resource Management. Ein Zustandsbericht anhand der neueren Literatur. In: Managementforschung 2: Flache Hierarchien und organisatorisches Lernen, hrsg. v. W.H. Staehle u. P. Conrad. Berlin-New York 1992, S. 313-340.

Wagner, D.: Organisation, Führung und Personalmanagement. Neue Perspektiven durch Flexibilisierung und Individualisierung. 2. Aufl., Freiburg 1991 (a).

Wagner, D.: Anreizpotentiale und Gestaltungsmöglichkeiten von Cafeteria-Modellen. In: Handbuch Anreizsysteme, hrsg. v. G. Schanz. Stuttgart 1991 (b), S. 91-109.

Wagner, D.: Personalfunktion in der Unternehmensleitung. Grundlagen-Empirische Analyse-Perspektiven. Wiesbaden 1994.

Wagner, D./Grawert, A./Langemeyer, H.: Cafeteria-Modelle. Stuttgart 1993.

Wahren, H.-K.: Zwischenmenschliche Kommunikation und Interaktion in Unternehmen. Berlin-New York 1985.

Wahren, H.-K.: Gruppen- und Teamarbeit in Unternehmen. Berlin-New York 1994.

Walker, J.W./Reif, W.E.: Human Resource Leaders: Capability Strength and Gaps. In: HRP, Vol. 22, 4, 1999, S. 21-32.

Wallner, F.X.: Die ordentliche Änderungskündigung des Arbeitgebers. Berlin 2004.

Walsh, I.: Die Arbeitsgewohnheiten der Spitzenmanager. In: Personalwirtschaft, 33. Jg., 7, 2006, S. 10-11.

Walton, R.E./Lawrence, P.R. (Hrsg.): Human Resource Management: Trends and Challenges. Boston, Mass. 1985.

Watzlawick, P./Beavin, J.H./Jackson, D.D.: Menschliche Kommunikation. Formen, Störungen, Paradoxien. 7. Aufl., Bern-Stuttgart-Toronto 1985.

Weber, M.: Wirtschaft und Gesellschaft. 5. Aufl., Tübingen 1972.

Weckes, M.: Manager to Worker Pay Raio 2017. Das Verhältnis der Vorstandsvergütung zur Mitarbeitervergütung im DAX 30. Mitbestimmungsreport, 44, 2018, https://www.boeckler.de/pdf/p_mbf_report_2018_44.pdf.

Weibel, A./Rost, K./Osterloh, M.: Gewollte und ungewollte Anreizwirkungen von variablen Löhnen: Disziplinierung der Agenten oder Crowding-Out? In: ZfbF, 59. Jg., 12, 2007, S. 1029-1054.

Weibler, J. unter Mitarbeit v. S. Endres, T. Kuhn, M. Müssigbrodt u. M. Petersen: Personalführung. 3. Aufl., München 2016.
Weibler, J.: Digitale Führung. Beziehungsgestaltung zwischen Sinnesarmut und Resonanz. Roman Herzog Institut, Position 16, München 2021.
Weibler, J./Brodbeck, F./Szabo, E./Reber, G./Wunderer, R./Moosmann, O.: Führung in kulturverwandten Regionen. Gemeinsamkeiten und Unterschiede bei Führungsidealen in Deutschland, Österreich und der Schweiz. In: DBW, 60. Jg., 5, 2000, S. 588-606.
Weidenfeld, U.: Paritätisch schwer verstimmt Die Rolle von Arbeitnehmern in Aufsichtsräten ist heikel. In: Tagesspiegel, 20.6.2003, http://www.tagesspiegel.de/meinung/kommentare/paritaetisch-schwer-verstimmt-die-rolle-von-arbeitnehmern-in-aufsichtsraeten-ist-heikel/424316.html.
Weinert, A.B.: Menschenbilder und Führung. In: HWFü, 2. Aufl., hrsg. v. A. Kieser, G. Reber u. R. Wunderer. Stuttgart 1995, Sp. 1495-1510.
Weinert, A.B.: Organisations- und Personalpsychologie. 5. Aufl., Basel 2004.
Weitzel, T./Maier, C./Weinert, C./Pflügner, K./Oehlhorrn, C./Wirth, J./Laumer, S.: Social Recruiting und Active Sourcing. Ausgewählte Ergebnisse der Recruiting Trends 2020, einer empirischen Unternehmens-Studie mit den Top-1.000-Unternehmen aus Deutschland sowie den Top-300-Unternehmen aus der Branche IT und der Bewerbungspraxis 2020, einer empirischen Kandidaten-Studie mit Antworten von über 3.500 Kandidaten. Bamberg 2020, https://www.uni-bamberg.de/fileadmin/uni/fakultaeten/wiai_lehrstuehle/isdl/Recruiting_Trends_2020/Studien_2020_01_Social_Recruiting_Web.pdf
Welbourne, T.M./Cable, D.M.: Group Incentives and Pay Satisfaction: Understanding the Relationship Trough an Identity Theory Perspective. In: HR, Vol. 48, 6, 1995, S. 711-726. 1995
Welge, M.K.: Unternehmensführung. Bd. 3: Controlling. Stuttgart 1988.
Welge, M.K./Eulerich, M.: Corporate-Governance-Management. Theorie und Praxis der guten Unternehmensführung. 3. Aufl., Wiesbaden 2021.
Weller, I.: Fluktuationsmodelle. Ereignisanalyse mit dem Sozio-ökonomischen Panel. München-Mering 2007, zugl. Diss., Flensburg 2004.
Weller, I./Holtom, B.C./Matiaske, W./Mellewigt, T.: Level and Time Effects of Recruitment Sources on Early Voluntary Turnover. In: JAP, Vol. 94, 2009, 1146-1162.
Welpe, I.M./Brosi, P./Schwarzmüller, T.: Digital Work Design. Die Big Five für Arbeit, Führung und Organisation im digitalen Zeitalter. Frankfurt a.M. 2018
Wendsche, J./Lohmann-Haislah, A.: Arbeitspausen gesundheits- und leistungsförderlich gestalten. Göttingen 2018.
Werle, K.: Top 100. Die Lieblingsarbeitgeber der Young Professionals. In: MM, 30.4.2009, http://www.manager-magazin.de/koepfe/karriere/0,2828,619302,00.html.
Werle, K.: Aufstiegsverweigerer. Karriere? Ohne mich! In: Spiegel Online, 27.08.2012, http://www.spiegel.de/karriere/berufsleben/karriereverweigerer-wer-will-noch-chef-werden-a-851667.html.

Weuster, A.: Personalauswahl I. Internationale Forschungsergebnisse zu Anforderungsprofil, Bewerbersuche, Vorauswahl, Vorstellungsgespräch und Referenzen. 3. Aufl., Wiesbaden 2012(a).

Weuster, A.: Personalauswahl II. Personalauswahl II: Internationale Forschungsergebnisse zum Verhalten und zu Merkmalen von Interviewern und Bewerbern. 3. Aufl., Wiesbaden 2012(b).

Weuster, A./Scheer, B.: Arbeitszeugnisse in Textbausteinen. Rationelle Erstellung, Analyse, Rechtsfragen. 14. Aufl., Stuttgart 2019.

Wick, A.: Urteiler in der Personalauswahl. Einflüsse persönlicher Vorstellungen über Eignung und Personalauswahl auf Informationsnutzung, Beurteilung und Entscheidung. München-Mering 2005, zugl. Diss., Kaiserslautern 2005.

Wickel-Kirsch, S.: Balanced Scorecard als Instrument des Personalcontrolling. In: Strategisches Personalmanagement in Globalen Unternehmen, hrsg. v. A. Clermont, W. Schmeisser u. D. Krimphove. München 2001, S. 273-289.

Wichmann, M./Langer, K.-U.: Öffentliches Dienstrecht. 8. Aufl., Stuttgart 2017.

Widuckel, W.: Gestaltung des demographischen Wandels als unternehmerische Aufgabe. In: Länger leben, arbeiten und sich engagieren, hrsg. v. J.U. Prager u. A. Schleiter. Gütersloh 2006, S. 117-132.

Widuckel, W.: Arbeitskultur 2020. Herausforderungen für die Zukunft der Arbeit. In: Arbeitskultur 2020. Herausforderungen und Best Practices der Arbeitswelt der Zukunft, hrsg. v. W. Widuckel, K. de Molina, M.J. Ringlstetter u. D. Frey. Berlin et al. 2015, S. 29-44.

Wiedmann, J.: Mehrstufiges Auswahlverfahren mit Online-Assessments bei der Lufthansa. In: Online-Assessments. Grundlagen und Anwendung von Online-Tests in der Unternehmenspraxis, hrsg. v. H. Steiner. Berlin et al. 2009, S. 105-126.

Wilbers, K.: Einführung in die Berufs- und Wirtschaftspädagogik. Schulische und betriebliche Lernwelten erkunden. 3. Aufl., Berlin 2022, https://www.pedocs.de/volltexte/2022/24386/pdf/Wilbers_2022_Einfuehrung_in_die_BWP.pdf.

Wilke, Maack und Partner: Länderberichte über finanzielle Mitarbeiterbeteiligung in Europa. Hamburg-Brüssel 2014, http://www.wilke-maack.de/download/2014/07/WMP_Mitarbeiterbeteiligung_Europa_ETUI_2014.pdf

Wilke, K.: Jung, dynamisch, illegal. In: Karriere, 1, 2007, S. 46-50.

Wille, B./De Fruyt, F./De Clercq, B.: Expanding and reconceptualizing aberrant personality at work: Validity of five-factor model aberrant personality tendencies to predict career outcomes. In: PPsych, Vol. 66, 1, 2013, S. 173-223.

Williamson, I.O./King, J.E. Jr./Lepak, D./Sarma, A.: Firm Reputation, Recruitment Web Sites, and Attracting Applicants. In: HRM, Vol. 49, 4, 2010, S. 669-687.

Williamson, O.E.: Markets and Hierarchies: Analysis and Antitrust Implications. New York-London 1975.

Williamson, O.E.: Die ökonomischen Institutionen des Kapitalismus. Tübingen 1990.

Wimmer, P./Neuberger, O.: Personalwesen 2. Personalplanung, Beschäftigungssysteme, Personalkosten, Personalcontrolling. Stuttgart 1998.

Winter, S.: Optionspläne als Instrument wertorientierter Managementvergütung. Frankfurt a.M. 2000, zugl. Habil., Berlin 1999.

Wippermann, C.: Frauen in Führungspositionen. Barrieren und Brücken. Studie der Sinus Sociovision GmbH im Auftrag des Bundesministeriums für Familie, Jugend, Senioren und Jugend. Berlin 2010, http://www.bmfsfj.de/Redaktion BMFSFJ/Broschuerenstelle/Pdf-Anlagen/frauen-in-f_C3_BChrungspositionen -deutsch,property=pdf,bereich=bmfsfj,sprache=de,rwb=true.pdf.

Wisskirchen, F.: Management des Personals outsourcen. In: Personalmagazin, 7, 2003, S. 54-56.

Wittlage, H.: Personalbedarfsermittlung. München 1995.

Wöhe, G./Döring, U.: Einführung in die Allgemeine Betriebswirtschaftslehre. 21. Aufl., München 2002.

Wörwag, S./Reutlinger, C. (Hrsg.): Arbeitsräume. Geschichte – Modelle – Visionen. Wiesbaden 2021.

Wohlgemuth, A.C.: Human Resources Management aus unternehmungspolitischer Sicht. In: Personal-Management und Strategische Unternehmensführung, hrsg. v. C. Lattmann. Heidelberg 1987, S. 85-103.

Wohlgemuth, H.H./Pepping, G. (Hrsg.): Berufsbildungsgesetz. Handkommentar. 2. Aufl., Baden-Baden 2020.

Wolf, J.: Organisation, Management, Unternehmensführung. Theorien, Praxisbeispiele und Kritik. 6. Aufl., Wiesbaden 2020.

Wolff, B./Lazear, E.P.: Einführung in die Personalökonomik. Stuttgart 2001.

Wollsching-Strobel, P.: Managementnachwuchs erfolgreich machen. Personalentwicklung für High Potentials. Wiesbaden 1999.

Wollsching-Strobel, P./Prinz, B. (Hrsg.): Talentmanagement mit System. Berlin et al. 2012.

Womack, J.P./Jones, D.T./Roos, D.: Die zweite Revolution in der Automobilindustrie. 7. Aufl., Frankfurt-New York 1992.

Wood, J.M./Nezworski, M.T./Lilienfeld, S.O./Garb, H.N.: What's Wrong with the Rorschach? Hoboken, NJ 2003.

Wottawa, H./Montel, C./Mette, C./Zimmer, B./Hiltmann, M.: Eligo-Studie. Berufliche Lebensziele und Leistungspotenziale junger Hochschulabsolventinnen und Hochschulabsolventen. In: Wirtschaftspsychologie, 13. Jg., 3, 2011, S. 85-111.

Wright, P.M./McMahan, G.C./McWilliams, A.: Human Resources and Sustained Competitive Advantage: A Resource-based Perspective. In: IJHRM, Vol. 5, 5, 1994, S. 301-326.

Wucknitz, U.D.: Handbuch Personalbewertung. Messgrößen-Anwendungsfelder-Fallstudien. Stuttgart 2002.

Wucknitz, U.D.: Personal-Rating und Personal-Risikomanagement. Wie mittelständische Unternehmen ihre Bewertung verbessern. Stuttgart 2005.

Wunderer, R.: Von der Personaladministration zum Wertschöpfungs-Center. In: DBW, 52. Jg., 2, 1992, S. 201-217.

Wunderer, R.: Führung und Zusammenarbeit. Eine unternehmerische Führungslehre. 9. Aufl., Köln 2011.

Wunderer, R./von Arx, S.: Personalmanagement als Wertschöpfungs-Center. Unternehmerische Organisationskonzepte für interne Dienstleister. 3. Aufl., Wiesbaden 2002.

Wunderer, R./Dick, P. unter Mitarbeit von U. Jäger u. R. Ramon: Personalmanagement – Quo vadis? Analysen und Prognosen zu Entwicklungstrends bis 2010. 5. Aufl., Neuwied 2007.

Wunderer, R./Jaritz, A.: Unternehmerisches Personalcontrolling. Evaluation der Wertschöpfung im Personalmanagement. 4. Aufl., Neuwied-Kriftel 2007.

Wunderer, R./Mittmann, J.: 10 Jahre Personalwirtschaftslehre – von Ökonomie nur Spurenelemente. In: DBW, 43. Jg., 4, 1983, S. 623-655.

Wunderer, R./Schlagenhaufer, P.: Personalcontrolling. Funktionen-Instrumente-Praxisbeispiele. Stuttgart 1994.

von Wysocki, K.: Sozialbilanzen. In: HWP, 2. Aufl., hrsg. v. E. Gaugler u. W. Weber. Stuttgart 1992, Sp. 2025-2035.

Yakubovich, V./Lup, D.: Stages of the Recruitment Process and the Referrer's Performance Effect. In: OSc, Vol. 17, 6, 2006, S. 710-723.

Zajac, E.J.: CEO Selection, Succession, Compensation and Firm Performance: A Theoretical Integration and Empirical Analysis. In: SMJ, Vo. 11, 3, 1990, S. 217-230.

Zander, E.: Entgeltformen bei veränderten Technologien, Arbeitsstrukturen und Arbeitszeitregelungen. In: ZfbF, 38. Jg., 4, 1986, S. 289-301.

Zander, E.: Praxis des Führens. Führung – wieder gefragt. 7. Aufl., Heidelberg 1990.

Zander, E.: Personal- und Organisationsabteilung, Zusammenarbeit zwischen. In: HWO, 3. Aufl., hrsg. v. E. Frese. Stuttgart 1992, Sp. 1914-1923.

Zander, E./Femppel, K.: Leistungsorientierte Vergütung. Köln 2000.

Zelazny, G.: Wie aus Zahlen Bilder werden. Der Weg zur visuellen Kommunikation. 7. Aufl., Wiesbaden 2015.

Zils, E.: Eye-Tracking. So gestalten Sie Ihre Online Stellenanzeigen richtig. In: online-recruiting.net, 23.4.2014, http://www.online-recruiting.net/eye-tracking-so-gestalten-sie-ihre-online-stellenanzeigen-richtig/.

Zhou, J./George, J.M.: When Job Dissatisfaction Leads to Creativity: Encouraging the Expression of Voice. In: AMJ, Vol. 44, 4, 2001, S. 682-696.

Zhou, X./Schriesheim, C.A.: Quantitative and qualitative examination of propositions concerning supervisor–subordinate convergence in descriptions of leader–member exchange (LMX) quality. In: Leadership Quarterly, Vol. 21, 5, 2010, S. 826-843.

Zimmermann, S.: Intern versus extern – eine personalökonomische Analyse von Einflussfaktoren auf die Besetzung von Spitzenführungspositionen. In: ZfP, 23. Jg., 3, 2009, S. 195-218.

Zugehör, R.: Die Zukunft des rheinischen Kapitalismus. Unternehmen zwischen Kapitalmarkt und Mitbestimmung. Opladen 2003.

Zulley, J./Knab, B.: Unsere Innere Uhr. Natürliche Rhythmen nutzen und der Non-Stop-Belastung entgehen. Freiburg 2003.

Zwick, T.: Weiterbildungsintensität und betriebliche Produktivität. In: ZfB, 74. Jg., 7, 2004, S. 651-668.

Firmenverzeichnis

Accenture 200
Adesso 96
Adidas 96, 98
AEG-Electrolux 181
Amazon 96
AOK 305
Apple 96
Arcandor 267
AT&T 12
Audi 96, 170, 178
Auswärtiges Amt 96

BASF 160, 174, 297
BCG 96
Bertelsmann 126, 127, 159, 267
BMW 96, 155, 156
Boehringer Ingelheim 96, 208
Bosch 96, 98
BSG Hausgeräte 96
Bundesagentur für Arbeit 128

Commerzbank 241

Daimler 189, 264, 266
DaimlerChrysler 243
DATEV 157
Deloitte 96
Deutsche Bahn 85, 91, 178, 242
Deutsche Bank 7, 8, 228
Deutsche Börse 96
Deutsche Post 178, 241
Deutsche Telekom 148, 178, 266
DLA Piper 287
Dresdner Bank 242
Duale Hochschule Baden-Württemberg 154

Ebay 128
EY 96

Faber-Castell 98
Facebook 127, 129, 131
Ford 11, 189
Forschungszentrum Jülich 96
Fraunhofer-Gesellschaft 96
Friedrich-Alexander-Universität Erlangen-Nürnberg 158

Gemini Executive Search 125
General Motors 189
GfK 147
GIZ 96
Glassdoor 129, 149
Goldman Sachs 287
Google 96, 287

Hewlett-Packard 216
Honda 189

IBM 103

Jobstairs 128
Jobware 128

Kalaydo 128
Kaufhof 211
KPMG 96
Kununu 129, 149

L'Oréal 96
Lidl 261
LinkedIn 127, 128, 129, 131
Lufthansa 85, 96, 144, 159, 165

McKinsey 96, 170
Meine Stadt 128
Mercedes-Benz 96
MHP 96
Microsoft 287
Monster 131

© Springer-Verlag GmbH Deutschland, ein Teil von Springer Nature 2022
D. Holtbrügge, *Personalmanagement*,
https://doi.org/10.1007/978-3-662-65742-3

Norsk Hydro 188

Opel 195
Otto 96, 208

Pimco 287
Porsche 96, 172, 242
Procter & Gamble 96, 287
Puma 98
PwC 96

Renault 189

Salesforce 96
SAP 96, 166, 174, 235, 292
Schaeffler 98
Schwan-Stabilo 98
SeitenWechsel 213
Siemens 96, 98, 156, 203
Siemens Healthineers 96
Stellenanzeigen.de 128
Staedtler 98
Starbucks 287

Stepstone 128

Tesla 96
Toyota 189
Trumpf 161
T-Systems 128
Twitter 127, 129

Vera Wong Group 287
Vodafone 96
Vögele 231
Volkswagen 158, 159, 189, 205, 231, 240, 242, 244
Volvo 188

Wöhrl 159

Xerox 296
XING 127, 128, 129, 131

Zeiss 205

Stichwortverzeichnis

13. Monatsgehalt 246
3-D Programm 272
7-S-Konzept 5

Abfindung 178, 205, 242
Abmahnung 179
Absentismus 305
Abstandsgebot 241
Abwesenheit 186
adverse selection 35
Ähnlichkeitsphänomen 138
Akkordfähigkeit 225
Akkordlohn 10, 200, 225, 234
Akkordreife 225
Akteure des Personalmanagement 39
Akteursorientierter Ansatz 303
Aktienkurs 228, 230, 235, 290
Aktienoptionen 234
Allgemeines Gleichbehandlungsgesetz 133
Allokationseffekt 239
ältere Mitarbeiter 178
Altersteilzeit 211
Alumni-Netzwerk 183
American Football 33
Analogieschlussmethode 114
analytische Arbeitsbewertung 222
analytische Personalbedarfsplanung 114
Änderungskündigung 179
Anerkennungsbedürfnis 251
anforderungsabhängige Entgeltdifferenzierung 221
anforderungsbedingte Freisetzung 175
Anforderungsvielfalt 186
Anlernausbildung 154
anonymisiertes Bewerbungsverfahren 134
Anpassungs- und Umstellungsfähigkeiten 185
Anreiz-Beitrags-Theorie 19, 24, 313
Anreize 17

Anreizsystem 103
Anreizwirkung 151, 218
Anstrengung 23
Anwesenheitskontrolle 259
Applicant Tracking Systeme 140
Arbeit auf Abruf 211
Arbeitgeberbekanntheit 97
Arbeitgeber-Bewertungsplattformen 129
Arbeitgeberdarlehen 239
Arbeitgeberimage 95, 119, 126, 149, 178, 304
Arbeitgeberreputation 129
Arbeitgeberverbände 80
Arbeitnehmersparzulage 234
Arbeitsanalyse 11
Arbeitsanforderungen 148, 149, 163, 185
Arbeitsbedingungen 12
Arbeitsbelastung 112
Arbeitsbereitschaft 204
Arbeitsbewertung 221, 222
Arbeitsgerichtsprozesse 178
Arbeitsgeschwindigkeit 222, 225
Arbeitsgruppen 106, 188
Arbeitsinhalt 13, 84, 107
Arbeitsintensität 222
Arbeitskampf 88
Arbeitskräfteangebot 95
Arbeitskräftenachfrage 95
Arbeitsleistung 12, 187, 207, 218, 226, 254, 312
Arbeitslosenversicherung 246
Arbeitsmarkt 4, 5, 13, 92, 121, 245
Arbeitsmarktinfrastruktur 94, 121
Arbeitsmarktpolitik 93
Arbeitsmarktsegmente 94
Arbeitsmedizin 199
Arbeitsmittel 199
Arbeitsmotivation 106
Arbeitspausen 207

© Springer-Verlag GmbH Deutschland, ein Teil von Springer Nature 2022
D. Holtbrügge, *Personalmanagement*,
https://doi.org/10.1007/978-3-662-65742-3

Arbeitsphysiologie 199
Arbeitsplatzringtausch *Siehe* job rotation
Arbeitsproduktivität 1, 3, 11, 12, 162, 185, 189, 248, 271, 304
Arbeitspsychologie 2, 199
Arbeitsqualität 162, 185, 186, 189, 248
Arbeitsrecht 79, 93
Arbeitsrentabilität 162, 305
Arbeitsschutz 201
Arbeitsschutzrecht 79, 82
Arbeitssicherheit 83
Arbeitssoziologie 2, 199
Arbeitsstättenverordnung 201
Arbeitsteilung 9, 184
Arbeitsumgebung 199
Arbeitsunfälle 83
Arbeitsvermittlung 125
Arbeitsvertrag 80, 147, 204, 270
Arbeitsvertragsrecht 79
Arbeitswissenschaften 199
Arbeitszeit 88, 201, 203
Arbeitszeitgesetz 204
Arbeitszeugnis 134, 135
Arbeitszufriedenheit 2, 13, 24, 151, 185, 186, 187, 189, 199, 207, 218, 226, 254, 259, 271, 277, 305, 312, 313
Argentinien 104
Artenteilung 184, 212
Assessment Center 110, 142, 145, 146, 164, 288
Attributionsfehler 144
aufgabenspezifische Qualifikationen 153
Aufgabenstruktur 276
Aufgabenstudien 114
Aufgabenvielfalt 187
Aufhebungsvertrag 176, 178
Aufsichtsrat 172
Aufstiegskarriere 167
Aufstiegsmöglichkeiten 106
Augmented Reality 160
Aus- und Weiterbildung 149, 246, 311
Ausbildungsvertrag 81
Ausfallzeiten 226
Ausländergesetz 94
Auslandsaufenthalt 22, 239
Aussperrung 90
Austauschtheorien 270
Australien 104

Auswahlverfahren 133
Auszubildende 179
authentische Partizipation 253
autokratischer Führungsstil 268
Autonomie 96, 186, 251
autonomieorientierte Arbeitszeitgestaltung 209
Autopoiese 29
autoritärer Führungsstil 268
autotelische Persönlichkeit 14
Avatar 127

Baby Boomer 169, 283
Balanced Scorecard-Ansatz 306
Bankleistungen 237
Barcamp 157
bedarfsabhängige Entgeltdifferenzierung 232
Bedeutsamkeit der Aufgabe 186
Bedingungen des Personalmanagement 39, 79, 293
Bedürfnispyramide von Maslow 15, 16, 18, 103, 151, 219, 251
Bedürfnisse 13, 251
befristete Arbeitsverträge 176
Beherrschung 106
Belegschaftsaktien 234
Belgien 104
Benchmarking 114
Beobachtungs- und Beurteilungsprobleme 138
Beratungsleistungen 237, 239
Bereitschaftsdienst 204, 208
Berichtswesen 312
Berufsausbildung 154
Berufsbildungsgesetz 154
Berufsgewerkschaften 84
Berufsschule 154
Beschäftigungsgarantie 88
Beschäftigungsgesellschaft 182
Best Alternative to a Negotiated Agreement (BATNA) 241
betriebliche Altersvorsorge 237, 246
betriebliche Übung 79, 246
Betriebsaktien 239
betriebsbedingte Kündigung 182
Betriebsblindheit 232
Betriebskindergärten 237
Betriebsrat 28, 51, 65, 68, 82, 88, 93, 120, 133, 136, 176, 179, 180, 205, 207, 221, 240, 241, 261, 295

Betriebsrente 237, 238
Betriebsvereinbarung 79, 88, 203,
    Betriebsvereinbarung 204, 207
Betriebsverfassungsgesetz 120, 261,
    296
Betriebsvergleich 295
Betriebswohnungen 237
Beurteilungsgespräch 225
Bewerberauswahl 132
Bewerbung per Mausklick 137
Bewerbungsunterlagen 134
Big Data Analytics 295
Big Five-Modell der
    Persönlichkeitsfaktoren 141, 142,
    263
Bilderkennung 140, 141
Bildungssystem 262
Bildungsurlaub 239
Bildungsweg 263
biographischer Fragebogen 136, 145
Biorhythmus 207
Blue Card EU 95
Body-Maß-Index 171
Bonuszahlung 172, 229, 234, 243
Börsenkurs 227, 266
bounded rationality 34
Brasilien 104
Brückenteilzeit 211
Bumerang-Mitarbeiter 183
Bundesagentur für Arbeit 94, 123, 125,
    128, 131
Bundesarbeitsgericht 85, 91
Bundesdatenschutzgesetz 137, 260
Bundesverband der Deutschen
    Arbeitgeber (BDA) 86
Bündnis für Arbeit 88, 161
Burnout 206
Bürogestaltung 200
bürokratischer Führungsstil 268

Cafeteria-System 20, 238
Campus-Recruiting 124
Cash Flow 228, 229
Cash Value Added 228
Chancengleichheit 133
Chaos-Theorie 313
charismatische
    Führungspersönlichkeiten 264
charismatischer Führungsstil 268, 287
Chatbots 127
Chile 104

China 104
Chronologie 207
Chronometrie 204
Coaching 157
commitment 290
Computer-based Training 160
Controllingobjekte 292
Controllingprozess 309
Controllingsystem 293
Corona-Pandemie 140, 148, 161, 181,
    202
Corporate Governance 243
Corporate Universities 159
Costa Rica 104
Co-Working Spaces 201
crowding out-Effekt 25, 227, 230, 258
culture bound-These 189, 282

Dänemark 104
Darwiportunisten 252
Datenschutz 201, 260, 261, 295
Delegation 254, 279
demographische Veränderung 4
Deputat 237
Derailment 265
Deutscher Gewerkschaftsbund (DGB)
    84
Deutschland 104
Dienstvertrag 79, 80
Dienstwagen 237
Differenzierungsstrategie 99, 220
Digitalisierung 160
Diskriminierung 133
distant leadership 284
Disziplinarmacht 288
Diversifikationsstrategie 229
Diversität 144
Duales Studium 154
Duales System 154
Dunning-Kruger-Effekt 138
Durchführungspflicht 88
dysfunktionale Führungseigenschaften
    265

Economic Value Added 228
Ecuador 104
Effizienz des Personalmanagement 40,
    291
Eigenschaftstheorien 262
Eignungsdiagnose 164
Eignungsprofil 164

Einkommen 139
Einkommensmaximierung 11
Einkommensunterschiede 107
Einstellung 152
Einstellungsinterview 146
Einstellungsstopp 176, 177
einzelfallbezogene Personalfreisetzung 179
Eisenhower-Matrix 206
El Salvador 104
E-Learning 160
Electronic Recruiting 128, 131, 136
Elektronische Jobbörsen 128
Elementarzeitverfahren 114
Elitehochschule 110, 263
Elternzeit 179
Empfehlungen von Mitarbeitern 121
Employer Branding 97, 126
Employer Signaling 98
Entgeltdifferenzierung 20, 197, 221
Entgeltformen 233
Entgeltgerechtigkeit 220
Entgelthöhe 96, 240
Entgeltsystem 197
Entlassung 179
Entlassungsentschädigung 246
Entscheidungsfindung 252
Entscheidungskontrolle 259
Entscheidungstheorie 21
erfolgsabhängige Entgeltdifferenzierung 227
Ergebnis-Folge-Erwartung 22
Erholungskurve 208
Ermüdungs-Effekt 138
Erschwerniszulage 234
Ertragsbeteiligung 227
ethische Normen 38
ethische Verantwortung 266
Everywhere Office 201
externe Personalwerbung 131
Extraversion 142, 264
extrinsische Motivation 14, 26, 230

Fachkarriere 165, 166
Fachkräftemangel 94
Fachwissen 151
Fähigkeiten 152
Fähigkeitstests 141
Fairness 126, 132
Fallstudien 157
Feiertagsarbeit 234

Femininität 106, 171, 217
Finnland 104
Firmengewerkschaften 84
Firmenwagen 239
Firmenwohnung 239
firm-specifcity 30, 153
Fit-Konzept 28
Flächentarifvertrag 87
Flashmob 90
Flexibilisierung der Arbeitszeit 107, 202, 203, 239
Flexibilität 149, 304
Fließbandarbeit 222, 225
flow experience 14
Fluktuation 162, 186, 198, 232, 305
Fragerecht 139
Frankreich 104
Frauenquote 172
Fremdkapitalbeteiligung 234
Fremdkontrolle 259
Fremdsprachenkenntnisse 152
Friedenspflicht 88
fristlose Kündigung 180
Frühfluktuation 121, 148
frühzeitige Pensionierung 176, 178
Führung auf Distanz 284
Führungsdyade 271
Führungskarriere 165, 166
Führungskräfteentlohnung 241
Führungskraft-Mitarbeiter-Beziehung 276, 277
Führungsphilosophie 250
Führungsstil 107, 196, 250, 267, 268
Führungsstilkontinuum 252, 253
Führungssubstitut 286
Führungstheorien 261
Führungstriade 271
Fürsorgepflicht 232
Fußball 33

Ganzheitlichkeit der Aufgabe 186
Geldakkord 225
gender pay gap 244
Generation X 169, 283
Generation Y 148, 169, 200, 283
Generation Z 148, 169, 200, 283
genereller Einstellungsstopp 177
Genfer Schema 224, 231
Gerechtigkeit 19, 241
Gerechtigkeitspostulat 232

Gerechtigkeitstheorie 19, 20, 24, 173, 219, 220, 241
Geschäftsbereichsstrategie 99
gesellschaftsbezogenes Rechnungswesen 297
Gesetz zur Angemessenheit der Vorstandsvergütung 242, 243
Gesetz zur Förderung der Transparenz von Entgeltstrukturen 245
Gesetz zur Kontrolle und Transparenz im Unternehmensbereich 230, 236
Gesundheitsprävention 179
Gewerkschaften 80, 139, 240
Gewinnbeteiligung 227, 239
Gewinnbeteiligungsoption 234
Gewinnschuldverschreibung 234
Gewissenhaftigkeit 142, 264
Gewohnheitsrecht 85
gläserne Decke 171
Gleichbehandlungsgrundsatz 220
Gleichberechtigung 172
Gleichgewichtshypothese 219
gleitende Arbeitszeit 210
Gliederungstiefe 113
Globalisierung 4, 93, 110
grandes écoles 110, 263
graphologisches Gutachten 145
great man 272
Grenzanforderungen 226
Griechenland 104
Großbritannien 104
Größendegressionsvorteile 191
Grundgehalt 229, 234
Grundgesetz 85
Gruppenabhängigkeit 192
Gruppenarbeit 113, 188, 189
gruppenbezogene Personalfreisetzung 180
Gruppendiskussion 141
Gruppendynamik 13
Gruppeninterview 138
Gruppenkohäsion 192, 286
Gruppennorm 192
Guatemala 104
Günstigkeitsprinzip 79, 87, 221

Halo-Effekt 138
Handlungs- und Entscheidungsspielraum 187
Handlungs-Ergebnis-Erwartung 21
Harvard-Ansatz 39

Harzburger Modell 254
Hauptpflichten des Arbeitsvertrags 81, 89
Haustarifvertrag 87
Hawthorne-Effekt 13, 191
Headhunter 125
hedonische Motivation 26
hedonische Präferenz 14
hidden action 35
hidden characteristics 35
hidden intentions 36
hierarchische Position 232
Hochqualifizierten-Richtlinie 94
Hochschulmarketing 124
hold up 36
Homeoffice 201
Hongkong 104
Human Relations-Ansatz 12, 24, 34, 237, 251, 253, 277
Humanisierung der Arbeit 13, 185, 189
Humankapitaltheorie 171
Human-Resources-Strategie 253
Humanressourcen 31
Humanressourcen-Portfolio 173
Humanvermögen 297
Humanvermögensrechnung 297
Hybris 144, 265
Hygienefaktoren 17

IAB-Betriebspanel 83, 87, 171, 177, 241
Idiosynkrasie 32
idiosynkratische Stellenbildung 103, 124, 197, 231
immaterielle Anreize 233
immaterielle Ressourcen 271
Impactkontrolle 162
Indien 104
Individualarbeitsrecht 79
Individualisierung 4, 5, 204, 220
Individualismus 106, 189
Indonesien 104
Industriegewerkschaften 84, 91
Informationsasymmetrie 36, 171
Informationssystem 292
informatorische Gerechtigkeit 19, 242
informelle Kommunikation 13
Inhaltstheorien der Motivation 15
Initiativbewerbung 123
Inkrementalität 194
Innovation 112, 196, 224, 229, 305

Innovationsstärke 96
Innovationsstrategie 220
INSEAD-Ansatz 39
Insiderproblematik 236
Institut für Arbeitsmarkt- und
    Berufsforschung 94, 241
Instrumentalität 21, 226
Instrumente des Personalmanagement
    40, 111
Instrumentenorientierter Ansatz 302
intangible Ressource 30
Integration 304
Integrierter Personalmanagement-Ansatz
    39, 291
Intelligenztest 145, 146
Interaktion 14
interaktionale Gerechtigkeit 19
interaktive Personalbedarfsplanung 103
Interessengruppen 28
Interessenstest 141
interkulturelle Gültigkeit 280
interkulturelle Managementforschung
    17, 282
internalisierte Kontrolle 290
internationale Normen 79
internationaler Vergleich 109, 145, 215,
    247
Internationalisierungsgrad 103
interner Arbeitsmarkt 120
interpersonale Gerechtigkeit 19, 242
Interview 137, 145
Intranet 120
intrinsische Motivation 14, 26, 38, 230
Investor Relations 7
Iran 104
Irland 104
Israel 104
Italien 104

Jahresarbeitszeit 239
Jahresbonus 229, 243
Jamaika 104
Japan 104
job enlargement 155, 188
job enrichment 18, 155, 188
job rotation 155, 187
Jobbörse 127
Job-Sharing 212, 239
Jugendliche 204

Kanada 104

kapazitätsorientierte variable Arbeitszeit
    (KAPOVAZ) 211
Kapitalmarkt 234
Karrierechancen 96
Karrieremanagement 157, 163
Karrieremodelle 166
Karrieremuster 109
Karriereplanung 108, 174
Karrierewege 167
Kennzahlen 293
Kennzahlenhandbuch 310
Kennzahlensystem 296, 310
Kettenarbeitsvertrag 177
Kevinismus 262
Knappheit 30
Koalitionsfreiheit 84
kollektives Arbeitsrecht 80, 84
Kollektivismus 17, 106

Lebenszykluskonzept des
    Personalmanagement 100
Legalität 90, 132
leistungsabhängige
    Entgeltdifferenzierung 1, 224
leistungsbedingte Freisetzung 175
Leistungsbereitschaft 25
Leistungsbeurteilungen 288
Leistungsdruck 226
Leistungsfähigkeit 25
Leistungsgerechtigkeit 224
Leistungsrestriktionen 221
Leistungssicherung 112
Leistungstest 145, 146
Leistungszulage 225, 234
Leitungsspanne 113
Leitungsspannenmethode 113
Lernerfolgskontrolle 162
Lernstatt 156
Lichtbild 134
Lohngruppenverfahren 221
Lohnquote 244
Lohnspreizung 241
Lohnverzicht 88
Losverfahren 144
Loyalität 286
LPC-Skala 276
Lügerecht 139
Lüscher-Test 142

Machiavellismus 265
Machine Learning 127

Macht 249, 288
Machtasymmetrie 28
Machtdistanz 105
Malaysia 104
Management by Exception 259
Management by Objectives 256, 257
managerial grid 268
Marktanteilsgewinn 229
Maskulinität 106, 245
Matching Score 140
materielle Anreize 233
materielle Ressourcen 270
materielles Lohnproblem 240
Matrjoschka-Effekt 138
Maximumhypothese 218
MBA 167
media richness 140, 284
Mehrfachqualifikation 187, 197, 231, 305
Mehrleistung 225
Meisterprüfung 231
Mengenrabatt 238
Mengenteilung 184, 212
Menschenbild 108, 250, 270
Mentor 148
Mentoring 157, 178
Methods Time Measurement-Verfahren 114
Mexiko 104
Michigan-Ansatz 39
Mikroökonomie 34
Mikrophysik der Macht 288
mikropolitische Aktionen 195
Mindestlohn 240
Mitarbeiterdarlehen 234
Mitarbeiterschuldverschreibung 234
Mitbestimmungsgesetz 172
Mitbestimmungsrecht 28, 80, 92, 176, 207, 221, 234
Mobbing 305
Mobilarbeit 201
Mobile Learning 160
Moderationstechniken 152
Moderator 191
modifizierter Einstellungsstopp 178
monetäre Anreize 234, 251
Monotonie 185, 187, 191
Montan-Mitbestimmungsgesetz 172
moral hazard 36, 219
Motiv 13
Motivation 13, 173, 249, 259, 299

Motivationshypothese 238
Motivationsmodell von Porter/Lawler 23
Motivationstheorien 13, 23, 25, 40, 185, 219, 220, 230, 237, 249, 251, 300, 312
Motivatoren 17
multikulturelle Teams 192
Multimomentaufnahmen 288
multiple tasking 230
Multiteaming 191
Mutterschaftsgeld 246
Mutterschutz 83
Mythos Motivation 25

Nachfolgeplanung 174
Nachgiebigkeit 106
Nachtarbeit 207, 234
Nachwirkungspflicht 88
Narzissmus 265
Natural Language Processing 127
Nebenpflichten des Arbeitsvertrags 81
Neigungstest 141
NEO-Fünf-Faktoren-Inventar 142
Neuer Markt 228
Neurotizismus 142
Neuseeland 104
New Work 200
Nicht-Imitierbarkeit 30
nicht-monetäre Entgeltbestandteile 237
Niederlande 104
Nischenstrategie 99
non-territoriale Arbeitskonzepte 200
Normalleistung 221, 225
Normatives Entscheidungsmodell von Vroom/Yetton 279
Norwegen 104
Nutzenkalkül 26
Nutzenmaximierung 34, 270
Nutzungsgewährung 237
Nutzwert-Analyse 294

objektiver Test 141
Offenbarungspflicht 139
Offenheit 142
Öffnungsklausel 240
Ohio State-Studien 268, 272, 274
Onboarding 147
one best way 272
Online-Test 126, 144

opportunistisches Verhalten 34, 37, 199, 219, 252, 265
ordentliche Kündigung 179
Organisation des Personalcontrolling 308
Organisationskultur 232, 286
Organisationspsychologie 2, 11
Organisationssoziologie 11
Organisationsstruktur 29
organisatorische Regeln 107
organisatorische Umsetzung 30
Ortszuschlag 234
Ostafrika 104
Österreich 104
Outdoor-Training 161
Outplacement 161, 182

Pakistan 105
Panama 105
Panoptikum 288
Partizipation 107, 252
patriarchalischer Führungsstil 268
Pausendauer 208
Pausenform 208
peer review 290
Pensions-Sicherungs-Verein 237
Pensumlohn 225
Personalabteilung 2
Personalaufwendungen 4
Personalauswahl 10
Personalbedarfsdeckung 111
Personalbedarfsplanung 29, 95, 111
Personalbereitstellung 304
Personalbeschaffung 119, 232
Personalcontrolling 40, 291
Personaleinsatz 184, 224
Personaleinstellung 146
Personalentlohnung 10, 13, 107
Personalentwicklung 10, 107, 149, 188, 231, 299
Personalfragebogen 136
Personalfreisetzung 175
Personalführung 107, 249
Personalhomepage 125, 136
Personalleasing 177
Personalmarketing 119
personalökonomische Ansätze 34, 241, 270, 219, 238, 270, 293, 297, 300
Personalsoftware 292
Personalvermittler 125
Personalwerbung 119

Personalzusatzkosten 246
personenorientierte Kontrolle 36, 260
persönliche Entfaltung 187
persönliche Weisungen 256
Persönlichkeitsmerkmale 141
Persönlichkeitstest 141, 145, 146, 193
Peru 105
Pfadabhängigkeit 30, 32
Pflegeversicherung 246
Philippinen 105
physiologische Bedürfnisse 15
Planspiel 141, 156
Polen 105
Polyvalenzlohn 231
Portugal 105
Positionsmacht 276
Postkorb-Übung 143
Postmoderne 288, 314
Potenziallohn 231
potenzialorientierte Arbeitsorganisation 197
Prämie 225, 234
Prämissen-Controlling 292
Präsentation 143
Präsentationstechniken 152
Primacy-Effekt 138
Principal-Agent-Theorie 35, 133, 171, 219, 242
Probezeit 147
Produktionsfaktoransatz 1
Produktivität 229
Prognosevalidität 132, 136, 143, 145
Projektarbeit 156
Projektgruppe 156, 191
projektiver Test 142
Projektkarriere 166
prosoziale Motivation 26, 227
prosoziale Präferenz 14, 25
Prozesstheorien 19
prozessuale Gerechtigkeit 19, 242
Pseudo-Partizipation 253
psychologischer Vertrag 38, 271
psychometrischer Test 142

qualifikationsabhängige Entgeltdifferenzierung 231
Qualifikationslohn 231
qualifizierter Einstellungsstopp 178
Qualitätsprämie 225
Qualitätszirkel 156, 190
Quantitätsprämie 225

Rangfolgeverfahren 221
Rangreihenverfahren 222
Rationalität 34
reale Option 235
realnormierte Messung 138
Rechtmäßigkeit 1
reduktionistisches Menschenbild 38
Referenz 134
Reifegradtheorie 274
Reifestrategie 220
Rekrutierungsmessen 97
Rekrutierungspotenzial 97
Reliabilität 132
Remanenzkosten 181
Rendite 229
Rentenversicherung 246
Rentenzusatzversicherungen 238
Repetitivität von Arbeitsaufgaben 11
Reputation 121
Ressourcen 30
Ressourcenorientierter Ansatz 4, 30, 32, 40, 94, 102, 153, 162, 171, 198, 231, 253, 293, 298, 300
Riester-Rente 237
Risikoschub-Phänomen 191
Rollen 171
Rollenklarheit 271
Rollenspiel 141, 143, 157
Rorschach-Test 142
Rosenkranz-Formel 115
Ruhestandsvorbereitung 161
Russland 105

Saarbrücker Formel 298
Sabbatical 212, 239
Sachleistung 237
Schichtarbeit 200, 207, 209
Schlichtung 88
Schlüsselqualifikationen 12, 153
Schnittstellenprobleme 190
Schrumpfungsstrategie 220
Schwangere 139, 179, 204
Schweden 105
Schweiz 105
Schwerbehinderte 139, 179, 204
scientific management Siehe Theorie der wissenschaftlichen Betriebsführung
Scrum 194, 195
Selbstkontrolle 251, 259, 289
Selbstlernprogramm 160

Selbstmarketing 110
Selbstorganisation 194
Selbstselektion 121
Selbstverwirklichung 16, 106, 251
Seminar 157
Seniorität 232
Senioritätsentlohnung 232
Senioritätsprinzip 282
Shareholder Value-Ansatz 227, 289, 298
Sicherheitsbedürfnis 16
Signaling 26, 119
Signaling-Theorie 171
Singapur 105
Situationstheorien 272
situativer Ansatz Siehe Kontingenzansatz
situativer Test 146
Slowakei 105
SMART-Konzept 256
social embeddedness 30, 121
Social Media 129, 131
Social Media Screening 137
social networking 208
Social-Values-Strategie 253
SOFI-Verfahren 163
Solidaritätsprinzip 198
Soll-Ist-Vergleich 295
Sonntagsarbeit 234
Sozialauswahl 181, 182
Sozialbilanz 297
soziale Bedingungen 13, 16
soziale Kategorisierung 172
soziale Netzwerke 31, 129, 136
soziale Qualität 133
soziale Umverteilung 244
sozialen Beziehungen 251
soziales Kapital 31, 121
Sozialisation 14, 21, 250, 268
Sozialleistungen 107
Sozialmächtigkeit 84
Sozialplan 181
Sozialpolitik 93
Sozialunternehmungen 232
Sozialversicherung 246
Sozio-ökonomisches Panel 86, 171, 215
Spanien 105
Spartengewerkschaften 84, 91
Sperrfrist 234
Spesenkonto 237
Spezifität 30, 37

Stakeholder-Ansatz 27
Stammhausdelegierter 22
statistische Methoden 113
statusabhängige Entgeltdifferenzierung 231
Statusinkongruenz 282
Statussymbol 219
Stellenanzeige 121
Stellenausschreibung 120, 288
Stellenspezialisierung 10, 184
Steuerbegünstigung 238, 239
Stigma 172
Stock Options 101
Strategieimplementierung 305
strategieinduzierte Personalbedarfsplanung 102
Strategiekonformität 219
Strategieorientierung 232
strategische Erfolgskriterien 229
strategy follows people-Ansatz 29, 103, 198
Streik 89, 305
Streikarten 90
Streikgeld 89
Stress 206
Stressinterview 138
strong ties 31
structure follows strategy-Hypothese 103
strukturelle Führung 288
strukturelles Loch 31
Stufenwertzahlverfahren 222
subjektiver Test 141
Substitutionshypothese 238
Südafrika 105
Südkorea 105
summarische Arbeitsbewertung 221
summarische Personalbedarfsplanung 112
sunk costs 37
supranationale Normen 79
symbolische Führung 284, 288
Systemansatz 29, 40, 197
systematisches Anlernen 155

Tagesarbeitszeit 239
Taiwan 105
Talent Management 165, 174
Talent Management-Programme 174
Tarifautonomie 84
Tarifeinheit 85

Tarifeinheitsgesetz 85
Tariffähigkeit 84
Tarifkollision 85
Tarifparteien 240, 84, 93
Tarifverhandlungen 88
Tarifvertrag 79, 204, 207, 221
tarifvertragliche Öffnungsklauseln 87
Tarifvertragsgesetz 84
Tarifvertragsrecht 80
task-specificity 30, 153
Teamarbeit 113, 189
Teamorganisation 189, 289
Teamrollen nach Belbin 194
technische Kontrolle 36, 260
Technologie 5
teilautonome Arbeitsgruppe 189
Teilnahmebestätigung 231
Teilzeitarbeit 211, 239
Testverfahren 141
Texterkennung 140
Thailand 105
Theorie der kognitiven Selbstbestimmung 26
Theorie der wissenschaftlichen Betriebsführung 9, 11, 12, 39, 188, 218, 219, 251
Theorie X 250
Theorie Y 250
Tiefeninterview 138
traditionelle Kulturen 232
Traineeprogramm 109, 155
Transaktionskosten 37, 238
Transaktionskostentheorie 36
Transfererfolgskontrolle 162
transformationale Führung 258, 267
Tschechien 105
Türkei 105

Ultimatumspiel 20
Umweltverhalten 96
Unfallgefahr 222
Unsicherheit 37
Unsicherheitsvermeidung 17, 105
Unternehmungskooperation 110
Unternehmungskultur 96
Unternehmungsplanspiel 143
unternehmungsspezifische Qualifikationen 153
unternehmungsspezifisches Wissen 232
Unternehmungsstrategie 29, 99, 219
Unternehmungswert 227

Urlaub 214, 239, 246
Uruguay 105
USA 105

Valenz 21
Valenz-Instrumentalitäts-
 Erwartungstheorie von Vroom 21,
 239
Validität 141
Variable Entgeltbestandteile 234
Venezuela 105
Verdrängungseffekt 25, 26, 230
Verfahrensgerechtigkeit 220
verhaltensbedingte Freisetzung 175
Verhaltensgitter-Ansatz 268, 269
verhaltensorientierte Kontrolle 259
verhaltenswissenschaftliche
 Entscheidungstheorie 22
Vermögensbeteiligung 239
Vermögensbildung 246
Vermögensbildungsgesetz 234
Vermögensrendite 229
vermögenswirksame Kapitalbeteiligung
 234
Versicherungsleistungen 237
Verteidigungsstrategie 229
Verteilungsgerechtigkeit 220
Verträglichkeit 142, 264
Vertrauensarbeitszeit 201, 213
Vietnam 105
Virtualisierung 160, 201
Virtualisierung des Arbeitsortes 284
virtuelle Option 235
Vorstand 172
Vorstandsvergütungs-Offenlegungsgestz
 243
Vorstellungsgespräch 134, 137, 139,
 183
Vorstrafen 139
Vortrag 157
Vorzugsaktie 235

Wachstumsstrategie 220, 229
Wahrnehmungsverzerrung 144
Wandelschuldverschreibung 234
Wartefrist 236

weak ties 31
Web-based Training 160
Weihnachtsgeld 246
Wertewandel 4, 92
Wertigkeit 30
Wertpapiere 234
Wertschätzungsbedürfnisse 16
Wertschöpfung 244
Wertschöpfungscenter 307
Werturteilsproblematik 244
Westafrika 105
Wettbewerbsfähigkeit 3, 149, 215
Wettbewerbsverbot 139
Wirtschaftlichkeit 3, 112
Wirtschafts- und Finanzkrise 180
Wirtschaftswundergeneration 169
Wissen 5, 299
Wochenarbeitszeit 216, 239
Wochenendarbeit 207
Work-Life-Balance 96, 107, 148, 202,
 204, 217
Work-Life-Blending 203
Workshop 157
World Values Survey 103

Zeitakkord 225
Zeitlohn 234
Zeitmanagement 205
Zeitstudien 1, 10, 11, 114, 289
Zeitvergleich 295
Zeit-Wert-Konto 213, 217
Zeugnis 134, 231
Zeugnis-Codes 135
Zielkonflikte 27, 28
Zielvorgaben 256, 257
Zufallsauswahl 144
Zufriedenheitsformel 135
Zufriedenheitskontrolle 162
Zusatzleistungen 237
Zwei-Faktoren-Theorie von Herzberg
 17, 18, 219

The manufacturer's authorised representative in the EU is Springer Nature Customer Service Centre GmbH, Europaplatz 3, 69115 Heidelberg, Germany. If you have any concerns regarding our products, please contact ProductSafety@springernature.com

Printed and bound by CPI Group (UK) Ltd, Croydon, CR0 4YY

23/03/2026

02076747-0020